阮大仁 傅應川
張鑄勳 周珞
合著

一號作戰暨戰後東亞局勢的影響

大仁

臺灣學生書局印行

王 序

王文燮

中國抗日戰爭自一九三七年七月七日起獨力奮戰四年餘，至一九四一年十二月八日太平洋戰爭爆發，我國與西方反侵略國家建立聯盟，中日戰爭與世界大戰結為一體。日本則擴大戰事，組成「南方軍」入侵東南亞，初期攻勢凌厲，所向披靡。一九四三年初，日軍海空作戰漸趨不利，美軍在太平洋戰場逐漸取得主動，運用中國境內的機場空襲日本，「南方軍」海上補給線亦受威脅。日軍大本營為解除危機，策畫「一號作戰」擴大侵華戰事，旨在打通平漢、粵漢、湘桂黔滇等路線，摧毀沿線威脅日本國土的機場，並開闢從陸路進入中南半島的通道，以維持「南方軍」補給暢通及必要時的撤退路線。此役為日本侵華規模最大的作戰，包括豫中、長衡、桂柳等重要會戰。國軍傷亡幾近百萬，裝備損失、農田破壞、稅收短缺，中國經過長期抗戰的持久消耗，再經此役折損，國力、軍力遽降，影響民心士氣與國際觀瞻，尤對爾後國共內戰及世界局勢造成不利，特具研究價值。

本書作者阮大仁先生為留美數學博士，然家學淵源，醉心於抗戰史研究。其住家距史丹佛大學不遠，就近參閱蔣委員長日記全卷多次，據以出版專書數部。對「一號作戰」的研究甚早，這本書把歷年心得彙編成書，並邀請友人參與發表，從不同的視角解讀此役，內容豐富，可讀性高。大仁先生以數學家的思維理則探討民國史事，邏輯清晰，見解獨到。文中評述「一號作戰」與史迪威事件，認為蔣委員長要求在緬甸的遠征軍回師抵抗日軍攻勢，為史迪威所拒，造成我軍在東戰場（中國戰區）的危機並非事實。因為蔣要求於史迪威者，命駐守密支那的部隊，在一週內發動八莫攻勢，以減輕衛立煌部在龍陵受日軍反攻的壓力。並告知史迪威，若一再拒絕，將令衛立煌部退守昆明以保存實力。蔣委員長並非調動遠征軍馳援危急中的桂林與柳州，其見解大異於中國史家的觀點。另指國軍準備反攻宜昌雖然沒有實施，把國軍一部分主力置於長江以北，則對長江以南即將發生的長衡會戰造成不利影響，此說頗富啟發性，在時空因素及戰況發展上可否支持這項論點，成為新議題。大仁先生的諸多議論，對研究抗戰史的同好，既是分享，也是挑戰。

共同作者傅應川將軍為中華戰略學會研究員，曾任國軍史政編譯局局長，以深厚的史學根基，及長期研究抗戰史的心得，從軍事觀點提出完整論述，對各階段作戰都做出重點說明，讀者得見全貌。另一位共同作者周珞先生為理工背景，對歷次會戰的探討，特重數據運用，讀之產生實體感受。其取材以日軍戰史為主，豐富了本書的資料來源。國軍反攻緬北與日軍實施「一號作戰」，在時間上部份重疊，國軍處於兩面作戰的困境，相互影響在所難免，書中亦加評述。其中「仁安羌作戰」國軍以一團兵力，救出被日軍圍困的英軍一個師，以寡擊眾視為傳奇，係國軍在緬戰時期，協力盟軍作戰的重要史實。雖然無關「一號作戰」，談論滇緬作戰為表彰國軍在聯盟作戰的貢獻，經常引為戰例。惟此戰由師長指揮或團長指揮，各方看法不同，難有共識，委由第四位作者張鑄勳將軍特列專文探證。張將軍亦為中華戰略學會研究員，早年在金門擔任旅長時，接受基地訓練獲得第一名，部隊實務紮實，曾任國軍步兵訓練指揮部指揮官兼步兵學校校長，國防大學副校長兼戰爭學院院長，軍事理論熟諳，解讀步兵團作戰是專家觀點，可以釋疑。

大仁先生博覽群書，個性豁達，屢有創見，謙稱他的寫作不是正史，只是野史。此次邀約友好各述己見，彙集成冊。以不同專業背景，從不同面向解釋一場重要戰役，內容豐富，適可彌補正史之不足。特別是考證日軍一號作戰的衡陽會戰，方先覺的第十軍將士堅守四十七天而終戰，是英雄烈士，而非降將（軍長及四個師長均授青天白日勳章）。認為史迪威被迫去職，是圖謀奪取中國軍隊的指揮權。另指出英、美、蘇的雅爾達密約，使蘇共獲利，造成戰後中國及亞洲國家數十年的紛亂災難，深具慧眼，本巨著誠乃傑作，故樂為之序。

王文燮謹誌

楊序

——研究歷史，尤應注重總結負面經驗

楊天石

人類的經驗大致可分兩類，一類講成功，講勝利，稱之為正面經驗；一類講失敗，講挫折，稱之為負面經驗。人類的社會生活，既有成功和勝利，也有失敗和挫折，自然，兩者的經驗都應該總結。它們都可以增進和啟迪人類的智慧，使人類在人和人，在和自然的鬥爭中，不斷勝利，或者多勝利而少失敗，以至於不失敗。一件事做成功了，總結其何以成功，自然可以鼓舞鬥志，增強信心，為做好下一件事提供依循和借鑒。一件事做砸了，千方百計，苦心竭慮，研究其何以失敗，自然可以知所當戒，避免重蹈覆轍，將下一件事做好、做成。古人云：「失敗為成功之母。」如何將失敗轉化為成功。這裡的關鍵就在於不諱言失敗，不因失敗而灰心喪志，正確面對失敗，認真總結、研究，找出必要的經驗與教訓來。如此，下次做事，就可以做得穩妥一點，順當一點，成功的幾率大一點，以至於取得完全成功。否則，將事情做砸了，不總結、不研究，甚至不允許別人去總結、去研究，那就將始終糊塗，始終懵懂，遇到類似的情況和條件，就必然故態復萌，重犯舊誤。因此，歷史學家，特別是聰明、智慧的歷史學家一貫重視對負面史事的研究，十分注重總結負面經驗。

「一號作戰」是八年抗戰中由日本侵略軍方面發動的一次重大的著名的戰役，中國方面則稱之為豫湘桂戰役。該戰役起始於一九四四年四月十七日，止於一九四五年二月初。歷時九個月，戰線長達一千五百公里。在所有日軍對華作戰的戰役中，歷時最長，規模最大。當時，美軍已在太平洋上的越島戰鬥中取得優勢和主動權，日本與南洋的海運通道已經處於美國潛艇和空軍飛機的封鎖之下，日益艱困。十一月二十五日，二十多架美軍 B-25 型轟炸機由中國的江西遂川機場起飛，奇襲日本海軍在臺灣新竹的機場，威脅日本本土。在此情況下，日軍在中國大陸發動「一號作戰」，其目的在於：1.打通平漢、粵漢、湘桂等大陸鐵路交通線，將在大陸作戰的日本派遣軍和在東南亞作戰的日本南方軍聯為一體，以陸上補給線支援南洋作戰。2.摧毀從中國境內的遂川、南雄等地起飛，足以轟炸日本本土的中美聯合空軍基地。3.摧毀中國政府軍隊的繼續作戰的意識與能力。為此，日本集結了在中國的華北、華中的二十個師團，共約五十萬人，馬十萬匹，機動車一萬五千輛，火炮一千五百門，投入作戰。為了補充兵力不足，日本並從中國東北調入大量原來用以對付蘇聯的特種部隊。計兵員十七萬人，馬八萬五千匹。四月中旬至五月底，日軍打通平漢線，占領河南全境。五月底。日軍南下湖南，占領長沙、衡陽以及湘桂交界的全州。十一月初，日軍攻陷廣西的桂林、柳州，進入貴州，攻陷獨山、都勻。重慶為之震動。美軍統帥魏德邁建議蔣介石遷都昆明，而蔣介石則調集原在西北防共的政府軍到貴陽地區阻擊日軍，堅持與重慶共存亡。

在一號作戰中，中國政府軍隊中的第十軍，以不足一萬八千人的兵力，堅守衡陽四十七天，抗擊人數、火力都數倍於己的日軍，是少有而光榮的特例。其他部隊則均不堪一擊，連連敗退。河南（豫中）會戰，湯恩伯的部隊在三十七天內丟失了三十八座城市。整個「一號作戰」，國民黨損失六十萬軍隊，丟失一百四十六個城市，失去七個空軍基地，三十六個飛機場，丟失國土二十多萬平方公里，堪稱前所未有的慘敗、大敗。

何以如此？

1.日本在國力、軍力，包括武器裝備上本來就遠遠超過中國。在河南作戰、長沙衡陽作戰中，日軍大規模使用機械化部隊，充分發揮裝甲車的作用，而中國軍隊除手榴彈外，缺乏有效的反坦克武器，面對快速、機動的日軍裝甲部隊，中國部隊缺乏有效的對應武器。加之，湯恩伯部與河南民眾關係惡劣，民間有「寧願敵軍燒殺，不願國軍駐紮」之說。一九四二年八月以後，中國雖然有部分軍隊在印度藍伽接受美國訓練，裝備得到改善，但中國大部分軍隊的武器仍然遠遠落後於日軍。

2.中國統帥部判斷嚴重失誤。太平洋戰爭爆發後，日軍從中國大陸撤出大量精銳部隊，增強太平洋戰場，中國統帥部由此判斷日軍無力在中國戰場發動新的大規模的進攻，缺乏因應日軍發動「一號作戰」的準備。一九四四年年初，蔣介石甚至認為，日軍已大量「抽調出海」，將自安慶以上地區撤出，中國軍隊的反攻時期已到，有過調集主力于長江北岸，首先收復宜昌和沙市的打算。二月至三月間，軍令部長徐永昌和蔣介石都曾估計日軍可能企圖打通平漢線南段，但都未預料到日軍會發動如此巨大規模的戰役。五月十九日，徐永昌得知日本大量向華中增兵，但認為只是二三流部隊，量大而質不精，嚴重輕敵。

3.在兩個戰場上作戰，兵力分散。一九四一年十二月，中國政府根據《中英共同防禦滇緬路協定》，由第五、第六、第六十六軍，計九個師十萬餘人，組成「中國援緬遠征軍」，入緬作戰。一九四三年十月至一九四四年五月，撤至印度的中國駐印軍和在滇西的遠征軍發起緬北滇西作戰。這樣，就使得對日戰場兵力分散，竭蹶拮据。衡陽作戰中，一九四四年七月十七日，蔣介石曾以飛機向方先覺軍長投送手諭：「余對督促增援部隊之急進，比弟在城中望援之心更為迫切。余必為弟及全體官兵負責，全力增援與接濟。」但蔣介石當時已無精兵可調，所命援衡的廣東余漢謀等各軍「皆不能如期」來援，加之盟軍總部參謀長史迪威與美軍飛虎隊陳納德的矛盾，史迪威拒撥汽油，無法對衡陽守軍構成有力的空中保護。這樣，第十軍就處於「單打獨鬥」、孤立無援的苦戰局面。對此，蔣介石一籌莫展，只能乞靈於上帝。八月六日夜，蔣介石禱告三次，發願第十軍全體受洗，勝利後建鐵十字架於南嶽之巔。這當然無濟於事。直到十一月下旬，繼史迪威之後來華的魏德邁將軍才建議空運駐印新編第六軍的兩師軍隊回國，但其支援方向為雲南，而且，為時已晚，並未能參加「一號作戰」。

4.主帥無能，將領怯弱，軍隊腐敗，作戰能力低下。自盧溝橋之戰開始，抗戰至此已進入第七個年頭。由於經濟困難，物價飛漲，軍隊經商走私，以致日趨腐敗，不是愈戰愈強，而是愈戰愈弱。作戰時，將領或怯戰避戰，或袖手旁觀，或不戰自潰。桂柳會戰中，日軍進攻全州，守軍第九十三軍全部美式裝備。蔣下令死守三個月，但軍長陳牧農竟燒毀倉庫，擅自撤離。桂林、柳州等地未經激烈搏戰，也很快失守。

蔣介石本人抗戰意志堅決，辛勞黽勉，但他只相信自己，遙控過多、干涉過多，河南作戰中，他曾自歎「自作戰方針至局部處置，皆非親自留心與處置不可，余幾乎身任蔣鼎文之參謀官矣。」作戰失敗後，他也曾自我檢討：「此為畢生唯一之愧悔與無上之錯誤，不得不特以明余之罪惡與愚拙。」長沙作戰，佈置于嶽麓山的新式重炮、山炮、大量炮彈，完全喪失，他也承擔責任，認為是「余之罪也」。不過，統帥的個人特質、黽勉程度並不是戰爭勝負的決定因素。大量的歷史事實證明，蔣介石不是一個優秀的軍事指揮人材。

「一號作戰」，日軍大獲全勝，原定作戰目標幾乎全部達成。但是，美國第十四航空隊及二〇轟炸司令部由昆明、成都等地的機場繼續起降。六月至八月間，美機多次轟炸日本北九州、長崎等地的軍事和工業設施，黃河鐵橋在通車不久後就被炸斷，美國空軍完全掌握了制空權，日軍勞師遠征、精心構築的大陸交通線變得虛弱不堪。國民政府及其軍隊雖然受到沉重打擊，但由於與國際反法西斯陣線結盟，抗日志之未衰。不過，美國的羅斯福總統卻看出了國民政府及其軍隊的腐敗與低能，轉而將殲滅駐守中國東北日軍的希望寄於正在對德作戰中節節勝利的蘇聯紅軍。中國共產黨及其領導的八路軍與新四軍，由於日軍集中兵力，打擊國民黨及其軍隊，獲得了在敵後戰場大為發展的機會。

寫戰史難，寫多國參與作戰的戰史尤難，「一號作戰」的參加者有中、日、美三國，涉及的國家則有英國，立場各異，所述、所記自亦多異。加之人情通常喜言勝利與成功，諱言失敗與挫折，因此，寫本書，在資料收集與公正評價方面有諸多困難。阮大仁、傅應川、張鑄勳、周珞四位學者一反常情，勇於攻關克難，以「治史自當回歸事實真相」為目標，選擇「一號作戰」為題寫書，廣泛而深入地研究資料，力求做出客觀、科學、公正的敘述與評價，精神和勇氣都可敬、可嘉。四人中，傅應川、張鑄勳兩先生是軍事家，多年研究戰史；周珞先生為土木工程專家，長於資料掌控，嚴謹細緻；阮大任先生對「一號作戰」的研究始於一九七一年，四十多年來，長期孜孜兀兀，不懈、不倦，集中精力與興趣於這一課題。如今四人分工合作，集思廣益，共成此書，這就大有益於抗日戰爭史研究的推進與深入，值得慶賀。

二〇一九年五月九日於北京東城

陳序

陳紅民

抗日戰爭後期，侵華日軍動員約五十一萬兵力，於一九四四年發起了一場縱貫中國南北的大規模戰役，代號為「一號作戰」。此為日軍自全面侵華以來，動用兵力最多，作戰區域最廣，持續時間最長的一場戰役。「一號作戰」在中國方面被稱為「豫湘桂作戰」，也是抗戰進入相持階段後，中國軍隊遭遇到的規模最大，損失最大的一場作戰。

近年來，學術界對「一號作戰」的研究相當關注，可以說是成了一個小小的「熱點」。二〇一九年四月十一日，英國劍橋大學亞洲及中東研究學院的方德萬（Hans van de Ven）教授在北京大學舉辦一場題為「豫湘桂會戰——二戰的轉折點」的學術講座，北京大學歷史學系王奇生教授參與對話。方德萬教授是研究中國近代軍事史的權威學者，他通過詳細的史實說明，抗日戰爭進入一九四四年之後，發生了一些重要的變化：在國際上，一度重視蔣介石作用的英、美、蘇各國在處理日本投降問題時，並未給他太多參與的空間——這說明國民政府的地位在抗戰後期快速衰落，也揭示了豫湘桂會戰的重要地位。在國內，一九四四年也是國民黨與共產黨的鬥爭之中很重要的一年。方德萬教授提出，「可以將一九四四年的豫湘桂會戰視作歷史的重要轉折點。」王奇生教授十多年前曾發表過《湖南會戰：中國軍隊對日軍「一號作戰」的回應》的學術論文，他在點評時強調三點：一、豫湘桂會戰的發動在蔣介石方面乃至中共的意料之外；二、當時美軍已無需借助中國基地即可直接轟炸日本本土，日軍借「一號作戰」掃除美軍在華空軍基地的戰略目標意義不大；三、豫湘桂會戰也是國共關係的轉折，為中共發展提供了很好的機會，打好了基礎。

臺灣中央研究院近代史研究所的陳永發院士，也發表過關於「一號作戰」的長篇論文。

在這樣的學術背景下，阮大仁、傅應川、周珞、張鑄勳四位先生合著的《一號作戰暨戰後東亞局勢的影響》將作為「放聲集」的第四本由臺灣學生書局出版。

阮大仁先生的經歷可謂傳奇，其父阮毅成曾擔任過浙江省民政廳廳長、《中央日報》社社長等要職。他本人畢業於臺灣大學數學系，赴美國留學後先後獲得數學博士、企業管理碩士、電腦碩士等不同學科的學位，為報紙寫社評，擔任銀行高管與高科技公司的負責人，一手好字，堪稱書法家。他尤其愛好文史，家世淵源與個人博覽群書，閱人識事獨到新穎，常能見人所未見，發人所未發之言。

許多中國大陸史學界的朋友認識阮大仁先生是在斯坦福大學胡佛研究所查檔案期間。我曾去過胡佛研究所訪問四次，但不巧均未遇到他。但其大名早有所聞，如雷貫耳。他也將出版的《蔣中正日記揭密：從風雨飄搖到大局初定》、《蔣中正日記中的當代人物》、《蔣中正日記中的抗戰初始》等與蔣介石有關的大作，通過出版社贈給我。

阮大仁先生的父親阮毅成曾在浙江大學任教，擔任法學院院長，因此之故，他對浙江大學有特殊情感，數次造訪。我們請他在蔣介石與近代中國研究中心演講。他的演講水平高超，辯才無二，思路之開闊，知識面之廣，記憶力之好，在不同話題間轉換自如，可謂奇才。演講完畢後的晚餐期間，他仍不停地講，幾乎不動筷子，我怕怠慢了客人，多次勸他喝酒吃菜。當然大家都喜歡聽他講的許多往事與秘聞。

文如其人。讀阮先生的這本《一號作戰暨戰後東亞局勢的影響》書稿，首先出現在我腦海的，竟然是那天他在浙大講座的情形，風格極其相似——灑脫不羈，隨心所欲，言辭風格鮮明。相信這本書的出版，將會引起關注，在已經有相當成果的豫湘桂會戰（一號作戰）研究中，激起新的話題。

坦率講，初讀書稿，我被阮大仁先生對歷史學長久的熱誠與執著所感動，他的精神，值得我學習。他非歷史專業，謙稱是「一個業餘的史學愛好者」，卻從一九七〇年代就開始研究抗日戰爭史，著眼點就是一號作戰，並於一九七三年發表過長文，對當時中、美史學家的著作進行質疑。接著是在其工作之餘持續不斷的關注與蒐集史料。二〇〇三年，他商場退休後，接續原有的研究，待斯坦福大學胡佛研究所公開蔣介石日記，他又利用鄰近胡佛研究所的地利，大量閱讀蔣日記，與過往的學者交流，加快研究與出書的步伐，終於有了這本新書。

本書是圍繞著對一號作戰不同角度的討論，由四位作者完成的若干可以獨立成篇，風格不同的十餘篇文章組成。風格多樣，反而成為全書的風格之一。其中與一號作戰直接相關的幾篇分別是：傅應川撰寫的〈一場非戰之時、非戰之地的戰役——日軍一號作戰〉，周珞撰寫〈一號作戰概論〉，阮大仁撰寫的〈一號作戰我軍敗績原因之研究〉、〈一號作戰華軍戰略錯誤之分析〉（上、下）、〈一號作戰——評梁敬錞的《史迪威事件》及《美軍戰史》〉、〈一號作戰對戰後東亞大局之影響〉、〈方先覺曾否降日之研究〉以及張鑄勳撰寫的〈中國遠征軍「仁安羌戰鬥詳報」的考證：兼論國軍第一一三團替英軍解圍〉等。就寫作重點而言，傅、周二位的長篇論文，較為全面地敘述一號作戰的過程與得失，屬「宏觀」之論。阮先生、張先生的幾篇論文，則選擇相關的幾個重要問題，尖兵突進，深入研究，可謂有點有面。

阮先生對一號作戰的研究，起源於一九七〇年代對梁敬錞《史迪威事件》與美國塔克曼女士《史迪威與美國在華經驗》結論的質疑，前後持續了三十餘年，在收入此書時，又加入了蔣介石日記的相關內容。如此長時間關注一個課題，對於專業歷史研究者也是難能可貴。相信他們在豐富的史料基礎上對於一號作戰的研究，將推進學界在此一抗日戰爭重要作戰課題的研究。

在初步閱讀書稿的基礎上，結合對阮先生的認識，匆匆寫以上的話，算是讀後感，也借此對其大作的出版表達祝賀之意。

（浙江大學蔣介石與近代中國研究中心教授兼主任）陳紅民

二〇一九年五月十六日

劉 序

劉維開

今年是一九四九年的七十年，從後見之明的歷史發展軌跡來看，早在一九四四年日軍發動「一號作戰」時，就已經埋下了一九四九年最終結果的種子。

「一號作戰」是日軍在二次世界大戰末期在中國戰場發動的一場大規模戰役，戰場從河南、湖南、廣西直到貴州，我方通稱為「豫湘桂會戰」，在國防部史政局編修的《抗日戰史》，依戰場分為豫中會戰、長衡會戰、桂柳會戰及湘粵贛邊區作戰。該會戰對於國民政府造成致命性的傷害，失去河南、湖南大部分地區，所控制的區域向西南方面後撤，而在有意無意之中，卻為中共提供一個良好的發展時機，擴大生存區域，逐漸掌控華北地區。

全面抗戰發生後，受日軍的攻擊，國民政府在華北地區的勢力逐漸退卻，終致完全移出。原本在抗戰前因國民政府軍事追剿，竄至陝北的中共則乘隙逐步擴張，但是面對日本的「防共」政策，強力掃蕩，只能走一步算一步，避實擊虛，尋求生存的空間。日軍發動「一號作戰」後，調動駐在華北的主力部隊，集中豫中地區，並抽調部分關東軍入關作戰。《抗日戰史》稱：「敵挾其裝甲部隊，模仿閃擊戰，其鋒甚銳，陷我三十餘縣鎮，並打通平漢路。」然而原本日軍在華北地區之控制力受兵力減少影響，出現防務空虛狀況，長期執行的防共掃蕩行動亦難再繼續。這個情勢上的變化，給予中共一個發展的良好機會，將力量向東擴展，使整個華北地區，幾乎為中共所控制，成為抗戰後期能與國民政府分庭抗禮的憑藉。國軍則在日軍的攻擊下，從河南、湖南，一路退至廣西，戰力耗損甚鉅。

日軍發動「一號作戰」的目的，在企圖打通平漢、粵漢及湘桂鐵路，以維持其對中南半島之運輸線，並破壞沿線之盟軍空軍基地，以減少空襲造成之損失。然而在此同時，國軍除應付日軍之攻擊行動外，尚需配合盟軍反攻緬甸作戰，抽調精銳部隊轉用於滇緬戰場，且兵員、物資之補充亦以滇緬作戰之部隊為優先，以致國內戰場兵力嚴重不足，不得已採取機動防禦，以消耗日軍，而有第十軍堅守衡陽與日軍周旋四十餘日之事蹟。至一九四四年底，日軍攻抵貴州獨山、都勻附近，影響陪都重慶，幸得自滇緬戰場抽調之兵力增援，展開反攻，始解除危機。然而在此過程中，蔣中正與盟軍中國戰區參謀長史迪威之爭執所引發之「史迪威事件」，以及美國懷疑中國軍隊抵抗日軍能力而希望蘇聯參戰，於雅爾達會議中與蘇方所議訂犧牲中國利益之協定等，對於戰後中國所造成負面影響難以估計。

對於日軍發動「一號作戰」相關問題，研究者固多注意，但是以個別戰役分析，或史迪威事件、中國遠征軍滇緬作戰之探討為主。阮大仁先生繼《蔣中正日記中的抗戰初始》，探討抗戰初期國軍的幾場重要戰役之後，將重點轉而置於日軍於二戰末期發動的「一號作戰」，撰寫《一號作戰暨戰後東亞局勢的影響》。與前書不同者，為書中所收錄論文並非由其一人執筆，而是邀請傅應川將軍、張鑄勳將軍及周珞先生共同處理相關問題，從不同的專業訓練與角度，探討這個不僅戰時而且對於戰後東亞局勢有重要影響的戰役。

阮大仁先生是位成功的事業經營者，自商界退休後，基於興趣與愛好，從事近代中國歷史研究，尤擅長人物關係以及政治現象的分析，由其前兩書《蔣中正日記中的當代人物》及《蔣中正日記中的抗戰初始》，可見一斑。收錄在本書中多篇以「一號作戰」為主題的文章，為其長期關注日軍「一號作戰」之研究心得。或許因為大仁先生並非歷史專業，對於問題反而能脫離既定的框架，有其獨特的見解。從諸篇論文，可以看出他對於戰爭關注於全局的互動，而非戰爭本身的過程，以此處之所得或為彼處之所失，從大歷史的角度，將日軍「一號作戰」、史迪威事件與中國遠征軍滇緬作戰併同觀察，實有其獨到之處。如桂柳會戰中全州棄守一事，關於九十三軍陳牧農部棄守全州，而致陳氏遭軍法處置一事，論者有不同意見，大仁先生亦未討論，但是就全州之失的影響，有以下一段分析：「在『一號作戰』中，我軍在豫中會戰讓日軍提前打通平漢線，因而使長衡會戰提前了一個月，此次陳牧農棄守全州，使日軍提前進攻桂柳一個月，方先覺死守衡陽四十七天，比日軍預期的要多出一個多月。把這三個因素加起來，正負兩相抵銷，日軍打到貴州獨山的時間比預期的要早了半個月到一個月，這是爆發史迪威事件的一個關鍵點——東戰場危機與我遠征軍陷入緬戰同時發生的原因之一。」他的分析是否恰當，姑且不論，但是以豫中、長衡、桂柳會戰之間的時間因素，彙整出遠征軍回師與史迪威事件發生原因，如果不是由全局觀察，難有此推論。再如論遠征軍入緬一事，謂：「淺見以為，我遠征軍入緬事固然是出於英美兩國政府的要求，可是我國在批准此等要求時，並未判斷到幾個月後就需要其回師救援東戰場，這個責任是應由我方擔負的。更有進者，史迪威以其主持北緬戰事者之立場，在英軍撤出其右翼兵團之後，要求我遠征軍入緬以加強其左翼，……站在兵學的立場，這個要求是合乎情理的。史迪威在兵學上所犯的錯誤，不在他要求遠征軍入緬，而是在緬甸雨季即將來臨，……仍然堅持中央兵團對孟拱河谷之攻擊，未予撤回印度。」亦可見對於問題有其個人獨到的見解，顯示其歷史研究之史識與史才。

三位共同作者，除周珞先生素昧平生外，傅應川與張鑄勳兩位將軍與筆者相識多年，傅將軍曾任國防部史政編譯局局長，對於國軍史政工作的維護與推廣用力至深；張將軍曾任國防大學副校長兼戰爭學院院長，近年來對於蔣中正抗日戰爭的全程構想與戰略指導，以及淞滬會戰對於日軍作戰線改變的研究，頗受史學界重視。兩位為國內少數軍事將領出身的軍事史研究者，為筆者在軍事史方面長期請益的對象，亦有幸與兩位同為中華軍史學會理事。

周珞先生與阮大仁先生同樣為歷史業餘研究者，應大仁先生之邀，撰寫〈一號作戰概論〉與〈滇緬遠征軍一九四二－一九四五年〉兩文，從大歷史的角度，探討日軍「一號作戰」的經過歷程，與中國遠征軍兩次入緬作戰的經過，對於問題的分析，有其個人的見解。傅應川將軍之〈一場非戰之時、非戰之地的戰役——日軍一號作戰〉，由軍事史的角度對於日軍「一號作戰」之作戰目的、作戰計畫、作戰過程，以及國軍的因應、檢討等，進行翔實的分析。大仁先生說明書中關於日軍「一號作戰」研究，三位作者的分工規畫：周珞先生記述各戰役的經過，傅應川將軍以軍事學的角度分析中日雙方在戰略與戰術上之成敗得失，自己則是在作難題解答，試著去評析各參戰國的史家們至今終未有公議的爭論，並分析中方大敗之成因。亦即周、傅兩位進行的「一號作戰」的總體分析，大仁先生進行的是個體討論。惟在總體分析中，亦可看出周、傅兩位對於同一主題在見解上的異同，此亦為大仁先生所謂「異中求同」「四家爭鳴」。

張鑄勳將軍為本書所撰寫〈中國遠征軍「仁安羌戰鬥詳報」的考證：兼論國軍第一一三團替英軍解圍〉，主旨在由作戰實務的觀點，析論作為仁安羌作戰主要資料依據之「仁安羌戰鬥詳報」，記事多有不符合史實之處，並藉以說明仁安羌戰場的指揮關係，由英軍第一軍團長史林姆（William J. Slim）為最高指揮官，指揮國軍第一一三團及美緬第一師，因此第一一三團長劉放吾是受史林姆指揮，負責實際作戰；新三十八師師長孫立人為在史林姆授權下督導第一一三團執行任務，並非指揮作戰。唯此說與周珞先生於〈滇緬遠征軍一九四二—一九四五年〉中所稱：「外界一直在爭論，仁安羌戰鬥究竟是一一三團團長劉放吾還是孫立人師長打的？我參考多方面資料，可以說是孫指揮策畫下，劉團長率一一三團將士用命，在第七裝甲旅砲兵及輕戰車火力支援下，共同取得的一次成就」，似乎有所出入。然此實為本書特色之一，如大仁先生所說即使對日抗戰結束了七十餘年，仍有許多爭議性的問題還是無法解決，「本書的作者對這些問題提出各自的看法，謹供大家參考，即使在作者們之間，對有些問題有時也無法取得共同的見解，本書既然是私家之著作，並非在寫正史，因此採取了眾說並存的態度，為將來修正史者提供不同角度的看法」。

抗戰勝利至今已經七十四年，國防部史政局編修的《抗日戰史》一百冊，出版也已經超過五十年，但是隨著時代的變遷，新資料的出現，對於戰爭本身，以及戰爭所衍生的若干問題，實際上有待更細緻的研究與討論。阮大仁先生所主持撰寫的這本《一號作戰暨戰後東亞局勢的影響》應該是一個開端，希望大仁先生日後能再以其史識、史才，對於抗戰中期的若干關鍵性戰役進行析論，同時能藉以啟發後繼者對於軍事史之研究。

劉維開

中華民國一〇八年五月

放聲集總序

阮大仁

壹、前言

把文章印成作品發表，我是從十多歲在讀師大附中時開始的。那時大多數是在校內刊物——《附中青年》上刊載的，偶而也有在校外的報章雜誌上，例如在唸初三時用我的名字代替父親所寫的「杭州一師毒案」一文，刊載於臺北的《法令月刊》上。

二〇〇三年我重新拾筆時，當時的《法令月刊》發行人虞彪兄邀我寫作專欄，便是拿出那篇舊文作為再續香火緣的理由。五六十年前的《法令月刊》則是虞兄的尊翁，也是先父的好友虞舜先生所創辦的。

不過大量發表拙文，應當是從我在臺大唸一年級時，寫作武俠小說開始的。即從一九六一年起，至今大約五十年，總數已超過了兩三百萬字以上了。

貳、五十年寫作生涯可分三個階段

我的寫作生涯可分三個階段，以時間次序排列如下：

一、一九六一至一九六三年（即十九歲至二十一歲）

㈠一九六一年我唸臺大數學系一年級時，與劉兆藜、劉兆玄兩兄弟合作，共同使用「上官鼎」的筆名寫作武俠小說，到一九六二年暑假完，要升二年級時停止。

㈡在一九六三年唸三年級時，又重新拾筆，再以「上官鼎」的筆名寫了一套書。以字數計，此大約在一、兩百萬字之間。

二、一九七二年至一九八二年（即三十歲至四十歲）

當時我住在美國，用本名或不同的筆名，分別在紐約、舊金山、香港、臺北等地的中文報章雜誌上發表政論文章，以字數計，大約在一百萬字以上。

三、二〇〇三年至今（即在六十一歲以後）

我在一九八二年因為參加了臺北的慶豐集團工作，乃擱筆不寫政論，一直到二〇〇三年，我已從臺北搬回美國，自商界退休之後，才又重新拾筆。不過我也不再寫作政論，作品的題材以研究書法、論史談文、近代典故等為主體。前三年是替《法令月刊》用夏宗漢的筆名寫「如是我聞」之專欄，每月一篇。後來則改為向《傳記文學月刊》投稿。以字數計，此大約已有四五十萬字。

參、小談「上官鼎」

因為劉兆玄兄曾經擔任行政院長，所以「上官鼎」這個名號受到了大家的注意。

其實在一九六〇年代，曾經有六個人先後使用過這個筆名去合作寫作武俠小說，此六人都是從臺北師大附中的高中畢業的，都唸了臺大，專科分別是電機（二人）、地質（一人）、化學（一人）、植物（一人）與數學（一人）。此後大家都去了北美洲留學，其中五位去了美國，一位去了加拿大。

後來四位拿了博士，兩位只唸了碩士後即經商創業，其中的一位現在卻是臺灣可說的上為富可敵國的大企業主，也就是說此君最為聰明，不去浪費時間唸個博士也。

這六個人寫作的階段，如果以我在一九六一年參加的時間作劃分，可分為：

一、在我之前，是劉兆藜、劉兆玄及許元正。

當時兆藜唸臺大地質系，兆玄與元正是附中高中三年級的同班同學。元正因為要考大學，課業忙，有時請張虔生代筆，虔生則比他低一屆，唸高二。

二、一九六一年，我重考入臺大數學系，兆玄則入化學系，元正要重考，我乃應邀參加而代之。

在大一升大二時，我的微積分課被沈璿教授「當」掉了，父親乃令我擱筆。

三、我停筆後，兆凱參加。

今製表說明我們六人在臺北師大附中的班級與畢業時間，以及在臺大的系別如下：

姓名	班級	高中畢業時間	在臺大的系別
劉兆藜	實驗六班	一九五八年	地質系
阮大仁	實驗十班	一九六〇年	數學系
劉兆玄	實驗十二班	一九六一年	化學系
許元正	實驗十二班	一九六一年	植物系
張虔生	高六十八班	一九六二年	電機系
劉兆凱	實驗十六班	一九六三年	電機系

不論以時間之長短及作品之數量去計算，劉家三兄弟合起來都居冠軍，因此「上官鼎」這塊招牌的「智慧財產權」應當屬於他們三位，至於元正、虔生及我這三個人可以說是小包（subcontractor）

吧。

當時大家都是二十歲左右的毛頭小夥子，各自分別在唸中學或大學，而且都是不久就要出國留學的人，可以說沒有一個是打算久於此業的了。因此也沒人注意這塊註冊商標的「智慧財產權」是屬於那一個人的，反正大家同工同酬，分工合作，有稿費拿便可以了。

原則上，在同一時段裡，是只有三個人同時使用「上官鼎」這個名字的，此即鼎三足也。

肆、感謝

在《放聲集》這套書中，包括這本第一輯在內，大多數收集在內的拙作，是在三十多年前就已經發表了的，本來早已束之高閣，並沒有出書的打算。

大約是在三年前沈克勤大使見到了一些我的舊作，乃鼓勵我將之再版出書，並承大使向臺灣學生書局推介，又蒙前後兩位總經理，即鮑邦瑞先生與楊雲龍先生之青睞，並邀請淡江大學之陳仕華教授代為主編，以及書局的陳蕙文小姐負責編務，經過兩年多之努力，才能出版此套書，令我實為深深感謝。

此外，在這數十年的寫作生涯中，拙作承蒙下列報刊當時主事者之看重而得刊出，其中或猶在世，或已仙去，不論存歿，容我在此一並致謝：

臺北及美國之中國時報：余紀忠先生及各位同仁。

臺北自立報系：吳豐山先生。

臺北八十年代及亞洲人雜誌：康寧祥先生、江春男先生。

香港明報月刊：查良鏞先生、胡菊人先生、孫淡寧女士。

香港中報月刊：傅朝樞先生、胡菊人先生。
美國野草雜誌：張系國先生及各位同仁。
美國星島日報及北美時報：蘇國坤先生、嚴昭先生及張顯鍾先生。
美國遠東時報：吳基福先生、許世兆先生、俞國基先生及吳嘉昭先生。
臺北法令月刊：虞彪先生及各位同仁。
臺北傳記文學月刊：成露茜女士、成嘉玲女士、簡金生先生及各位同仁。
最後在此也向為本書作序的胡菊人兄與康寧祥兄致謝。
以上的名單如有遺漏之處，請相關的人士賜諒，因為事隔幾十年，有些事實在記不太清楚的了。

伍、這套書的書名之由來

我的本行是數學、電腦及商科，本書中所收集的文章中卻沒有一篇談的是這些項目，只能說是一個事事關心的讀書人之管見罷了。

宋朝的王安石有二首〈車載板〉詩，收在《王臨川全集》卷三。車載板是一種鳥，其啼叫的聲音似此三字，故楚人（湖南人）以此名之，王詩中有句云：

> 憐汝好毛羽，言音亦清麗，
> 胡為太多知，不默而見忌。

我在一九六五年評批《王荊公詩集》時，曾作一詩評之如下：

非是不知默，而是太放聲，
放聲猶不足，書生誤蒼生。
我讀賈誼事，哀其志未伸，
再讀臨川傳，方知漢文仁，
長沙雖博學，終是讀書人。

陳仕華兄在主編這套書時，選用我這首舊作的詩句以為命名，實在是深獲我心。少年時我作此詩時是反對書生論政的，出國後因為釣魚台運動，受了張系國兄之感召而始作政論文章，到了一九七九年底因為高雄事件而決定棄筆從商。我雖然在一九八二年才擱筆，然而在八一與八二年間以替舊金山的遠東時報與在紐約的中國時報撰寫社論為主，比較少用個人的身分寫文章了。

在三十年後的今天，出版本書時，重讀舊作，有感於今日臺灣政局雖見百花齊放，但卻未能果實豐碩，不禁暗思，讀書人如我，當年是不是太多知了呢？

二〇一〇年十月於北美

自序
——集腋成裘，異中求同與四家爭鳴的這本書

阮大仁

本書是《放聲集》的第四本書，與前三本最大的不同處，是在本書有關於一號作戰的部分是由多人共同合作而寫的，並不只是我個人的作品。在此我先要謝謝《放聲集》的主編陳仕華教授，以及本書共同作者，即傅應川將軍、張鑄勳將軍以及周珞兄，承他們三位答應把本書列為《放聲集》的第四本。張將軍，為本書撰寫了有關第一次緬戰中，仁安羌之役的首功誰屬之討論。此役發生於第一次緬戰之中，與第二次緬戰及一號作戰無關，之所以列入於本書，是因為這先後兩次緬戰，華軍的孫立人將軍都曾參預的原故。戰史學界有兩種主張，分別把首功歸之於孫立人師長或劉放吾團長。在本書中，周珞先生採用孫說，而張將軍則採用劉說，此因迄無定論，故兩說並存，希望讀者在閱讀後，自行予以認定，此是仁智互見之事也。

有關本書各篇各章的介紹，每位作者或有引言，在此不必予以重複說明，因此我現在要解釋的是下列幾點。

一、八年抗戰可分三期，戰史學界一般將之分期如下：

1. 自一九三七年七月七日的七七事變起，到一九三八年十月武漢會戰結束為止，作為第一期。

2. 從武漢會戰結束起，到一九四四年四月開始的豫中會戰為止，作為第二期。

3. 從豫中會戰起到一九四五年八月日本投降為止，作為第三期。

二、《放聲集》的第三本書即《蔣中正日記中的抗戰初始》，其內容所包括的時間起自一九三一年的九一八到一九三八年一月的「近衛聲明」為止，其內容之重心在研究：

1. 八年抗戰是怎麼樣開打的？

2. 中勝日敗的原因何在？

三、本書所包含的是在第三期抗戰，起自一九四四年四月的豫中會戰，到一九四四年十二月的日軍一度進入貴州獨山為止。在國軍戰史中，此可分為三個會戰，即豫中會戰、長衡會戰，及桂林柳州作戰。在日軍戰史中，加上了另外一個會戰，即我軍戰史中稱為的湘贛邊區作戰，通稱為「一號作戰」。

湘贛邊區作戰，是日軍追擊國軍第九戰區薛岳所部，並同時攻取陳納德十四航空隊在該地區的江西汝城機場，因而產生的，是屬於日方為了擴大戰果而產生的一個次要作戰。因之在本書中，吾人不多予研究及討論之也。

細心的讀者會想到為什麼《放聲集》不去研究及討論那段長達五年半的第二期抗戰？我的說明如下：

1. 私人修史有可以寫，可以不寫之處。《放聲集》並不是在研究整個八年抗戰史，而是選擇了作者（們）有興趣研究的題材。

2. 有關第二期抗戰中的各個會戰，中日雙方許多解讀及分析並不相同，當時已成為長期持久的戰鬥，每一個作戰的勝負都無關於整個戰爭全局的決定，都是局部的有限目標之戰鬥。在當時，中方所自認為的許多「大捷」，在戰後去查閱日方的文件時，史家才發現日方並沒有要攻取這些地區的作戰計畫。在當時中方對此點並不了解，更且因為軍事上、宣傳上、政治上的鼓舞人心，中方既然守住了城市，擋住了日方的進攻，使得日方主動撤軍，那麼中方在當時自稱為「大捷」是理所當然的，可是在戰爭已經結束了七十多年後的今天，吾人治史自當回歸事實真象，不能以交戰各國任何一方面在戰爭中的宣傳為史實也。

3.爭功諉過，人情之常，西方軍史界有一句名言說：「勝利者有許多名字，失敗者只有一個名字。」就是打了勝仗，搶功者多，打了敗仗，最高指揮官自當負責。中國的戰史中就有一個故事：東漢光武帝時的大樹將軍馮異，他就是在勝後論功時，每每站在大樹之下，一言不發，任由其他的將領去爭先在劉秀面前自誇功勞，不過古今中外能像馮異這樣的將領還真是不多。因之在寫作戰史時，我們也不能只倚靠戰後各位參戰的重要將領之回憶錄，必須還原事實也。

4.八年抗戰中，中國軍隊不論國共，都是敗多勝少，日本人的戰史學者自認：在八年抗戰中，中國境內確實為中方打敗的戰役只有一個，此即在一九四五年四月，日本投降前夕所發生的芷江作戰，日方認為其戰敗之原因是在中方派出了廖耀湘的駐印新軍參戰。

當時因為戰場情況緊急，盟國乃用空運把駐在印度的廖軍從印度運到芷江基地。因為起降都有美國空軍的幫助，所以廖軍的重裝備也能完整地運到芷江。日軍認為廖軍是在印度受美軍訓練的中國新軍，加上美軍編制的械備，所以才能打敗日軍。

吾人論史當然不必只看日軍的記載與看法，但是也不能完全不顧。因此在第二期抗戰各個會戰的討論，我們必須參考中日雙方的史料與看法，才能去做出一個比較客觀公正與兼顧中日雙方觀點的評論。作者本人不懂日文，因此也難以去做研究，所以在《放聲集》中，作者乃暫時略去整個第二期抗戰而不予討論。

這並不是說第二期抗戰，這五、六年中的戰事不重要，而是作者因為能力不足，乃暫時先予以省略也。

5. 在三、四十年前，作者開始研究抗戰史時，我的導師李則芬中將對我做了下列的提示。不論中日雙方，治史者都不可以只由當時各方公開的文件與資料去做研判，而必須去查閱各方沒有公開的史料，尤其是戰役之後其內部之檢討。今以一九四〇年中方所自稱的「崑崙關大捷」為例。

此是日方在一九三九年十一月，為了切斷滇越鐵路，以阻絕中國對外之通路去圍困及迫降中國，所發動的一個戰爭。當時中國對外的通道，海路已全被封鎖，而在陸地上只剩下三條，此即：

(1) 在西南地區對外的鐵路及公路：

a. 滇越鐵路。

b. 自中國的雲南省，經由滇緬公路去接上緬甸境內之鐵路。

(2) 在西北地區對俄國之通路。

在第一期抗戰結束，即一九三八年十月的武漢會戰之後，中日之戰已轉為持久戰。此即日方攻不進中方以四川為基地之退無可退之國防線，而中方也無力反攻去光復平原地區。

此時即已進入第二期抗戰，在此長達五年多之時期，在中國戰區內均為日攻華守，而日方攻勢之主要戰略構想，是有兩個重點，即為：

(1) 封鎖中國之對外通路，以圍困及迫降中國。

(2)日方之軍事中心為武漢，故其攻勢乃是沿著武漢之周邊地區，其目的為二，此即：

a.以攻止攻，破壞中方之糧食收成，以防阻中方集結兵力去反攻武漢。

可是與中國古代之戰史不同之處，是日軍並無意願去搶奪中方之糧食，以為己用。日方只是要去破壞中方之收成，使之不能聚集糧草，因此日方之攻勢，並不限於在秋收之後也。

b.訓練日方之新兵，以備將來轉用於其他地區。

中方亦明瞭於此，並且因為日方之進攻，只是在破壞中方之收成，而不是掠奪已收成之糧食為其所用。日方既非就地取糧，其軍糧只能自備，以日方的運補能力，其持續作戰時間有限，因此中方之對策有二種：

(1)若非必須防守之地區，則退兵以老其師，待其糧盡自動退兵而予光復失地，恢復戰前之狀態。

(2)若是必守之地，則採退卻防禦，以重兵駐守該地，待日軍攻至城下，則事先退守側翼之華軍乃予反攻出擊，以切斷其補給線及退路。在二期抗戰中的三次長沙會戰中，第九戰區薛岳所部所使用的「天爐戰法」，即為如此，因而締造了中方自稱的三次長沙「大捷」。

從一九三九年十一月到一九四〇年十一月的「桂南作戰」，即是第二種之作戰。當時日方進攻之目的，在切斷滇越鐵路。此鐵路連接中國之西南地區與北越，以河內為出海口，以與外界聯絡。在一九三九年北越是法國之殖民地，當時歐戰尚未發生，因此日方只能進攻中國廣西省之南方地區，以求切斷此路在中國境內之一端。

下述的桂南會戰之作戰經過，是由本書共同作者的周珞兄所提供，先在此致謝。

(1)一九三九年十一月十五日，日本第五師團（今村均）以及臺灣混成旅團登陸中國廣西省之欽州灣。十一月二十四日進占南寧。十一月二十六日至十二月二日攻占八塘與崑崙關。

(2)此後，日軍派駐一個大隊留守崑崙關，其餘退回南寧。

(3)國軍在十二月十七日反攻崑崙關，軍長杜聿明使用了榮譽第一師及第二十二師、裝甲兵團（指揮官邱清泉）以及戰防砲第十團。此時國軍使用的是俄援之輕戰車，裝備強過日軍。

仁按：日方之第五師團為其主力師團之一，從東北、華北到華東皆曾參戰，其原任師團長坂垣征四郎在一九三八年的台兒莊之役後升任陸相，在戰後以大將身分之甲級戰犯而問吊。

(4)十二月三十一日華軍反攻崑崙關成功，日軍第二十一旅團長中村政雄少將戰死。

此即華軍戰史中所宣稱的「崑崙關大捷」，其實此役只是桂南會戰中的一個作戰。

中方戰史往往把一個會戰中的某一次作戰，單獨挑選出來，作為一場會戰，這是不對的。例如在太原會戰中的「平型關大捷」，此是共軍林彪師消滅了一個日軍的補給大隊。又如「台兒莊大捷」，此是「徐州會戰」中的序戰，是華軍孫連仲集團軍之池峯城師殲滅了日方一個主力師團——第六師團磯谷廉介所部。這是一場「遭遇戰」，即中日雙方在向徐州集結時，不期而遇，在台兒莊給碰上了。

仁按：此第六師團在被打敗之前的幾個月之前，曾在當時的師團長谷壽夫之指揮下，參預了南京大屠殺。戰後，谷壽夫被中國之南京軍事法庭以乙級戰犯身分處死刑。

也就是說，「平型關大捷」、「台兒莊大捷」及「崑崙關大捷」，都是一場大會戰中間的一個戰爭。這三大捷的主體會戰，即在「太原會戰」、「徐州會戰」及「桂南作戰」中，華軍都是被日軍打敗了的，此即三次中的華軍（包括國軍與共軍在內），都是先勝後敗的了。平型關之役的規模太小，日方所損失的只是一個補給大隊之老弱殘兵，當時在場的日方之作戰兵員極為有限，如此規模之戰鬥在戰史中通常可以不計。至於台兒莊及崑崙關這兩次作戰，日方之參戰者皆為精英部隊，戰力甚強，而且雙方打的皆為硬仗，華軍之獲勝實為不易也。可是從軍事史來說，這三仗都不能被單獨列為會戰也。

現在回到崑崙關之役。

(5)日軍在一九四〇年一月七日至十三日，派兵增援，並且在二月三日攻下崑崙關，又予占領。此即在那一次的崑崙關雙方作戰了三次，為日勝、華勝與日勝之輪番獲勝。華軍之崑崙關大捷，指的是第二次之華勝也。

(6)二月十三日，日軍撤回南寧，國軍亦全線撤退。

此時桂南作戰在實際上已為結束，日勝中敗。

此後，在一九四〇年六月德國在歐戰中滅了法國，法國之維琪政府乃與德國合作，而日本既然是德國之軸心盟國，乃獲法方批准，允許其進兵北越。此時日方既然已可以從河內去切斷中國對外之通路——滇越鐵路，就不需要繼續在桂南去切斷此鐵路之終點了。因此日方在一九四〇年十一月份乃主動撤出廣西之南寧，可是仍然占領廣西之海岸。

以上是桂南作戰之大要，其中作戰部分之史料，大體是由周珞兄提供的，在此容我再予致謝。事後去回顧，日方為了切斷中國對外通道之滇越鐵路而進軍北越之河內，在戰略上及政略上是貪小失大的大錯，美國因此開始對日本全面禁運戰略物資，以制裁日軍之可能南進東南亞，最後逐步發展，導致美日反目而掀起了西南太平洋戰爭也。

在此自序中，作者之所以不厭其煩地引述此次桂南作戰，便是要向讀者說明，即使在戰爭已經結束了七十多年之今天，對同一件事，各方之解讀及記載還是可能不同的。今以一九三九年十二月十七日國軍攻克崑崙關一事為例以說明之。

在一九三九年十一月日方第一次攻陷崑崙關，十二月十七日國軍反攻，收復崑崙關，此即史稱之「崑崙關大捷」，在次年一月十三日，日方又奪回崑崙關。

日方在撤退時，常例是指揮官殿後，而我軍則是指揮官先退，因此在一九三九年十二月當我軍擊斃其旅團長，及俘虜了該旅團之軍旗時，我軍當時判斷及宣稱是消滅了日軍整個旅團，是合乎情理者。然而戰後去查閱日方之文件，我們才知道當時國軍只是消滅了日軍的一個聯隊，是一個旅團中大約一半的兵員。

在近代的中外之戰史中，如果一個軍隊的軍旗被敵方俘獲，各國之慣例是予以解散，取消其番號及編制，而把生還的官兵改編入其他部隊，這比起整個單位全軍被殲滅之處分還要來得嚴重。例如一九四二年美軍在菲律賓之巴丹半島全軍向日本投降時，因為已燬了軍旗，所以麥帥在澳洲重建新軍時，仍然使用了此降軍之番號。

那麼在今天去回顧此事，即在「崑崙關大捷」中，國軍所消滅的日軍，究竟是一個聯隊，還是一個旅團的呢？是日方，還是中方的記載是合乎事實的呢？以上所舉的例子在說明，即使在戰後，同樣的事實，各方的解讀仍然可以有所不同的了。

就拿「崑崙關大捷」來說，此為桂南會戰之一部分，我方是先敗後勝再敗，就好像打牌輸了一個晚上，在中間胡了一副大牌，整體還是輸錢的。那麼在那個晚上，這個賭客到底是贏還是輸呢？

今以軍委會在戰役後所做的檢討與獎懲為例，即為：

戰區司令長官張發奎上將記過。

集團軍總司令徐源泉上將記過與降級。

軍長杜聿明與師長邱清泉記功與授勳。

二次大戰中國戰區參戰的國家有中國、美國、日本，在印緬戰區再加上英國與印度，在各國之間由於國情及文化的不同，研究者們對於史料的取捨以及解讀亦為相異。更且因為史料的保管及取捨也有不同，所以到了七十多年以後，戰爭早已結束，而許多爭議性的問題還是無法解決。本書的作者們對這些問題提出各自的看法，謹供大家參考，即使在作者們之間，對有些問題有時也無法取得共同的見解。本書既然是私家之著作，並非在寫正史，因此採取了眾說並存的態度，為將來修正史者提供不同角度的看法，若作者群中因此對同一個問題提出不同看法的時候，希望讀者予以諒察。例如仁安羌之役首功誰屬的論爭，本書兩位作者即為採取不同的說法，周珞先生認為應屬於孫立人師長，而張鑄勳將軍則認為應屬於劉放吾團長，即是一個例子也。

關於一號作戰部分，在本書中三位作者的分工，大體上是由周珞兄記述各戰爭之經過，傅應川將軍以軍事學之角度去分析中日雙方在戰略與戰術上之成敗得失，而作者阮大仁則是在作難題解答，試著去評析各參戰國的史家們至今終未有公議的爭論，並分析中方大敗之成因。

我為什麼會去研究一號作戰及兩次緬戰？

筆者阮大仁對於一號作戰及兩次緬戰的研究始於一九七〇年代，當時臺灣出版了梁敬錞先生的大作《史迪威事件》，同一年，美國出版了塔克曼女士的大作《史迪威及美國在華經驗》，該書得了次年的普立茲獎（一九七二年）。梁著的資料主要取自蔣中正總統的私人檔案，此即「大溪資料」，塔著則主要取材於《美軍戰史》（*Stilwell's Command Problems*）。先說大溪資料，此既然是出於蔣先生的秘檔，當然是主觀的見解。至於《美軍戰史》則成書於一九五〇年代，兩位作者在緬戰時任職於史迪威軍中，擔任戰史官。因此在中美之間，史迪威與陳納德之間，美國陸軍與美國空軍之間，美方與英方之間的各種爭執，兩位都是站在美國陸軍史迪威將軍的立場，也是難以客觀公正。

在閱讀了梁著及塔著之後，筆者發現雙方在許多問題上的立論是南轅北轍，截然相反，因此寫了一篇幾萬字的評論，發表於紐約的一本華人同人雜誌《聯合月刊》。這是一本由陳立家博士所創辦及主編的中文月刊，此文即收錄在本書〈一號作戰——評梁敬錞的《史迪威事件》及《美軍戰史》〉，出版的日期是一九七三年七月。

梁著《史迪威事件》之難以客觀公正是為人情之常，一如塔著之偏袒史迪威也。不過最令我驚訝的是梁先生對軍事學及兩次緬戰中，盟軍與日軍雙方各自的戰術及戰略經過，可以說是一無所知，怎麼會敢下筆去寫《史迪威事件》？當時我在李則芬中將指導下去研究抗戰史，李將軍要我去熟讀中外軍事學的理論著作及中國與緬甸戰區的戰史，更要去研究當地的地理狀況及氣候特徵，絕不是只去參考各方面的書面資料而已。所以不論在本書中或是在其他有關八年抗戰的著作中，本人下筆時，一直念念不忘的是李將軍對我的教誨，而且是以一個從來沒有打過仗的文人的身分與心態去向專家們求教，絕不以己見為定論，拙見只是謹供大家參考而已。

在一九七三年於《聯合月刊》上發表了上文之後，一直到一九八九年，即十六年之間，我仍然對一號作戰及前後兩次緬戰深感興趣，平時即閱讀以及收集了許多中文及英文的材料，不過因為在一九八二年後，我棄筆從商，停止公開發表拙作，所以這些工作都是在默默中進行的。一九八九年，作者奉調回臺北工作，因此有了兩個月的搬家假期，我乃得空把歷年來所收集的資料加以分析及研判，乃寫成了大約七萬字的一篇長文，不過從未發表。二〇〇三年，作者自商場退休，搬回美國定居之後，在二〇〇七年左右，作者把手寫的稿件送呈呂芳上及黃自進兩位歷史學家，請他們指正，並且因為黃兄是日本慶應大學的歷史博士，希望兩位能參考日方的文件資料，予以補充。呂兄把拙稿請人打字輸入電腦，但是兩位可能因為事忙而未予指教及補充，在二〇一九年，作者把前稿予以補充，主要是加入了在二〇一三年才完整問世的蔣中正日記中之相關資料，才予以出版，此即為本書也。

在此要說明的是在這篇文章中，在一九八九年完成的部分裡，作者採用了西方人寫作論文的格式，對資料的出處皆予以詳細的附注，此於在《放聲集》中其他的拙作所採用的寫作方式是不同，這是因為該文是在一九八九年所寫成的，寫作的時間與其他作品是不同的。其實作者早年已在美國得了數學博士、電腦工程碩士及工商管理碩士，對西方人學術論文寫作的方式當然是十分熟悉的，只是在老年用中文寫作的時候，作者習慣上是採用了中國兩千年來中文寫作的方式，是不多作自行注解的。

有關中共軍與日軍之間戰鬥狀況之補充說明

目前因為國共兩黨都還存在，八年抗戰之戰史乃成為雙方各持己見，相互貶斥的狀況。時下通行的說法是把中國戰區一分為二，認為國軍主導了正面戰場，共軍則主導了敵後戰場。在《放聲集》第三冊《蔣中正日記中的抗戰初始》中，筆者對此點已做了拙見之說明：即為該書之第肆編所包含的一篇文章——〈漫談有關抗戰史的幾個問題的看法〉中的第二節——「是國軍抗日？還是共軍抗日？」，可見於該書的第三九〇至三九二頁。

在前論發表之後，有研究此方面的幾位史家朋友們分別各自提醒我，中共與日本之間的敵友關係是配合了蘇俄與日本的關係。從一九三七年八月二十一日，中俄在南京簽訂互不侵犯協定起，到一九四一年四月的日俄中立協定為止，在黃河以北的共軍（即十八集團軍朱德所部）是與國軍配合，不論在敵後戰場或正面戰場都是積極抗日。可是在日俄中立協定簽訂之後，中共及日軍雙方敵對的態度因此改變，而日軍一直到戰敗投降為止，自始至終，在八年抗戰中也不曾專門對中共軍展開重大的攻擊，此不僅是在陸地上作戰，即使在空中，日方雖然多次大規模轟炸國府的陪都重慶，卻從來沒有去轟炸過中共中央所在的延安，連一次都沒有也。

至於在黃河以南，江淮地區的中共之新四軍，則是「打國軍比打日軍多」。筆者並非研究此方面之專家，在此只是存錄這些史學家、朋友之告知，謹供參考。

在一號作戰中，日軍傾巢南下，華北淪陷區成為真空，共軍乃趁虛而入，大力擴張地盤，所以成為一號作戰中的受益者。不料在戰役結束之後不到一年，日本即無條件投降，因之此事乃大有益於中共在內戰中的華北地區之成功。至於日軍南下，與中共在華北之擴充地盤，兩者之間，不論在事先或進行中時，雙方是否有配套之行為？筆者手中無資料，在此提點出來，希望在中共方面之資料解密以後，請大家再作研究，目前只能說待考。不過作者在此要指出來的，是由於「潘漢年案」所引起的許多傳聞，坊間的流言甚多也。可是從史學的角度去看，到目前為止，我們只能說，此為適合中國的一個老話——「事出有因，查無實據」者也。

小結

本書所收的拙作雖然是以研究一號作戰及兩次緬戰的文章為主，也包含了一些其他的作品。其內容之大要及寫作該文的原因可見於各篇章的引言，在此要說明的是，在東北亞的三個大國，即中國、俄國與日本之間，以及夾在三國之間的韓國（南韓及北韓），其間的合縱連橫與分分合合，是中國歷史上自古到今的一個焦點問題。遠在俄國出現之前，中國長城以北地區自漢朝到明朝就有數不盡、說不完的戰爭發生，即使到了二十一世紀的今天，中俄日韓以及東北亞的局勢仍然是一個世局的焦點。

中國在近年來提出了一帶一路的說法之後，其大勢是北守南進，東守西進。在北方的兩條通路，其中較北的一條是取道於俄國境內，當然是與俄為友，至於韓國及日本則並不在一帶一路所經過的範圍之內。中日之間遠在唐朝便已密切往來，一直到西風東漸，海禁大開；這其間一千多年都是以中國為主，日本附從。雖然在明朝有短暫的倭寇，及唐朝（一次）、元朝（兩次）、明朝（一次）的四次中日戰爭，大致來說，雙方是和平往來，以文化交流，貿易通商為主。即從唐朝到明朝，東亞是以陸權為主體，日本遠在海外，並非東亞文化、政治、經濟的中心，可是到了鴉片戰爭（一八四〇年）以後，歐美的勢力經過海上而伸足於東亞，日本作為一個海島國家，反而近水樓台先得月。所以在近一百多年來，中國是借道日本去求取現代化，此時在文化、經濟、政治各方面，日本反而後來居上，中國乃成為現代化的偏遠地區。在中日交往的一二千年中，這一百多年是一個變局，並非常態。在這段期間，日本有人主張脫亞入歐，此於中國有人主張全盤西化，異途同歸。到了二十一世紀的今天，在二次大戰結束了七十年後，中國已經成為世界第二大的經濟體，而隱然已與世界第一大經濟體的美國分庭抗禮。固然中美之間的距離還是很大，中國尚未有資格成為與美國競爭世局的領導者，但在東亞地區，中國國力已經遠遠超過日本，成為地區性的領頭羊，則為顯然。因此日本人現在是不是要考慮脫歐入亞，回復從唐朝到明朝一千多年來的中日關係，也就是說陸權是不是在東亞將成為主導，而海權附從於其後？

筆者曾經與日本友人討論過此問題，所得到的反應是因為中日戰爭（即八年抗戰），日本人對輸給中國人非常不甘心，認為日本是被美國打敗，而不是被中國打敗。所以日本的老一輩看不起中國人，不肯接受中國的領導，但是日本目前年輕的一輩是在考慮這個問題。

不錯，在八年抗戰中，日軍被華軍打敗的戰役不多，以中方的觀點去看，有台兒莊之役、三次長沙大捷、崑崙關之役、常德會戰及第二次緬戰等。在日方的觀點去看，在中國戰區內（不包括第二次緬戰在內）則如前述者，即只有芷江作戰一次。可是從戰史的觀點去看，每一個單一戰役的勝負不足以決定戰爭的全局，而是要看最後是誰向誰投降，才能論定一場戰爭其勝敗之結局的了。

例如一八一二年的俄法之戰，拿破崙從中歐開戰，一路向東進襲，一直打進了莫斯科。其間俄國從來沒有在任何一場戰役中贏過法國，俄軍一直是向後撤退避戰，堅壁清野，敗退千里，可是法軍最後全軍覆沒。雖然戰史學者把俄軍的勝利歸功於氣候，可是從來沒有一個人說法國因之沒有敗給俄國。

兵法嘗云：「為將不可不知，天時、地利、人和。」在二次大戰中，俄國打敗了德國是得天時之利，中國打敗了日本是因為中方善於利用中國大陸的地理狀況，此即：1. 改變日軍進攻中國的戰爭軸線，使日軍沿著長江從東向西去進攻武漢，而不是由北平沿著平漢鐵路向南去進攻，亦即《放聲集》第三輯《蔣中正日記中的抗戰初始》的兩個中心主題之一。2. 中方採取持久戰的長期作戰，放棄從華北到華中與華南的平原地區，而以西北及西南的山區作為長期抗戰的基地，這也是中方明瞭大陸地理狀況所作的決定。

在抗戰結束後，從一九四五年到一九四九年的中國內戰，中共打敗了國民黨是得到人和。也就是說在二次大戰及其後的中國內戰中，依據兵法的觀點：

俄國打敗了德國，是得了天時之便。

中國打敗了日本，是善於運用地利。

在內戰中，中共打敗國民黨，是得了人和。

在二戰結束後，到了二〇一九年，即七十四年以後，日本至今尚有人認為日本沒有輸給中國，此為不知兵法者的看法。拿破崙說過：「一場戰役的勝敗，往往不發一槍便已決定，是在於戰場的選擇。」此於整個戰爭亦然。日本作為一個海權國家，卻在中國大陸上與中國實行長期的持久戰，是日方選擇了一個錯誤的戰場，並且在戰爭軸線方面，中方使日方由東向西去仰攻，而不是由北向南去進攻，也是使得中方在戰略上穩居於「先為不可勝而後勝」的優勢，此為中勝日敗之必要條件。而日本人在戰敗了七十多年後的二〇一九年，還有人不明白中勝日敗之原因，不但是見木而不見林，其心態也是可悲者也。謹以此語為本書之小結。

二〇一七年十二月五日於臺灣學生書局　阮大仁口述　周雪伶筆記初稿

二〇一九年修訂於金山

放聲集 第四輯：一號作戰暨戰後東亞局勢的影響

目 次

第二編　東亞局勢之回顧、展望與建議

跋：追憶三位對我研讀戰史大有幫助的前輩

一號作戰對戰後東亞大局之影響

阮大仁

一、引言

一號作戰是從一九四四年四月到一九四五年一月，可以分成豫中會戰（一九四四年四月到一九四四年五月），長衡會戰（一九四四年六月到一九四四年八月）及桂林柳州作戰（一九四四年八月到十一月）。其詳細經過已可見本書之各章節，本戰役戰線從中國的河南省延伸到湖南、廣西及貴州三省，長達一千四百多公里。華軍除了在衡陽會戰以外，其他各戰役可以說是損兵折將、一敗塗地。這場戰役對中國戰區所產生的影響，主要有下述三點：

1. 日軍採取了下列三點行動：

(1)從東北的關東軍抽調了一個裝甲師團入關南下，此為原駐包頭第三裝甲師團，當時關東軍只有兩個裝甲師團，也就是說把關東軍的裝甲兵力抽調了二分之一南下作戰。

(2)日軍把參加一號作戰的部隊戰力提高了七倍，不論在人數及裝備上都予以加強增補。

(3)這是在二次大戰中，日本發動的最大規模的陸地作戰。

2. 在國軍方面的傷亡數字，日方的記載是殲滅了國軍七十五萬人，國軍的記載是陣亡了一百萬人，也就是說國軍的野戰軍兵力損失甚大。在一號作戰結束後八個月，即在一九四五年九月，抗戰勝利時，國軍的總兵力大約為四百萬人，共軍自稱有一百萬人，兩相對比就可以看出一號作戰對國共雙方兵力的影響實為巨大，況且這個犧牲的七十五萬到一百萬的官兵，大多數是長期參加了八年抗戰的老兵。

3.因為國軍在一號作戰中一敗塗地，而盟軍在西南太平洋戰爭中又步步進逼日本本土，所以英美乃轉向蘇俄，要求俄軍參戰以擊敗日本的陸軍。一號作戰在一九四四年十二月結束，一個月後英美與蘇俄達成了《雅爾達協定》，同年五月，納粹德國敗亡，三個月後，即一九四五年八月，俄國根據《雅爾達協定》乃出兵進攻中國東北地區的關東軍，也同時攻入內蒙地區及北韓，因此不但對戰後東北亞地區產生了決定性的影響，也幫助了中共在內戰中取勝。

二、德日陸軍對敗局不同的反應，以及所造成的後果

在一九四四年六月及七月，歐洲與亞洲戰區分別發生了一件影響大戰勝敗的事件。

1.在歐洲戰場盟軍在六月六日實行了諾曼第登陸。

2.在亞洲戰場的中太平洋戰區，盟軍攻取了馬里亞納群島（Mariana Islands）的塞班島（Saipan）。德國及日本的陸軍高層各自對面臨的敗局作出了不同的反應。

(一)德國部分

1.當時德國陸軍的參謀總長是古德林上將，此人號稱德國裝甲兵之父，在他主持下，德國陸軍

的高級將領召開了一次祕密會議，咸認德軍在盟軍東西夾攻之下，敗局已成，因此他們決定把重兵從西線調到東線去抵擋俄軍，變相幫助了西線英美法盟軍的進攻。也就是說他們在德國必敗的局勢下，去考慮戰後德國的復興之路，他們盡量要把未來的西德大於東德，使未來統一後的德國是一個資本主義的民主國家，而不是被俄國控制的共產主義的極權國家。

2.當希特勒在面臨敗亡的時候，困居於柏林圍城之中，在軍事方面，德軍位於柏林的北方有一支新建的第十二軍，大約十五到二十萬人，希特勒乃派一位孟澤爾（Oskar Munzel）將軍臨危受命去接掌此軍，以南下攻擊包圍了柏林的俄國大軍之背部。此時古德林已經去職，不再擔任德國陸軍的參謀總長。孟澤爾將軍不但沒有南下去解柏林之危，反而收容了東線退下來的敗兵與難民，加上他轄區中的軍民，大約一百萬人，向西移動去向英美投降。若以戰後西德的人口為四千萬，東德的人口為兩千萬去做比較，這個一百萬人的軍民集團在當時的動向，對戰後的德國之大局是為舉足輕重的。

同時希特勒下令在德國還能控制的區域中徹底摧毀道路、橋梁、鐵路、工廠等德國的基礎建設。負責這方面的德國軍火部長史比爾冒著生命危險進入柏林圍城去當面向希特勒抗議，要求他收回成命而未果。他離開柏林之後，盡他的努力去阻擋各地方的德國公務員去實行這個命令。

以上所舉的例子是在說明面臨敗局時，德國人不分軍民都有人已經考慮到戰後德國復興的問題。

(二)日本部分

1.在一九四四年四月以前，即為日方展開一號作戰之前，美國空軍已經可以利用位於中國江西境內之遂川基地，用長程轟炸機去轟炸日本本土。不過勞師遠襲，進攻之次數及飛機數量均為有限也。

2.在一九四四年七月，美國攻取了塞班島之後，美國的長程轟炸機已經可以直接大規模地從此地起飛去轟炸日本的本土，此示日本的「絕對國防圈」最後國防線已被攻破。

3.當時日本海軍及空軍已經喪失了制空權及制海權，可是日本的陸軍並不認為日本已經戰敗。

4.一九四四年四月以後，日本陸軍還是仍在中國大陸上實行一號作戰，六月十九日日軍取得長沙，南下攻擊衡陽，從六月二十三日到八月八日，中日在衡陽展開會戰，而塞班島之易手，即是發生在衡陽會戰之間。此會戰結束後，日軍仍然依據原定之作戰計畫，繼續向南方去攻擊中國的廣西及貴州兩省。

此示日本陸軍並不認為塞班島的失陷會逼迫他們去改變一號作戰的原定的作戰計畫，戰後根據日本陸軍參與一號作戰計畫的將校們之回憶錄及官方之資料，當時日本陸軍高層有一個大膽的長期作戰計畫，也就是在美國從海路進攻日本時，陸軍甚至考慮放棄日本本土，移國中國大陸，在一九四六年與美國在中國大陸上進行決戰。

此即在比較前述德國與日本的陸軍高層在面臨敗局時的反應，是有如此之不同，這是因為兩國民族文化的差異，德國人是務實的，日本人是「吾道一以貫之」，死不認輸而拒絕投降。其實中國人在這方面與日本人是相同的，中共退到延安，國府先後退到重慶與臺灣，也分別都是堅持到底，苦撐待變。

若以一號作戰時期日本陸軍的決策來說，面臨美軍進攻日本本島而日本陸軍還是繼續去貫徹其原定的一號作戰之作戰計畫，對戰後東亞局勢的影響是造成了俄國及中共之崛起。此因一號作戰造成的國軍之潰敗，促使英美改向俄國要求其參戰以進攻中國之東北，因而促成了《雅爾達協定》。而一九四九年，國共內戰，共勝國敗，戰後北韓及北越之形成，都是種因於此《雅爾達協定》，至於一九五〇年代的韓戰，以及一九六〇、七〇年代的越戰，還有目前正在面臨的北韓核彈危機，也都是《雅爾達密約》所造成的長期效應。

三、鑑往可以知今嗎？

在面臨敗局的時候，賭徒通常有兩種不同的反應，有人會抽身離桌，暫時休息，抽根菸、喝杯酒、吃頓飯再回去換個桌子賭。在一九四四年諾曼第登陸之後，德國陸軍高層是採取這個方案，他們承認在二次大戰這個賭局中，德國輸了，他們的行動乃是著眼於戰後德國的復興，也就是要準備去參預下一個賭局，換個賭台再賭。

二次大戰之前，世界上有三個政治集團，即是：

1. 英美法所領導的，採用了資本主義，市場經濟與多黨制的民主國家集團。

2. 蘇聯是採用了共產主義計畫經濟，與一黨集權的國家。當時蘇聯組織了第三國際，其成員乃是各國的共產黨或左派團體。

3. 採用了資本主義市場經濟，但是由極右的政黨所控制的一黨獨大的集權國家，例如納粹德國與法西斯義大利。

至於日本是一個特例，日本當時是多黨制，由兩個大黨經過民選，採用了內閣制的政府去輪流執政，表面上跟英美法一樣，但是日本的政府及政黨被信仰軍國主義的軍人們所控制，所以名義上戰前的日本與英美法的政治制度相同，但在實質上與德國、義大利一樣。

在二次大戰中，蘇聯與中英美結合，是為同盟國，德義日結合則成了軸心國。在一九四四年，戰爭即將結束，軸心國即將因戰敗而解體，戰後的世界即將分裂為由蘇俄所領導的共產集團及由美國所領導的資本主義國家集團，這也就是一九五〇年代冷戰開始的局面。

因此在面臨戰敗的時候，德國與日本必須考慮戰後他們會歸屬於哪個集團，因為地理環境與作戰狀況的不同，德國與日本所面臨的敗局是不一樣的。

拿德國來說，身為中歐的國家，他面臨是東面來的蘇聯與西面來的英法不同的兩面敵人。英法與德國是在一九三九年九月宣戰到一九四五年五月德國投降，已經作戰了五年之久，至於蘇聯則是在一九四一年六月，德國進攻蘇聯開始作戰，此時已有四年之久，所以戰後的德國必然被東西方的兩邊強敵所占領與瓜分。因此在一九四四年六月諾曼第登陸之後，德國陸軍的政略是要幫助西方來的敵人英美法，而去阻延東方來的敵人蘇聯，也就是說，德國雖然必定敗亡，可是在他們的心目中，兩害相權，寧取其輕，希望戰後的德國在復興後，成為英美法等國之成員。

反過來看日本，日俄在一九四一年四月簽訂了《中立協定》，到一九四四年七月，塞班失陷的時候，俄國恪守此協定，從未參加對日作戰，所以到此時為止，日本如果敗亡，占領者必然是美國。可是日軍在一九四四年七月以後的行動，卻是一心與美國及其盟邦中華民國去對抗，在繼續貫徹一號作戰的情形下，反而幫助了蘇聯及其集團之成員中共，使得戰後身為美國集團成員的日本，無力單獨在東北亞與中俄、北韓等所組成的共產集團相對抗，乃使南韓及日本長期必須依靠美軍的保護傘才能生存。可是在西德統一東德之後，今天的德國已經是歐盟的領頭羊，儼然已經可與英、美、法等當年的戰勝國平起平坐的了。兩相對照可以看出在一九四四年夏天，德國陸軍高層比日本陸軍高層遠為高明，而其根本原因是在德國人面臨敗局時服輸，日本人則不服輸，這就如本節開始所說的賭徒手氣不順、屈居下風的時候，有人離桌小憩，換桌再賭，有人絕不離桌，苦戰到底的兩種不同反應。

在二〇一九年的今天，因為中國經濟的崛起及美國國勢的下降，東亞局勢正在面臨一個新舊交替的關鍵時刻。包括德國在內的歐洲國家，與日本對此的反應截然不同，是不是就像一九四四年夏天，德國與日本陸軍方面對面臨敗局時的反應可以兩相對照呢？真是值得我們讀史者三思的一個有趣的問題，古人說鑑往可以知今，大哉此言。

四、小結

有關一號作戰的研究，筆者阮大仁始於一九七一年，而在二〇一九年出版《放聲集》第四輯，即為本書時，方才告一段落，為時大約長達四十八年之久。其間發表了兩篇長文，此即：

1.〈「一號作戰」——評梁敬錞的《史迪威事件》及《美軍戰史》〉，刊載於一九七三年在美國紐約出版之《聯合月刊》。

2.即在本書中首次刊出之長文，〈「一號作戰」我軍敗績之研究〉，發表於二〇一九年。

在此文中，稱第一篇為「前文」，第二篇則為「後文」。

在發表「前文」時，筆者年為三十一歲，而出版此書時則為七十七歲，因之不論在資料之蒐集，寫作、思考與分析之方式，兩者均為不同。

在此前言中，筆者要說明的是下列七點：

1.《聯合月刊》是陳立家博士主辦的一份留學生刊物。

2.在一九七三年，發表「前文」時，筆者只是在批評梁著《史迪威事件》及《美軍戰史》（共二本），這三本書對「一號作戰」並未作過全面之研究，所以「前文」只是一篇書評。

3.在「後文」中，筆者是試著去解決中、美、英、日等國史學界有關「一號作戰」、「第二次緬戰」及「印坊戰役」這三次戰役之各種爭議，並非在寫全史，只是在作難題解答。有關一號作戰之經過，讀者仍須去讀周珞兄在本書中之著作。而傅應川將軍在本書中之作品，則是對「一號作戰」用軍事學之觀點去作的一個鳥瞰性的分析與評論。

4.本書中各位作者對自己篇章的介紹，各有引言，在此不贅。筆者要說明的是，在「前文」中筆者阮大仁曾寫出正在寫作「後文」之伏筆。只是在一九七三年時，筆者並未預料到會在二〇一九年，即四十五年後才能竟其事也。

5.此即在「前文」中之「感言及小結」之中，有句云：

「我們必須編個大事表，用地圖及數字來查證論點，將每一本書中故意含混的地方找出來，這是我已在做的事。至於個中重要人物的心理狀況等，只有引其言行，不可自加注釋，否則必然糾纏不清。」

6.自一九七三年到二〇一九年，在資料方面，最重要的是《蔣中正日記》全文之面世。

7.不過因為筆者不懂日文，所以對日方原始文件無法直接引用，這是「前文」及「後文」中共同的缺點，因之一如筆者在二〇〇七年以後，曾經一度希望黃自進博士能審讀及補充「後文」一樣，將來也希望有他人可以予之補強也。

二〇一九年四月於金山

第一編

一號作戰與緬戰之研究

一場非戰之時、非戰之地的戰役

——日軍一號作戰

傅應川

一九四四（民國三十三）年四月十七日夜，日軍啟動了所謂的「一號作戰」，為時九個月，是中國八年抗戰中，日軍發動規模最大，時間最久的一次戰役。本作戰，依計畫區分為平漢作戰及湘桂作戰，前者代號為「己」號作戰，而後者之代號為「止」號作戰。

就戰爭的歷程而言，日軍發動「一號作戰」，與抗戰中其他歷次作戰最大的不同，在於沒有相應的單一會戰。按國軍會戰的定義，依日軍攻勢發動時間的先後為序，由北到南分別為豫中會戰、長衡會戰、桂柳會戰與湘粵贛邊區作戰等四個部分。這種現象在戰爭歷程的區分中，稱之謂「戰役」，其意是包含有數個「會戰」的作戰。

一般而言，此役日軍在作戰成果上非常豐碩。除了在國軍的衡陽保衛戰中，遭受挫折外，在行經長達一千五百公里的戰線上，攻勢進行一路順暢。不但重創了多年據守長衡地區第九戰區的國軍精銳部隊外，且形同對前三次長沙大捷的翻盤。而其迅猛的攻勢，亦震動了重慶。但就戰爭的目的及勝負而言，日軍的「一號作戰」只能稱之謂一場：「非戰之時、非戰之地的戰役」。

論者這段評論，是《孫子兵法》：「知戰之地，知戰之日，則可千里而會戰」的反證。孫子此語旨在用兵上，總結敵我部署的兵力、時間、空間的相對利害、虛實關係。若能在此情勢上作出正確判斷，雖距敵遙遠，亦能前趨會戰而致勝。然日軍的「一號作戰」，從計畫概念的形成，及至付諸實施，不但在作戰目的上搖擺不定，甚至在依計畫執行中、完成後，除了戰術上的成就外，其餘欲達成的目的及啟動作戰的戰略意義，卻發現根本就是一場空。

誠如派遣軍總司令畑俊六的回憶及感想認為：「大東亞戰爭爆發以來，中國方面變成次要作戰地區，已不允許從事積極性作戰。」他心想應該從事某些足以扭轉局勢的大作戰，「然從戰爭全域觀之，雖有必要也有助益」（指一號作戰）；但「打通作戰，其利用價值似不太大」。這幾句話，不但道盡了當時的全般戰略情勢，為「一號作戰」作出了客觀評價，更重要的是，暗示當時的決策者犯了一個重大的戰略錯誤，那就是「主支易位」，主作戰與支作戰倒錯的毛病。

雖然在戰略上，畑俊六在對全域的看法中，含有對他指揮在華大軍淪為次要地位，有點吃味，尤其當時在日本，陸軍的地位遠大於海軍的狀況下為然。但亦暗示對戰爭決策者錯誤的不滿，應當支持他在中國境內發動一場足以「扭轉局勢的大作戰」，從而解決對華戰爭，避免在太平洋上及中國境內，同時進行兩場不盡相同的戰爭，陷日軍於追求兩面作戰的困境。又從「一號作戰」的全程發展觀之，其設計目的上，即未就屈服中國抗戰意志，形成決定性戰役的規畫，依然只是持久戰之一環而已。

此一情勢，就戰爭全域而言，即「戰」於短期無以致勝，而「和」絕不是戰地指揮官所能倡議。對全域而言，「打通作戰」影響甚微，戰爭勢必持續，故「其利用價值似不太大」。

消滅中國西南空軍基地

日軍的「一號作戰」從其計畫概念的開始就指向「封鎖」盟國（中美聯合）空軍。「封鎖」一詞是日軍用語，意在制壓或限制敵空軍活動之意。基本上，這種戰略戰術作為，是構不成作戰目的的。按西方兵聖克勞塞維茨對戰爭目的的釋義，不外「消滅敵武裝部隊」，此目的若能實現，敵將再無能力為戰；其二，占領敵人國土，則必使敵後續的作戰力量無法生成，逐漸走向敗亡；而另一則是「屈服敵人續戰意志」，逼敵簽訂和平協定（逼降），恢復和平狀態。

持平而論，在日軍思考發動「一號作戰」前，已歷經了與國軍長達六年之久的抗戰，在上述可選用於戰爭目的地重大方針上，都已經歷過，且都沒有成功。抗戰初期，日軍企圖三月亡華，採取「速決殲滅」的作戰方針，予國軍重大的打擊，但國軍又在艱困中，短時間內恢復了戰力。武漢會戰後，日軍雖占領中國廣大土地，但中國實在太大，又因持久抗戰的戰略態勢概已形成，日軍喪失了殲滅國軍主力的先機。且根本無此龐大的兵力，控制已攻下的占領地，反而因維持占領地的治安，部署治安兵力，而逐漸削弱野戰軍的實力。因此，日軍在本戰役中，為攻下的城池或目標指向的空軍基地，占領不占領問題，頭痛不已。又抗戰在蔣委員長的領導下，秉持「戰而不屈」的作戰精神，他日記中堅定的表示：「與其屈服而亡，不如戰敗而亡也！」堅決抗戰到底，反令日軍在戰略上，陷入戰亦難，不戰亦難的窘境。

一九四三（民國三十二）年秋，正值日本「一號作戰」計畫的發展期，其大本營對中國政府的抗戰能力，作出如下的評論：1.中國的續戰意志相當堅定，兵員、資源極為豐富。2.蔣委員長的地位頗為穩固，其政治力量未見衰退。3.輕兵器與糧食能自給，軍隊之裝備雖不良，但對遂行現狀程度的戰鬥並無妨礙。此結論彰顯出，日軍深知企圖以攻勢作戰屈服我抗戰意志的不可行。況日軍於一九四〇（民國二十九）年發動宜昌（國軍稱棗宜）會戰，結果無功，被迫走向所謂之「長期方案」。日軍基此經驗，遂發動和平攻勢，扶持偽政權，企圖「以戰養戰」；並於一九四一（民國三十）年四月，完成「美日了解案」。但無法忍受放棄對華戰爭果實，形同失敗的結局，反而逆向而行，發動太平洋戰爭。

因此，日軍對「一號作戰」不敢作出戰爭終結的作戰（五號——重慶作戰）方案，只作出針對消滅西南，敵空軍基地的有限目標的作戰方針。

空襲臺灣新竹機場

一九四三（民國三十二）年十一月二十四日十四時，以中國大陸為基地的駐華美空軍，開始對臺灣新竹空軍機場實施轟炸。日方記載：「來襲敵機為 B-25 型九架，P-38 型六架；十四時十分，發布空襲警報，十五時四十五分解除。」

此一事件在戰時常見，不應以為奇，但卻引起日大本營的重視。因為美國飛機對臺灣的空襲，意味著也能對日本本土實施空襲。如果出現 B-29 型機，判斷即可從中國西南部對日本本土實施空襲，給大本營帶來很大的衝擊。一九四三（民國三十二）年十一月二十九日，日大本營向中國派遣軍發文，說明有關對美空軍進駐遂川附近基地的封鎖計畫。並為了迅速加強中國方面的航空作戰，以大陸命第九〇一號令，將關東軍所屬的第十二飛行團（川原部隊，欠飛行第一戰隊）派遣至中國，納入中國派遣軍總司令官的指揮下。

日大本營的處置，看似對盟軍空襲新竹機場的反應，但這只是開始，以日大本營對事件處置的慣性，就不會在此打住。因為，對日本本土實施轟炸，必有報復性的攻勢，且有先例。即如一九四二（民國三十一）年四月十八日，美空軍杜立特中校率機自航艦起飛，轟炸東京、名古屋等地後，轉降中國浙境之衢州機場。日軍為解除對本土威脅，而發動浙贛會戰。

日軍的激烈反應，對中美聯合作戰的領導階層，亦存有深刻印象。當時美軍任中國戰區參謀長的史迪威（Joseph Warren Stilwell）將軍，據此會戰經驗，直接引以對美在華航空兵力部署的借鏡。他堅持將 B-29 轟炸機的主基地置於印度，而將新建四川的基地作為其前進基地。此舉的戰略意義，縱使日軍攻占在華所有的空軍基地，亦不致損傷美國的戰略轟炸能力。

從上述的史實可以看出「一號作戰」與轟炸新竹機場的關連性。日軍在未發動大規模的攻勢行動前，其他的軍事行動亦未曾稍憩，中國派遣軍即遵大本營的指示，運用增援到達的川原部隊，自十二月十日至年底，發動空中攻擊，企圖摧毀遂川基地。惟當時中美聯合空軍的兵力已超過日軍，在掌握空中優勢的狀況下，故能進出自如，且巧妙的避開日軍之攻擊，致使日軍空中攻擊無效，亦是促成發起「一號作戰」摧毀西南空軍基地的重要成因。

「一號作戰」與「絕對國防圈」

雖然日軍發動一號作戰的成因，有其先例可循。按整體的作戰規模，其成因當然不止於中、美空軍的攻擊新竹機場，而另有更重要的戰略思考。

中國派遣軍在一九四三年十一月規畫一號作戰的先期，從大本營轉達的背景資料中就有如下的描述：「在所羅門群島方面的海軍戰果雖為事實」，但美軍的反攻態勢未見稍減；「日軍航空部隊五百架飛機，幾近被消滅」，迄明年夏季，其重建頗為困難。而美軍在前線經常保持有五百架飛機，明顯趨於優勢；又拉寶爾島方面情勢危殆，恐難遂日軍大本營之願，維持至明年春季。

顯然美日海洋上之爭，在西南太平洋上，自所羅門群島海戰後，戰略情勢已有重大轉變。日軍攻勢已達頂點，在戰略態勢上，需逆轉而採取守勢。雖然態勢上對日軍不利，且顯悲觀，但亦未到絕望關頭，尚不致放棄與盟軍一搏。

基此，日軍大本營於自一九四三年九月，基於最新情勢，重新判斷敵情，變更過去的作戰方針。毅然決定暫時採取較為消極的作戰方式，避免在東南太平洋方面，進行激烈的消耗戰，俾以重新調整部署及戰略態勢。另為因應新的戰略情勢發展，盡量充實以航空兵力為中心的陸海軍戰力，以期主動對抗美英軍的反攻，此即所謂日軍建立「絕對國防圈」的基本思維邏輯與構想。其範圍包括千島群島、小笠原群島、南洋西部與新幾內亞西部、巽他及緬甸等區域。

依據受領於杉山參謀總長，研究制壓中國大陸美空軍活動的第二（作戰）課長，服部卓四郎大佐的回憶，在他視察東南方面現地後，有了如下的想法：「基於確保絕對國防圈的構想，對全般戰局的指導雖有進展，但日本勢必利用機會採取攻勢實施決戰。」且基於各種考慮因素，採取攻勢的時間，宜在一九四六（民國三十五、昭和二十一）年左右。屆時為了發動大攻勢，在東線方面應在各島嶼上極力阻止敵人的進攻，在西線方面應打通中國大陸與法屬中南半島間的聯繫，而在南洋方面應確保海上交通的安全。唯有採取以上措施，適應當時的情勢，始能發動大攻勢。

基本上，服部的看法是符合戰略要求的。戰略上從攻轉守，必須先建立一道守勢防線，以期在此防線上，藉雙方攻防手段，尋求雙方另一回合的戰力平衡，進而促成戰力的優劣轉換，企以再興攻勢，獲取戰爭的最終勝利。

雖然構想正規，但預期在一九四六年發動大攻勢，實際上是空談，因為二戰已經結束。值得注意的是，服部建構的日軍整體戰爭方案中，「西線打通中國大陸交通作戰」亦即是「一號作戰」，它與東線太平洋島嶼上的攻防，並列為日軍大攻勢的基礎之一。此即日軍「一號作戰」在東亞戰爭勝負中的戰略定位。

持平而論，構想的「絕對國防圈」，範圍太大，兵力不足，是此構想落空的主要原因。但亦有太多的無奈，因為在重大的建軍困難上，根本無法克服，並在整體的防線上，空中力量是決定性的因素，也是日軍的致命傷。

從計畫構思到計畫成形，一號作戰經過虎號兵棋演習，對作戰所需的武器資材，曾作具體研究。除研討其作戰目的外，對盟軍的空中力量，亦作了深入的評估。戰局的焦點在於東南方面，在該地將有激烈的海空攻防作戰。在此情況下，由於日方的空中力量居於劣勢，認定增產航空器才是打開致勝戰局之關鍵。若敵由千島群島、阿留申群島方面，或由中國大陸的中美空軍，對日本航空器的生產基地實施空襲，將使全般戰爭陷於危殆，實承受不了此打擊。

此際，另有情資顯示，美軍對日本本土的攻擊，其重點已指向轟炸日本國內的重要工業地區，及軍事設施等致命性目標。當時美方建立攻擊日本本土的空軍基地群及空軍設施，大多集中在中國境內。而在其他地區，距離仍有三千哩之遙，盟國空軍能否突破外圍防線，日軍仍存有厚望。此情勢不變，從太平洋上各島嶼發動空襲日本本土實為不易。研討結果歸結為：「消滅中國大陸的美空軍基地，以防止空襲日本本土於未然。」

很顯然的，「絕對國防圈」的範圍拉得如此之大，且特別重視盟軍對日本本土的空中攻擊，因素只有一個，即在確保作戰飛機的生產，維持空中力量的持續力。從此觀點視之，其實日軍在策畫中，對決策者實有隱瞞，致使重大的決策貽誤戎機。事實極為簡單，美國在二戰中生產各型戰鬥及轟炸機，總數超過三十萬架，按美陸軍航空部長安諾德的說法，在一九四四年前後的十五個月內，準備製造各型作戰飛機，總數達十四萬五千架。而日軍為了生產五百架戰機而顯困難，足證雙方實力確屬相差懸殊，完全不成比例，這才是致敗的關鍵。基本形勢無從逆轉，戰爭的最終結果就成了定局。

「一號作戰」計畫的發展與波折

「一號作戰」作戰目的的確立，幾經波折。首先日軍「打通作戰」的構思，係源自於為「絕對國防圈」的規畫，並於一九四三年十二月實施「虎號兵棋推演」，以為驗證。由於茲事體大，演習除召集了大本營陸軍部作戰課、海軍部必要的人員，「省部」的相關人員外，並請陸軍大臣、參謀總長等有關主管、局長、課長等出席。

此舉在日軍統帥體制上，實屬罕見。因為在體制上，大本營乃專事處理統帥之機構，任帷幄機務之奉行，與國務並無直接關係，故省部只能應大本營之邀，才能列席決策會議，且在會議上無決策的發言權。大本營如此勞師動眾的實施虎號兵棋推演，為期一週，足證其慎重。

兵棋推演的主軸，在針對東南方作戰狀況的推移，盟軍對日本本土的空襲，以及判斷大東亞戰爭未來的演變。僅在第二天（二十五日），研討了在「中國打通作戰」的必要性與可行性。

在此之推演之前，日大本營第一部為了研究「絕對國防圈戰略構想」，於十一月二十八日，電召中國派遣軍第一課天野大佐，晉京協調。大本營第一部長真田少將，除了說明戰局全般狀況外，並轉達了大本營擬在中國方面採積極作戰為主旨的設想，尤其是有關打通大陸作戰的實施。

此際虎號兵棋推演尚未舉行，作戰基本概念尚在研究中，真田便要求中國派遣軍就大陸打通作戰計畫，能在十二月十五日前提報，亦即就虎號兵棋推演預作準備。服部大佐並向天野說明：「因為在太平洋方面受到美軍的壓迫，所以不得不考量必須確保西部的中國大陸與南洋地區的連絡。萬一在海洋發生事端，不能眼看南洋地區的五十萬大軍被消滅。」上述大本營對中國派遣軍的基本作戰概念及指導，已呈現出日軍企圖在對華作戰上大翻盤。

按中國派遣軍自進入大東亞戰爭後，大本營賦予的基本任務即已顯消極。其於一九四三（民國三十二）年二月的任務為：「確保現有占領地區」，「繼續對敵壓迫，削弱敵人續戰能力」，並「封鎖駐華敵空軍的活動」。雖說包括新成立或調防者，派遣軍仍編配有十三個師團，且於一九四三（民國三十二）年底，其兵力計有一個方面軍、六個軍、二十五個師團（含戰車師團一）、十二個旅團（含騎兵旅團一），加上所需軍直屬部隊及一個飛行師團，總兵力約六十二萬人。

然而，大本營為求鞏固絕對國防圈所擬新作戰方針，其所需的兵力，需向中國地區要求支援。包括大本營預備兵力，抽調的兵力總共高達十個師團，占中國派遣軍兵力的半數，且將繼續從中國派遣軍抽調部隊轉用他方面。十月七日並面告中國派遣軍參謀長松井太久郎中將：「除了第三十六師團之外，另有五個師團（第三、第十三、第三十二、第三十五及第二十二師團），於年底逐次轉用於東南及西南方面，另外五個師團（第二十六、第三十七、第三十九、第一〇四師團、戰車第三師團），亦於明（一九四四年）春，於當地集結為大本營的總預備部隊。」

抽調出的兵力，幾乎是駐華野戰師團的全部，計約十四萬六千八百人，亦即只保留治安兵團，供中國派遣軍作為占領地維持治安之用。此等兵團，除了第一一六師團外，其餘均為缺乏砲兵與輜重的部隊，更遑論火力與機動力了。

反之，國軍方面，在太平洋戰爭爆發後，藉美《租借法案》獲得美援裝備的支助，開始大幅的整軍。不但趁機建立現代化的軍令體系，亦分五期編訓一百五十個師的作戰部隊。同時進行財政、兵役等法制改革，充實兵源及後勤支援的能量。至此，國軍對抗日戰爭成敗的危險期已過，並正整備三十個美械師，就反攻緬甸預作準備。而另讓日軍引以為憂的是，其空軍兵力與中美間實力的消長。中國派遣軍於一九四三年初，據估聯軍在中國境內的作戰飛機約三百架，迄年底，經常在空活動的戰鬥及轟炸機約二百三十架，其中轟炸機七十架。且從昆明地區逐漸東移，至廣西的桂林、柳州及湖南、江西的衡陽、遂川的作戰飛機亦多達一百二十架。

自日第三飛行師團投入中國境內後，即與聯軍空軍展開激烈的制空權爭奪。一九四三年十二月起，即展開對聯軍空軍的封鎖作戰，迄一九四四（民國三十三）年一月，已進行三期的空權爭奪戰。至此作戰雖仍在持續進行中，但據日參謀本部的檢討，稱：「中美方損失一百二十四架，日方僅損失四十九架」，咸認已予敵有效打擊。雖然日方所稱的戰果，顯然誇大，但卻承認盟國空軍仍不斷的增強，致使制空權已經移轉，漸對日方不利。在此情勢的基礎上，中國派遣軍實無任何實力，對國軍發動有積極性意義的作戰，打通作戰能否實施存疑。

隨著大本營對「一號作戰」概念的逐漸具體成熟，遂對中國派遣軍通報其作戰基本概念及指導，作戰計分兩階段進行。第一階段稱之謂「止號作戰」，大本營概定於一九四四（民國三十三）年六月上旬（最遲在七月），分以武漢地區的八個師團，廣東地區的二個師團，法屬中南半島的二個師團發動攻勢。先從武漢指向華南地區，打通粵漢與湘桂兩鐵路之後，繼之從衡陽附近經由中國西南部，貫通法屬中南半島北部，以完成地面連絡走廊。作戰期間概定為四個月。

第二階段稱之謂「己號作戰」，定於同年十一月上旬，運用從華北調來三個師團，及從華中調來三個師團，實施平漢路南段的打通作戰。很顯然的，大本營的指導，確與十月初面告的兵力調動相去甚遠。當時受領任務的天野大佐，為了實施大規模的攻勢作戰，隨即向大本營要求作戰所需的軍直屬砲兵、運輸、兵站（後勤）等部隊及各種作戰資材。同時考量攻勢作戰所需的基本兵團，暫緩調動。

中國派遣軍對突然的任務轉變，喜憂參半。一則感到任務非同小可，必須盡力克服；另則為從中國抽調大軍，削弱派遣軍的戰力，已使之不知如何從事在華的作戰。「一號作戰」的任務，卻給派遣軍在華作戰有了施展的方向。

任務傳至派遣軍後，總司令畑俊六有如是的見解認為，五月間杉山參謀總長來華時已明示：日軍的作戰宗旨，係企圖「以武力擊潰中國軍，打開大東亞戰爭的突破口」，這是對戰爭指導的全般方針；而抽調中國派遣軍的兵力，僅為針對自一九四二年以來，派遣軍為在華攻勢作戰作準備的「五號演習（重慶作戰）」，應予暫時停止的裁示，無須氣餒，總有機會東山再起。對畑而言，「一號作戰」即是此寓意。

作戰目的確立與日皇的質疑

誠如前述，「一號作戰」的戰略定位，係中國派遣軍在轄區內的作戰，在整個大東亞戰爭中，只是配角的地位。迄一九四三年秋，日軍為確保「絕對國防圈」的作戰方針，則以「封鎖」敵空軍為核心的守勢作戰。雖然「一號作戰」是發動大規模的攻勢行動，但僅止於摧毀敵空軍基地，阻止其對日本本土的空襲為目的。這種以「陸制空」的戰略設想，是沒有先例的，按一般戰略原理思考，以一個小機動（陸戰）的作戰方式，克制大機動（空戰）的作戰方式，很難想像會有成效。因此，歸結日軍何以採此戰略？那就是不得已！

在十一月底，日大本營以「打通作戰綱要」指導中國派遣軍時，其在列的作戰目的是：「旨在打通粵漢、湘桂及平漢線南段，以期與南方圈之鐵路連絡，並摧毀鐵路沿線要地之敵飛行基地，以阻止駐華美空軍對日本本土實施空襲。」派遣軍於十二月七日以《大陸縱貫鐵路作戰指導大綱》的計畫成案，即含各作戰之主旨及兵力分配，電覆大本營。計畫大綱將作戰區分為，湘桂第一、二、三期作戰及平漢線作戰。並將平漢線作戰置於湘桂第一期作戰之後，其著眼在符合大本營的指導方案。「期使儘早發動湘桂作戰，早日消滅桂林、柳州附近的美空軍基地。」基本上，派遣軍的成案是符合「打通作戰綱要」要求，但參謀本部戰爭指導班卻不這麼認為，「應限於消滅敵駐華空軍」，增強此態勢並防止其惡化。

中國派遣軍於十二月下旬，在狀況瞬息萬變中，正式著手作戰計畫的草擬，其作戰目標不但沒有專注，反而擴大到五項。除了防止盟軍空襲日本本土，打通中國大陸鐵路交通外，復增加封鎖敵東南基地的活動，確保東海交通；擊潰中國中央軍以圖促使國民政府的敗亡；確保桂林及柳州地區，以阻止中美駐印、緬軍回師華南。

儘管這些複雜目的，與大本營指導原則相背離，但其存在價值，卻無一不與「空軍封鎖作戰」或「打通作戰」有連帶關係，且無從割捨。幾經爭論，最終確定的《一號作戰計畫大綱》中的作戰目的，簡化為三項即：1.消滅中國西南部的敵空軍基地，以打消敵人對日本本土空襲等之企圖。2.

打通大陸縱貫鐵路沿線地區，以確保與南方軍的陸上交通。3.瓦解中國政府續戰企圖。

這份計畫與十二月提案，最大的不同，在於將平漢作戰的順序置於湘桂作戰之前。需知原提案的著眼，在儘速攻占桂林、柳州附近空軍基地，以解對日本本土空襲之威脅。且在用兵上要求「需有周全的準備，不予敵人有逐次抵抗的機會，而能一氣呵成作戰到底。」很顯然的，日軍惟恐本作戰再陷不能「速決殲滅」作戰的目的，又陷入另一個「持久作戰」的泥淖之中。因而使兩案著眼相互矛盾，本案又以何理由翻盤呢？派遣軍依湘桂作戰推算結果，所需兵力不足，需重複使用華北方面軍的兵力。又因各路兵團在武漢行戰略集中時，水陸交通均顯不足，必須先期打通平漢線南段。這樣的兵力置換，實彰顯出全般計畫在兵力及後勤支援能力上，有致命的缺陷，且難以挽回。

派遣軍的計畫大綱中的作戰目的雖已減化，但參謀本部向東條陸軍大臣說明一號作戰的綱要時，東條當面問到，真正最終目的何在？作戰目的必須單純明確，其結果決定為單一的消滅航空基地，以符合作戰主旨，經此協調後，終於獲得東條的同意。

雖然，最終統帥部下達命令將作戰目的，歸為「消滅敵主要空軍基地」一項，但其實施要領，幾乎維持過去的研究成果而未加變更，亦即對大陸打通作戰的構想並非完全被打消。其內涵雖然複雜，一言以蔽之，兩者有無法切割的必然關連性。試問，不打通國軍層層陸上防衛，如何能消滅盟軍的空軍基地？對眾多的基地群，不作長期的占領，又如何能保證不被修復後再使用？在此長達一千五百公里的戰線上，又需多少兵力占領及維護交通線？這即是打通大陸交通與確保南方軍的陸上聯繫；瓦解中國政府續戰企圖，根本是一號作戰計畫無法割捨的難題。

一號作戰計畫發展至此，則進入向日皇上奏裁示的階段。時序進入一九四四年一月，在太平洋方面的戰局，形勢對日更形不利，一號作戰付諸實施更為急迫。十九日，杉山參謀總長將研擬中的一號作戰計畫大綱向日皇上奏。日皇質疑：「中國地區的治安不太好，遂行這種作戰可以嗎？」日皇之問，雖在表示對華北治安作戰的關心與重視，其實是對發動一號作戰的價值判斷。杉山回答「投入新戰力後，一定顧慮治安問題。」然而計畫中原本數量不足的野戰兵力；以國力為基礎的戰爭支援；甘冒蘇聯在北方事態生變時的風險，抽調關東軍入關等重大問題，並不因杉山的說明而予改善。這才是日皇一針見血之問，及關切之所在。

計畫終於獲得日皇裁可，而其關鍵卻在適時的外交支援，與蘇聯簽訂《互不侵犯條約》，勉強排除北方敵人之威脅。

綜前所述，日軍的一號作戰在其目的設計上，並非採行擊滅國軍主力，屈服我抗戰意志，決定性的戰役規畫。由此觀之，是一種消極作戰。縱然目的消極，但為了保證此一目的可行性，日軍在作戰過程中必須痛擊國軍主力，並展開大規模的決戰行動，方能達到確保與南方圈陸上交通聯繫之目的。故一號作戰在遂行上，又有積極作戰的意義。因此本作戰的性質，趨於以積極作戰手段，達成消極目標或有限目的的作戰。那麼日軍採取的仍不是戰爭終止方案，依然只是持久戰之一環而已。

攻略四川抑或是打擊湯恩伯

從作戰的本質上看「一號作戰」，是一場大規模的戰略欺敵作戰。上自戰略，下至戰術無一不與欺敵作戰有關。

「一號作戰」的正式命令，於一九四四（民國三十三）年一月二十四日以〈大陸指第一八一〇號〉正式頒布實施。雖然其內容一如以往其他作戰命令的格式及內涵類似，但卻特別以〈大陸指第一八三〇號〉之附件，頒行「一號作戰」的《秘匿企圖要領》。更特別的是，明示此命令係根據《大陸命第九二一號》，亦即是此要領與一號作戰的主命令同一位階。

蓋日軍命令的最高位階，是日天皇的欽命。無論是親授或代授，受領人皆需按規定的軍禮接命，其文以「大陸命」頒行（通常是上奏裁示文）；其下則是大本營以「大陸指」頒行。在體制上雖指的是大元帥，但當時皆以大本營陸、海軍部參謀總長之名義行文。從命令的意涵即可體認，「一號作戰」是執行一項欺敵為主的戰略作戰。

從「一號作戰」命令的主文來看，以「消滅敵空軍主要基地，封鎖其活動」應無疑義。然在所謂的「打通作戰」上，又要求「占據湘桂、粵漢及平漢鐵路南段沿線要地」，這又將作戰目的擴大化。而《秘匿企圖要領》有更多的作戰指導，要求秘匿其積極之作戰企圖，遂行兩大戰略欺敵任務即：「使國軍誤以為將實施重慶作戰（五號作戰）」；又令派遣軍與南方軍，就秘匿企圖作戰上相配合，使「誤以為日軍全般作戰（戰爭）指導重點，置於緬甸及印度方面」。就地緣關係而言，這兩項任務，前者置於平漢鐵路南段，而後者則於發動湘桂作戰及打通粵漢線時實施。

又《秘匿企圖要領》中規定：「秘匿企圖與欺敵作戰，將透過政略、謀略、宣傳及防諜等各種管道，在最高當局與現地軍的統一規畫下實行之。」很明顯的本欺敵作戰，不但遠超過軍事範疇，並在最高當局（指大本營）直接指揮下實行。故此作為，在指揮節度上，實屬緊轜統率，由大本營逕行參予。這種作為，並不符日軍傳統的指揮方式。其主因在於各級部隊的訓練不足，指揮單位對大軍指揮的經驗不夠。因此，華北方面軍司令官岡村寧次，對其擔任「己」號作戰主要下屬的第一軍、第十二軍，亦未充分賦予任務，及自行計畫的授權。方面軍有目的的，掌握主要的後勤補給的支援能量，並逕行計畫指導下屬的師、旅團作戰。

就方面軍而言，其主要的作戰目的，除了攻克河南最大的政治與戰略要衝洛陽外，另一則是捕殲湯恩伯的部隊。岡村寧次對此兩項任務，則堅定以後者為優先。雖然方面軍因進取洛陽隱含積極作戰的企圖，攻略四川的戰略意涵，對之極為重視。然而岡村寧次基於以往與湯恩伯對戰多年的經驗，仍認為殲滅湯部才是最大的任務，也是打通平漢沿線的先決條件。

方面軍將捕殲湯恩伯的主任務交付第十二軍；進取洛陽方面，則由第一軍負責。但是對第一軍與十二軍相互支援的關係，始終未作明確的指示，卻單獨指導第一軍在洛陽方面的作戰，其著眼又是戰術性欺敵作為，不但隱匿作戰企圖，亦掩飾所屬渡河作戰的工兵資材不足，部隊渡河作戰訓練的缺乏。

隱匿作戰企圖的目的，一則誤導國軍認為日軍的攻勢重點指向洛陽，牽制該方面的國軍，俾使主攻的十二軍在平漢線方面的作戰有利；另則誤以日軍實施「五號作戰」，企圖抑留國軍於潼關、西安方面。

當時國軍基於太平洋戰爭爆發後，日軍撤出大量精銳部隊支援太平洋戰爭，判斷日軍無力發動積極性的攻勢作戰，而專注於部隊整建，準備反攻。質言之，當時國軍遭受日軍的攻擊，形同戰略性奇襲，以致國軍對日軍「打通作戰」的全般作戰因應不足。

渡過黃河打通平漢路

日軍的「己號作戰」任務由華北方面軍下屬之第一軍（第二十七、六十九師團各一部及部分治安兵團）、第十二軍（第三十七、六十二、一一〇、戰車第三師團為基幹。另配屬獨立混成第七旅團、獨立步兵第九旅團，騎兵第四旅團）兩軍擔任，渡過黃河沿平漢路南下，並打通平漢路。派遣軍並指示第十一軍，於第十二軍發動攻勢後，以一部兵力，自信陽附近向確山攻擊，另命第十三軍以一部在阜陽附近取牽制性攻擊，以使華北方面軍作戰有利。

擔任主作戰的第十二軍，在計畫期間，預期作戰將有兩大攻勢行動。一是黃河河畔的戰鬥，另一則是對湯恩伯軍的殲滅戰。

渡黃河的戰鬥，概定於四月二十日左右發動，其時間有不確定性，原因需視先期牽制性佯動的成果而定。日軍先期行動，在十七日入夜後即已展開，分別以第三十七師團在開封以東地區；第六十二及一一〇師團分於黃河北岸，平漢線黃河鐵橋兩側；第二十七師團則於孟津附近實施佯動、牽制。待軍主力展開攻勢之直前，各佯動部隊則越過黃河，對國軍陣地實施突擊。重點指向中牟及霸王城，並極力向鄭州南方地區推進，以利軍主力之投入。

軍主力（第六十二、一一〇、獨立步兵第九旅團）待先期部隊突破國軍陣地後，迅速向鄭州、汜水、密縣、郭店、新鄭等要地突進，企圖將黃河及黃泛區沿線國軍防守部隊，捕殲於鄭州平原。繼之投入戰車第三師團、騎兵第四旅團等機動性較大的部隊，以保持其攻擊的持續力。這種接力式投入新銳的作法，不但發揮日軍機動力強的特性；解決渡河作戰，遠岸空間不足的困難；又因國軍反裝甲武器的缺乏，使日軍戰力發揮到極致，促成日軍一號作戰的開始就順利進行。

就國軍而言，豫中會戰發動前，雙方態勢係延自於民國三十年十月，日軍渡黃泛進犯鄭州，然遭我擊退。在黃河南岸邙山頭、中牟附近，留守部分據點與我對峙。及至民國三十三年三月起，日軍為準備發動「一號作戰」及重建鄭州以北，黃河南岸中牟及邙山頭等地之據點，搶修黃河鐵橋、公路，擴建石家莊、安陽、新鄉等機場，準備渡河器材。迄四月末，日軍抽調兵力南下，於黃河北岸集中的徵候已甚明顯，大戰一觸即發。

我最高統帥部，於三月四日以元字第二七八一號代電，指導第一戰區部署平漢路會戰，以阻日軍打通平漢路。會戰的要旨，擬在密縣、禹縣以東地區與敵決戰。先以一部於遂平、泌陽以南，遲滯日軍北犯，而將主力置於黃河南岸及平漢路東、西兩側地區。作戰以內線指導之要領，概區分為南、北兩地區，北地區除於黃河南岸隴海鐵路沿線部署重兵，阻敵南渡，拱衛洛陽外，餘以嵩山為依託，並沿汜水、密縣之線取守勢。而於南地區取攻勢，並以一個軍固守許昌、禹縣等據點，為攻勢之支撐。主力湯恩伯兵團（第十二、第十三、第二十九軍、第七十八軍、第八十九軍），祕匿於密縣、臨汝以西，適時出動側擊敵人而殲滅之。統帥部編配第一戰區，使用之部隊為：第一、第五戰區現控制之機動兵團，共計二十六個師及原第一線守備兵力之十七個師，合共四十三個師。基於戰況的發展，適機投入包括第一戰區、第五戰區、第八戰區的總兵力，約十個集團軍、三十個軍、六十三個師、三個獨立旅，共計約三十餘萬人。

日軍於四月十八日發動攻勢後，分由邙山頭南犯及中牟渡新黃河西犯，夾擊我鄭州地區守軍。日攻勢發起後，雙方戰鬥熾烈，二十日陷我尉氏、郭店兩地，翌日陷新鄭，二十二日再陷我鄭州重地。由邙山頭南犯之敵渡黃河後，南迫滎陽，西趨汜水。並與中牟西進之敵會犯密縣後，續向西進。

按敵我兩軍計畫，日軍於攻占許昌後右旋突進，企圖捕殲湯兵團主力。而我計畫伺機轉取攻勢，指向密縣、禹縣以東地區，於是形成兩軍主力在此地區對決的態勢。二十七日，我先敵以第十三軍向密縣發起攻擊，雙方激烈攻防。而麇集在許昌外圍之日軍，則自始按兵不動，並積極集結兵力。日第十二軍主力包括戰車第三、第六十二、第三十七（欠）師團，及兩個旅團，均於向許昌西南一帶集中；至二十九日，已增至三萬餘眾，及戰車一百五十餘輛，集結的兵力極為雄厚。至三十日，開始分向許昌、禹縣、襄城實施圍攻，激戰至五月一日，許昌終告不守，餘部逐次向葉縣轉移。三日，襄城、郟縣、禹縣均相繼不守，敵乘勢西向臨汝快速突進。由於我遭受強大快速的敵裝甲部隊之突擊，陣勢割裂，掌握困難，迄五月七日，登封、魯山，亦先後陷敵。

此際，沿平漢路南下之敵，於七日陷郾城、漯河。而由信陽向北進之敵，亦進陷遂平，至八日南北之敵乃會師於西平。敵「一號作戰計畫」之平漢路南段遂被打通。我為挽回頹勢，乃合第五、第十戰區有力部隊及湯兵團，協力反攻，連克遂平、漯河、魯山、嵩縣，進迫寶豐，並截斷平漢路。六月初迄下旬，雙方在舞陽、魯山、葉縣以南之線與敵對峙，形成拉鋸；又於汝南、上蔡等地激烈爭戰，平漢路截斷、打通之爭三度易手，最終於十七日，在日軍南北對進中為敵打通。

洛陽失陷與進逼潼關

就全般「持久抗戰」而言，洛陽與潼關皆是極俱價值的戰略要地，前者為豫中交通要津，政治中心，而潼關則扼控入陝及西安的門戶，沿隴海路西進為必然之舉。時日軍越過黃河，除以主力沿平漢路南下外，另以一部指向我汜水、滎陽、密縣之線，即展現西犯的企圖。惟行動消極，迄五月初之進展仍然有限。待日軍攻陷許昌，全線右旋分向襄城、郟縣、禹縣進犯後，攻勢漸趨積極。我軍遂加強登封防務，以鞏固洛陽翼側。惟日軍在裝甲兵團的先導下，陷臨汝、伊川並向龍門進犯。我劉戡兵團在擊破進犯龍門之敵後，即開赴伊河一帶，嵩縣、伊川、龍門佈防，另以第十五軍，配屬第九十四師，固守洛陽，協同第十三、八十五軍由臨汝尾追，期夾擊日軍於龍門附近而擊滅之。

時我軍主力已分途向洛陽西南帶集結，敵為期確收捕殲之效，續西向洛、伊河上游河谷追擊前進。五月九日夜，敵第一軍復遣其獨立第三、步兵第五十九旅團，分由垣曲一帶，強渡黃河，威脅我北翼側安全。並於十二日陷澠池，阻我增援，使我龍門夾擊日軍之計畫不僅未能實施，且為因應洛陽以南敵軍之威脅，而轉戰於洛陽以西，韓城、藕池地區。在日軍南北夾擊下，我軍被迫西移，洛陽遂陷孤立，經與敵喋血後突圍，於二十五日夜陷敵。

按日軍計畫作戰至此，即應收拾戰場，進入尾聲。然在日軍猶豫中，復因我第八戰區所部東出潼關到達戰場，遂引發豫中會戰的最後一幕——靈寶作戰。

日一號作戰在研討期間，大本營與中國派遣軍之間，曾研商過第一軍的策應作戰。方面軍基於研究結果，遂指定第一軍在潼關當面實施佯動性牽制，並選定垣曲為渡河正面。但因我貼近黃河南岸，直接佈防，河面寬又流速大，且第一軍所屬未曾受過渡河作戰訓練，冒然採取行動風險太大。最終的決定，以第十二軍主攻為重，並視垣曲正面渡河作戰的成功與否，為靈寶作戰的前提。

五月九日夜，日軍成功的在垣曲渡河，靈寶之戰即成為現實。

第八戰區東出潼關，係遵最高統帥蔣委員長之決策，早於宜陽陷敵之初，即令胡宗南副司令長官率第三十四集團軍，經潼關東出。到達靈寶後略作整頓，於六月二日開始攻擊大營之敵，反攻後各路均有進展，詎敵竟於四日向我反撲，連陷我靈寶、閿鄉。此時，我已窺知敵成強弩之末，乃令再興攻勢，繼續反擊，激戰至十五日，復克靈寶，虢略鎮，追抵大營、陰山廟附近，並續向陝縣威力搜索中，此後戰況漸趨沉寂。日軍依計畫撤出相關部隊，續執行其「湘桂作戰」，地區進入警備態勢。而我軍則一面整補相機再戰，並建立游擊區，以控制地區。

豫中會戰後的華中形勢

日軍發動「一號作戰」，豫中會戰只是起點，若不能獲得預期的戰果，往後的作戰將更加困難。雖然日軍發動此役，存在許多的困難與挑戰，但都能堅定意志，追求戰果，而一一克服。最主要的因素，在其具有卓越的運轉戰爭的機器，亦即是上自大本營以降，至各軍司令部的指揮及參謀人才。他們在計畫作為中，表現出的決斷與實踐能力，使日軍克服了渡河作戰的不利條件；設計圍殲湯兵團，使裝甲兵團戰力發揮至極致；廣泛的戰略、戰術的欺敵作為，破壞了國軍的會戰計畫，這是日軍成功之處。

美中不足的是沒有澈底殲滅湯兵團，且不能改變其兵力不足，資源缺乏的狀況。縱使打通平漢鐵路線南段，但僅控制縱深狹窄的沿線地區，致暴露在國軍游擊或小股部隊隨機的攻擊之下，無力有效的占領、防守鐵路全線，而使其正常有效使用。這種不利的戰略態勢，隨著戰線的拉長，致日軍的負擔更重，而愈戰愈窮。

戰略上，國軍在本會戰中採內線指導，運用豫西山地利於守勢的地略特性；黃河、黃泛的河川障礙，選定鄭州平原以東與敵決戰，戰略設想至當。然其缺失，仍在機動、打擊能力不足，致使設想落空。戰前，國軍雖經整訓，但因缺乏反裝甲武器，手榴彈卻成為反裝甲戰鬥的主要兵器，非但效果不彰，且付出的傷亡甚重。據日方統計，作戰全期受損的戰車計八十五輛，而實際因我攻擊而損毀者僅有十輛。故面對快速的機動打擊部隊，國軍仍無有效的應對之策。

在戰略、戰術的作為上，其缺失：

其一，因應日軍發動「一號作戰」的準備不足，全軍陷入日軍無力發動大規模作戰的迷思當中，喪失在日軍初動之前，即予破壞的先機。及至五月中旬，陳誠奉派赴豫，力挽戰局頹勢，建議中央應集一、二、五、六、八、九，六個戰區之力，作全盤規畫而未許。足證此心態迄未獲得調整。

其二，河防部署不當，任由日軍在黃河南岸建立據點，修復黃河鐵橋，使日軍戰車及後續兵力輕易的長驅直入。只注重防守交通要點，如鄭州、新鄭、許昌、登封等，使會戰重城鎮攻防，而輕運用有利地形的野戰。不但使兵力分散，造成防衛縱深不足，且因打擊兵力不夠集中，而難以形成優勢，致陷於被動。

其三，「主決戰方面」選擇不當，致在勝負關鍵地區以弱擊強。所謂「主決戰方面」，係指會戰時形成兵力重點的地區，按國軍即是湯兵團。當日軍攻占許昌後右旋，兩軍即形成主力對決。由於國軍機動、打擊能力原本不足，又因湯兵團轉戰於密縣、登封間，兵力集中度不夠。此時日軍卻在許昌附近，大量集中兵力，對湯兵團形成顯著優勢，攻勢一經發起，即瓦解我方陣形，陷大軍於危險境地。所謂「決戰在即不宜分散兵力」，這是野戰用兵的原則與規律，犯此用兵大忌，必敗無疑。然而這些慘痛教訓，在徐州會戰後即有此經驗總結，但在本會戰中，仍未記取教訓，冀求側擊而阻殲敵機甲部隊，實屬不智。

此次會戰，深以為憾，殊令人痛心的是，作戰中，豫西山地民眾到處截擊軍隊、武器、裝備，甚至圍攻部隊。軍隊所到之處，保甲、鄉長逃避一空，形成空室清野。各轉進部隊所受民眾截擊之損失，較作戰之損失尤重。原因固然複雜，官府的腐敗難辭其咎，此間政府未付糧款高達九億元以上，而官府之積弊包括走私、經商、吃空、賭博、盜賣公物等紀律廢弛者，亦使民心離二，自所難免。除此之外，亦不排除有敵偽及奸匪（共軍）的滲入。

國軍有此之失，遂深切檢討，自七月初起，陳誠奉命召集地區首長，主持檢討會。從地方施政至軍隊改革，皆有具體方案，且在地區軍、政首長的配合下，會議頗有成效。在此嚴重過失的檢討中，戰區司令官蔣鼎文，副司令湯恩伯遭彈劾撤職，惟湯僅倖獲帶職留任。

經此會戰，國軍損失過鉅，實力已不若從前。按陳誠的評估，當時劉伯承一師兵力約有五萬餘，而我甲種師滿編才一〇九二三人，況且尚有空缺存在，戰損尤待補充。國、共軍在地區勢力的消長甚明。另一方面，由於會戰抽調大量日軍南下，予共軍在華北勢力坐大之機，整個華北情勢改變，更可深層的了解，日軍策畫一號作戰時，日本天皇對華北治安的關心。經此會戰後，日、偽軍勢力些微增長，共軍顯著獲益，新的政軍形勢已成。

豫中會戰後，抗戰的全般戰略態勢亦受到影響。由於日軍貫通平漢線南段，打破國軍藉黃河決口，分斷戰場的戰略形勢。在戰略態勢上，自武漢會戰後，由於戰場遭我分斷，日軍陷入南北分離，無法集中優勢兵力，一舉圍殲國軍主力，形成長期僵持的鏖戰形態。打破了僵持的戰略形態，有利於日軍的大機動作戰，使國軍陷於被動，最直接的影響，即繼續發動的湘桂作戰。

打破湖江地區的作戰慣性

日軍「一號作戰」進入湘桂地區，稱之謂「止號作戰」，確有終止作戰的意味。在最初作戰的策畫上，分為湘桂一、二、三期作戰。戰史中，日稱「湖南作戰」，國軍稱「長衡會戰」；日稱「廣西作戰」，國軍稱「桂柳會戰」；第三期作戰，因規模較小，無以名之。惟攻取粵漢路，旨在摧毀遂川、南雄及其周邊的中美空軍基地，為「一號作戰」的最終目的，一般稱湘粵贛邊區作戰。

在作戰執行上，無論日軍受領任務的中國派遣軍，或擔任實際作戰任務的第十一軍，除確遵日軍大本營的旨令，「摧毀敵人的空軍基地」。且在作戰行動上，一致認為：「應進行迂迴包圍，以期大量捕捉中國軍。」甚而對此殲滅戰有具體的期望：「為使進攻衡陽及桂林作戰容易起見，需於作戰開始後四個月內，消滅敵軍（國軍）六十個師。」明顯的，這個共同概念不但擴大了大本營「一號作戰」的作戰方針，且打破日軍大本營自昭和十六（民國三十）年秋季以後，為因應全般在華作戰，所制訂的《長期持久作戰方針》及依此方針制訂的《派遣軍作戰指導》。

依上述方針及指導，日軍的作戰係以治安維持、占據地域之整飭為主要目的，不實施大規模之進攻作戰，即使在必要時，實行「短期有效的奇襲作戰，但亦不擴大占據地域」；「作戰終了後，以返回原駐地為原則」。這即是派遣軍總司令官西尾壽造的「短暫截斷作戰」的意涵。

用兵方面，採取「堅實之長期圍攻態勢」，集中少部兵力，對「蝟集之國軍適時加以打擊」。在武漢地區配置一個作戰軍（第十一軍），以少數兵力牽制湖江（指長江、鄱陽湖、洞庭湖）敵軍（指國軍），軍主力則向我國軍主力發動攻勢。所謂國軍主力，依派遣軍的解釋，係指第十一軍所在的襄西地區，亦即我第五戰區據守的地盤。並特別指出：「不實施長沙方面之作戰」。

讓人不解的，長沙地區的會戰並不少見。在發動一號作戰前，就有長沙一、二、三次會戰，「不實施長沙作戰」從何說起？但從軍事或戰略上解釋，當時日軍居於內線，其利在可節約兵力，自由轉戰於襄西及江（長江）南、湘江地區；又因日軍戰力較國軍強大，每戰必以較小的損失，換取國軍的重大傷亡。故日軍進入「長期作戰方案」後的用兵思想，即以打擊國軍主力，削弱國軍戰力，以求雙方在兵力數量上的平衡或逆轉，按正式的軍語則稱為「攻勢消耗」。

日軍打擊國軍的重點，雖然指向豫鄂、襄西地區並向西發動攻勢，但亦需顧慮自己的翼側安全，故需向湘江地區拓展作戰空間，以拱衛武漢；故採短距、短時的攻勢以牽制當面國軍，並使日軍整體戰略形勢有利。因此，湘江及長沙地區之作戰，實為華中日軍的支作戰。日軍這種無論成敗，見好即收的戰略，在地區漸成慣性，並在此戰略格局下，打了長達六年的仗。

時我沿湘江兩岸及長沙地區的守備，係由第九戰區的薛岳負責，對於地區的防衛，採取一套自稱為「天爐戰法」的防衛模式。基本上就是「後退決戰」，為機動力不足之軍隊常採用，其鼻祖則可溯自「孫臏捉龐涓」。

薛岳解釋說：「天爐戰者，在預定之作戰地，構成縱深據點，盡其諸般手段，逐次消耗敵人，挫其銳氣」；「然後於決戰地使用優越之兵力，反擊、反包圍而予敵以殲滅打擊」。薛岳利用洞庭湖各支流，新牆河、汨羅江、撈刀河等障礙，建立據點工事防線，稱其為「伯陵防線」（薛岳字伯陵），予日軍層層截擊，逐次消耗日軍戰力。另以長沙為最後之關鍵據點，並「守住長沙」，因為長沙是天爐的底，底漏了就全盤泡湯。最後，誘敵至決戰之地施行反包圍，予敵殲滅打擊。

簡單的說，自武漢會戰後，迄一號作戰前，中日兩軍在湖江地區的對戰形式，即是「短距截斷作戰」，對後退決戰的「天爐戰法」，且已成為慣性。由於日軍的「一號作戰」與原有的「長期作戰方案」目的迥異，日軍欲完成大量殲滅國軍的企圖，就需打破此慣性，採取新的戰法，就是集中大量兵力，由洞庭湖兩側取攻勢，直下長沙、衡陽，並殲滅國軍主力。

湘桂作戰中的騙與變

就日軍「一號作戰」而言，「湘桂作戰」是其作戰的目的與重心。究其作戰手段，歸結為兩個字「騙」與「變」。誠如前述，騙者是廣泛運用的欺敵作為，在湘桂作戰中亦曾列為重要的計畫考量，但最終被否決。而變是湘桂作戰的核心作為。一則承豫中會戰貫通平漢路之後，打破國軍分斷戰場，分離日軍的「持久抗戰」布局；其二，打破以豫鄂、襄西為主作戰，江南、長衡地區為支作戰的戰略規畫，因而「主支易位」；其三，背棄無論成敗見好就收的作戰慣性。而更嚴重的是悖離日軍「一號作戰」大本營揭示的作戰目的，採取的是實實在在的決戰行動，但又不是戰爭終止方案。在戰略上是極大的冒險。

若深究其變，就得從「常德殲滅作戰」（國軍稱常德會戰）說起。日軍在策畫一號作戰前，中國派遣軍為因應大本營的全般戰爭指導，抽調大量在華作戰兵力，遠赴西南太平洋及支援南方軍作戰，以至於影響派遣軍在華作戰計畫之遂行。當時，派遣軍正準備按計畫，指導第十一軍實施常德會戰。派遣軍總司令官畑俊六企圖在大軍抽調前，予中國軍嚴重的打擊。不意卻造成了大本營、總司令部及第十一軍間之意見分歧，幾至於變成統帥上的問題。

從表面上看，意見之不同，在於是否應確保常德或暫時將大軍留駐於中間之線（澧水之線）。實者，大本營基於全般戰爭的考量及新發起的「一號作戰」等問題所致。這時派遣軍尚未深入理解大本營的作戰企圖，且一意追求大軍被抽調前有所作為，創造一次大殲滅戰。但在常德會戰中，出乎意料地遭遇國軍的頑強抵抗，經十二晝夜艱苦血戰，犧牲兩位聯隊長，四位大隊長的代價，才勉強攻占常德。

然而大本營在意的不是常德會戰的戰果，而是能否牽制住繼續投入反攻緬甸的中國軍。這是「一號作戰」中，「湘桂作戰」第二期的重要目的。大本營認為占領常德，並不足以牽制國軍入緬。遂堅持需儘速執行一號作戰，深入桂境以達成此目的，因而有此爭議。

雖然，戰後日軍在國軍的史料中發現，常德會戰連同在江南殲滅戰（指長衡會戰）中，確已牽制數萬國軍兵力，這是日軍始料未及的事。很顯然的，派遣軍的思維仍停留在「短期截斷作戰」，主決戰置於襄西地區。而大本營已轉變作戰思維，置重點在打通作戰及江南殲滅戰中。這即是日軍戰略「變」的開始。

從第十一軍策畫「湘桂作戰」計畫的過程中，亦見此思想分歧。第十一軍策畫此計畫，概分為兩階段，研究兩個不同的作戰方案。前計畫，由高級參謀武居清太郎大佐主其事，爾後之計畫則由島貫武治大佐主導。

武居計畫的要旨為：以長江北岸的監利及郝穴地區作為日軍主力的集結地，使中國軍誤以為日軍的攻擊目標是常德附近第六戰區，以達欺敵目的。攻勢發動後，主力迅速轉向，越長江沿湘江東側南下，直趨長沙，攻克長沙後渡湘江西進，優先擊滅增援到達的國軍第六戰區的部隊，依狀況再擊破從萬洋山脈前趨會戰的第三戰區國軍或準備向衡陽取攻勢。

武居的計畫送達派遣軍後，遭到強烈的反對，認為武居的欺敵計畫，無法隱匿盟軍的空中偵察，且在攻勢發動前渡江易受敵空中攻擊。而最不能讓派遣軍參謀部門所接受的是，湘江西岸的決戰勢必集中軍主力，如此則續向衡陽、桂柳的攻勢行動，不但兵力薄弱，延遲行動，且無具體的計畫。派遣軍對武居計畫的不滿，武居則以「兵力不足」為由，拒絕派遣軍天野大佐的修正建議，最終導致武居的去職，另由島貫接替。

問題的癥結在天野準「一號作戰」的用兵的精神，以「快」字訣遂行全計畫。日軍不容國軍的糾纏，形成另一個局部性的「持久作戰」，故將計畫放眼於「廣西作戰」，桂柳地區攻勢行動的終局。武居因循地區長年作戰的慣性，不知求新求變，意圖一舉殲滅國軍而被否定。為不使一個計畫修修補補，另起爐灶，適時換人替補，不失為良策。

島貫的責任，面臨了時間與複雜性的雙重壓力。一則計畫作業只有一月有餘的時間，以此龐雜的計畫，時間倍感不足。二則必須考量上至大本營、派遣軍各參謀部門的意見及前計畫的各種考量。

為使作業順利，在他到任前就與派遣軍的天野大佐懇談，雖未完全取得一致，但兩人對長沙行包圍攻擊的設想，卻有高度的共識。島貫的計畫終於出爐，究竟與武居案有何不同？武居案著眼在攻占長沙，待我增援部隊到達後，並向日軍實施側擊（天爐戰法）時，日軍即分與我第三及第六戰區，取決戰行動而予以殲滅，然後再攻占衡陽。日軍的決戰行動，一如往昔極可能撲空或受制於國軍而陷於被動。

島貫案則以縱長配置，任攻略長沙及衡陽的部隊，在其後續部隊的掩護下，直趨衡陽，其勢如「一箭穿心」。當國軍增援部隊到達，向日軍發起側擊時，皆由日軍後方兵團，取攻勢而捕殲之，並預期在衡陽地區進行決戰。很顯然的，日軍的決戰行動，旨在針對國軍的側擊，意在擊破「天爐戰法」。

天爐戰法對一箭穿心

一九四四（民國三十三）年五月二十七日，日軍傾巢而出，大舉攻勢，執行「湘桂作戰」，時正逢「豫中會戰」攻陷洛陽之翌日。日軍攻勢區分為兩翼以第四十師團、第一〇九聯隊（屬第一一六師團建制）在湘江以西；第一一六（欠）、第六十八、第三、第十三師團於湘江以東，形成包圍之勢。

兵力區分東、西及中央三路。湘江以西之兵團，在石首迄華容間地區集中；湘江以東分為兩路，中央兵團沿湘江東岸南下，該路兵團藉湘江障礙為依託，及控制湘江水運之利，擔任直攻長沙、衡陽之主任務，亦即執行計畫中「一箭穿心」的矛頭。東西兩翼，旨在協力突破國軍防線，排除國軍側擊時的威脅，並竭盡所能，迂迴側背，圍殲我各重要城鎮據點的守備。

日軍依計畫發起全線總攻，西翼自洞庭湖以西之公安、南縣一帶；東翼則越新牆河及崇陽之線；另控制三個師團於監利、蒲圻、崇陽附近，隨後跟進，準備縱深作戰。

東翼日軍第三、第十三師團，於攻勢發起後，即突破我通城第三十集團軍、第七十二軍陣地，於六月一日陷平江、長壽街後，直趨瀏陽我第四十四軍陣地。該軍早已在瀏陽以北城郊，建立縱深陣地嚴陣以待，並與其左側之第三十七軍切取聯繫，雙方準備決戰的態勢，漸已形成。迄六日，日軍第三師團直撲我第四十四軍陣地，雙方激烈攻防，戰況膠著，奮戰至十日，仍僵持於瀏陽西北。時日軍第十三師團卻乘隙繞越，進抵瀏陽以南。戰區為聚殲敵軍，除以第四十四軍固守瀏陽外，集中第五十八、二十六、七十二、三十七等四個軍向瀏陽之敵行再包圍，惟戰力不足，效果不佳。第四十四軍奮戰至十四日上午，瀏陽仍告不守，退至西北山地，繼續戰鬥。

西翼之日軍第四十師團，由華容、藕池口循洞庭湖西畔，南趨沅江，我軍事委員會雖急令第二十四集團軍向益陽前進，但因整備不及，守備兵力孤單，致沅江、益陽於五日、十日相繼陷敵。此後，因日軍無意在此激戰，主力依計持續南下，益陽遂為我規復，集團軍主力追隨日軍順勢南下，並向寧鄉集中，時長沙保衛戰已揭開序幕。由益陽南下之敵則開始猛犯寧鄉，我第二十四集團軍王耀武總司令，當令已到達之第七十三軍，協同第七十九軍，對敵行鉗形攻擊，詎料氣候驟變，被迫改變計畫，放棄圍攻續向湘鄉追擊。

中央兵團之日軍第六十八、第一一六師團，於二十七日突破我新牆河第二十軍陣地後，直趨汨羅江。六月一日，汨江兩岸爭奪激烈，戰至黃昏，我第三十七軍主力向上杉市轉移，敵乘勢南迫，至八日已進至撈刀河北岸，次日強渡撈刀河，並與我保衛長沙第四軍警戒部隊發生接觸。此時，敵隨後跟進之第五十八師團，亦於十二日已到達撈刀河之線，隨即南渡，到達榔梨市。

日軍中央兵團越過撈刀河，並與隨後到達之兵力，開始部署圍攻長沙；第三十四師團到達戰場，旋即於六月十日在白沙洲附近渡過湘江，並在西路軍之掩護下，南迫梅溪河畔。師團主力則占領尖山以北附近高地，集結待命；其一部由第六十八師團配屬之志摩支隊（轄三個步兵大隊，一個砲兵大隊），續向南繞經梅溪河上游，迂迴至我嶽麓山陣地南側。

同日，湘江右（東）岸日第五十八師團，於到達榔梨市近郊後，其先頭部隊，約步騎五、六百餘人，渡過瀏陽河，逐次壓迫我第四軍之搜索部隊後撤至東山一帶，隨後其主力亦跟進到達，對長沙合圍之勢已漸形成。

十四日拂曉前，日軍第五十八師團在濃霧遮蔽下發起攻擊，兵分三路向石馬鋪、粟塘及花橋突進，威脅長沙之東南隅。日軍在砲兵、空軍之支援下，攻擊猛烈。十五日午後，已迫抵我第五十九師主陣地前。左（西）岸之日軍第三十四師團，亦於同日迫抵我虎形山、嶽麓山主陣地前，與我守備的第九十師展開激戰，惟防線仍然穩固。然十三日到達銀盆嶺北方之日軍第二一八聯隊，在第二一六聯隊之左翼加入戰鬥，並於十五日攻陷銀盆嶺，進抵牛形山陣地前。至是，我嶽麓山據點陣地，即有被包圍孤立的情況出現。戰至薄暮，虎形山、牛形山陣地終被突破，嶽麓山的危機乍現。

此時迂迴南下之日軍志摩支隊，忽由郭司橋向東繞行，攻擊燕子山及桃花山，嶽麓山陣地之側背完全暴露，更顯危急。雙方戰鬥至六月十七日黃昏前，我第九戰區參謀長趙子立及師長陳侃，於嶽麓山頻以電話告急，咸認嶽麓山倘若不保，長沙勢難固守。軍長張德能經與各師長研商後，決心調整部署，令原防守長沙之兩師，各以一團守長沙市核心陣地，餘部利用夜暗，渡湘江並乘夜（一點三十分）發起攻擊，並令各部應於十七日十七時完成渡河準備。

當各部隊依計畫渡河時，日軍似有準備，先以飛機、大砲投射大量毒氣彈，攻我天心閣、妙高峰陣地，官兵中毒者甚多，之後亦波及渡河部隊，復因船隻不敷，渡河行動已呈紛亂。十八日晨二時，軍指揮所已移愛晚亭，然奉命西渡之部隊尚未完成渡河。在此情勢急迫中，各師師長親率已渡河之部隊，逐次加入牛形山、熊家沖、桃花山及仙人山方面戰鬥。

此時，據牛形山及其以東附近之日軍，藉地形之利，以小砲、機槍，攻擊西渡之第一〇二師，大多官兵正在半渡且毫無掩護下，致傷亡慘重。繼之瀠灣市北側高地亦被敵攻占，截斷我渡河點，後續渡河部隊被迫折返東岸。

十八日拂曉後，敵第五十八、三十四師團，在其飛機八十餘架及重砲之支援下，同時對我湘江東西之長沙、嶽麓山，發起總攻。日軍以飛機對我陣地實施濫炸，且投擲大量毒氣彈，我官兵中毒者甚多，日軍乘勢攻占瀠灣市、嶽麓山、桃花山，湘江以西，情勢急轉直下，陷入一片混亂。時軍長張德能掌握部隊已感困難，除第五十九師主力續與日軍在桃花山、父子坡、仙人山一帶，進行激戰外，第九十師傷亡殆盡，第一〇二師情況不明；湘江以東長沙方面之日軍陷天心閣、妙高峰核心陣地後，連絡亦告中斷。

午後，因嶽麓山不守，大局已難挽回，第四軍殘部乃由龍迴潭突破敵陣，向南轉進，逐次轉移至湘鄉。長沙方面，終因傷亡過重，無法固守，於十五時，完全陷敵。

長沙之失猶如天爐破底，大勢已去。從戰史觀察張德能之失，常歸咎於轉用兵力於湘江兩岸的決心不當，然從野戰戰略的觀點視之，無寧說是戰場的經營準備不足。按理論，跨河防禦宜藉河川障礙之利，而避河川障礙之害。應當經營戰場，俾利自由轉用兵力於兩岸，以保內線作戰之利，並藉河川障礙分離敵軍，而各個擊滅之。然而在長沙保衛中，我軍在渡河過程中遭致日軍攻擊，蒙受重大損失。反而日軍能利用湘江航運之便，從事運兵及補給，靈活調度第三十四師團等兵力，轉用於湘江兩岸。雙方戰略利弊互易，種下敗因。然而另一左右勝負的關鍵因素，且有別於前三次長沙會戰，卻是日軍兵力較前大增，而更具優勢。這是日軍在計畫作戰時，對拿下長沙從不擔心的原因。

血戰衡陽四十七天

日軍攻陷長沙後，即迫不急待的調兵直趨衡陽，部署下一場大戰。早在六月十四日長沙圍攻尚未結束，其中央兵團之第一一六、第六十八師團，即開始行動，突至長沙東南之渡頭市，而其東、西兩翼，亦隨即南下。東翼之第十三師團先頭進抵白兔潭（醴陵東北），第三師團則指向萍鄉，並逕向攸縣、安仁、耒陽推進。湘江以西之敵右翼兵團亦相繼南下，即與我第一〇〇軍接觸。雙方並於七月初，對永豐激烈爭奪，三日一度陷敵，戰至八日終於克復，並迫敵改採守勢後，乃以主力南下，參加衡陽外圍戰鬥。而日中央兵團在兩翼掩護下，指向本作戰之最後目標——衡陽。

按日軍的計畫與預判，攻勢指向衡陽後，必與國軍在此決戰。從史實中看衡陽保衛戰，確屬自抗戰以來，發生驚天動地的大戰，但日軍未曾料到衡陽久攻不下，陷入內外夾擊狀況，而損失慘重。

沿湘江東岸南進之日第六十八師團，於六月二十三日抵達泉溪市，旋即渡過耒河。次日入夜後，進迫五馬槽與我暫編第五十四師發生戰鬥，為衡陽保衛戰揭開序幕。

衡陽位於湘江中游，為湘中交通之樞紐。東北江湖環繞，湘江、耒河水深流急，形成障礙；西南岡巒起伏，地形險要，為龍蟠虎踞之要地，有利防守。

奉命保衛衡陽的我第十軍，下轄第一九〇師、暫編第五十四師、第三師及預備第十師。然所屬部隊多不完整，兵力亦顯單薄。第一九〇師為後調師，僅有一個團，餘皆幹部；暫編第五十四師（欠兩個團，僅一個團），與第一九〇師共同任湘江東岸之守備；第三師原任務係據守衡山、南嶽一帶，由於衡陽守軍兵力不足，除留置一團在湘潭附近之下攝司原防務外，主力（僅二團）奉調衡陽，合預備第十師任湘江西岸之防務。故第十軍在衡陽實有守備兵力，只不過七個步兵團而已。

我暫編第五十四師在初期與日軍戰鬥中，正值第一九〇師之第五七〇團接替五馬槽防務，兩軍在我砲兵支援下，協同拒日軍西進。二十五日，日第一一六師各部亦相繼到達戰場，拂曉其第六十八師團之一部，向我五馬槽陣地發起攻擊，頓時將戰況帶入高潮，雙方激烈爭戰，傷亡增加，但我軍仍能堅守防線不失。

日軍在攻勢受阻後，乃繞越酃湖北側，逕向我第一九〇師馮家沖主陣地猛攻。混戰至二十六日黎明，日軍突入機場，我江東陣地逐漸縮小，侷限於機場以北隅及鐵道以西核心陣地，情勢危急。

軍長方先覺基於情勢，不得不縮短防線，將湘江東岸部隊撤回衡陽，占領西岸陣地，並對東警戒。此際，敵第六十八師團主力，分別於東陽渡（衡陽以南）、五馬槽以南各地，西渡湘江，並於二十六日晨，分向衡陽城南推進。而日軍第一一六師團業已到達衡陽以西城郊，攻擊部署概已形成，我衡陽保衛戰即已迫在眉睫。

二十七日前哨戰已展開，我預備第十師警戒陣地停兵山、高嶺兩據點守軍，經一夜血戰後全部壯烈犧牲。至是，日軍第六十八師團已迫抵我預備第十師主陣地前緣；其第一一六師團主力亦穿越我第三師之警戒陣地，迫抵瓦子坪、虎形山主陣地前。戰況至此，已對我衡陽城完成三面合圍之勢。

日軍第六十八、第一一六兩師團，於六月二十七日傍晚進抵衡陽城郊後，不待其後續到達，於次（二十八）日拂曉。倉促發起第一次總攻，時日軍戰力亦不完整，大部兵力在途，赴奔戰場集中。

迄攻擊發起前，始進入我瓦子坪、虎形山主陣地前，形成逐次投入兵力，造成初期失敗的惡果。

日軍攻擊發起後，在我熾盛砲火之震懾下，自始即無進展，且傷亡累累。縱使攻占我陣地，旋被我擊退。其間曾一度突入瓦子坪、額街陣地之敵，均被我果敢之逆襲，盡殲於陣地前。日軍竟日攻擊陷入困境，第六十八師團長佐久間為人，為挽回頹勢、打開僵局，除一面加強其砲兵之火力支援外，亦將其指揮所往前推進至黃茶嶺西北高地，旋遭我迫砲攻擊。久間身負重傷，參謀長及參謀人員多人負傷，日軍攻擊首日即遭此挫折，已予心理、士氣上之重大打擊。

第一一六師團長岩永旺面對一天來的挫敗，亦焦急不已，遂令其一三三聯隊趕赴衡陽西南，參加次（二）日對張家山之攻擊。雙方竟日戰鬥，重點在張家山、虎形山、軍艦高地等諸要點。日軍付出極大之代價，僅突入百餘公尺，縱然張家山一度失守，轉至其反斜面，但經我逆襲，予日軍重大傷亡後，日軍再度受挫。

日軍連日攻擊，彈藥已呈不濟，遂決定自七月二日夜起，暫時停止攻擊，日軍所謂「第一次衡陽總攻」乃就此告終。

自三日起，日軍以大批飛機轟炸衡陽城，並投下大量燒夷彈，城內火光沖天，民房大部付之一炬，並毀我屯積糧彈。軍長方先覺亦乘機調整部署，準備再戰，即令留置衡山的第三師第八團歸建，並在防務上澈底形成重點。積極構建第二線陣地，增大防禦縱深，加強西南郊防衛。

日軍則利用停止「總攻」的期間，一面從事後勤整補，另則補充人員之傷亡，尤以官佐的傷亡，影響到作戰指揮，至為嚴重。第六十八師團長負傷後將由堤三樹男接任，並於七月十一日履新。其餘主要傷亡之官佐有：第五十八旅團中的二位大隊長，一死、一傷；第一一六師團第一二〇聯隊，大隊長一戰死；一三三聯隊二大隊長戰死，僅剩一員並帶傷指揮中。

經第一次總攻後，日第十一軍已判明我衡陽防衛的主抵抗線，另行計畫，準備第二次總攻，決定於七月十一日開始攻擊。日軍構想，應於攻擊先期，突破主抵抗線之一角，再逐步往衡陽深入。一一六師團長岩永中將依令策畫一逐次、逐地的攻擊計畫，並由一一六師團及六十八師團交替向前推進。

七月十一日七時，敵第一一六師團之第一二〇聯隊，在其飛行第四十四戰隊、野砲第一二二聯隊及獨立野砲第二聯隊之掩護下，向我虎形山陣地發起猛攻，從而掀起敵所謂「第二次衡陽總攻擊」之序幕。日軍雖施放毒氣，但其攻擊仍未得逞。激戰至十二日我已傷亡重大，火力漸弱，終被敵突入，不得已退守西禪寺，蕭家山一線。

十三日，我守軍在空軍戰機的支援下，堅守陣地，日軍竟日攻擊無進展。次日再興攻擊，以志摩支隊及第一〇九聯隊之一部在北面行牽制性攻擊。主攻傾其第一一六、第六十八師團之主力，向我杏花村、蕭家山、軍艦高地及其以東鐵路北之線。自十四日至十六日，我據險固守，予敵重創，且我第二線陣地業已由第三師建立完畢。戰至是（十六）日黃昏後，戰鬥演變成近身肉搏，我軍往返三次衝殺，終因傷亡過重，蕭家山、楓樹山、軍艦高地同時陷落。方軍長乃決心放棄第一陣線陣地，轉守第二線陣地。我退居第二線陣地後，兵力益形集中，陣地更為強固，衡陽保衛戰遂進入另階段。

自十六日以後，日軍再次呈現彈藥不足，攻堅乏力。嗣因我援軍四集，日軍被迫因應我反擊行動，再令暫停攻擊，日軍第二次總攻，遂宣告失敗。

自六月中旬，我衡陽保衛戰開始以來，敵我雙方在衡陽外圍之戰鬥仍持續進行。時我第六十二軍（轄第一五一、第一五七師）奉命馳援衡陽，已由潭子山（泉湖市以西）東進，進抵賀家沖之線；

七月十八日我第一五一師第四五三團，續向黃茶嶺及其以西攻擊前進中。而第一五七師亦於十九日進抵雨母山之線，為增加第一線突擊力，另令該師第四七一團向歐家町方面挺進，以策應第一五一師作戰。我在砲兵與空軍之協力支援下，先後攻占黃茶嶺、歐家町之後，並續圍攻黃泥坳（二塘以東）。此際敵第一一六、第六十八師團，則陷入我前後夾擊之態勢，遂不得不中止衡陽攻擊，以求自保。

日軍為扭轉頹勢，除命志摩支隊第五十七旅團及第一〇九聯隊，分別向原屬第六十八師團及第一一六師團歸建，以鞏固其後防外，復令其第四十師團增援在衡陽之作戰。其先以一部，南渡蒸水，並向我第四五二團左側背迂迴。該團遭此攻擊，奮勇反擊，雙方激烈攻防，均傷亡慘重。入夜後，該團不得已轉移黃泥坳以南收容。

此際敵我雙方，雖仍維持衡陽周邊的陣地攻防形勢，但亦不停調兵，聚集衡陽準備決戰。日軍急調其第五十八師團趕赴衡陽，並於七月三十日已進入衡陽西北一帶。繼之調整部署，順勢將針支隊南移至一一六師團左翼；另第十三師團之一部亦已到達湘江東岸。至是，在衡陽周邊之敵，已達五個師團之眾，第三次衡陽總攻準備，大致完成。

七月二十七日，我空軍投下我最高統帥諭方先覺軍長手諭云：「守城官兵艱苦與犧牲情形，余已深知，余對督促增援部隊之急進，比弟在城中望援之心更為迫切，余必為弟及全體官兵負責，全力增援與接濟，勿念。」二十八日，我第六十二軍雖已南移盤古嶺；我第七十九、第七十四軍主力及第一〇〇軍之第十九師，業已陸續進抵蒸水兩岸，並即向東發起攻擊，戰事即進入最後決戰階段。

七月二十九日，敵第十一軍司令官橫山勇，見衡陽第三次總攻已漸成熟，遂決定八月四日為總攻日，並下達攻擊命令：第六十八、第一一六師團於總攻發起後，重點指向西南郊的岳屏山；繼之第五十八師團於次（五）日，向衡陽西北發動攻擊；第十三師團則於湘江東岸，以火力支援湘江以西之作戰。

八月一日，敵第十一軍司令官橫山勇親率軍指揮所，由長沙向衡陽推進，二日凌晨進抵湘江東岸飛機場的一個防空洞內，當即遭我迫砲轟擊，橫山勇雖得倖免，但其隨行軍官多人，當場被擊斃。

是（一）日，敵第一一六師團第一二〇聯隊，在其優勢砲火掩護下，已展開先期攻擊，矛頭指向杏花村附近高地，激戰至二日晨陷敵。入夜後我傾力逆襲，殲滅突入之敵，恢復原陣地。敵復猛攻西禪寺、天馬山。戰至三日，經雙方激烈爭奪，幾番失而復得，敵我傷亡均重。

八月二日，我機再投最高統帥手諭云：「此次衡陽得失，實為國家存亡之所繫。」即此等國家存亡之大事，只許成功，不能失敗。另告知「第二次各路增援部隊，今晨已如期到達二塘、賈里坡、陸家嶺、七里山預定之線，並令空軍掩護，嚴督猛進也。」次（三）日拂曉後，我到達之援軍，第六十、第四十六、第一〇〇軍各一部，在空軍之支援下，相繼發起攻擊，旋即攻占洪山廟、雨母山、二塘之線，我增援大軍出現有利之進展。日軍為阻截我近迫衡陽，影響發起總攻，遂一面集中砲兵火力，支援其第四十師團之戰鬥，阻我增援。另則要求各總攻部隊，加緊對衡陽四郊及外圍據點的突進。

八月四日，日軍全線發起總攻，由於天氣晴朗，敵一一六師團在戰機、砲兵的有力支援下，撲向我預備第十、第三師杏花村陣地，經敵猛烈轟炸之後，已大部被毀。但我守軍自始堅忍沉著，在敵火下，一面戰鬥，一面修補工事，使敵依然在我濃密火網下，重挫而退。另敵第六十八師團、志摩支隊，對五桂嶺、岳屏山之攻擊僅推進數百公尺而已。綜觀敵總攻第一日，雖付出極大犧牲，但卻毫無所獲，深感天塹難越。

五日敵再興攻擊，略有進展，突破我蝦高地、西禪寺，我軍被迫退守天馬山。敵第五十八師團於六日拂曉攻擊時，率先突破我第一九〇師防線，入叩衡陽城，我軍被迫退守小西門城垣之線。翌（七）日在入城敵兵之策應下，節節進迫，擴大突破，致小西門以北城垣防線瓦解。戰至八日拂曉，日軍突入我第十軍軍部，殘餘官兵已寥寥無幾，乏力再戰，衡陽遂告陷敵。我軍僅以餘部，向西南永豐一帶轉移，衡陽保衛戰經四十七晝夜血戰之後，終畫下句點。

日軍自喻我「衡陽保衛戰」，其戰況之慘烈，僅次於一九〇四年日俄戰爭的旅順要塞攻城戰。衡陽保衛戰之所以能有此堅強之守備，除了第十軍全體將士用命，奮勇犧牲，以全軍人魂。在爭戰中，日軍企圖從一點突破而擴及全面，但終不可得。縱使再到最後，攻破衡陽西北角，守軍抵抗依然強烈，足證我守備官兵堅強的戰鬥意志。另則是建構的陣地，火力之熾烈使敵膽寒不已，且日軍在首日之攻擊中，即見識我強固的工事整備，因而奠定我長期固守，予敵有效打擊的基礎。戰後日軍論此陣地，認為工事設計形成猛烈之交叉火網；地形改造後，既難以接近，亦無法攀登，堪稱「中國軍智慧與努力之結晶」。

然我防衛部署的重大缺失，在衡陽守備的兵力不足，且指揮思維仍停留在長衡地區作戰的慣性上。此一錯誤，在日軍攻略長沙時，將重大戰力留置於津市、澧縣以北。嗣後又將七個師以上的兵力，分散在湘西廣大地域，閒置重要戰力。在衡陽保衛戰中，日軍又以其二線兵團，牽制我第三十、第二十七集團軍，於萍鄉、醴陵、茶陵、攸縣一帶，而未加入衡陽地區的決戰。此用兵不當，實犯「決戰在即，分散兵力」的兵家大忌。

日軍於八月八日，陷我衡陽後，傾其所部，準備續向湘桂邊境進犯。即分沿湘江兩岸，永豐迄秋田圩間寬廣正面，向桂境挺進，初期以洪橋、零陵為目標，並經全縣進入桂境。我軍主力則沿永豐、沙坪西南、新橋、鯉魚塘、秋田圩之線完成部署，嚴陣以待。

我軍事委員會鑑於長衡會戰已歷時三月有餘，基於當前情勢，遂改變部署及作戰指導方針，於八月十二日訓令所部，除先期「整備桂林、全州、曲江、遂川諸要地，阻敵向粵、桂深入」外，命各部「廣領前方要地，以攻為守，並襲擾敵軍後方」。此訓令顯示，國軍已無意在湘境續行大規模之決戰，仍採持久消耗戰略，在敵後襲擾，以削弱其作戰之持續力。事實上，在衡陽保衛戰中，其總攻的停止，主因補給不繼，進入桂境後，勢必更嚴重。

八月二十九日，日軍開始全面進犯，攻勢猛烈，我軍被迫西移。九月初，日軍先頭迫進零陵，經輕微抵抗，於九月七日陷敵。八至十日，日軍未經激戰，即越過湘桂邊境之黃沙河，並與我第九十三軍稍有接觸後，於十四日進占全縣，長衡會戰由是告終。

拉長戰線走入窮途

在一九四四（民三十三）年八月上旬，日軍圍攻衡陽的末期，中日雙方即已開始部署爾後作戰。我軍事委員會當即研判日軍占領衡陽後，勢將續攻桂柳。遂決心固守桂、柳地區三個月；並認為在此期間，日軍在太平洋與其本土作戰的發展上，必然有重大變化。由於我第四、七戰區自一九四〇（民二十九）年，桂南會戰結束後至是年底，地區即不現敵蹤，兵力部署一向薄弱。在桂柳作戰初期，我第四戰區所有兵力，計第十六集團軍之第三十一軍、第九十三軍及第四十六軍兩個師，第三十五集團軍之一個師，總兵力約六萬人。軍事委員會在指導各戰區進入備戰之後，一方面籌畫全般兵力部署；另方面則加強桂林、柳州附近工事，構築約兩個軍之陣地以待敵。

然而，日軍在攻占衡陽後，基於全般戰爭情勢的演變，對於一號作戰的後續發展，則陷入是否繼續的爭論。爭執的焦點，又回到發動一號作戰的原始作戰目的上。

七月初，雙方正激烈進行衡陽之戰。在太平洋上，日軍與盟軍的爭鬥卻有明顯的變化。七日，日軍喪失在馬利亞納群島的要衝——塞班島，接著關島亦為美軍所占。情勢發展至此，對日軍是否執行一號作戰就有了直接影響。當初以消滅美空軍在華航空基地為目的的構想，係以美轟炸機可由在華基地起飛轟炸日本本土為考量基礎。

那時在西南太平洋上的日軍防線，距離日本本土仍有三千哩之遙。在太平洋上的美空軍，尚不足以威脅日本本土的安全。失掉塞班島及關島後，美機即可進駐各該島以進襲日本本土，故摧毀在華美航空基地的一號作戰，其戰略意義實已不大。又因六月十六日，由成都起飛的 B-29 轟炸機，首次空襲日本本土的北九州地區，亦即完成一號作戰，也無法達成當初設計的目的，因而有了是否繼續進行的爭論。

最早主張第二期（廣西）作戰，應予延期或予終止的，是日本大本營，此爭論最終也傳入派遣軍總司令官畑俊六的耳裡。傳遞此訊息是當時的陸軍次官，柴山兼四郎中將。他認為陸軍省的全部，大本營除了第一（作戰）部之外，如總長、次長等也都認為第二期作戰，將因補給的問題而有重蹈印普哈作戰的覆轍，應即終止湘桂作戰第二期。柴山轉達此訊息的目的在：「大本營命令強行終止此作戰，頗不適宜」，故希望能由派遣軍以提出意見具申的方式，終止一號作戰。畑俊六則以觀察研討後，再行意見具申回應。

日大本營為解決此一爭議，於九月上旬派一號作戰的原始策畫人，服部卓四郎大佐等一行六人，至中國派遣軍相關單位訪問。十一日將大本營對一號作戰的旨意轉達中國派遣軍，主要內容計分兩項，其一是大本營對儘速發動一號作戰的期盼，其二是對第二期作戰之指導意見，即運用日軍在華南創造的有力態勢，一舉攻克桂柳地區，但需亟力避免再演印普哈作戰所遭致的挫敗。斯役失敗的原因，在退路及補給線被英軍切斷。故以此經驗，設定攻勢發起的條件，概定以粵漢鐵路重型列車能行駛於岳州（岳陽）與長沙之間。

服部說明日大本營急於發動一號作戰的理由，又回到「打通作戰」當初的構想，即在海上交通中斷後，不使緬境約數十萬日軍被消滅。另在摧毀美在華航空基地的任務方面則認為：九月的形勢，菲島決戰已近，若有閃失，日軍本土與南方地區的連絡即被切斷。並指出此作戰仍以航空作戰為主，支援菲島決戰的「捷一號作戰」，與在華南之航空作戰，同屬一個戰場。兩者在作戰的成敗上，有相互依存的關係。

此際日空軍實力不足，在長衡會戰期間，航空作戰已顯消極。然而為支援菲島作戰，正計畫從中國派遣軍抽調航空部隊，以支援捷一號作戰，屆時日軍在華航空兵力將更為不足。倘若美航空兵力又乘勢進入遂川、贛州以東，情勢將更為不利。故一號作戰第二期的發動，宜在捷一號決戰未明朗化之前。這是日大本營急於繼續執行一號作戰的主要理由。

此後，中國派遣軍參謀長松井，經與大本營在東京協商後，於十月初獲致結論，一號作戰大致按原計畫實行。期間大本營亦為此爭議，作成決議面奏日本天皇決定：「第十一軍於十月下旬，由全縣附近發動攻勢，在第二十三軍的配合下，於十二月上旬完成桂林、柳州的攻占。」

然從上奏天皇奉答資料中，可以意識到大本營所作的結論，傾向於積極的促成第二期作戰的執行，而忽視眾所憂慮的因素存在。認為衡陽會戰之後，「派遣軍與第十一軍均抱有必成的信念」；「已摧毀第九戰區的精銳部隊」；「敵（指國軍）之戰略態勢已因之完全崩潰」，日軍應可利用此有利態勢，進行追擊，以貫徹一號作戰。眾所擔憂重蹈印普哈作戰的覆轍，卻以第十一軍之後勤業已改善，十一月以前，粵漢路將可從岳州通達衡山。倘若攻勢發起後，戰線西移，戰鬥機部隊進駐衡陽後，後方之安全將更可提高，總之認為一切都會往理想中發展。

事實上，這種理想並不存在。誠如前述，國軍自衡陽陷敵後，即放棄在周邊與日軍決戰之企圖，一面整備桂柳防線，主力則「廣領前方要地，以攻為守，並襲擾敵軍後方」。這種近似游擊戰的持久戰法，使日軍無從大規模的圍殲國軍。按國軍對長衡會戰雙方死傷統計看，日軍一〇四六七五人，國軍八六七五二人；傷亡比為一：〇．九，國軍較日方傷亡為輕。又服部的返京報告中亦指出，衡陽作戰的戰果未能盡如理想，其原因有三：1.僅能作夜間行動；2.在航空作戰方面稍嫌消極；3.第二線兵團的推進稍遲等。此報告即暗示未予國軍重創及「戰略態勢崩潰」之狀況，反應的確是兵力不足；後勤支援不上；空權居於劣勢。

改善後勤之說亦相當的不實。當時，日軍輪轉材料缺乏，又頻頻遭我破壞，修復困難，粵漢鐵路長沙段，延至十一月中旬尚難通車；復因公路亦多破壞，路面泥濘，影響運輸補給。更嚴重的是，九月中第十一軍自進入全縣及道縣後，幾乎未獲得補給。預估第二期作戰各類軍品需求約一萬噸，按當時運量，每月僅能送達三千噸，故在後勤上有極大的困難。大軍進入桂柳地區後，戰線拉長，補給負擔益形加重。而在戰略態勢上，徒使兵力分散，減少運用彈性而走入窮途。

在制空作戰方面，中美空軍在中國戰場的作戰飛機雖只有三百餘架，但已迫使日軍採取夜間行動，顯然仍占有絕對優勢。即使日軍占領桂柳地區，國軍已計畫再修建百色、獨山、南丹、河池等機場，不愁無足夠之基地可以使用。故國軍在日軍發動桂柳作戰時，即破壞附近航空基地，以防敵軍使用，顯示日軍的地面攻勢對我空軍力量的發揮，亦無多大影響。

日大本營為賡續執行一號作戰，採行真正有意義的戰略作為，則在指揮體系上作了重大的調整。八月間，中國派遣軍仍負責一號作戰的指導與計畫修訂，惟當時第十一軍已南下衡陽，並進入廣西全縣；武漢地區則交由第三十四軍負責。日軍為進行一號作戰，統籌地區指揮，於九月十日新設立第六方面軍（司令官岡村寧次大將，十一月下旬岡村升任中國派遣軍總司令，遺缺由岡部直三郎大將出任），隨即負起第二期計畫的修訂，並著手第三期（打通粵漢鐵路）計畫的指導與作為。基於任務之所需，遂爭取調用第二十軍司令部由東北進關。該軍的責任區，以擔負第十一軍南進後留下的湖南省境，並負責計畫及指導部分第三期（湘粵贛邊區）作戰任務：攻占粵漢鐵路在湖南及廣東省界以北路段，與摧毀遂川、贛州附近的空軍基地的任務；另以第二十三軍負責粵漢鐵路廣東省境的其他區段。

內線作戰與外線作戰之爭

從全般戰略形勢言，進入桂柳作戰後，形成國軍的內線作戰對抗日軍的外線作戰，且是兩個內、外線的格局。大格局包括滇緬作戰，即國軍的駐印軍、遠征軍在滇緬地區與日本南方軍的對戰；而我第四、七、九戰區則與日軍第六方面軍在湘、粵、桂，甚至滇黔地區之鏖戰。

我軍居中稱內線作戰，日軍居外稱外線作戰。又因我居中阻隔了在滇緬及華南的日軍，故一號作戰又稱「打通作戰」。日軍的外線作戰，由兩方面採「求心攻勢」，企圖壓縮包圍而達殲滅之目的。國軍的內線作戰之利，則在對兩個不同方面的作戰軍，自由轉用兵力於任一方面，選擇優先擊滅一方之敵，爾後再擊滅另一方之敵。因此，桂柳作戰即與滇緬作戰，就有了先打贏桂柳作戰或滇緬作戰的密切互動關係。

桂柳作戰則是另一個小格局的內、外線作戰。日軍進入桂境之後，其第十一軍由湘桂邊界向西南推進，而其第二十三軍則由粵境沿西江西進及雷州半島北上；國軍位於桂柳地區，分別向東及向南拒敵，亦是另一內外線態勢。

面對上述狀況，日第六方面軍於十月七日完成其第二期作戰計畫，並經岡村寧次裁決，即令所屬第十一軍及第二十三軍，於十一月上旬，轉取攻勢。在兩軍互相策應下，第十一軍轄五個師團（第三、十三、三十七、四十、五十八師團）及一個針支隊（屬節三十四師團步兵二一八聯隊，支隊長針谷逸郎大佐）自湖南、廣西省界附近發起攻勢，以主力沿湘桂公路指向桂林，另以一部則由其南方外翼迂迴前進，合力攻占桂林；第二十三軍轄兩個師團（第二十二、一〇四師團）及獨立混成第二十三旅團，「以其主力進出柳州以西地區，並於其北方切斷敵（國）軍退路」，意圖在柳州西方地區捕殲國軍，並繼續向貴州省境追擊。其要旨在：「貫徹強者的戰法，利用外線態勢，極力從外翼向內壓迫，導致包圍，在援軍未到達前，將當面中國軍殲滅於桂柳周邊地區。」

六月間，我軍事委員會基於長衡會戰的發展，已積極從事桂柳作戰之準備，時任副參謀總長的白崇禧於六月二十六日即以宥午電，針對衡陽失陷後，我軍之對策，向蔣委員長提意見具申；並於八月二十日，復以《劣勢裝備對優勢裝備敵軍戰法》，建議國軍應組織多數支隊，採取避實擊虛之游擊戰法，截擊敵軍之水陸兩路交通線，並與空軍配合，使敵前方補給困難而不敢貿然深入。我可固守桂林，以時待變，以除我危機。

意見經軍事委員會採其精義，作成作戰指導，於八月二十四日頒行。作戰指導概分為兩階段，前階段各戰區準此作戰指導，以襲擾、牽制手段，達成消耗、疲困敵人之目的。第二階段待日軍大舉入侵桂境後，第四、七戰區應在相互策應下，與敵決戰，配合守軍將敵於桂林附近包圍殲滅之。九月初，日軍對廣西的先期作戰已經開始，湘桂路正面之敵，經我極力抵抗，進展遲緩。迄十月中，仍在大溶江迄龍虎關一帶與我對峙，近似滯留。但西江方面與雷州半島北犯之敵，於大安附近會合後卻大舉進犯，節節西迫，合力進占平南，並續陷桂平，企圖進窺柳州。

我軍本內線作戰之指導方針，解除柳州側背威脅，決心優先打擊桂平方面之敵，乃於十月二十一日，開始向桂平反攻，歷四晝夜血戰，卒克桂平外圍蒙圩附近重要據點。正擬擴張戰果，由於我左翼兵力不足，防線遭敵突破後，直趨武宣，進出我軍側背，後防安全遭致威脅；又不期湘桂路正面，日第十一軍於二十七日正式發動攻勢，形勢逆轉，致我桂平反攻被迫中止，改採守勢並向柳州方面移轉。

日軍原定計畫於十一月初發動攻勢，並於十月十一日下達攻擊命令，然礙於後勤及攻勢整備未完，而未採取實際行動。二十六日第六方面軍經確認時機成熟，遂逕由第十一軍於二十六日下令，第三及第三十七兩師團立即發起攻擊。雖然日軍攻勢行動較初動命令滯後約半月，但仍較預期攻勢發起提早約一週，足證其攻勢發動的急迫性。

日軍發起總攻後，沿湘桂路兩側強渡桂江，直撲桂林。由於雙方戰力相差懸殊，我第七十九軍位於大溶江及靈田陣地首被突破，敵乘勢迫抵桂林城下。激戰至十一月六日，其第十三師團亦迫抵桂林南郊，桂林遂陷於三面被圍之困境。復因日軍後續兵團相繼到達，我守軍已形孤立，復因傷亡過重，防線遭敵突入，經我反擊無效，迄十日午後，桂林陷敵。

在日軍圍攻柳州的計畫中，係以第十一軍及第二十三軍相互配合，分由北方及西方合圍，企圖捕殲我第四戰區之主力於柳州地區。然而沿西江方面進襲之第二十三軍，遭我第三十五集團軍極力阻止，進展遲緩，其先頭第一〇四師團，於七日方進抵柳州東南之馬平圩，其餘部隊尚在武江兩岸，距柳州在百里之外。然日第十一軍在進犯桂林之同時，即已遣其第十三及第三師團之各一部，逕趨柳州，企圖先第二十三軍攻占柳州。致使該軍未能先期進出柳州西北地區，以截斷我軍退路，捕殲企圖破滅。

日方面軍總司令官岡村寧次聞訊震怒，並告知第十一軍橫山司令官「我重視宜山，甚於柳州」。此際，日軍各部已達柳城、雒容及柳州東南之帽盒山。十一月九日，敵第二十三軍之第一〇四師團，亦於柳州城南會合，當即開始猛犯；十日突入北市區並繼續由北向南壓迫。戰局發展至此，第四戰區司令長官張發奎，見桂林情況不明，柳州大勢難以挽回，遂依「消耗戰略」的指導方針，不作無謂犧牲，令各部破壞所有倉庫，轉移柳州西側山地，繼續抵抗。柳州雖陷敵，但日軍未能聚殲國軍。

我第四戰區於柳州棄守後，斷然以宜山為中心，重新部署。以第二十七、十六、三十五集團軍併列，建立逐次抵抗陣地帶。初期沿小長安、六塘、三岔、秋岡、忻城、渡口之連線，爾後則以思恩、金城江、保平圩再建後繼之抵抗線。我各兵團於萬般艱困狀況下，奮力阻敵北進，一方面爭取時間，以待增援部隊到達，另方面準備向果德、隆安轉進，拒止日軍向南寧方面發展。我軍西撤宜山後，敵乘勢分途追擊，並演成黔桂路沿線的追逐戰鬥。惟我軍久經征戰，戰力殘破，乏力抵抗，宜山亦於十五日敵陷；二十二日再陷思恩、河池，二十三日敵前鋒已迫抵金城江，黔南為之震撼。

當桂柳戰況緊急之際，我軍事委員會為穩定西南戰局，曾於十月初即下令抽調第一、第六、第八戰區之第九十四、第八十七軍至黔東黃平、鎮遠集結；第二十九、九十八、九、十三、五十七軍集結貴陽、馬廠坪、都勻、獨山間地區，統歸黔桂湘邊區總司令湯恩伯指揮。然增援部隊礙於西南地區之交通不便，機動速度極慢，除黔桂湘邊區所屬第九十七軍之一部於十一月十八日到達南丹，隨即於野車河附近占領陣地以待敵；第二十九軍之第九十一師；第九軍之第一六九師於十一月下旬進至都勻、獨山間地區。其餘部隊均止於黔省境內，並未參加戰鬥。

雖然我增援部隊未能全部及時到達，但即穩住防線，並待機反擊。當敵由河池向南丹進犯之際，我第二十九軍即向敵展開反擊。十二月五日，獨山一度陷敵，但八日又為我軍規復；同時，我進抵都勻之第一六九師，亦向竄抵八寨之敵猛攻；五、六兩日，我先後連克八寨、三合；十日，該師協力第九十一師，續克上、下司及六寨；十二月十二、十三日，再克南丹、野車河後，協同第四十六軍包圍河池之敵，激戰後雙方皆力盡，遂於河池、杜村之線長期對峙。非但戰局暫告一段落，且解緬戰的後顧之憂。

十一月柳州陷敵後，於二十日其第二十三軍奉命調離地區，準備「第三期（湘粵贛邊區）作戰」。並軍率主力第一〇四師團轉返廣東，餘部第二十二師團則任打通桂越邊界，聯繫越境日軍之任務。並由思練圩經遷江南下，會同獨立混成第二十三旅團，一舉陷我賓陽後，繼續沿邕賓公路南下。時我第四戰區因兵力單薄，戍守桂越國境，悉賴桂省地方團隊負責，戰力更顯不足。經一日戰鬥擊破我軍抵抗，於二十四日進占南寧。

繼之以一部沿右江左（北）岸西犯隆安。時我第三十五集團軍早已由忻城轉抵隆安、果德一帶，當即與西犯之敵展開激戰，最後被我拒阻於田東以東地區。此際，敵駐越之個一支隊，於十一月二十八日由諒山侵入我國境，除以主力逕趨明江，另以部北犯龍州。至十二月一、二日，明江、龍江經激戰後，宣告不守。占明江之敵於二日向南寧前進；而陷南寧之日軍第二十二師團則持續南下，兩軍於十二月十日在綏淥會師。至此，日軍終於完成其所謂「一號作戰計畫」打通大陸南北交通之企圖。

戰局發展至此，日軍「一號作戰」除第三期外，其餘均依計畫完成。但戰爭全局已極度變化，菲律賓戰場方面，日軍在雷伊泰島的決戰已宣告失敗，美軍登陸呂宋是遲早的問題。而以馬利亞納各島為基地的B-29機群自十一月，已開始轟炸東京；「捷一號作戰」的前景已明朗化，顯然發動第三期作戰的性質又產生了變異。基於新情勢，日大本營已被迫改採以本土防禦為中心的新戰略，認為美軍必於中國沿海登陸，要求中國派遣軍應即加強在中國東南沿海的戰備。第六方面軍在此兩難中，選擇了一面開始第三期作戰，一面與大本營繼續磋商的決定。

第六方面軍於一九四五（民國三十四）年一月，發動第三期作戰，以第二十及二十三軍「襲占粵漢鐵路南段，摧毀遂、贛地區美空軍基地，並確保粵漢鐵路重要工程設施」。三日，第四十師團由道縣出發，展開此作戰之序幕。

作戰先期，第四十師團之一部，以奇襲方式向東發起攻擊，迄十七日已進抵宜章西南一帶，粵漢路已感受威脅。嗣後，第四十師團遂傾其主力繼續向東突進；粵南之第一〇四師團合力其第八旅團則由南向北攻擊，目標指向曲江；位於湘南耒陽附近之第五十七旅團（屬第六十八師團）則以郴縣為目標；在作戰形態上，分由西、南、北三方，展開向心攻勢。我第七、第九戰區雖曾分途阻擊，惟力有未逮，仍被迫逐次轉進。戰至二十五日，來自西、北兩翼日軍會攻郴縣，我軍不敵，旋即陷落，並打通粵漢路樂昌以北路段；日兩軍匯合後，向南急進，與北進之敵會攻曲江。戰至二十六日，我軍受敵夾擊，態勢不利，奉命破壞各項設施後，於二十七日向東北轉進。至是，粵漢路全線已被敵貫通。

位於其茶陵附近之第二十七師團，所屬步兵第一聯隊，於一月十六日薄暮，乘夜開始攻擊，開啟遂、贛方面作戰之序幕。我第五十八軍起而迎擊，但不敵日軍攻勢，被迫逐次向蓮花附近轉移。

十九日蓮花陷敵，遂轉至寧岡以北，占領沿寧岡至永新公路側面陣地，採取守勢。僅以一部沿公路逐次抵抗，由於戰力相差懸殊，未能予敵有效阻止，致敵快速推進，迄二十一日陷永新，二十八日遂川機場亦告失陷；三十日我軍放棄遂川，向西、向南轉進。

日第二十七師團陷遂川後，續沿遂川至贛縣公路南下；二月四日，敵陷我始興、南雄之後，續向大庾、新城進犯，日東進、北上兩軍遂逐漸匯合。而由遂川南進之敵亦於五日到達贛縣西北郊，我雖破壞機場，但仍未能阻止敵之進展，態勢更為不利，被迫於六日撤出贛縣，湘粵贛邊區作戰暫時告終。

此後，我國軍之三、七、九戰區，即遵十二月中軍委會之作戰指導：「廣領地域，行戰略持久」；「建立堅固根據地，實施游擊戰」。繼續與敵周旋，並不時以不同規模的攻擊行為予敵干擾、打擊。我贛南要點雖陷，但全面形勢仍為我有效控制中。

目的雖達空留遺恨

雖然，日軍發動「一號作戰」，摧毀我遂、贛等地空軍基地之最終目的已經達成。但就戰爭全局而言，既不能阻止盟軍轟炸日本本土，且因菲島戰局已決，「捷一號作戰」結果明朗，賡續第三期作戰的各項因素已不復存在。繼之，日方因戰爭層面上的情勢全面持續惡化；遂改變作戰方針，以「擊潰進犯中國大陸之美軍」，已成中國派遣軍的主要任務。而孤困於中南半島之日南方軍，也已經無望脫困。又因在歷經的各次會戰中，未能捕殲國軍主力，屈服我抗戰的續戰意志，更是遙遙無期。

但從純軍事角度看，我正在加急部隊的整補與訓練，戰力迅速的恢復中。又因日軍「一號作戰」，大軍深入桂柳、黔境，早已超出所謂的「攻勢極限」，陷大軍於補給不濟，兵力極度分散的不利戰略態勢，戰爭前景日趨暗淡。

一九四五（民國三十四）年一月下旬，我滇西遠征軍於攻克騰衝、龍陵之後，直搗國境線上之畹町；二十七日與我駐印之新編第一軍（新編第三十、三十八師）會師於芒友。因而打通被封三年之國際通路——滇緬公路，並迫使日軍悄然向緬中遁去，緬境作戰即趨尾聲。

我因國際通路的開放，美援軍用物資大量運入國境，遂使計畫中，接受美械裝備的「阿爾發部隊」，計三十五個步兵師，得以落實換裝與訓練，國軍戰力脫胎換骨，煥然一新。同時，在指揮體制上進行重大變革：成立陸軍總司令部於昆明，統籌部隊編訓及未來攻勢作戰的準備，並即策畫全面反攻作戰；重整地區部隊，統編為四個方面軍（第一方面軍盧漢、第二方面軍張發奎、第三方面軍湯恩伯、第四方面軍王耀武），以利國軍改取攻勢作戰的戰力發揮。

鑑於整體戰爭情勢的驟變，日本中國派遣軍總司令岡村寧次，於十二月為打開中國戰場的局面，曾提出不惜孤注一擲，進行塵封已久的進攻四川作戰計畫。他認為：「美軍在太平洋上的反攻，終究會擴及中國大陸」；且中國政府因遭受「一號作戰」的打擊，已呈現動搖；惟預判在美軍的支援下，戰力仍將持續恢復及增長，預判至今（一九四五）年中期以後，將可能發動總反攻。日軍應利用可能擊敗中國軍的機會，攻破中國抗戰的四川省基地，以顛覆重慶政府，期對大局有所貢獻。惟此案並未被日大本營所接受，但以「擊潰進犯中國大陸的主敵美軍」，確保在大陸的重要區域外，並「應促使重慶之敗亡」。亦即也未否定岡村寧次「念念不忘，向西的最後一擊」。

那時日軍正攻陷我桂柳，遂行黔桂路追擊作戰中。派遣軍上下正處在戰勝的歡慶中，因而對進攻四川有較樂觀的期待。岡村在他〈中國派遣軍對於今後作戰指導的意見〉報告中，對進攻四川最主要論點有三：其一在外交上，唯有解決中國問題，方能破壞反軸心國家的現勢；其二攻略四川可導致「重慶中央政權」的崩潰；其三將其作戰的可行性，建立在「一號作戰」已使國軍戰力大幅降低。但往後的歷史卻否定了此看法。

其實國軍戰力是否因日軍的「一號作戰」而殘破？在桂柳作戰——黔桂路追擊戰末期，即可看出端倪。且此問題中美聯盟雙方亦已討論過，但存歧見。九月十五日蔣委員長召見了中國戰區盟軍總部參謀長史迪威，即因滇緬作戰與桂柳作戰的戰路問題發生衝突，而史氏終被迫去職。遺缺由魏德邁將軍（Gen. Wodmeyor）接任。

十一月下旬，魏氏基於桂境戰的勢況發展，即建議將在緬北作戰之五個中國步兵師，先抽調其中兩個師返國。經蔣委員長開會研商後，仍堅信增援到達黔境之部隊，足堪堵擊犯敵，不足為憂。惟軍政部長陳誠竭力支持魏氏建議，始獲通過。十二月上旬，我駐印新編第六軍（第十四、新編第二十二師）由印緬空運返國，進駐滇省曲靖、霑益一帶。然此時黔桂路沿線的追逐戰鬥已告一段落，而返抵國門的駐印軍並未發揮作用，成為戰場遊兵。由是足證國軍並未殘破，後繼部隊足堪運用，亦顯示蔣委員長的判斷正確。日軍不但因拉長戰線而被迫分散，復因我「阿爾發部隊」逐次編訓完成，戰力大增，且仍多集中於西南地區；使我大後方防衛更臻鞏固，從而奠定爾後南戰場反攻之基礎。

一九四五（民國三十四）年春，抗日戰爭即已進入第三期，全面反攻的階段。日軍大本營雖仍以向東作戰，擊敗登陸中國大陸美軍為主的作戰方針；但派遣軍總司令岡村寧次則仍未放棄向西最後一擊的念頭。以消滅老河口（豫西、鄂北會戰）、芷江（湘西會戰）空軍基地為名，排除對日本空襲危害為目的的攻勢計畫，終被大本營所接受，「一號作戰」的思維仍揮之不去。然而派遣軍以「重慶進攻作戰」的構想，亦已納入正式研究。

兩會戰分於三月二十二日及四月十一日分別展開。時我軍逐次完成整軍，由於西南方面國軍多已完成換裝，而華中尚未普遍，因此對兩會戰的戰力有不同的發揮。豫西、鄂北方面經艱戰鬥，老河口機場一度陷敵，經我反擊後方恢復原態勢。

然而在湘西方面，換裝部隊戰力大幅提升，足堪強韌之攻擊。會戰在絕對制空的優勢狀況下，迫敵僅能採取夜間攻勢，戰鬥能力已顯著下降；我軍不但保芷江機場不失，且予敵軍重創，六月初結束戰鬥。計殲敵三萬六千餘人，擄獲甚多，大獲全勝。

五月二十八日大本營基於全般情勢，終於下達大陸命第一三三五號，命中國派遣軍「應迅速從湖南、廣西撤退」。是時，我陸軍總部正策畫總反攻計畫，然於四月下旬即察覺日軍有撤退之跡象，遂命各部發起局部追擊，演成我反攻前奏的「南場追擊」。至此日軍既對「一號作戰」再無懸念，而歷史終於證明：「以發動大規模陸上戰役，意圖消滅敵空軍基地，並爭取制空，實不符戰爭規律」。而岡村寧次的「念念不忘向西最後一擊」，夢碎湘西會戰，魂斷南場追擊，空留遺恨。

一號作戰概論

周　珞

前　言

二〇一二年蒙阮大仁先生及郭岱君女士邀約，參加了泛太平洋協會，加入寫作團隊重寫抗戰史，從小學啟蒙起，受父親、叔叔影響（周元松、周幼松，上海交通大學，機械及造船），對抗日、海空軍裝備、歷史、海權、空權，軍事史等涉獵廣泛，情有獨鍾，過目不忘。原本任務在於武器裝備細節、戰術、部隊編裝、背景整合、時間訓序等給予支援及參考，陸續提供了中日戰前實力對比、編裝、訓練、外援等文章，手繪前期各大戰役地圖，並寫了徐州及武漢會戰兩篇文章，《重探抗戰史》上冊，在二〇一五年九月底在臺北由聯經出版社發行。三年期間與港、臺、大陸北美及日本各地學者教授交流研討中，獲益匪淺。

這些專業歷史學者教授都是學院派，史料派很注重資料出處（必須詳加注解），一絲不苟。我自己是唸理工出身（大學及研究所是土木工程，做事幹了一輩子工程師，兼過三年軟體工程師及二十年電訊工程網路規畫），專精數據分析、邏輯推論，退休後專門研究近代史，在專業學者眼中，我屬於另類，但是我學會了他們那套注釋功夫，加上理工訓練出來對數據的敏銳感，對於別人的著作能看出不同的感受，進而推論不同假設，再找資料應證，這點與阮大仁先生不謀而合（他是數學家哲學博士），相識二十多年。由他處學得看 big picture（從前專研的較 detailed picture），慢慢會嘗試去以 birdsight view 看整件事前因後果，慢慢地對中間過場細節放得下了。

三年前他邀我一起寫一九四四年日本中國派遣軍在華北華中集結五十萬兵力，進行的一號攻勢（Operation Ichigo，甲號作戰）與緬甸方面軍在緬中進行的丙號作戰（Operation Ugo，十五軍，三個師團，第五飛行師團，戰車聯隊）相呼應配合，破壞史迪威的緬北攻勢，並且牽制國軍唯一的戰略預備隊（駐雲南滇緬遠征軍，十一及二十兩個集團軍，十七個師，砲兵、工兵、輜重等特種部隊）。四月中旬至五月底打通平漢路，占領河南全境，重創一戰區蔣鼎文、湯恩伯所部國軍，威脅胡宗南陝西的八戰區（潼關、西安）。五月底武漢十一軍（八個師團，第五航空軍，大量砲兵、工兵、輜重、兵站等特種部隊）南下湖南，占長沙、衡陽、湘桂交界全州，整休兩個月，十一月初陷桂林、柳州，直抵桂黔交界，進入貴州，陷獨山，都勻，十二月五日才退兵回廣西。國軍兵敗如山倒，莫能抗衡，除了衡陽第十軍死守了四十七天，幾乎全軍覆滅，百萬國軍潰敗並失去建制，重慶及昆明深受威脅，蔣介石國內外聲望由一九四三年底開羅會議後，高峰跌至谷底，導致美英對華政策劇變，邀蘇聯在德國戰敗後進攻東三省關東軍（《雅爾達密約》），蘇軍得以進入東北，扶植林彪的四野。日軍南下結果，華北、華中、東南各地防務空虛，共軍（八路及新四軍）擴充進入河北、河南、山東、兩湖、江浙一帶，盤踞在鄉間，控制廣大戰略層面。日本投降後，國軍只能控制大城市及交通線，戰略上受制，短短四年丟掉大陸，罪魁禍首就是日軍一號攻勢（壓垮國軍最後一根稻草）。

我們在臺灣時（一九五〇至一九七〇年代），很少書籍、論文或文章探討一九四四年湘桂黔大撤退，一九四六至一九五〇年戡亂失敗撤到臺灣以及兩者之間因果關係，初、高中時在牯嶺街舊書攤上買了不少關於第二次緬戰新一軍（緬甸蕩寇志，孫立人將軍當時被軟禁，屬於禁書一類）的畫冊、戰史，因而了解緬戰的過程。來美後（一九七五年九月）在 Virginia Tech 及 Ohio State University 圖書館的 Archive 檔案中搜尋了一九二〇至一九四〇年代，國民黨北伐、內戰、國共鬥爭各種報導（報章雜誌各種資料）拉拉雜雜，當時沒有作筆記習慣，未能詳加記載標記來源出處，只能斷章取義，囫圇吞棗式強記。來舊金山就業後（一九七八年年底）收入大增（相較於學生階段），每天中午及下班後逛書店、圖書館，看了無數戰史、兵器、Tom Clency 的小說，腦子如同海綿般吸收。二〇一〇年退休後時間更多，但是看書方式改變了（效率不如青壯年時，速度變慢，集中力下降），勤作筆記，速度不如前但精度大大提高，開始思考前因後果，把問題記錄下來，一時未有解答，但是日後與同好探討或看到新出版的書籍、論文及解密檔案，答案往往迎刃而解。

在前後長達近六十年讀史過程中獲益匪淺，有一套自己的邏輯及看法，不容易被他人宣傳、看法左右。其實二戰期間亞洲大陸戰場（中、印、緬）與太平洋戰場之間是有互動因素存在，盟國（主要是美國陸軍及海軍）與日軍主戰場在中太平洋（海軍，Adm. Nimitz）及西南太平洋（陸軍，麥帥），日軍深陷在中國戰場，兵力不足調配，海軍主力全在太平洋，陸軍精銳甲種師團幾乎全調往南洋（日本對太平洋戰場之稱呼），留在中國境內（武漢十一軍，唯一能進行有限度攻勢的機動打擊部隊）幾乎全是丙種／丁種師團，以及獨立守備隊（混成或獨立步兵旅團番號），以守勢為主（偶爾有以攻為守的有限作戰，如三次長沙會戰、常德會戰、鄂西會戰等），另有六十萬關東軍在東北防蘇備戰。日軍在太平洋戰爭中一九四一年及一九四二年的主動權，已經在一九四三年一月／二月的瓜島撤退中，拱手讓給了美軍太平洋艦隊。為了搶回戰略主導地位，海軍在馬里亞納群島（一九四四年六月）及雷伊泰島（一九四四年十月）反應美軍登陸，出動聯合艦隊都以慘敗收場。陸軍方面為了反制史迪威的北緬攻勢（一九四三年十月底旱季，由印度Ledo，中國駐印軍新一軍，新三十八師及新二十二師），在一九四四年三月，以緬甸方面軍／第十五軍，向印緬邊界英法爾平原，Kohima（阿薩姆省／Naga Hill行政區）主動進攻（先發制人），防止英國第十四集團軍，14th Army，向中緬甸進攻，斷史迪威右翼），英軍局勢一度吃緊，史為了防止北緬攻勢孤軍深入，經由Gen. Marshall要羅斯福總統逼蔣以駐雲南遠征軍（第十一及二十集團軍）渡怒江，反攻滇西及緬甸（一九四四年五月），作為史的左翼。史作為中國戰區參謀長看不到整個大局，只見到北緬眼前一隅，戰略目光如豆，格局非常小兒科。日軍在印緬丙號作戰以慘敗收場，但是經由史迪威無心插柳之助，把遠征軍二十萬兵力吸住，間接地幫助了一號作戰。

史迪威的綽號叫半瓶子醋（Vinegar Joe），美軍同僚都知道此人心胸狹窄，有仇必報。史在一九四二年五月二十五日（剛由緬甸撤至印度）向陸軍部提出報告「關於中國在戰略上的重要決定性」，強調建立陸上聯絡線（印度阿薩姆邦經緬北至雲南），裝備並訓練國軍，反攻緬北，接著由雲南反攻華南打通海岸港口，北上驅逐中國境內日軍，切斷日軍在華及東南亞資源，迫使日本投降，完全是大陸軍及陸權思考[1]。第一期計畫在印度蘭姆伽訓練三個師，另外一支國軍在雲南集結訓練。然而美英高層並不看重中國抗日戰爭，也不投入地面部隊到中國戰區，並且也未料到日本一九四四年在華一號作戰（忽略蔣的警告，日軍將在中國大陸進行大規模攻勢）。

美國不重視中國之抗戰，又不能放棄中國，美國百姓關注對日作戰遠超過對德（一九四二年四月十八日，杜立德率B-25轟炸機由大黃蜂號航母起飛轟炸東京，大大鼓舞了美國士氣可證明，但

---

1 Ramanus and Sunderland, Stilwell's Mission, pp.152-8; Louis Allen, Burma, Longest War, p.156.

是B-25迫降浙江，引起日軍報復性軍事行動，以毒氣屠殺了不少國軍及浙江百姓[2]）。

史迪威一九四二年在緬甸作戰雖然慘敗（犧牲的是國軍），卻帶給馬歇爾宣傳上的效應，個人英雄主義最對美國媒體胃口，頭條新聞大肆報導，史甚至上了Life雜誌封面，而史在印度信誓旦旦要重新打回緬甸，要在印度訓練國軍（完全符合馬以最小代價，把中國留在抗日陣營中，有四萬五千噸《租借法案》援中物資留在印度，無法運入中國，正好用來裝備駐印軍[3]）。

蔣為了掌控駐印軍（不被英軍控制）並收集美援而留用史，史為了有機會指揮一支生力軍，助他打回緬甸報一箭之仇而接受任務，兩人一拍即合，從這看出兩人雖是死對頭，為了共同利益不得不同舟共濟。華府方面（羅斯福及馬歇爾在一九四三年尾）一度有意調回史迪威（史在印度與英國當局極端不合，又處處與蔣作對，蔣數度要求撤換史），由於蔣為了不讓英國人指揮駐印軍又取消要求撤史[4]。

作戰的背後，人事、政治、國家利益、權力角逐等因素遠超過計畫及執行，如果由大歷史角度看，真正落實的作戰執行，往往經過各方驚濤駭浪式的角力，各方妥協的四不像計畫，最大公約數而非最佳最合理方案。也許未來由此角度去探討。

周珞　二〇一九年三月三十一日　於舊金山東灣寓所

2　Self-Inflicted Wounds, pp.5-20.

3　Tacman，史迪威，p.394.

4　T. White，《史迪威日記》，pp.231-35。吳景平，《宋子文評傳》，pp.368-73。

楔子

一九四四年八月五日，下午三點在衡陽市中心湘江畔，中央銀行大樓地下室，第十軍指揮部，方先覺軍長召開了緊急會議，軍參謀長、四位師長及督戰官等都在座。衡陽被日軍圍攻已經四十四天了，前兩次總攻，日軍占領了城南面及西面外圍陣地，西南面幾個制高點也經過雙方反覆爭奪，雙方皆死傷慘重，但是日軍增援部隊、重砲、陸航攻擊機、給養陸續由長沙抵達，四日又開始第三次總攻，且兵臨城下，除了原來兩個師團外又增加兩個師團。而第十軍從開戰以來，一萬八千人不到的兵力，沒有得到一兵一卒的補充，糧食、彈藥、醫藥除了空軍小量空投之外，外援中斷，只有坐困愁城，拚力死戰。

第三師師長周慶祥主張突圍，方先覺軍長哭著說：「突圍出去，即使委員長不責怪，全國同胞也能原諒，但是怎麼忍心丟下負傷官兵自行逃走？」

方軍長下定決心：「絕不突圍，一定死守，每個師長只准留下四個衛士，警衛排一律加入一線部隊，身邊多出一個人就是抗命，絕對嚴辦！」

會議一結束，周慶祥接到第七團青山街陣地被日軍突破，立刻率警衛排及師部官兵七十多人直奔青山街，右手持衝鋒槍，左手持鋼刀，衝入敵我混戰肉搏的陣地，連砍數名日軍，又一撥火掃倒日軍後面上來的部隊，國軍戰士無不為之鼓舞，不斷高呼「周師長！周師長！」，將突入陣地的兩百多日軍全部消滅，天明前奪回了陣地並將警衛排留下給第七團。周喃喃自語：「內無兵無彈，外無援兵，九戰區幾十萬大軍一個也打不進來，天意嗎？老天要亡我周某人？」

第十軍的處境何以如此悲壯？得從一九四二年談起才能知道來龍去脈。

一、一號作戰起因

一九四二年底至一九四三年初，日軍在南太平洋的狀況日益困難，陸軍參謀本部作戰課長，真田穰一郎大佐（取代服部卓四郎大佐）建議由瓜達康納爾島撤軍（日軍戰略上由攻轉守，轉折點）。在計畫撤軍時，考慮長遠的戰略作為，一九四三年八月作戰課完成「五年長程戰略計畫」[5]，這項計畫指出，日本想贏得太平洋戰爭是不可能的，戰局只會繼續惡化。日本與南洋的海運通道，在美國海軍潛艇及航空隊封鎖下已經柔腸寸斷，只有設法在中國大陸上掌握陸上通道，戰略上打一場消耗戰，經由大陸通道與南方軍（分布中南半島、泰、緬、星、馬、印尼、菲律賓等地）聯繫，這是日軍在中國大陸戰場六年多以來，第一次想到要打通南北陸上通道。[6]

日軍在一九四三年十月，又任命服部卓四郎大佐為參謀本部作戰課長，服部大佐在十一月巡視東南亞各地駐軍之後，極力主張打通中國大陸交通線，以陸上補給線支援南洋的作戰，完全不考慮太平洋戰場的情況。[7]

過分樂觀的評估，僅憑陸上交通即能支援南方軍，阻止美軍攻向日本本土，不必擔心海上交通線被美國海軍切斷，甚至在一九四六年能在南洋發動反攻。

（筆者註，服部是日本陸軍陸權思考為本，完全不懂海權的大戰略，太平洋戰爭從頭到尾是一場海權的較量，陸軍只是海軍的戰術工具及輔助性配角，服部大概沒有讀過馬漢的《海權論》。）

5 《真田穰一郎少將回憶錄》，日本防衛廳史料局。
6 《戰史叢書》，帝國大本營，陸軍部，part 7，東京，朝雲新聞社，一九七三，頁五四八。
7 同註6，頁五四九。

雪上加霜，一九四三年美國陸軍航空隊將陳納德的駐華航空特遣隊（China Task Force）升級為第十四航空隊（14th Air Force），加強了轟炸機部隊。B-25 中型轟炸機由內陸起飛後經由桂林、遂川、南雄等前沿機場加油掛彈，沿著東海掃蕩日本補給船隊，導致日軍南洋補給船隊沿海航道損失嚴重（筆者註，噸位較小船舶編隊沿岸航行，對於防止潛艇攻擊較有效）。

十一月二十五日，二十多架美軍 B-25 轟炸機由江西遂川起飛，奇襲了日本海軍在臺灣新竹的機場。[8] 日軍參謀總長杉山元大將指示服部大佐與宮崎中佐（中國派遣軍參謀部作戰課長），評估攻擊中國東南方十四航空隊機場可行性，日軍情報顯示，美國新型長程轟炸機有進駐中國，利用東南機場襲擊日本本土的可能。

十一月底，真田大佐告訴天野大佐（中國派遣軍參謀部作戰課駐東京聯絡高參），大本營預備在一九四四年六月初發動攻勢作戰，打通平漢路南段、粵漢路、湘桂線及摧毀鐵路沿線中美航空基地，以防止駐華美機空襲日本本土，天野大佐受命由中國派遣軍研擬作戰實施細節。[9]

二、日本大本營及中國派遣軍的研究

中國派遣軍在一九四三年初在關內（筆者註，關內，山海關以南，中國派遣軍；關外，山海關以北，包括滿洲國，關東軍轄區）能指揮的部隊僅有六十萬，分散於關內，各個占領區的警備任務，

---

8 《日軍對華作戰紀要（八）》頁一，B-25 九架，P-38 長程戰鬥機六架，在兩小時內有六十三架日機炸毀，美軍以高空偵察機航照證明；遂川距離新竹六百八十公里，距離北九州八幡一千七百五十公里。

9 *Battle for China*, Van De Ven, Stanford Press, 2011, p.396.

沒有機動兵力實施任何攻勢作戰。但是畑俊六大將（司令官）指示參謀部細心研究，中國派遣軍作戰課在十二月七日向大本營電呈作戰草案。[10]

杉山元大將親自主持由陸海軍參謀們參加的圖上作戰演習，思考一號作戰在未來全盤戰略布局中的影響，目的是推動打通大陸交通線的必要性、可行性及緊迫性（這是杉山元及真田早已計畫的腹案）。[11]演習之後，全體參與人員都認同一號作戰是必須的，參謀們開始作業計畫實施大綱。[12]

戰後，作戰課前參謀井本熊男中佐回憶：「圖上作戰演習採取了最樂觀的狀況及假設，使參加演習者對於未來作戰充滿了希望，攻勢最終目標設定經由大陸交通線補給南洋日軍，讓南方軍在一九四六年能夠在由澳洲北部或菲律賓南部發動大反攻而結束太平洋戰爭，其實沒有充分明顯的證據支持這種願望，只是誤導大家對將來還存有指望。我甚至認為圖上作戰演習，純為了推銷打通大陸交通線。」[13]

三、作戰實施修正

一九四四年一月四日，中國派遣軍向大本營呈報了一號作戰實施大綱：

(1) 摧毀美國在華空軍基地，防止空襲日本本土企圖。

---

10 同註9，*Battle for China*, p.397.

11 《大東亞戰爭作戰日記》，井本熊男，Fuyo Shobo, 1979, p. 498-499.

12 《大東亞戰爭全史》，服部卓四郎，頁五二四。

13 同註11，《大東亞戰爭作戰日記》，井本熊男，頁四九八。

(2)打通貫穿大陸鐵路線及占據附近走廊地區，與南方軍（東南亞）建立陸上交通。

(3)擊垮國軍繼續作戰意識。

中國派遣軍同時建議將河南作戰（己案，Kogo）實施日期提前至四月下旬，早於湘桂作戰（止案，Togo），參謀本部根據大綱，草擬了作戰計畫草案呈報陸相東條英機，東條只同意了摧毀空軍基地這一項。

一月二十四日，杉山元向天皇呈報了修正過的一號攻勢計畫，獲得了天皇首肯，同一天，杉山元總長向中國派遣軍下達實施一號作戰命令：

> 大本營期盼摧毀在中國西南部的美國空軍基地，經由占領粵漢路、湘桂路及平漢路南段沿線戰略要地。[14]

一號作戰目標被大本營限於奪取空軍基地，但是參謀本部計畫中卻夾帶了大陸交通走廊（受到杉山元、真田及中國派遣軍強烈意願影響）。中國派遣軍在一號作戰目標中更是增加了摧毀國軍有生力量，打擊國府繼續作戰意識，並將陸上交通線延長至廣西越南邊界的諒山。種種跡象顯示，日軍最高當局往往不能貫徹意願到下級單位，層層交待下去的命令往往夾帶了下級單位自己的意見。[15]（一號作戰日軍攻勢及地形請參考圖一）

14《戰史叢書》，一號作戰，part 1，河南作戰，朝雲新聞社，一九六七，頁二四—二五、二八—二九。

15《戰史叢書》，一號作戰，part 1，河南作戰，頁五二。

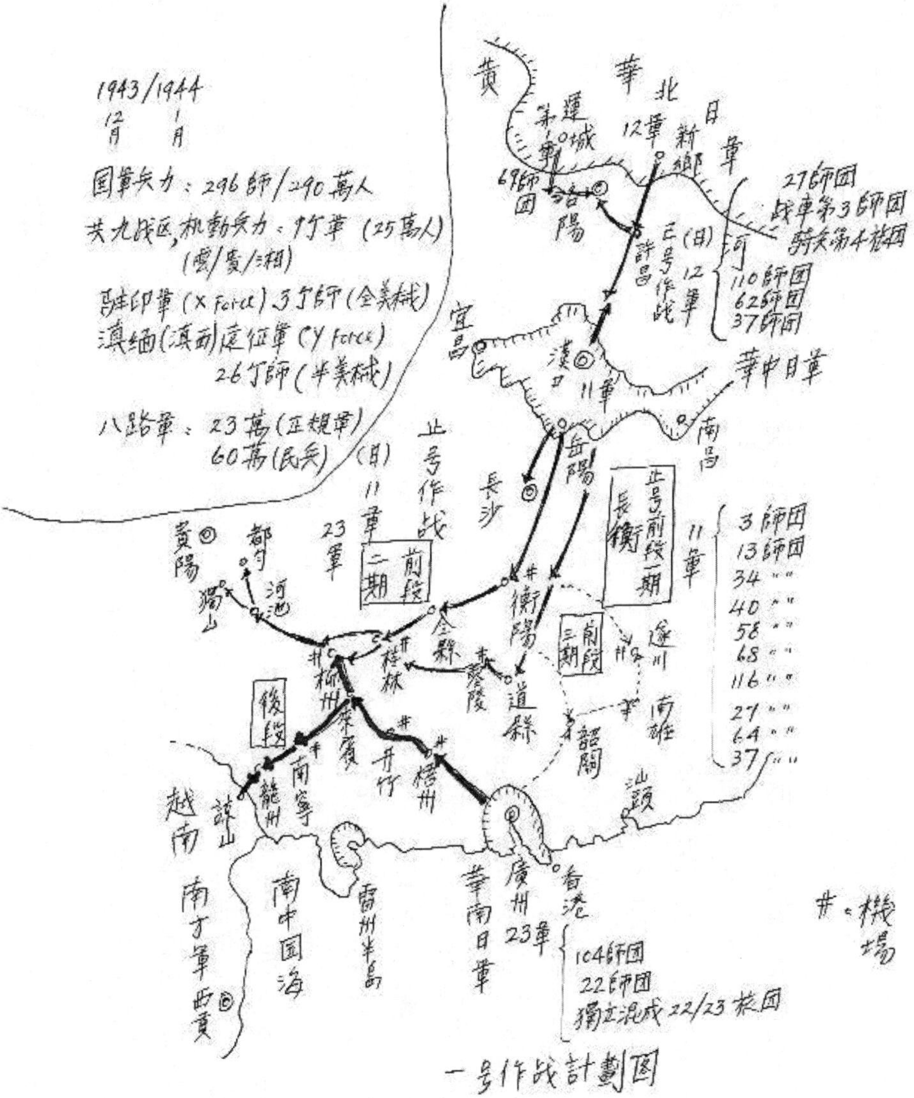
1943/1944
12月 1月
国軍兵力：296師/290萬人
駐印軍(X Force) 3ケ師(全美械)
滇緬(滇西)遠征軍(Y Force)
26ケ師(半美械)
八路軍：23萬(正規軍)
60萬(民兵)
華北日軍
12軍
新鄉
洛陽
許昌
27師団
戦車第3師団
騎兵第4旅団
110師団
62師団
37師団
宜昌
漢口
11軍
華中日軍
岳陽
南昌
長沙
11軍
3師団
13師団
衡陽
全縣
桂林
柳州
零陵
道縣
遂川
南雄
韶關
貴陽
都勻
河池
獨山
23軍
後段
來賓
丹竹
梧州
南寧
龍州
諒山
越南
汕頭
廣州
香港
華南日軍
23軍
104師団
22師団
南中国海
雷州半島
西貢
#：機場
一号作战計劃図

圖一　一號作戰地圖

四、作戰實施大綱

一號作戰是日本陸軍有史以來實施的最大規模作戰，由中國派遣軍規畫執行，打通平漢線南段、粵漢線、湘桂線，從一九四四年四月中旬至一九四五年二月初進行。而在這段時間內，日軍在太平洋的局勢日益艱困近乎崩盤態勢，派遣軍動員了五十萬部隊（二十個師團，占派遣軍能夠調動的六十二萬部隊之百分八十）、十萬匹馬、一萬五千輛機動車輛、一千五百門火砲，由河南的黃河經湖南到廣東省境內及印支半島邊界，距離延伸九百英里（約一四四〇公里）。[16]

一號作戰分為兩個階段實施，己號作戰（Keikan，簡稱 Kogo），由一九四四年四月中至五月底：

華北方面軍的第十二軍，以四個師團、一個戰車師團（第三）、兩個獨立旅團、一個騎兵旅團，在第一軍一部（一個師團及一個旅團）合作下，以鉗形攻勢合圍全殲平漢線南段及洛陽附近一戰區國軍，並占領洛陽。武漢的十一軍派一個混成旅團沿平漢線北上，在確山與南下的第二十七師團會師打通平漢線南段。

止號作戰（Shokei，簡稱 Togo），由五月底至一九四五年二月：

Togo I，武漢十一軍以十個師團沿湘江兩岸南下攻占長沙、衡陽，五月底至八月底。

Togo II，十一軍由衡陽西向全縣（湘桂省界），由廣州方面沿西江北上的二十三軍（兩個師團及兩個旅團）策應下，進攻桂林、柳州及南寧。在印支半島的南方軍第二十一軍派一個旅團越過中越邊界與二十三軍在南寧西南方會師，打通由中南半島至華北的陸上通道，九月初至十二月初。

---

16 《大東亞戰爭全史》，服部卓四郎，東京原書房，一九六五，頁六一八。

Togo III，二十三軍（一個師團及一個旅團）與二十軍（一九四四年八月在衡陽成立六方面軍，下轄十一軍、二十軍及武漢防衛軍）打通粵漢路南段及攻占沿線空軍基地（包括江西遂川及粵北南雄），一九四五年一月初至二月初。[17]

五、一號作戰準備階段

一九四三年底時，中國派遣軍大部分甲種師團（能夠機動作戰，有砲兵、工兵、輜重、搜索等特種兵）已抽調支援南洋（自太平洋戰爭開始以後，由中國派遣軍抽調十三個師團赴南洋），派遣軍兵力為一個方面軍（華北）、六個軍（第一、十一、十二、駐蒙、十三以及二十三軍）、二十五個師團（含第三戰車師團）及十二個旅團（含第四騎兵旅團），軍直屬特種部隊，第三飛行師團，總兵力六十二萬人，馬十三萬匹，汽車一萬八千輛。[18]

日軍估計國軍總兵力約二百九十六個師，二百九十萬人，有九個戰區，可以動員機動作戰的部隊約九個軍二十五萬人。日軍最擔心的國軍為駐印軍三個全美械師（X部隊）及駐滇西二十六個半美械師（Y部隊），華北八路軍約二十三萬正規軍及六十萬民兵。[19]

17 《戰史叢書》，東京朝雲新聞社，一號作戰，part 1，河南作戰，一九六七；part 2，湖南作戰，一九六八；part 3，廣西作戰，一九六九；一九四五年的中國派遣軍，一九七一。

18 《日軍對華作戰紀要（八）》，一號作戰（一）河南會戰，國防部史政局翻譯，頁六，原著，日本防衛廳防衛研修所戰史室，東京朝雲新聞社，一九七四。

19 同註18，河南會戰，頁九。

派遣軍精銳師團全調往南方軍，大部分師團為治安守備部隊，缺乏火力及機動力，需要軍直屬砲兵、工兵、汽車、兵站及輜重兵、鐵道兵、器材、橋梁等特別裝備。為了加強派遣軍野戰能力，日本只有搜遍國內資源，又從關東軍調大量特種兵部隊入關（筆者註，挖東牆補西牆，對於大批步兵已被抽調南洋的關東軍對蘇備戰更是雪上加霜，難怪一九四五年八月蘇軍入侵，皇軍之花的關東軍如殘花敗柳，一觸即潰）。

由本土及關東軍入關支援部隊包括：

第二十七師團（原駐防錦州）。

鐵道兵兩個聯隊、架橋裝甲列車（火車頭、尾車、工作車前後左右及頂部均有防彈裝甲鋼板保護，是關東軍對蘇作戰進攻遠東濱海省渡烏蘇里江架橋準備的）一列、鋼製橋梁衍架三十五組、六個獨立山／野砲大隊（二個由滿洲）。

五個獨立工兵大隊、八個野戰補充隊（四個由滿洲）、十四個兵站地區隊。

二十七個獨立汽車中隊（二十個由滿洲）、十二個輜重兵中隊（滿洲）。

飛行部隊全部由滿洲增強（二個飛行團司令部、三個戰鬥機戰隊、一個攻擊機戰隊及二個重轟炸機戰隊），儲備地面部隊彈藥四個師團會戰用，航空部隊彈藥二個飛行團月份，汽車油料四千萬公升、航空油料二千萬公升。[20]

中國境內的丙種師團（參加一號作戰進攻部隊）一律升級，改編為甲種或乙種師團。[21]

---

20 同註18，《日軍對華作戰紀要（八）》，一號作戰（一）河南會戰，頁三一、三二。

21 同註18，河南會戰，頁二二。

為了現在占領區及新占領區守備，建立後方兵團（一九四三年十一月決定），加強華北特別警備隊兵力及火力，新組成十四個獨立步兵旅團（每個旅團轄四個獨立步兵大隊）、八個野戰補充隊（每隊轄三個獨立步兵大隊）。[22]

新增強部隊由國內及滿洲派遣（砲兵、工兵、高砲、通訊、汽車、輜重、兵站及鐵道），總共兵員增加十七萬人，馬匹增加八萬五千匹（國內徵用四萬匹，其他徵用華北當地馬匹），人馬均由本土—朝鮮—滿洲送達。[23]

一號作戰準備完成之時（一九四四年四月下旬），中國派遣軍占領任務兵力，有九個師團、八個混成旅團、十三個獨立步兵旅團及六個野戰補充隊；進攻任務部隊共有十五個師團、四個混成旅團、一個獨立步兵旅團以及二個野戰補充隊。[24]

一九四四年初，日軍陸航在華兵力僅有第三飛行師團，轄一個飛行團司令部、六個戰鬥機中隊、六個雙引擎輕轟炸機中隊、五個偵察機中隊，總共一百五十架。

為了加強兵力，由關東軍或是南方軍增援兩個飛行團司令部、三個戰鬥機戰隊、一個攻擊機戰隊以及三個重轟炸機戰隊，一共十八個中隊，但是加強計畫因為兵力得轉用防衛千島群島北方領域，未能實現。

最後僅有將關東軍第二航空軍的飛行八十五戰隊及第九戰隊（均為戰鬥機部隊）、獨立飛行五十四中隊（攻擊機）及五十五中隊（高空偵查機）調入關。

22 同註18，河南會戰，頁六〇、六一。
23 同註18，河南會戰，頁六二。
24 同註18，河南會戰，頁六四—六六。

一九四四年二月十五日，將第三飛行師團升格為第五航空軍，四個戰鬥機飛行戰隊（二十五、四十八，一式戰鬥機，九、八五，二式戰鬥機）、二個雙引擎輕轟炸戰隊（九九式）、二個地面支援戰隊（機型不詳）、三個獨立飛行中隊（高／低空偵查機），約二百五十架。[25]

六、國軍評估日軍戰略目標

國軍最高軍事指導單位，軍事委員會屬下軍令部，負責所有作戰計畫，第一處主管計畫及戰略評估，第二處主管情報收集及分析，第三處管參謀作業，軍令部長徐永昌上將的日記中記載了中日雙方每天的對陣布局詳情，從日記中能看出國軍高層對情勢的判斷及處置。[26]

徐早在二月二十五日就知道日軍鐵道部隊正在修復黃河鐵橋，顯示出日軍想要打通平漢路的徵兆，情報中也列舉了日軍由長江下游向武漢及宜昌運送部隊及物資，三月四日又偵知兩批日機由上海及北平進駐武漢地區。徐有些懷疑日軍可能計畫在平漢線有所動作，但是判斷日軍可能是欺敵的幌子，從而否定了情報的重要性。

蔣在三月中旬懷疑日軍可能正在準備打通平漢線南段，下令給一戰區的蔣鼎文／湯恩伯，做好應變迎敵準備，同時令軍令部為一戰區作出詳細的應敵計畫。徐心裡認為日軍真正的目的在占據衡陽（最符合日本的戰略利益），徐作的應敵計畫不足以使一戰區相信日軍攻勢箭已上弦。

25 同註18，河南會戰，頁八八－九八。
26 軍委會軍令部組織法及軍令部服務章程，南京中國第二歷史檔案館／《中華民國史檔案資料彙編》，issue 5,vol. 2，軍事，part 1，南京，江蘇古籍出版社，頁九五－九六。

三月下旬，軍令部接到情報顯示大批日軍由東北、上海以水運向武漢集中，徐判斷日軍正準備大規模攻勢作戰。[27]

日記中提到國軍能破譯一部分截收到的日軍密電碼，軍令部在全國各地的情報站，以及作戰參謀亦從各戰區收集情報並分析，有時亦能做出正確研判。日軍的情報作業優於國軍，徐在四月六日從上海方面得到日軍想打通大東亞鐵路交通線的情報，[28]徐認為日軍想奪取粵漢線及湘桂線，幫助東南亞日軍經由陸路撤退，並打擊中國西南方的美國空軍基地。徐不相信日本還有能力集結足夠的部隊，懷疑日軍是以華北作為煙霧，以掩護華南的攻勢。[29]徐雖然猜到了日軍想打通粵漢路，但是未料到日軍會先打通平漢路南段，徐的誤判導致一戰區在平漢路沿線兵力不足，徐亦未建議由其他戰區調兵增援一戰區對抗日軍攻勢。即使到了四月十七日日軍已經開始攻勢，徐日記仍記著：「國軍該全力防守湖南」，堅信河南的平漢路攻勢是為了掩飾攻擊粵漢路（真正目的）。[30]

四月二十七日，軍令部在越南的情報站（可能是潛伏在西貢南方軍司令部內人員）傳來可靠消息，日軍確實想打通平漢、粵漢及湘桂路。即使如此確定的情報，徐仍然不能接受日軍打河南之企圖，還是認為日軍只是想消耗一戰區的國軍，使得無法調出支援其他戰區，或是遮掩對其他地區佯動，儘管日軍在河南的攻勢已經進行了半個月。[31]

---

27 《徐永昌日記》，第七卷，頁二五二、二五五、二六〇、二六四、二六五。
28 《戰史叢書》，一號作戰，湖南會戰，東京朝雲新聞社，part 1，頁六。
29 《徐永昌日記》，卷七，頁二七四。
30 《徐永昌日記》，卷七，頁二八五、二八八。
31 《徐永昌日記》，卷七，頁二九三。

七、河南（豫中）會戰

華北方面軍動用一半兵力，強化第十二軍對一戰區猛攻，企圖包圍殲滅湯恩伯兵團，一舉攻下鄭州、許昌，打通平漢路南段，主力在許昌或郾城右旋轉，向西北方向直搗臨汝、洛陽，切斷湯兵團在登封、密縣地區向西面撤退道路，攻占洛陽，造成一戰區交戰部隊（約四十三個師）高達百分之六十的傷亡、病及潰散。

另以第一軍（山西，六十九師團指揮十二個步兵大隊）在垣曲渡黃河，進攻澠池，切斷隴海鐵路，西攻陝縣直抵靈寶外圍，阻止八戰區由陝西來的援軍。

日軍在豫中會戰有幾項較為特殊的指導原則：

修復霸王城附近黃河鐵路橋。

唯一一次大規模使用機械化部隊（第三戰車師團）。

以湯恩伯部隊為目標（而非攻城略地）。

作戰期間嚴禁燒、殺、姦（華北方面軍司令官岡村寧次大將在一九四四年二月七日對幕僚下令禁止三惡行動）。[32]

華北方面軍作戰構想：

六十五個步兵大隊（第一線野戰兵力）投入豫中戰場。

主戰部隊以十二軍軍長（內山英太郎中將）為作戰指導，集結兵力十四萬七千人、三萬匹馬、

32 同註18，河南會戰，頁一一三。

六千輛汽車、二百五十門火砲。

一九四四年四月十七日，指揮三十七（乙種）、六十二及一一〇師團（均為丙種警備治安師團）、第七獨立混成旅團，用於突破一戰區黃河南岸及新黃河（今賈魯河）防禦陣地，主力沿平漢路南下攻占鄭州、新鄭、許昌。

第二線兵團（第二十七師團、戰車第三師團及騎兵第四旅團）渡黃河鐵橋助攻許昌、郾城，二十七師團由郾城南下，與十一軍／獨立步兵十一旅團（由七個獨立步兵大隊組成）會師於確山，打通平漢路南段，二十七師團併入十一軍指揮系統參加爾後湖南會戰。[33]

一一〇師團在平漢路西側占據滎陽、汜水、密縣。

六十二師團由許昌向西北方禹縣經郟縣，三十七師團主力由郾城攻向臨汝會合六十二師團攻向伊川，朝洛水上游的宜陽、洛寧、固縣前進。

戰車第三師團及騎兵第四旅團組成機動部隊，由許昌直撲西面臨汝，再北上大金店（登封西面十公里），企圖包圍殲滅湯恩伯兵團的主力十三軍及八十五軍於豫中登封。

湯的主力急忙向西南方的伏牛山區退卻，沿途遭日軍機動部隊及十二軍主力攔截，損失慘重。日軍第三戰車師團以一部分戰車搭配機械化步兵第三聯隊，向北方突進至龍門（洛陽南方），一戰區所謂的攻勢地區部隊差點被包圍全殲，損失潰散嚴重，守勢地區部隊被日軍由東、東南、西南各方向壓迫向西往洛陽撤退。

此時駐山西第一軍，派六十九師團部指揮五十九旅團、獨立混成第三旅團一部、駐蒙軍／二十

33 同註18，河南會戰，頁一二一—一二七。

六師團／三個步兵大隊、步兵十四旅團／一個步兵大隊，一共十二個步兵大隊加上砲兵、工兵由垣曲渡黃河，一部向東壓迫洛陽，另外一部分沿隴海路西占陝縣，逼近豫陝交界。

十二軍又調駐北平六十三師團／六十七旅團、獨立步兵第九旅團、十二野戰補充隊共十個步兵大隊，組成菊兵團由東面攻擊洛陽，加上沒有參加追擊國軍的四個步兵大隊及一個野戰重砲大隊全配給菊兵團。國軍洛陽守軍為第十五軍（武庭麟）的六十四師及六十五師（各兩個團）以及九十四師三個團；

日軍由五月十八日開始攻城，到五月二十五日國軍突圍，十二軍菊兵團攻占洛陽，日軍由四月十八日到五月二十五日，一個多月時間內（三十多天）打通平漢路南段，攻占豫中豫西三十多個城市，擊潰一戰區主力部隊，完全實現了戰役企圖。[34]（請參閱圖二）

過去六十多年國共處於內戰時期，雙方對於河南會戰慘敗的實際情況，都沒有交代清楚。共方指責國軍節節敗退，三十七天丟三十八城，臺灣方面亦不願多談，一副敗軍之將不可言勇，只講打的稍微像樣子的戰役。其實近十年來，國內外不少新的解密資料檔案、私人日記、回憶錄等新證據，以及中國大陸民間／官方歷史界，對於真相的容忍及追求，漸漸對於慘敗的原因、經過、責任有了比從前清淅的輪廓，在下章再一一詳細陳述探討。

34 郭汝瑰、黃玉章，《中國抗日戰爭正面戰場作戰記》，頁一三一七－一三三〇。

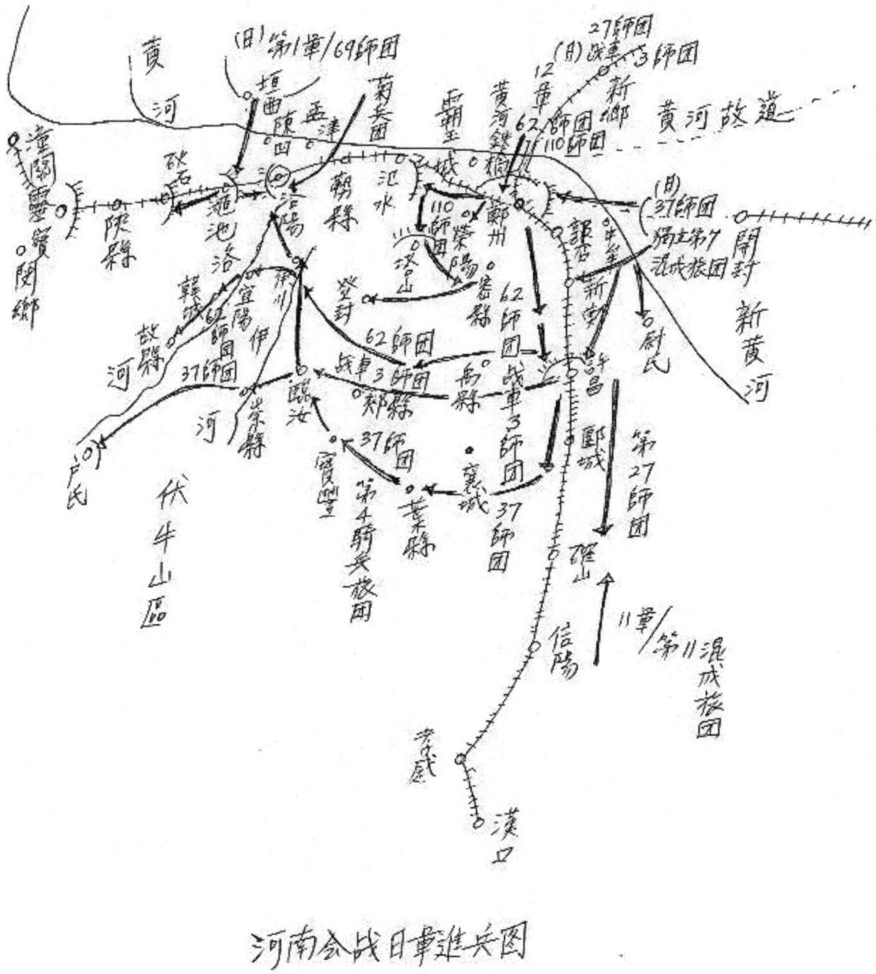
(日)第1軍/69師団
(日)戰車3師団
27師団
12軍
62師団
110師団
黄河故道
黄河鉄橋
新鄉
黄河
潼關
靈寶
閿鄉
陝縣
澠池
洛陽
鞏縣
汜水
鄭州
滎陽
密縣
登封
(日)37師団
獨立第7混成旅団
開封
中牟
新鄭
尉氏
新黄河
許昌
禹縣
郟縣
臨汝
宜陽
伊川
嵩縣
寶豐
葉縣
襄城
郾城
第27師団
第4騎兵旅団
37師団
62師団
戰車3師団
信陽
11軍/第11混成旅団
孝感
漢口
伏牛山區
盧氏
河南会战日軍進兵図

圖二　河南會戰地圖

八、湖南（長衡）會戰

軍事委員會始終對於防守長沙與否？向來是意見分歧，從一九三九年九月、十月的第一次長沙會戰，一九四一年夏季（八月—九月）第二次長沙會戰，到一九四一年冬季（四一年十二月到四二年一月）的第三次長沙會戰，莫不如此。

以副參謀長白崇禧為首的一派，主張放棄長沙，退守衡陽；但是陳誠支持九戰區司令官薛岳堅守長沙。薛在這三場戰役中以後退決戰，拉長日軍補給線且後防空虛（日軍在這三次戰役中投入兵力都在十萬人上下，兵力不足，又進攻又要防衛兩翼及後方），勉強衝到長沙城下已成強弩之末，兵疲力乏，補給彈藥用盡，此時薛由正面、側面、後方一起發動反擊，逼得日軍只有從長沙城下退回攻擊發起線（岳陽南面新牆河北岸）。[35]

薛洋洋得意的「天爐戰法」（如道家煉丹，置藥物於爐心，四面八方猛火煉之），薛老招算盡，以為日軍再來再以此味藥方對付（國軍高層如蔣及徐都認為日本人在長沙吃過三次苦頭不敢再來）。

蔣／徐在五月，雖然判斷日軍會由湘北、贛北、進攻株州／衡陽。

五月六日，電告薛岳構築防禦工事準備。

五月七日，軍令部二處報告徐，「日軍在湘北已經集結十個師團兵力及大批軍用物資，隨時準備南下」。

---

35 抗戰勝利七十週年國際學術研討會，《戰爭的歷史與記憶》，The Turning Point: Japan's Operation Ichigo and Its Consequences, Hans van de Ven, July 2015, p.232。

五月十四日，蔣電令薛及余漢謀（粵北七戰區司令），告之日軍企圖打通粵漢路，要做好準備。[36]五月二十八日，蔣主持國軍高層會議，討論湘鄂及全國軍事作戰，蔣認為日軍以九個師團大規模進犯湘北、鄂西，欲占據粵漢路及沿線地帶。雖然日軍兵力足夠，但是地形上及交通運輸上的困難，會超過日軍預料，而且中美空軍占有空中優勢，國軍可以利用日軍這些弱點，彌補自己戰力上劣勢，國軍高層將領雖然了解到一號攻勢的目標，仍然低估了日軍的進攻能力。[37]

徐永昌雖然在五月中旬讀到軍令部二處情報（整理各地情資綜合結論）：「日軍在四月起從各地抽調兵力，大量向華中增兵，武漢地區增加了兵力二十四萬人。」徐在十九日回應蔣對時局評估時，仍然低估了日軍的進攻能力，認為日軍在華精銳師團已經調往太平洋戰場，目前在華日軍係二三流部隊，難以持續作戰。[38]

國軍高層指揮官對於日軍企圖不明，很難下定決心，立即調動別的戰區機動部隊，增援九戰區。五月中旬，蔣雖然命令九戰區及七戰區準備因應方案，但是蔣的指示非常不清楚，也沒有任何兵力及物資上的支援。蔣、徐既完全摸不清日軍企圖，不知道日軍兵力，急迫性及主攻方向，軍令部完全失職，連個詳細作戰計畫都搞不出，直到日軍開始攻擊十天之後，才急就章弄了個防禦指導原則。

相對於國軍上下並不積極備戰，日軍自三月底四月初，就瘋狂準備湖南及桂柳會戰。日軍準備以一百五十個步兵大隊（滿員時可達一千兩百人以上兵力，每個大隊有四個步兵中隊，一九四人乘

36 《中華民國重要史料初編》，vol.2, part 2，「蔣主席致九戰區司令薛岳電報要求評估當前敵情」，頁六四三—六四四，臺北，國民黨中央黨史會，一九八一。

37 《總統蔣公大溪初稿初編》，vol.5, part 2, p.526。

38 《徐永昌日記》，卷七，頁三一一—三一二。

以四、一個機槍中隊一三九人、一個步兵砲小隊五十六人，加上大隊部、勤務人員）。[39]

投入十二萬第一線兵力用於進攻，雖然補充兵是倉促訓練的新兵，但是日軍下足了全力準備功夫，籌備了大量兵力，後勤補給物資，全面詳細規畫了地形、氣候因素，志在必得。[40]

薛岳對於日軍在湘北的集結並不擔憂，他不相信日軍在華精銳部隊調往太平洋及東南亞戰場後，憑著這些治安守備師團膽敢再犯長沙。況且雨季將來臨，湖南的丘陵地形與天候並不利於日軍機械化部隊行動。[41]

五月二十六日，日軍由湘北衝向長衡，蔣及徐雖然正確的評估到日軍的企圖，但是低估了日軍的兵力、戰鬥效率及決心，以至於沒有做足夠的應變措施，未積極增援九戰區，這個錯誤是會戰失利的主要原因。[42]

五月二十八日，徐永昌向軍委會高級軍事會議報告湖南的局勢，認為日軍只是量大而質不精，反而關切國軍指揮能力及戰鬥力下降，豫中戰役慘敗，表現出國軍的不堪一擊。

對於白崇禧為首的眾多高級將領，力主放棄粵漢路、長沙、衡陽，退守湘西山地及湘桂交界地區，不信任倉促草擬的粵漢路防衛計畫，認為退到桂林，能爭取到一個月時間加強桂林防禦工事，並有時間調動鄰近戰區部隊增援，增加防守成功機率。

徐認為一再撤退，會毀滅掉國軍士氣、國人對國府信心，以及國際上對國府抵抗日軍決心的疑

39 *The Battle for China*, p.118，日軍步兵大隊作戰兵員，頁八〇〇。
40 《戰史叢書》，一號作戰，湖南會戰，part I, p.10-33。
41 趙子立、王光倫，《長衡戰役》，中國文史出版社，一九九五，頁三九九—四〇三、四三八。
42 《戰史叢書》，一號作戰，湖南會戰，part I, p.32-33。

慮，堅決反對，蔣認同徐的看法。[43]

徐最大的錯誤，在於低估了日軍戰力及決心，高估了國軍抵抗能力及意識，堅持防守粵漢路（徐認為日軍一號作戰進度掌握在國軍抵抗強烈度手上，日軍不可能三頭六臂的同時進攻粵漢、湘桂路及中越邊界）。[44]（日軍攻勢及地形請參考圖三）

日本十一軍司令官橫山勇，認為一號作戰成敗的關鍵在於長沙，他仔細研究了過去三次進攻失敗的原因及薛岳的戰法，日軍兵力過於單薄，攻擊正面太狹窄，讓薛岳的部隊可以從容讓開正面退向側翼，等到日軍攻勢動能減弱再由側翼反擊。這一回日軍用了三倍以上兵力，廣正面推進，將最有力的部隊置於兩翼，第一線兵團配置五個師團，第二線兵團有三個師團，正面寬達一百二十公里，縱深達五十公里：

右翼，以第四十師團及一〇六步兵聯隊，由洞庭湖西面沿湘江西面直撲寧鄉、湘鄉，擋住六戰區由西面而來的側擊。

中央縱隊，以六十八及一一六師團快速沿著湘江東岸，突破國軍在新牆河、汨羅江、撈刀河防線，繞過長沙，直接渡過瀏陽河，直下株洲、湘潭，以迅雷不及掩耳之速，攻向衡陽，打九戰區措手不及。

第二線兵團的五十八師團（南九州徵集的部隊，經過巷戰特訓）及三十四師團（山地作戰特訓，

43　《徐永昌日記》，卷七，頁三二〇—三二一。
44　《徐永昌日記》，卷七，一九四四年六月三日，頁三二四。

演練步、砲、空協同作戰）跟隨六十八及一一六師團之後，[45]五十八師團在六月十二日抵達撈刀河，由東面攻向長沙郊區，三十四師團在長沙北面渡過湘江，直趨嶽麓山（九戰區砲兵指揮部所在，最高峰三百米是制高點，第三次長沙會戰，國軍砲兵以區區八門砲，兩門一百五十重榴彈砲，四門俄造七六．二野砲，兩門七十五山砲，給予日軍極大傷亡而敗走城下，這回吸取教訓，先幹掉長沙保衛的樞紐，嶽麓山）。日軍有備而來，過去幾次由新牆河得花一個月以上時間，才抵達長沙城下，這次只花了十天，攜帶的糧草彈藥仍然充足，又配屬五十八師團重砲兵部隊（第十四獨立野戰重砲聯隊，十八門一五〇公釐重榴彈砲，其餘六門留在新市），配屬三十四師團獨立野戰重砲兵第十五聯隊（十六門一四年式一〇五公釐加農砲）及獨立重砲第六大隊（六門一五〇公釐加農砲），重砲兵火力占有絕對優勢。[46]

日軍左翼，第一線兵團以最強大的第三及十三師團在前，後面跟隨著二線兵團的二十七師團，三個中國派遣軍戰力最強的部隊，沿著湘贛邊界的萬洋山山脈南下，將九戰區預備由東面側擊的二十七集團軍（二十、三十七、四十四暫二軍等部隊）趕向江西境內，直趨瀏陽，孤立長沙，使薛岳無法包超日軍側翼，再南下醴陵、萍鄉，擋住東面三戰區趕來側擊的三十集團軍（二十六、五十八、七十二軍）。[47]

長沙守軍為國民黨第四軍（北伐時期有名的鐵軍，粵軍），軍長張德能（張發奎侄兒）有三個

---

45 《日軍對華作戰紀要（九）》，湖南會戰，頁二九一。

46 《日軍對華作戰紀要（九）》，湖南會戰，頁九二、一二二。

47 《戰史叢書》，一號作戰，湖南會戰，part I，東京朝雲新聞社，頁三四－三五。

師（五十九、九十、一〇二），軍砲兵營有美制七十五山砲十二門，湘江西岸嶽麓山地區砲三旅，有強大砲兵群，砲十四團第一營（六門一五〇公釐德造重榴彈砲），砲十八團第三營（九門俄造一一五公釐榴彈砲），砲一團（十一門俄造七六．二公釐野砲、十二門七五公釐山砲）。[48]對照日軍俘獲嶽麓山國軍火砲數量，[49]數據相互之間頗有出入，這個數字是根據砲兵單位及當時砲兵裝備推算，希望將來有更精確數據再作修正。

薛岳在長沙失守之前，將九戰區司令部遷往耒陽（另一資料說是朱亭，株洲西南方），留下戰區代理參謀長趙子立在長沙協調而無指揮權，嶽麓山砲三旅指揮官王若卿將軍只能指揮砲兵，第四軍張德能只能指揮步兵。三方開會協商防務，趙及王主張第四軍主力駐嶽麓山保護砲兵，長沙只放少數警戒兵力，力保嶽麓山制高點，即使日軍占有長沙，山上火砲可以封鎖湘江、鐵路、公路交通，能夠更有效阻止日軍南下。張不同意，將主力兩個師（五十九及一〇二）置於城內，九十師防守嶽麓山。

第四軍編制上該有兩到三萬人，國軍方面，史料對於各戰役，很少有各單位實際人數以及兵器數資料，大部分資料指出只有一萬人上下。而進攻長沙日軍五十八師團（東面及東南方向）、三十四師團以及志摩支隊，配屬十一軍重砲兵部隊在三萬人以上。

最重要的是九十師只有三千多人，[50]跟本擔當不了嶽麓山的防務（嶽麓山防區縱深約有二十四

48 砲三旅當時編制及火砲種類、數字，國軍方面國防部史政局抗戰史，卷八十三，長衡會戰，表二，九戰區國軍序列，只有單位，表三，敵我兵力比較，我軍砲兵數量及兵器是以編制表推算，根本不切合實際數量。

49 《日軍對華作戰紀要（九）》，湖南會戰，頁三四一。

50 *The Battle for China*, p.410.

公里），如果沒有足夠的步兵掩護保衛，砲兵是無法在戰場上存活下來。[51]

日軍是以整個三十四師團、志摩支隊，加上配屬獨立野戰重砲第十五聯隊、野戰重砲第六大隊（十四門一四年式一〇五公釐加農砲及四門一五〇公釐加農砲，在湘江運輸途中遇到美軍空襲，一〇五及一五〇各兩門沉入江底），[52]進攻兵力至少在一萬五千以上，[53]日軍數量、火力及訓練都占盡優勢。

九十師兵力薄弱分散（防區過大），很快不支，砲三旅砲陣地被日軍長射程加農砲壓制，日軍步兵又逼近陣地，向張德能求援。張這時才發現布置錯誤，急忙中調長沙守軍四個團（兩個師大部分戰鬥部隊）渡湘江增援嶽麓山。這種臨時急就章式調動，超出了國軍後勤能力，參謀作業不存在，輪渡設施也不夠，結果是一場混亂，天亮之後仍然在河上過渡，及在岸邊國軍，遭到日本陸航飛機炸射，砲兵轟擊，步兵自動兵器火力掃射，潰不成軍，兵敗如山倒。張德能兩頭顧不著，十八日由嶽麓山撤離，長沙只留下兩個連象徵性抵抗到底。準備了兩年半的長沙防禦系統在三天之內就垮了，國軍高層雖然有調度不周之過，但是薛岳如此輕敵，把一個不足額的部隊放在如此重要的位置上，指揮體系又如此混亂，哪能不失敗。[54]

---

51 秦孝儀等，《中華民國重要史料初編》，vol. 2, part 2, p.646-648，副參謀總長白崇禧報告：第四軍防衛長沙。

52 《日軍對華作戰紀要（九）》，湖南會戰，頁三〇〇—三〇一。

53 《日軍對華作戰紀要（九）》，湖南會戰，頁八五，三十四師團兵力一三七〇七，頁八八，六十八師團／五十七步兵旅團，志摩源吉少將，獨立步兵六十一、六十二、六十三、六十四大隊，約四千人。

54 抗戰勝利七十週年國際學術研討會，《戰爭的歷史與記憶》，The Turing Point: Japan's Operation Ichigo and Its Consequences, Hans van de Ven, July 2015, p. 233-234。

當十一軍二線兵團圍攻長沙之時（六月十二日至六月十八日，日軍中路的六十八師團及一一六師團已沿著湘江東岸，越過朱亭、淥口向衡陽迫進。東路的第三及十三師團攻下瀏陽之後，又連下萍鄉、醴陵、茶陵、攸縣、安仁、耒陽，在衡陽東北、東面及東南形成一道防線，將九戰區及三戰區援助衡陽的國軍擋在外圍，如果從江西及浙江來援的國軍冒險進入衡陽近郊，會陷入日軍圍點打援的陷阱。況且國軍後勤、兵站、運輸都遠不如日軍，長途行軍遠程調動，光是基本彈藥基數攜帶已屬吃力，食物、藥品、備份彈藥更不能供應的上，重武器本來就少，長途跋涉更是帶不上，這樣子的部隊有多少進攻能量，可想而知。[55]

西路日軍，四十師團由洞庭湖西面南下寧鄉、湘鄉後，又攻占衡陽西面的永豐，在衡陽西北到西南面各要隘山口，布下堅固阻擊陣地，將六戰區來援的二十四集團軍（王耀武，轄七十三、七十九、九十九及一〇〇軍）擋在西面山區。戰力上，西面的二十四集團軍要強過東面的二十七及三十集團軍，同樣道理，人員是到了附近，但是裝備、糧、彈、器材物資皆不足，遇到日軍在要點堅強設防就難以突破，更說不上能夠機動迂迴（筆者註，需要空軍偵察、敵軍布防情報、機動工具、足夠的補給等，國軍是要什麼沒什麼）。

軍委會軍令部在六月十日定案的湖南防衛計畫非常不切實際，希望以持久戰略保護重慶及昆明大後方，[56]打算在正中央實行抵抗，同時由湘江兩岸同時對日軍側翼施壓，並且擾亂日軍後方，這

55　《日軍對華作戰紀要（九）》，湖南會戰，頁七八九，中日戰爭前，我調整師與敵師團編制裝備比較表，日軍在人數、武器、火砲方面優勢很大外，日軍配有馬匹五八四九、車輛二六二、卡車二六六、四輪馬拉大車五五五，國軍方面皆為零，所有彈藥補給全靠扁擔一肩挑，這樣子的部隊能千里趕到已經是奇蹟了，能要求多少攻堅野戰實力？

56　軍令部擬國軍今後作戰指導計畫大綱稿，《中華民國史檔案資料彙編》，卷五，冊二，軍事，第一部，頁七一四—七一五。

種策略跟歷次長沙會戰時，沒有太大不相同之處。

衡陽之戰只擺一個軍守衡陽，但是在東西兩側布置了十三個軍，擺出一副在衡陽決戰的姿態。[57]日軍期待在衡陽能夠捕捉到九戰區國軍主力，在前一階段戰役中，國軍主力避免決戰退向東面山區，對於日軍向桂柳地區推進時構成威脅，因此日軍也想利用衡陽來殲滅九戰區國軍主力。[58]

衡陽地理位置極端重要，在長沙以南一百九十公里，位於湘江西岸。湘江下游北流，經過長沙、岳陽，入洞庭湖，在城陵磯溶入長江水系；粵漢路在湘江東岸，貫通武漢及廣州，南北交通大動脈。上游經全縣接通桂林的灕江，西江水系可通珠江水域；湘江西岸火車西站是湘桂黔鐵路起點，湘江東岸機場又是美軍重要基地，是國軍必守，而日軍必攻之地。

而衡陽比長沙易守難攻，東面有湘江，北面有蒸水，西面都是水田及運河，南面是丘陵山地。日軍從武漢到岳陽可以利用粵漢鐵路及長江水運，從岳陽到衡陽只有鋪設輕便窄軌鐵路（因為粵漢路標準軌道及橋梁破壞嚴重，湘江中有美國十四航空隊空投至江中水雷，阻礙航運），每月日軍有能力輸送三八五〇噸物資到武漢，但是每月只能送二七五〇噸抵達衡陽。[59]

六月二十三日，日軍第六十八及一一六師團已經抵達衡陽近郊，軍委會在二十五日命令第十軍，方先覺軍長務必死守衡陽兩週以上。二十六日根據九戰區決戰衡陽計畫，調動部隊至衡陽附近，同日命令白崇禧至桂林，協調各部隊防衛衡陽。[60]

57 論長衡會戰第二階段戰役，中日戰爭研究，一九九六年第四集。
58 《戰史叢書》，一號作戰，湖南會戰，part 1，東京朝雲新聞社，頁一二—一五、七八。
59 *The Battle for China*, Hara，一號作戰，頁三九四。
60 中日戰爭研究，第九戰區湖南會戰作戰指導方案，頁一二五八。

十一軍橫山勇以八個師團從新牆河奔襲長沙，兩百公里只用了三個星期，日軍兵力超過三十五萬，五月二十七日發起攻勢，六月十八日陷長沙，六月二十三日直抵衡陽湘江東岸，二十六日占領了機場。

第十軍號稱「泰山軍」，曾參加過第三次長沙會戰、常德會戰，表現傑出，但是相對地損失亦慘重。常德戰後調衡山整補，半年之間整而未補（筆者註，可見經過六年多戰爭，海岸線被封鎖，人力、財力、裝備上都捉襟見肘），據預十師師長葛先才將軍回憶錄，第十軍（軍長方先覺，黃埔三期）轄三個師，第三師（周慶祥，黃埔四期）、預十師（葛先才，黃埔四期）、一九〇師（容有略，黃埔一期，後調師，筆者註，將現有兵卒調往第三及預十師，僅留班長以上骨幹），全師僅一千二百人，暫五十四師（但是僅有師部及一個步兵團），全軍僅一萬七千六百多人（約編制半數，能夠參與戰鬥的不過一萬四千人[61]），但得防守原來三個軍防守的既設陣地，只有炸毀原有過大防禦陣地，收縮防線成新的防禦陣地，將城南丘陵地帶及西南小山坡削山成壁（六公尺以上懸崖），國軍陣地設在崖頂後面戰壕內，上面覆蓋枕木，前方有監視孔及射孔，崖下挖掘兩米深壕，灌水並將釘版置於壕底，壕前設置鐵絲網、鹿岩、尖竹、地雷，兩側並有暗堡，布置輕重機槍側射火力，日軍進攻至崖下會遭到集束手榴彈（筆者註，三枚手榴彈綁在一起，解不開也無法撿起往高處丟回）攻擊，威力相當於七五砲彈，日軍稱這種防禦工事為「方先覺壕」，日軍在衡陽戰後評為中國戰場

61　《葛先才將軍抗戰回憶錄——長沙、常德、衡陽血戰親歷記》，葛先才、李祖鵬，北京團結出版社，二〇〇七，頁六八—六九。

所見過最精巧的防禦工事，吃了不少苦頭，傷亡了大量步兵。[62]

軍砲兵營赴昆明接收十二門美式七五公釐山砲，但是僅有六門火砲及二千餘發砲彈歸建，另有七十四軍野砲營一個連四門日式七五野砲，四十六軍山砲營一個連四門日式七五山砲。[63]

這兩個額外的野砲連及山砲連，不但裝備老舊，射程不足，且彈藥缺乏，打仗不是湊數，國軍高階指揮部直屬好幾個砲兵團在全州（湘桂路上）及桂林附近地區，在整個作戰期間空擺著沒有發揮作用，跟砲三旅在嶽麓山丟棄了三十幾門砲如出一轍，最近十多年才有文章發表檢討，令人痛心。[64]

作者參考了國軍、日本、英美諸方文件檔案，對於日本在一九四四年已經接近夕陽，殘花敗柳之際，仍能策畫如此細膩，環環相套的進擊，對於國軍的作戰指導，部隊調動瞭若指掌，情報協調下足了功夫。[65]

62 中日最慘烈的戰役：衡陽會戰——紀念抗日勝利六十週年（二），世界日報，金山論壇，B10, August 11. 2005，李祖鵬，六之二。

63 《衡陽保衛戰》，蕭培，臺北知兵堂出版，二〇一三，頁四三—四五、五五。

64 《葛先才將軍抗戰回憶錄》，頁七四—七五。

65 軍委會拍發給各戰區，集團軍司令部，軍師級指揮部的密電碼很多被日軍電信班破譯，國軍企圖、訓令，早已被日軍料到，Hisashi Takakhashi, A Case Study: Japanese Intelligence Estimation of China, 1931-1945，美國空軍官校，一九八八年，第十三屆軍事史論壇，科羅拉多泉，科羅拉多州。

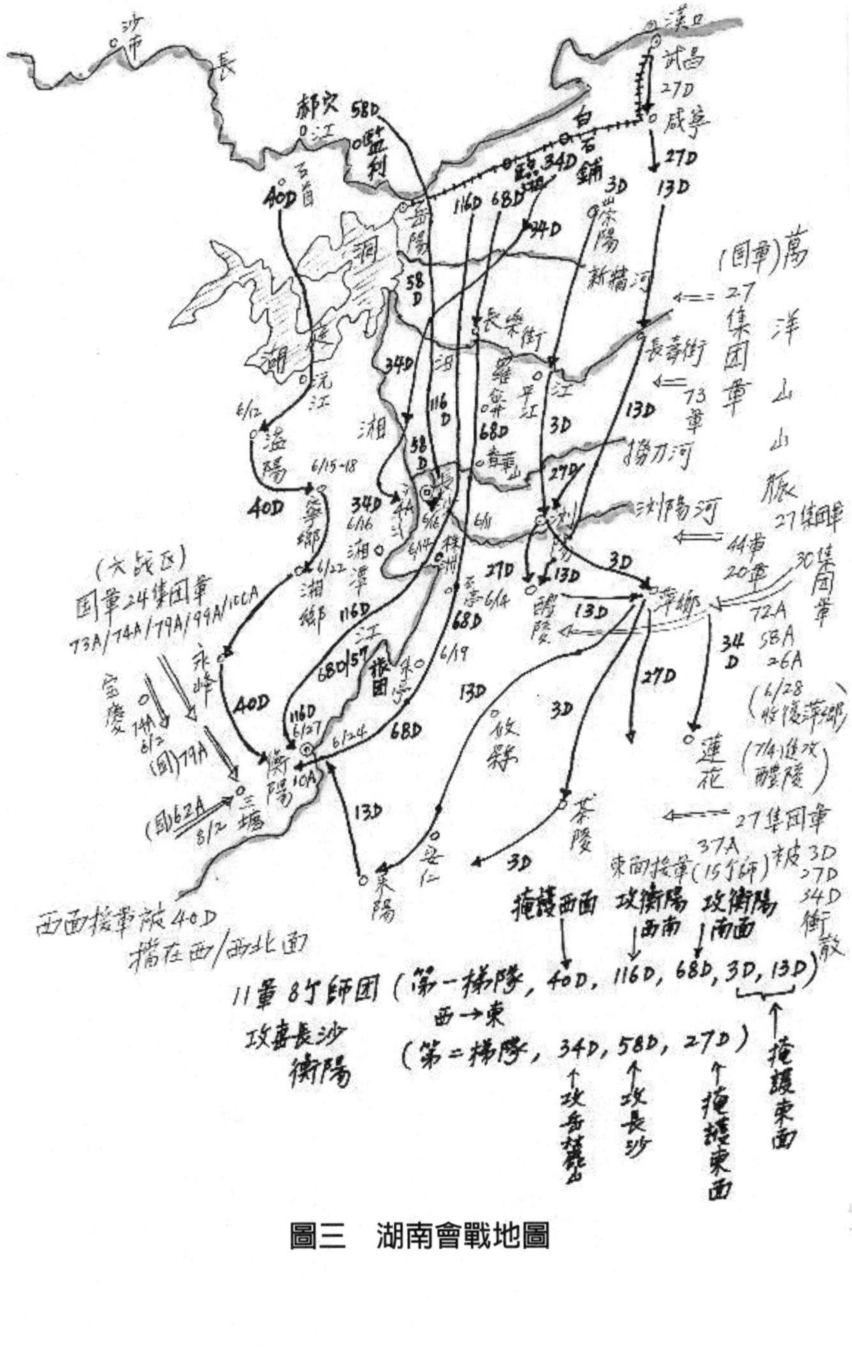
漢口
武昌
27D
咸寧
27D
13D
沙市
長
58D
監利
40D
岳陽
116D
68D
34D
3D
13D
新牆河
長樂街
長壽街
(国軍)萬
27集団軍
73軍
洋
山
山
脈
撈刀河
瀏陽河
沅江
湘
益陽
6/12
6/15-18
40D
寧鄉
34D
6/16
湘潭
6/22
湘鄉
116D
平江
3D
68D
27D
瀏陽
6/11
27D
13D
醴陵
13D
萍鄉
44軍
20軍
30集団軍
72A
58A
26A
34D
(6/28 收復萍鄉)
27集団軍
(大後区)
国軍24集団軍
73A/74A/79A/99A/100A
永峰
40D
116D
6/27
衡陽
10A
6/24
68D
6/19
13D
13D
3D
27D
攸縣
蓮花
(7/4 進攻醴陵)
寶慶
(国)79A
(国)62A
8/2
三塘
27集団軍
37A
東面接軍(15ケ師)
被3D
27D
34D
衝散
13D
安仁
茶陵
3D
耒陽
西面接軍被40D
擋在西/西北面
掩護西面
攻衡陽西南
攻衡陽南面
11軍 8ケ師団(第一梯隊, 40D, 116D, 68D, 3D, 13D)
西→東
攻佔長沙
衡陽
(第二梯隊, 34D, 58D, 27D)
攻長沙
掩護東面
掩護東面

圖三　湖南會戰地圖

九、衡陽決戰

國軍東面的七個軍（二十、四十四、三十七、暫二、二十六、五十八及七十二軍）被擋在瀏陽、醴陵、萍鄉、攸縣、安仁、耒陽一線以東，難以接近衡陽半步（日軍以最強大的第三、十三以及二十七師團搶占各要隘通道，七月中旬又加入第三十七師團）。西面的六個軍（六戰區來援二十四集團軍的七十三、七十九、九十九、一〇〇軍，四戰區六十二軍，七戰區四十六軍）被四十師團擋在西面山區。[66]

六月二十四日，日軍松山支隊（六十八師團／五十七步兵旅團／獨立步兵第六十四大隊為基幹，配屬一個山砲中隊及一個工兵小隊組成）與獨立步兵第一一六大隊（六十八師團／五十八步兵旅團）渡過耒江（湘江支流，在衡陽東北面注入湘江），進攻國軍一九〇師在湘江東岸的五馬歸槽據點。

六月二十六日，攻擊位於湘江東岸的衡陽機場，守備部隊（暫五十四師一個團）只有稍微抵抗一下，團長陳朝章率領第二及第三營向東撤走（暫五十四師只有師長及一個營，加上直屬部隊參加了日後的戰鬥），機場在二十六日失守。六十八師團在湘江上游東陽渡（衡陽東南）渡過湘江由衡陽南面進擊，一一六師團在湘江下游的易俗河（株州西南）沿湘江西岸南下，經由衡山、南岳，從西面進襲。

六月二十八日，日軍在清晨開始第一次總攻，由於河南戰役輕鬆的擊敗一戰區，湖南戰役從五

66 同註34，頁一三四二—一三四四。

月下旬開始以來，一個月之內，日軍由新牆河南下推進了三百公里，湖南境內各城鎮很快就失守。日軍認為只要一兩天就可以拿下衡陽，對於作戰之前的敵情偵察與國軍布防位置完全忽略，雖然日軍師團配屬的砲兵部隊只有一部分山砲抵達，大半火砲及彈藥仍在行軍途中，日軍光靠步兵聯隊的聯隊砲中隊及速射砲中隊（平射砲／戰防砲）（每個步兵聯隊有四門七五公釐山砲，四門三七公釐速射砲，大隊步兵砲小隊有兩門七〇公釐步兵砲），[67]在步兵重武器火力，就比整個第十軍的火砲占壓倒性優勢。況且六十八師團有配屬的獨立山砲第五聯隊的第一及第二大隊，一一六師團有建制砲兵第一二二野砲聯隊部分山砲。[68]

六十八師團的五十八步兵旅團由南面攻打歐家町、黃茶嶺、停兵山、江西會館等外圍陣地，停兵山及高嶺國軍守兵兩個連兩百多人全部陣亡，日軍也損失近千人，在城南郊被阻於湘桂鐵道線，五十七步兵旅團由西北方向渡蒸水，被阻擋在小西門外三百米一線，六十八師團長佐久間中將、參謀長原田大佐，數名參謀在黃茶嶺附近前進指揮所，被國軍預十師迫擊砲集中火力襲擊受重傷。[69]

一一六師團的一二〇及一三三聯隊，進攻西南外圍張家山，二二一高地及岳屏高地，雙方反覆攻守二十多次，日軍傷亡兩千餘人仍然攻不下，一三三步兵聯隊第二及第三大隊的八個步兵中隊長全部傷亡。[70]十一軍在七月二日下令停止進攻，以補充人員、彈藥，並緊急調動駐在長沙的迫擊砲及砲兵部隊趕來衡陽，催促行軍中的補給部隊儘快將彈藥運補到一線部隊手中。

67　《日軍對華作戰紀要（九）》，湖南會戰，頁七八九，中日戰爭前我調整師與敵師團編制裝備比較表。
68　同註34，頁一三四四—一三四五。
69　《日軍對華作戰紀要（九）》，湖南會戰，頁三四七。
70　《日軍對華作戰紀要（九）》，湖南會戰，頁三五六—三七二。

十一軍檢討第一次攻擊失敗歸納出：

(1)地形特殊，國軍陣地堅固且設計巧妙，側防火力強大（山丘被削成連串峭壁，由中間強行突破，會遭到居高臨下射擊及側射火力，正面強攻會被集束手榴彈轟炸），第十軍戰志高昂，不像其他國軍部隊稍一接觸就撤退。

(2)後方兵站補給跟不上一線部隊，導致彈藥缺乏。

(3)中美空軍占優勢，嚴重破壞日軍後方水陸交通線。[71]

七月六日，第十軍將駐守在衡山縣第三師／八團調回衡陽，由北面衝進包圍圈，是唯一的實質人員補充。

七月九日夜間，獨立輜重第四聯隊抵達衡陽，運到七十六噸彈藥，以後每日約有三十噸送達一線部隊手中。

七月十一日，獨立野砲第二聯隊由長沙抵達衡陽，帶來十五門七五公釐山砲，石崎部隊及迫砲十五／十六大隊，增援二十四門迫擊砲，野戰重砲十五聯隊／第一大隊，四門一〇五公釐加農砲在七月中旬抵達。[72]十一軍第六十八師團及一一六師團經過一個多星期修整，補充兵員，加強砲兵，屯積彈藥。

七月十一日開始第二次總攻，改變戰術集中兵力及火力於一兩個國軍陣地，打下後再向兩旁及後方席捲，步兵攻擊之前，先以陸航攻擊機及輕轟炸機爛炸，砲兵壓制射擊，聯隊重兵器集中火力

71 《日軍對華作戰紀要（九）》，湖南會戰，頁三七四—三七五。
72 《日軍對華作戰紀要（九）》，湖南會戰，頁三七五、四〇三—四〇四、四〇九。

支援射擊（聯隊砲、步兵砲、速射砲及重機槍），最後用毒氣砲彈。

日軍一一六師團／步兵一二〇聯隊，在野砲一二二聯隊、獨立野砲第二聯隊及飛行四十四戰隊支援下，向西南地區（國軍預十師／二十九團陣地虎形巢）猛攻，日軍是步、砲、空協同進攻，以壓倒性砲兵、步兵重兵器火力，先砲擊再由陸航轟炸，最後一波波步兵衝鋒。雙方反覆爭奪高地碉堡、工事，國軍靠著陣地側射火力，手榴彈、刺刀血戰五晝夜，人員彈藥損耗無補充，在十五日晨收縮防線，撤至二線陣地。

一一六師團／步兵一三三聯隊從十一日起攻擊五桂嶺、一四一高地、楓樹山、湘桂路鐵路修理廠，二二一、二二七·七高地及張家山。預十師／二十八團傷亡殆盡，師長葛先才親率師工兵連、搜索連及非戰鬥員編成的預備連投入逆襲，戰至十四日早上，不得不放棄一線陣地，退守蕭家山一帶預備陣地。

國軍第三師在城南浴血奮戰第六十八師團，第八團及九團抽調增援預十師在西南高地的防禦，十六日亦退守二線陣地；在十七日到十八日激戰中，一二〇聯隊長和爾基隆大佐及一三三聯隊的三個步兵大隊長全部陣亡，進攻的十五個步兵大隊，平均人數不足一百，彈藥也短缺。

七月二十日，十一軍下令暫停全面進攻。[73]

衡陽第二次總攻（七月十一日至七月二十日），雖然攻下了守軍第一線及第二線外圍高地防線，但是仍然未能進入衡陽城，日軍傷亡過重。[74]

73 同註34，頁一三四五—一三四六。

74 日方資料如《戰史叢書》，一號作戰，湖南會戰，part 1 & 2，東京朝雲新聞社。筆者註，日方資料只談到中下級指揮

十一軍高參島貫大佐檢討第二次總攻頓挫原因：

(1)日軍攻堅訓練不夠。

(2)彈藥不足。

(3)主戰場在衡陽東面，衡陽僅是支戰場，成敗在補給上，先決條件又在汽車道路通行。[75]

第十一軍在七月份兵力分配為：

警備攻占地區，十個步兵大隊。

道路條築，二十個步兵大隊。

衡陽進攻，十五個步兵大隊。

東面決戰殲滅國軍，三十五個步兵大隊。

由此可見十一軍並沒有一開始就要打下衡陽，主力用在東面決戰及修護道路，保證運輸補給上，更有輕敵之意，認為十五個大隊就足夠了。[76]

根據日本第十一軍高參島貫大佐日記，軍的作戰指導以在東面殲滅九戰區國軍主力（萍鄉、攸縣、安仁以東的茶陵／蓮花萬洋山系地區）為主戰場，投入第三、十三、二十七及三十四師團，衡陽反而是次戰場（第一次及第二次總攻皆因兵力不足，傷亡過重，彈藥補給短缺而失敗），但是六月底至七月底，在東面戰果不明顯，七月二十五日以後，第三師團在安仁及茶陵正面的國軍開

官傷亡，部隊陷入苦戰，甚少著墨實際部隊傷亡數字，但是如果多數大隊長、中隊長及軍官均傷亡，中隊由軍曹及士官率領，可以判斷部隊傷亡慘重。

75 《日軍對華作戰紀要（九）》，湖南會戰，頁四三八—四三九。

76 《日軍對華作戰紀要（九）》，湖南會戰，頁四三八、四四一。

始撤退。

七月十九日，東條內閣因為美軍進占塞班島（太平洋上絕對國防圈）及衡陽久攻不下而總辭，由小磯國昭組閣。

軍委會命令七十九軍（王甲本）及六十二軍（黃濤）以三個師由西面來援，六十二軍一度靠近衡陽西站，但是又被日軍四十師團側擊，退向西面（筆者註，兩個軍之間各自為戰，毫無協調，軍委會、九戰區、二十七集團軍前敵指揮李玉堂之間，慌亂失措，無所作為）。

七月二十七日，蔣派機空投親筆信給方先覺，「援軍會到，務必率部死守，以待外援。」八月四日發起第三次總攻，日軍終於將主力指向衡陽（大本營指示），橫山勇急調長沙近郊的第五十八師團及重砲兵趕赴衡陽，集結六十八、一一六、四十、五十八等四個師團由南、西、西北及北面攻擊衡陽，另以十三師團一部在湘江東岸火力支援，並以五門重砲、百餘門野砲／山砲、彈藥四萬多發，預計一天之內攻下。

日軍這一次以超過十萬兵力，向傷亡過半的第十軍猛攻，國軍所有火砲（總共二十門山砲、野砲及戰防砲）早已用光砲彈，砲兵編入一線步兵部隊使用，所有的文書、輜重、挑伕、伙伕、馬伕都調上前線，但是在日軍優勢兵力、火力下漸感不支，陸續放棄殘破陣地，退入城內，在六日仍然以剩下的最後幾發迫擊砲彈擊斃五十七旅團長志摩源吉少將，日軍使用芥子氣及路易氏毒氣砲彈（完全違背《日內瓦公約》禁止使用毒氣規定）。到七日日軍突入北門巷戰，國軍連手榴彈亦用盡，只能肉搏，南城亦陷落，軍部附近日軍已經迫近百米之內，為了五、六千傷兵的命運，方軍長派軍參謀長及第三師周師長接洽停戰（日軍六十八師團長在天主教堂師團部同意國軍停火協定，保證所有國軍部隊生命，並答應救治傷兵，後來因日軍自己醫藥補給不足，本身傷亡慘重，設備不夠使用，未能實現救治國軍傷患諾言)。

第十軍在八日停火,全軍一萬七千六百人,陣亡七千四百人,七千多傷兵,僅有不到三千人尚能作戰,日軍有四萬八千人戰死,總共七萬傷亡。[77]

十、洪橋會戰

衡陽淪陷時(八月八日),周邊有國軍十三個師,其中六十二軍在西面雨母山(三塘及四塘湘桂路南方),四十六軍在七里山及黃泥坳(火車西站西南面),七十九軍在西北部蒸水北岸鳴窩山,七十四軍及一〇〇軍在寶慶(邵陽),日軍報告中甚至提到國軍有數輛戰車在雨母山向四十師團三三四步兵聯隊進攻,被聯隊速射砲(戰防砲)擊毀兩輛。[78]衡陽失守後,國軍向西面及西北面撤離,為了防止日軍沿湘桂路西進,在洪橋(祁東)構築湘桂路正面防禦工事。(請參考圖四)

日軍方面為了指揮桂柳作戰,在中國派遣軍之下成立六方面軍(一九四四年八月二十五日),以華北方面軍司令岡村寧次大將為司令官)下轄十一軍、二十三軍及三十四軍(原武漢防衛軍擴建),三十四軍負責後方警備、運補、兵站作業,十一軍(湘南)及二十三軍(廣州)合作進攻廣西。十

77 美國國會圖書館衡陽戰鬥紀錄,日本方面隱瞞傷亡數字,但是在八、九月間對十一軍補充十萬新兵,可見衡陽對於日軍是苦難的戰役。《日軍對華作戰紀要(九)》,湖南會戰,頁五四八,第十軍遺屍四千一百具,戰鬥中埋葬者未統計,俘虜一三三〇〇,合計一七四〇〇,沒有列舉本身傷亡數字。

78 《日軍對華作戰記要(九)》,湖南會戰,頁四九二。

一軍想要藉機殲滅九戰區（衡陽東面，經由衡陽南面向湘桂邊界行軍調動中）及六戰區在衡陽周邊的部隊，在八月二十七日下令以六個師團又一個旅團對洪橋國軍兩翼合圍：

以三十七及一一六師團控制衡寶公路掩護北面。

第三師團在湘江南岸，由常寧、祁陽、永州、零陵掩護南面。

第十三及五十八師團沿湘桂路南面向西推進。

第四十師團及六十八師團／五十八步兵旅團沿湘桂路北面前進。

國軍中路在三十一日開始撤退，九月三日放棄洪橋，七日放棄零陵，兩翼抵抗稍強（如七十四軍在寶慶，三十七軍／六十師／一七八團在常寧，至少跟日軍拚了一下才退），日軍火力比國軍強太多，兩翼國軍傷亡頗重（九月七日，七十九軍軍部及警衛連在冷水灘撤退途中，遇上日軍前衛搜索部隊，軍長王甲本中將肉搏戰時犧牲陣亡）。

八月二十四日，九十三軍奉命死守黃沙河（湘江北岸）預設國防工事（永久性鋼骨混凝土工事，備有充足糧彈給養，準備了數年），及全州。

九月十四日，日軍十三師團抵達前，軍長陳牧農一槍未放，帶了第十師及新八師撤往桂林東北，大榕江地區，炸毀了帶不走的一百五十萬發彈藥及物資（九月二十日，軍委會下令槍決陳牧農）。

九月十四日，日軍占全州後暫停，整補，準備下一期作戰，湖南會戰結束。[79]

---

79 《日軍侵華戰爭》，王輔，第六章，打通大陸交通線，十四節，衡陽以西的洪橋之戰。《中國抗日戰爭正面戰場作戰記》，郭汝瑰、黃玉章，第八章，走向最後的勝利，第三節，豫、湘、桂會戰，頁一三五〇。

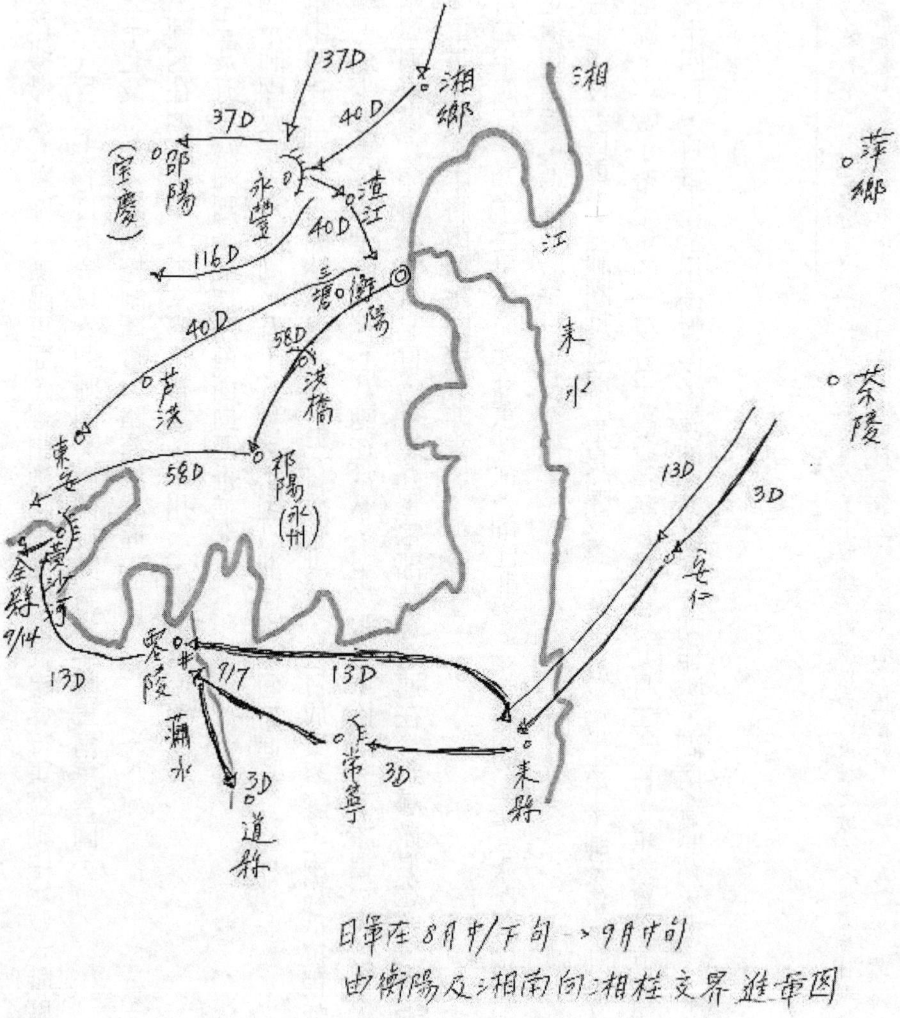
湘鄉
137D
40D
37D
邵陽
(寶慶)
永豐
渣江
40D
116D
湘
江
萍鄉
三塘
衡陽
40D
58D
洪橋
芦洪
耒水
茶陵
東安
祁陽
(永州)
58D
13D
3D
安仁
全縣
9/14
黃沙河
13D
零陵
9/7
13D
瀟水
常寧
3D
3D
道縣
日軍在8月中/下旬→9月中旬
由衡陽及湘南向湘桂交界進軍图

圖四　洪橋會戰地圖

十一、桂柳會戰及貴州追擊

當十一軍全力推進至全縣之時，為了支援十一軍向桂柳前進，在廣州的二十三軍集結了一〇四師團、第二十二師團（由在江浙的十三軍抽調，海運香港）、獨立混成二十二及二十三旅團，首先沿北江西岸牽制性作戰（針對國軍七戰區，粵北韶關，余漢謀，第十二集團軍），接著沿西江南岸（二十二師團及獨混二十二旅團）及北岸（一〇四師團）西進，威脅桂柳西南面，獨立混成二十三旅團由雷州半島北上，攻向丹竹機場，掩護二十三軍側背。[80]二十三軍西江攻勢由九月十日開始，國軍七戰區及四戰區在西江沿線兵力薄弱，只有鄧龍光三十五集團軍，兩個半不足額的師加上地方團隊，一路敗退，指揮組織瓦解。（請參考圖五、圖六）

九月二十八日，第一〇四師團進入悟州並占領丹竹機場。[81]

二十三軍最大的問題在於電訊器材不良，與六方面軍聯繫常常中斷，有時要中轉廣州（二十三軍司令部）、香港、東京、南京、衡陽（六方面軍），費時費力。

十一軍在衡山勇指揮下，向西猛進指向桂林，六方面軍想讓二十三軍由西南面包超柳州，將桂林西撤的國軍包圍在桂柳之間，無乃二十三軍在十月中旬至十一月毫無音訊，六方面軍完全無法掌握二十三軍的進展。[82]

---

80 《日軍對華作戰紀要》，一號作戰（三），廣西會戰，國防部史政局，一九八七年七月，頁三四—三七。
81 同註 80，頁三三六—三四七。
82 同註 80，頁五六〇、五六六。

十月二十日，十一軍在湘桂交界處，師團長以上官佐會議上，檢討進攻衡陽時，因為兵力不足而曠日費時教訓，決定以三個師團又一個步兵聯隊，四個砲兵聯隊又四個砲兵大隊，一個戰車聯隊，搭配陸航飛機進攻桂林。[83]

五十八師團及三十四師團／二一八聯隊，配兩個重砲聯隊、一個野砲聯隊、獨立重砲第六大隊，攻桂林北門及西門。

四十師團配一個山砲聯隊由東面進擊。

三十七師團由湘南道縣，經龍虎關迂迴東南面攻南門。

十三師團迂迴西面，切斷通柳州湘桂鐵路，並沿鐵道線向柳州推進。

第三師團由平樂向西南移動，切斷國軍柳州方向可能來的援軍。

由於桂林外圍國軍抵抗微弱，十一軍高參井本熊男大佐判斷桂柳附近及城內守軍兵力不足，且十一軍及六方面軍與二十三軍無線電聯絡中斷，估計國軍抽調兵力對付二十三軍，下令在桂林外圍機動待命的十三師團，立刻從柳州北面迂迴西面，切斷黔桂線。

三師團迂迴柳州南面柳江地區，由東面攻向柳州。[84]

衡山勇的十一軍完全掌握了戰場瞬間變化，調整部署，同時進攻桂柳，比六方面軍應變能力高出許多。

83 《日軍侵華戰爭一九三一—一九四五》，王輔，一九九〇，遼寧人民出版社，第六章，打通大陸交通線，二十，敵由東、南兩個方向進攻桂林、柳州（一）敵第十一軍進攻桂林之部署。

84 同註83，王輔，第六章，二十，（二）日軍的參謀。

二十三軍在西江上游桂平、蒙圩、石龍地區，遭到四戰區集中六個師，圍攻孤軍深入的獨立混成二十三旅團，從十月十九日至二十五日，國軍攻勢猛烈，為了解救二十三旅團，一〇四及二十二師團向二十三旅團靠攏，而未能向柳州前進。

國軍在西江桂平攻勢失敗，導致桂柳地區兵力不足，重新部署集結桂柳之間，又因機動力不足，難以即時抵達。[85]國軍企圖內線作戰，但是部隊殘破，裝備不齊，補給不足，將士疲憊，上級戰略指導不切實際狀況，一變再變，先是固守桂林，再則桂平反攻，繼之決戰柳州地區。[86]

從十月底到十一月初，國軍部署在桂林城內防衛部隊僅有三十一軍（守備司令韋雲淞，軍長賀維珍）、一三一師（守城北及灕江東岸要點）、一七〇師（守城南各要點）；兵力二萬七千人（其中六千非戰鬥人員）、三門重砲、十八門山砲野砲。[87]

六月十五日，日軍湘桂攻勢開始之初，四戰區司令官張發奎及廣西省主席黃旭初在柳州召開黨、政、軍首長會議，決定疏散桂柳，省政府遷往百邑（桂林西南四百五十公里）。

九月十四日，史迪威由緬北飛抵桂林會見張發奎，張表示奉命以三個師死守桂林但是缺乏信心，史則認為四、九戰區之間沒有相互支援，各搞各的，九戰區只提供了一部分部隊，且蔣在重慶遙控是最大危機。

九月十五日，史飛重慶見蔣，兩人之間為了部隊指揮權裂痕擴大，蔣要求占領密支那的X部隊

85 《日軍對華作戰紀要》，一號作戰（三），廣西會戰，國防部史政局，一九八七年七月，頁五二二—五二三。

86 抗戰簡史，桂柳會戰。

87 《日軍對華作戰紀要》，一號作戰（三），廣西會戰，國防部史政局，一九八七年七月，頁五六六—五七二。

（新一及新六軍，五個師）一週之內攻下八莫，否則蔣要調回怒江前線的Y部隊。蔣向羅斯福施壓調走史，史在十月初被調離中印緬戰區。[88]

四戰區要求各部隊在十一月十日前進入指定陣地，只有二十軍及二十六軍在十一月七日夜間趕到柳州，三十七軍由象縣撤至柳州南方。[89]

十一月四日，十一軍開始對桂林灕江東面屏風山、普陀山、月牙山、七星岩等外圍陣地；城北平頭山，城西茅草頭、磨盤山，城南鬥雞山、將軍山攻擊並占領。

十一月八日，四十師團夜間強渡灕江，在中正橋以北攻入市區，與一三一師激烈巷戰。

十一月九日清晨，五十八師團在重砲及陸航飛機火力掩護下，以第三戰車聯隊坦克前導下，占據虞山、鳳凰山、扁崖山北面及西北面陣地。晚上桂林四周日軍都突入市區，桂林守軍兵力太薄弱，被壓迫於核心陣地，日軍在兵力火力上占盡優勢，戰至十日下午，韋雲淞及三十一軍軍長賀維珍率防守司令部人員突圍，司令部參謀長陳繼恒將軍、三十一軍參謀長呂旃蒙將軍，一三一師師長闞維雍將軍率部巷戰至最後陣亡。我方統計陣亡官長、士兵二千四百人以上，日軍宣布國軍陣亡五六六五人，被俘一三一五一人，守軍在外圍戰鬥了五天，城內三天，跟軍委會要求守三個月差很多。[90]

國軍二十七集團軍在柳州西站，城內僅二十六軍兩個殘破的師，粵軍六十二軍早已撤離，桂系為保存實力，在整個桂柳會戰中表現的荒腔走板。[91]

---

88 《日軍對華作戰紀要》，一號作戰（三），廣西會戰，國防部史政局，一九八七年七月，頁四三二、四三五—四三六。

89 《中國抗日戰爭正面戰場作戰記》，郭汝瑰、黃玉章，江蘇人民出版社，二〇〇一，頁一三六四—一三六五。

90 同註86，頁一三六五—一三六六。

91 張力、劉鳳翰訪問，《丁治磐先生訪問紀錄》，臺北中研院近史所，一九九一年，頁八〇。

十一月三日，日軍十三師團／步兵一一六聯隊，由桂林南面良豐圩向西占據永福，切斷桂柳之間鐵路，折向西南柳城（柳州西北方二十四公里），向西占流山墟切斷柳州往黔桂邊界鐵路。

十一月七日，日軍步兵一〇四聯隊由永福沿鐵路線南下鹿寨墟，國軍九十三軍／新八師及四十六軍／新十九師稍作抵抗即撤向柳州，國軍被服倉庫被日軍繳獲幾千件棉軍服大衣。[92]

十一月九日夜間，第三師團步兵第六聯隊占據柳州機場。第三師團步兵三十四聯隊及野砲第三聯隊，由東面攻擊柳江東岸蟠龍山陣地及南邊馬鞍山（二七七高地），十日清晨，三十四步兵聯隊完全占領了蟠龍山。

國軍在柳州城內及柳江東岸、南岸爆破軍火庫，爆炸聲及濃煙顯示國軍正在愴惶撤退中，日軍在山頂見到柳州西站數列火車往西離去。四戰區張發奎及二十七集團軍楊森在列車上向南丹撤離（柳州西北二百公里），楊森撤離時，下令二十六軍丁治磐撤出柳州，二十六軍只留下一個營（四十四師／一三一團／第三營）。

十一月十日，八時四十分，日軍十三師團一〇四聯隊攻入北門，十時完全占領柳州，國軍第三營巷戰中大部分犧牲。[93]

總計從三日到六日外圍戰鬥，九十三軍及四十六軍多半應付了事，六日到八日在鹿寨，二十六軍／四十四師也是虛晃一槍就走人，蟠龍山戰鬥四十四師／一三一團抵抗不到一天，柳州城只守了

---

92 為什麼我方部隊沒有發放而資敵，日軍穿在夏季制服上，保暖又冒充了國軍，軍需及四戰區長官部有問題，這是筆者的懷疑。

93 《日軍對華作戰紀要》，一號作戰（三），廣西會戰，國防部史政局，一九八七年七月，頁六四七—六四八。

《日軍對華作戰紀要》，一號作戰（三），廣西會戰，國防部史政局，一九八七年七月，頁六五八—六六九。

八十分鐘，紀錄慘不忍睹。[94]四戰區放棄柳州後，命令二十七、十六及三十五集團軍在宜山南北一線組織防禦。

十一月十五日，日軍第三及十三師團趁亂尾隨，十三師團一一六聯隊輕易攻占宜山，俘獲數列軍運列車及大量軍用物資，國軍倉促撤退，甚少組織抵抗，沿途拋棄大量武器及彈藥。[95]

十一月十八日，二十三軍、一〇四師團及二十三混成旅團奉命調回廣州，二十二師團進攻南寧。由於四戰區近乎崩潰狀態，日軍有向貴州前進，直逼重慶架勢，蔣介石在十一月緊急調動六戰區兩個軍、八戰區兩個軍、一戰區三個軍、四川一個軍，共八個軍至貴陽附近，組黔桂湘邊區總司令部，湯恩伯指揮，魏德邁中將（十月三十一日抵達重慶）調駐印緬新六軍回國，建議在貴陽以北烏江與日軍決戰。

十一軍在攻下桂柳後，根據戰場報告，無線電破譯國軍電報，研判國軍在黔桂鐵路沿線及貴州南部，毫無有組織、有計畫的抵抗，且各部隊落荒而逃，決定追擊進入貴州：

十三師團主攻追至黔桂鐵路終點站，獨山。第三師團在十三師團東面策應，平行北上至獨山東北五十公里的都勻。

作戰目的：破壞黔桂鐵路一切設施使國軍難以使用；爆破沿線及獨山附近洞庫中物資，油、彈、武器、裝備、糧食、被服，徹底打擊重慶政府抵抗決心，完成破壞任務後退回廣西（兵力不足以占

---

94 《中國抗日戰爭正面戰場作戰記》，郭汝瑰、黃玉章，江蘇人民出版社，二〇〇一，頁一三六四—一三六五；《日軍侵華戰爭一九三一—一九四五》，王輔，一九九〇，遼寧人民出版社，第六章，打通大陸交通線，二十，敵由東、南兩個方向進攻桂林、柳州，（十）二十七集團軍在柳州的防守。

95 《中國抗日戰爭正面戰場作戰記》，郭汝瑰、黃玉章，江蘇人民出版社，二〇〇一，頁一三六六—一三六七。

領貴州）。

十一月二十日，日軍由宜山出發，二十一日占金城江，二十二日占河池，俘獲大量物資給養。

十一月三十日，進抵黔桂交界的六寨，十二月二日抵達獨山。另一路日軍經黎明關在二日到達都勻以東兩公里，接到命令返回廣西，沿途大肆破壞鐵道、橋梁、隧道、車站、行車控制，沿鐵路公路的洞庫全被爆破，日軍順利撤回柳州、河池，更進一步在一九四五年撤離廣西（筆者註，因應太平洋戰局失利，收縮兵力，張發奎、湯恩伯回憶錄中，大肆吹噓的黔桂大反攻是胡說亂扯一通）。[96]

日軍自貴州撤退之後，湯恩伯在十二月五日命令九十八軍向八寨／都勻推進，二十九軍向獨山前進。兩支部隊七日才由駐地出發，日軍早已退入廣西，日十一軍新的訓令為確保全縣至南寧公路交通，梧州以西（西江至懷遠）鐵路沿線要地。

十一月二十四日，二十三軍／二十二師團／八十四步兵聯隊突入南寧並占領機場，駐西貢南方軍派出二十一師團／宮支隊（八十三步兵聯隊為骨幹，配砲兵、工兵、輜重、通信部隊）越過邊界北上，十二月十日與二十二師團／八十四步聯在綏淥會師，連接中國及法屬中南半島，[97]二十二師團旋即調回廣州。

---

96 《日軍侵華戰爭一九三一—一九四五》，王輔，一九九〇，遼寧人民出版社，第六章，打通大陸交通線，二十一日軍由宜山向貴州獨山／都勻追擊，一九四四年十一月。

97 《日軍對華作戰紀要》，一號作戰（三），廣西會戰，國防部史政局，一九八七年七月，頁八一五—八一七。

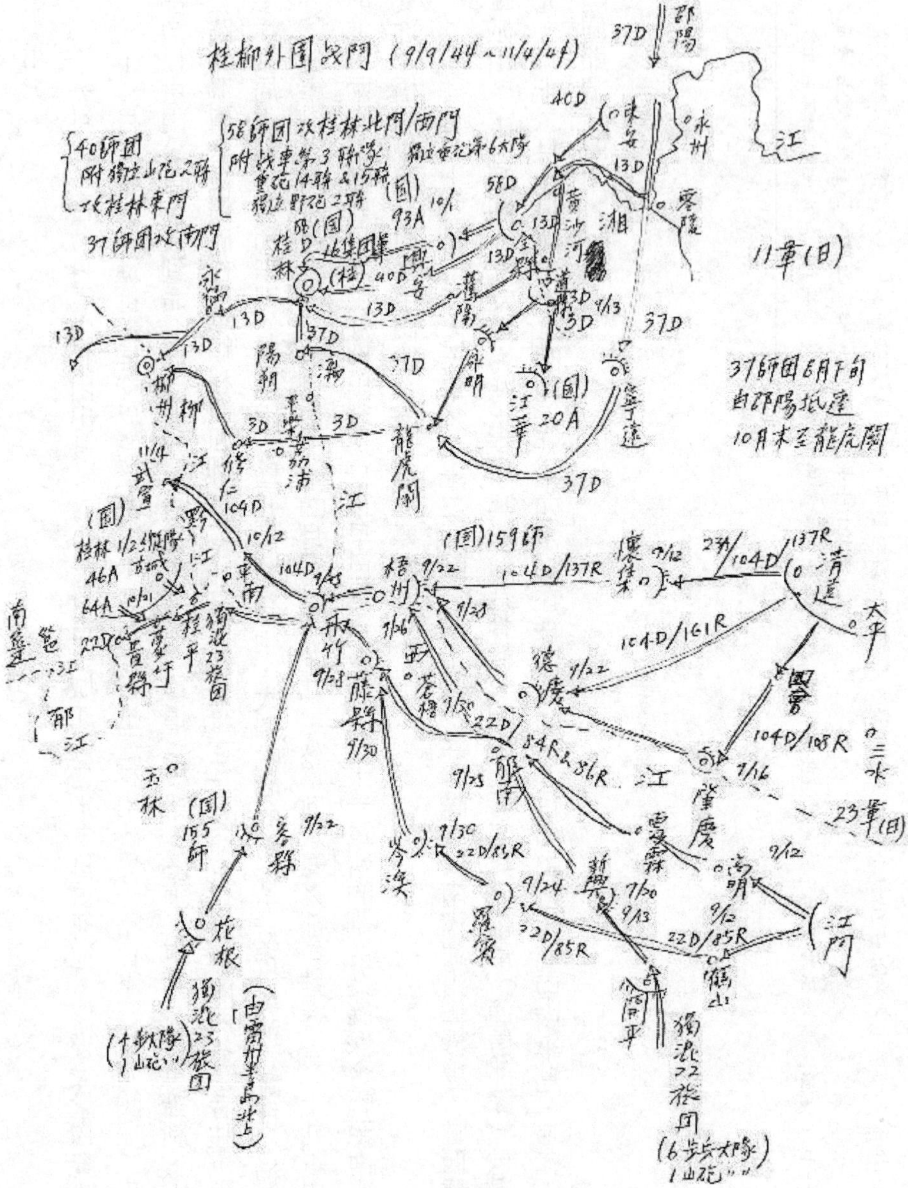
桂柳外围战鬥（9/9/44～11/4/44）
40師团
附獨立山砲2聯
攻桂林東門
37師团攻南門
37師団6月下旬
由邵陽抵達
10月末至龍虎関
11軍（日）
23軍（日）
邵陽
東安
零陵
全縣
興安
桂林
柳州
龍虎関
梧州
清遠
肇慶
江門

圖五　桂柳會戰地圖

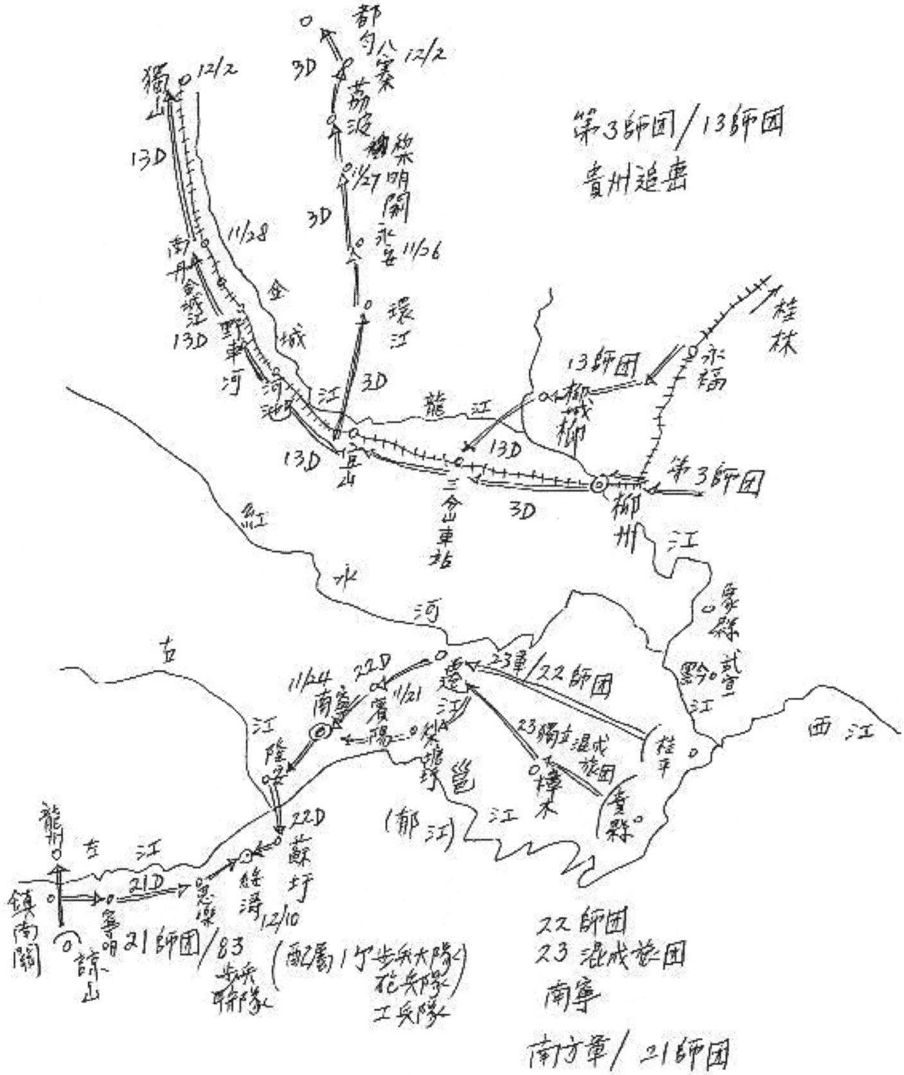
第3師団/13師団
貴州追撃
22師団
23混成旅団
南寧
南方軍/21師団
打通中南半島聯絡
13師団
第3師団
23軍/22師団
21師団/83
13D
3D
22D
21D
12/2
11/28
11/26
11/24
11/21
12/10
都匀
獨山
南丹
環江
河池
宜山
柳州
桂林
永福
龍江
紅水河
西江
黔江
桂平
左江
龍州
鎮南關

圖六　貴州追擊戰地圖

十二、一號作戰結論

一號作戰將國民政府控制區一分為二（中間為日軍南北交通走廊），四分之一的製造能力全毀，歲入銳減，湖南米倉丟失，財政負擔加重，通貨膨脹嚴重，國府受到致命一擊，在抗戰勝利前夕走進災難重重的黑暗隧道之中，幾乎看不見另端出口的亮光。蔣在日記中稱，「一九四四年是抗戰以來最艱苦的一年，我今年五十八了，一輩子中受過的屈辱中，這次是最令人難受的。」[98]

一號作戰分為豫中會戰、長衡會戰（湖南）、桂柳會戰，日軍占領了河南、湖南、廣西以及廣東北部。在長衡會戰中（五月底至八月底），國軍英勇地抵抗，在衡陽以不足一萬八千人的第十軍對抗人數、火力數倍於己的日軍長達四十七天，不是外界及中共宣稱的國軍不抗戰，只想防止共黨擴充地盤。在連續六年苦戰且對外通道被日軍切斷，外援稀少的大環境下，國軍戰力消耗得不到補充，實在無力抵擋日軍最後這次瘋狂的進攻。

一號作戰在一九四五年二月上旬畫下休止符，日軍所有原定目標都達成，國軍損失了七十五萬至百萬部隊。

第一項目標中，美軍損失了衡陽、桂林、柳州、南寧、遂川及南雄六大空軍基地及無數前進機場；

第二項目標，打通大陸交通線，在一九四四年十二月也達到（中國派遣軍、二十三軍、二十二

98 《蔣總統嘉言錄》，二十卷，臺北，一九六六，頁四五五—四七一；徐永昌日記，一九四四年七月二十七日，卷七，頁三八七。

師團與南方軍二十一師團在中越邊界附近會師）。

但是一號作戰的目標是真的達成了嗎？

美軍雖由華東及西南方向基地退入更內陸的機場，十四航空隊由梁山、老河口、芷江、昆明、雲南驛繼續出擊外，二〇轟炸司令部（戰略空軍）的 B-29，在六月十五日，由成都附近基地起飛，炸了北九州的八幡製鐵所工廠，八月二十日再度轟炸八幡，又接連四次轟炸了海航位於長崎府大春市倉庫區。

日本在七月丟失了太平洋上的馬里亞納群島，及印緬邊界的英法爾戰役慘敗（緬甸方面軍第十五軍十萬兵力損失了百分之七十），局勢急轉直下，二〇轟炸司令部的 B-29 進駐提尼安島及關島（馬里亞納群島中靠近塞班島），可以對日本各大城市進行戰略轟炸，一九四五年初又轉移成都附近的二〇轟炸機至提島，合組成二〇航空隊（20th Air Force）。一號作戰原始目標，拔掉美軍在華南，華東及西南的機場，撲滅空襲本土的期望成為一場空。

第二個目標，打通陸上交通線，在十四航空隊機群打擊下，黃河鐵橋通車沒多久就被炸斷，南北鐵路線、公路、水運、橋梁被炸得柔腸寸斷，日軍又缺乏修復器械及材料，美國空權主宰了大陸的天空，補給品不能經由交通系統運送。

日本陸軍精心計畫打一場甚長的陸上戰爭，靠陸路經中國大陸將東南亞占領區原料送到日本加工，再把作戰物資經陸路送到東南亞占領軍手中，由於二〇航空隊可以由提尼安島及關島隨時轟炸日本本土的工業區，使得日本既無原料又無產品。

這條勞師動眾建成的陸上通道變得毫無戰略意義，一號作戰是個有缺陷的作戰，是陸軍在不懂海權亦不懂空權，閉門造車的產品，無怪乎海軍從頭到尾拒絕參加，這場陸軍自演自唱的獨角戲以失敗謝幕了。

一號作戰給國軍慘重的打擊，使美國看清了國軍的弱點，對於戰後扶持中國成為亞洲安定力量的政策破產，對於中國貢獻力量擊敗日軍的幻想破滅，轉而尋求蘇聯加入遠東戰局，在亞爾達會議出賣中國利益換取蘇聯參戰。

在一號作戰中傷亡、潰散的近百萬國軍，對於戰後的內戰中，實力大大地減弱，加上日軍由華北及各地抽調部隊投入一號作戰，丟失對華北鄉村地區的控制。在西北封鎖共軍地區的國軍，調往貴陽地區阻擋日軍向重慶進軍，共軍趁此機會（日軍及國軍實力均呈現真空化）大舉進攻，擴大解放區，站穩腳步。

一號作戰結果，對中日兩軍均為災難性的輸家，牌桌上唯一贏家是中共。

(一)河南（豫中）會戰

河南會戰一戰區陣亡一萬九千餘人，日軍傷亡約四千人。[99]日方資料（防衛廳戰史研究所）則稱日軍傷亡三三五〇人，國軍陣亡三二二九〇人，被俘七八〇〇人。

三十六集團軍總司令李家鈺在撤退中遇伏擊陣亡，一戰區司令官蔣鼎文，副司令湯恩伯撤職。陳誠接管一戰區，在西峽口召集湯部師長以上及河南省地區專員以上幹部開檢討會，總結：

(1)將帥不合(2)軍政不合(3)軍民不合(4)官兵不合，頗有畫龍點睛之妙。

陳誠在六戰區任職期間，軍民關係列為重點，實施土改打擊當地豪強，日軍入侵鄂西及湘西，

99 同註34，頁一三三〇。

沒有百姓願意替日軍引路，反而通報國軍，日軍占不著多少好處只有撤離。

從軍委會作戰指導失敗角度檢討，河防布局不合理（渡口岸防部隊是新編師），且後退配置，不能擊敵於半渡又不能殲敵岸邊，沒有意願阻止日軍修復鐵路橋，修好後也不積極調砲兵或空軍破壞橋梁，坐等日軍輕易渡河，搶占有利地域驅使裝甲兵長驅直入。

戰區的作戰布署亦不合理，且偏離指導方針，主力部隊分散沒有集中且位置偏南，不能把握戰機，臨時調集且次第投入。缺乏機動兵團，各部隊不執行命令且相互之間不協調。

軍隊腐化，各級長官為保存實力失去抗戰初期的積極性（遠不如南口時期的十三軍或台兒莊時期的八十五軍），軍官貪汙腐化（湯部最嚴重）。方德萬教授在最近的論文中抨述「訓練不精，營養不良的國軍，在一個多數百姓怨聲載道的地區作戰，焉有不敗之理」。

國民黨從一九三八年掘堤造成黃泛區導致缺糧，又駐軍多年，還得供養胡宗南駐豫部隊，及一九四一年三月之後由中條山南撤的國軍，民怨極深。

高層亦不清楚日軍意圖，雖然情報清楚地指出日軍的調動，蔣及徐永昌（軍委會軍令部長）低估了日軍能力及計畫，他們以為日軍最多只能持續兩個星期行動，就會返回原來駐地，直到五月中旬之後才了解到日軍計畫，[100]但是為時已晚。

軍委會沒有任何有效的對策，一路荒亂的被動式反應，造成兵敗如山倒的潰逃，在國內外的負面效應，影響了以後五年（一九四五—一九四九），國民政府由抗日的領導者變成了貪汙腐化沒有

100 《戰爭的歷史與記憶》，抗戰勝利七十週年國際學術研討會，2015, The Turning Point: Japan's Operation Ichiho and Its Consequences, Hans van de Ven, p.230-232。

效率的代名詞（中共及美國左派的宣傳及汙蔑，但是自己的不爭氣使得政敵更容易振振有詞）。

(二) 長衡戰役檢討

長沙的失敗追根究柢是國軍指揮架構重疊，蔣由重慶，白由桂林，薛在湖南各自干涉，指令相互矛盾抵觸。薛自己得自力補給，以致兵力分散不足，裝備、訓練、補給都不足，仍用不變應萬變的天爐戰術。日軍橫山勇看破老招，一舉輕易拿下長沙，而且應變不快，處處被動挨打，軍委會情報不足，又判斷錯誤，胡亂指揮。蔣責怪不實情報，低估了日軍兵力及決心，結果湖南由北到南淪陷過快，衡陽雖守了四十七天，但各外援兵團不願拚死來救，責怪七戰區余漢謀支援不力，僅派出六十二軍及四十六軍救援衡陽（余本身沒有多少兵力，自顧不暇）。衡陽失守最重要因素，是援軍突破不了日軍包圍圈（西面、西北面從四、六戰區而來、東面九戰區援軍連隔岸觀火的企圖都沒有）。[101]

衡陽作戰，國軍打算在中間節節抵抗，在湘江東西兩岸同時對日軍側翼施壓，並擾亂日軍後方，這是國軍一貫手段，但是日軍南下速度太快，趕在國軍中間及兩翼部隊趕到之前已經南下通過，國軍在衡陽僅布置了一個第十軍，但在側面有多達十三個軍。日軍一開始只用六十八及一一六師團攻衡陽，用第三、十三、二十七、三十四、五十八等五個師團，在湘江東岸安仁、茶陵、萍鄉、蓮花附近，對抗二十七集團軍指揮的七個軍，湘江西岸日軍第四十師團及針支隊，對抗六戰區來援王耀武二十四集團軍四個軍，後來加上四、七戰區來的四十六與六十二軍。

101 《戰爭的歷史與記憶》，抗戰勝利七十週年國際學術研討會，2015, The Turning Point: Japan's Operation Ichiho and Its Consequences, Hans van de Ven, p.236-237。

國軍各戰區部隊只聽命於自己長官部及蔣，不要說戰區間無橫向聯絡，同戰區各軍之間亦無聯繫。衡陽戰役時，蔣又派白駐節桂林，協調各國軍部隊防衛衡陽，白的戰略觀點又與蔣、徐不一致，白與九戰區薛岳意見也不同，各種相互衝突的上級單位命令，使得前線指揮官無所適從，作戰時綁手捆腳。最致命的是各軍之間全無協調及無線電通訊聯繫功能，衡陽守軍及前來援助解圍部隊之間，如有電訊交通能夠將作戰行動相互配合，結果將大為不同，因為不能相互配合，由高層來的命令又被日軍監聽，很容易被日軍各個擊破。[102]

長衡戰役僅是中日戰爭中的一個戰鬥，但是曝露了國軍在戰略、戰術、官士兵訓練、後勤及動員群眾的總體戰上各項缺失。

(三) 廣西會戰及貴州追擊檢討

衡陽在八月八日淪陷後，白向蔣建議將抵達衡陽西郊二塘、三塘的四十六軍及六十二軍撤至桂林整補，以備日軍繼續西進。這一建議很合理，當蔣問徐永昌的看法時，發現軍令部以蔣名義，命令衡陽附近所有部隊不得撤退半步，怕一旦撤向桂林，日軍尾隨追擊，會導致國軍潰散，有礙國際觀瞻，蔣令白由桂林回重慶以示對軍委會決定的支持。[103]

八月十日，徐命令各部對衡陽繼續反攻，直到八月底才停止，撤至湘桂邊界。但是部隊經過兩

102 第九戰區湖南會戰檢討，六十二軍參加衡陽戰役過程，part 2, p.1296-1207。
103 《徐永昌日記》，卷七，頁四〇五。

個月激戰，消耗過大，我方難以迅速補充人力、裝備及給養，日軍確能補充回復戰力。[104]

軍委會內一直存在著不同戰略觀點，以白為首一派主張階段性後撤，以避日軍優勢，以徐為首一派主張就地頑抗。九月十一日，軍委會內召開討論湘桂線防衛檢討時，白又提出撤退（因為不可能防衛全境），集中兵力全力防守桂林三到四個月，徐堅決反對，提出先決條件是要有三個月的糧彈給養，而廣西地形比湖南有利於國軍作戰，徐建議定一個時間表及最低限度來防守廣西。[105]由於缺乏足夠的情報分析參謀，過分擔心國際上的觀感，徐始終不能集結足夠部隊對抗日軍，而日軍數量質量上優勢，加上廣大正面戰線，多路推進，造成國軍難以處處應付，在長衡、桂柳、廣西、貴州各戰場上，國軍在戰略要點，均不能即時集中優勢高質量部隊進行決戰，大部分時候主力擺在後方沒用上。[106]但是日軍確能選擇時間地點集結優勢兵力，加大進攻縱深，在長沙、衡陽、桂林及柳州具有絕對優勢，輕易擊敗國軍逐次增兵，加香油式作戰，將之各個擊破。[107]

白雖然打內戰時期外號小諸葛，但是抗戰時任職副參謀總長，從未帶兵跟日本人作過戰，紙上談兵，反不如李宗仁在台兒莊、徐州、湖北跟日軍真槍實彈幹過。張發奎及桂系更是窩囊，策畫及部署荒腔走板，一無是處，一線式布防如同早期川軍打內戰時打法。夏威的十六集團軍（桂系主力）只見逃跑時如同神行太保足踏風火輪，瞬間了無蹤影，軍法總監何成濬上將在民國三十三年日記

---

104 九戰區長衡狙擊戰詳報，5/25/1944-10/10/1944，《中國近代史政治史資料彙編》，issue 3, vol. 40, 1957。

105 《徐永昌日記》，卷七，頁四三〇。

106 九戰區長衡狙擊戰詳報，頁二一六—二一七。

107 第九戰區湖南會戰檢討，頁一二九三。

中，痛批桂系軍人擁兵自重，守土失職，寡廉無恥。108

(四)豫、湘、桂會戰分析

日軍在二次大戰將敗之際，仍集結五十萬以上兵力，孤注一擲，經過十個多月，打垮了國軍一、九、四各戰區的部隊，占領了豫、湘、桂、粵各省大片地區，摧毀了衡陽、零陵、寶慶、桂林、柳州、丹竹、南寧、遂川、南雄九大中美空軍基地及三十六個機場，打通大陸交通線。

由戰役角度看，日軍完全達成「一號作戰」預期目標，取得戰役勝利。但是由戰略角度言，交通線不到一個月就被中美空軍炸壞黃河鐵橋，平漢、粵漢、湘桂各鐵路線被炸得柔腸寸斷，南方軍與日本土本交通，不論陸路或是海路，仍然被阻斷。

成都平原起飛的 B-29 仍然能炸到九州，由馬里安納提尼安島及關島起飛的 B-29，能炸到日本所有城市，兩大戰略企圖均落空。中國派遣軍消耗了大量人力物力後，兵力更分散，戰略態勢更差，戰略上是全輸了。

對於國民政府而言，這次由裡到外的慘敗，損失七十五萬到百萬部隊（對於日後接踵而來的內戰影響極大，下級軍官、士官、有經驗的老兵消耗到難以補充），裝備損失在四十個師以上，長衡湘桂作戰損失彈藥二萬五千噸，武器萬噸以上，稅收一年都不足填補，可耕農地大量丟失，兵源糧源枯竭。

史迪威的戰略目光如豆，堅持反攻北緬，駐印軍五個精銳師（新三十八、新二十二、十四師、

108《何成濬將軍戰時日記》，何慶華藏，沈雲龍註，傳記文學出版社，一九八六年八月，頁五〇六、五一八。

新三十及第五十師），駐滇西第二次滇緬遠征軍的二十六個師，超過四十萬的最精銳部隊難以轉用，導致一、九、四戰區兵力薄弱分散，裝備破落，士氣低下（抗戰七年下來，糧彈都難以維繫，裝備破損，營養不良），在日軍大舉深入西南之時，一、五、六、八、九戰區都沒有乘日軍後防空虛之際反攻，加壓力給十一軍，切斷其後方聯繫。而四戰區崩盤速度之快，連日軍都意外，二十多天，敗退七百多公里，全州未戰而逃，桂林守了兩天（灕江東岸外圍守了幾天，三十一軍、一三一師及一七〇師犧牲的官、士、兵仍值得我們尊敬），柳州守了不足一天，南寧未戰，宜山、金城江、獨山均落荒而逃，貯存在洞庫中大量武器、彈藥、補給被日軍破壞。國軍的慘敗，與日軍在太平洋戰場上節節敗退相映之下，國內外聲望一落千丈，導致雅爾達會議上，英美為了早日擊敗日本，拉攏蘇聯早日對日本作戰，出賣中國利益而答應俄方要求，犧牲了國府的權益。[109]

---

109 《中國抗日戰爭正面戰場作戰記》，郭汝瑰、黃玉章，江蘇人民出版社，二〇〇一，頁一三六九—一三七一。

滇緬遠征軍一九四二——一九四五年

周　珞

滇緬戰役（一九四一——一九四二）

承阮兄之請加寫滇緬戰役，為了有別於一般寫戰史著重於作戰、將領及政客，以及歐美新一代史學家：如 Van de Ven、Rana Mitter、Jay Taylor，對於戰役形成國家衝擊，國家集體紀念性形成，加上黃仁宇及阮兄重視大歷史格局薰陶下，決定從不同角度去探討分析。

緬甸居於二戰太平洋戰場邊緣，西方歷史學者從二戰結束後至上個世紀末，把緬戰列入不入流地域性局部戰爭。二十一世紀以來，大量新解密文件檔案，把過去刻版印象完全推翻打破，假話、神話經不起新史料的照妖鏡，不攻自破。為了寫這一段，翻了不少中英文資料，唯一遺憾沒有看過日方資料，防衛廳該有全套緬甸方面軍史料，可惜不懂日文，唯有日後找到翻譯本比對後再修正一些觀點，他山之石，可以攻錯。

講到緬戰離不開蔣介石、史迪威、羅斯福、馬歇爾、邱吉爾及蒙巴頓之間的恩怨及錯綜複雜關係，盟軍大戰略，太平洋戰爭，中印緬戰區之間變化與國民政府對策。史迪威在各方之間遊走經營，史極善於利用美國新聞界打公關，把自己塑造成英雄及盟軍對抗日軍的封面人物，剪不清理還亂。

抗戰爆發以來，前後有四條主要進口歐美各國外援的運輸路線：

1. 香港—廣州，一九三八年十月，日軍攻占廣州。
2. 北越—雲南／廣西，一九四〇年八月，日軍進駐北越。
3. 西伯利亞—新疆／蘭州，一九四一年四月，《日蘇中立條約》，蘇聯停止軍事援助。
4. 緬甸—雲南，一九三八年底峻工，一千二百公里長，每月運輸量一萬噸。

中國對外通道只剩下滇緬公路，由印度洋／安達曼海船運至仰光，轉鐵道運至北緬臘戍，轉汽車運輸入雲南。滇緬路可謂是中國血脈之大動脈，一切戰略物資、油料、貴重金屬、橡膠、武器、軍火、藥品等等全靠它。

一場偶然的戰爭

日本官方太平洋戰爭歷史記載中，明確地表示南進並不包括緬北，在一九四一年作戰計畫中，要求海軍及二十五軍占領香港、馬來西亞、新加坡；十四軍占領菲律賓；十六軍占領荷屬東印度、印尼。目的在建立防衛周邊，防止盟軍反攻，取得天然資源，石油、橡膠、貴重稀有金屬。

一九四一年七月，日軍進占法屬安南南部，羅斯福總統對日實施石油禁運，切斷了日本所需八〇%油料產品，日本軍事行動力大受影響。[1]此時羅及邱吉爾決定避免與日本作戰，同時防止日本

[1] Parker, *Cambridge Illustrated History of Warfare*, p.333.

幫助德國由東面進攻蘇聯。[2]

一九四一年十月，日本在南進計畫中增設十五軍，進駐泰國以保護二十五軍進攻新加坡時側翼，緬甸在計畫中常被提及，根據日本官方歷史記載，只限於毛淡棉（仰光東南方），皇家空軍有一個機場，能威脅到駐泰國日軍。

船運清單也證實完全沒有攻緬計畫，珍珠港事件之前，[3]日本南進計畫船舶不夠分配：十四軍由臺灣攻向菲律賓；二十五軍由中南半島及泰國攻向馬來亞、新加坡；十六軍入侵荷屬東印度、印尼。海軍已經無法應付運輸噸位以及護航兵力，而且初期時間表為開戰日（一九四一年十二月七日）起一百五十天內取勝，投入海軍所有兵力及陸軍十一個師團，典型的日本陸海軍聯合攻勢作戰，短時間內取勝的戰略思維，從甲午、日俄戰爭及太平洋戰爭初期皆如此，只有一九三七年開始的中國事變踢到鐵板，曠日費時仍尾大不掉。

當日軍南進過於順利後（出乎日本預料），勝利沖昏了頭，才開始打緬甸主意（一九四二年二月之後），十五軍的一九四一年十二月十一日作戰計畫，僅占領緬東南，毛淡棉港，附近機場及薩爾溫江入海口，保護駐泰日軍側翼。直到一九四二年一月九日，十五軍在毛淡棉仍以守勢部署為主。

一九四二年二月九日，大本營命令十五軍占領中緬甸重要城市，配合海軍攻占仰光後，北上占同古、曼德勒以及仁安羌油田。[4]

---

2 Heinrichs, *Threshold of War*, pp.118-145.

3 緬甸攻略作戰，頁一六—二〇。

4 緬甸攻略作戰，頁一三六—七。

由於英國判斷日軍不會進攻緬甸，只派駐了二千六百名英軍及八千名國協部隊（印度、西非及緬甸人）組成的英緬第一師。[5]英國討論過增強東南亞防務，帝國參謀總長**John Dill**，主張集中兵力於印度、新加坡；首相邱吉爾，力主集中兵力在中東地區，保護油源，認為日本如果南進，美國為了在菲律賓的利益不會置身事外，不肯加派海空軍至新加坡。[6]

美國更不可能在緬甸作戰，陳納德的美軍志願隊（一百架**P40B**出口型戰鬥機，**Hawk 81-A-2**），三個中隊在緬甸訓練，除了有一個中隊參加對日作戰外，沒有一兵一卒。美國丟掉菲律賓、關島、威克島之後失去補給線，更難以支持任何緬甸作戰。

以英美有限的軍備實力，缺乏海空軍兵力，使得兩國對日本人南進束手無策。而且美國參加二次世界大戰前及初期，就制定了歐洲優先，以一切主要資源及力量集中於英倫三島，發動對德軍反攻，登陸法國向德國推進，擊敗納粹政權縮短戰爭，[7]而在東亞及太平洋戰場採取守勢。

一九四二年二月八日，日軍孤立包圍新加坡；菲律賓美菲聯軍在巴丹半島節節敗退；中爪哇正在淪陷中，馬歇爾仍舊拒絕金氏海軍上將的太平洋戰場優先建議。[8]

緬甸是個突發事件，馬歇爾認為偏離太平洋主戰場無足輕重，當然不願投入過多資源。可是美國大眾在珍珠港事件後極端仇視日本人，馬歇爾如果照著自己打算辦事，會被千夫所指，只好做個表面功夫要支援緬甸作戰。為了選一個合格的指揮官，他先找上**Gen. Drum**（一次世界大戰時指揮

---

5 《緬甸攻略作戰》，頁二二。
6 邱吉爾二次世界大戰Ⅲ，頁三七三—九；Aldrich, Intelligence and The War against Japan, p.59。
7 馬歇爾文件Ⅲ，頁三〇—二；Stolen, Allies, p.270。
8 一九四二年五月六日，致總統備忘錄，馬歇爾文件Ⅲ，頁一八四。

過大部隊作戰的將領），但是Drum不認為馬對緬甸戰役是認真的，提出交換條件為美軍地面部隊必須進駐中國，並且大量增加物資補給。馬當場拒絕而改找史迪威，這是個跌破眾人眼鏡的任命，史從未指揮過大部隊作戰，也未曾上過陸軍指參學院（Fort Leavenworth, Kansas）修習過指揮官課程，對聯合兵種作戰毫無經驗，軍旅服役過程都在非主流的情報及訓練領域。機遇使他在任駐華武官（情報）時，在中國第一次見到馬歇爾（駐華北美陸軍步兵團長），一九三〇年代初，馬出任美國陸軍步兵學校指揮官（Fort Benning, GA）熟識史（史是總教官）。[9]馬知道史對下屬很刻薄甚至不公平，但是馬認為史在戰術及訓練上領先時代。[10]

馬冷靜地分析過，可以用家長式領導史迪威，仰仗史對他的忠誠及服從（馬對史知之甚詳），史的作戰思維靠一味進攻，恰能滿足美國公眾相信陸軍盡了最大努力打擊日本。

用史比用麥帥好用（當時美陸軍遠東地區總司令麥帥非常自我又難以預測，加上麥帥是死硬派共和黨，反對羅斯福新政，又在馬之前出任過陸軍參謀總長），[11]史迪威沒有要求大量軍事資源，離美赴中上任前向馬歇爾交了份備忘錄，建議麥帥在西南太平洋戰區採取守勢，從該戰區抽調至少一個軍（Corps）二—三個師改駐中國戰區，提供最大攻勢效能。[12]在馬給史的指示中，馬完全拒絕了史的建議，史只能指揮派給他的國軍。[13]

---

9 Tuchman，《史迪威文件》，頁一五五—六。
10 同註9，頁一六四。
11 Stanford, Roosvolt and Churchill, pp.175-6.
12 Tuchman，《史迪威文件》，頁三一五。
13 同註12，頁三一五。

史的任命至少表面上合理，一向派駐中國，熟悉中國，通華語，而且史對英國殖民帝國一向反感，行前晉升三顆星中將，使他的階級符合官職（中國戰區參謀長）。[14]

一九四二年八月（日本占領緬甸後），馬歇爾向英美參謀首長聯席會議報告，他認為中國是盟國中最弱的，戰略重要性不高，美國不會派地面部隊赴華或赴緬，但是盟國需要中國吸住更多的日軍師團，為了此目的，必須重新打通印緬及滇緬公路，使中國在戰爭中能夠打下去。[15]

在馬眼中，中國虛弱不堪，對中國信心全無，馬只想由中國榨取最大力量，而付出最小代價，這樣馬才能集中全部力量，進行歐洲優先戰略。而史迪威的任務（沒有人會羨慕），就是執行馬的戰略計畫。

緬甸陷落

中國西南通印度洋唯一通道，也是日本進入西南大後方的後門。

珍珠港事變之前，英美避免與日本作戰，只希望日本陷進中國戰場中，蘇聯也同樣希望中日相爭。事變之後，蔣介石希望盟軍與日軍交戰，盟國之間亦各懷鬼胎，都希望由盟友身上取得自己最大利益，盟軍之間共同作戰是很複雜的藝術。蔣介石曾經一直想把美軍誘入東亞戰場，以美抗英，由於從未考慮過如何防衛緬甸，所以一九四二年春天，盟軍在緬甸打得一團糟。

14　同註13，頁三一二。

15　一九四二年八月二十五日，致英美參謀首長聯席會議備忘錄，馬歇爾文件，頁三一九—二〇。

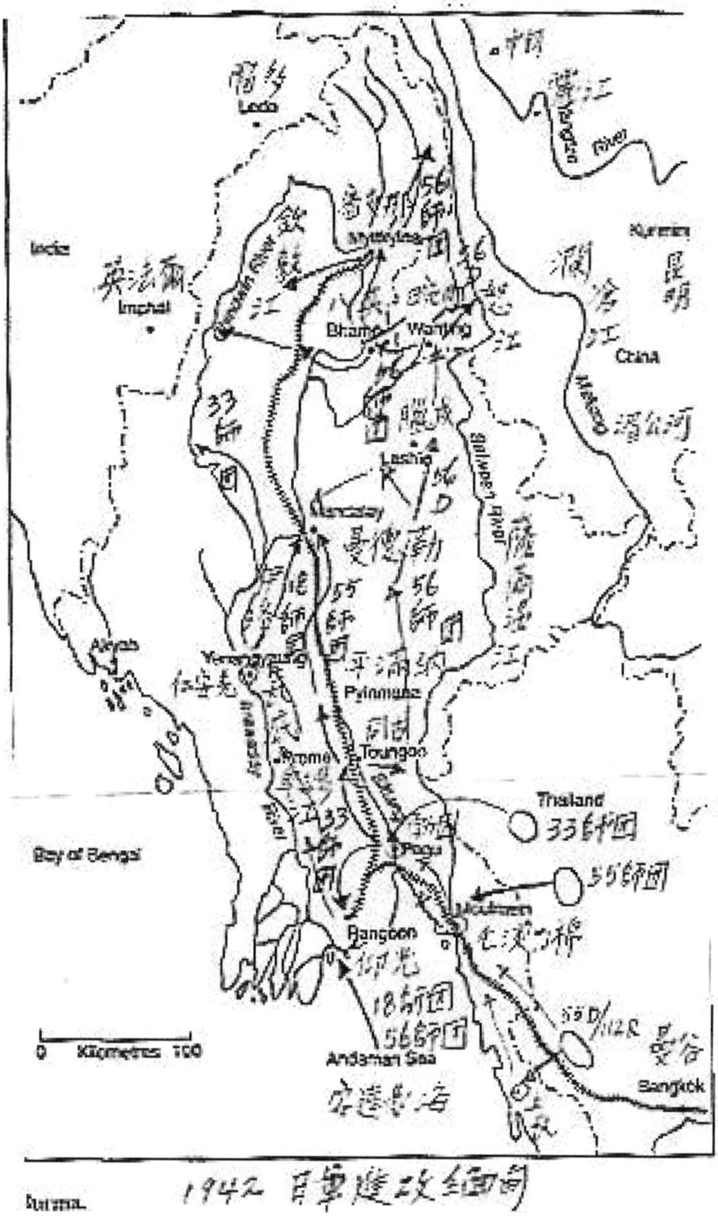

圖一　日軍進攻緬甸路線參照圖

緬甸地形複雜，面積約六十七萬平方公里，三條南北走向山脈，由西至東為，阿拉干、高黎貢、怒山；三條山脈之間為伊洛瓦底江及薩爾溫江，兩江之間又有一條錫唐河。

日軍負責緬甸作戰的十五軍飯田祥二郎，開始時只有兩個師團，三十三及五十五師團，各有三個步兵聯隊、砲兵聯隊（三十六門山砲）、騎兵聯隊、工兵聯隊、輜重兵聯隊各一，總兵力四五萬人。

英軍在緬甸除了英緬第一師外，又陸續增加了英印第十七師、第七裝甲旅（一百十五輛 M3 美制輕戰車、二十四門二十五磅野戰砲）及澳洲第六十三步兵旅，共約五萬人。

中國遠征軍，一九四一年年底動員所有的預備隊編成：

第五軍，轄第二〇〇師，新二十二師，九十六師。

第六軍，轄第四十九師、九十三師、暫五十五師。

第六十六軍（新編成），轄新三十八師、新二十八師、新二十九師。

直轄部隊，裝甲騎兵團、工兵團、輜重兵團、補充團、裝甲團（一個 T26 蘇制戰車營、一個義制 CV33 輕戰車營）、砲兵團（重砲、野砲、戰防砲各一營）。

總兵力約十萬四千人。[16]

國軍幾乎沒有砲兵、運輸工具及後勤支援系統，部隊由中緬邊界沿滇緬公路，成一字長蛇陣蔓延到保山。英國緬甸當局一共六次阻撓拖延，不准遠征軍入緬，而日軍五十五師團在一九四一年十二月底，一舉攻下毛淡棉港（Moulmein，薩爾溫江入印度洋處）俘獲大量補給物資、運輸工具（汽

16 《中國遠征軍滇緬戰紀一九四二—一九四五》，知兵堂二〇一〇，頁二一、四二、五〇。

車、卡車、火車頭、車廂）；三十三師團渡過薩爾溫江向西占領勃固（Pegu），威脅首府仰光（Rangoon）。英印十七師在錫唐河兩岸防守，頂不住日軍壓力，英緬當局在一九四二年二月十六日，才准許遠征軍入緬。

二月二十三日，局勢已經無法挽救，五十五師團／一四三步兵聯隊及三十三師團的三個步兵聯隊（二一三、二一四和二一五）合作，迂迴包抄英印第十七師，在錫唐河西岸的師部倉促應戰下，爆破了河上大橋，在河東岸的英印十六旅及四十六旅無路可退，一千三百人戰死或淹死，一千一百人被俘。[17]

仰光以東唯一防線，勃固河防線，僅由英印第十七師殘部，三個才由印度增援的步兵營，第七裝甲旅（二月二十日，才由中東船運抵達仰光）防守。三月六日，新上任緬甸英軍司令亞歷山大將軍 Gen. Alexander，下令裝甲旅向日軍反攻，英軍裝甲旅編制不適宜緬甸地形（熱帶叢林、水田、河川縱橫），又沒有配屬摩托化步兵。日軍雖然沒有足夠戰防砲及戰車（九五式輕戰車及九四式騎兵裝甲車不是 M3 對手），但以步兵組成反戰車肉彈小組（汽油燃燒瓶、戰防地雷及集束炸藥）擊退第七裝甲旅反攻。三月七日，亞歷山大下令燒掉仰光煉油廠，撤出仰光，北撤二百英里外的 Prome，三月八日，日軍三十三師團占領了仰光。

第一英緬師北撤至同古勃固北面一百英里，緬甸南部全部淪陷。[18]

17 《中國遠征軍滇緬戰紀一九四二—一九四五》，知兵堂，二〇一〇，頁二二—三。英國第七裝甲旅一九四二年作戰 www.desertrats.org.uk/7thAB1942.htm#Rangoon。

18 英國第七裝甲旅一九四二年作戰，www.desertrats.org.uk/7thAB1942.htm#Rangoon。

日軍立刻分兵數路追擊：三十三師團在西路追趕英軍，五十五師團及十八師團（十八師團與五十六師團原屬二十五軍，一九四二年二月十六日，新加坡投降後，船運仰光增援十五軍）在中路向同古推進。最可怕的是五十六師團，利用大量俘獲的英軍車輛，在緬奸帶路下在東路瘋狂趕路北上。遠征軍第六軍在東緬甸兵力太分散，戰力也非日軍對手。

四月二十九日，五十六師團打散了第六軍，衝進北緬臘戍，迂迴了盟軍側翼，且切斷了國軍撤回雲南路線。三十三師團在西面占領仁安羌油田，並且企圖在印度引發反英爆動。[19]

盟軍在北緬防禦系統崩潰，主要在缺乏空中支援，日本在戰場投入四百架陸航飛機，英國皇家空軍只剩下三十五架飛機，退入印度；英國印度洋艦隊（東方艦隊）退守東非海岸（四月初，日本海軍五艘航母及四艘高速主力艦，襲擊了錫蘭及印度洋船運，切斷了英軍海上補給線）。[20]

盟軍缺乏海空支援，陸上實力也不占優勢，補給線不存在，砲兵及裝甲兵後勤補給日漸匱乏，遠征軍完全沒有後勤支援（這是國軍常態），英軍撤出緬甸後，遠征軍補給就斷線了；中英之間毫無互信協調及合作，史迪威又一味只想發動反攻，徹底毀滅了盟軍的任何希望。[21]

蔣的私人侍從室高參、林蔚，代表蔣擔任遠征軍參謀團主任，協調遠征軍、史迪威及英軍北緬的作戰。林的報告中指出，國軍各師作戰不利的主因是：英軍的自私及失敗主義，不與遠征軍聯絡官討論後勤安排及作戰行動，也不借國軍使用英軍有線／無線電通訊設備；國軍自己的通訊系統落

---

19 *War and Nationalism in China*, Hans J. van de Ven, Routledge Curzon, London and New York, 2003, p.28.

20 History of the U.S. Navy, Volume II, 1942-1991, Robert Love, JR. Stackpole, 1992, p.23.

21 同註19，頁二八。

伍又不足且品質低劣，缺乏電訊技術人員，不能自行架設電話／電報線；參謀作業幾乎不存在，連緬甸的中文地圖都沒有；後勤作業停在邊界，未延伸入緬境；戰場情報收集近乎沒有，無人知曉敵情，等於又瞎又聾，這仗怎麼打。[22]中英之間一開始就相互猜疑，丟失仰光前，蔣向魏菲爾元帥，Wavell，英印度總司令及總督，建議英軍固守勃固、仰光，等國軍抵達同古後一起反攻，魏不認為計畫可行，拒絕國軍入境，理由是補給困難，實際是不讓中國勢力入緬。亞歷山大的失敗主義是另一原因，從三月初抵緬就諸事不順，英軍是重裝備不適合東南亞雨林作戰，日軍機動力強（輕裝），叢林戰得心應手，時常抄英軍側翼及後方，緬甸兵全部開小差，嚴重影響印度部隊士氣。蔣在四月六日要求亞歷山大防衛曼德勒，不得後退逃跑，並且將當地儲備的裝備彈藥交給國軍，但是亞完全不信任國軍戰力。蔣向史迪威說，他懷疑英國人目的只是利用國軍掩護，以便英軍向印度撤退，事實上就是如此。

蔣為了不讓英國將領指揮國軍，而將緬甸境內國軍指揮權交給史迪威，中英之間不信任，不協調，也不合作，日軍很容易在中英兩軍之間滲透入後方。加上史只相信進攻戰術，不屑中方守勢戰略，也對丟掉緬甸貢獻良多。

史迪威在二月二十三日抵緬視察，三月九日飛重慶會見蔣，蔣抱怨英方未提供足夠汽油及運輸工具，以至戰車及砲兵難以送達前方，目前只有第五軍少數部隊抵達同古（主要是第二〇〇師機動輕裝師，因為砲兵及裝甲兵交給軍直屬部隊），反攻仰光計畫已不可行，蔣怕日軍會馬上攻同古危及曼德勒，不信任英軍，指示史向英軍交涉，將曼城交給國軍防守。亞歷山大建議帝國部隊布防西

22 同註21，頁二九。

面伊洛瓦底河谷，第五軍守錫唐河谷，第六軍守東面泰緬邊界。

史迪威計畫向南推進，先攻打同古再攻仰光（這是他一貫主張的美式進攻哲學），在三月九日會議中，史對於蔣的建議，集中兵力防衛曼城，直接反應是「我們最好的選擇就是進攻，由同古開始，如果立即反攻，我們會贏的。」[23]蔣表示反對，國軍只有一個師兵力抵達同古，進攻所需的裝甲兵、砲兵因為缺乏運輸工具及油料，仍留在後方。[24]蔣同時提醒史，第五軍及第六軍是國軍精銳，如果損失掉，長江及雲南防衛就沒了預備兵力，國軍極缺海、空軍支援，又沒有砲兵，進攻得集結兵力，時間上不許可，況且日軍在海、空支援、砲兵火力、補給上有絕對優勢，能夠快速集結強大部隊。[25]

史迪威把蔣會談對話載入日記，稱蔣為業餘的戰術家，並且有一個傻蛋參謀應和蔣（指軍委會辦公廳主任商震將軍），「蔣對我訓示了對局勢看法，將曼城當成防衛樞紐，我指出答案所在，那個傻蛋將軍跳出來支持蔣，我讓他們去講。」[26]

史、蔣之間沒有半點共識，史在日記中載明，「三月十九日，會談，蔣同意調一個師由曼城南下同古」，史認為自己在與蔣角力上已經取勝，想得寸進尺逼蔣繼續讓步。[27]中方資料顯示，蔣同意調一個師南下，是為了在曼城南方布防，以等待三到四個國軍師抵達，加強曼德勒的防守。蔣告

---

23 《中華民國重要史料初編》，II:3，頁二二四—五，蔣介石與史迪威對話紀錄。
24 同註23。
25 同註23，頁二四二—九。
26 《史迪威文件》，Theodore White, p.53。
27 同註26，頁六四。

訴史，「當進攻時機成熟時，我會通知你」。四月底時，蔣又提出雨季即將來臨，國軍將可集中五到六個師兵力在曼城附近，同時會有三十架戰鬥機支援，強調目前宜採守勢。[28]兩人想法差很大，都固執己見而無視對方意見，誰也不聽對方的，多頭馬車式領導，保證這場戰役在客觀及主觀條件下，一定以慘敗收場。

三月二十一日，史飛回緬甸，日軍先頭部隊已抵達同古外圍，日本由新加坡來的援軍已經於三月十九日啟程。[29]史把蔣的勸告當成耳邊風，也不跟英軍協調，命令國軍新二十二師（第五軍）由曼城南下平滿納，暫五十五師在平滿納以東準備反攻。[30]

三月二十四、二十五日，日軍五十五師團主力開始進攻同古，三月二十六日調來野戰重砲兵一五〇公釐重砲及戰車部隊，衝進同古城內，雙方巷戰，並有一支隊抄小路攻入同古北方克永岡機場趕走駐守的第五軍工兵團，切斷二〇〇師與後方聯繫。新二十二師先頭部隊在一個CV33戰車營支援下，企圖增援二〇〇師，但被日軍小部隊纏住，史仍然抱著進攻想法，不讓二〇〇師後撤，二〇〇師糧食彈藥消耗將盡。

三月二十九日，日軍由新加坡增援的五十六師團／搜索聯隊，開抵同古，二〇〇師向蔣告急，三月三十日，在蔣許可之下撤離同古。[31]日軍在同古俘獲國軍文件，顯示國軍部署不當，兵力分散太開（第五軍／九十六師在曼德勒，新二十二師在平滿納及同古北方，第二〇〇師正在退向平滿納，

28 同註23，頁二五六—七。
29 滇緬路作戰，頁四三三—七。
30 黃仁宇，蔣介石 part II，頁一五—七；滇緬路作戰，頁四三一—六六。
31 抗日戰爭的正面戰場，頁二六九—七一。

第六軍／暫五十五師在緬東靠薩爾溫江的壘固，四十九師在北方一百六十公里外的棠吉，九十三師在景棟），第五軍及第六軍各師之間沒有聯絡，第五軍及第六軍之間有許多空間，日軍決定立刻衝到國軍後方的臘戌，一舉切斷補給聯絡線、指揮中心，堵住國軍退回雲南的唯一道路——滇緬公路。[32]

四月一日，第五十六師團集結了四百輛以上汽車／卡車，由東路北上急進，擊潰了訓練不足的暫五十五師，四十九師及九十三師相隔太遠，被日軍逼得向東北方向撤回滇南，第六軍等於完全起不了任何作用，且犧牲掉一半兵力。

四月二十九日，日軍衝進臘戌，第六十六軍的新二十八師（兩個不滿編的團）及新二十九師（兩個步兵營）根本不是日軍第十四戰車聯隊九五式輕戰車對手，只有沿著滇緬公路退向滇西，五十六師團一路衝向中緬邊界，越過邊界占領了畹町、芒市。

五月五日，五十六師團衝抵怒江西岸，幸好守橋工兵及憲兵即時炸毀惠通橋，國軍三十六師／一〇六團趕到惠通橋東岸高地，才擋往日軍，雙方隔著怒江對峙。[33]

日軍占領臘戌後，國軍指揮系統幾乎崩潰，混亂之中通訊、補給、後勤支援完全停擺。蔣下令各部隊向密支那轉進集結，準備撤回國內，各部隊指揮官都在考慮如何撤出緬甸，包括史迪威。[34]當蔣聽到史命令第五軍撤往印度時，「這完全違反我的命令，史迪威是否嚇破了膽。」[35]

能夠組織從容有秩序的撤退行動作業，需要高深的軍事技能，拿破崙一八一二年征俄，希特勒

32 滇緬路作戰，頁四六七—七三；Allen, The Longest War, pp.59-60。
33 同註16，《中國遠征軍滇緬戰紀一九四二—一九四五》，知兵堂，二〇一〇，頁三二—四一。
34 黃仁宇，蔣介石 Part II，頁一七—九。
35 同註34，頁一九。

一九四一年侵蘇，以及日本一九三七年侵華，都失敗收場，因為不曉得撤退時間一到，就該走人，不能一味地猛攻，沒認清即使進攻也不能取勝。史迪威在同古想反攻也是如此，只是規模小得多，只會攻不懂守有缺陷。他毫無作戰經驗（中央軍精銳部隊任何一個師長，經歷了近五年戰場歷練都比他強），不能看到敗局已定，不了解日軍享有一面倒的優勢火力、機動力、海空軍支援、補給、訓練、緬甸人的幫助，而自己部隊缺乏重武器、補給，最致命的是他的錯誤部署，漏洞處處。史只會怪罪國軍笨拙及他認為的落伍防守戰術，史在日記中記載著「國民政府是個膽小而長於利益交換的政權，控制在一個無知，固執又爛權的領導人手中」（其實所指控的缺點，史迪威與蔣介石全都具備，只是他們都只能看到對方的缺點，看不到鏡中的自己）。[36]

當四月十八日，日軍五十六師團在東路猛進之時，杜聿明發覺情況不妙，主張不要準備曼德勒會戰，而把在中路的部隊轉移至東路防守密支那至臘戌一線，但是史迪威仍然堅持要進行曼德勒會戰，想要保住北緬。史想把國軍三個軍布置在中路，由平滿納至曼德勒一線（三百公里以上）一字長蛇陣，杜堅絕反對，要求撤至曼德勒以北，並調部隊增援東路棠吉、臘戌。羅卓英下令，杜必須接受史的命令，因為蔣付與史全權指揮，最後一個避免慘敗的時機被史給浪費了。

亞歷山大將軍得到日軍增援兩個師團，且向東路迂迴包抄後路的情報後（英國的情報，通訊系統比國軍要高明太多），知道緬甸大勢已去，決定把英軍撤往印度，在印緬邊境擋住日軍向印度前進。但是亞歷山大未告訴史自己的決定，要求史調一支部隊至西路掩護英軍撤到曼得勒以北，伊洛

---

36 White, Stillwell Papers, pp.115-6.

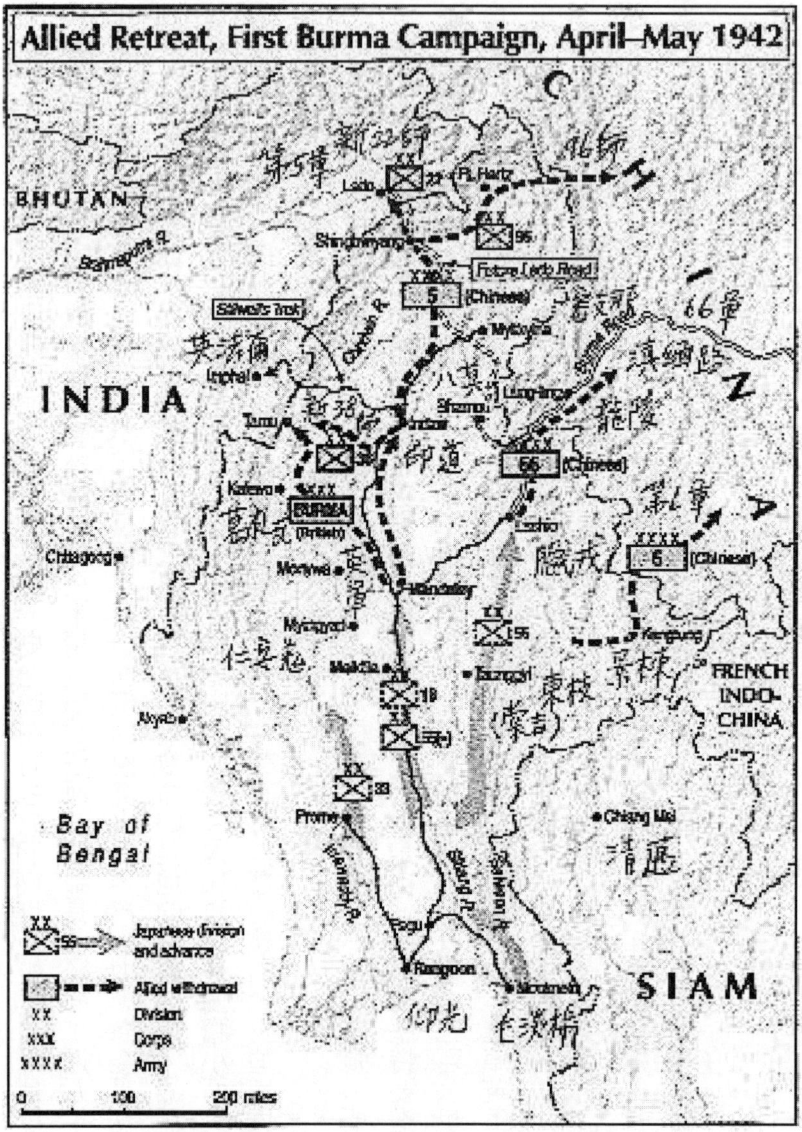

盟軍撤退第一次緬战，4月－5月，1942

圖二　盟軍撤退路線參照圖（第一次緬戰）

瓦底江以西防衛北緬，史立刻調正往東路增援棠吉的第二〇〇師轉往西路。杜抗議不成，浪費了寶貴的時間，在最緊要的四月中旬至下旬，數度猶豫不決，不能果斷地照自己的判斷去指揮，做到將在外君命有所不受。而史對於大局勢看不透又不聽建議，頑固地一頭栽進原定計畫不知應變，杜明知史胡亂指揮會斷送遠征軍，卻不敢挺身而出，眼睜睜地看著災難一步步迫進。

蔣的看法「緬甸作戰主要失敗在於決策方面，我們喪失了自主權，屈服於美方要求，犧牲太大，如果我們原先計畫得以執行，集結主力在曼城東北高原上，如今之敗局不至於發生。」[37]蔣的北緬防禦戰略，層層消耗後退決戰替國軍在長沙會戰（第二次，一九四一年八月及九月）逼退了日軍。史嘲笑並看扁這種防禦性的戰略。英國人對於國軍在緬甸的表現確比史迪威正面得多，重慶英國大使館的報告「國軍在緬甸打得不錯」。[38]

史林姆 Field Marshal Slim（William Slim, C-in-C, 14th Army，當時是英緬 1st Corps. 指揮官，3/13/1942 就任）雖然同情史迪威也讚許史的攻勢精神，但是正面評價國軍第一次緬戰的貢獻，國軍致命傷在缺乏編組上支援架構、彈藥不足、通信設備落後、沒有砲兵，但是官兵作戰勇敢、堅毅、經驗豐富，在無外援下單獨抗日多年，是盟軍中最有經驗的老手，比任何盟軍更能抗衡日軍攻勢。

史林姆在前方觀察到國軍小部隊成功的戰勝日軍小部隊案例，[39]史林姆很欣賞國軍在第一次長沙會戰中的戰術，引誘日軍進到遠離補給所及地區，消耗光糧彈補充兵力只能撤退（國軍將領告訴

---

37 黃仁宇，蔣介石 Part II，頁一七一八。

38 Political Review 1942, British Library, India Office Records, L/PS/2300.

39 Slim, *Defeat into Victory*, pp.17-8.

史林姆這個戰術，可能是孫立人將軍，待查）日後，史林姆採取了同樣的戰法（一九四四年三月—八月，日軍丙號作戰，Op. U-Go，日十五軍以三個師團由緬甸進攻印度英帕爾及柯希馬，史林姆命令 4th India Corps 三個英印師退守英帕爾平原上四個預設要塞式刺蝟陣地，在柯希馬以一個旅堅守核心陣地，以空軍空投補給，最終日軍被消耗掉，只有撤回緬甸，八萬日軍有七五％以上因傷亡餓病損失）。[40]

緬甸地形複雜，南北向三條山脈加上其間三條南北向河流，將戰場切割成西、中、東三個，公路、鐵路多半沿著南北向河流，橫向東西之間聯結道路不多，作戰多半沿著這三條主軸。我們談過東路日軍五十六師團憑著四百輛以上機動車輛，一百輛以上各型裝甲車及輕戰車，將兵力分散太開的第六軍暫五十五師、四十九師及九十三師一部，各個擊破。

四月二十九日，占領緬北重鎮臘戍切斷滇緬公路，第六十六軍兩個不足額新編師，新二十八及二十九師及裝甲團五輛 T-26 及少數 CV-33 輕戰車沿滇緬公路退向國境，失掉怒江以西國土，幸而即時爆破了惠通橋阻止日軍於怒江一線。五十六師團另以搜索聯隊，配屬重砲、戰防砲各一個中隊，山砲、工兵各一個小隊，步兵一四八聯隊向八莫、密支那前進。

五月三日占領八莫，五月八日占領密支那，由密支那往東至騰衝的茶馬古道被切斷，中路第五軍的退路也完了。

西路英軍由仰光沿伊洛瓦底江向北撤退，第十七印度師及第七裝甲旅撤向卑謬（Prome），第一英緬師撤至同古，將防務交給國軍第二〇〇師後，立即向西北靠攏由卑謬北撤。

---

40 同註39，頁一八。

三月三十日，日軍三十三師團一路尾隨追趕，由於英軍機械化程度很高，乘坐車輛跑得很快（緬甸又盛產石油，英軍在各地後勤倉庫備有油料），除了橋梁及公路被日本陸航飛機炸壞，英軍縱隊得停下搶修之外。

四月十一日，英軍（1st Burma Corps，第一緬甸軍，由史林姆將軍指揮的所有英軍在緬部隊）在仁安羌油田區停留，準備徹底破壞油田、煉油廠、管線以免資敵，三十三師團苦苦追趕上來，由於日軍是輕裝（相對於英軍）而且精於滲透戰術，穿透道路兩旁叢林繞到英軍後方道路設立路障，切斷了第一英緬師與第十七印度師之間聯繫。英軍十五日破壞了油田，十六日晚上第一緬甸軍軍部，第十七印度師及第七裝甲旅大部分都退到拼牆河（Pin Chaung，緬語 Chaung 是河，伊洛瓦底江支流）以北，但是第一英緬師及第七裝甲旅／第二皇家戰車營／A 連被圍在油田區，共七千多人。日軍三十三師團／二一四步兵聯隊／一個步兵大隊渡過拼牆河，在北岸設立阻絕陣地，阻止英軍救援被圍的部隊。亞歷山大將軍向史迪威求救，杜聿明反對救英軍，羅卓英希望靠著史迪威及英國人的關係更上一層樓，同意史的意見救援英軍，亞歷山大答應史，會幫史進行曼得勒會戰。史迪威命令新三十八師／一一三團（當時正好由曼得勒調防至西路的巧克柏當掩護第五軍側背）搭英軍提供的車輛，由齊學啟副師長率領援救英軍。[41]

一一三團在十七日黃昏時趕到拼牆河北岸五英里處，進入攻擊準備位置，孫立人師長在十八日清晨趕到英軍前線指揮所見史林姆將軍，表示國軍兵力僅一團，無重武器，沒有砲兵支援，史林姆立刻命令第七裝甲旅／第二皇家戰車營／C 連的十二輛 M3A1 輕戰車及砲兵營八門二十五磅野戰

41 沈克勤，《孫立人傳上》，臺灣學生書局，一九九七原版，二〇〇五再版，頁一四三—四。

榴彈砲歸孫師長指揮。孫命令每部戰車搭載十五名國軍士兵向道路兩旁叢林突進，到達日軍防線兩翼後放下步兵，步兵在戰車火力及英軍砲兵支援下，由正面及兩翼向日軍發起衝鋒。日軍一路追擊英軍，甚少遭到抵抗，頗為輕敵，幾乎沒有挖防禦工事，很多日軍睡在俘獲的英國卡車上，忽然之間砲火從天而降，又衝出幾支國軍殺聲震天，刺刀、手榴彈、輕機槍奪命而來，倉皇應戰，束手無策，只有拔腿就跑游過河，河南岸有三十三師團／二一四步兵聯隊主力接應。孫在北岸觀察南岸日軍陣地，建議部隊當天休息，第二天拂曉出擊，先偵查對岸敵情及地形，夜晚部署兵力及火力配置，並聯絡英緬第一師，一旦北岸發起攻擊，以第二皇家戰車營A連開道，向北夾擊日軍。十八日，日軍在南岸部隊未見國軍及英軍來攻，放鬆了警戒。

十九日凌晨四時三十分，一一三團偷偷渡過河，五時三十分，突然發起攻擊，英軍二十五磅砲作寬六百米深五百米的覆蓋面積射擊，彈幕由近而遠，由東而西，戰車B連及C連在步兵伴隨下奪取南岸陣地後，再與砲兵、步兵攻擊公路東面日軍。日軍擋不住步戰砲聯合攻擊，且腹背受敵支持不住，奪路而逃，英軍之圍解了，並且救出了各國傳教士、記者及被日軍俘虜英軍五百多人，並與第二皇家戰車營掃蕩了仁安羌及拼牆河之間地區。[42]

這裡看出一個事實，如果國軍在傑出指揮下（孫立人將軍）又有砲兵火力支援（八門二十五磅英軍野戰榴彈砲，M3A1輕戰車強大的三七公釐戰車砲及機槍火力加持，兩個連近三十輛）才能以不足額一個步兵團，在傷亡五百代價下，擊退二一四聯隊及二一五聯隊一部（日軍傷亡約千餘人）。[43]

---

42 同註41，頁一五五—七五；同註18，英國第七裝甲旅一九四二年作戰，www.desertrats.org.uk/7thAB1942.htm#Rangoon。

43 同註41，頁一五八。

外界一直在爭論，仁安羌戰鬥究竟是一一三團團長劉放吾還是孫立人師長打的？我參考多方面資料，可以說是孫指揮策畫下，劉團長率一一三團將士用命，在第七裝甲旅砲兵及輕戰車火力支援下，共同取得的一次成就。過去我們資料不太提及第七裝甲旅的貢獻，也是一種只想突顯自己的心態作祟。

西路英軍在仁安羌之後，沿伊洛瓦底江向曼德勒撤退，四月二十九日，渡過江上 Ava 大橋退向西北方，向布德林（Budalin，欽德溫江東岸 Shwegyin），在當地用輪渡上溯四英里到西岸葛禮瓦（Kalewa），保留了二十八門火砲及八十輛四輪驅動車輛，其餘車輛及七十輛 M3A1 輕戰車自行破壞拋棄在 Shwegyin 碼頭。

五月十五日，五萬大英國協部隊有三萬人抵達英帕爾。沒有第七裝甲旅的火力及機動力，英軍不可能全身而退，沒有戰車無法衝破沿途二十個日軍阻絕陣地，兩個戰車營，十一個星期中共損失四十五輛戰損，放棄七十輛戰車。[44]

中路，史迪威仍然在準備他的曼德勒會戰，四月二十日，史林姆通知孫立人，日軍五十六師團已經擊潰東路第六軍／暫五十五師，東路情況危急。遠征軍長官部命令新三十八師撤向曼德勒以南色格（Sagaing），四月二十五日，盟軍高級將領在曼德勒附近緊急會議，英軍決定退向印度，國軍退向密支那，北撤回國（情報及通訊不良，不知道密支那狀況）。五月一日，放棄曼城，新三十八師轉移至溫藻（Wantho），一一三團趕至卡薩（Katha）對八莫方面日軍警戒，掩護右側。五月八日，遠征軍長官部在印道（Indow）開會，羅卓英與史迪威命令第五軍西撤印度。史迪威只帶了少

44 同註18，英國第七裝甲旅一九四二年作戰，www.desertrats.org.uk/ 7thAB1942.htm#Rangoon。

數中美參謀人員，丟下部隊自行逃跑，只向馬歇爾報備，未通知蔣。五月二十四日，經過兩個星期艱苦行軍，抵達印度。

當時情況混亂，第九十六師沿著胡康河谷東面，經過葡萄，六月十四日，進入江心坡，八月一日，翻越高黎貢山，八月十七日，抵達雲南劍川，僅剩三千多人，途中死傷三千多人。

第五軍／二〇〇師，四月底撤出同古後，被杜及史在東路的東枝及西路之間調動，史迪威及羅卓英不告而別之後，杜聿明命令戴安瀾將軍率第二〇〇師在緬北游擊，拖延日軍，掩護第五軍北撤，完成任務後沿滇緬公路附近山區撤回國內。戴率著第二〇〇師幾千人在日軍間隙之間穿過，激戰好幾次，最後大部分撤回雲南。五月二十六日，戴安瀾師長受重傷不治，六月十七日，抵達騰衝（已被日軍占領）附近，六月二十九日，全師四千六百人渡過怒江抵達雲龍。第二〇〇師在緬甸作戰傷亡四千多人，同古作戰傷亡兩千多人，其餘大部分在突圍時作戰犧牲。[45]

杜聿明（第五軍軍部及新二十二師）請示蔣後，仍打算由密支那回國，但是一兩天後就發現密支那已淪陷，向西的路也岌岌可危。五月十日，杜僅看了軍用地圖就決定轉向西北，經由孟拱進入野人山區，穿越高黎貢山往雲南葡萄。杜聿明估計日軍會搶占孟拱、孟關、孫布拉蚌而放棄了原先計畫走東北方向（胡康河谷邊緣，九十六師走此線反而只犧牲了三分之一），臨時改向北面企圖穿越胡康河谷（在乾季勝算較大，雨季則是災難一場）。杜既無準備又無嚮導再逢雨季，餓、病導致死傷無數，繼續下去勢必全軍覆沒，轉向西北方向經大洛河谷，向新平洋前行。

六月十六日，美軍聯絡機在發現行軍部隊，安排運輸機空投乾糧飲水、醫藥，派聯絡官跳傘負

---

45 同註16，《中國遠征軍滇緬戰紀一九四二－一九四五》，知兵堂，二〇一〇，頁四三－五八。

責領路。最後在七月五日到達新平洋，八月五日才走到印度雷多（Ledo）。

新二十二師入緬時八千人，作戰傷亡兩千多，撤退開始時五千多人，到達印度時只剩下兩千多，途中餓、病死近三千人。第五軍軍部在途中也死了四分之一，是大撤退中犧牲最慘重的一路人馬。[46]

東路，第六軍被五十六師團打散，軍委會命令他們撤回國，因為位置靠近中緬泰邊境，容易避開道路，穿越森林抵達景棟。五月十五日，奉命放棄景棟撤回佛海、車里、西雙版納。暫五十五師剩下二千三百人，第四十九師剩四千六百人，九十三師尚有四千九百人，軍部只剩下六百餘人。入緬時全軍近三萬人，損失近一萬七千人，戰鬥傷亡約占全軍一半。[47]

第六十六軍兩個不滿員的新二十八師及新二十九師與部分入緬的第五軍直屬部隊，在臘戍、新維、貴街、畹町、八莫、龍陵各地，被五十六師團擊潰，沿滇緬公路在五月五日經惠通橋退回怒江東岸。

西路英軍搶在日軍封鎖陸路、水路之前，已經渡過欽德溫江進入印度。

新三十八師師主力一一二團及一一四團

五月十一日，在溫藻擊退五十五師團追兵（一個步兵聯隊及支援的八輛輕戰車）後與第五軍完全失聯。

五月十三日，孫立人師長命令全師向西北方向轉往印度，撤退向東面，北面回國的路已經不通了，公路、鐵路已被日軍控制，只有走山間小徑避開日軍。

46 同註41，沈克勤，《孫立人傳上》，臺灣學生書局，一九九七原版，二〇〇五再版，頁一八六—一八八。

47 同註16，《中國遠征軍滇緬戰紀一九四二—一九四五》，知兵堂，二〇一〇，頁三四—五。

五月十八日，抵達欽德溫江東岸的旁濱，趁著黑夜以木筏竹排渡江。

五月二十七日，到達英帕爾附近普拉村第二天雨季就開始。

新三十八師／一一三團

五月九日，在卡薩與日軍激戰，五月十二日，一一三團在卡薩脫離日軍三面圍攻，向西追趕師主力，師長以無線電告訴團長避開大路，五月三十日，一一三團在旁濱以北成功渡過欽德溫江。六月八日，一一三團終於進入印度歸建。

新三十八師撤退開始時有七千多人，最後有四千多人到了印度，傷亡約三千餘人，大部分為戰鬥傷亡，只有約一千人死於撤退路上。[48]

第一次緬戰以日軍大獲全勝告終，我軍慘敗收場，遠征軍作戰中傷亡約一萬人，四萬人退回國內或印度，約五萬人死在緬甸叢林中。我們過去全部怪英國人及史迪威，今天由另一個更高的角度去看這場悲劇，中美英的戰略目標完全相左，互不信任亦不合作協調；毫無海空優勢；美英在戰略上完全放棄緬甸，作戰只是表面煙霧，滿足美國大眾仇日心理；又為了不讓英國人指揮，而用了一位掛三顆星的飯桶美軍將領全權指揮（Jay Taylor 稱史只夠格當連長）；遠征軍長官部羅，參謀團林及蔣介石等多頭馬車制的指揮系統，造成戰場指揮官杜患得患失，進退失據，決策失誤；不熟悉異國地理、天候，準備不充分。

夫復何言？

48 同註41，沈克勤，《孫立人傳上》，臺灣學生書局，一九九七原版，二〇〇五再版，頁一六二—八二。

第二次緬甸戰役（一九四三—一九四五）與太平洋戰爭

坊間已有不少有關駐印軍（X部隊，新一軍及新六軍）滇緬遠征軍（Y部隊，十一及二十集團軍）反攻緬北及滇西的書籍：如《中日再戰緬甸實錄》（臺灣學生書局，二〇一五年七月）；《中國遠征軍滇緬戰紀一九四二—一九四五》（知兵堂，二〇一〇年七月）。戰役經過敘述已非常詳細，大家可以參考，筆者不想再老調重彈，想由整個太平洋戰爭大局勢（戰略、海權、地緣、政治、國家利益衝突）談談戰役背後的折衝平衡，政治、外交、權術等各方面的角力。

美國在開戰之後，對於中緬的投入，完全符合中印緬境內資源限度及歐洲優先戰略前提下作出的安排。日軍攻占緬甸（一九四二年五月）是太平洋戰爭開始後，日本侵略者抵達的最高分水嶺，之後五月份在新幾內亞珊瑚海海戰（世界上第一次航母艦隊對決，雙方艦隊在地平線之外交戰）受到美海軍阻止（日本戰術上勝利，戰略上失敗，未完成任務而後撤），六月份中途島海戰慘敗（損失四艘寶貴航母，大量精英飛行員及維修人員）。八月至一九四三年二月瓜達康納爾島戰役（下所羅門群島），日本海軍更進一步地被削弱，美軍展開雙軸線反攻，麥帥（西南太平洋總部，陸軍）由新幾內亞攻向菲律賓，尼米茲（中太平洋總部，海軍及陸戰隊）由中太平洋攻向日本本土，切斷東南亞海上交通線。

羅斯福與馬歇爾支持打通緬北公路，使補給可以順利進入中國境內美軍陸航戰略空軍基地，實行對日本本土的戰略轟炸，馬在一九四三年一月給史迪威的備忘錄中嚴厲批評史不了解空權在現代化戰爭中的影響力（因為史一再要求美軍地面部隊）。[49]

一九四三年五月華府舉行的三叉戟戰略會議，史被召回華府報告，羅斯福告訴馬，「羅對史很失望，責備史對蔣不敬且傲慢無禮」。[50]會議中通過緬北反攻戰役在一九四三年雨季停止後（秋季）開始。

一九四三年八月，英國設立盟軍東南亞指揮部（South-east Asia Command, SEAC），受英美聯合參謀首長會議指揮（與英國印度指揮部，中印緬戰區居平行地位，但以英國人為主，邱吉爾為了戰後收復東南亞殖民地而設立），美國人嘲諷為 "Save England's Asia Colonies"（拯救英國亞洲殖民地）。

史迪威在三叉戟會議期間與各方面衝突不斷，馬歇爾對史迪威極為不滿，打算解除史的職務，[51]羅也同意，蔣也一直希望華府召回史（經由宋子文，國務院系統），但是為了不讓入緬國軍由英國將領指揮（SEAC 設定的條款），在一九四三年十月十六日，蔣要求華府收回他在十五日向羅斯福請求召回史的要求。[52]

蔣留史主要是想要求更多美援（因為史一再向馬要更多的人力物力，從中國大陸反攻日軍），利用史對抗東南亞指揮部，最重要的一點是以史扯宋子文後腿（蔣派宋以外長身分駐節華府，一九四〇年六月—一九四三年十月），宋藉談判獲得美多批貸款，促使英美放棄在華租界華、領事裁判

49 Marshall Papers, MP III，至史迪威中將，1-5-1943，頁五〇三—四。

50 MP III, pp.585-6.

51 MP IV, "Proposed Message for Gen. Stilwell, 10/19/1943", draft message to relieve Stilwell, pp.158-9.

52 White，史迪威日記，頁二三一—五；吳景平，《宋子文評傳》，頁三六八—七三。

權、不平等條約，維持中國在盟國中地位，助蔣也助己擴大權利基礎。宋並經由 Harry Hopkins，羅的私人政治顧問，勸羅重組中國戰區並召回史（一九四三年九月十五日）。[53]

宋於一九四三年十月由美返重慶前經過印度新德里會晤蒙巴頓，希望蒙以 SEAC 總司令身分正式向美方提出召回史，但是英國人政治上一貫的老奸巨滑性格（可能會衝擊英美關係，擔心美國媒體會一邊倒站在史那面，群起而攻擊邱吉爾），拒絕了宋的要求。[54]

宋子文奪權失敗主因在姊妹們（宋靄齡、宋美齡）怕自己及丈夫失勢，安撫史並勸史向蔣認錯表達悔意，並保證日後不再冒犯蔣。[55]

開羅會議

一九四三年十一月二十二日到二十七日，蔣唯一參加過的盟軍高層會談，向國內外顯示了他在盟國中獨立平等的地位（一九四二年廢除了不平等條約，一九四三年十月在莫斯科中美英蘇四強宣言上簽字）。[56]史達林不肯參加開羅會議（因為《日蘇互不侵犯條約》，且不屑與蔣平起平坐）；英首相邱吉爾與帝國參謀總長，Sir Allen Brook，心理上輕視蔣及中國（不認為中國是合格四強之一，

53 吳景平，《宋子文評傳》，頁三七二。
54 蒙巴頓至首相電文，Stilwell / Wedemeyer, PRO: PREM 3/53/12; Public Record Office, London.
55 White，《史迪威文件》，頁二三〇—四：MP IV, p.159。
56 Stoler, Allies, p.166.

認為美國及羅斯福沒有戰略眼光）；[57]中英之間沒有互信（一九四二年第一次緬戰時，魏菲爾元帥拒絕中國遠征軍入緬，及二月時蔣訪問印度，不顧英殖民當局反對，支持甘地／尼赫魯獨立訴求）。[58]

會議中蒙巴頓提出「人猿泰山」軍事行動計畫，[59]細節不在此詳述，因為美國陸軍（馬歇爾）及海軍（Adm. King and Leahy）都不贊同，而羅斯福確否定了自己參謀們的建議，答應蔣執行作戰計畫。[60]

蔣在開羅會議到達一生政治地位的頂峰，與英美領袖平起平坐，四強之一，戰後日本歸還所有占領領土，境內日產（國有及私有）歸還國府，韓國獨立，制止所有在東亞的帝國主義。[61]

邱與羅接著飛往德黑蘭會晤史達林商討戰略（一九四三年十一月二十八日至十二月一日，Eurika Conference），史達林強力要求美英在一九四四年務必在法國北部及南部登陸，並答應打敗德國後，會在東線對日發起攻勢。[62]

一九四四年的危機

57 《邱吉爾二戰回憶錄》，V, pp.289-90; Thorne, Allies, pp.420-1。
58 《華民國重要史料初編》，III:3, pp.424-30。
59 邱吉爾，WWII, V, p.290。
60 Sainsburg, Turning Point, pp.185-6, 202, 206.
61 開羅會議，政治討論，《中華民國重要史料初編》，III:3, pp.528-35。
62 聯合參謀首長會議紀錄，11-28-1943, MP IV, pp.193-4; FRUS, 1943，開羅及德黑蘭，pp.499-501, 505-7。

馬歇爾在一九四三年底再度支持史迪威的緬北反攻計畫，因為怕蔣生氣盟軍出爾反爾，扣住在雲南的Y部隊（日軍有威脅在華美陸航基地的可能）。[63]緬北攻勢最重要在收復密支那（消除日本陸航戰鬥機對駝峰空運的威脅），羅寫信給邱（一九四四年二月二十五日）「我們占領密支那能增加空運量，使中國能夠繼續抗日」。[64]馬在一九四四年一月一日致電史，「我們必須打通Ledo經緬北至雲南公路，沒有公路及補給物資，陳納德的十四航空隊戰鬥轟炸機很難發揮潛力，支援國軍作戰」。[65]蔣在同一天致電羅，「德黑蘭會議後，公開重歐輕亞政略，會使日本在一九四四年集結兵力解決中國問題」。[66]

蔣在一九四四年二月，第四次南嶽軍事會議中表示，擔憂日寇會在中國發動大規模攻勢。[67]但是英美完全忽視蔣的警告，不認為日軍有此能力（一九四四年在華發動攻勢），甚至在其聯合情報分析中（一九四四年一月十二日）報告：「日軍在一九四四年會由華中／華南撤走部分部隊增援菲島防務，在華陸航基地不會受日軍地面攻擊威脅」，完全情報失誤。[68]

日本參謀本部在一九四三年八月考量，海軍會失去太平洋控制而作出對策，在十一月提出大陸交通線作戰計畫（經由中國大陸聯接東南亞），大本營在一九四四年一月批准此一號作戰計畫，中

63 MP, IV, p.195.
64 邱吉爾，WWII, V, p.495。
65 馬致電史，1-1-1944，關於使用Y部隊，PRO:PREM 3/148/6。
66 同上，PRO:PREM 3/148/6。
67 蔣在第四次南嶽軍事會議致詞，一九四四年二月十三—十四日，《中華民國重要史料初編》，II:1, 504。
68 JIC (44) 14(0) Final (1/12/1944) in "Hostilitiy-Far East II" in PRO:PREM 3/591/1.

國派遣軍在一九四四年一月二十四日接受大本營作戰命令：

華北方面軍打通平漢路南段。

華中／武漢／第十一軍，六月進攻湖南及廣西。

華南／廣州／第二三軍，八月沿西江向廣西南寧前進，掩護桂林至河內交通線。[69]

日軍動員了五十萬部隊，六萬七千匹馬，二百架轟炸機，儲備了八個月份航空油料，兩年份彈藥，後勤作業在開戰前準備完成。[70]

盟軍情報 Ultra 成功破譯德國密碼，但對日破譯失敗（美海軍破譯日本外交系統及日海軍 NJ-25 密碼，但是日本海軍拒絕參加一號作戰），盟國一九四四年在亞洲有重大戰略上失誤：

忽視蔣的警告，日軍一九四四年在中國大陸作戰的可能性。

不增援陳納德十四航空隊，飛機、油料、彈藥、零附件及各類補給。

公開宣揚重歐輕亞戰略，如果對十四航空隊增加補給，日本一號作戰（中國）及丙號作戰（中緬甸／印度邊界）會困難許多，這兩個攻勢造成中印緬作戰地區人民及地方政府損失慘重，並影響了地緣戰略。

把蘇聯力量放在美國戰略考量中心位置，造成戰時及戰後及東歐地區災難性結果。

美軍不打算在亞洲大陸上作戰而以蘇軍對付日本關東軍，嚴重影響中國戰後，國共內戰力量平衡。

69　《中國抗日戰爭史》，Ⅲ，頁四六二—三。

70　黃仁宇，蔣介石Ⅱ，頁八六—八。

在太平洋地區完全排除英國勢力，對東亞造成不良後果。[71]

日本發動一號及丙號作戰是帶有政治及外交上的目標，希望藉由一場壓倒性的勝局，逼迫中英美走上談判桌（日本天皇在一九四二年夏天遭遇失敗之後，知道已無法克服再武裝後的英美勢力）。[72]

一九四三年十一月，史林姆將軍（英印第十四集團軍總司令，14th Army）派 XV Corps（英印第十五軍）由中緬甸向下緬甸西南阿拉干山區推進，兩個師遭日軍包圍，[73]史迪威指揮國軍新一軍（新三十八師及新二十二師）由印度阿薩姆邦的 Ledo 向緬北推進，在十二月底與日軍接觸。

由於英國人對於緬北反攻計畫毫無信心（蒙巴頓不相信能攻下密支那，認為即使攻下也守不住，對 Ledo 公路接滇緬公路也不樂觀其成），想改以一九四四年秋季兩棲作戰攻下仰光，切斷日軍補給（筆者註，這種海權思考是較正確的戰略選擇，日軍補給全靠新加坡方面船運印度洋／東孟加拉灣，經仰光港補給緬甸方面軍），進一步由印度洋兩棲攻擊印尼蘇門答臘島（筆者註，蒙巴頓是皇家海軍出身，英國皇室中優秀的海軍軍官）。

在德里軍事會議上（一九四四年一月三十一日）史迪威表現得極端無禮（為維護自己的緬北攻勢，經過雲南反攻華南，攻下廣州打開港口），蒙要求史將作戰計畫書面化以利討論，史不但拒絕而且拒絕參加晚宴。[74]史在沒有通知蒙（SEAC 總司令，史名義上的 boss）的情況下，派自己的參

---

71 Stoler, Allies, p.248.

72 Drea, *In the Service of the Emperor*, p.188.

73 Slim, *Defeat into Victory*, pp.296-346.

74 Denning 先生備忘錄，蒙巴頓的政治顧問，3/2/1944 in ‘Stilwell/Wedemeyer’, PRO:PREM 3/53/12.

謀主任赴華府為自己的計畫遊說，蒙也派自己參謀長 Wedemeyer 去華府遊說，雙方都認為羅斯福會支持自己，[75]結果蒙的計畫未被採納。

二月初，《時代雜誌》（*TIME*）有兩篇文章登了蒙史之間不合，在美激起反英情緒，[76]另一篇報導史說明要打開華南港口，史比英國人更了解中國，緬北公路及 Ledo 公路是最好選項。蒙極為震怒，與英國戰時內閣一起要求馬召回史，罪名是史不但不忠於上司而且違反機密安全，洩漏了盟國亞洲戰略思考及方向給新聞界，嚴重破壞了保密守則。英國的壓力並未成功，因為馬支持史（馬怕召回史會得罪美國新聞界，他們視史為英雄，馬怕影響到六月的歐陸反攻及秋季總統大選，加上邱吉爾在政治上不願得罪馬歇爾，沒有堅持召回史迪威），史又逃過一劫，因為馬怕美國新聞界，而邱為了英美關係，並不是史有戰略眼光及指揮才能。[77]

當上層浪費時間精力在辯論戰略方向及個人衝突之際，美國輿論對東南亞指揮部指手畫腳地負面報導時，地面作戰發展自成一格，日軍第五十五師團對 Chittagong（阿拉干山區）英軍猛烈攻擊，卻無法殲滅史林姆的兩個英印師，英軍享有絕對空優，皇家空軍空投糧、彈、醫藥及各類補給給被困部隊，再派出解圍部隊。

溫蓋特准將的 Chindits 特種突擊旅用滑划機空降密支那以南，與日軍陷入苦戰之中。

國軍新三十八師正在穿越胡康河谷。

75 Tuchman，《史迪威與美國在華之經驗》，頁四四九—五〇。
76 *TIME* (2/14/1944) PRO:PREM 3/53/12.
77 'SC to JSM' (3/2/1944), PRO:PREM 3/53/12.

而日軍主要攻勢由日本第十五軍的三個師團及一個戰車聯隊（八萬人）對英帕爾（Imphal）及柯希馬（Kohima）瘋狂進攻（丙號作戰，一九四四年三月八日），六萬英印軍被切斷，退入四個刺蝟陣地（預設）防守（三個在英帕爾，一個在柯希馬），直到六月二十二日解圍部隊才抵達英帕爾。其間被圍英軍全靠空投補給（這在一九四二年時全無可能），日軍以為英印軍仍是一九四二或一九四三年的英印軍，一擊即潰，史林姆吸取失敗的經驗又學到國軍後退決戰的打法，先準備好陣地，儲備了糧食、飲水、彈藥、醫藥補給，固守待援，消耗日軍。空軍空投給養，日軍難以攻陷陣地，曠日費時，傷亡慘重，太輕敵過分自信，後勤準備不足（假設四個星期即可擊潰英印軍，使用俘獲資源），補給線太長，進入雨季後連彈藥、糧草都不足，六萬五千日軍死亡（戰死、病死、餓死、傷重不治）。

英帕爾激戰時，史命令麥利爾支隊（五三〇七特種部隊），當時只剩一千三百名美軍仍然能夠戰鬥，混編國軍四十二團（第十四師）及一五〇團（第五十師），走山路偷襲了密支那機場（一九四四年五月十七日），日軍輕敵而兵力薄弱，成功地攻占機場，但行動未通告蒙巴頓。[78]史雖然輕易拿下機場卻未立即派兵進入城內，日本守軍（僅八百人）利用南面鐵路線增援增至六千人，史圍攻密城三個月，犧牲了不少國軍及美軍，日軍八月三日撤出密支那。[79]

史攻占機場當天（五月十七日），讓新聞廣播向全世界宣布他的勝利，而且不允許英國人插一

78 黃仁宇，蔣介石 II，頁八〇。
79 黃仁宇，蔣介石 II，頁七九—八三。

腳，堅持只用國軍及美軍進攻密支那（已經疲憊不堪）。如果他肯空運一個英印師[80]迅速進城，趕在日軍援兵之前，代價會小很多。

攻下密城後，史迪威將麥利爾准將立刻遣返美國，避免麥有機會批評史將五三〇七部隊消耗到不成人樣。[81]史為了自己的名聲，不惜苛刻地對待屬下軍官及部隊，蒙巴頓得飛到密城前線強迫史將五三〇七部隊撤出前線休整，要求馬歇爾召回史。[82]

日軍一號作戰期間，陳納德向羅斯福報告（一九四四年四月十九日），「所有資源都用在緬北，十四航空隊缺乏油彈，在大陸的國軍沒有分到任何物資。」[83]

美駐華大使高斯，五月二十日報告，國軍一戰區慘敗，蔣鼎文／湯恩伯部隊潰散，河南糧食收成全被日軍搶走。[84]羅斯福及馬歇爾推動 B-29 進駐成都近郊基地，國府一直焦慮會引來日軍報復，攻擊西南地區，高斯大使在一月及五月的報告中也提到。[85]

由於成都 B-29 基地防空任務及緬北支援地面作戰需求，十四航空隊沒有足夠戰鬥機支援國軍抵抗日軍一號作戰攻勢（五百架戰鬥機，二百架用於成都各 B-29 基地防空，一百五十架支援緬北，

80 Allen, Longest War, pp.364-9.

81 黃仁宇，蔣介石 II，頁七九—八三。

82 White，《史迪威文件》，頁三〇五。

83 陳致羅電報，4/19/1944, FRUS, 1944, VI, China, pp.57-9。

84 高致羅電報，5/20/1944, FRUS, 1944, VI, China, p.77.

85 美外交關係，FRUS, 1944,VI, China, pp.77-8.

只剩下一百五十架支援國軍），[86]更要命的是史控制《租借法案》援華物資分配，史只聽馬歇爾指示，物資優先分配成都近郊 B-29 部隊，十四航空隊的油彈零件補給都不足。[87]

蔣曾在一九四四年三月致電羅，表示反對調 Y 部隊入滇西／緬北，但是願意調兩個精銳師增援 X 部隊（十四師及五十師）。[88]羅回電蔣，威脅蔣，如 Y 部隊不渡怒江進入滇西／緬北，立即中斷美援。[89]蔣受不了威脅，下令 Y 部隊準備渡江。[90]當時羅／馬對日軍一號作戰一無所知，直到五月底仍無法判斷日軍意圖。[91]

史迪威以中國戰區參謀長身分，完全不清楚一號作戰規模及動向（他的眼光只局限於緬北一隅，盯著國軍兩個師及日軍兩個師團，緬北十八師團，滇西五十六師團），史在華府支持者 **John Paton Davies** 致電史（一九四四年七月十七日），「我們情報來源太差，完全不知道日軍動向，而且史的參謀大多平庸無能之輩，**Davies** 建議史整頓參謀部門。」[92]

史在四月時離開重慶，將總部搬到德里，未通知美駐華使館，也未通知國府，更未通知羅斯福。[93]在國府生死存亡之際，史的突然離去造成重大傷害，他把自己置於情報圈之外，馬又指示他所有

---

86 黃仁宇，蔣介石 II，頁九四—五。
87 MP, IV, p.475.
88 3/27/1944，《中華民國重要史料初編》，II:3, pp.440-1。
89 Tuchman，《史迪威與美國在華之經驗》，頁五六七。
90 MP IV, 424, n1.
91 高斯大使致國務院電報，5/20/1944, FRUS VI, China, pp.77-8.
92 Davies 備忘錄，Dragon by the Tail, p.313。
93 高斯大使致國務院電報，4/2/1944, FRUS, 1944, VI, China, pp.48-9。

物資集中供應緬北作戰及戰略空軍部隊，加上史對一號作戰一無所知也不想知道（只關注自己的緬北作戰）。一號作戰期間，他始終拒絕支援國軍任何物資，六月時蔣要求分配一千五百噸補給支援十四航空隊，史在馬支持下拒絕了蔣。[94]七月時，史同樣拒絕了支援衡陽第十軍一千噸補給品要求，甚至回應「讓他們去死罷！」[95]

六月底，七月初，盟軍在東亞戰略局勢一團糟（日軍在華及印緬邊界進攻導致），馬於七月四日向羅斯福報告：「日軍攻勢犀利，十四航空隊在華基地有失陷危險，甚至危及成都附近 B-29 基地，國府有垮台可能，在此緊急關鍵時刻，該把所有在華軍事及資源交給一個有能力的指揮官主導對日作戰，取得最後勝利。中國人無此能力，推薦史迪威為中國戰區總司令。」[96]

七月六日，羅致電蔣，建議任命史為中國戰區總司令，[97]蔣迫於美國壓力只得勉為同意，但有先決條件：

羅斯福得派私人代表駐重慶，充當蔣羅之間聯繫管道。

保證在中共未接受國府主權之前，不得將中共武裝納入國軍指揮系統。

《租借法案》物資分配權得交給國府。

詳細職權劃分及詳細定義史的指揮權限。[98]

---

94 致史電文，6/7/1944, MP IV, pp.472-3, n1 & n2。
95 Tuchman，《史迪威與美國在華之經驗》，pp.603-4。
96 致總統備忘錄，7/4/1944, MP IV, pp.503-4。
97 Tuchman，《史迪威與美國在華之經驗》，pp.600-1。
98 同註97，頁三〇二。

雙方高層一直在討價還價中，史也如一貫地拒絕分配任何物資給國軍。九月時，Y部隊在滇西龍陵地區遭到日軍第五十六師團壓力，蔣希望史指揮的X部隊向緬北八莫推進，以牽制五十六師團側背，史斷然拒絕要求並進一步扣發十四航空隊油料。[99]

蔣還以顏色，威脅要撤回Y部隊，史怕這招會危及自己的緬北作戰目標（打通雷多公路），非常憤怒地向馬歇爾告狀。[100]馬接到電報後立刻向羅及邱報告蔣的威脅（羅及邱正在加拿大的魁北克舉行戰略會議）。馬為了立刻解決中國危機狀況，九月十六日起草一份備忘錄由羅發給蔣：「您過去數個月一再拖延，不採取行動解決眼前災難性局面，一直不指定史迪威就任中國戰區總司令，已經丟掉華東大片精華地區，而美國海軍在中太平洋進展順利，我勸你立刻增援Y部隊，馬上指定史全權指揮所有國軍，如果繼續拖延，會拖垮我們的努力。」[101]

十月九日，蔣經由Harly表明態度，Harly致電羅：「斷然拒絕了這些指控，蔣不認為緬甸戰役有關鍵性比重（如史宣稱般），因為盟軍未履行孟加拉灣兩棲登陸作戰配套的保證，迫使中國投入所有的精銳部隊及預備隊，以至當日軍在中國境內集結六倍於緬境內日軍數量進行一號作戰時，史不但搞不清楚實際情況，更不肯分配已抵達雲南的《租借法案》物資，本來Y部隊可以充當國軍預備隊，但是在羅、馬、史逼迫下把Y部隊也投入緬北，雖然收復了密支那，卻丟掉了整個華東地區，蔣堅持要求召回史迪威。」[102]

---

99 Romanius and Sunderland, *Stilwell's Command Problems*, p.435.

100 同註97，頁四三五。

101 羅致蔣電報，9/16/1944, MP pp.584-5 & n.1。

102 蔣經由Hurly致羅電文，Hurly致Roosvolt電文，10/10/1944, FRUS, 1944 VI, China, pp.167-9。

蔣把中國戰區內戰敗責任推給史迪威，並且暗指華府也有責任，蔣羅兩人都不能承擔中國近來一敗塗地的責任，讓史背黑鍋對兩個人都有台階下。史不但跟盟國高層之間關係緊張，連國軍駐印軍軍長／師長級軍官都討厭他，孫立人將軍曾寫信向蔣抱怨史破壞國軍指揮系統，對國軍將領任意使喚如奴僕般，任何作戰失敗及史個人決策錯誤都怪罪於國軍將領。[103]

另外有些關鍵性時代背景被大多數歷史學界忽略，東京有一派軍人、政客及財閥想要經過和平談判結束太平洋戰爭，他們逼東條內閣總辭。八月三十日上任的新內閣通過汪偽政權想與重慶接觸，試圖進行政治上談判，希望片面與中國停戰，願意自中國撤軍（如美英也同時撤出），滿州地位不能改變但是承認中國對外蒙新疆主權，蔣對美英保持中立，與日本簽訂友好條約。[104]沒有任何記載有關重慶方面實際接觸及回應，東京方面的變局，蔣一定知道，這也可能強化了蔣對抗美國威脅的底氣，敢於向羅斯福叫陣攤牌。

羅為了十一月大選，同意召回史。[105]

對於史迪威蓋棺論定，他不是個英雄（是新聞界吹捧製造出來的，以及五〇年代至七〇年代歷史學家哄抬結果），也非惡棍一個（如陳納德及其他中國反對者描繪出來的），充其量他只是個軍事才能有限的指揮官（甚至連戰略家都搭不上）。一九四二年春天在同古指揮新二十二師進攻非常失策，一九四四年夏天突襲密支那也是如此，史認定收復緬北是擊敗日本的關鍵戰略，當時無人認

---

103 舒適存將軍，駐印軍參謀長，孫立人將軍，新三十八師師長及其他將領報告，駐印中美軍（8/25/1943），《中華民國重要史料初編》，II:3, pp.516-7。

104 Shao，日本最後和平幻想，頁七—八；《周佛海日記 II》，頁一〇七九。

105 馬替羅草擬致蔣回函電文（10/16/1944）MP IV, p.627。

同，日後情勢發展也證實史的眼光是短淺的，不正確的。

他的死忠支持者也認為他的後勤及情報參謀作業一團糟，作戰藝術遵循一戰之前步兵戰術，只知一味進攻而不考慮是否有足夠條件（支援火力、砲兵、空優、後勤補給全不在意），也完全沒有緊急應變計畫（不利之時替代方案，如撤退轉進），對於空權力量是個門外漢。

史一生中沒有擔任過重要的指揮官（一九四一年，在Monterey當過一年輕步兵師長，在緬北的作戰指揮國軍團級單位，對抗的日軍也多半是步兵聯隊／大隊一級）有美軍將領笑史「美國陸軍最優秀的三星連長」。[106]

魏德邁中將告訴有名的戰略家Stanley，「我的前任，史迪威，完全忽略了他戰區參謀長職責，指揮幾個營兵力，花太多時間待在緬北叢林中，無能且無才華擔當團長一職（指美軍團長）。」[107]

史參加的緬北戰役對整個太平洋戰爭無關痛癢，所有對他的褒貶都高估了他在二戰中的重要性，對中國影響最大的錯誤戰略決策是英美兩國參謀首長會議所決定（史對此戰略毫無影響力，包括取消孟加拉灣兩棲作戰；決定緬北作戰；在中國境內設置戰略空軍基地；在一號作戰期間未供應足夠油彈零件給十四航空隊等）。史能夠長時間占著中國戰區參謀長位置，因為蔣或他者寧可用史而非比史更糟之士。一九四二年，蔣讓他指揮遠征軍是為了不讓英國人指揮。

一九四三／一九四四，蔣在英國人設了SEAC後，不想駐印軍入緬後落入英軍指揮系統。

亞歷山大元帥在一九四二年利用史協調英軍與國軍作戰，利用史及國軍替英軍殿後，掩護英軍

106 Tuchman，《史迪威與美國在華之經驗》，頁五三一。

107 Albert Wedemeyer to Stanley Embick, (12/7/1944) Hoover Institute Archives, Wedemeyer Papers, box 81, folder 4.

退入印度。

蒙巴頓與邱吉爾在一九四三年秋季支持史是為了英美關係（雖然當時馬歇爾及羅斯福已經同意了召回史）。

羅斯福用史是為了新聞界支持史，為了讓美國大眾認為美國已盡了全力對抗日軍（事實上，美國的戰略全部投資在重返歐洲大陸之上）。

史的地位來自政治上的目的，下台也與政治有關，一九四四年十月，蔣把國民政府的慘敗怪史，以史為代罪羔羊可以助蔣威脅美國，控制駐印軍，掌握美援；羅召回史可以幫羅在大選中，避開美國與中國（蔣）的因素。

史並非清白無害角色，他天天夢想作一個天才指揮官取勝，與新聞界關係密切，能替他吹噓。無論英美都不重視中國的戰略地理位置，只想拉住中國並吸住大量日軍，設置戰略空軍基地支援太平洋艦隊作戰。但從一九四三年之後，美國戰略偏重在依靠蘇聯紅軍在東線消耗德軍，其次才考慮對日作戰；英國戰略始終以維護大英帝國目標為基準。

史時常指控中國不與日軍作戰，以屯積美援，準備將來用以對付共軍，以此惡人先告狀來掩蓋自己失策並助長對蔣的偏見。羅斯福借用此項指控，用來解釋中國在一九四四年的潰敗，最後國務院利用這種說法，掩飾自己在四〇及五〇年代在中國政治上的失敗。

英美都利用中國實現各自的目的，在中國境內沒有配置地面部隊，中國的利益被英國人犧牲（助英國收復緬甸殖民地），被美國人犧牲給蘇聯（為了拉蘇聯進來對付日本）。

緬甸作戰是英美利用中國以達成自己政治上的目的，在中國單獨抗日多年之後，經濟上面臨破產，通貨膨脹，物資及石油、原料缺乏之際，要求國軍境外作戰。英軍在一九四二年利用國軍掩護撤退，一九四四年利用國軍收復殖民地，美國利用國軍作戰向美國公眾表達自己有積極對日作戰。英美缺乏管道收集日本政治及軍事情報，又不聽蔣的警告（蔣對日認知能力比所有的盟軍領袖都高明正確的多），如重返緬甸作戰不先切斷日軍補給線（孟加拉灣兩棲作戰），反抽調中國境內兵力（Y部隊），使境內兵力不足，難以抵抗日軍一號作戰。

即使到了一九四五年春天，歐洲局勢已經明朗，緬甸日軍已成強弩之末（丙號攻勢慘敗，印度洋補給線已不通暢），中國境內日軍開始後撤收縮防線，蒙巴頓仍不讓駐印軍及滇緬遠征軍回國（為了英印第十四集團軍反攻仰光，利用國軍威脅日軍側背）。[108]

魏德邁在一九四五年春天，將新六軍兩個師由緬北空運回湖南芷江參加雪峰山會戰（日軍最後一次在華大型會戰），新一軍在七月向雲南、廣西推進，預備反攻廣州，但是日本在八月中旬宣布向盟軍無條件投降。

---

108 會議紀錄（一九四五年三月九日），「SEAC總司令訪問重慶會晤大元帥」，PRO:203/5629。

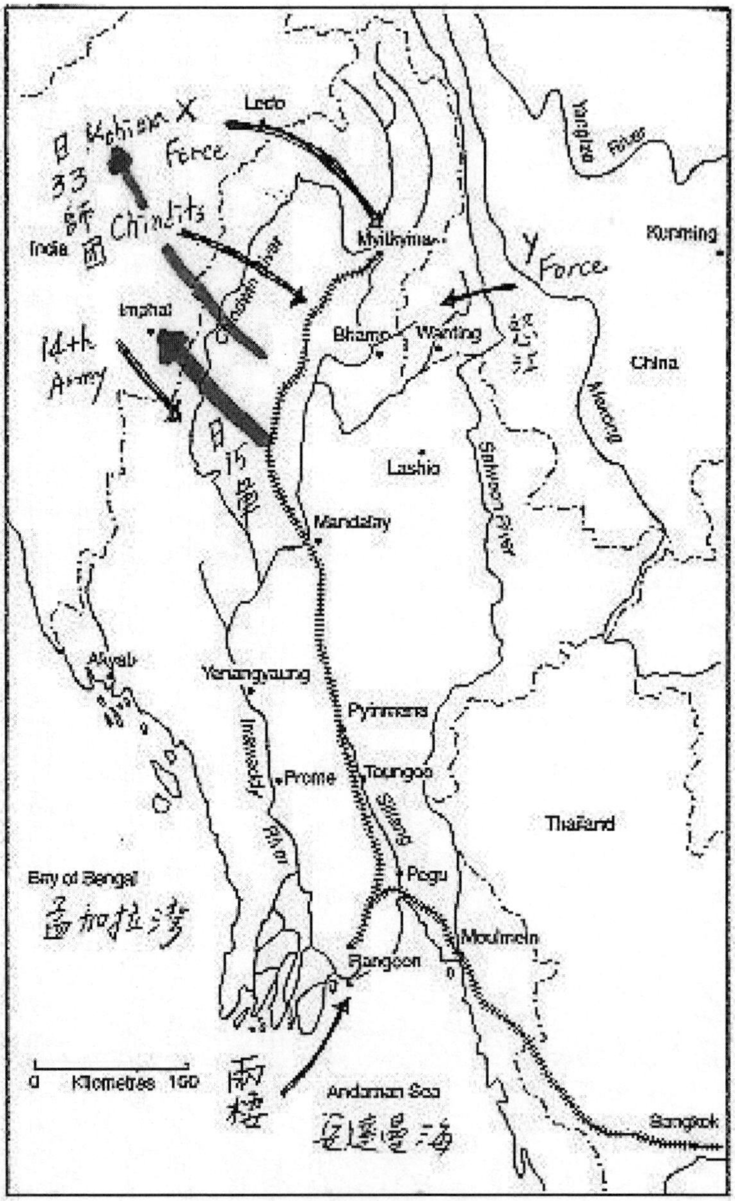

Ledo
X Force
Chindits
India
Myitkyina
Kunming
Y Force
Imphal
Bhamo
Wanting
14th Army
China
Lashio
Mandalay
Salween River
Akyab
Yenangyaung
Pyinmana
Irrawaddy River
Prome
Toungoo
Thailand
Sittang
Bay of Bengal
孟加拉灣
Pegu
Moulmein
Rangoon
Kilometres
Andaman Sea
Bangkok

圖三　緬戰形勢圖

中國遠征軍「仁安羌戰鬥詳報」的考證：兼論國軍第一一三團替英軍解圍

張鑄勳

壹、前言

一九四二（民國三十一）年春，中國遠征軍入緬作戰，國軍新三十八師第一一三團在仁安羌（Yenangyaung，或譯燕南羌、彥南揚、葉南陽）地區，擊敗戰力優勢的日軍第二一四聯隊，救出即將被殲滅的英緬第一師。此戰為第二次世界大戰時期，國軍參加聯盟作戰的第一場勝仗，在中國近代史上，國軍指揮跨國部隊的步、戰、砲協同作戰，也是第一次。當時國內、外媒體廣為報導，四月二十一日重慶《大公報》頭條新聞，「我軍攻克仁安羌　油城重見天日　被圍英軍救出」。登載內容為「據此間昨日接獲之中國入緬軍司令部公報謂：國軍攻克油田中心之仁安羌，救出被日軍包圍之英軍數千人……經二日之血戰，卒將仁安羌光復。」察其作戰時間為四月十八、十九兩天。《大公報》續於二十四日刊出國外報導：「仁安羌之捷　美各報讚揚　認係緬戰盟軍首次捷音」。（中央社華盛頓二十三日專電）美國報紙咸以顯著地位，登載華軍克復伊洛瓦底江仁安羌油田及救出英軍的消息。各報的大字標題如「華軍拯救緬甸盟軍」、「史迪威部下華軍 擊退緬甸敵軍」、「華軍解救在緬被困英軍」、「華軍前進緬甸油田」等。這場勝仗享譽國際，西方國家對東方注目的焦點從澳洲轉移至緬甸，確認真正是中國軍隊在緬甸作戰勝利。[1]太平洋戰爭爆發後，美、英等盟軍在亞洲一路敗退，東南亞悲觀氣氛彌漫，擊敗日軍者，竟然是被視為最弱的中國軍隊，令西方國家難以置信。事實的確如此，媒體用「確認真正」形容這次勝利，視為傳奇。中國抗日戰爭長期不利，這場勝仗振奮低迷許久的民心士氣，蔣中正甚至寄望仁安羌的勝利，成為扭轉緬甸不利局面的契機。[2]從抗戰歷史看仁安羌作戰，不單是一個團的作戰勝利，其意義在展現中國獨自對日本作戰已逾四年，中國軍隊的持續戰力還是能打、敢打，並能以寡擊眾，戰勝頑強的日軍；中國也願意善盡聯盟義務，為解救盟軍不惜犧牲做出重大貢獻。在抗戰那麼艱困的年代，這次勝利對內堅定國人持久抗戰的意志；對外強固盟邦對中國抗戰到底的信心。亦為後世探討遠征軍入緬作戰必然彰顯的一役。

四月十七日國軍第一一三團團長劉放吾在聯盟作戰中受英軍指揮，奉命前往仁安羌地區，解救被日軍圍困即將被殲滅的英緬第一師，是日下午趕抵賓河北岸，策訂作戰計畫，完成攻擊準備。十八日拂曉即將發起攻擊時，師長孫立人從曼德勒連夜趕到，遂產生此戰由師長孫立人或團長劉放吾指揮的爭論。筆者多次為文探討，引起甚多回響，[3]其中以新三十八師「第一次燕南羌戰鬥詳報」

1 《大公報》，民國三十一年四月二十一日、二十四日登刊。轉引自劉偉民，《劉放吾將軍與緬甸仁安羌大捷》（香港：今日出版社，二〇〇七年五月四版），頁一四、一五。

2 黃自進、潘光哲編，《困勉記（下冊）》（臺北：國史館出版，民國一〇〇年十二月），頁八三五。

3 二〇一三（民國一〇二）年六月〈仁安羌大捷戰場巡禮：國軍一一三團揚譽國際的作戰〉一文，於《中華戰略學刊》

（以下簡稱「戰鬥詳報」，燕南羌稱仁安羌）最受關注。概指國軍實際參戰部隊只有第一一三團一個團，師並未參戰，僅師長於攻擊即將發起時趕到前線，而「戰鬥詳報」由師司令部編撰，聚焦於師長指揮作戰，未見團長作為，難言客觀。這份檔案堪稱記載仁安羌作戰經過的第一手資料，為國防部史政編譯局（以下稱史編局）編撰仁安羌作戰史最重要的依據，若記載錯誤且廣為流傳，則史實失真。另統一指揮此次聯盟作戰的英軍第一軍團長史林姆（William J. Slim），戰後出版類似緬戰回憶錄的專書《反敗為勝》（*Defeat into Victory*，以下稱回憶錄）。其中所載的仁安羌作戰不符史實，誣指國軍未按時發起攻擊，營造英軍自行突圍的假象。中、外這兩項疑點長期未解，成為爭議數十年的議題。研究軍事史，大軍作戰評析戰略態勢，講求勝兵先勝而後求戰。師級以下觀察戰力發揮，以計畫與執行等作戰實務為重點。仁戰爭議未能得解，主因在此戰係步兵的作戰實務問題，而相關著作罕見由實務的探證上尋找答案。本文循此途徑提出解讀，試從計畫與執行的探討，澄清歷史事實。

貳、仁安羌戰場的形成

一九四二年二月上旬，日軍第十五軍從泰緬邊境入侵緬甸。中國遠征軍應英軍之請，入緬協助作戰，為第二次世界大戰時期，中國抗日戰爭與西方反侵略戰爭結為同盟，最具體的聯盟作戰。惟英軍待仰光垂危時才緊急請援，戰機已失，國軍匆促入緬，部隊逐次到達戰場，在尚未完成部署時，

夏季刊發表，並收錄在二〇一四年國防大學紀念黃埔建校建軍九十年專刊《抗日戰爭是怎麼打贏的》，二〇一五年再版，增加對史林姆回憶的評論。

先遣部隊已經展開激戰。英軍則決定棄守緬甸，在未知會國軍的情況下向印度退卻以保存戰力。中英兩軍一進一退，統一指揮緬甸戰區的盟軍總司令，英軍亞歷山大（Harold Alexander）上將未能統籌戰局，協調管制失能，盟軍在日軍猛烈攻擊下開始退卻。四月上旬緬甸戰場的情勢：東翼為國軍第六軍，當面敵軍為日軍第十八師團（按：第五十六師團之誤）；中央正面為國軍第五軍，當面之敵為日軍第五十五師團；西翼為英軍第一軍團（轄步兵師二、裝甲旅一，比照國軍的軍級，以下稱軍，史林姆稱軍長），當面為日軍第三十三師團。[4]

三月二十七日蔣中正接見英緬軍總司令亞歷山大，談論盟軍戰況及防守同古與曼德勒（Mandalay）計畫，告以：「令在昆明之新編第三十八師向臘戍推進，再由臘戍開赴曼德勒。蓋曼德勒附近，日方第五縱隊（按：敵後工作部隊）之活動應嚴加防範，故實有駐守重兵之必要。一旦曼德勒發生變亂，影響前方之士氣必大。」又曰：「曼德勒附近應即趕造防禦工事。預測敵軍奪得同古之後，即將派遣降落傘部隊至曼德勒，或同時發動其第五縱隊進攻曼德勒，或運用迂迴戰術以擾亂我軍後方。」[5]曼德勒為緬甸中部的交通中心，確保國軍補給線的戰略要點。新三十八師師長孫立人奉命戍守，係蔣中正親自召見面命，可見重視。[6]第六十六軍新編第三十八師開抵曼德勒後，

4　孫克剛，《緬甸蕩寇志》（上海：時代圖書公司，民國三十五年九月二十日再版），頁七。
5　周琇環、吳淑鳳、蕭李居編輯，《中華民國抗日戰爭史料彙編　中國遠征軍》（臺北：國史館，二〇一五年七月），頁一〇二。
6　孫立人講述，沈敬庸編輯，《中國軍魂——孫立人將軍鳳山練軍實錄》（臺北：臺灣學生書局，二〇一三年十二月初版二刷），頁五四五。

即遵照遠征軍長官部命令，歸副司令長官兼第五軍杜聿明軍長指揮。[7]並為平滿納會戰的總預備隊，[8]負有固守曼德勒及策應各方作戰的任務。

一、日軍奇襲仁安羌

四月一日，日軍第三十三師團奉命沿緬甸西部的伊洛瓦底江向北突進，攻略仁安羌油田，並準備向八莫方面突進，配合第十五軍實施曼德勒會戰，以捕殲盟軍主力。[9]中旬，伊洛瓦底江以西的英緬第一師不敵日軍第三十三師團攻擊，遂放棄馬格威（Magway）向北撤退，改守仁安羌。英軍撤退亦造成中央正面國軍第五軍西側背的嚴重威脅。四月十四日晨二時，亞歷山大總司令面告我侯騰代表說明英軍垂危情形，要求我軍迅予救援，十七時，遠征軍第一路司令長官羅卓英，乃令新編三十八師第一一三團，由該師齊學啟副師長率領赴喬克巴唐（Kyaukpadaung），[10]歸英軍第一軍軍長史林姆（William J. Slim）指揮。十五日，亞歷山大尚感一團兵力不足，要求我方加派援軍，羅卓英即增派第一一二團開往納特曼克（Natmauk）援助該方面英軍作戰（未指一一二團也由英軍指揮，

7 國防部史政編譯局編，《抗日戰史——滇緬路之作戰》（臺北：國防部史政編譯局印，民國七十一年十月十日），頁八〇。

8 國防部史政編譯局編，《抗日戰史——滇緬路之作戰》，頁四九。

9 日本防衛廳防衛研修所戰史室編，國防部史政編譯局譯，《緬甸攻略作戰》（臺北：國防部史政編譯局，民國八十六年六月），頁五〇二。

10 國防部史政編譯局編，《抗日戰史——滇緬路之作戰》，頁六七。劉放吾將軍次子劉偉民先生表示：聽其父所言，齊學啟副師長並未率領第一一三團到達喬克巴唐。民國八十一年秋，臺灣電視公司節目主播汪用和小姐在洛杉磯親訪劉放吾將軍，其採訪手稿中也記錄下劉放吾將軍口述提及「時齊學啟和一一二團在一起」。

只是援助），並將此項狀況向上峰呈報。兩團分別於十六、十七兩日，先後到達各該指定地點，[11]只留下李鴻第一一四團的兩個營負責衛戍曼德勒，其第一營留在臘戍（Lashio），擔任機場警戒任務。[12]孫立人講述，他奉命派一團（一一二團）受第五軍指揮，派一團（一一三團）增援仁安羌受英軍指揮，自己帶一團（一一四團）守曼德勒。[13]以當時戰況，除西翼英軍危急需要支援外，中央正面第五軍的西側背亦受威脅，第一一二團歸第五軍指揮係擔任該方面的西側翼掩護，此為第一一二團始終未參加仁安羌作戰的原因。

十六日第一一三團抵達喬克巴唐時，英緬一師尚未被圍，當時中英兩軍互信不足，國軍團級以上部隊配合英軍作戰時，都要向軍事委員會（以下稱軍委會）核備。[14]所以第一一三團雖然由史林姆指揮，爾後英緬第一師在仁安羌被圍，十七日劉放吾團長奉命前往解圍，仍需先向師部請示，轉報遠征軍司令部奉准方可行動，遠征軍並向軍委會核備。

四月一日，日軍第三十三師團團長櫻井省三中將奉命攻略仁安羌油田，將所轄三個步兵聯隊各增配山砲、工兵、高射砲、速射砲、輕裝甲車隊、衛生隊等，都編成可以獨立執行任務的聯合兵種特遣隊。作間部隊以二一四聯隊編成，聯隊長作間喬宜大佐。原田部隊以二一五聯隊編成，聯隊長

11 國防部史政編譯局編，《抗日戰史——滇緬路之作戰》，頁六七。

12 孫克剛，《緬甸蕩寇志》（上海：時代圖書公司，民國三十五年九月二十日再版），頁八。

13 孫立人講述、沈敬庸編輯，《中國軍魂——孫立人將軍鳳山練軍實錄》，頁五四六。國防部史編局《抗日戰史——滇緬路之作戰》指第一一二團援助該方面英軍，不是受其指揮，見頁六七。孫立人講述及史編局資料符合實情。其他資料或指第一一二團也受英軍指揮，未必正確。

14 周琇環、吳淑鳳、蕭李居編輯，《中華民國抗日戰爭史料彙編 中國遠征軍》，頁一二一。

原田棟大佐。荒木部隊以二一三聯隊編成，指揮官為步兵團長荒木正二少將。第三十三師團探聽到英軍退卻，立刻區分三路實施追擊。作間部隊為「超越追擊部隊」，以快速機動截斷英軍退路。原田及荒木兩部為「直接追擊部隊」，緊隨英緬一師實施陸、空攻擊，拘束其行動，以利作間部隊超越攔截。日軍的作戰構想為派遣有力的一部實施遠程挺進，先截斷英軍退路，主力從英軍背後追趕，南北夾擊全殲英緬第一師。其追擊作戰概要如次：（附圖一、二）

作間部隊為「超越追擊部隊」，沿亞蘭謬—阿列保—丹敏斯—主力在賓河南岸，一部渡河至克敏附近截斷英軍退路。原田部隊在東，沿亞蘭謬—雷提特到達伊瓦沙。途中為英軍掩護撤退的後衛部隊所襲，雖然陷於苦戰，但亦收到牽制英軍，遲滯其撤退的效果。爾後向西轉移，抵達伊洛瓦底江畔的敏鋼衛，十七日傍晚以水運北上仁安羌，由於對伊洛瓦底江的溯航並不熟悉，夜間在沙洲遍布的河流，實施無導航機動，困難重重。荒木部隊在西，從亞蘭謬出發，沿伊洛瓦底江東側幹道北上，一路排除英軍後衛部隊的抵抗，十三日占領敏岡，十七日晨占領馬格威。由於馬格威與仁安羌之間完全是無人地帶，難以就地獲得給養，部隊受阻於炎熱的氣候，加上缺水嚴重，中暑病患遽增，需待防疫及給水部隊支援，始能繼續作戰。[15]

擔任超越追擊任務的作間部隊實施遠程挺進，先以汽車運輸搭載部分行程，再徒步行軍迂迴至英緬第一師前方。十六日半夜，作間部隊進入距仁安羌東方約五公里處，發現遠方幹道上的車隊，

15 日軍追擊作戰，歸納自《緬甸攻略作戰》，頁五〇二—五一二。轉引自張鑄勳，〈仁安羌大捷戰場巡禮——國軍第一一三團揚譽國際的作戰〉，國防大學編，《抗日戰爭是怎麼打贏的——紀念黃埔建校建軍九十週年論文集》（臺北：國防大學，二〇一五年五月再版），頁三〇九。

其前燈所發出的微弱光芒。作間大佐探知部分英軍已退卻至賓河以北並擁有戰車，遂將兵力分成兩部，決定在賓河南北兩岸切斷幹道。為此，令第三大隊（大隊長高延隆雄）挺進到賓河北岸的「克敏」附近，占領該地，並親自率領主力向仁安羌東北角的三叉路口突進。概在十六日半夜奇襲成功，北岸高延大隊及南岸主力分別虜獲英軍約八十人及二百人，並各自占領要點，在南北兩地切斷英軍退路。此等俘虜為後勤部隊（囚禁在敦貢村，十九日午後為國軍第一一三團所救），作間大佐探知英軍戰鬥部隊主力正從南方向北退卻中，確認尚未通過仁安羌，[16]為擊破即將退卻而來的主力，迅速調整部署，乃在仁安羌東北角（各道路集合點）配置聯隊直轄部隊及第二大隊（大隊長杉浦鍵太郎）作為主抵抗陣地，並以村落中央三叉路附近作為前方據點，配置山砲兵第三大隊。[17]北岸由第三大隊固守，防止聯軍從北方南下增援。遂將英緬第一師全部及戰車營一部，包圍於仁安羌以北地區。此時在賓河北岸的英軍，僅有殘餘步兵連及裝甲旅的戰車、山砲各一部，不足以執行解圍任務。由於部隊撤退均以後勤先行，英軍退路被截斷時，後勤部隊已經渡河北上。造成被圍英軍補給中斷，陷於糧彈俱盡、飲水絕源的苦境，危急萬分。[18]

仁安羌附近的地形高低起伏，錯綜複雜，由於侵蝕作用形成地隙、溝壑，成為天然的反戰車壕，戰車越野受到限制，輪型離開道路通行困難，對日軍的反戰車戰鬥乃絕佳地形。[19]先處戰地者，運用地形結合兵力、火力，可有效控制戰場要點及封鎖道路隘口。英緬第一師雖然兵力優勢並有戰車

16 國防部史政編譯局譯，《緬甸攻略作戰》，頁五〇七。
17 國防部史政編譯局譯，《緬甸攻略作戰》，頁五〇八。
18 國防部史政編譯局編，《抗日戰史——滇緬路之作戰》，頁六七。
19 國防部史政編譯局譯，《緬甸攻略作戰》，頁五〇八。

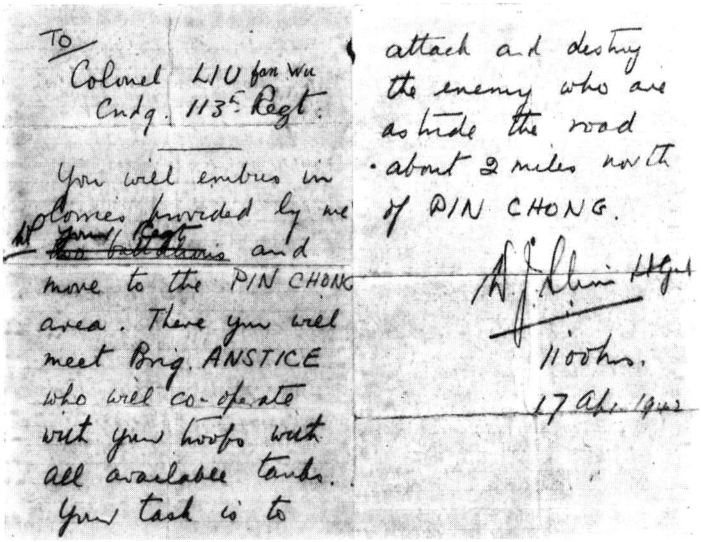

To
Colonel LIU fan wu
Cmdg. 113th Regt.

You will embus in lorries provided by me ~~your Regt~~ ~~two battalions~~ and move to the PIN CHONG area. There you will meet Brig. ANSTICE who will co-operate with your troops with all available tanks. Your task is to attack and destroy the enemy who are astride the road about 2 miles north of PIN CHONG.

1100hrs.
17 Apr 1942

資料來源：劉偉民提供。

史林姆致劉放吾手令

支援，但自普羅美（Prone）之線退至馬格威，復由馬格威退至仁安羌，沿途受到日軍的陸、空攻擊，傷亡增加，人員疲憊，地形限制戰車的運用。加以補給中斷，乾旱缺水，戰力急遽下降，遂為日軍所困。

二、一一三團奉命替英軍解圍

四月十六日，撤退中的英第一軍指揮所向北轉移至賓河北岸的歸約（Gwegyo，距仁安羌二十五英里）。十七日晨，軍長史林姆聽聞新編第三十八師第一一三團抵達喬克巴唐，立刻跳上吉普車去見團長劉放吾，中午十一時交付團長手令：「致一一三團團長劉上校：茲派貴官率領貴團全部，乘汽車至賓河地區，在該處，你將與安提斯准將（Brigadier Anstice）會合，他將以所有戰車配合你。你的任務是攻擊並消滅賓河北岸約兩英里公路兩側之敵。」[20]史林姆回憶：「我在喬

20 劉偉民，《劉放吾將軍與緬甸仁安羌大捷》（香港：今日出版社，二〇〇七年五月第四版），頁二二。國防部史政編譯局編，《抗日戰史——滇緬路之作戰》，頁六八。中國第二歷史檔案館，〈第一次燕南羌戰鬥詳報〉，頁二六。卷宗號第七八七，案卷號一一六五五。

克巴唐村裡一棟殘存的建築樓上見到團長……由隨同該團前來而能講流利中文的英軍聯絡官介紹認識，握手後旋即攤開地圖討論。中國上校精明敏銳，很快掌握我所講的要點，使我震驚。」[21]史林姆為仁安羌中英聯盟作戰的指揮官，必須策訂作戰構想以指導中英兩軍行動，並為第一一三團及英緬第一師各自策訂作戰計畫的依據。手令指示劉放吾消滅賓河北岸兩英里的敵軍，僅在驅逐賓河北岸日軍的警戒部隊，以利完成攻擊準備。一一三團到達後，將按地形、敵情狀況，依史林姆聯盟作戰構想策訂團的作戰計畫，下達攻擊命令（計畫完成後，經由書面或口頭下達即為命令）。兩人攤開地圖討論者，即為史林姆指揮此次作戰的構想，概述如後：

「在英緬第一師試圖向北突圍時，中國部隊南下抵達賓河，清除淺灘上的障礙，並從後方消滅攔截英緬一師的日軍。」[22]其內容已經包含策訂作戰構想所應交代清楚的時間、地點、手段及目的。解讀為：中英兩軍在十八日晨（時間）同時發起攻擊，從賓河南北兩岸（地點）夾擊殲滅日軍（手段），協助英軍突圍（目的）。日軍憑河固守，隔離中英兩軍，史林姆不可能召集賓河兩岸的指揮官下達標準的、剛性的作戰命令。他的作戰構想屬於彈性較大的「任務式命令」，為劉放吾和英緬一師師長斯高特（Scott）策訂作戰計畫的依據。開戰後史林姆對賓河北岸的國軍第一一三團直接指揮，對南岸英緬第一師的指揮，係透過裝甲第七旅的無線電，經由該旅支援賓河南岸的通信支隊和斯高特保持聯繫。[23]攻擊發起後，他必須嚴密控管賓河兩岸的部隊行動，督導中英兩軍貫徹作戰構

21 William Slim, *Defeat into Victory*, London: Cassell and Company, 1956. pp.63-64.

22 William Slim, *Defeat into Victory*, p.66.

23 William Slim, *Defeat into Victory*, p.66.

想救出英軍，並防止雙方因狀況不明而自相攻擊或砲火誤擊。

史林姆說明他的作戰構想後，透過翻譯官要求劉放吾立刻行動，團長則表示若非經孫師長下令，他不能離開喬克巴唐，在堅持一個半小時才同意照辦。[24]劉放吾回憶：「我並不知道新三十八師劃歸史林姆指揮，他的命令又寫在很隨便的一張紙條上，很難令人相信……所以一直到以無線電與孫師長聯絡確定後，我們馬上奉命行事。」[25]命令確認後，劉放吾率部搭乘史林姆派遣的車隊向賓河地區急進，是日下午到達賓河北岸，依據史林姆的聯盟作戰構想，策訂作戰計畫，下達攻擊命令，完成一切作戰準備，決定明（十八日）晨發起攻擊，替英軍解圍，仁安羌戰場形成。

孫立人在十七日十一時接到一一三團報告將前往仁安羌替英軍解圍，下午出發趕馳赴遠征軍在前方開設的臨時指揮所瓢背（Pyawbwe），向司令長官羅卓英請示親往指揮。[26]曼德勒為緬甸中部大城，國軍補給線上的交通要點，其得失影響戰局至巨，蔣中正憂慮曼城受到敵軍第五縱隊及空降突擊的威脅，親自面命孫立人固守。羅卓英不可能同意他離開曼城，由參謀長楊業孔代為接見告以上級不准，孫立人痛陳利害均不得允，乃自行前往，[27]遂產生此戰由師長或團長指揮的爭議。

三、仁安羌戰場指揮關係

24 William Slim, *Defeat into Victory*, pp.63-64.

25 劉偉民，《劉放吾將軍與緬甸仁安羌大捷》（香港：今日出版社，二〇〇七年五月四版），頁二三。

26 中國第二歷史檔案館，〈第一次燕南羌戰鬥詳報〉檔案，頁二七。

27 孫立人講述，沈敬庸編輯，《中國軍魂——孫立人將軍鳳山練軍實錄》，頁五四七。沈克勤編著，《孫立人傳》，上冊（臺北：臺灣學生書局，二〇〇五年六月增訂一版），頁一四五、一四六。遠征軍參謀長無權決定師長可否離開責任區，只能轉達司令長官不同意他離開曼德勒。

「戰爭原則」第五條「統一原則與合作」指出：「對同一作戰目標，或在同一方面作戰之各部隊，不論其軍種兵種必須有其單一的最高指揮官，負其全權指揮之責。」[28]就統一原則，軍隊作戰職責分明，羅卓英命一一三團增援英軍，受史林姆指揮，則孫立人對一一三團已經沒有指揮權，他也不受史林姆指揮。在仁安羌聯盟作戰的軍令系統，由英第一軍軍長史林姆統一指揮被圍的英緬第一師及解圍的國軍第一一三團。孫立人雖然到達仁安羌戰場，其職責仍然是曼德勒衛戍司令，受遠征軍副司令長官兼第五軍軍長杜聿明指揮，新三十八師並任平滿納會戰的總預備隊。主要任務在曼德勒地區構築工事，擔任軍的側背掩護，及瓢背至曼德勒間的交通及通信安全，爾後隨戰況進展，策應軍主力的攻勢轉移。[29]他不在仁安羌作戰的指揮系統上，如果孫立人也指揮劉放吾，將和史林姆形成雙頭馬車的指揮關係，軍隊不可能出現這種亂象。若史林姆指揮孫立人，再由他指揮劉放吾，則疊床架屋，難以掌握稍縱即逝的戰機。無論雙頭馬車或疊床架屋，都違反權責統一、明確迅速的指揮原則。當時英軍將領亞歷大山、史林姆都以先進國家的優越感看待亞洲落後國家，孫立人在仁安羌作戰時，只是國軍百來位師長中的一位，尚無國際知名度，他的成名在仁戰以後，尤其一九四三年反攻緬甸時才逐次建立。史林姆肩負解救英緬一師七千餘官兵免於被殲滅的重大責任，唯一可用的部隊為國軍一一三團，不可能把指揮權渡讓給初次見面不到一天的中國師長。從理論和實務的檢視，仁安羌作戰在史林姆「直接指揮」劉放吾及斯高特的三角關係中，孫立人沒有指揮權。他在

---

28 蔣中正審定，馮倫意主稿，《戰爭原則釋義》（臺北：國防部，民國四十八年六月十五日三版），頁一三七。由三軍大學皮宗敢、徐培根兩位前後任校長及國防部、三軍總部等參謀共同研討完成。

29 國防部史政編譯局編，《抗日戰史——滇緬路之作戰》，頁五二。

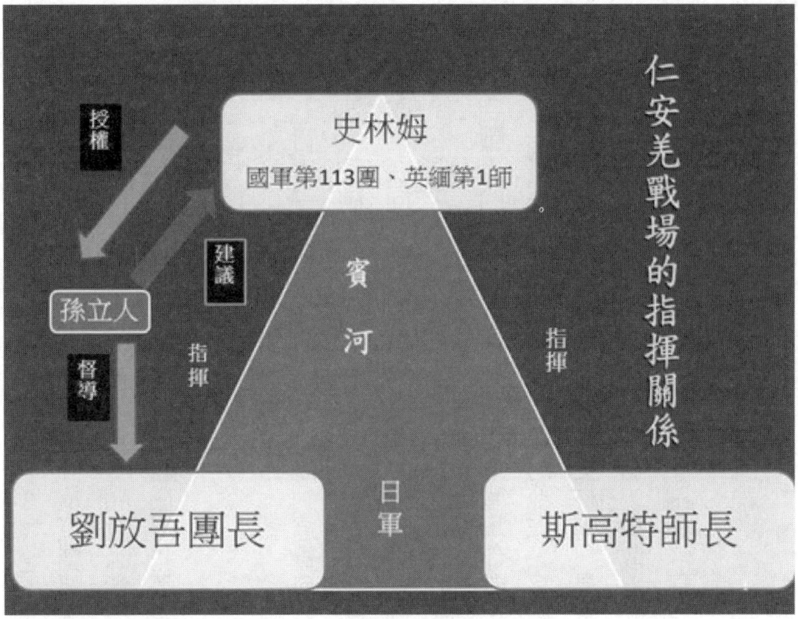

資料來源：作者提供。

仁安羌戰場指揮關係

史林姆的指揮機制中，發揮提供建議及協調的功能，並在史林姆授權下督導（督戰及指導）第一一三團執行任務，不是指揮作戰。

孫立人到達英軍的責任地區，按規矩應先請見戰地指揮官史林姆，再到前方看部隊。如果指揮仁安羌作戰的軍長是國軍將領，將勸其速返曼德勒。孫立人防衛曼城由蔣中正親自下令，兵力雖僅一一四團（欠第一營），仍應持續完成防衛準備，諸如完成一個師的兵力部署，據以構築防禦陣地。待一一二、一一三團達成任務回到曼城，或狀況緊急時，遠征軍司令部抽調其他部隊的兩個團進駐應變，都有既設陣地可用。其他反空降、反第五縱隊滲透，維護補給線安全及策訂總預備隊反擊計畫等，均待完成。日軍攻勢猛烈，緬甸戰局嚴峻，曼德勒不容閃失。戰時軍律非常嚴格，沒有哪位國軍的軍長敢把他留下來。史林姆第一次指揮中國軍隊，缺乏對日軍作戰經驗，孫立人來到前線適可提供諮詢，對他確有幫助，因此甚受禮遇。十八日晨孫立人隨同史氏前往賓河北岸視察一一三團，[30]為仁安羌作戰時，師長、團長第一次見面的時間和地點。孫立人輕車簡從來到前線，沒有率領其他部隊參戰，師司令部的參謀群及直屬部隊都遠在曼德勒，他在仁安羌不需策訂計畫及下達命令。雖然在賓河北岸一千六百公尺處開設師指揮所，但沒有部隊難有作為，大部分時間應該在史林姆的軍指揮所，方可了解被賓河分隔在南北兩岸的盟軍動態，適時提出建言，協調中英兩軍行動。

四、兵種協同作戰

十七日下午劉放吾率領一一三團到達賓河北岸後，即作攻擊準備，英方附以輕戰車十二輛（一個戰車連）及砲三門（約一個砲兵連）支援該團作戰，[31]此時一一三團已經成為一支典型的步戰砲特遣部隊。在同一戰場上不論軍種、兵種必須統一指揮的原則下，均由劉放吾指揮，以發揮協同戰力。另有一種說法，指師長指揮英軍戰車，此舉將造成團長指揮步兵作戰時，雖可獲得砲兵支援，但得不到戰車的適切配合；師長指揮戰車作戰，則缺乏砲兵支援及步兵掩護，形同拆散協同作戰編組，勢必影響任務達成。先進國家的部隊，實施步戰砲協同作戰時，必須按戰術上的運用構想，完成作戰編組，統一策訂計畫。這對史林姆只是常識，而且十七日團長已經完成攻擊準備，不可能因為師長到達戰場而臨戰改變任務編組，拆散協同戰力，單獨抽出戰車交由孫立人指揮。

新三十八師在編制上沒有戰車和砲兵（只有迫砲），師長、團長及官兵都不曾接受過步戰砲協

---

30 William Slim, *Defeat into Victory*, p.66-67.

31 國防部史政編譯局編，《抗日戰史——滇緬路之作戰》，頁六八。

同作戰訓練，更無實戰經驗。此項技術與協調均甚複雜的作戰，以現在官兵的素質都不可能在一天內學會，抗戰時期更不可能。英軍需派遣階級較高的軍官（上校或中校便於和劉放吾協調者）編成「支援組」，便於管制戰車、砲兵支援一一三團作戰。十七日一一三團到達賓河北岸，實施作戰準備時，亦需藉助英軍「支援組」，才有辦法完成步戰砲協同作戰的戰鬥編組、策定作戰計畫及完成臨戰訓練。開戰後，團長運用戰車、砲兵也要先與英軍「支援組」協調。在協同作戰中，團長依據其作戰構想統一指揮作戰，戰車、砲兵的後勤與技術支援仍由英軍負責（現在的步戰砲協同作戰仍循此原則，由於平時訓練已經包含協同作戰，戰時不需派遣「支援組」加強協調功能）。上述的作戰準備完成時，孫立人尚未到達戰場，完全沒有參與，如何指揮陌生的協同作戰。

中英兩軍在緬甸的聯盟作戰互信不足，孫立人是劉放吾在建制上的直屬長官，在仁安羌雖然沒有指揮權，但有影響力。史林姆為爭取他的合作而釋出善意，十八日晨把戰車、砲兵由「支援他」改為「歸他的師指揮」。[32]其語意含糊，容易誤解成將戰車、砲兵改由孫立人指揮。實則不然，史林姆的意思為支援方式改變，不是指揮權責轉移。說明如次：十七日一一三團到達賓河北岸時，英軍的戰車、砲兵為支援劉放吾作戰，已經納入一一三團的作戰計畫，英軍「支援他」的「他」指團長劉放吾。十八日晨孫立人到達戰場時，改為「歸他的師指揮」，「他」指孫立人，戰車、砲兵由「支援」改「指揮」，但不是師長指揮，是由「他的師指揮」。新三十八師在仁安羌只有一個一一三團，即歸一一三團指揮，指揮官仍是團長。兵種實施協同作戰，有時技術性的困難限制戰術上的運用，雙方難免產生不同意見。「支援他」類似現在的「一般支援」，指一一三團使用戰車、砲兵

32 William Slim, *Defeat into Victory*, p.65.

時，要先與英軍「支援組」協調，英軍視技術上的限制性，而決定支援程度。改為由「團長指揮」，類似現在的「直接支援」，即團長要求支援時，英軍應克服困難，全力配合。支援方式的改變，使劉放吾可以更自主、更靈活的運用戰車與砲兵，把握戰機贏得勝利。

史林姆稱讚孫立人思維敏捷，精神充沛，相處中發現他很有謀略，行動穩健，想法積極。畢竟初次認識，了解不深，他知道孫立人未曾指揮過戰車，交代若要調動戰車，需先諮詢第七裝甲旅旅長安提斯准將的意見，[33]這項指示，有助於孫立人在督導部隊時可做出正確指示，實際上仍由安提斯控管戰車及砲兵的運用。安提斯是專家，有能力把兵種協同作戰處理得很順利，也形同監軍，不會同意拆散協同作戰編組，把戰車、砲兵交由孫立人指揮。由於史林姆的回憶錄並非全部親自撰寫（後述），也未慎重審稿，代筆者不清楚步戰砲協同作戰的編組特性，未能做出正確詮釋，造成讀者以為師長指揮戰車的誤解。

此次協同作戰的成效檢討，「戰鬥詳報」記載：「英軍砲兵射擊準確，予敵打擊甚大」。「我軍八一迫砲、四七輕迫擊砲及一般射擊技術命中精確，摧破敵之輕重機槍陣地甚多，予敵傷亡亦重」，[34]戰車效能則未述及。史林姆指出：賓河北岸中國部隊打到河邊，雖然清除敵軍，但沒能解決淺灘上設置的路障，「戰車受到河床的軟泥限制，無法驅散日軍」。[35]又指南岸英緬一師的戰車部隊嘗試排除路障，則「被日軍反裝甲武器擊敗」。更嚴重者，由於「戰車受地形阻礙，而成為被

33 William Slim, *Defeat into Victory*, p.65.

34 中國第二歷史檔案館，〈第一次燕南羌戰鬥詳報〉，頁三七。

35 William Slim, *Defeat into Victory*, p67-68.

集中射擊的目標」。[36]史林姆的記述，說明英軍戰車在仁安羌作戰的效能不彰。日軍戰史記載：仁安羌附近的地形，標高差雖不過五十公尺左右，但高低起伏極為錯綜複雜。由於侵蝕作用使地隙變成斷崖，「到處構成自然的反戰車壕」……且戰車越野行動受到很大限制，對我方的「反戰車戰鬥乃絕佳地形」。[37]敵以戰車為先頭，反覆對幹道強行突破行動（按：市區東北角的道路交叉點），但「被奮戰的中井部隊所阻無法前進」。除非突破此點，否則車輛不能撤出，「英軍陷入困境」。[38]日軍戰史指出，戰車無助於英軍脫困。歸納中、英、日三方的資料，新三十八師雖然編制上沒有戰車及砲兵部隊，但所轄的步兵迫砲，與砲兵同質性高，所以步砲協同容易配合，充分發揮火砲威力，予敵重大殺傷。步戰協同作戰則初次組合，訓練不足、協調不易、缺乏默契。且戰車部隊適用在平原或丘陵地區，仁安羌的地隙溝渠及河床軟泥等障礙，限制其機動力、衝擊力及震撼力的發揮，戰鬥僅以直射火砲及機槍為主。在日軍反裝甲武器結合地形的打擊下，作戰成效有限。

參、一一三團十八日作戰經過

部隊執行攻擊任務時，區分「攻擊準備」與「攻擊實施」兩部分，均屬作戰指揮的範圍。指揮官從受領任務後，向作戰地區實施戰術行軍、偵察地形敵情、召開作戰會議、策訂作戰計畫、下達

36 William Slim, *Defeat into Victory*, p68.

37 國防部史政編譯局譯，《緬甸攻略作戰》，頁五〇八

38 國防部史政編譯局譯，《緬甸攻略作戰》，頁五〇九。

攻擊命令、檢整武器裝備及完成各項戰備措施，再將部隊推進到「攻擊發起線」附近，以戰鬥隊形展開，視為「攻擊準備」。指揮官從攻擊發起線率領所屬部隊發起攻擊，在戰鬥中按照作戰計畫向前推進，因應狀況適切運用兵力火力，掌握部隊進退分合，殲滅敵人占領目標為「攻擊實施」。充分的攻擊準備奠定勝利基礎，攻擊中貫徹作戰計畫為決勝關鍵。攻擊準備和攻擊實施係指揮官必須親力親為，責無旁貸的任務。早期的陸軍野戰準則《步兵團》第三章「指揮」，第○四八條「團長職責」指出：「團長負團一切成敗的全責，負責全團的政戰、統御、訓練、作戰指揮、行政補給。」[39]準則律定「團的作戰指揮為團長職責」。國軍在仁安羌作戰的部隊只有一一三團一個團，依據作戰準則，由團長劉放吾指揮。

一、攻擊準備

團級部隊受領作戰任務後，需編組機動快、人員少的「先遣梯隊」，由副團長率領，包括各營副營長、戰車、砲兵支援部隊長及必要的參謀人員，提前趕到任務地區，對地形敵情進行初步偵察，分配各營集結位置。待團長率領主力到達後，先遣人員負責引導所屬單位進入預先分配好的地區，形成分散配置、部署嚴密警戒，稱為進入「集結地區」，為部隊策訂作戰計畫、實施攻擊準備的位置。「戰鬥詳報」及國軍戰史對此等作戰實務不可能盡述其詳，僅以「劉團長奉命後，即派副團長隨同英方戰車隊長，先赴賓河右（北）岸附近偵察敵情地形」一語帶過，[40]已經說明團長正在調動

39 陸軍總司令部頒，《步兵團》（一九六八年六月三十日）第三章「指揮」第○四八條「團長職責」，頁六九。
40 國防部史政編譯局編，《抗日戰史——滇緬路之作戰》，頁六八。

兵力，導引部隊進入「集結地區」實施攻擊準備。並將英軍戰車隊長都編入「先遣梯隊」，足以解釋一一三團到達賓河北岸時，英軍的戰車與火砲都由團長統一指揮。[41]

第一一三團到達賓河北岸進入「集結地區」後，團長率團部參謀偵察地形敵情、召開作戰會議、研討行動方案、思考兵力部署、策訂作戰計畫。隨即召集各營長、戰車、砲兵隊長下達作戰命令。爾後營、連、排、班逐級下令，並在英軍「支援組」的協助下，完成步戰砲戰鬥編組，進行臨戰訓練，實施攻擊準備。此時孫立人還在趕路中，並未參與其事。「戰鬥詳報」指十八日拂曉師長從曼德勒星夜趕到，親自指揮有待商榷。[42]軍隊作戰非一人之力，係人員、武器、裝備的整合，依據計畫，經由協調建立默契，方可發揮統合戰力克敵致勝。師長匆匆趕到戰場，敵情不明，地形不熟，不曾參與作戰會議，對作戰計畫的精要未必充分了解，對內部的協調與整合仍在狀況外，尤其對步戰砲協同作戰陌生，此時立即指揮作戰，再卓越的指揮官都有難處。此戰將決定英緬第一師存亡，若第一一三團作戰失利，英緬第一師亦將被日軍擊滅。史林姆不會冒著陣前換將的風險，把已經完成作戰準備的團長換下，改由甫抵戰場，尚未進入狀況的師長指揮。

史林姆對十八日晨的回憶：「我仍然有點憂慮，懷疑那位『即將領導攻擊的中國團長』（按：戰場上的領導，國軍稱為指揮）是否會竭盡全力，或者出現昨日受命時的遲疑。我把顧慮告訴孫將軍，孫立即說：我們走，去看看。兩人來到團部，看到團長已經做好攻擊部署，他窺出我的來意，細長的眼睛眨巴閃爍了幾下，對我說：『我們到營部看看。』我們便向營部走去。在相當接近前線

41 國防部史政編譯局編，《抗日戰史——滇緬路之作戰》，頁六八。

42 中國第二歷史檔案館藏，〈第一次燕南羌戰鬥詳報〉，頁二六。

的營部，營長由孫將軍解釋連隊部署（按：孫立人留學美國維基尼亞軍校，英語流利，自任翻譯）。我確信我們的中國軍隊很重視這場作戰，於是說我相當滿意並準備後退。但顯然團長沒打算放過我，他更愉悅的眨了眨眼睛，說：『讓我們再往連部走走。』我不確定在戰爭即將開始的一刻，是否應該接近連部。但為了自己的面子，不得不涉水到達連指揮所。抵達連指揮所沒多久，攻擊的槍聲頓起，這些中國軍人沒有任何遲疑。根據他們利用地形的熟稔程度判斷，我認為很多人一定經過砲火的洗禮。日軍在中國部隊突破他們防線時反應很大，但他們的子彈射向太高，瞄得不夠準確。上校轉身看著我。我真擔心他會說要到排部去。所幸他未再提議，只望著我露齒而笑。只有優秀幹練的軍人，才能在槍林彈雨中面無懼色，露齒而笑。」[43] 他經由這次的視導，看出第一一三團是支訓練嚴格、有作戰經驗的部隊，對團長在砲火下的勇敢沉著深具信心，譽為優秀幹練的軍人，沒有換人指揮的問題。史林姆自始稱劉放吾為「即將指揮攻擊的中國團長」，他是仁安羌聯盟作戰的指揮官，證明此戰由劉放吾指揮。「戰鬥詳報」指師長由曼德勒星夜趕到，親自指揮，與史實不符。

二、攻擊實施

十八日拂曉，第一一三團在英軍戰車及砲兵協力下，向賓河方向發起攻擊，戰鬥至十二時許，擊潰當面敵軍，乘勝擴張戰果，但攻抵河濱為對岸敵軍所阻。筆者二〇一三（民國一〇二）年一月

---

43 William Slim, *Defeat into Victory*, p.66-67.

資料來源：作者提供。

日軍陣地瞰制賓河北岸

資料來源：作者提供。

賓河南岸斷壁地形

資料來源：作者提供。

賓河的軟泥阻滯戰車活動

曾到仁安羌戰場勘察地形、緬懷戰史，就現地所見，賓河南岸的五〇一高地為日軍主陣地，地勢居高臨下，觀測射界良好，可控制賓河北岸廣大的開闊平坦地帶。國軍展開攻擊時，無一樹一丘可提供隱蔽掩蔽，在日軍機槍、火砲編織的火網瞰制及戰機炸射下，通過此一火制地帶將遭受重大傷亡。且南岸瀕河地區甚多岩壁斷層，若配置側射火力實施封鎖，人員攀登困難，戰車行動受阻。四月份賓河水深及膝可以徒涉，但日軍設置障礙結合火力形成火網，仍然造成渡河困難。戰車受到河底軟泥的遲滯行動困難，機動力、衝擊力難以發展，成為敵軍反裝甲武器的攻擊目標。

第一一三團攻抵賓河北岸河濱，在敵軍頑抗下受挫，不得不暫停攻擊。「戰鬥詳報」記載：英軍史林姆將軍因救彼軍出圍心切而昧於其他，仍堅請立即攻擊，後經師長一再痛陳利害，表示負責於明日拂曉開始攻擊後，即戰至最後一人，亦必達成解救被圍英軍之目的而後已。史林姆深受感動，乃確定最後決心，施行明日拂曉攻擊之計畫。」[44]但只要經過良好訓練，有作戰經驗的資深幹部，經過上午的戰鬥，就當時地形、敵情及戰況研判，都清楚白晝繼續攻擊，徒增傷亡而未必攻克。史林姆參加過第一次世界大戰，又為英軍二戰名將，戰後曾任參謀總長，本職學能應該不錯。指揮仁安羌作戰時已經是軍長，以其職務歷練及作戰經驗，不難判斷當前戰況的利弊因素。應知第一一三團強行攻擊，再次受挫的機率極高，若導致傷亡重大，失去解圍能力，則被困的英緬一師亦將被擊滅。他或許心切英軍安危，有繼續攻擊的意思，經孫立人提醒其中利弊，很容易得到共識。未必如「戰鬥詳報」形容的昧於情勢，堅請立即攻擊，待孫立人充滿義憤的痛陳利害，才深受感動的接受，此說存疑。不排除「戰鬥詳報」編造史林姆無能失措的場景，襯托孫立人英明果斷的負責態度，以凸顯在仁安羌戰場的主導地位。然從十八日午後是否立即渡河攻擊的討論，亦見到軍長、師長、團長在仁戰中的鮮明角色：史林姆統籌全局下達決心，劉放吾指揮作戰率部執行，孫立人提供建言督導實施。

三、史料探證

「戰鬥詳報」為新三十八師司令部編撰完成呈報上級，實際上參戰部隊只有第一一三團一個團。而「戰鬥詳報」所載和團長劉放吾的回憶並不十分符合，試為解讀。

(一)戰場景況的檢視

44 中國第二歷史檔案館藏，〈第一次燕南羌戰鬥詳報〉，頁二七。史政編譯局編，《抗日戰史——滇緬路之作戰》，頁六八。

劉放吾指出十八日的作戰經過：「當時一一三團是正面迎敵，我率領第一營營長楊振漢所部在左邊，第二營營長魯廷甲的部隊緊靠在右，和日軍展開拚搏，第三營留作預備隊。」[45]他親自督戰的第一營就是團的主攻，從左側打擊敵軍右翼。「戰鬥詳報」指此時師長由曼德勒星夜趕到親自指揮，先從敵之右翼施行側擊。[46]形成師長和團長都從右翼打擊敵軍，產生由誰指揮的爭論。以劉放吾的回憶對照「戰鬥詳報」所附「陸軍新三十八師拼牆河北岸戰鬥經過要圖（四月十八日五時三十分至二十一時）」（附圖三），說明如次：

圖示以兩營併列發起攻擊，第一營在左翼為主攻，第二營在右翼，向賓河方向攻擊。第三營為預備隊，在主攻營後方跟進，形成重點。戰車隊緊接在一、二兩步兵營中間後方沿道路前進（子彈形符號），保持運用彈性。砲兵部署在靠近主攻營後方（架形符號），形成火力支援重點。第三營附近的三角旗是團指揮所，為團長所在位置，靠近主攻第一營，便於督戰，並就近掌握預備隊第三營及英軍火砲，可適時投入主攻方向，加強攻擊力度，箭頭所指方向就是主力在左，打擊敵軍右翼。上述圖示的兵力部署及主攻方向，都和劉放吾的回憶一致，即團長依據十七日下午所策定的攻擊計畫在指揮作戰，係團的戰鬥經過要圖。圖上方 Kyenyin 村落的三角旗是師長的指揮所位置，戰場上再沒有其他國軍部隊。師長趕到前線並未率部隊同來，沒有兵力可用，不可能實施側擊（賓河以南的圖示與十八日作戰無關，從略）。

45 劉偉民，《劉放吾將軍與緬甸仁安羌大捷》，頁二五。

46 中國第二歷史檔案館藏，〈第一次燕南羌戰鬥詳報〉，頁二六、二七。史政編譯局編，《抗日戰史——滇緬路之作戰》，頁六八。

師、旅、團、營的作戰命令及作戰圖，各級都有統一的規格，軍隊符號各不相同。從作戰圖的軍隊符號可以辨識誰指揮作戰，以一個步兵團轄三個建制步兵營，增加其他支援部隊的作戰命令及戰鬥經過要圖，是團長在指揮。以兩個團以上或一個團加強一個營級特遣隊，才是師長指揮。「戰鬥詳報」這份「陸軍新三十八師拼牆河北岸戰鬥經過要圖（四月十八日五時三十分至二十一時）」的主戰兵力只有三個步兵營，屬於團級部隊的戰鬥經過要圖，不是師的要圖。「戰鬥詳報」指十八日拂曉，師長由曼德勒星夜趕到前線指揮，先從敵之右翼施行側擊，不符史實。係為配合師長指揮作戰的說法，把團的戰鬥經過要圖，標示為師的戰鬥經過要圖。

(二)其他命令的解析

十八日午後，一一三團暫停攻擊，敵我都在實施「鞏固整頓」，為作戰告一段落時，部隊需要恢復掌握，搶救傷患，清點人員、武器、裝備，加強警戒及準備再戰的時刻。「戰鬥詳報」記載午後四時許，師給予劉團長及英砲兵隊長、戰車隊長命令：

陸軍新三十八師命令（四月十八日十六時三十分於賓河北岸無名村指揮所）[47]

1. 當面敵人已退至拼牆河南岸高地一帶陣地防守中。
2. 第一一三團暫停攻擊，本晚就已占領的各據點徹夜固守，但已渡河之劉營（按：一一三團並無劉姓營長，第一營營長楊振漢，第二營營長魯廷甲，第三營營長張琦）。[48]應多派小

47 中國第二歷史檔案館藏，〈第一次燕南羌戰鬥詳報〉，頁二八。
48 劉偉民，《劉放吾將軍與緬甸仁安羌大捷》，頁九一。

部隊向當面之敵，不斷施行擾亂攻擊。

3. 英砲兵隊在原陣地，對拼牆河南岸白塔附近高地之敵陣地及仁安羌村落區域，不斷施行擾亂射擊。

4. 英戰車隊撤至師指揮所附近待命。

5. 余在距拼牆河北岸約一千六百公尺公路附近無名村指揮所。

此令是第一一三團暫停攻擊時，實施鞏固整頓的命令。把所屬步兵、砲兵、戰車的任務，包含警戒、襲擾等都交代清楚，本是團長分內工作，師長都替他做了。但只要改幾個字就是團長命令，把第二項「第一一三團暫停攻擊」改為「各營暫停攻擊」。第四項「英戰車隊撤至師指揮所附近待命」改為「英戰車隊撤至團指揮所附近待命」，因為團特遣部隊的戰車應部署在便於團長掌握處，若置於後方的師指揮所，則失去步兵營的外圍掩護，入夜後容易被敵突擊破壞，而且遠離一一三團，緊急出擊時，沒有步兵伴護作戰，形同拆散協同作戰編組，安提斯准將不會同意這項配置。再把第五項，師指揮所的位置改為團指揮所位置，就是一份團長命令。實情為「戰鬥詳報」把這份團長命令，冠上師的番號，以充實師長指揮的史證。

肆、一一三團十九日作戰經過

十八日十二時許，第一一三團攻擊頓挫與敵隔河對峙，當面敵軍為日軍「作間部隊」（二一四聯隊組成）主力，在賓河南岸構築縱深陣地堅強固守，增配砲兵、工兵並獲得戰機支援作戰。第一一一三團依史林姆決心，以白晝繼續攻擊傷亡必大，決定於十九日晨天色未明前，先在夜暗掩護下渡過賓河，拂曉時分再從南岸發起攻擊，救出英緬第一師。其攻擊準備和攻擊實施概述於後：

一、攻擊準備

部隊沒有計畫不能作戰，完成作戰計畫為攻擊準備最重要的工作。指揮作戰非一人之力，十八日下午第一一三團的攻擊準備，在作戰實務上，情報官偵察地形敵情、作戰官研擬行動方案、人事官檢討兵力現況、後勤官選擇設施位置、政戰官了解民情動態、戰車隊長偵察接近路線、砲兵隊長決定火砲陣地。資料準備完成後，團長召開作戰會議，聽取各業管參謀及戰車、砲兵隊長報告專業意見，共同研討次日行動方案，各步兵營長在戰況許可時，可列席參加（通常在各營掌握部隊）。團長綜合幹部意見，宣示決心，完成計畫，下達命令。十九日晨按作戰計畫完成兵力部署，發起攻擊。此項指揮作戰的程序早年即有，科技進步雖然使指揮速度加快，狀況判斷精準，國軍師級以下部隊，這項程序並無重大改變，只因時、因地及裝備精進而適度調整。

十八日上午的作戰，團長指揮三個步兵營及戰車、砲兵在前方作戰時，師長位於賓河以北一千六百公尺路邊樹林內的師指揮所，[49]軍長指揮所在更後方的歸約（Gwegyo），兩人僅能以無線電聯絡劉放吾，藉以了解戰情，或必要時才到第一線督戰，因此對前方戰況未必深入。攻擊在午時受賓河所阻，決定改於明晨攻擊。在部隊實務上，兩人為便於指導次日作戰，必須出席下午一一三團召開的作戰會議，了解當日作戰概況，聽取幹部作戰心得及各業管參謀的意見，並在理解團長的作戰

49 中國第二歷史檔案館藏，〈第一次燕南羌戰鬥詳報〉，頁二八。

構想及兵力部署腹案後，做出適切指示。團長遵照長官指示修正腹案，完成作戰計畫，下達攻擊命令，十九日據以指揮一一三團作戰。

檢視「戰鬥詳報」記載十八日午後的情況：「同時本師師長與史林姆將軍研究明（十九）日拂曉攻擊之部署，師長仍以戰術著眼，主張以主力位置我左翼，重點指向敵之右側，蓋以我右翼地形全係石山，側背臨河，背水為陣，設攻擊頓挫，危險之公算較大。但史林姆將軍以被圍英軍的位置，係在仁安羌東北側附近地區，倘我主力由該方面進攻，則被圍英軍難免不受我軍砲火損害，且解圍後撤退亦頗困難，故堅請將主攻改由右翼施行，因此乃變更主攻方向改由我右翼施行。」[50]兩人所言，應該是在作戰會議中了解全般狀況後的討論，由史林姆做成總結。「戰鬥詳報」則刪除會議要點，尤其最重要的團長作戰構想與兵力部署均略而不提，簡化為只有師長和軍長兩人的對話。這項選擇性的記載，將誤導讀者認為在後方的軍長和師長，不需出席一一三團作戰會議，先了解第一線部隊的作戰概況，也不用聽取各參謀的專業報告及團長綜合意見，兩人自行討論就做成決定。兵凶戰危不會如此草率，軍長和師長都將出席會議參加討論。會中孫立人從戰術著眼建議主攻在左，此案進展順利，風險較少。史林姆並未採納，裁決主攻在右，係從英軍傷亡最少，撤退容易所做成的決定。從十八日下午一一三團的攻擊準備及史林姆和孫立人的對話，得見下達最後裁決的是史林姆。孫立人在仁安羌作戰的重要貢獻為對上建議，對下督導，並在作戰中協調中英兩軍行動。劉放吾依據軍長指示修正腹案，完成計畫，下達命令，並於十九日按計畫部署兵力，指揮一一三團作戰。

50 中國第二歷史檔案館藏，〈第一次燕南羌戰鬥詳報〉，頁二八。國防部史政編譯局編，《抗日戰史——滇緬路之作戰》，頁六九。

「戰鬥詳報」為合理化師長指揮作戰，仍將團長十八日下午策訂的攻擊計畫標示為師長命令，見陸軍新三十八師命令（四月十八日十九時於拼牆河北岸一千六百公尺之公路附近指揮所）。[51]若將這份命令略為修改或增減幾個字，即可還原為團長命令，試以括弧訂正：

1. 當面敵情無變化，仍堅守拼牆河南岸高地一帶陣地，英緬第一師仍在燕南羌東南地區被敵人包圍，已糧彈絕源，危急萬分（按：此項敵情，師與團均適用，無修正）。
2. 「團」（增加「團」字）以擊潰當面敵人，救出英軍之目的，於明日拂曉五時三十分繼續攻擊（按：渡河時間四時三十分）。
3. 「該」（刪除「該」字）團於明（十九）日拂曉五時三十分，即向油田區之攻擊重點指向敵左翼。
4. 英砲兵隊以一部火力協助「該團」（刪除「該團」兩字）左第一線攻擊其南岸之敵，以主力支援右第一線我主力進攻（所指左第一線，右第一線都是步兵營，可證明是團長下達的命令）。
5. 英戰車隊以全力沿公路進攻，協同我步兵之攻擊（按：師與團都適用，無修正）。
6. 余現在拼牆河一千六百公尺附近，隨戰鬥進展推進至拼牆河岸（將師長位置修改為團長位置）。

51 中國第二歷史檔案館藏，〈第一次燕南羌戰鬥詳報〉，頁二九。國防部史政編譯局編，《抗日戰史——滇緬路之作戰》，頁六九。

這是一則無法執行的命令，因為各步兵營任務不明，部隊行動沒有依據。見上述命令第四項，交付第一線部隊任務時，均未律定執行單位。以左第一線、右第一線取代，至於哪個營在左、哪個營在右並未交代清楚，部隊接到命令後無所適從。在參謀作業上，作戰命令的格式均有標準規定，團長命令下達到營級和編配的支援部隊，師長命令下達到團級和師直屬部隊，各單位的任務必須明確律定，軍隊不可能下達此等執行單位不明的命令。作戰命令通常和作戰圖一起看，檢視「戰鬥詳報」所調製的「陸軍新三十八師賓河南岸戰鬥經過要圖（四月十九日五時至十六時）」（附圖四），以圖上軍隊符號所示的各部隊位置及番號，對照命令第四項，即見左第一線（圖上左翼隊）為第一營，右第一線（圖上右翼隊）為第二營，預備隊是第三營，重點在右。部隊番號既明，找一位資深的作戰軍官，如果不看標題，只看要圖內容，都知道這是一則團長的作戰命令，不是師的命令及要圖。如同前述附圖三，十八日「賓河北岸戰鬥經過要圖」，同樣以團的命令修改標題為師的命令。實情為仁安羌作戰兩天的作戰命令和戰鬥經過要圖，均以一一三團的資料，冠上新三十八師番號，以符合師長指揮的說法。

二、攻擊實施

十九日午前四時三十分，第一一三團利用夜暗掩護渡河，拂曉迫近敵人陣地發起攻擊。右翼部隊不久即占領敵軍第一線陣地，逐漸進入山地，敵增援逆襲，於我既得陣地反覆爭奪，戰況至為激烈。激戰至十四時，攻克五〇一高地後戰況逐漸開展，遂將油田區敵軍完全擊潰。於十五時左右，救出十六日夜間，英軍退路被截斷時，在賓河南北兩岸的被俘英軍，及原來在油田的工作人員及其眷屬等約五百餘人，含美國傳教士、新聞記者數人。第一一三團一面繼續肅清殘敵，一面固守要點、掩護英緬第一師逐次撤退。於是英軍全部約七千餘人，傍晚均獲解救，經由一一三團東側，向賓河北岸陸續退出，該部英軍救出時已潰不成軍，狼狽不堪。[52]第一一三團經兩日戰鬥，達成替英軍解圍的任務，二十日上午九時在仁安羌以南約十公里一帶地區與敵對峙，十時許，敵約四百人向我左翼包圍，我步、砲協同迎擊，敵未得逞。[53]此戰，國軍以一團兵力約一一二一人，扣除缺員只有八百餘人，[54]擊潰優勢敵軍，獲得勝利。救出被困英緬第一師全部，附騎、砲、戰車及馬千餘匹，含先前救出五百餘員，總計七千五百餘人均安全脫險，並奪回被敵虜去的英方輜重及汽車百餘輛，均悉數交還英方。國軍傷亡官兵五百餘人，第一一三團第三營營長張琦陣前成仁，尤屬壯烈，[55]為一九四二年國軍入緬作戰最光榮的一頁。

伍、國軍替英軍解圍釋疑

各方史料都證實英緬第一師被困，無力脫險，為國軍所救。一九四二年四月二十一日重慶《大

52 中國第二歷史檔案館藏，〈第一次燕南羌戰鬥詳報〉，頁三〇。國防部史政編譯局編，《抗日戰史——滇緬路之作戰》，頁七〇。

53 國防部史政編譯局編，《抗日戰史——滇緬路之作戰》，頁七〇。

54 一一三團兵力一千一百二十一人見《孫立人回憶錄》，頁一五八，轉引自朱浤源，〈評沈克勤著《孫立人傳》〉，《中國書目季刊》，第三十一卷第四期（臺北市：中國書目季刊社，民國八十七年三月十六日），頁一一九。實際參戰只有八百餘人，引自劉放吾回憶，因上級空缺虛報的情形很普遍。見劉偉民，《劉放吾將軍與緬甸仁安羌大捷》，頁四〇。

55 國防部史政編譯局編，《抗日戰史——滇緬路之作戰》，頁七三。周琇環、吳淑鳳、蕭李居編，《中華民國抗日戰爭史料彙編　中國遠征軍》，頁一二五。

公報》頭條新聞，「我軍攻克仁安羌，油城重見天日，被圍英軍救出」。美方各報咸以顯著地位，登載華軍救出英軍的消息均為明證。然仁安羌聯盟作戰指揮官史林姆，在戰後撰寫回憶錄時，刻意隱瞞史實，指國軍延遲攻擊，描述英軍自行脫困撤出的假象。本節就戰場景況提出解讀。

英緬第一師從緬甸南部向北撤退時，日軍緊追在後，不時實施空中攻擊。英軍在乾旱高溫下一路缺水，人員傷亡、裝備損失，十六日深夜在賓河南岸退路被截，十七、十八兩日突圍不成，再無自行脫困能力。十八日夜間受到日軍迫砲攻擊，並未還擊，因為子彈儲量已經不足每槍二十發，還得留待次晨使用。[56]日軍第三十三師團長櫻井省三為加強圍困兵力，命原先留置後方的二一四聯隊第一大隊（大隊長德重房夫）迅速歸建，於十八日傍晚到達戰場。[57]作間聯隊長見增援部隊到達，即統合戰力以鞏固東北防務，並部署「德重大隊」於明日拂曉突進至敵側背。[58]準備儘速殲滅英緬第一師，以竟全功。此時，國軍第一一三團亦準備於十九日晨實施拂曉攻擊，解救英軍脫困。

史林姆回憶，本來希望中國軍隊可以在天亮不久就開火，渡過賓河拿下距離淺灘以南約一英里的敦貢村（Twingon），結果他們沒能及時準備好，經過不斷協商，對方允諾最早在十二時半進攻，於是我被迫選擇，讓斯高特等待中國軍隊，推遲原定七時的進攻？還是按計畫行動？我決定按時進攻，總好過讓部隊和裝備在沒有水源的情況下，被圍困於一隅之地，繼續被日軍的火砲和空中攻擊。七時，英緬第一師重新突圍，但日軍在獲得增援後（按：德重大隊拂曉攻擊），制住英軍的攻擊。

---

56 William Slim, *Defeat into Victory*, p.69.

57 國防部史政編譯局譯，《緬甸攻略作戰》，頁五〇九。

58 國防部史政編譯局譯，《緬甸攻略作戰》，頁五一一。

英緬第一師遭到嚴重砲擊，在炎熱高溫下缺水，部隊筋疲力盡，傷亡慘重，被圍堵著不能動彈。緬甸營已經不聽軍官命令，開始潰散，緬甸第一旅報告他們的隊伍已經靠不住，十三旅也稱軍心開始動搖。先前承諾十二時半開始進攻的中國軍隊，再推遲到十四時，又要推遲到十六時，終於在十五時發起攻擊。[59]

史林姆並記述英軍突圍的狀況：被困英軍已經失去突圍能力，軍心瓦解，部隊逐漸失控。指國軍推遲到下午三時開始攻擊時，英緬第一師的通訊已經中斷，因此英軍在絕望中的最後努力，無法與中國軍隊的攻擊相互協調。他們發現並清除了一條路況不平，但可供車輛直通賓河的路，師長斯高特自己編組縱隊，在戰車和步兵帶領下，整個縱隊蹣跚行走，通過狹窄而崎嶇的路面和小丘，路的盡頭變成沙地時，幾輛走在前面的救護車輛陷下去，整個縱隊停止下來。斯高特盡可能的把傷員移置在坦克上，下令放棄車輛徒步前行。一些人按著隊形移動，一些人組成小隊前行，在河的對岸和中國軍隊會合。一看到賓河，士兵們一個個興奮地撲上去飲河水止渴。[60]

歸納史林姆的記載，他律定中英兩軍於十九日晨七時同時攻擊，指英軍按時攻擊，而國軍因為缺水，遲至下午三時發起攻擊，此時英軍通信已經中斷，雙方構不成聯繫。係刻意描述在下午三時以前英軍獨自作戰，以後中英各自為戰。英緬第一師的脫困，是由師長把部隊編成縱隊，通過困難地形走出來，撤至賓河北岸終於同國軍會合。史林姆以寫實的場景，表達英軍最後自行脫困，並非國軍所救。他的說法矛盾，十九日若英軍可以自行到達賓河與國軍會合，則第一一三團不需冒險實

59 William Slim, *Defeat into Victory*, p.70.
60 William Slim, *Defeat into Victory*, p.71.

施渡河攻擊。若國軍在下午三時需要發起攻擊，表示在這之前，退路被截斷的英軍還被圍困在賓河南岸等待救援。雙方會面需待第一一三團渡河擊潰日軍，占領南岸要點五〇一高地，掩護英軍撤出以後才有可能，在這種情況下，兩軍會面地點不會是賓河。在史林姆筆下，十九日國軍第一一三團激戰竟日，以傷亡逾半的代價替英軍解圍的史實並不存在。史林姆為仁安羌中英聯盟作戰的指揮官，他的回憶錄被視為第一手資料，影響西方對仁安羌作戰真相的認知。本節從英軍戰力評析、中日戰史探證、國軍是否缺水等問題，分別說明第一一三團替英緬第一師解圍的史實。

一、英軍戰力評析

史林姆指出英緬第一師退路被截斷後，經兩日作戰未能脫困，十九日再次突圍時仍然頓挫，並受到敵軍更猛烈的砲擊，高溫酷暑加上沒有水源供給，部隊精疲力竭，傷亡慘重，被圍堵著不能動彈，就師級部隊言，彈藥儲備量不足每槍二十發，「從後勤觀點可視為失去戰力的部隊。」此時英緬第一師的士氣崩潰，已經無力自行突圍，緬甸營不聽軍官命令，開始潰散，緬甸第一旅靠不住，第十三旅戰士渙散，說明英軍已經逐漸失去掌控。就英緬第一師當時的後勤支援能力及官兵作戰意志言，可評定為失去戰力的部隊，不可能自行突圍。然按史林姆的記述，十七、十八日突圍不成的英緬第一師，十九日戰力更加下降，以其人員七千，附騎、砲、戰車、輜重及汽車百餘輛的鈍重性，竟然可以不經激戰，由師長編成縱隊、小隊，帶著傷患及裝備，排除一些零星攔阻及地形障礙，就能從崎嶇的丘陵小路走出來，不是經過激烈的戰鬥打出來。而原來圍困他們兩天的作間部隊及晨間實施側擊的新銳兵力，（按：德重大隊）都形同消失，不再攔截。唯一的解釋，第一一三團渡河成功，按照史林姆命令在十九日晨發起攻擊，賓河南岸的日軍潰敗而逃，英緬第一師才能在國軍第一一一三團占領陣地的掩護下，編成縱隊，不經戰鬥的帶著傷患及裝備撤退到賓河北岸。

二、中日戰史探證

十八日午後，第一一三團在攻抵賓河北岸受阻後，官兵都明白十九日若不利用夜暗渡河，待天明再攻擊，仍將冒白晝渡河的危險，傷亡必大，沒有人會延誤到下午三時才發起攻擊，讓自己處於敵火猛烈射擊的險境。那是個基層連長就可以槍斃人的年代，[61]若未按時發起攻擊，違者將以敵前抗命論處，就地正法以肅軍紀，第一一三團不可能不按時發起攻擊。以中日雙方的戰史驗證：

日軍戰史記載：「翌十九日晨，敵再度集中全火力於東北角發起攻擊，展開一場激戰（按：指英軍開始突圍，但激戰則未必，因英軍戰力極有限）。另方面位於北方的賓河之敵，似乎再增強兵力（按：指國軍發起攻擊），聯隊長不得已再增援一個中隊至該方面。此時，進入敵主力側背的德重大隊發動果敢攻擊。但作間部隊主力依然南北受敵，陷於苦戰中。」[62]指出從晨間開始，日軍就持續受到中英兩軍的南北夾擊，而且北方第一一三團的攻擊力度大於南方英緬第一師突圍，迫使日軍必須抽調兵力向北支援。日軍戰史證明，國軍發起攻擊的時間在十九日晨，並未推遲至下午三時。

國軍戰史記載：「十九日四時三十分，我已完成攻擊諸準備，第一一三團全部渡河，迄拂曉時，

61 曹英哲著，〈河北學子從軍行，滇西巔巔作戰勇〉，袁梅芳編，《中國遠征軍(2)——老戰士訪談錄II》（香港：紅出版，二〇一七年六月），頁一六三。作者曾經參加騰衝作戰，一九四五年在一九八師特務連連長任內，春節全連放假時捉回四員逃兵，召集幹部商量如何處置，大家異口同聲要求嚴辦，幾位班長痛恨其中一位再逃的老兵油子，研討後決定槍斃，當夜執行。得見那時連長要槍斃逃亡士兵，召集幹部商量就可以決定。

62 國防部史政編譯局譯，《緬甸攻略作戰》，頁五一一。

已迫近敵人陣地，並開始攻擊前進……第三營營長張琦倍極英勇，於指揮該營衝鋒之際壯烈成仁，激戰至十四時，卒將五〇一高地占領……十五時左右救出被困英軍，及美傳教士、新聞記者等五百餘人。時猶少數敵軍，占據堅固建築物頑強抵抗，第一一三團一面肅清殘敵，一面固守要點掩護英軍撤退，於是被圍英軍全部約七千餘人，傍晚均獲解救，經我左側向賓河北岸安全退出。」[63]國軍和日軍雙方的戰史資料相符合，都指出一一三團在十九日晨發起攻擊。史林姆指國軍在十五時才發起攻擊，實際上此刻第一一三團已經激戰大半天，逐次瓦解日軍陣地。十五時是救出被囚禁在敦貢村五百餘人的時間，達成史林姆的命令：「拿下距離淺灘以南約一英里的敦貢村。」傍晚，英軍全部獲救，在第一一三團占領陣地的掩護下，才能編成縱隊向賓河撤退，並非自行撤退到賓河才見到國軍。日軍戰史又記載：中午時分，到處看見敵人放棄武器及車輛向北方退卻，其人數逐漸增多，不久敵潰敗而走。於是在十九日的日沒時分，賓河以南的戰鬥終告落幕。[64]日軍稱英軍潰敗而走，實情為在國軍掩護下安全撤出。潰敗而走的是日軍，否則日軍的任務在擊滅英緬第一師，應該積極追擊才對，怎能任由英軍安然敗走。作戰結束時間，中日雙方資料相同，都在十九日傍晚日沒時分。

劉放吾回憶當日戰況：「以午前八時三十分至一時許最為激烈。敵人曾以大隊飛機及砲兵，向我部隊作猛烈轟炸和砲擊。步兵在飛機大砲掩護下向我反撲，幸賴將士用命，前仆後繼與敵反覆衝殺，數次肉搏，卒將頑敵擊退。」[65]劉放吾為現場指揮作戰的團長，記憶深刻。對照中日雙方戰史及團長回憶等三份不同出處的資料，可以確認國軍第一一三團在仁安羌作戰時，始終貫徹命令執行

63 國防部史政編譯局編，《抗日戰史——滇緬路之作戰》，頁七〇。
64 國防部史政編譯局譯，《緬甸攻略作戰》，頁五一三。
65 劉偉民，《劉放吾將軍與緬甸仁安羌大捷》，第三章「衝鋒陷陣解救英軍」，頁二七。

任務，十九日四時三十分，利用天明前的夜暗掩護渡河，拂曉在南岸發起攻擊，從上午八時三十分進入激烈戰鬥，不顧重大傷亡，犧牲一位營長，終於擊敗日軍，傍晚解救英緬第一師安全撤出，免於被殲滅的命運。

三、國軍是否缺水

史林姆指國軍未按時攻擊最主要的麻煩是缺水，在水源補充之前無法發起攻擊。[66]此說不切實際，英緬一師退路被截，補給中斷所以缺水，第一一三團前往解圍，有備而來，糧彈飲水都不短缺。十八日午後攻抵賓河北岸，水源就在近傍，更無缺水顧慮。另按國軍的標準規定，戰時每位戰鬥員的基本攜行量是彈藥一個基數、手榴彈兩枚、口糧一餐份、水壺裝滿，可以作戰一日不需補充。每位戰士在實施攻擊準備時完成領取，出發前由班、排長逐一檢查，不會缺水，平時訓練就是這麼做的。回憶錄的記載完全脫離作戰實務，不是史林姆所寫，應為不曾接受過嚴格軍事訓練，更無緬戰經驗，不知戰場景況者所代筆，且未經熟悉軍務者審稿就草率付印。文中並編造國軍缺水而延遲攻擊的場景：「當我到達一個靠近前線的中國軍隊指揮部時，一位肥大的中國軍官還大聲地向我抱怨，說他的手下因為沒有水，所以沒法進攻，說得煞有其事，我注意到他繫在腰帶處的大水壺，即使他激動地指手畫腳之時，水壺還牢牢地貼在他屁股上，我走向他，舉起水壺晃了晃，一壺滿滿的！他突然中斷抱怨，圍觀的人也突然安靜下來，然後人群中爆出了大笑聲，胖軍官也跟著大笑起來，之

66 William Slim, *Defeat into Victory*,p.70.

後他也就不再囉嗦，應允三點之前向敵軍進攻，他們也的確那麼做了。」[67]這是篇不實記載，部隊即將開戰，生死立見，此時各級指揮所的氣氛凝重，不可能出現如同郊遊野餐似的嘻笑場景。平時演習、訓練都不許可，何況實戰。抗戰時期法令嚴格，開戰前，軍長到前線各指揮所視察，幹部無不神情肅穆，戰兢謹慎。如果真有位胖軍官膽敢在軍長面前抱怨缺水而不按時攻擊，下場是就地槍決。史林姆檢查那位胖軍官的水壺是滿的，可見國軍不缺水。日軍戰史指十九日晨，就受到中英盟軍的南北夾擊，更證實史林姆記述下午三時胖軍官還在拒絕作戰的情節為虛構。

史迪威十九日的日記寫著：「羅卓英和杜聿明十點三十分來訪。現在這些傢伙的臉上有了笑容。我們又有一個絕好的機會，在仁安羌大開殺戒了。亞歷山大、史林姆、羅卓英、杜聿明、溫特頓（英國少將，亞歷山大的參謀長）等人來訪，我的人很怕日本人，肚子痛了半天，他們把午飯推遲到三點十五分。仁安羌今天的情況不是很妙，中國人進攻的面過寬，史林姆擔心緬甸師會被徹底擊潰。」[68]這份日記說明十九日激戰時，史林姆不在戰場。十點三十分他在瓢背，距賓河兩百公里的史迪威指揮所開會。那時路況甚差，史林姆天色未明就要趕路，才能在開會前趕到。下午三點十五分，他正在史迪威指揮所進用午餐，不可能同時出現在戰場，聽胖軍官抱怨缺水及檢查他的水壺。他指中國軍隊推遲攻擊，從上午七時、改為中午十二時三十分、又再次推遲到下午二點，之後又說要改到四點，但終於在三點發起攻擊。虛構情節何須在時間上做如此細密的說明，不排除凸顯戰況最激烈的十九日，他全天都在戰場指揮作戰。

---

67 William Slim, *Defeat into Victory*, p.71.

68 史迪威著，林一鴻譯，《史迪威日記 1941.12-1944.10》，頁八八。

十九日的作戰將決定英緬第一師存亡，史林姆回憶：「我和亞歷山大將軍、史迪威將軍在四月十九日碰頭，商量接下來我們該做些什麼。」[69]說明中美英三方高階將領開會目的在討論爾後行動。此刻，還有什麼比解救英緬第一師脫離險境更急迫的事！若部隊被殲滅，何來爾後行動。當時中英盟軍隔離於賓河兩岸，在南北對進的作戰狀態下，雙方並未構成通信聯繫。彼此狀況不明，容易造成敵友不分，發生互相攻擊或砲火誤擊等情事。史林姆應該嚴守崗位，親自指揮作戰，以盟軍指揮官的權責與威望，協調、管制中英兩軍行動，發揮聯盟戰力擊潰日軍，解救英緬第一師安全撤出，瓢背的會議應由軍參謀長戴維斯（Davies）出席。以其決戰在即，遠離戰火的指揮道德，為編造英軍自行突圍的假象，未據實報導仁安羌作戰經過並不意外。戰區召集高階將領出席重要會議的名單由戰區總司令核定，亞歷山大同意史林姆在決戰時刻離開部隊，亦是可議。

陸、結論

「戰爭原則」釋義：同一作戰目標，或在同一方面作戰之各部隊，不論其軍種、兵種，必須有其單一的最高指揮官，負其全權指揮之責。仁安羌作戰的指揮關係，英緬第一軍史林姆軍長指揮國軍第一一三團及英緬第一師實施聯盟作戰。劉放吾團長指揮第一一三團所屬三個步兵營及英軍支援的戰車、砲兵實施協同作戰，他率部從喬克巴唐前往仁安羌替英軍解圍，係依據史林姆手令而非孫立人命令。在軍令系統上，孫立人由蔣中正指派為曼德勒防衛司令，受中國遠征軍副司令長官兼第五軍軍長杜聿明指揮。他雖然趕到仁安羌戰場，並沒有改變原來的任務職掌，此刻對第一一三團沒

69 William Slim, *Defeat into Victory*, p.74.

有指揮權，也不受史林姆指揮。他在仁安羌作戰時期，發揮對史林姆提供建議、協調中英兩軍行動的重要功能。並在史林姆授權下，督導一一三團作戰。四月十八日晨，第一一三團即將發起攻擊時，史林姆前往戰場視導部隊，稱劉放吾為「即將指揮攻擊的中國團長」，當時孫立人在場，兩人在仁安羌作戰的定位明確。

《陸軍作戰要綱》指出，各種準則乃軍隊指揮與行動之準據，必須共同遵循。[70]《步兵團》準則律定，「團長負團一切成敗全責，團的作戰指揮為團長職責。」攻擊準備與攻擊實施，從策訂計畫、下達命令、部署兵力到指揮作戰，團長均需親自策畫及率部執行。國軍歷年的部隊演習及基地訓練，均以「演訓視同作戰」的實用性設計課目。步兵團或步兵旅（等同團級，轄三個步兵營）都遵照準則的規定，由團、旅長指揮。未聞師長直接對團（旅）屬三個營下達作戰命令者。師長以上長官到達戰場是督戰、指導、鼓舞士氣及提供支援，不是指揮作戰。國軍在仁安羌作戰的部隊只有一一三團一個團，「戰鬥詳報」則指師長指揮作戰，未見記載團長作為，明顯違背準則要義，也不符戰場實況。

《陸軍聯合兵種指揮釋要》指出，指揮要訣在確實掌握部隊，基於明確的企圖「策訂作戰計畫，下達所要命令」[71]，為律定部隊行動的重要規範。因之，指揮官將作戰構想及兵力部署形之於計畫，下達命令一體遵行，成為所屬各部隊分工合作，發揮統合戰力，共同達成任務的依據。其指揮程序

---

70 陸軍教育訓練暨準則發展委員會編審，《陸軍作戰要綱》（桃園：陸軍總司令部，民國八十八年一月一日），頁三—一二。

71 陸軍總司令部頒《陸軍聯合兵種指揮釋要》（桃園：陸軍總司令部，民國八十年六月），頁一—五一。

有一定的步驟，攻擊發起前的重點在偵察地形敵情、召開作戰會議、研討行動方案、完成計畫及下達命令。攻擊發起後，依據作戰計畫率領部隊貫徹執行，攻占目標達成任務。仁安羌作戰時間為十八、十九兩日，檢視「戰鬥詳報」檔案，全卷未見團長計畫或命令，記載均由新三十八師下達。然十八日的計畫及命令，係十七日團長率領一一三團到達賓河北岸時所完成，當時師長還在趕路中，不曾參與計畫策訂，也未下達作戰命令。十九日的作戰計畫，係十八日下午一一三團召開作戰會議時，軍長和師長參與討論。團長綜合大家意見，遵照軍長最後裁示所策訂，並於次日按計畫部署兵力，率部執行。「戰鬥詳報」所載十八、十九兩天的作戰命令及戰鬥經過要圖，兵力均為三個步兵營及英軍支援的戰車、火砲，在參謀作業上屬於團級部隊的規格。而標題則註記為師級的命令及要圖，移花接木難言公信。

史林姆撰寫類似緬戰回憶錄的專書《反敗為勝》，在仁安羌作戰這部分，指國軍缺水而延遲攻擊，意在編造英軍獨自突圍的假象。然從英軍尚存戰力評析，中日雙方戰史記載及國軍是否缺水三方面相互印證，發現所述不符史實。實情為國軍一一三團於十九日四時三十分利用夜暗掩護渡過賓河，拂曉從南岸發起攻擊，激戰竟日，以傷亡逾半的重大犧牲，達成解救英軍的任務。

仁安羌作戰的指揮關係爭議七十餘年，主要沿於新三十八師「戰鬥詳報」為此戰的第一手資料，官方編撰戰史視為重要依據，民間專書、論文及老戰士訪談多所引用。惟「戰鬥詳報」重點記事大多不符史實，造成以訛傳訛，流傳甚廣所致。本文從作戰實務的觀點提出說明，明確指揮關係，兼評史林姆不實記載，希冀澄清疑點，還原歷史真相。

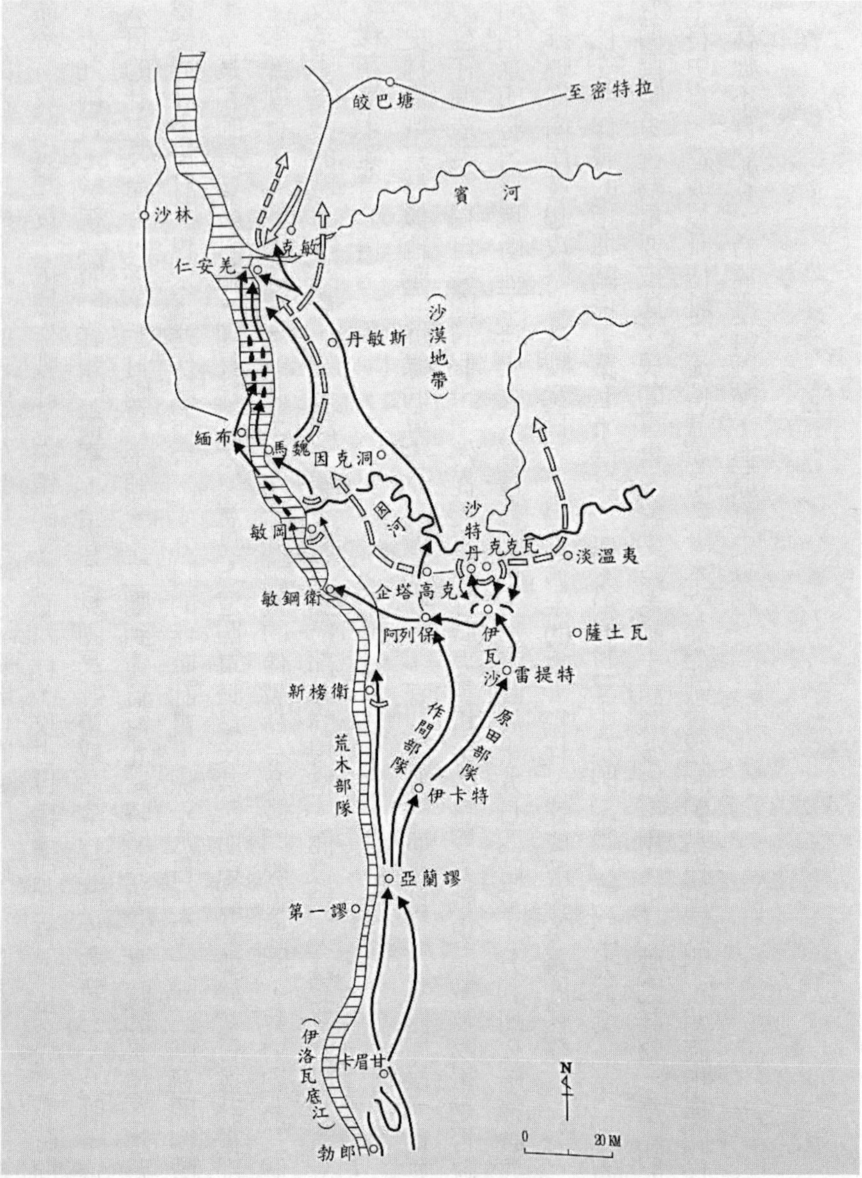

資料來源：國防部史編局譯《緬甸攻略作戰》，頁 511。

附圖一　日軍仁安羌作戰經過概圖

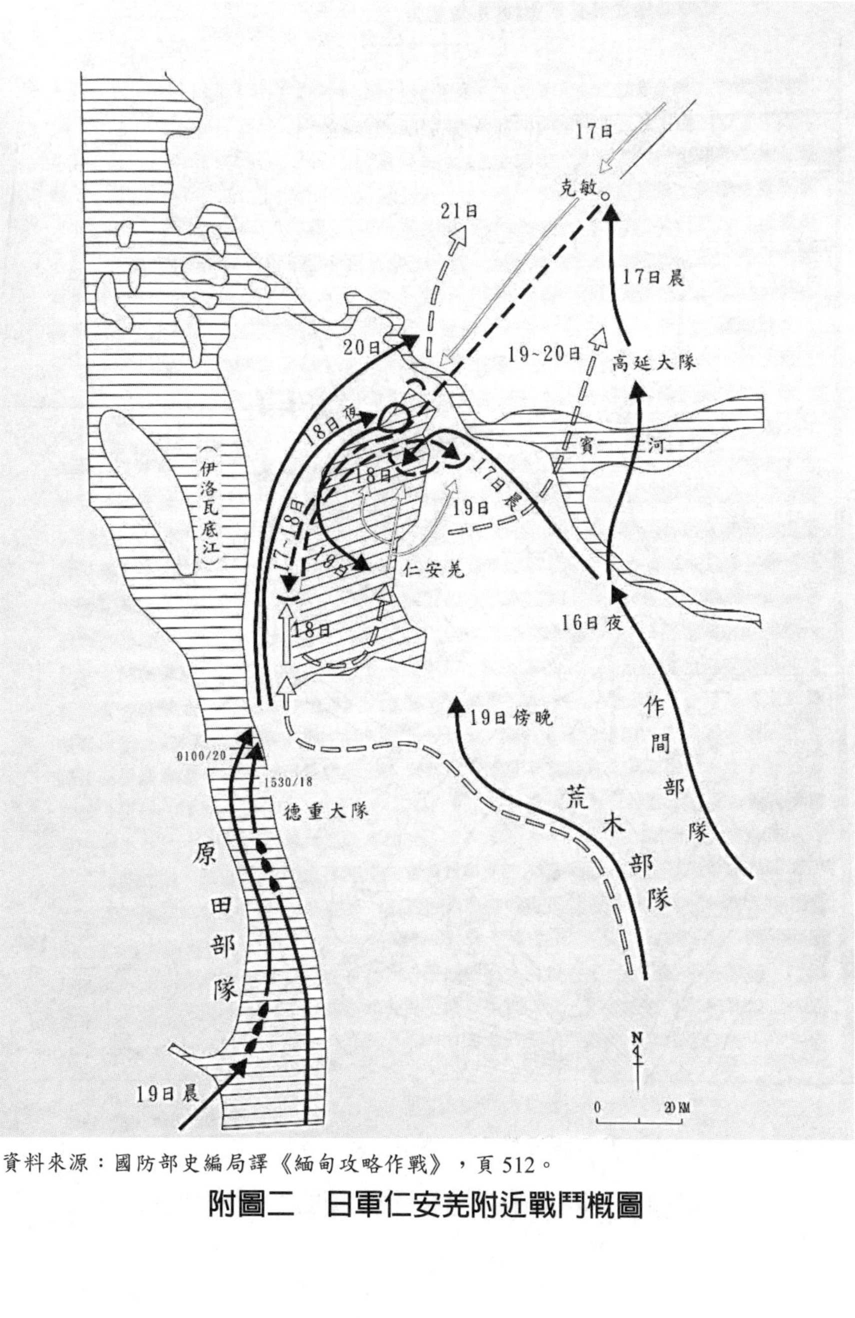

資料來源：國防部史編局譯《緬甸攻略作戰》，頁512。

附圖二　日軍仁安羌附近戰鬥概圖

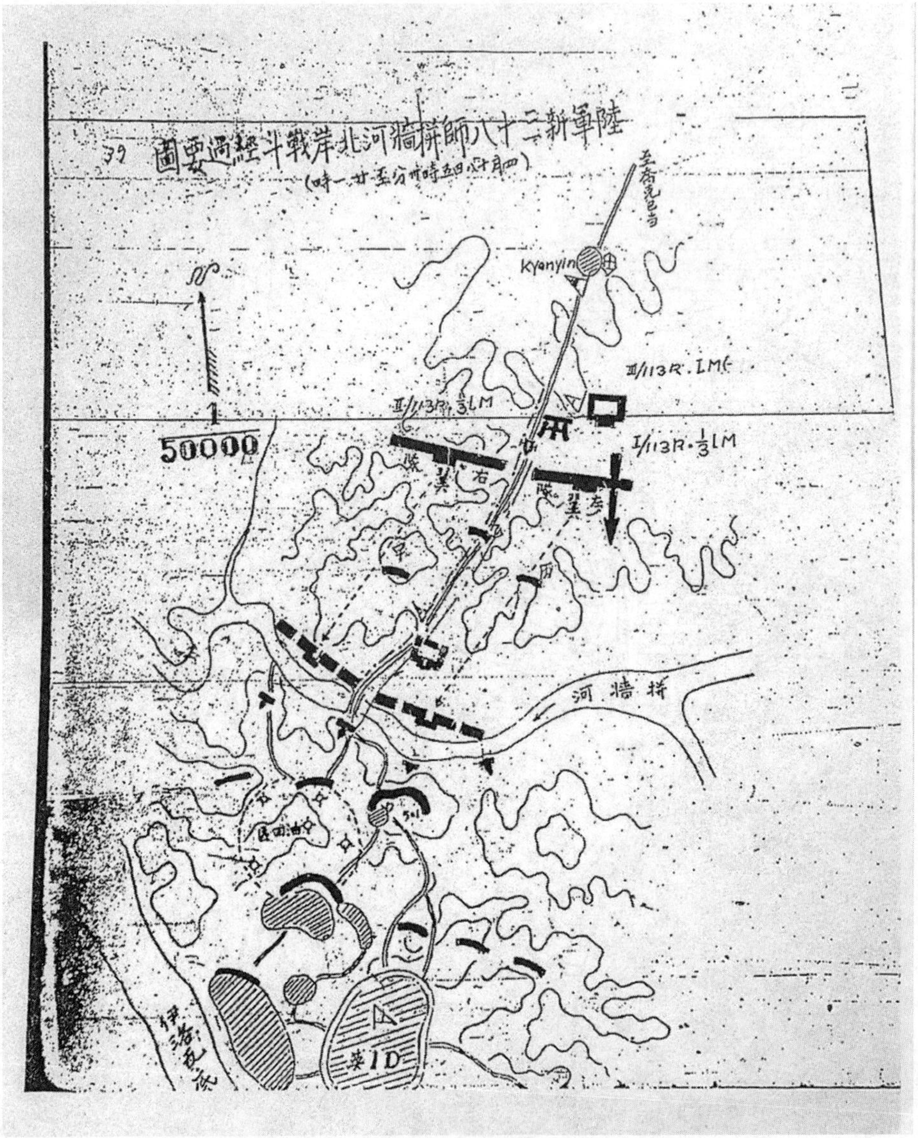

資料來源：中國第二歷史檔案館〈第一次　燕南羌戰鬥詳報〉。

附圖三　四月十八日第 113 團戰鬥經過要圖

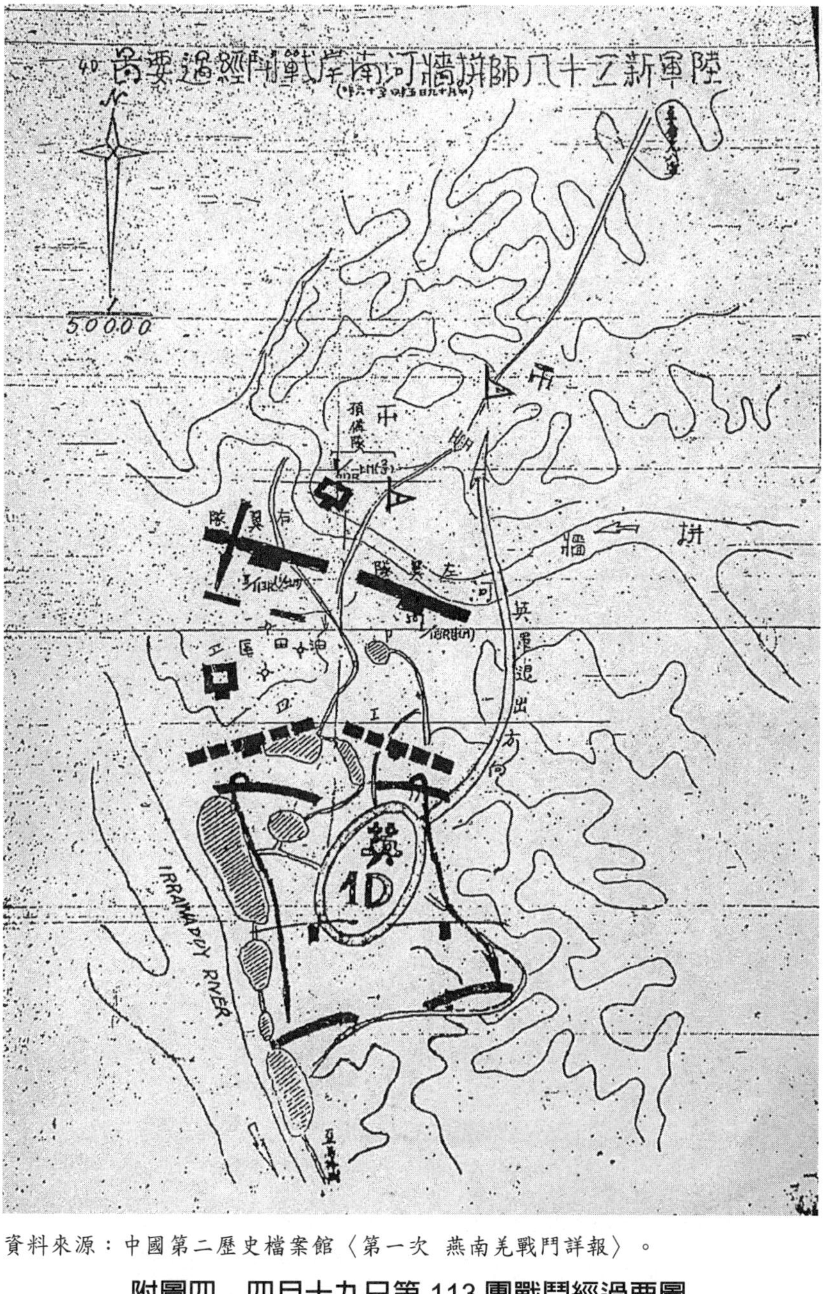

資料來源：中國第二歷史檔案館〈第一次 燕南羌戰鬥詳報〉。

附圖四　四月十九日第 113 團戰鬥經過要圖

小談衢州會戰之起因

——兼述《蔣中正日記》中的相關記載

阮大仁

一、前言

日本在第二期抗戰中之戰略目標有二，其中首要者為切斷中國對外之交通要道，以謀圍困中國而迫降之也。其次則為了保衛其武漢基地之安全。

就浙江省言之，日方在一九三八年內早已攻占及威脅到其臨海地區，國府的浙江省政府乃自杭州遷至金華，此地在靠近浙省西邊的山區中，遠離東海岸。

那麼在沉寂已久的浙江，在一九四二年五月裡，日軍為什麼會集合五萬餘人，去發動一個勞師動眾的中型會戰——「衢州會戰」，以攻擊遠在山區的「三線城市」金華與衢州的呢？

在戰後去回顧此事，可簡述其起因為下列兩點：

1. 此為日方為了報復美國空軍首次轟炸東京之奇襲（一九四二年四月十八日）。
2. 由下文可知，日方誤以為美方之 B-25 機群是由中國的衢州機場起飛的，所以去攻擊此機場。

3.日方在此會戰中實行了細菌戰（生物作戰），造成中國軍民多達二十餘萬人之死亡。不過此是在日本無條件投降後，同盟國根據日方文件才獲知的。在戰時，同盟國並不知道此事，所以本節中所引用的蔣中正日記中也沒有提起。

像杜立德中校率機轟炸東京這樣子的一個小規模空襲，在軍事上並無實質意義，只是在心理上及宣傳上之可以鼓舞人心士氣，大家出了口鳥氣而已。

二、杜立德之轟炸東京

一九四一年十二月六日，日本偷襲美國夏威夷的珍珠港，美日進入交戰狀態。在此事變中，美國的太平洋艦隊幾乎全滅，只有四艘航空母艦因為當天不在場而倖免。

此時美國軍民上下對日本之偷襲行為都是極為憤怒，美軍乃策畫一次奇襲去轟炸東京，以其人之道而還治其人。

美日之間隔了太平洋，雙方既已宣戰，大型艦隊之行蹤也難以保密，而且以當時的飛機性能來說，艦載機也無法使用重型轟炸機。

美方的選擇是把並非艦載機的 B-25 改裝，予以特殊訓練，從航空母艦上起飛。在投彈後，回程時，航母不可能停留在海上等待，因為此時的制海權與制空權是在日本海軍手中。美國的航母在 B-25 機群起飛之後，必須立刻回師，脫離戰場，以求自保。

美方在籌劃此役時，計算了 B-25 機的航程，乃要求中方在浙江與安徽之鄰近區域，修建了三個機場，主要的是衢州機場，其他兩個小機場乃是備用者。可是美方為了保密，並沒有預先通知中方此奇襲之作戰計畫。

美方機群的領軍是杜立德中校，所使用的是海軍黃蜂號航母艦隊，其指揮官為海爾賽將軍。在進襲的路上，美軍意外地遇到了一艘日本漁船，雖然立刻予以擊沉，然而在可能行蹤已經洩漏之情形下，杜立德中校當機立斷，下令起飛，使航母可以掉頭脫離戰場以求自保，因之：

1. 比預定起飛之地點，多出了一個小時的行程，那麼飛機的載油量夠不夠其回程所用的呢？
2. 回程的目的地，中國的衢州機場是這批飛行員從來沒有去過的地方，人生地不熟，容易迷航，導航及油量乃成為兩個關鍵因素的了。

二〇一九年四月二十一日，是杜立德機群空襲東京之七十七週年，美方在舊金山灣區停泊的除役航空母艦「黃蜂號」上面舉行儀式，並發表文章作為紀念。

在引用此文宣之前，先要說明的，是這艘空母並非在一九四二年杜立德機群所使用的那一艘。在一九四二年的珊瑚海戰役中，那第一艘黃蜂號航母為日軍所重創，美軍乃以魚雷自行炸沉之，日前停泊在奧克蘭海軍碼頭的，是第二艘以「黃蜂號」命名的航母，雖然也是在二次大戰中所啟用者，可是那一艘原來的航母則是「名存實亡」的了。

根據這次紀念文宣的資料顯示：

> 從距離日本本土六百五十海哩起飛的美軍機群，共造成日本五十人喪生，二百五十二人受傷，九十幢建築受損或倒塌。

由此可見，此次空襲的效果實在是微不足道的了，只是一時收到了政治上與宣傳上的大快人心而已。

在航母上起飛的十六架飛機，其中十五架損毀，除了在中國戰區被救起的人員之外，美軍五人死亡，八人成為日軍俘虜，五人遭前蘇聯扣押。仁按：

1. B-25 機每架上有組員五人。

2. 此示在十六架中，有一架在迷航中迫降於俄屬西伯利亞。

3. 兩架迫降於中國大陸上的日軍占領區內。

4. 餘下的十三架則降落在中國大陸上的中國所控制的地區內。其中：

(1) 墜毀的十二架，組員由中國軍民搜救而被送回美國。

(2) 剩下的一架，即十六架中唯一倖存的一架，是在起飛後即發現機件故障，所以沒有參加轟炸東京的行動，立即改途飛向中國大陸而安全降落，沒有墜毀。此因該機之油料夠用，以及機上載有經過專案培訓的領航員，因此沒有迷航的原故。

(3) 這架倖存的飛機，恰巧是登載了領航人員的領航機，因為其先已脫隊，以致在完成轟炸後，由東京飛向亞洲大陸之機群乃成迷航狀態，而全部因油料燃盡而墜落的了。

日方在中國戰場中，俘獲了兩架墜落的飛機，日軍卻就地把美軍俘虜予以斬殺處決，以致東京的日本軍部乃只得參考所擄獲的美軍文件去作戰況研判。因為：

1. B-29 機並非艦載機。其起飛與降落所須要使用的跑道太長，通常無法在航空母艦上使用。

2. 機上攜帶了中國浙江衢州機場的地圖等文件。

因之日方東京的參謀本部乃誤判杜立德機群是由衢州機場起飛的，乃發動了一個「懲罰性」的衢州會戰，並且大規模使用「細菌戰」，造成了該地區浙江省軍民的大量死亡，多達二十餘萬人。

與上述此次空襲所造成的東京軍民之傷亡人數去相比，中方為此事所受到損失，二者之間為天淵之別，日方的損失只是傷亡幾百個人。

包括杜立德中校在內的美方人員，除了被日軍俘殺的兩組人員之外，在中國境內各地迫降者都被中國人援救，由浙江省政府安排，送回後方。

順帶說些題外話，此即筆者出生於一九四二年六月（農曆四月），時先父擔任國府的浙江省民政廳長，是省府的第二把手，這個援救美方空軍人員的行動，就是由先父負責的。當時我家住在金華附近的麗水，為了逃難，行車至龍泉而在路上友人家中生下了我。

三、蔣中正日記對衢州會戰起因之相關記載

美方此次空襲東京之舉，並非軍事上之所必須，亦無任何實質意義，這只是一個逞匹夫之勇的「壯舉」，卻造成了衢州會戰，以致中方蒙受了極大的損失。

蔣中正身為軍人，中國的領導者，知道對中國來說，是受了池魚之殃，而且得不償失，所以在其日記中頗有怨言，茲摘錄如下。各條都是在一九四二年寫的。

1. 五月十六日　星期六

注意：一、敵軍明白宣布，向浙江各空軍機地進攻，幸其兵力仍在中國各戰場湊集，而未由東北抽來，當易應戰也。

2. 五月十八日 星期一

研究浙東與滇西各戰場作戰計畫。

3. 五月二十一日 星期四

注意：三、浙東敵寇進攻衢州。

4. 五月二十二日 星期五

衢州守棄之方針，應早決定，如為國際轟炸倭國而強勉固守，已不必矣。

預定：一、衢州各軍後方之指定。

仁按：此時太平洋之制空及制海權都在日軍手中，只靠一個衢州機場去支援美軍轟炸日本，無足痛癢，與大局無關。

5. 五月二十三日 星期六

注意：一、衢州與麗水兩機場，以鄭重考慮之後，決心破壞，不能再以美國預約施用該機場關係，而致我本國軍民之得失成敗於不顧也。若我自動破壞徹底，或可解敵攻衢之意。果爾，則吾計售矣。否則，被敵所占，亦於吾計無損也。

仁按：在一九四四年十一月裡，日軍攻占桂林之前夕，美軍也大規模破壞桂林機場，以免被日方所用。此為交戰時敗方應先做之事，只是因為當時中國缺少此種經驗，蔣先生才會寫在日記中。

6. 五月二十七日　星期三

敵軍抽調在華各戰區精強部隊約五萬人，集中於浙東，進攻我衢州等三空軍根據地，其勢在必得。

7. 五月二十八日　星期四

預定：四、嚴令衢州守備軍，……

據敵廣播，敵軍今晨入金華城，信疑參半。以我守城師主力昨夜已撤向北山，則其城亦有被陷可能。

8. 五月二十九日　星期五

注意：四、金（華）蘭（溪）各城雖陷，然並未決戰，敵如直攻衢州，則彼知我準備充足，非其現力所能必勝。……

小結

衢州會戰是抗戰中的一個小插曲，無關重要，在本書中之稍予提起，是因為：

1. 史迪威在一九四二年的三叉會議中，以此為例來反對陳納德之主張，史迪威認為在中國陸軍尚未訓練完成之前，美方去大舉空襲日本之立論為不妥當的。

2. 當時參加會議，以觀察員身分的宋子文卻表態支持陳納德。其實依照上引蔣日記，蔣中正認為如此之「如為國際轟炸倭國而強勉固守，已不必矣。」（一九四二年五月二十二日）也就是說，蔣的想法是與史迪威是一樣的，只是我判斷在當時宋子文並不明白此事。

本節並不是在討論衢州會戰之經過，只小談其起因，以軍事學之角度去看，美國杜立德率機群去首次轟炸東京，並無實質的重大意義。而日軍之誤判美空軍自衢州起飛去炸東京，因而發動了衢州會戰，也是過度之錯誤反應。

在日軍掌控了制海權及制空權之狀況下，像杜立德奇襲東京之行動，美方只能出其不意地偶一為之。日本陸軍不明白海權及空權，更且在東京受到美方首次空襲之重大心理與政治之壓力下，竟然會使用細菌戰以資報復，並且把俘獲的杜立德機群之組員就地砍頭，這都是極不人道的戰犯行為也。

——二〇一九年三月二十五日於金山

一號作戰我軍敗績原因之研究

阮大仁

引　言

一、此為前後寫了三十年之久的一篇長文

以寫作的時間去區分，這篇長達七、八萬字的長文，可分成兩個部分，前後相隔了大約長達三十年之久，此即：

1. 主體部分是在一九八九年寫成的。

2. 補記部分則在二〇一七年與其後，此部分主要是加入與「蔣中正日記」相關的內容。此因蔣日記是在二〇〇七年才全部被公開的了，在一九八九年時，筆者實無從得知也。

筆者在一九七三年於美國紐約的《聯合月刊》上，發表了「前文」，即〈一號作戰——評梁敬錞的《史迪威事件》及《美軍戰史》〉之後，一直對一號作戰及前後兩次緬戰深感興趣。但是在一九八二年筆者棄筆從商之後，就封筆不再公開發表文章。從一九八二到一九八九的七年之中，筆者與臺北的慶豐集團合作，在美國加州硅谷創辦了「高智公司」。一九八九年則奉調回臺北去參加接辦「國泰信託公司」的工作（後來改制為「慶豐銀行」），到一九九七年因為參加林洋港先生競選

總統的活動而辭職。也就是說，筆者在慶豐集團工作了十五年，其間當然不適合公開寫作政論或史論。在一九八九年奉調回臺時，公司給了我兩個月的「搬家假期」，筆者乃得閒暇撰寫了本文。寫好之後，一直沒有示人，大約在二〇〇七年以後筆者已自商界退休，回到舊金山定居之後，因為甚多的史學界朋友來史丹福大學研讀「蔣中正日記」，筆者乃得認識了許多位史學家。其中有兩位，即是時任中華民國國史館長的呂芳上先生，及中央研究院近史所研究員黃自進先生。其中黃先生是日本慶應大學的史學博士，筆者乃把本文的手寫草稿送呈給呂兄及黃兄，一方面是請其指正，二方面是邀請他們參與此文之寫作，希望黃兄能去查看日方的資料予以補充，然而一直到二〇一〇年，筆者並沒有收到兩位的任何反應。在二〇一〇年筆者參與了一個寫作抗戰史的計畫，乃商請呂兄把上文賜還。此時，承呂兄已經請人把筆者的手寫草稿全文電腦打字，製成檔案，在此容筆者對呂兄致謝，但是兩位並未改動或增添拙稿中的任何文句。

在得到打字稿版本後，到二〇一九年準備出版此書，即《放聲集》之第四輯為止，筆者乃陸續參考了新出之資料，主要是「蔣中正日記」，予以補充。其間承周珞兄閱讀原稿，並多所補正，在此言謝。

二、本文與其他拙作的兩個不同之處

因為本文主要是在一九八九年完成的，而且參考了許多中文及英文之資料，在當時筆者是採用了西方人寫作之方式，全文多予注解，此與在《放聲集》中其他篇文章乃是大不相同。其實自從一九六六年來美留學，筆者得到了數學博士、電腦工程碩士及工商管理碩士，因此對美國學術界的學術論文之寫作模式是十分熟悉的。只是已入老年的我，在寫中文作品時，乃如古代中文書籍文章之作者們不作自註的了，此為筆者在此先予指出本文與其他拙作的第一個不同處。

此外在本文之後，筆者附錄了一個長篇的大事日程表。以說明：

1.一號作戰。

2.第二次緬戰。

3.日本進攻印度之印坊攻勢。

三者各自的進度，並簡要說明三者兩兩之間的相互關係，以分析「史迪威事件」之來龍去脈也。

此即多用注解，以及編寫了大事日程表，是本文與其他拙作不同之處的兩個特徵。

大事日程表之製作，初意是為了幫助筆者去研究此三個戰役，在完成本文後，可以刪去。可是幫助筆者整理本文的兩位女士，即陳蕙文及周雪伶女士，分別告訴筆者，此長表有助於她們對本文的了解，因此筆者乃決定予以保留。讀者中如果有人嫌棄其為累贅，容筆者建議其略去不讀可也。反過來，讀者中如果有人要用此日程表去助其閱讀本文，我建議不妨將之複印一份，一面參考，一面比照去讀，此就像開車時的ＧＰＳ，可以有按圖索驥之功效也。

三、四位作者的分工與合作

本書之主要部分為研究及分析「一號作戰」，其中三位作者各依其所長去分工合作，此即：

1.周珞兄是一位土木工程碩士，長於資料之掌控、分析，尤其是武器方面。其作品是以記載各次戰役之經過為主。

2.傅應川中將是一位軍事專家，曾任中華民國國防部史政局局長，也曾擔任參謀次長。其作品乃是用軍事學之專業角度去分析及研究此「一號作戰」。

3. 筆者是數學博士，一個業餘的史學愛好者，本文之重點是在研究一號作戰中，華軍潰敗之原因，試圖去解答中、美、英、日各國史學界對此戰相關的各種爭議。其中有些爭論，即使筆者至今找不到答案，也會指出來，以供將來有人可以繼續去作研究。

如果拿一本數學書來作譬仿，周珞先生是在寫課本，傅應川將軍是在寫參考書，而筆者乃是在寫習題解答的了。

當然，前面說的只是三位作者的作品中之主要內容，三位各自在發表見解時，也會涉及其他兩人所討論的範圍。這是一本私人著作的史書，並非官史，也不是全史，每一位作者都有權去選擇其作品的題材，有可以寫與可以不寫之處，也可以各作主張，彼此和而不同也。

例如在第一次緬戰中的仁安羌之役，戰史學界就有兩派主張，分別把此役之主要戰功登記在孫立人師長或劉放吾團長名下。在本書中，周珞兄採取了以孫師長為首功之說法，而另一作者張鑄勳中將曾任步兵學校校長，國防大學副校長兼戰爭學院院長，熟諳戰鬥理論與實際戰鬥指揮。他則主張首功應當是劉放吾團長。在寫作本書時，四位作者曾多次研討此事，迄無公認之定論，乃採取兩說並陳，留待後世予以繼續研討可也的態度了。

順便解釋一下，張鑄勳將軍所研究的題目，即在第一次緬戰中，仁安羌之役首功的歸屬，雖然與本書的主題「一號作戰」無關，卻是國軍在二戰史中一個頗為國人關心的爭議。這個戰役的規模不大，對國軍來說，只是一個團級的參預，可是因為下述兩點因素，乃成為戰史界的顯學，此即：①此戰役牽涉到了孫立人將軍，而孫將軍是國軍史上一個甚為受人注目的名將。②這是太平洋戰爭初起時，同盟軍一敗塗地之時，很少的一個打敗日軍的戰例。尤其是有國軍參戰之佳績，令盟軍刮目相看，也為國人所引以為傲者也。張將軍的宏文雖然與「一號作戰」無關，在此特予點出，也是在設法去解決一個戰史上的大難題也。

四、小結

一號作戰是八年抗戰中最大規模的戰役，不論從時間（一九四四年四月到一九四四年十二月），戰線的長度（從華北的河南省到西南的貴州省，其間經過了河南、湖北、湖南、廣西與貴州等省，超過一千公里長），以及雙方參戰的兵力去計算，這都是一場「曠世大戰」。中方之慘敗，造成了英美之轉向蘇俄，要求俄方在東亞參戰，出兵去進攻中國的東北及內蒙地區，以求迅速擊敗日本。試看，「一號作戰」是在一九四四年十二月結束的，英美俄三國元首則是在一九四五年二月於俄國的雅爾達密會，訂立了《雅爾達密約》，以決定戰後的歐亞大局。

在《放聲集》第三輯，即《蔣中正日記中的抗戰初始》之中，於其一六三頁，即在第二編「八年抗戰是怎樣勝利的」之第一章〈中勝日敗的必要條件〉之引言中，筆者曾說：

在一九三八年十月的武漢會戰之後，日本無法攻進四川，因之抗戰乃轉入第二期，一直到一九四四年四月的一號作戰（即我方稱為豫中會戰）為止。在此為時長達六年多的時間裡，中日之戰乃成為膠著的僵持狀態，中方已居於兵法上所謂的「先為不可勝而後勝」的優勢狀態。

這只是中勝日敗的必要條件，並非充分條件，也就是說，中方在棋局開始的時候，定石棋下得好，是使得日方不能取勝的原因。可是僅僅如此，也不足以使中方取勝，雙方可能成為長期對峙的僵局。至於使日方落敗的充分條件也就是盟軍在美國麥克阿瑟元帥的領導下，在西南太平洋戰區打敗了日軍。至於在一九四五年八月，美方在日本本土的廣島及長崎丟下了兩個原子彈，以及俄國撕毀了長達四年的《日俄中立協定》，突然進攻日本駐在中國東北地區的關東軍，因此促使日本立刻宣布無條件投降。此種「屈原」與「蘇武」的兩個行動，只是這盤棋局的收官棋，此因在一九四五年八月，日本投降已成定局。此時德國與義大利已經無條件投降，盟軍把歐洲戰區的軍力轉移到亞洲來，日本已經無力抵抗，只是因為：

1. 英美等國重視其本國軍民的生命，極力希望減少進攻日本時，英、美本國軍人的傷亡。

2. 英美從歐洲調動兵力到亞洲，必須經過海路，費時費日。

3. 俄國的本土橫跨歐亞，俄軍從歐洲到亞洲，可以經由西伯利亞鐵路，是內線作戰，比較英美更為迅速與方便。

4. 在一九四四到一九四五的一號作戰中，中國軍隊全面潰敗，使得英美必須借重俄國的力量去儘快結束與日本的戰爭。

本章的目的重點只是在研究中日戰爭中，中勝日敗的原因，因此本書只專注於在一九三七年到一九三八年，中日於開戰時，中方所採用的三個指導原則之何以會造成中勝日敗的原因，並不討論上述的其他事項。

這本書，即《放聲集》的第四輯，則是在補充說明第三輯拙作中，未予說明的部分，由三位作者合力去寫的部分，即為研究「一號作戰」者，其重點即在分析此戰對八年抗戰之第三期（一九四四年四月到一九四五年九月）所產生的影響。

至今為止，各國（中、美、日、俄等）的史學家對日本宣布投降的原因有所爭執，右派認為是

「屈原」——美國在日本的廣島與長崎二市投下了原子彈。左派則認為是「蘇武」——俄國之出兵東北及內蒙。

日方在一九四四年內，即大約在投降前一年，其國內即出現了求和（或投降）之主張者。可是因為美方堅持日方為無條件之投降，而日方主和者希望在戰後能保留天皇制度，因此無法談攏。

在一九四五年春天，即《雅爾達密約》已簽訂後，日方並不知道其內容，而蘇俄也一直信守其與日本之「中立條約」。此約是在一九四一年四月簽訂的，日本史家稱之為「互不侵犯條約」，而俄方（以及中方）則稱之為「中立條約」，兩者的意義當然不同，因為此非本文之重點，在此暫不討論之也。

因之日方大本營，尤其是陸軍方面之強硬主戰一派，仍繼續力主頑抗美國所領導的盟軍，其作戰構想乃是在最後關頭，移國中國大陸與盟軍在大陸上作決死戰，時間訂為在一九四六年內。可是當俄國出兵東北之後，日本陸軍之大戰略乃被粉碎，此因日軍退入中國大陸之通道已被掐斷。

在美國投了原子彈後，日本大本營並未為之召開決定和戰的御前會議，由天皇所領導的主和派雖然動作不斷，但是尚未取得軍方（尤其是陸軍）之支持，可是在俄軍參戰後，日本陸軍中之主戰派才徹底認輸，在御前會議中，決定同意向同盟國無條件投降。陸軍方面出面之代表人物，即陸相阿南維畿大將，在御前會議中簽字同意投降後，沒有等到日方正式向盟國投降，當天回家後，即在官邸中切腹自殺。

因之，日本宣布投降時，壓死駱駝的最後一根稻草應該是俄軍之參戰，攻入東北，擊敗了關東軍，粉碎了日本陸軍移國大陸之決戰構想也。

對中國來說，「一號作戰」之影響，最大者莫過於因之所產生的《雅爾達密約》，並由此幫助了戰後中共之取得政權，打敗了國府。不過在抗戰結束之後，從一九四五年到一九四九年的國共內戰之研究，已經是超越了本書內容的範圍，就此打住了。

二〇一八年十月於金山

前言

日軍在一九四四年四月十七日發動了「一號作戰」，戰線長達一千四百公里，為時九個月，是八年抗戰中規模最大，為時最久的一次戰役。國軍戰史中以時間先後為序，由北到南，將此戰役分別稱為豫中會戰、長衡會戰、桂柳作戰與湘粵贛邊區作戰四個部分。

在此一號作戰中間，我軍除了在衡陽一役之外，潰敗過速，造成東戰場的空前危機。此時控制了我入緬遠征軍的美國史迪威將軍拒絕回師馳援，反而力爭我全國陸軍之指揮權，與主張使用中共部隊攻擊武漢，及將防共之胡宗南部隊南下馳援雲南，使蔣委員長對史迪威更為不快，遂爆發了國民政府要求召回史迪威之事件，使中美關係因之陷入低潮，而其影響實為深遠。

此戰役牽涉到中美英日四國，其成敗功過，眾說紛紜，而且各國史家莫不推過據功。例如在一九七一年內，即此次戰役結束後的二十六年之後，梁敬錞著《史迪威事件》，與同年美國塔克曼女士所著之《史迪威與美國在華之經驗》一書，對東戰場潰敗之責任何屬，即有南轅北轍之立論。

其間爭論之重點如下：

一、由陳納德率領的美國十四航空隊對日軍的攻擊，是否為招致日軍發動一號作戰的原因？

二、史迪威對華北及華東戰場，我軍潰敗應負的責任何在？

三、我軍在「一號作戰」中敗績的原因？

四、印坊作戰與一號作戰的關係，以及史迪威招致印坊攻勢的責任。

本人並非戰史學者，亦非軍事學家，只是以平時的讀書心得，草成此文，提出本人對上述四點的淺見，以供讀者參考。因為本人不懂日文，有關日方的資料取材於中英文的文獻，因而可能有錯誤，亦望高明指正。

第一章　戰役緣起與戰前情勢

第一節　一號作戰前中國戰場之膠著狀況

在一九四一年底，太平洋戰爭發生之後，到一九四四年的「一號作戰」為止，日軍在中國戰區採取以攻為守的方略。其每次攻勢均為有限目標，主旨在阻止我軍反攻，[1]並求削弱中國作戰力量，準備轉為長期持久之態勢，期以南方（中南半島及南洋）作戰之成果，迫使中國政府屈服。[2]

從一九三七年的七七事變到一九四一年四月日本與蘇俄簽訂《中立協定》為止，中國抗日之外援，主要是依靠蘇俄之軍援與經援。[3]日蘇既然簽約，俄援終止，我國軍事委員會即有日軍伺機南

---

1 李則芬著《中日關係史》，臺灣中華書局出版，頁一六二。

2 蔣緯國總編著，《國民革命戰史　第三部　抗日禦侮》，卷八，頁八—一八三三。記載日本大本營陸軍一九四一年一月所定之「對華長期作戰指導綱要」。

3 Atichen K. Wu, *China and Soviet Union, A Story of Sino-Soviet Relation*, pp.268-270.

進之判斷，策立戰爭指導大綱。其方針為「保守基地，力圖持久，奠定內部，爭取外援，尤需振刷軍政，自立更生，伺敵南進，再轉攻勢。」[4]等到八個月以後，也就是在一九四一年十二月，日本偷襲珍珠港，中國乃成為同盟國之一員，與英美澳等二十六國共同抵抗軸心國德義日，遂不再陷於孤立抗日之困境。我軍事委員會乃採取「速續實施局部攻勢，使日軍不能抽兵南進，以減輕敵人對盟軍之壓力」之方略。[5]

易言之，在日軍發動一號作戰之前，中國戰場雙方已成膠著狀態，為時長達三年多之久。其間日軍全力南進南洋，與英美澳等國作戰，而我軍亦只採取局部攻勢，以空間換取時間，以等待盟國之總反攻。

在此三年多中間，我軍應付日軍之進攻，有二種方策：

一、因各種原因，我軍非堅守一地不可者，則退至該處，堅守待援，予以反包圍，例如防止日軍奪去湖南秋收的常德會戰。此種方策有時不克堅守，亦絕不放棄正面，必然逐點抵抗，例如為阻止日軍奪去浙東衢州機場的衢州會戰，以及防守三峽阻止日軍入川的前後兩次鄂西會戰等。

二、在日軍攻擊時，放棄正面，持退卻防禦，誘敵深入，待其補給線過長，或從旁側擊，或反攻之，例如前後三次長沙會戰、豫南會戰等。

在此期間，日軍採取有限目標，以攻止攻的戰略，並不以占領土地為目的。因此在完成以攻為守之目標後，即使參戰部隊受到嚴重損失，被逐退後亦不再持續進攻，只求恢復戰役前之敵我狀況

4 同註2，頁八一—一八二八。
5 同註2，頁八一—一八三三。

而已。

更有進者，在此三年多之中，雙方戰役多半集中在長江流域及其南方。此因華北戰場為黃泛區，而且我軍聚集糧秣困難，並無反攻企圖，日軍自無庸採取以攻止攻之手段也。

筆者認為這是「一號作戰」我軍潰敗的主因之一，也就是日本忽然一改三年多之一貫手法，在華北戰場及長沙地區打了一個持續性、以攻占地區為目標的大型戰役「豫中會戰」與「長沙會戰」，事出我方意料之外，我軍應敵之戰略戰術遂有錯誤。我軍令部一直等到日軍在一九四四年六月下旬攻擊衡陽時，方才警覺日軍此次作戰是為了要打通縱貫中國大陸之鐵路線，將要進攻廣西，然此時為時已晚矣。

第二節　日軍在「一號作戰」的四個目標

日軍對華作戰，因其國小人少，無法全面占領中國，只能局部占領重點城市與長江、黃河及各鐵路線等交通線。並設法占領中國沿海的各重要港口，封鎖中國對外的海路交通，以求迫降中國。

在一九四三年底，日軍草擬「一號作戰」計畫的時候，日軍除了迫降中國的目標尚未達成以外，上述各點均已做到（詳見後文本章第四節）。然而日軍之所以仍需發動「一號作戰」，並非只為了征服中國，而是為了配合其在太平洋戰場的敗局。按日軍在一九四三年內，在太平洋戰場連戰皆北，制空權與制海權逐漸喪失，不但日本本土之安全受到威脅，其在南洋之派遣軍一向依靠海運補給，亦將有被切斷而成甕中鱉之勢。此時日軍大本營為了未雨綢繆，遂擬定「一號作戰」之計畫，於一九四三年十二月三十一日提呈御前會議，由日皇親自裁可，交其中國派遣軍總司令部執行。其作戰

命令要點為：[6]

一、阻止美軍 B-29 機使用桂林、柳州之基地以轟炸日本本土。

二、占領桂林、柳州區域，因預期盟軍將自印度及雲南進攻在華之日軍。

三、因海上聯繫之日益困難，縱貫大陸之鐵路必須打通，以重啟對南方日軍之陸上補給線。

四、摧毀國軍骨幹，加速重慶政權之崩潰。

因此日軍發動「一號作戰」的目標有四個，其間孰輕孰重，是中美史家紛爭不已之焦點，也是史迪威事件之重心。更有進者，雙方為了加強自己的論點，各自把日軍目標稍加增減，以支持己說。有關此部分之討論，我會在下文中予以列表說明之也，此處只是要先指出來的，是奉大本營命令執行「一號作戰」的日本中國派遣軍在擬定作戰計畫時，也將此四項目標依照其本身之需要而有了主從之別。此舉使中美史家對日軍發動「一號作戰」之原因，尤其是陳納德的十四航空隊是否是招致日軍大舉進攻的主因之一，更起爭論了，詳見下文。

第三節　日軍要打通大陸鐵路線的兩個原因

我認為日軍「一號作戰」中的四個目標之中，以打通中國大陸鐵路線為最主要。因為第一與第二目標，即阻止美軍 B-29 機使用桂林、柳州基地，以及占領桂柳區域，以防阻盟軍反攻，都可以

6 譯自 Hattori eds, *Strategic Decision from Imperial General Headquarter to the Commander-in-Chief of the Japanese Expeditionary Army in China*, p.247. 即大本營下達日本支那派遣軍總司令之作戰指令。此段是由英文還原成中文，並非由日文直譯者。

看成第三個目標即打通鐵路線之副產品。蓋桂林、柳州都位置在鐵路線上，如欲打通鐵路線以支援中南半島的日軍，必須占領桂柳也，如此則第一與第二兩個目標就順帶達成了。

至於第四個目標，即摧毀國軍骨幹，加速重慶政權之崩潰，實為空泛之言。事實上，在一號作戰中的三個戰役中間，日軍只有在長衡戰役中達到了摧毀我野戰軍的目的。其他兩個戰役，豫中會戰裡，因為我軍主力的湯恩伯集團避開敵軍正面，所以戰力仍舊完整。至於在桂柳作戰中，因我軍大舉入緬，而史迪威又拒絕將之調回，日軍亦未捕捉到我野戰軍主力。因此以摧毀國軍骨幹言之，日軍的作戰目標不但過於空泛，而且以我軍一向採取的持久戰略，日軍亦很難成其功也。

當時中國大陸的鐵路有兩條南北方向的主要道路，東路接近海岸容易被美軍切斷，而且其中的浙贛路是輕軌，所以日軍想要打通的是深入中國內陸的西線，即由平漢、粵漢、湘桂路而通往中南半島。

日軍這個構想是大膽而且不切實際的，這條貫通中國大陸的鐵路線深入內陸，側面暴露在我軍正面，許多地區與我軍鄰近，南北長達一千多公里，日軍如何能維持其長期通運之無阻礙？日軍這個構想，充分顯露出高估自己的輕敵心態。

蔣百里將軍在〈日本人——一個外國人的研究〉這篇文章裡曾指出來：

> 日本陸軍的強，是世界少有的，海軍的強，也是世界少有的，但這兩個強加在一起卻等於弱，這可以說是不可知的公式，也可以說是性格的反映。

他的意思是說，日本因為海陸軍的戰略目標不能一致，而日本人又是各自為政的本位主義，兩強遂相互抵銷。

在一九四三年秋天，日軍大本營草擬一號作戰計畫的時候，日本海軍在太平洋已居劣勢，本土也受到美國空軍的威脅，可是日本陸軍不服氣，仍想在亞洲大陸與美軍作決死戰。有一部分陸軍將校主張移國中國大陸，必要時放棄日本本土，而在大陸上與遠隔重洋，勞師遠襲的美國打持久戰。這種移國大陸、匪夷所思的想法並非創見，遠在中國明神宗時代，西元一五九三年左右，日本執政者「太閣」豐臣秀吉派兵侵略朝鮮（韓國），與明朝的援軍作戰，明軍戰敗。豐臣秀吉當時即有計畫在滅亡中國以後，把日本的國都遷移到中國浙江省的寧波。[7]

由中國歷史去看，外來征服者滅亡中國之後，也多半移國中國，例如元朝與清朝之定都北京。所以豐臣秀吉有這種想法，倒並非是異想天開，只是他想定都於寧波，可能是使絕大多數中國人為之莫名其妙。當時中日交通全靠帆船，在太平洋洋流與季候風的影響下，中日之間的貿易站在中國云之，是浙江與福建沿海港口，反而不是與日本位置相近的華北各港口。所以豐臣只知寧波之繁華，並不知北京、南京等地遠比寧波更為重要也。同理，明朝的倭寇多半發生在中國南方的浙江與福建沿海，而不是在華北。

日軍之所以要打通縱貫中國大陸的鐵路線，我認為一方面是像其一號作戰命令中所說的，以支援對南方日軍之陸上補給線。另一方面，以未慮勝，先慮敗的東方兵學思想去看，未嘗不是在替南方的遠征軍找一條退路，以免被中美盟軍切斷，是在必要時能把伸出去的拳頭縮回來。只是這種守勢心態的敗戰思想，在東方的軍界裡是不能在事先說明的，也不會明文寫在作戰命令裡面。更且這

7 詳見李則芬將軍著，《中日關係史》，臺灣中華書局，頁一八〇。

是日本陸軍不信任其海軍有撤退南方陸軍的能力，以雙方之間的長期矛盾去看，當然也不便在事情還沒有發生的時候，就早早明白提出指責的。陸軍只有自求多福，先安排南方軍在陸上的退路。[8]如果只以攻勢心態去看日軍打通大陸鐵路線的行動，是剛不可久的。先不談鐵路會否受到我國軍民的破壞，《美軍戰史》也指出來，以當時日軍的鐵路運輸能力去計算，戰後日本防衛廳戰史室的人員也同意，日軍當時並無法用鐵路去長期補給支援其南方軍的。

第四節　日軍切斷中國對外交通之努力

中國資源未盡開發，國防工業基礎亦甚薄弱，必須自外國輸入物資，尤其是軍事裝備戰略物資，才能支持長期抗日。日本地小人少，國力不足以全面占領中國，而對中國勝也好，敗也好，就是不與你講和的長期抗戰的政略戰略，日本只有加緊切斷中國的對外交通，阻止中國取得戰略物資，以求迫降中國。

一九三七年七七事變發生之後，到一九四五年日本投降為止，中國對外交通的孔道有下列四處：

一、英屬香港：日本於一九三八年占領廣州，斷絕中國與香港的交通。

二、滇越鐵路：出海口是法屬越南的海防市。輸入中國的物資自河內、鎮南關、南寧、桂林輸送到華東與華南。一九三九年的桂南會戰，日軍占領廣西省的南寧與龍州，中國乃將物資改由海防、

8　在二〇一二年所出版黃自進教授之大作《蔣介石與日本——一部近代中日關係史的縮影》中所指出來，在制定一號作戰計畫時的日本陸軍部作戰課長服部卓四郎大佐，於戰後在一九六五年出版之著作中，對為何要發動湘桂大戰，提出解釋。黃氏並引用蔣中正〈抗戰七週年紀念告全國軍民書〉：「就是要打通粵漢與湘桂兩線，為他在緬甸，在越南，在中南半島，以及孤懸在南洋海上的各處寇軍，闢一條敗潰時逃生的退路。」此即證明了這項推測。

河內經雲南省的昆明北運。一九四〇年六月，法國向德國投降，日軍在九月間進占法屬越南的河內與海防，切斷中國經滇越鐵路的對外交通。同時在我軍反攻之後，日軍乃撤出南寧與龍州，蓋對我國言之，滇越鐵路已因失去了出海口而不生作用，因之，南寧與龍州的戰略價值已經消失，日軍不必孤軍深入繼續占領此二城市矣。

事後回顧，日軍之進入法屬越南，對日本來說是個大錯，因為此舉造成了美國對日本全面禁運戰略物資之制裁，此為一九四二年十二月日本發動西南太平洋戰爭，去偷襲美國珍珠港之遠因。美方之所以要迫使日方自越南撤出，是因為日本的飛機利用越南的機場，可以進攻英國在新加坡及美國在菲律賓之主力軍隊。事實證明，在日軍掀起太平洋戰爭時，日方派出的魚雷機隊去馬來西亞沿海擊沉了英國海軍的主力艦（威爾斯親王號），及另一艘重巡洋艦，此為英國遠東艦隊的主力，這些日本魚雷機隊就是從越南的機場起飛的。此示日本陸軍不明瞭海權方面之考量，只以切斷滇越鐵路為目的。日軍之切斷滇越鐵路，由一端（中國之桂南地區）移到另一端（越南河內），對日本陸軍言之，當然以進軍河內較為方便，可是日本陸軍不了解此舉對海權及空權所造成之影響，導致美國對日本採取全面的經濟制裁，而全面禁運戰略物資給日本，以致最終造成美日開戰的了。

三、西北走道：一九三七年八月，也就是七七事變中日開戰後的一個月，中國與蘇俄在南京簽訂《中俄互不侵犯條約》，俄國援助國府抗戰，物資經由中國的新疆、甘肅、陝西而到達內陸。一九四一年四月，日本與蘇俄在莫斯科簽立《日俄中立協定》。六月間，德國攻擊蘇俄，俄軍大敗，自顧不暇，遂停止援華，西北走道因之荒廢。

四、滇緬路：七七事變之後，英美並未積極援助中國抗日，而是兩面都做軍火生意。德國發動歐戰，法國與荷蘭亡國，英國自身難保，在東南亞白人殖民國家中，只有美國尚有能力與日本抗衡。

此時美國總統羅斯福深恐中國向日本屈服，則日本可以全力進攻南洋，威脅到英美法荷等國在東南亞之利益，因此以日軍進入越南為藉口，乃在一九四〇年一月採取對日本禁運戰略物資之政策，以迫使日本自中國退兵。一九四一年十二月八日，日本偷襲珍珠港，美日開戰，中英美三國乃在重慶舉行軍事會議，決定日軍如侵入緬甸，中國即派遣陸空軍入緬，美國負責供應中國戰略物資，[9]以緬甸之仰光為海口，經由鐵路與公路北運。日軍在一九四二年春天占領仰光，國軍亦入緬助戰，中英美盟軍為日軍擊敗，退入中國與印度，滇緬路遂被切斷。

因此自從一九四二年春天，滇緬路被切斷之後，中國對外的海陸交通已被日軍全部切斷。在一九四四年春天，日軍發動一號作戰的時候，美國援華物資是經由印度空運中國的四川與雲南，需飛越世界最高的喜馬拉雅山區，運輸量低而費用昂貴，每個月不超過四千噸，美國空軍之運輸機群所以被迫採用這條「駝峰航線」，是為了要避免日本的戰鬥機之襲擊。當時日本在北緬的密支那市有一個機場，是日軍位置在最北面的空軍基地。美方乃被迫將運輸機的航線北移至駝峰地區的了。

因之在即將發生的第二次緬戰中，當史迪威率軍攻下密支那機場，還沒有攻下密支那市之時刻，美方即把他升成四星上將也。在這四千噸物資中，由中美空軍各占百分之二十，即八百噸，美國空軍中則十四航空隊陳納德所部占七百噸，成都機場 B-29 機群占一百噸，比數為七比一，剩下的百分之六十則由美國陸軍的史迪威將軍控制，等於凍結在昆明。[10]此不但對中國抗戰而言，實為杯水車薪，而且亦造成史迪威與中美空軍與中國陸軍的重大衝突。中美雙方久欲重開中國對外的海

9 李則芬將軍著，《中日關係史》，頁六〇四。

10 同前，頁六一三。

陸交通，中國參謀本部有兩個構想，以白崇禧為首的一派人士主張反攻廣州，以廣州灣為出海口。另一派則主張打通滇緬路，反攻緬甸，以仰光為出海口。可是在一九四三年一月的卡薩布蘭卡會議中，由於英國反對反攻全部緬甸，盟軍乃改用局部反攻緬北之策略，建築雷多公路，以連接中國雲南省與印度，並加強駝峰之空運。

英國在此會議中之反對反攻全部緬甸，是因為當時英軍受困於歐戰，無力顧及亞洲戰區。如果在此時借用中美之力量去收回緬甸，則戰後緬甸必定會脫離英國宣告獨立。此示英國在大戰略上絕不肯捨己救人。由此可見，在三叉會議中，中國由宋子文出面去支持史迪威的主張，一如前述是一個對中方自身不利的舉動。

一九四五年一月，中英美三國反攻緬北成功，雷多（史迪威）公路完成，由陸路運入之物資裝備才有大量增加，由油管輸入之油類，每月為五萬四千噸。另外因為我軍攻占日方在北緬密支那之機場，解除了由印度空運中國的威脅，空運線遂能南移，以避去駝峰之高山，運輸量亦增至四萬六千噸。由於此類物資之供應，使中國得能裝備三十五個步兵師及若干特種部隊，迅速恢復戰力。[11]

日軍在中日戰爭裡封鎖中國對外海陸交通的努力，在一號作戰之前，綜合前述，可有下列之里程碑：

一、一九三八年占領廣州，切斷中國與香港的陸海交通。

二、一九四〇年九月，日軍進駐法屬河內與海防，切斷滇越鐵路。

三、一九四一年四月，日本與俄國簽訂《中立協定》，同年六月，德國攻俄，俄國停止援華，

11　何應欽將軍著，《八年抗戰與臺灣光復》，頁九二。

日本乃得切斷中國的西北走道。

四、一九四二年春天，日本攻占緬甸，切斷滇緬路。至此中國乃成鎖國，其對外陸海交通全被日本切斷，此種情況一直延續到一九四五年一月，盟國造好雷多（史迪威）公路，銜接中緬印三國，中國才恢復對外的陸海交通。而日本在一九四五年九月即向盟國投降，中國光復沿海各省，雷多公路只使用了八個月，又告荒棄。

第二章　史迪威與陳納德對進攻日本本土不同戰略之爭論
——兼評史迪威對陳納德招致日軍進攻之指控

第一節　中國派遣軍與日本大本營之歧見

日本大本營在一九四三年十二月三十一日的御前會議中決定發動「一號作戰」，由日皇親自裁可，交由其中國派遣軍總司令執行。其作戰命令要點為：[12]

一、阻止美軍 B-29 機使用桂林、柳州之基地以轟炸日本本土。

二、占領桂林、柳州區域，因預期盟軍將自印度及雲南進攻在華之日軍。

三、因海上聯繫之日益困難，縱貫大陸之鐵路必須打通，以重啟對南方日軍之陸上補給線。

四、摧毀國軍骨幹，加速重慶政權之崩潰。

12 見第一章註6。

日本中國派遣軍總司令部依據此作戰命令四項要點擬定作戰計畫概要時，所擬的作戰方針如下：

一、中國派遣軍應於一九四四年春夏，先由華北方面，次由武漢地區及華南地區，分別開始進攻作戰，擊破敵軍，尤其中央軍。先占領並確保黃河以南平漢南段沿線要地，次占領並確保湘桂路及粵漢路沿線要地。

二、在狀況許可範圍內，應於一九四五年一、二月左右攻略南寧及其附近，打通並確保桂林至諒山道路。

三、隨作戰之實施，應努力修復平漢路南段及粵漢路，並應於狀況許可範圍內，努力修復湘桂鐵路。[13]

讀者如果把日本大本營的四項目標與中國派遣軍的三點作戰方針作一比較，可以從下表發現雙方的歧見。

13 錄自蔣緯國編著《國民革命戰史 第三部 抗日禦侮》，卷八，頁二一。

大本營作戰目標	派遣軍作戰方針	說明
阻止美軍 B-29 機使用桂林、柳州之基地以轟炸日本本土。	並未提及此點。	依照後文，派遣軍司令部與大本營對 B-29 機基地之位置有不同的推論。
占領桂林、柳州區域，因預期盟軍將自印度及雲南進攻在華之日軍。	只說占領湘桂路，此包括桂林、柳州在內，並未提及或強調此二地。	派遣軍之作戰方針在於打通鐵路線，不在於阻止盟軍反攻。
打通縱貫大陸之鐵路線，以重啟對南方日軍之陸上補給線。	要打通縱貫大陸之鐵路線，即平漢、粵漢及湘桂路之沿線要地，並予修復平漢路南段及粵漢路。然而作為重啟南方日軍陸上補給線之重要步驟——即修復湘桂路與打通並確保桂林至諒山道路，在此被列為次要目標，只是「在狀況許可範圍內」去達成，並非必須達成者。	由此可見，大本營對一號作戰的企圖是配合整個太平洋戰區的需要，而且是以補給中南半島的日軍為主要目標。派遣軍則是想打通中國境內的縱貫大陸鐵路線，把華北、華中與華南三個方面軍連接在一起，至於支援南方（中南半島）的日軍，只是次要目標，這是派遣軍本位主義作祟。此因到發動一號作戰之前，在六年多之中，日方進攻中國之軸線一直是由東往西，其重心為武漢。此時因十四航空隊已控制長江沿岸之制空權，日方必須打通南北向之平漢鐵路以補給武漢之日軍基地。因此即使日方此戰不能打通縱貫中國大陸之鐵路線以補給南方中南半島之日軍，就日方中國派遣軍之立場去看，也要設法打通平漢線也。
摧毀國軍骨幹，加速重慶政權之崩潰。	擊破敵軍，尤其中央軍。	派遣軍已了解中日戰爭已非僅僅可用軍事手段解決，並不把戰役勝利與重慶政權崩潰合二為一。

第二節 中美史家對日軍作戰目標之記述不同

一號作戰造成了我軍在華北及華東戰場之潰敗，更因之爆發了國民政府要求美國召回史迪威將軍的事件。中美史家為了替本國政府的政策辯護，相互指責對方政府應負招致日本挑戰的錯失，至今尚無定論。

在日方發動「一號作戰」之前，中國戰區已成膠著狀態長達三年半之久，日方為什麼忽然打破慣例，發動此一戰役？中美史家對日軍大本營的作戰目標乃做修改，各自提出不同的詮釋來支持己方之立論，今分別記述如下：

梁敬錞在《史迪威事件》中第二四二頁引述抗日戰史之記載為：

一、占取美空軍 B-29 桂林、柳州之基地。

二、防阻中國軍隊反攻。

三、確保中南半島之交通。

以此與前述日軍作戰命令比較，梁氏省略了第四點，即「摧毀國軍的骨幹，加速重慶政權的崩潰」。

《美軍戰史》[14]之記載為：

一、占領華東各機場，以防止日本本土之被空襲。

進一步研究指出，日軍因十四航空隊攻擊其補給線，其支那派遣軍認為局勢嚴重，因此以占領華東機場為目標，此是陳納德戰術飛機之基地，而未來極可能為 B-29 機所使用。

14 Romanus and Sunderland 主編，美國陸軍部戰史 *Stilwell's Command Problems*，頁三一六。

二、阻擾中國軍隊在華南之反攻。

三、打通陸上交通線，以支援在印度支那半島之南方派遣軍。

四、推翻國民政府。

與日軍戰令比較，《美軍戰史》更改了第一項，即減輕了 B-29 機的角色，避免指出桂林、柳州二個機場，而泛指華東各機場，並在附言中參雜作者之意見，以「進一步指出」之方法，加重陳納德之十四航空隊招致日軍進攻之可能性。請注意，駐在四川的美國空軍之 B-29 機群，並不屬於陳納德的第十四航空隊，而是由李梅將軍指揮，直屬於美國五角大廈者。因此《美軍戰史》的這一條說明，是為了加重陳納德招致日軍發動一號作戰之責任而寫者也。

第三節　三叉會議中史迪威與陳納德之爭論

《美軍戰史》之所以強調陳納德的十四航空隊招致日軍發動一號作戰，一方面是支持史迪威的立論，二方面乃是在批評陳納德缺少先見之明，其所主張之攻擊日本本土戰略有錯誤。

一九四三年五月，盟軍在加拿大所舉行的三叉會議（Trident Conference）之中，中國戰區的戰略也列為議題之一。當時史迪威是美軍在華之司令官，兼中國戰區盟軍統帥蔣中正委員長的參謀長，陳納德則是美國空軍十四航空隊司令。雙方雖無直屬關係，陳氏的軍階與官職均低於史氏。

陳納德在會議中主張對日本本土以及在華日軍的補給線大舉空襲，史迪威堅決反對，認為此舉必然會招致日軍對十四航空隊基地的大舉進攻，屆時盟方損失更大。今引述史氏之主張，並附原文於注解中，以供讀者參考。史氏說：

陳納德所提出來的空襲目標是正確的，我們可以利用空襲去打擊日軍。可是依我軍在去年春天（浙江的衢州會戰）之經驗，[15]任何對日本的空襲，都會招致日方在陸地上迅速與猛力的反擊，我們必須估計我們的防衛力量。日軍可以在中國戰區集合五十萬人的陸軍兵力，如果我們展開空襲，把日方擠得受不了，（他們）乾脆把重慶與昆明都打下來了事，那我們只有捲鋪蓋走路了。

我們必須從中國去攻打日本，如果我們要轟炸日本（本土），我們必須要有中國的機場作基地。可是我們也先必須替中國練兵，光是練三十或六十個師的兵是不夠的，我個人估計需要訓練一百二十個師。屆時中國軍隊在擁有適當的裝備時候，可以進兵華中，占領港口，並能應付日軍之大舉進擊而確保（空軍）基地。如果我們在缺少抵抗日本陸軍進攻的力量之前就大舉空襲，因而招致日軍陸上的反擊，我們會滿盤皆輸。我個人承認，能用空襲去教訓……

仁按：有關衢州會戰一事，請見〈小談衢州會戰之起因——兼述蔣中正日記中的相關記載〉。此處要簡述的，依照蔣日記，雖然沒有對外界說明，可是他心中也是贊同史迪威之主張的。《美軍戰史》與陳納德的回憶錄所記載的大同小異，分別記載如下：

《美軍戰史》說：[16]

---

15 一九四二年四月，美國空軍的杜立德中校從航空母艦上起飛，率機群轟炸日本東京，回程飛向中國浙江省的衢州機場，因為迷航而迫降墜毀。日軍以為杜立德機群是由衢州機場起飛，遂大舉進攻浙江，我國戰史或稱之為衢州會戰，或稱之為浙贛會戰。

16《美軍戰史》，Romanus and Sunderland, Stilwell's Mission to China, p.326.

陳納德承認日軍大舉進攻，進占華中的可能性是存在的，他個人判斷不見得會比前次類似的嘗試更為成功。日軍若大舉進襲華中，必須自中國戰區外抽調軍隊，將使日軍在該等地區的力量減弱。

《陳納德回憶錄》說：[17]

我聲稱美國空軍加上中國陸軍足以防衛空軍基地，除非日本陸軍大舉進襲。若此，則日軍必須自其他戰區抽調軍力，則我方在中國戰區之損失，由其他戰區之所得足以彌補也。

這三段話是中美史家爭議不決的關鍵——即史迪威所指責的，陳納德應負招致日軍發動一號作戰之責任。我在此把原文印出來，由讀者在參考拙見之外，自行體會與研究。

《美軍戰史》戊三二六頁引用史迪威手稿原文為：

Chennault[stated]: The Chinese ground forces can protect the bases with the help of the 14th AF… Chennault has assured the Generalissimo that air power is the answer. He has told him that if the 14th AF is supported, he can effectively prevent a Jap invasion. Now he realizes it can't be done, and he is trying to prepare an out for himself by claiming that with a *little more* [Stilwell's italics],

---

17 《美軍戰史》，同註16，頁三二一。Robert Hotz, *Way of a fighter – The memories of C.L. Chennault*, p.223.

which we won't give him, he can still do it. He tries to duck the consequences of having sold the wrong bill of goods, and put the blame on those who pointed out the danger long ago and tried to apply the remedy.

He has failed to damage the Jap supply line. He has not caused any Jap withdrawals. On the contrary, our preparations have done exactly what I prophesied, i. e., drawn a Jap reaction, which he now acknowledges the ground forces can't handle, even with the total air support he asked for and got.

關於此文件寫成之日期，《美軍戰史》原有一條注解：

The paper, handwritten in ink, was found in SNF 31, clipped to a radio dated 14 May 1944 and just before a letter from Ferris dated 11 May 1944.(2)

陳納德對史迪威的答覆理由，《美軍戰史》（丁三二一）與自傳（丙二二三）的記載大同小異，今併引於後。

美軍的記載是：

Chennault acknowledge the possibility of a powerful Japanese offensive to occupy central China but did not think it would be more successful than similar efforts in the past. If it was made, he thought, it would have to be in such force as seriously to reduce Japanese strength in other theaters outside China.

陳納德自傳的記載是：

I claimed that the combination of American air support and Chinese ground troops could defend the bases against all but a major Japanese ground offensive. If the Japanese did mount a major Offensive in China, the drain on their far-flung battle line elsewhere would be ample compensation for whatever might be lost in China.

當時史迪威之軍階級及官職都比陳納德要高，可是在此會議中卻把兩案並用，可視為陳納德占了上風。因為陳案並不排除史迪威代訓政策，而史案則必須排除陳氏所主張美空軍之先行襲擊日本本土，並且以觀察員身分代表中國的政府列席此會之宋子文，乃是支持陳納德之主張者也。參照〈小談衢州會戰之起因〉，可知宋子文並不明瞭蔣中正對此事之看法是與史迪威一樣的。

第四節　史迪威對陳納德招致日軍進攻之指控

史迪威雖然比陳納德官階高，可是在三叉會議中，國府支持陳納德的主張，因此史迪威先訓練中國陸軍，美國空軍後空襲日本的主張未被採納。

前述的三叉會議是在一九四三年五月舉行的，一九四四年四月，日本發動一號作戰。五月十四

日，史迪威手寫了一段話對陳納德大加抨擊，這段話被美國史家廣為引用，在美國幾乎可以說是「公論」，今錄之如下：[18]

陳納德（曾說）在十四航空隊支援下，中國陸軍足以保護機場（空軍基地）……陳納德向蔣委員長保證空權是解決（日本）的答案，他告訴委員長說只要十四航空隊得到補給支援，他能有效阻擋日軍侵略。現在他知道事情不這麼簡單了，他可在找下台階，他明知我們不會再給他增加補給了，他就聲稱只要再多一點補給，他還是可以做到（擋住日軍）。他賣錯了膏藥，不想負責，想把責任推給那些有先見之明，事先提出警告的人。他既不能損傷日軍的補給線，也不曾迫使日軍退兵，他的舉動就一如我早早預料到的，招致日軍的報復性反擊。他現在承認即使能得到空軍的全力支持，（中國）陸軍也無法抵擋（日軍的大舉進攻）。

《美軍戰史》在引用此段文句時有一條原來的注解，指出這是史迪威的手稿，並用迴紋針夾在費立思准將五月十四日給史迪威的一份電報紙上。這封電報是費立思轉報史迪威，蔣委員長要求調用保護成都基地之戰鬥機及B-29機群所有的五百噸汽油給十四航空隊，史迪威隨寫下來的反應。

史迪威在此處所提出來，此次日軍發動一號作戰是對十四航空隊空襲日軍的報復，在當時或是難以判斷的事，在今日去看，至少日軍大本營在草擬一號作戰計畫時，並未列入其為四個目標之一。

18 《美軍戰史》，同註16，頁三二六。

可是日本中國派遣軍總司令部在執行此次「一號作戰」時，則把解決十四航空隊空襲列為目標之一，此點我在後文加以討論。我在此處要指出來二點是：

一、史迪威手稿在引述陳納德言論的時候，只引了上半句，下從略。如果與第三節前述陳氏原句比照，史迪威省略的是什麼呢？即陳氏所說的，在日軍大舉進擊下，美國空軍及中國陸軍聯手也擋不住，不過日軍必須從他處抽調大軍來華，則中國戰場之失，可由他處補回。

史實顯示，此次日軍是由中國東北地區抽調了關東軍的一部分南下助戰，陳納德的判斷是正確的，只是中國戰區的損失卻由後來臨時參戰的蘇俄占了便宜，則是中美雙方都在事先沒有想到的。因此，美國史家多採用史迪威這段手稿，作為史迪威有先見之明，陳納德諉敗推過的證據是不公平的。

二、費立思轉來蔣委員長的要求，並不是如史迪威所說的一點點補給支援。

當時成都基地所駐戰鬥機為二百架，占了十四航空隊總數的五分之二，因為負責保護當地 B-29 機群的安全，陳納德不能調用，剩下的三百架，一半用在緬甸戰場，另一半用在東戰場。如果史迪威或美國軍部批准陳納德調用這兩百架，那麼東戰場可用的戰鬥機由一百五十架增至三百五十架，增加了一．五倍，怎麼能說是一點點？

其次，關於汽油問題。B-29 機群自一九四三年入駐成都起，所占之補給噸位為每月八十至一百噸，為同時十四航空隊的六分之一。可是 B-29 機很少使用，故積存補給甚多，而十四航空隊則不夠用。此次五月十四日史迪威拒絕借 B-29 機群之汽油五百噸給十四航空隊，對一個半月以後發生的衡陽戰役戰局影響甚巨。

日軍自六月二十八日起進攻衡陽，至七月十二日，十四航空隊參與衡陽保衛戰，轟炸日軍補給線，使其只能在夜間行動。七月十二日至二十八日，十四航空隊因缺油停飛十二日，日軍遂大舉進圍衡陽。七月二十八日十四航空隊恢復全面活動，至八月一日雖飛行了四四五四架次，然為時已晚，衡陽終於在八月八日陷落。[19]

由以上兩點可知，史迪威此段手稿並非事實，而是牢騷話，絕非信史。

這次一號作戰，我國陸軍也只有在衡陽保衛戰中打出了一個像樣的戰役來，其餘的豫中、長沙及桂柳都是大敗，這個責任是不能歸之於十四航空隊的。我們只能說，如果有戰績良好的中國陸軍部隊，美國空軍的助戰才能發生作用，否則只靠空軍，怎能做到反敗為勝？

第五節　史迪威對陳納德所作指控之分析

在一九四三年五月的三叉會議中，史迪威反對陳納德空襲日軍的談話，在本章第三節已於列述。

美國空軍對日本本土的攻擊，第一次是在一九四二年四月，杜立德中校率機由航空母艦上起飛，以後均是由駐在中國四川省成都附近的機場之 B-29 機群負責。此均非由陳納德之十四航空隊所統轄的。

十四航空隊並沒有長程轟炸機，其作戰區域以長江流域及其南方，中南半島及中國東南海岸為主要範圍，平時連華北地區都很少涉及，更何況遠達日本本土呢？

筆者沒有機會看到三叉會議的詳細資料，以我所見到的簡略記載，史迪威所反對的並不是限於

19 Ron Theiferman, *Flying Tigers – Chennault in China*, p.125.

十四航空隊的活動，而是整個美國空軍對日本本土的進襲。雙方的爭執是陸軍與空軍的爭執，而不僅僅是史陳二人個人之爭。是代表陸權與空權如何利用中國大陸為基地以進攻日本本土，二種不同戰略的爭論。這種陸權與空權的爭執，在近代各國軍界都不乏例子。

美國對日本本土的攻擊，在一九四四年以前，原先計畫是中美合作，經由中國大陸戰場上逐步反攻，以求迫近日本本土，再行海空進擊，若此，則初步當以重建中國陸軍為主。可是在一九四四年內，因麥克阿瑟元帥之跳島戰略成功，美國海空軍又逐漸擊敗日軍，取得中太平洋上之制空與制海權。尤其是在一九四四年七月初（亦即在密支那作戰，以及「一號作戰」中的衡陽會戰期間），美軍攻取塞班島之後，已可利用該島之機場，以 B-29 機攻擊日本本土，因此美軍部乃改變戰略，使得中緬兩戰區在對攻擊日本本土戰略上之重要性均是大為減低。

史迪威一心只以陸權為重，見不及此，不能了解到美軍部將以海權與空權為重去制服日本，這是他在戰略見解上的一個重大缺點，他只是一個傳統式的步兵將領。

我國史家在批評史迪威的時候，只看到他在處理中美關係上的錯失，對他的政治與外交手腕之拙劣多有批評。然而此原非史迪威之所長，即使美國史家亦對史氏有醋罈子（Vinegar Joe）之譏評，言其頑固與自信心太強，個性偏激，難以與人相處也。可是美國人對史氏之尊敬，是在他軍事上的成就。我國史家若不能指出他在兵學上的缺點，將難以使美國史家同意史迪威對中國東戰場失利應負責任者也。

前述三叉會議之後，美軍部採用了陳納德空襲日本本土之戰略觀念，卻在空軍部之下設立一個直屬的轟炸機司令部（The 20th Bombing Command），以 B-29 機群進駐成都，並不交給陳納德去指揮，並且把陳納德原已不夠之補給噸位劃出七分之一給 B-29 機群。在「一號作戰」期間，又把十四航空隊五百架戰鬥機中的二百架配置在成都基地，以保衛 B-29 機群，凍結了陳納德五分之二的作戰飛機。因此陳納德在三叉會議中以空軍進攻日本本土的主張，反而變成作法自斃。為什麼局勢之演變會對陳納德如此不利呢？這需要從美國空軍內部的軍史去作說明的了。陳納德不是美國空軍官校的畢業生，也沒有參加過一次歐戰，他在美空軍服役時，官至上尉就被迫退伍。

在一次大戰與二次大戰之間，空軍是一個新的兵種，其戰術思想以義大利的杜黑將軍為主導。杜黑的理論認為空權之重要在於能轟炸敵方，因此轟炸機之發展與使用乃是急務，應於優先發展。這一派思想發展到了極端，就成為轟炸機可以單獨使用，不需要戰鬥機或驅逐機保護之理論。在一次大戰後，美國空軍之主流派即屬此種極端之「轟炸機派」。陳納德當時力唱反調，認為應發展戰鬥機，取得制空權，轟炸機才能執行任務，吾人稱之為「戰鬥機派」。當時「戰鬥機派」的領袖是陸軍航空隊的密契爾將軍。

仁按：在二次大戰結束後，美國空軍方才獨立成為一個單一的兵種，在此之前，美國陸軍及海軍分別各自擁有自己的航空兵。即使在空軍已經獨立成軍之後，一直到今天，美國陸軍及海軍仍然分別各自擁有航空兵。此即在二戰前，密契爾所領導的「戰鬥機派」是屬於美國陸軍者，那麼以支援陸軍為主要作戰思考之「轟炸機派」在陸軍航空隊中成為主流思想，也就是理所當然者也。

這兩派鬥爭的結果是戰鬥機派失敗，密契爾被軍法審判，降級上校退伍，被逐出美國陸軍航空隊，而陳納德也只得以上尉軍階退伍，之後以表演飛行特技，跑江湖餬口。在一個偶然的機會下，被中國空軍的毛邦初少將所賞識，乃應聘來華，以私人傭兵性質出任國軍上校，組織飛虎隊助華軍作戰。七年後，珍珠港事變發生，美政府應國府之請求，比照陳納德之國軍官階，授階美軍准將，並將飛虎隊收編為美國第十四航空隊。當時美軍部及史迪威考慮到陳氏之難以指揮，不欲其獨當一面，乃將陳氏之第十四航空隊歸屬於印緬戰區空軍司令索摩威爾麾下。又為了要使索摩威爾比陳納德資深，乃擢升索氏為准將，而且其任命令比陳納德授階之日只早一天，以使索氏較陳氏成為資深將領。由此可見，陳納德一方面與美國空軍當權之轟炸機派不和，二方面因其在華有七年私人服務之經歷，又與蔣委員長夫婦水乳交融，使美國軍方對其在中美兩國之間利益衝突時究竟會替哪一國著想，頗為懷疑。

此所以美軍部在採用陳納德以空軍襲擊日本本土的戰略時，並不使陳納德負指揮 B-29 機群之責也。

在陳納德於三叉會議中提出空襲日本本土的戰略時，陳納德與史迪威都提出警告，此舉或將招致日軍大舉進攻美空軍在華中的基地。而中美兩國政府仍予採用陳氏的建議，則因之招致日軍進攻之責任，應該不在建議者陳納德，而在採用其建議之決策者。

況且攻擊 B-29 機群基地只是日軍四個作戰目標之一，在一九四四年十一月日軍完成一號作戰，打通了縱貫大陸鐵路線之後，當時史迪威已被美方召回，在繼任其職位的魏德邁將軍之指揮下，美國 B-29 機群乃大舉轟炸日本在漢口的日軍，日軍亦並未因之再向雲南、貴州、四川進攻以攻取 B-29 機之基地，可證日軍一號作戰目標並非專以 B-29 機基地為主也。

第六節　陳納德轟炸日本本土立論之分析

本章第三節引述陳納德之回憶中，他在三叉會議反駁史迪威之談話，有句云：

日軍若大舉進襲（華中華東），必須自其他戰區抽調軍力，則我方在中國戰區之損失，由其他戰區之所得，足以彌補也。

史迪威在一九四四年五月指控陳納德而引述陳納德在三叉會議中之立論時，省略了這一段話，梁敬錞在一九七一年著《史迪威事件》時，為陳納德辯護時，也省略了這一段話。

史迪威是在指控陳納德不接受他事先的警告，展開空襲招致日軍進攻其基地，中國陸軍與十四航空隊聯手又不足以抵擋日軍在「一號作戰」的進攻，因此史迪威自認為是有先見之明。可是陳納德這一段話，是在說明中國陸軍與十四航空隊防衛機場之可行性是與日本進攻的軍力成反比，我軍可以抵擋一般性的進攻，若日軍大舉進襲，則機場恐將不保，可是盟軍當有失之東隅，收之桑榆之得，而得失之間當可彌補。

史迪威把陳納德這一段話省略掉，當然是不正當的省略，以偏蓋全，是要給旁人一個錯覺，即陳納德在三叉會議中把話說滿了，牛皮吹過了頭。

「一號作戰」中，日軍參戰兵力共五十萬名，馬十萬匹，火砲一千五百門，自動車一萬五千輛，是中日戰爭七年來空前使用的兵力，日軍自稱為「曠古之大作戰」、「世紀之遠征」[20]。

因此「一號作戰」是可以被稱為日軍大舉進襲的，那麼我軍與十四航空隊聯手亦不夠力量保護機場，是在陳納德於三叉會議時的判斷之中的，並非只有史迪威一個人有了先見之明。而史迪威在

20 吳相湘撰，〈中國對日總體戰略及若干重要會戰〉一文，臺北：《傳記文學》月刊，期三〇三（八十七年八月號），頁九七，取自吳氏引用日本之資料。

引用陳納德的談話時，為了證明他對陳錯，就故意把陳納德這一段談話省略掉了，就是以偏蓋全了。《美軍戰史》在引用史迪威的談話時，沒有指出來他所省略掉陳納德的話是什麼，也是作者的疏忽處。

可是梁敬錞為什麼也省略掉陳納德的這一段話呢？

陳納德這段話是站在盟國全局的立場說的，對中國不利。

陳納德的意思是說，即使史迪威是正確的，因為美國空軍利用中國大陸上的基地去進襲日本本土，因而招致了日本陸軍的大舉進攻，來占領我們在中國的機場，日本必須從其他戰區調集軍隊來參戰，那麼在中國戰區的損失，盟國在其他戰區可以彌補回來。

當時盟國在太平洋與日本作戰的有中英美澳紐等國家，英軍限於印度南方及緬甸北部一隅，主要的作戰國是美國與中國，紐澳二國只是在配合與協助美國而已。

如果把陳納德的話說得明白些，就是說日軍大舉進擊華東的基地，中國會有巨大損失，但是他認為美國在其他戰區會因之得利。後來的發展並非美國得利，只是便宜了蘇俄，當非任何人，包括陳納德在內可以預見者也。

筆者能了解陳納德的立場，他是一位美國的空軍將領，站在空軍的立場，他主張擴張空軍的戰果，強調空權的重要，進襲日本本土。他是一位美國的將領，站在美國人的立場，中國戰區之失，如果能由其他戰區得回，只要兩相抵銷，仍是利多害少，就值得美軍採用他的意見。

筆者也能了解史迪威的立場，他是一位美國陸軍將領，當然強調陸權的重要，認為空軍只是輔助兵種，必須依靠強大的陸軍才能進可以攻，退可以守。他又是中國戰區盟軍的參謀長，當然不希望盟軍（或國軍）在中國戰區打大敗仗。按照陳納德的構想，轟炸日本是美國空軍的功勞，日軍在報復時的進攻，打敗仗的卻是中國戰區的陸軍，即使美軍在其他戰區因之占了便宜，史迪威這個中國戰區美軍司令官以及盟軍中國戰區參謀長，身負敗戰之責，如何交差？因此就算不把史迪威與陳納德、蔣委員長二方面的人際因素，以及史迪威對海空兩軍的威力缺乏了解等因素算在內，只拿史迪威本兼各職應有的立場去看，他當然不會贊成陳納德的主張。

可是筆者不能了解的是，如果不是因人論事，而是就事論事，國軍軍政當局在三叉會議中，為什麼會去支持陳納德的立論呢？

中國是一個陸權國家，軍力以陸軍為主，當時的中國空軍還是在萌芽階段，連中國戰區的制空權都要需要十四航空隊的支持才能掌握，更遑論於轟炸日本本土了。

以一九四二年的衢州會戰為例，日本為了阻止美軍轟炸東京，誤以為美國空軍的杜立德機群是由中國浙江的衢州機場起飛的，所以進攻浙東，進占衢州並且破壞機場。史迪威在三叉會議中曾舉此戰役為例來反對美空軍轟炸日本本土，是合乎中國的利益的。

依照〈小談衢州會戰之起因〉中所引用的蔣中正與之相關的日記去看，蔣先生與史迪威對此事的立場是一致的。因此站在中國人的立場，在中英美三國的三叉會議中，中國應該支持史迪威的觀點。因為美國空軍要去轟炸日本本土，中國空軍既然無力參與，若因而招致日軍大舉進襲，即使按照陳納德的說法，中國戰區之失，美軍可在其他戰區彌補過來，對中國人來說又有什麼好處呢？可是宋子文在此會議中卻支持了陳納德的立場。此示事先，及在過程中，宋子文都沒有向蔣先生報告及請示，只是在表達其個人的看法，這真是一個嚴重的錯失。

日軍之發動「一號作戰」並非只是為了阻止 B-29 機轟炸日本本土，此只是四個目標之一。可是在三叉會議中，盟方並不知道日軍為了配合太平洋的戰局，將要打通縱貫大陸的鐵路線，當時的爭辯是在是否需利用中國大陸的基地去轟炸日本。

史實證明，迫使日本投降的是美 B-29 機丟在廣島與長崎的二顆原子彈，而這二架轟炸機卻是由馬里亞納群島中一個島提尼安島（塞班島旁邊島嶼）起飛，而不是由中國大陸上的基地起飛的。也就是說美軍在中太平洋戰勝之後，已可以直攻日本本土，陳納德事先在三叉會議中所提出來的，使用中國基地去轟炸日本本土，因之而成為次要的輔助攻勢，於全局成敗影響不大。

再以史實去看，日軍發動「一號作戰」，除了本來派駐中國的軍隊之兵力外，其由外面抽調來的部隊，取自駐在中國東三省（滿洲國）的關東軍。誠如陳納德的判斷，是有了漁翁得利的第三者，然而並不是在三叉會議中與會的任何一個盟國，而是在日本投降前一個星期才去進攻東三省的蘇俄。關東軍戰力的削弱，使蘇俄能一舉擊潰之，因而迅速占領東北，此對戰後之中美兩國言，皆為不利，卻方便了蘇俄與中共。不過即使關東軍不因部隊外調而削弱，以英美俄《雅爾達協定》之成議，俄國進占我國的東三省已成定局，關東軍抵抗程度之強弱將無法改變此事也。

第七節　小　結

史迪威與陳納德之不和，其來有自，冰凍三尺非一日之寒，以筆者所涉獵之資料去看，至少有下列五點原因：

一、陸權與空權之爭：這是因為雙方隸屬的軍種不同，此種爭執不限於當時的美軍，而且到今天為止，許多國家仍有類似的情形。

二、雙方各自與蔣委員長的關係：蔣委員長與陳氏交好，又與史氏不和。可是陳氏的官階在史氏之下，當然會使史氏覺得委員長與陳氏的密切關係影響到史氏的指揮權。

三、雙方在美軍中的資歷不能配合：陳納德並非軍校畢業生，是路易斯安那州一間師範學院的畢業生，自費參加了飛行學校，畢業後參加美國的陸軍航空隊，當時一次世界大戰已經結束。所以陳納德在來華之前，既無實戰經驗，更無戰功，再加上他與美國空軍的主流力量——轟炸機派的水火不容，被迫以上尉軍階退伍，隨即來華，以傭兵性質出任國軍上校。七年後珍珠港事變發生，美國參戰，美軍即比照陳氏國軍官階而以美國空軍准將任用，這種政治性質的任命當然使旁人側目。史迪威則是正式的軍校畢業生，按部就班升到中將上將的。

四、兩個人的個性都很強硬。

五、後勤物資分配問題：在一九四二至一九四四年間，美國援華物資是由印度空運到中國的雲南與四川二省，每個月不超過四千噸，悉由史迪威所控制支配。史氏以各百分之二十給中美空軍，百分之六十則留作美國陸軍自用，凍結在昆明。當時美國陸軍並不參與戰鬥，卻享用百分之六十，而每日作戰的十四航空隊只能拿到全額的百分之二十，當然使陳納德不服。而蔣委員長又支持陳納德爭取此等物資之要求，遂使雙方關係更為惡劣。

以上種種，資料甚多，實非本文所能涵蓋。本章所研究者，只是史迪威與陳納德二人在三叉會議中之爭論，以及史迪威所提出陳氏招致日軍發動「一號作戰」之指控是否屬實，只是兩人之間衝突之一隅。

第三章　析論史迪威、陳納德應負之責任

「一號作戰」中我軍大敗，除了在衡陽之戰外，可以說是乏善可陳，造成東戰場的空前危機。

當日軍進攻貴州省時，陪都重慶亦為震動，國府已在考慮緊急遷都西康省的康定，當時國脈之存亡，真是在一線之間。

至今為止，此戰役已經結束了七十餘年，中美日英各國的史學家及當事人之回憶錄也逐漸問世，然而卻都各為其本國辯護，或推過爭功，或曲為維護。

筆者見聞有限，功力不夠，只是因為平時喜歡閱讀抗戰史籍，利用寫作本文之機會，綜合見聞，加以研析，實不敢自信拙見為定論，只是提供讀者參考，愚者千慮，或有一得而已。

第一節　我軍戰力衰退的原因

我國抗戰起於一九三七年七七及八一三事變，到一九四四年日軍發動「一號作戰」時，已長達七年之久，其間日軍進占華北、華中、華東與華南之精華區域。而從一九四二年起，日軍已遮斷中國對外的海陸交通，美軍只能空援我國，每個月的運輸量只有四千噸，撥給我軍使用的又只有其中百分之二十，即每個月八百噸，當是杯水車薪，無濟於事。

在此七年間，我國精華地區既已淪陷，又在一九四二年到一九四四年的三年中間，外援幾乎終止。則在長期戰亂之後，國力日衰，影響我軍戰力甚巨，舉其顯著者有四點，即：

一、糧食缺乏：我國幅員廣闊而交通落後，日軍既然已經進占我江河及鐵路之沿線城市，我軍所需之軍糧大多必須就地徵收。西南及湖北、湖南等較為富裕地區，或可承擔此重負，像河南等貧困地區就會造成民困與民怨，此點在後文研討豫中會戰時將會予以討論。

日軍亦明瞭我軍必須就地徵糧之情形，因此每在秋收之時進攻，掠奪及燒毀我方收成後退兵。此乃效法我國戰史，三國時代曹魏與孫吳在江淮地區長期對抗時之故技。

二、役政劣政：國府實施徵兵制度始於一九三三年，時為抗戰前四年，當時只限於中央政府政令所達之處。抗戰發生後開始廣為推行，其方法為各師管區就地徵兵，以縣為單位去補充兵員。然而各地承辦人員多有乘機中飽，對新兵亦不加體恤。到了抗戰後期，多有將新兵綑綁押解送入伍的情形，慘不忍睹。有關此方面之資料，可以散見時人之回憶文字，不多贅言。

三、經濟日壞：此點可以由幣值去看。一九四〇年國府改革幣制，發行關金券，一九四〇年九月，美金一元相當於十八元七角八分。至一九四二年十二月，相當於二十二元六角。這一年中，幣值尚稱穩定。到一九四四年八月，也就是在「一號作戰」期間，美金一元相當於七百八十六元，我國幣值在一年半內，貶值了三十五倍。再過一年，即一九四五年十二月，在抗戰剛剛勝利之後，已貶值為美金一元相當於十二萬一千餘元矣。[21]

在吳相湘教授《中日第二次戰爭史》中指出來：「中國戰時物價騰貴，主要因素之一是法幣發行太多。民國一九三七年六月，法幣發行數約為十四億餘元。一九三八年六月增至十七億餘元。一九三九年六月增至二十九億餘元。一九四〇年六月增至六十億餘元。一九四一年六月增至一百零七億餘元。一九四二年六月增至二百四十九億餘元。一九四三年六月增至四百六十八億餘元。一九四四年六月增至一千二百二十二億餘元。九月增至一千五百億餘元。十二月增至一千八百九十四億餘元。」

有關抗戰時代經濟方面之專著甚多，在此不贅，此處只是要指出民生日艱，經濟日壞，這是兵災連綿不斷必有的結果。因幣值滑落而影響到領取紙幣作經費的各部隊在徵糧等方面購買力也大為

21　陳存仁，《銀元時代生活史》，頁三一一。

減低。

四、械彈缺乏：中國兵工廠因為原料缺乏，械彈生產量銳減。一九四三年六月間，全國七九步機槍子彈存量只有四千萬粒，其中一千萬粒存於長江沿岸各倉庫，專用於防範宜昌之敵。依照軍委會在一九四四年冬天所頒布的戰鬥序列，各戰區及四個方面軍共約二百五十個師，平均每師只有步機槍預備彈藥十二萬粒，大約等於一基數的五分之一。[22]此時史迪威在雲南準備訓練我國青年軍新軍三十個師，遠征北緬。

史氏不但控制了美國軍援的百分之六十以備用，而且在我各戰場調走了三十個精銳之師，第一線戰力大受影響。而且各部隊必須徒步行軍數千里，經過瘴癘地區開往昆明，兵員大為損失。我方又需在本已素質日下的新徵補充兵中間去優先選補，以備史氏練兵之用，此對本已衰弱的我軍戰力而言，不啻是火上加油。[23]

這是史迪威對「一號作戰」我軍敗績應負的一個間接責任，就是說在我軍戰力日衰之時，史迪威反而集中了三十個精銳之師作北緬遠征之用，對各戰區第一線的戰鬥力大有影響。

至於中國史家群起指責，包括梁敬錞先生在內，所主張的一點，即史迪威在一號作戰中，把持了美國援華之陸軍械備彈藥，不予支援東戰場一事，筆者在此要指出來的，是下列五點，此即：

1. 除了史迪威所訓練的新軍之外，華軍（包括國共及所有的地方派系軍隊在內）所使用的建制

---

22 李則芬，《中日關係史》，頁六一四。關於此點之分析及討論，可見於另文（「一號作戰」華軍戰略錯誤之分析（下））之中，在此不贅。

23 同上，頁六一三—六一四。

式械備彈藥，都是採用公制的口徑與尺寸。而美國陸軍所用的是英制的，華軍大多數無法使用美製之械備彈藥。

2. 除非臨時予以換裝，讓東戰場參戰的華軍改用英制口徑之械備，史迪威所控制的美援陸軍之械備彈藥，華軍大多無法使用。

3. 臨陣磨鎗之改換裝備，不加訓練而猝然用之，既為兵家之大忌，也難以見效，恐怕會有適得其反之效果。

4. 即使國軍要採取這種「書生之見」，不合實際戰況的手法，在收到美援械備及彈藥後，重慶的軍委會會不會撥交給第九戰區之薛岳所部去使用？依照本書所收錄之蔣中正與援薛相關之日記去看，也是疑問，此次一號作戰，美軍與豫中會戰相關不多。在長衡會戰中，陳納德屢屢要求美方增援薛部，都為史迪威所堅決拒絕，美軍戰史所用的理由，即為史氏聲稱重慶中央拒絕援助薛部也。

5. 在桂林與柳州作戰中，美軍在桂林所貯存的大量械彈物資，悉可由華軍之守軍（桂系的夏威集團軍）去臨時加以使用，而其戰果遂為不及衡陽會戰中之我方第十軍，此可詳見下文。由此可知，我方在東戰場之潰敗，與史迪威是否以械備彈藥援關連不大也。

現在容筆者回到本文之主題，即在研究「一號作戰」中華軍潰敗之原因。

在本文中，筆者依我國戰史界之成規，將此戰役分為四部分討論，即豫中會戰、長衡會戰、桂柳作戰與湘粵贛邊區作戰四部分，以篇幅所限及戰事之重要性為取捨，本文將以豫中會戰與長衡會戰為重點，而湘贛邊區作戰則略而不談。

本文並非在撰述戰史，因此對戰事之經過，戰役有關之文件、地圖、戰鬥序列等皆從略。有關此方面之陳述與分析討論，請見本書其他兩位共同作者：周珞兄與傅應川將軍之大作，在此不贅也。

第二節　豫中會戰我軍敗因之研究

一九四四年四月十七日，日本華北派遣軍依照其中國派遣軍總司令部所頒發之「一號作戰」作戰方針，以十四萬八千人之兵力，進攻我軍第一戰區之防地河南省，我軍稱之為豫中會戰。五月八日，日軍打通平漢路，完成此戰役之主要目標，費時計二十天，延至五月二十五日洛陽淪陷為止，豫中會戰結束，為期一個月又八天。我軍參戰部隊，名義上由第一戰區司令長官蔣鼎文主持，實際上以副司令長官湯恩伯負責指揮，為了行文方便，我簡稱之為湯恩伯集團。其下轄二個集團軍及另二個軍，共十八個師，加上在戰役中間由其他單位借調增援的三個師，共使用了二十一個師。[24]筆者個人估計兵力應在十五萬人以上，二十萬人以下。

抗戰開始的時候，我軍各部隊兵員比較接近足額，戰力尚佳。開始時，敵我兵力在一比二到一比三之間，我軍尚能冀望於不敗，而以敵軍一個聯隊對抗我軍一個師，彼此都可能有勝負。

日軍在準備「一號作戰」時，將中國派遣軍的戰力提高七倍，而我軍則因前述原因，戰力普遍下降。日軍大本營估計當時中國野戰軍的打擊兵力為二十五萬人，其中二十萬為在雲南與印度受訓

24　我軍參戰部隊人數，以師之番號計算為二十一個師，請見苟吉堂著，《中國陸軍第三方面軍抗戰紀實》，頁二二七。日軍參戰人數，頁二一五。估計是八個半師團外加配屬部隊，總計二十萬人。吳相湘撰，〈中國對日總體戰略及若干重要會戰〉一文，臺北：《傳記文學》月刊，八十七年八月號，期三〇三，頁九七，引用日方資料說是十四萬八千人。今從吳氏。又蔣緯國總編著《國民革命戰史　第八卷　抗日禦侮》，頁二三，列為日軍四個師團、四個獨立旅團、一個騎兵旅團，共約十五萬人。前述各著作不約而同均未列出我軍人數，而只估計日軍人數，可見我方部隊番號與人數之兩相計合，並非易事。此因中國軍隊中一向有「吃空餉」——即虛報官兵人數之陋習，所以實際人數未必是可以由各部隊之足額去核算者也。

的中國新軍，當時或在於雲南，或在北緬作戰。

因此以敵我雙方參戰兵力去作比較，豫中會戰我軍失敗是不可避免的，只是為什麼失敗得如此之快呢？以致日軍提早一個月發動了下一步的長衡會戰，影響東戰場戰局甚巨。

我認為豫中會戰我軍敗績過速的原因有下述五點：

一、我軍兵力不足。

二、我軍戰略錯誤。

三、我軍戰術錯誤。

四、我軍戰力低落。

五、民心背棄湯集團。

附帶說明的是陳納德與史迪威對豫中會戰的失敗都不須負責。

今分別說明如下：

一、我軍兵力不足

誠如前述，以湯集團的二十一個師去抵擋日軍十五萬人，實為兵力不足。然而我軍令部之所以犯此錯誤，是因為對日方此戰役之目標判斷錯誤。

一九四四年三月四日，我國軍令部對湯集團下達「平漢線會戰計畫」，其作戰方針為：

> 國軍以打破敵人打通平漢路之目的，擬以主力……

軍令部在此只把豫中會戰看成日軍要打通平漢線，由陸路經華北去支援華中武漢地區的日軍，並不是日軍要打通縱貫大陸鐵路作戰的一部分。也就是說，軍令部認為此是一個限於豫中的戰役，日本在打通平漢線以後，戰事就會結束了。那麼湯集團在避開敵人正面之後，如果能誘使日軍進入山地作決戰最好，否則保全實力，等日軍主力轉移之後，待機再切斷平漢線也可。我軍既然要避開日軍正面，而且並不預期日軍在打通平漢線後會予以長期占領，一方面不需要在沿平漢線的平原地區與日軍決戰，二方面也就低估了日軍使用的兵力，所以才會造成我軍兵力不足的結果。

這當然是我方情報工作做得不好，以及軍令部與湯集團在草擬作戰計畫時，對日軍的企圖都判斷錯誤的緣故。

二、我軍戰略錯誤

在整個一號作戰中，我方判斷敵情錯誤，因此在日軍準備展開此「曠世大戰」之前夕，我方誤判日方將要撤出武漢，乃以反攻宜昌及沙市作為一九四四年度之戰爭目標，此請見本書與之相關之篇章，在此節只限於討論與豫中會戰相關之部分。

因為我軍判斷錯誤，以為日軍在豫中會戰中只是要打通平漢線，戰事就會結束，因此我軍令部乃命令湯集團避開敵人正面，並迫使敵軍在嵩山區之禹密半山岳地帶決戰。

苟吉堂將軍當時擔任湯恩伯的副參謀長，他在戰後一九四七年所撰述的《中國陸軍第三方面軍抗戰紀實》中，參考了敵我雙方的資料作了檢討。他指出在豫中會戰之前，我軍的作戰計畫是在平漢線上固守許昌、漯河、遂平三個據點，而局限渡江之敵，使其只能在禹密許深的我方據點之外散竄，以遏阻敵主力之發展，且於禹密之線以東擊破之。這個作戰計畫的假定，「必須有一前提，就是如果入侵的敵寇兵力只有幾千至一兩萬人。」換句話說，因為對日軍此次戰役之意圖判斷錯誤，低估了日軍使用的軍力，因此我軍預定的作戰計畫遂不克實施。[25]

我軍軍令部之所以有此判斷錯誤，即如第一章第一節所云，在此戰役之前，中國戰場敵我雙方已成膠著狀態三年多。敵軍在一九三九年的鄂北會戰，一九四〇年的冬季攻勢，以後先後三次長沙會戰，桂南、鄂南、湘北、豫南、浙贛諸役，日軍都是採取有限目標之攻勢，屢次為我軍擊退。而此時日方既然在太平洋戰區屢戰屢敗，兵力不可能抽調到中國戰場來。我方沒有料到日軍會把駐在東北的關東軍抽調南下，冒著被蘇俄進擊的危險，孤注一擲的在中國大陸戰場上。此是我方對日蘇交往的進展不熟悉，不知道日本當時以放棄庫頁島油權等條文換到蘇俄的友好態度，才敢揮軍南下的緣故。

日軍南調的關東軍在一九四五年蘇俄進攻東三省的時候，來不及回師北上。[26]陳納德在三叉會議中的立論得到證實，只是中國戰區所受的損失，使蘇俄換取得利，中美都沒有占到便宜而已。

三、我軍戰術錯誤

因為我軍戰略是在打一場有限目標之戰爭，以等待盟軍之反攻日本去取勝，因此在戰術上乃是要避開敵軍正面，迫誘敵軍進入密縣、禹縣以東的山區決戰。所以軍令部的作戰計畫，把湯集團二十一個師的作戰部隊中的十六個師（實際上又因戰況需要，使用了十八個師）分別嚴令駐守豫中各據點，就好像築堤圍水，把洪水迫使流向一個特定的地方去。可是日軍出動了十五萬人之多，遠超過我軍所預期之兩萬人不到，我軍分駐各地嚴守陣地的戰術，遂成為被日軍各個擊破，洪水所到之

25 苟吉堂著，《中國陸軍第三方面軍抗戰紀實》，頁二二五。

26 同上。並參考吳相湘，《第二次中日戰爭史》，頁一一六三—一一六五，即第五章第五節，「虛張聲勢的關東軍」。

處，把各處堤防衝垮了的局面。[27]此由下述蔣日記可以證明。

一九四四年五月二十日星期六之後的上週反省錄：

1. 河南戰事，殊擾心神，抗戰軍事之所以能維持至今而不退者，全以戰略之優勝而補戰術之不足，戰術之低能也。此次戰略錯誤，則戰術自必潰敗也。

此外我軍戰略錯誤，並非只限於豫中會戰這一階段，在整個一號作戰中皆為有之，詳見本章之後文。

四、我軍戰力低落

在日軍發動一號作戰時，我國國力日衰，各戰區的戰力均已衰退，一般的情形請見本章第一節〈我軍戰力衰退的原因〉。今依荀吉堂將軍之證詞，討論湯集團戰力低落的情形。

湯恩伯集團是國軍的機動兵團，戰力比一般國軍部隊要強大。然而經過七年的抗戰，當時參戰的二十一個師，素質不齊，據荀氏言有十個師的戰力較為薄弱。[28]

當時湯集團只是輕武器的步兵部隊，砲兵不足，亦無空軍支援，並無戰車，連運輸汽車亦甚少，在應付此次日軍的機械化部隊與空軍夾擊時，束手無策。在大軍突圍後撤之時，不但糧食短缺，據

27 同註25，頁二二七。
28 同註25，頁二二七。

荀氏估計，突圍的十個師，步機槍子彈存量平均只夠每個師二十分鐘的戰鬥。[29]讀之真是令人難以相信。

五、民心背棄湯集團

在此次「一號作戰」南北長達一千四百公里的戰區裡，只有「豫中會戰」中間有人民起而幫助日軍攻擊我大軍的現象。荷吉堂自云：「我們大軍在登臨禹郟地區突圍，不盡是消耗於作戰，而當時所遭意外的災禍，就是郟縣、臨汝、寶豐地區人民中的少數敗類，受了敵人的引誘，竟助敵為虐，破壞軍隊，致發生一種意外損失。」[30]這是荀氏記載中提到人民幫助日軍打擊國軍最明顯的地方。此外荀氏也記述了一些零星的軍民衝突，例如突圍大軍退到伏牛山區後，就地徵糧而成「軍民交困」的局面。[31]

湯集團在一九四四年豫中會戰之前，駐在河南已有三、四年之久。河南久為貧困之地，在一九四二年又曾發生世界震驚的大旱災，人民生活更為困苦。包括了湯集團在內的第一戰區，大約有四十萬人以上的軍隊需要就地徵糧才能取得軍糧。

國府徵糧的政策，規定是政府徵收百分之五到百分之六的糧食，不過一般的實情大約略超過百分之十。可是在一九四二年湯集團退守豫西之後，其徵糧額高達百分之三十至五十，人民為此有時甚至要出賣親人才能得錢買糧食上繳。在此天災人禍交迫之下，因大旱災所引起之大饑荒，使人民

---

29 同註25，頁二四〇。
30 同註25，頁二三三。
31 同註25，頁二三八。

餓死者為數高達二千萬至三千萬人之間。湯集團不為所動，仍然照常徵收民糧如故，而中央政府亦袖手不理河南的民困。[32]

以上的記載取自齊錫生著《戰時之中華民國——一九三七至一九四五》一書，其原始材料取自當時美國駐華大使館館員謝偉志（John Service）在一九四二年十一月五日所寫的備忘錄（memo）。因為謝偉志被支持國府的人士指責為共黨的同路人，若僅是以其證詞為指責湯恩伯集團之根據，恐怕難以令人心服，我在此再以陳納德的回憶為證明，陳納德說：「河南的防守是毫無希望的，湯恩伯的部隊四年沒有作戰，漸漸淪為亂民，搶奪民食，為人民所憎恨，一如日敵。」[33]

此外，美國華裔劉馥所著的《中國現代軍事史》有下述的記載：「中國軍隊的抵抗是艱苦的，不過湯恩伯的失敗主因是得不到河南人民的幫助。湯恩伯從來不援助河南百姓度荒，當日軍進攻時，河南人民並不積極幫助國軍抗日，有時反而幫助日本人。」[34]

有關湯恩伯集團在河南的錯失，近年來國人的回憶文字中亦有時提及。苟吉堂在《中國陸軍第三方面軍抗戰紀實》中間，以湯集團副參謀長的身分，努力洗刷湯集團平時風紀不良而引起人民幫助日軍進攻國軍之史實，而一概歸之於少數人民受到日軍利誘，是難以令人信服的。因為當時是三個縣份的人民集體起來攻擊十個師的突圍大軍，這是我國八年抗戰史中，空前絕後，唯一的一次中國人民大規模幫助日軍攻擊撤退的國軍大軍，而不是通常可見的地方勢力吞併我軍零星的散兵游

32 齊錫生著，《戰時之中華民國——一九三七至一九四五》（*Nationalist China of War, 1937-1945*），頁一六〇。
33 Robert Holtz 主編，《陳納德回憶錄》（*Way of a fighter – the memoirs of C.L. Chennault*），頁二八六。
34 F.F. Liu, *A Military History of Modern China*, p.220.

勇，更不是少數幾個漢奸作為日軍的前導而已。因此我認為，當時河南的民心是背棄湯恩伯集團的。

六、附帶說明：陳納德與史迪威對豫中會戰的失敗都不須負責

苟吉堂在檢討「豫中會戰我軍敗績之原因」時，一再提出日軍有空軍支援，而我軍沒有。當時中國戰區的空軍主力是陳納德所率領的美國十四航空隊，那麼陳納德為什麼不去支援湯恩伯集團呢？依照梁敬錞在《史迪威事件》中的說法是，陳納德在四月十五日曾向蔣委員長當面報告，必須取得飛機汽油，否則難以發揮其禦敵任務。梁氏接著說「委員長面囑費立思，立電史迪威借用保護成都B-29機基地之驅逐機與五百噸汽油，以應豫中前線之急。費立思當日電告史迪威。」[35]

按照梁敬錞的說法，史迪威既然拒絕了費立思轉達蔣委員長的要求，使陳納德不能援救豫中戰場，那麼史迪威應負豫中戰敗之責任。

可是前述梁敬錞的記載省略了一個關鍵日期，依照《美軍戰史》的記載，費立思打給史迪威要求借用飛機及汽油的電報是在五月十四日拍發的，[36]也就是說在陳納德四月十五日向委員長報告的一個月後。這一個月的時間差距甚為重要，因為日軍是在四月十七日進攻豫中，五月八日打通了平漢線，五月二十五日攻陷洛陽。因此蔣委員長在五月十四日所提出的借用飛機與汽油給陳納德以應豫中前線之急，是要用在洛陽保衛戰。此為日軍攻勢之次要目標，而不是在阻止日軍打通平漢路的主要目標。

我軍在讓日軍打通平漢線，讓日軍達成了主要目標，我軍已經輸掉了豫中會戰。史迪威在事後

---

35 梁敬錞，《史迪威事件》，頁二四三。

36 見本文第二章第四節註18，又可見《美軍戰史》，Romanus and Sunderland, *Stilwell's Mission to China*, p.326.

拒借飛機與汽油，我們怎能因此要他負擔起豫中會戰失敗的責任呢？梁敬錞省略掉一個月的差別，使得讀者誤以為在四月十七日接到陳納德的當面報告後，委員長立刻面囑費立思向史迪威洽借飛機與汽油，是一個不正當的省略。

進一步說，即使陳納德的十四航空隊能夠即時取得飛機及汽油，參加豫中會戰，能否使我軍反敗為勝呢？十四航空隊在此之前不曾進駐華北的機場，而我國在此地區的軍隊也素未有與空軍配合作戰的經驗，臨時湊在一起，雙方能否合作克敵，頗成疑問。今以劉汝明的經驗為證明。

一九四五年春天，也就是豫中會戰之後的半年多，日軍進犯豫南的南陽地區，此為劉汝明的第二集團軍之防區。劉氏在回憶此戰經過時，曾提到兩次美國空軍飛來支援作戰，卻因為聯絡不好而誤將我軍當作日軍轟炸。劉氏的結論是美軍飛機對我戰局不能發生什麼作用，他說：「美國飛機是靠電台聯絡，又是美國人自己使用，（我軍）集團軍總部以上的單位才有。部隊沒法跟飛機直接聯絡，布板信號也都過期沒有用，所以部隊除了戰鬥損傷外，又常遭自己方面飛機損害。」[37]因此荀吉堂認為日本陸空軍能聯合進攻，而我軍沒有空軍助戰，是一個戰敗的原因。筆者認為此為未知數，美國空軍臨時助戰能否發生作用，以劉汝明部隊的經驗，是令人懷疑的。

梁敬錞在《史迪威事件》中，認為還有一個原因使得史迪威對豫中會戰失敗應負責任。梁氏指出：

> 陳納德於是年（一九四四）四月六日、八日、十日三度函向史迪威警告，謂日本正調重兵採用鉗形攻擊，一由河南取平漢線，一由粵漢線取長沙……，（史迪威）謂日軍西犯不過如上

37 劉汝明，《劉汝明回憶錄》，原名《一個行伍軍人的回憶》，臺北：傳記文學出版社，頁一四〇。

次常德會戰之後，掠得米糧後即將退出，不以為意，且命陳納德勿得以此不利之情報上聞於委員長。[38]

以《美軍戰史》之記載，陳納德當時是以急電三度向史迪威提出以上的警告，梁氏的記載是事實，也就是說史迪威對敵情判斷是有錯誤的。可是史迪威的錯誤有沒有影響到我軍軍令部及第一線作戰的湯集團的戰略及戰術呢？

我軍令部是在三月四日向湯恩伯集團下達「平漢線會戰計畫」的。陳納德在四月六日首度向史迪威提出警告，日軍在四月十七日開始進攻，即使史迪威同意了陳納德的判斷，二人聯合起來，能否在四月十七日以前說服我軍令部改變作戰計畫，已成疑問。即使我國軍令部接受了陳納德的看法，同意豫中會戰只是日軍進攻的一部分，日軍在打通平漢線以後，會由廣州北上進攻長沙以打通粵漢線，因此改變我軍在豫中會戰的作戰計畫，命令湯集團不許避開日軍正面，堅守平漢線南段。以湯集團二十一個師去硬碰日軍十五萬人，恐怕仍然會遭到敗績的。如果因此要緊急調動其他戰區的精銳部隊到豫中來參戰，加上湯集團的二十一個師，恐怕仍需要為數以十萬計的增兵才能阻擋住日軍此次的攻勢，從四月六日到十七日的短短十天之內，以我軍的運輸能力，能否做到，實為疑問。

換句話說，陳納德在四月六日提出來的警告，固然因為史迪威的否決而沒有發生作用。即使史迪威贊同陳氏的意見，一齊向國府提出警告，不論我軍軍令部是否採信，只有十天時間，恐怕已經無法更改已定的作戰計畫了。

---

38 梁敬錞，《史迪威事件》，頁二四二。

因此我認為史迪威拒絕陳納德所提出來的警告，只不過可以證明陳納德在此次對日軍動向的判斷是正確的，史迪威是錯誤的，並不足以證明史迪威因之要對我軍在豫中會戰敗績負責任。因為史迪威的這個決定不論正反兩種，並不能影響我軍已定的作戰計畫了。也就是說陳納德的警告固然是先見之明，可是只有十天的時間，於大局無補，為時已晚矣。

關於豫中會戰，中方對敵情的判斷錯誤，可以分成戰略及戰術兩個層次去看，詳見後文。在此先要指出來的，豫中是屬於中央軍嫡系的湯恩伯集團駐守，已長達數年之久。若以蔣中正之相關日記去看，他對「豫中會戰」的著墨最多，幾乎每一天都有記載，可是對「長衡會戰」及「桂林、柳州作戰」，只寫些簡單的大要，至於「湘贛邊區作戰」則為一字不提。在那段時間裡，他的日記有關湘贛邊區我軍主將薛岳上將的記載，集中在日軍已攻占江西汝城的十四航空隊汝城基地之役，薛岳為了要安排接受美軍空運之械備，而越權越區去控制了江西贛州的機場，詳見後文。請注意，此事發生在一號作戰已告結束之後，與此戰之戰事無關。

此示在抗戰中，我方是把戰場劃分成多個戰區，像打籃球時的區域防守，每個球員只管自己防區中的事情，而且各戰區與重慶中央的關係，親疏不同，蔣先生未必能每一個都指揮得動，而是要用非軍事的手段去「政治解決」。

如果只以豫中會戰為限，蔣先生在開戰前夕已經領悟到，此次日方是要打通平漢線，自北向南去在陸地接應武漢的日軍。此因日軍一向是由東向西，經過長江航運去接濟武漢，而這條水上通路，日方已失去制空權，必須另求通道。不過蔣先生即使在豫中會戰即將結束之時，猶未領悟到此會戰只是日軍大戰的第一步，下一步日方將要南下去進攻湖南及廣西地區。

此由下列兩點可知：

(一)「反攻宜昌」計畫：

1. 我方在一號作戰發生之前，即由一九四四年一月起，即已把「反攻宜昌」作為一九四四年度的作戰目標。

2. 這個反攻宜昌的計畫，是以收復武漢為目的。

3. 豫中會戰是在一九四四年四月十七日開始的，到了五月八日日軍打通平漢線，日方已完成主要的會戰之目標。接下來在五月中旬的洛陽攻防戰，只是日軍一方面為了擴大戰果，二方面預防我軍在平漢線之側面結集，在下一段的長衡會戰中反攻，以求切斷平漢線。

(二)可是我方誤判，以為日方將要從河南往西去打潼關及陝西，乃採取下列手段：

1. 派遣胡宗南的五個野戰軍，東出潼關去幫助同為中央軍湯恩伯集團去反攻洛陽。在此要說明的是，此為抗戰中，胡宗南部唯一的一次，大規模東出潼關去進攻日軍之戰鬥。下一次則是在一九四四年十二月八日日軍進攻貴州時，胡部一個軍馳援四川及貴州，在其西南方向。亦即這兩次胡軍之馳援友軍，一攻一守，在兵學上性質是為不同的了。

2. 蔣先生在五月十六日召見美軍費立思准將，向他提出美方支援陳納德之要求。

以上詳見後文。由此二點可知，在豫中會戰中，不論在事先，在戰役中，及事後，我方對日軍的動向都是判斷錯誤的了，此與史迪威或陳納德都無關係也。

第三節　長衡會戰我軍敗因之研究

——並分析豫中會戰戰事失敗太快對東戰場的影響

豫中會戰是日軍「一號作戰」之第一階段，長衡會戰是第二階段。

日軍在長衡會戰的主要目標是攻取中國湖南省的長沙與衡陽兩個城市，以打通由武漢到衡陽間的一段粵漢鐵路。日軍的主力第十一軍在湖南省北部集結，以武漢為補給基地，向南方進攻長沙與衡陽。

日軍所以先發動豫中會戰，後發動長衡會戰，並非同時發動，此有兩個原因。第一個原因是兵力的轉移使用，第二個原因是打通日軍由華北陸路補給支援武漢的交通線，使武漢有能力成為支援長衡會戰大軍的基地。

在兵力轉移方面，以日本中國派遣軍總司令部所頒發的「一號作戰」計畫概要去看，日本在豫中會戰所使用五個師團與五個旅團中間，於平漢線打通之後，「華北方面軍應派遣第二十七師團及戰車第三師團之半部，由陸路開赴武漢地區，列入第十一軍指揮」，「應於六月初，以第十一軍自岳州南方地區，開始攻勢作戰。」[39]

然而因為我軍湯恩伯集團在豫中會戰中讓日軍比其作戰計畫提早打通了平漢線，日軍十一軍乃提早在六月七日發動長衡會戰。這點對我東戰場戰局的影響甚巨。

依照日軍原來的作戰計畫，預定六月裡攻下長沙，在七月中旬攻取衡陽。因為其提早發動攻勢，乃在六月十七日攻下長沙，並在六月二十三日開始包圍衡陽。也就是說比照其作戰計畫，日軍攻擊衡陽的戰鬥提前了一個月。

當衡陽會戰展開之際，正是我入緬駐印軍苦攻密支那市不下之時，因之史迪威拒絕回師援救東

39　蔣緯國編著，《國民革命戰史　第三部　抗日禦侮》，卷八，頁二一，總頁八一一八四七。所引述日軍「一號作戰」作戰計畫。

戰場。史實顯示，八月三日中英美聯軍攻克密支那市，而八月八日衡陽在我軍苦戰四十七天之後終告陷落。

如果豫中會戰我軍潰敗不是如此之快，能夠迫使日軍按照其原來的作戰計畫，在六月初才發動長衡會戰，而不是在五月裡，那麼在八月三日中英美聯軍攻下密支那市，北緬局勢已告底定之時，我駐印軍兵力可以部分抽調回師，衡陽會戰的局勢尚有可為，至少桂林、柳州我軍的防務就不會如此空虛了。然而參照本文第四章，我軍令部從未考慮以入緬軍回救東戰場，如是，則這一個月的差距又是無關緊要的了。

史實顯示，日軍在十一月十日攻占桂林、柳州，十二月二日占領貴州省的獨山，是此次日軍在一號作戰中最深入中國內陸的地方。我入緬駐印軍在同一天以空運方式運送兩個師回中國以鞏固昆明，如果日軍在第二階段長衡會戰進軍的時間表順延一個月，那麼第三階段的桂柳作戰亦將順延，則我駐印軍回師之日，日本還沒有攻下桂林、柳州，我東戰場之危機也就不會如此之重大矣。不過這個假定是我軍令部會用緬甸遠征軍去防守柳州、桂林，目前以吾人所見之資料去看，當時我軍令部並沒有此計畫，詳見下文。

以上只是筆者個人的推論，尚請讀者指正。中外史家評析「一號作戰」時，習慣把豫中會戰與長衡會戰分開來討論，因而忽略了前者提早一個月結束，使得日軍能提早發動後者，亦即有了早打一個月所產生的影響。如果不是因為這一個月恰巧是我駐印軍在攻密支那之時，以致衡陽會戰中，我駐印軍不及回師，那麼只從中國戰區去看，這一個月的差別並非關鍵，可是與緬戰兩相比照，這一個月的差別就事關重大了。筆者在後文中將要分析史迪威挑起日軍印坊攻勢，以致北緬戰事與長衡會戰同時爆發的責任，也是在於將緬戰的發展與一號作戰的日程兩相配合與比照也。

日軍在長衡會戰中為了打通粵漢線，使用兵力為三十六萬二千人，馬六萬七千匹，火砲一千二百餘門，戰車一百零三輛，自動車九千四百五十輛，再加上海空軍的支援，其火力及機動力軍超過國軍。[40]其中主攻部隊，即在湖北南部湖南北部集結的十一軍及其支援部隊約有十七萬人，[41]我軍參戰的人數難以精確估計，以筆者所見到開戰時，即一九四四年五月二十五日，我軍第九戰區的指揮系統表去看，當時隸屬於該戰區司令部的部隊有三個集團軍，六個附屬軍，一個直屬師及一個直屬砲兵旅，不過其中二個集團軍（楊森及王陵基所部）是川軍，一個集團軍（孫渡部）是湘軍，都是地方部隊，不是中央軍，其人數及戰鬥力量比較難以精確估量。其餘直屬軍中有一部分是中央軍，也有一部分是地方部隊。在長沙會戰失敗之後，我軍由戰區外調了兩個軍入援衡陽戰事，而且長沙潰敗下來的軍隊，雖然仍名列衡陽會戰與桂柳作戰的作戰序列裡面，已經殘破而潰不成軍了。今以楊森的回憶為證，楊森生前在臺灣《中央日報》曾發表有關此戰役的回憶，自己承認他所率領的一個集團軍在長沙敗退之後，一路退到桂林才能喘息下來，收集殘餘，連一個師的建制都不能湊合成軍，因此所部沒有參加衡陽會戰及桂柳作戰，楊氏奉令率師退回貴州整訓去了。

《陳納德回憶錄》中提出一個我軍參戰的數字，他說薛岳所部在開戰時是二十五萬人，到衡陽會戰時減為十五萬人。[42]

如果採用了陳納德所提出來的數字，以薛岳所部的我軍二十五萬人去抵擋日軍主力的十七萬

40　同本章註24，吳相湘文所引日方資料。
41　同註39，頁三一。
42　同本章註33，《陳納德回憶錄》，頁三三四。

人，以當時雙方的戰力為一比五或一比七去計算，我軍兵力是遠為不夠的。

長衡會戰在實際上是長沙與衡陽兩個戰役，我們在研析我軍失敗的原因時，也應當有分開討論的地方。不過也有些共同的地方，以二者共通點去看，有下述的四點可以討論：

一、我軍兵力不足。

二、我軍戰力衰退——薛岳所部受到排擠。

三、陳納德應負之責任——十四航空隊是否招致日軍進攻？

四、史迪威對東戰場失敗應負之責任：

1. 招致日軍進攻印坊，提前促成我遠征軍入緬。

2. 堅持我遠征軍入緬而又拒絕即時回師救援東戰場。

3. 拒絕陳納德借用飛機及汽油。

至於長沙戰役單獨可以討論的地方有：

我軍應戰之戰術錯誤——我方仍舊沿襲三次長沙會戰之故技，日方卻改變戰術。其詳情請比照本書周珞兄所記述之此項長沙會戰之經過。

衡陽會戰單獨可以討論的有：

一、我衡陽守軍方先覺第十軍的英勇表現。

二、方先覺被俘後曾否向日軍投降？

三、十四航空隊助守之佳績，何以功敗垂成？

今分別列述於下。

甲、長沙及衡陽二次會戰，我軍敗績之共通原因

一、我軍兵力不足

誠如前述，以薛岳部二十五萬人去抵擋日軍十七萬人，自是力有未逮。

我軍之所以未及時增援薛部，仍是因為我方判斷錯誤，以為敵軍來攻只以長沙為目標，一如以前三次的長沙會戰，是一個有限目標的攻勢。

我軍一直到敵人進攻衡陽時，才恍然大悟日軍是要打通縱貫大陸的鐵路線，將要更進一步去占領桂林、柳州。然而此時已來不及由其他戰區調兵進入湘南及廣西了。此外，在兵法上另有一途，即是在武漢西部的三峽地區的江防軍，與武漢西北部的襄陽地區之我軍主動出擊以攻武漢，迫使南下的日軍回師，即是以攻止攻。當時我方本來已有一個計畫是反攻宜昌，我判斷此即是以江防軍為主攻者，不過在長衡會戰中，此反攻宜昌的計畫不克實施。詳見後文。筆者目前不清楚這個胎死腹中的「反攻宜昌」之作戰計畫，與為何未克實施，也找不到相關資料，只是在下文中引用蔣日記及一些零碎的資料，寫出來請研究戰史的同好們繼續研究。當時接近西南各省可用的野戰軍——青年軍，又被史迪威用在北緬戰事中間。我國面臨日軍長驅直入西南各省，重慶震動之時，史迪威仍固執於北緬一隅。以中國人的立場去看，史迪威真是輕重不分，試想如果中國失去了雲南貴州等地方，史迪威即使贏得北緬又有何用？雷多公路又去哪裡銜接中國的地方呢？可是令人詫異的是我軍軍令部及桂系白崇禧在擬定防守桂林之作戰計畫時，並沒有調遠征軍回師入援桂柳之意，雙方的歧見只在應否調第七戰區（廣東）的兩個主力軍馳援桂林。詳見〈桂柳作戰我軍敗因之分析〉。

二、我軍戰力衰退——薛岳所部受到排擠

我軍戰力一般降低，已見〈我軍戰力衰退的原因〉，此處要討論的是第九戰區薛岳所部當時的特殊狀況，今以陳納德的話作為證詞。豫中會戰與十四航空隊的基地無關，長衡會戰及桂柳作戰時，日軍進攻的路線——粵漢鐵路及湘桂黔鐵路，其沿線有長沙、衡陽、桂林、柳州四個十四航空隊的基地，因此陳納德為了挽救這四個基地，就不得不挺身而出替薛岳所部爭取械彈補給，增強其戰力，以求保衛其機場，然而終歸無效。一九四五年春天，史迪威已經去職，由魏德邁繼任，當時日軍進攻薛岳戰區司令部的所在地——汝城，此地是十四航空隊在華東碩果僅存的機場，陳納德為了挽救這個基地，不得不又替薛岳呼請。陳納德在其回憶錄中有下述的記載：

我對援救薛岳所部的強烈呼籲又歸無效，自去年八月起（筆者按：即指一九四四年八月衡陽失守，薛部退至汝城時），我即設法運送小型軍火及少數自動武器及車輛給薛岳，魏德邁只批准醫藥的運送，但不包括武器在內。中國國防部因為薛岳對重慶的將領們無能之大膽指責，深表憤怒。一直到薛氏派遣代表到重慶向蔣氏求和，重慶才批准供應其軍火，時為（一九四五年）二月二十三日，即我們唯一原來在華東倖存的汝城基地失守之後的兩個星期。薛岳所部的情況惡劣極了，在夏天及秋天（筆者按：指去年，即一九四四年夏天及秋天，五月到八月的長衡會戰），其所部自二十五萬人減為十五萬人，只有五萬枝步槍。自一九四四年五月華東戰事起，（薛岳所部）至今未得一槍一彈之援助。[43]

43 同註33，《陳納德回憶錄》，頁三三四。

陳納德在長衡會戰中間，除了向重慶呼請支援薛岳之外，另外也曾向史迪威提出要求，時為一九四四年七、八月間，衡陽會戰白熱化之時。陳納德甚至願意把十四航空隊的補給品噸位讓出五百噸到一千噸給薛岳所部。史迪威聲稱因蔣氏與薛岳不和，不欲助薛而激怒蔣，乃予以拒絕。[44]

關於蔣與薛二位之不和，今分析與說明如下：

(一)蔣薛不和是基於中央及地方之矛盾

一如前文所述，依據《陳納德回憶錄》的記載，以蔣中正為首的國府中央政府，對包括陳納德在內的美方，要以軍火械備去支援第九戰區以薛岳為首之軍團，甚為反對，以致史迪威及魏德邁兩人先後都不批准陳納德類似之要求。今以蔣中正相關日記為證去說明之：

1. 一九四四年十一月三十日：

> 下午與魏將軍（魏德邁）討論作戰準備各事。……以及薛岳向美軍私自求給軍械，並問余薛是否忠誠可靠。

仁按：此示，在拒絕陳納德空運軍械以支援薛岳之前，魏德邁曾向蔣中正要求予以批准，而蔣氏予以拒絕，魏德邁乃下令陳納德不可擅自行動。

2. 十一月三十日後，蔣日記之本月反省錄：

---

44 《美軍戰史》，Romanus and Sunderland 主編，*Stilwell's Command Problem*，頁三〇九。

薛岳占贛機場，私求美軍接濟武器。

仁按：有關贛州機場之事，請見下文。在此只先討論蔣與薛二位不和大體之情形。

3. 十二月三日：

美軍在華最近之策略與行動，正在吸引我地方軍隊與軍閥，以消弱中央之力量，而處處以武器為餌。不僅對於共匪、對於滇龍（雲），而且薛岳亦為其所誘，乃知薛（岳）之所以要占領贛州機場者，其於美軍空運武器，在贛接受也。

仁按：

(1) 此時正是在日軍一號作戰將要結束時，日軍時已攻入貴州省，重慶為之震動。蔣當時正在考慮：

a. 放棄貴陽，把兵力撤向雲南。

b. 拒絕自重慶撤離。

c. 運用外交手段去說服英、美、俄各國使館不要下令從重慶撤僑。

(2) 因此在此岌岌可危之時，蔣乃擔心美國背盟，另立中央政府，所以才有上述這一段日記之記載，並且明言是「最近之策略及行動」。

(3) 此示蔣對美方之以軍械去支援薛岳所部，並不是以增強國軍抗日之角度去看，而是以美方支持地方部隊以對抗中央之角度去看。

(4)此示蔣與薛之矛盾是基於中央與地方之間的對立。只要不致影響到西南各省（雲、貴、川）之安全，蔣對其他地區（包括在一號作戰中受損的河南、湖南及廣西各省）一時之失地，並不足以使蔣放棄其對龍雲、白崇禧、薛岳等軍頭之杯葛。

4.當時蔣先生與西南各省地方軍頭之間的矛盾，亦類似於他與薛岳之間，由下述蔣日記可知一斑也。

一九四四年十二月十三日：

當敵寇進竄入黔（貴州）境之時，川、滇（雲南）各軍閥皆以編組民眾武力，號召地方自衛為名，而以乘機擾亂後方，迫繳中央軍武器，以降敵自保之圖。地方軍隊與哥老為我抗戰之後患，於此益苦也。

仁按：

(1)在獨山之役，日軍攻入貴州時，蔣先生從河南及陝西調動湯恩伯及胡宗南所部之中央軍遠道來援，而不就地使用川、滇、黔各省的地方軍，其著眼點便在防備各省「軍閥」之「乘機擾亂後方」，可能威脅到他所領導的國府政權之安定。

(2)對蔣先生來說，當時還有一個隱憂，亦即在日軍攻入貴州之此時，國府在西南地區只剩下川、滇與黔三省為核心地區，其軍政界之檯面上地方性的領導人物為何應欽（黔）、龍雲（滇）與四川的幾位大小軍頭。他們每一個人與蔣之間皆有心結，蔣對他們的猜疑由此篇日記可知也。

5.此時另有一段日記如下，也可以顯示出蔣先生在採取軍事行動時，每多政治考量也。

一九四四年十二月六日：

美國軍部主張必欲調第五十四軍（東北軍）由怒江前線調回，強制空運，此乃其越權干政之漸也，應設法消弭之。

仁按：

(1)此時日軍已進入貴州境內，國府欲調緬戰中所使用的華軍回師雲南。中方希望是由美方空運駐印之中央軍回國，而美方則主張就近從怒江前線抽調兵力，就近撤回雲南，此即美方只是以軍事角度去思考也。

(2)此篇日記中的（東北軍）之附注，是蔣先生自己加上的，並非出於作者之手。此示美方要抽調回師之第五十四軍是東北軍一事，是蔣先生關注之處，亦即蔣認為美方之舉有「干政」之意。此亦與本節主題，蔣與地方軍系之矛盾有關，也就是說，蔣先生對此事並非只是純然只以軍事角度去思考。

6.蔣與薛之矛盾既然是屬於結構性的衝突（conflict of the organizational role），是中央與地方的對立，那麼雙方互不信任，相互監視掣肘，也是理所當然的了。

一號作戰的序戰之豫中會戰，始於一九四四年四月，在此前二個月，即為一九四四年二月十日，蔣氏夫婦自重慶到達薛岳的防區衡陽市，召開第四次南嶽會議時，其日記有言曰：

伯陵（薛岳）能力與工作成績皆有顯著之進步，……但其於所屬之軍隊，總以一念之私，不能至公大正。甚至捏造余之手令派委師長，使之牽制中央軍，以為其掌控各軍之計。……第十軍方先覺與第三師周慶祥，皆視之可愛，見之甚為自慰。

仁按：

(1)蔣中正此處批評薛岳之處即：

a.其於所屬軍隊，總以一念之私，不能至大公正。

b.派委師長，使之牽制中央軍，為其控制各軍之計。

其實蔣也屢犯同樣之毛病，只是蔣的位階高於薛岳，所以是：

a.以一念之私，不能至大公正。

此於前述蔣之不允許美方以械備支援龍雲、薛岳之例可見之也。

b.派戰區副司令長官或軍長去控制各軍，以牽制各戰區之司令長官。

(2)在一號作戰之長衡會戰中，有兩個實例，可以證明蔣對薛的指責，此即：

a.薛岳對失守長沙的報告，明顯偏護其嫡系的兩位師長，林賢察與陳偉光，而把責任推給非其嫡系的張德能軍長及陳侃師長，詳見本文有關討論長沙保衛戰之部分。

b.在衡陽會戰中，於一九四四年八月七日傍晚，方先覺中將軍長召集各位少將（師長們及參謀長），以討論派軍使赴日營要求停戰時，獨缺容有略少將師長，因為容將軍是薛岳派系的人。

(二)陳納德援薛不成之討論——贛州機場事件

在《陳納德回憶錄》中，他只是大略提到他想支援薛岳不成一事，並未詳言之也。

陳納德是空軍，薛岳是陸軍，陳納德要大力支援薛岳，必須使用薛岳所能控制的機場，不能只靠小規模的空投作業。

在一九四四年冬天，衡陽及汝城兩個機場失守之後，薛岳司令部所在的湘贛邊區已沒有他所能控制的機場，薛岳只得越界擅自去占領及使用贛州機場，在本文中筆者稱之為「贛州機場事件」。一開始，蔣先生遠在重慶，並不了解薛岳此舉之其意，只是認為他是越界使用職權。

在長衡會戰將要結束時，湖南省內的粵漢鐵路沿線的地區，將註定會失守，軍委會乃下令薛岳把戰區司令部向重慶方向移動，即向湖南省的西北地區移動。可是薛岳卻抗命把司令部移向東方，即向著湘贛邊區移動。大陸失守後，李宗仁先生住在美國，唐德剛先生對他作了口頭歷史之訪談記錄，李先生說他在抗戰後曾問過薛岳，為什麼薛要抗命。薛說他要撤到一個重慶伸不到手的地方。此因在長衡會戰中，軍委會越級指揮，把九戰區的一個軍給調離了原駐地，而他這戰區司令長官居然不知道自己的防線因之產生了一個大洞了。

不過我認為，薛岳之移向湘贛邊區，是因為陳納德的十四航空隊在江西汝城有一個基地，此地是屬於薛岳管轄的地區。至於這一個軍的調動，是否與當時軍委會在準備反攻宜昌有關，也是一個值得戰史界去研究的事例。

隨後在一號作戰末期，日軍展開了我方名之為湘贛邊區追擊戰的戰役，攻占了汝城。之後，薛岳就得設法去取得一個機場，以等待美方空運過來的械備，他選擇了與其防區鄰近的贛州機場。可是此為他越界行事，因為贛州並不屬於他的第九戰區也，是屬於顧祝同將軍為司令長官的另一個戰區。

蔣經國先生此時在贛州擔任行政專員，是當地最高階的地方官，薛岳占領贛州機場一事，是他向他父親（即蔣中正先生）作的報告。

茲將蔣日記有關「贛州機場事件」之相關日記逐條抄列於下：

1. 一九四四年十一月十六日：

經兒由贛回來，知薛（岳）已自由行動矣。

2. 十一月十七日：

薛岳不奉命令，擅將其胞弟所率之第九十師開駐贛州，自由行動。此人狡詐詭譎，不講情理，好變成性，終非以理與情所能感召。

仁按：當時蔣先生並不了解薛之擅取贛州之目的是為了取得一個機場之控制權。

3. 十一月二十一日：

尤以薛岳在贛自由行動，等於叛變，對於我手令，置之不理。最令人難堪。

4. 本星期預定工作項目：

一、薛岳覆電遵命，不設贛州警備司令部。

仁按：在十一月三十日，即下文所記蔣先生與魏德邁談話之前，蔣先生並不明瞭薛岳進占贛州之目的，是在要控制贛州機場而已，並非是要去控制贛州城也。所以薛岳之遵命不設警備司令部，不派警備司令，表面上是對蔣先生讓步，服從命令，實際上並未讓步也。

5. 十一月三十日（即前文已記述，魏德邁將軍與蔣先生有關薛岳之談話。）

……薛岳向美軍私自求給軍械，……

仁按：此因薛岳是向陳納德提出此要求，而陳納德也有助薛之意，所以薛岳才會在失去汝城基地後去進占贛州，以取得一個機場。此時陳才向魏提出援薛之請求，魏乃向蔣提出，而被蔣拒絕，故魏亦下令陳不可援薛，此即本文已引述《陳納德回憶錄》之所記載者也。

6. 本月反省錄：

薛岳擅自占贛州機場，私求美軍接濟武器。

仁按：至此，蔣先生方才明白薛岳要擅占贛州之用意是在取得機場也。

7. 十二月三日（即前已引用之一段日記，此為蔣氏指控美方軍援薛岳等地方軍頭為助其對抗中央也。）

……而且薛岳亦為其所誘，乃知彼之所以要占領贛州機場者，其於美軍空運武器在贛接受也。

(三)小結

在一號作戰中，在湖南省，第九戰區薛岳所部可說是踉踉大敗。除了第十軍（方先覺為軍長）在衡陽，以一萬七千人擋住了日軍十多萬人之攻擊，長達四十七天之外，其餘皆不足觀也。

從一九三八年底武漢失守，到一九四四年夏天，長達五年有餘，薛岳所部表現極好，例如在三次長沙會戰及常德會戰之中的戰績，那麼在一九四四年的長衡會戰中，薛部為何會幾近不堪一擊呢？

本章中，筆者雖然已試予說明已見，本人並不認為蔣薛之不和，是此事之主因。然而據筆者所知，坊間許多人認為蔣中正之排擠薛岳所部是主因之一。本節所引各篇有關「贛州事件」之蔣日記，是在一號作戰已近尾聲，第九戰區戰事已告結束之後。因此只能用為在長衡會戰進行中，薛部可能受到排擠之旁證，並非直接證據。

到目前為止，筆者認為兩位當事人，即蔣中正與薛岳兩位犯了同樣的毛病，此即兩人都是意氣用事，不能待所部大公無私，而且互為猜疑。但是筆者認為在一號作戰中，華軍大敗之主因是在戰略與戰術均犯大錯，是既不知己，也不知彼，焉得不敗呢？至於將帥不和，當然是有害者，卻並非主因也。否則在第二期抗戰的五年多之中，同樣的蔣薛之不和為何沒有造成華軍之大敗，反而有了三次長沙大捷及常德之勝的呢？

三、陳納德應負之責任——十四航空隊是否招致日軍進攻

日軍進攻豫中，戰區中並沒有十四航空隊的基地，其目的只是在打通平漢路南段。

日軍進攻長沙與衡陽，打通粵漢路武漢至衡陽段，可是長沙及衡陽同時也有十四航空隊的機場，那麼在日軍計畫中，打擊十四航空隊究竟占了多少比重？

我軍棄守長沙太快，機場與城市同時陷落。衡陽會戰前後為時四十七天，六月二十三日日軍開始包圍衡陽城，六月二十六日攻陷衡陽機場，八月八日才攻陷衡陽。如果攻擊十四航空隊基地是日軍唯一的或是主要的目標，日軍在六月二十六日攻占衡陽機場以後，就可以徹底破壞其機場，隨後大軍繞過衡陽直攻桂柳，不必為了消滅我衡陽城中的一個軍而在衡陽停留了四十多天之久。

因此我認為長沙與衡陽這兩個城市是粵漢鐵路上的重要城市，所以日軍在打通粵漢路時，就非要予以確實占領。這兩個地方的機場只是日軍攻擊的次要目標，換句話說，如果不在鐵路線上，日軍不會出動十七萬到三十六萬的大軍去攻擊這兩個機場的。

也就是說，十四航空隊並沒有招致日軍此次進攻長沙與衡陽。誠如本文第一章第二節〈日軍在「一號作戰」的四個目標〉、第二章第一節〈中國派遣軍與日本大本營之歧見〉、第二節〈中美史家對日軍作戰目標之記述不同〉所敘述的，《美軍戰史》支持史迪威對陳納德招致日軍進攻的指控，而且日軍大本營與其中國派遣軍總司令部對「一號作戰」目標與作戰方針彼此有了歧見，因此使得十四航空隊是否招致日軍進攻長衡更加難以認定。今分析如下：

日軍大本營這次發動空前的戰役，其所頒布之四個作戰目標，並不包括打擊十四航空隊的活動在內。日軍大本營的考慮是本土的安全與縱貫東亞大陸的鐵路線之打通，十四航空隊的活動對日本大本營來說，不是屬於全盤考慮的因素，而是局部因素。可是日本中國派遣軍久為十四航空隊所苦，對中國派遣軍來說，實施一號作戰是乘機解決了這個頭痛問題的大好機會。

但是除了位置在鐵路線上的長沙、衡陽、桂林、柳州這四個機場之外，日本中國派遣軍也不能脫離大本營的作戰目標去攻擊不在鐵路線上的機場，例如與武漢近在咫尺，對武漢威脅最大的湖南芷江機場。

《美軍戰史》引用日軍岡村寧次大將的兩段話以證明陳納德招致日軍進攻，其文曰：[45]

岡村寧次認為因十四航空隊對日軍漢口補給中心極端有效的攻擊，而日空軍無力與之抗衡，日陸軍必須計畫去摧毀陳納德的基地。

「岡村寧次在戰後回憶，因十四航空隊對日軍長江航運的攻擊，使日方補給線極端不安全，故日軍必須打通平漢線。」此亦可由蔣日記以說明之，即在豫中會戰開始前二個月，即為一九四四年二月之本月反省錄：

1.長江之交通已為我空軍控制也。

不過蔣當時預判日方將因此會放棄武漢，所以我軍正在準備反攻宜昌，卻不知道日方是反過來要增兵進攻平漢線及粵漢線。所以岡村寧次及蔣中正兩個人雖然都同意長江航運已為中美空軍所控制，兩個人的反應卻是相反，蔣中正認為日本可能因此放棄武漢，而岡村卻認為日本需要加強陸路對武漢的支持，要去打通平漢線及粵漢線。

在「一號作戰」前後，岡村寧次的職務先是華北方面軍司令官，到一九四四年九月在衡陽會戰日軍失利之後，南調至華南擔任新成立的第六方面軍司令官，負責指揮「一號作戰」第三階段，到

45 同註44，頁三一六。

一九四四年十二月升任中國派遣軍總司令。因此岡村並不是在大本營參與制定「一號作戰」目標的決策者，他的談話只是代表中國戰區的日軍發言。

在「一號作戰」結束之後，一九四五年四月十日，他所領導的派遣軍總司令部發動了六萬日軍進攻芷江機場。此戰役是因為陳納德在接替史迪威的魏德邁支持下，以成都基地的 B-29 機群自一九四四年十二月十八日起和十四航空隊攜手作戰，並且在一月一日大舉空襲漢口日軍補給中心所引起的。

以芷江機場對武漢的威脅如此之大，因為不在平漢與粵漢線上，日軍在「一號作戰」中就沒有列為進攻目標，而是在「一號作戰」結束了四個多月之後，由中國派遣軍自行籌劃了一個六萬人的進攻。此與「一號作戰」之由大本營策畫，發動了五十萬人的進攻相比，可以看出十四航空隊的活動雖然是會招致中國派遣軍的進攻，但是不足以招致日軍大本營為之發動「一號作戰」規模如此之大的行動的。

日軍對芷江地區的進攻並沒有成功，此是因為我軍空運新六軍一萬六千人到芷江，美國空軍也集結到芷江來。讓我們來回顧史迪威與陳納德在一九四三年五月三叉會議的爭辯（詳見本文第二章），雙方的立論在芷江之役（湘西會戰）都得到了證明，都有道理。

芷江之役純粹是日本進攻十四航空隊的基地，「一號作戰」則是多元目標的戰役，因此芷江之役比一號作戰更適合作為檢驗史氏與陳氏理論的例子。

由芷江戰役去看，陳納德的空襲是招致了日軍對其基地的報復性攻擊，因此史迪威的說法是正確的。

十四航空隊與中國陸軍合作，擊退了六萬日軍的進攻，保衛了機場的安全，因此陳納德的立論也是正確的。可是在參戰的中國陸軍主力中有史迪威一手訓練出來，並在北緬戰役指揮過的新六軍。那麼史迪威主張先替中國建立陸軍新軍，再大舉空襲日本本土，以求日軍進攻時有能力保護機場安全，也是有道理的。

可是就事論事，只拿「一號作戰」來說，陳納德的十四航空隊有沒有招致日軍進攻的責任呢？我的結論是：

1.對日軍大本營來說，十四航空隊並非是其發動「一號作戰」的目標。

2.對日軍中國派遣軍總司令部來說，在符合大本營「一號作戰」計畫的原則下，乘機解決鐵路線上十四航空隊的四個機場，當然也是樂而為之的事。然而這只是在達成打通鐵路線的主要目標時之次要目標而已。

今以日軍進攻芷江機場的史實去看，史迪威認為陳納德的活動將會招致日軍進攻，並非杞人憂天，只是他誤以為日軍發動「一號作戰」即因此故，則是錯誤的。我認為陳納德十四航空隊的活動不應擔負招致日軍發動「一號作戰」的責任。

四、史迪威對東戰場失敗應負之責任

按中國史家，包括梁敬錞在《史迪威事件》一書中所提出來的，對史迪威的指責，有下列三點：

1.控制物資，不予支援十四航空隊。

2.控制物資，不予支援中國參戰的陸軍。

3.拒絕回師救援東戰場。

以筆者讀史之心得，我認為還要加上一條，就是：

4.史迪威招致日軍發動印坊作戰，提前促成北緬戰事，使我遠征軍入緬與東戰場危機同時發生。

其中第四點留待後文討論，現在先來分析前三點。

1. 史迪威拒絕增補陳納德之十四航空隊

在五月十四日接到費立思由重慶拍發之電報，轉來蔣委員長代替陳納德要求借用駐在成都機場保衛 B-29 機群之兩百架戰鬥機，以及五百噸汽油，史迪威當予拒絕。此事影響到陳納德在八月裡支援衡陽的努力，其經過已見本文第二章第四節〈史迪威對陳納德招致日軍進攻之指控〉之記述。這一點史迪威是有責任的，七、八月間衡陽會戰時，史迪威正陷入北緬密支那之苦戰中，自顧不暇，當亦無力撥補物資增援陳納德矣。

2. 史迪威拒絕支援薛岳所部

史迪威控制了美國援華軍用物資，在一九四二到一九四四年的三年中間，每個月四千噸的物資，除了中美空軍各得八百噸外，其餘兩千四百噸，史迪威悉數留在昆明以供史氏訓練中國新軍三十個師之用。梁敬錞因此指責史氏此舉削弱了其他中國軍隊的戰力。然而我們以陳納德的回憶為證詞，可知國府中央排擠薛岳所部（本章第三節〈長衡會戰我軍敗因之研究〉），拒與物資以增補其部隊。而且此種情形在史迪威去職，魏德邁繼任之時仍然沒有改變，一直到一九四五年二月二十三日，也就是一號作戰中「長衡會戰」結束了半年以後，國府才開始以械彈援助薛岳所部。

事實上，長衡會戰中，陳納德願意用十四航空隊應得之物資空運噸位五百噸到一千噸，撥給薛岳部使用，請求史迪威支援薛部，為史迪威所拒絕。史氏之理由即在蔣委員長與薛岳不和，史氏不願意援薛以拂蔣氏之意也。《美軍戰史》之記載如此（見本章第三節），而中國史家學者撰文與成書晚於《美軍戰史》者，並未有人力斥其非。且以我軍後勤有關史料或當事人之回憶為證，去做反駁，只是片面指控史迪威控制物資，拒不援救東戰場。這種不提答辯而只提出我方片面所作的指控的做法，怎能使人心服？

如果我們提不出證據來駁斥陳納德所說的薛岳所部受到排擠的證詞，我認為史迪威被指控拒以物資支援東戰場薛岳所部，因而削弱了我軍在長衡會戰中的戰力一事，是不成立的。史迪威不能因此事而負東戰場失敗之責任。況且史迪威所控制的陸軍所使用的械彈，是美製的，是用英制的口徑，與東戰場華軍所使用公制裝備不合，華軍大多數是無法使用的了。

3.史迪威控制我入緬遠征軍，在東戰場危機迫切之時，拒絕回師援救，以致日軍長驅直入桂柳。此乃中國史家群起指責史迪威之處，筆者在第四章〈日軍印坊攻勢及其影響〉中將予評析。其結論為我方在九月十五日要調遠征軍回師，只是蔣委員長用以威迫史迪威立刻將駐印軍由密支那攻擊八莫，以減輕我遠征軍仰攻龍陵、騰衝壓力之手段。而且即使我軍回師，亦只是用以保衛昆明，並非援救桂林、柳州地區，而日軍在一號作戰時，並沒有企圖去攻占昆明，則遠征軍回師與否實與桂柳作戰之結局無關也，詳見本文第四章。

日軍大本營在擬定一號作戰計畫時，列出四個目標（見本文第一章第二節〈日軍在「一號作戰」的四個目標〉），其中第二個目標——即占領桂林、柳州區域，因預期盟軍將自印度與雲南進攻在華之日軍，與第四個目標——摧毀國軍骨幹，加速重慶政權之崩潰，兩相配合，可以看成日軍有了與我國新軍或中央軍在桂柳地區決戰的期待。按之常理，桂柳是屏障我國西南大後方的前哨，國府必須以重兵防守。廣西軍隊素稱精銳，若日軍擊破廣西軍（桂系），餘下的雲南、貴州與四川三省的地方部隊將無力保衛西南各省，如此則中央軍（或新軍）只有參戰矣。而在此兵臨城下之時，日軍當可捕捉到國軍主力。日軍展開桂柳地區的作戰是以攻止攻，要在盟軍在此區域完成反攻準備之前，先予攻占桂柳。

可是因為史迪威拒絕自北緬回師，以及我軍令部並沒有派遣新軍進入廣西作戰之計畫，日軍在桂柳地區並未有機會與我軍主力決戰。當時在衡陽失守之後，我軍在桂柳地區只有桂系夏威集團軍的三個軍五萬人是戰力完整的，其餘都是長衡會戰中潰敗下來的殘軍，所以我軍並未以主力在此地區與日軍決戰。

乙、長沙及衡陽會戰我軍敗績各自分析的原因

以上是討論長衡會戰中，我軍敗因之共通點，以下就長沙與衡陽兩個戰役分別討論，首先研討長沙之役。

一、我軍應戰之戰術錯誤

自一九三九年到一九四五年的六年中間，中日兩國在中國湖南的長沙市會戰四次，今將此四次會戰作成下面的簡明對照表，以供讀者參考。

會戰名稱	作戰日期	日軍兵力		作戰目的	備注
		主攻	助攻		
第一次長沙會戰	一九三九年八月下旬至十月八日	第三十三師團、第三師團之一部	第一〇一師團及第一〇六師團	使我軍無法完成反攻之準備。	此次日軍只使用陸軍。
第二次長沙會戰	一九四一年八月中旬至	共六個師團，約十二	海軍渡洞庭湖攻擊。	配合德國攻俄，企圖粉碎我軍戰力，並抽調兵	1.日海軍出動軍艦二十艘，汽艇兩百艘，飛機百餘架。

	十月八日	萬人。		力以發動太平洋戰爭。	2. 又因我軍在贛北、粵北之主動出擊，故日軍陸路無助攻。
第三次長沙會戰	一九四一年十二月二十三日至一九四二年一月十六日	三個半師團。	一個半師團。	日軍攻香港及緬甸，我軍在粵北攻日軍以及派軍入緬，日本為牽制我軍，阻我轉用兵力。	有一飛行團助攻，日軍因發動太平洋戰爭，華中之兵力已經減少。
長衡會戰（ICHIGO之TOGO之第一部分）	一九四四年五月初至八月八日	第十一軍下轄八個師團及幾個獨立旅團，共十七萬人。	第二十三軍，下轄二個師團。	見本文第一章第二節〈日軍在一號作戰的四個目標〉	1. 在華日軍在一九四四年內，戰力增加七倍。 2. 調原屬關東軍之第二十軍南下支援，此尚不屬上述兵力之內。

前後三次長沙會戰，日軍都是為了有限目標而發起的攻擊，在目標達成之後，即退回戰役前之原來陣線。

我軍殲敵既眾，日軍又退回原線，在我軍言之可名之為前後三次長沙大捷而無愧。在日軍言之，他們並不承認失敗，而是認為目的達到後的自動撤退。在日人寫中日戰史，日方出動二個師團以上的戰役記載中，往往只甘心誠服承認過一次戰敗，即一九四五年春天的湘西會戰（亦即前述的芷江之役），日方認為此因國軍美制裝備之新軍參戰，日軍戰力與火力均有不及之故。其他各戰役，日方並不承認戰敗過，例如我國頗為自傲之台兒莊大捷，日方認為台兒莊是個「遭遇戰」，是徐州會戰之序幕。日方認為徐州會戰他們是先敗後勝，在台兒莊他們固然損兵折將，在徐州又未捕捉到中國軍主力，這是他們失敗之處。可是他們終究占領了徐州，打通了津浦鐵路，因此日人自認是徐州會戰的勝利者。

我們研讀抗戰史，參照敵我雙方的著作與史實去加研析，當然不必處處採行日方之立論。在此處我要提出的是，比照上表所列，在「一號作戰」中間，日軍出動攻擊長沙的兵力，不僅是空前的，而且日本大本營為了配合一號作戰，將在華日軍戰力提高了七倍。以敵我雙方兵力去比較，日軍主攻之第十一軍有十七萬人，我軍薛岳部則為二十五萬人，即使不以我軍戰力下降，日軍戰力上升的因素去考慮，而以抗戰各戰役中雙方的經驗去看，此次雙方兵力相較，我軍兵力是不足的。

在敵我雙方兵力懸殊，以及日方此次之兵力比前三次中至少增加一倍的情形下，日軍此次兵分七路自湖北南下，採取了與前三次長沙會戰不同的戰術。

在前後三次長沙會戰，我軍的戰術是相同的。基本上是逐次抵抗，誘敵深入，我軍撤退到日軍進軍路線的側面，待敵軍進擊至長沙附近的撈刀河及瀏陽河間之地區，我軍不再退讓，乃堅守長沙作為袋形戰術之口袋底，同時我在敵側面之部隊則進擊日軍補給線，企圖束緊袋口而一舉殲滅之。三次長沙會戰中，第一次及第三次日軍在到達長沙之後，攻堅不下，在補給線不能確保安全之時，不得不予撤退。至於第二次長沙會戰，因我軍在鄂西反攻宜昌，日軍在湘北就退兵，並沒有攻到長沙城下。

在此三次長沙會戰中，我軍主將薛岳上將稱此戰法為「天爐戰法」。

此次日軍兵分七路南下，其中最左邊的一路先包抄我軍後撤至敵方側面的退路，正面的主力又以優勢兵力確保其南下大軍之交通線粵漢路之暢通。所以我軍在故技重施向敵軍側面後退時，反而陷入敵方之陷阱中。

日軍助攻自從五月六日開始攻擊湘陰一線，主攻則自五月二十九日攻擊新牆河一線，到六月六日其主力就到達了撈刀河與瀏陽河之間我軍預定的雙方決戰地區，只花了七天時間，與前後三次長沙會戰比較，我軍失地之速是空前的。由此可見，我方在此戰的錯誤，即是以不變應萬變，仍然沿用前後三次長沙會戰相同的戰術去應付日軍此次的進攻，毫無創意，遂落入日軍之陷阱中，因而大敗，實為失策。

前後三次長沙會戰，日軍並不以占領長沙，打通粵漢線為目標。這次不同，兵力不但大增，戰力又提高了七倍。我軍既不能知彼，乃告戰敗。

二、我長沙守軍潰敗之原因

我方之策畫是以長沙為袋底之袋形陣地，絕不可失，長沙守軍責任實為重大。

日軍在六月六日開始進攻長沙西鄰之瀏陽，我四十四軍與之血戰九天，六月十四日城陷，日軍乃渡過瀏陽河，趨向長沙。

日軍在六月十四日開始進攻長沙，十七日就攻破了我軍在長沙城外之陣地嶽麓山，長沙失守。這是令人震驚的快速潰敗，事後國府追究失土之責，把負責防守長沙的第四軍軍長張德能中將交付軍法審判，迅速判決死刑，並予執行。長沙是我國抗戰的名城，我軍曾經在此地締造過三次大捷，擊退來犯之日軍，確保了六年之久，因此長沙之迅速失守，對我國軍民的民心士氣打擊甚大。對我國來說，張德能之失守長沙是一個不名譽的慘敗，因此我國戰史著作提到這一個戰役的時候，往往一筆帶過，不予細述。

一般人將此役與即將發生的衡陽保衛戰合稱為長衡會戰，在本書中作者阮大仁按照華軍戰史界之傳統說法之成例，將之合稱「長衡會戰」，其實對華軍來說，這是兩個互不相關的戰役，長沙在先，衡陽在後。日軍固然是使用了相同的第十一軍，華軍的守軍是互不相屬的兩個軍，在戰史上應該是分別去當作長沙與衡陽兩個戰役，不宜合稱為同一個「長衡會戰」。

我判斷，華軍戰史之所以會將之合稱一個會戰，是因為下述原因：

1. 長沙與衡陽同在粵漢鐵路上的湖南省境內，又同在第九戰區。

2. 張德能軍在三天就失守長沙，對華軍來說是一個不名譽的慘敗。而方先覺軍能死守衡陽四十七天，名震中外，是華軍在八年抗戰裡表現最為傑出之一戰。

3. 因之，中國的戰史學者們將這兩個戰役合稱為一個，有點像商界把兩筆生意合併在一起去計算盈虧，把其中的一筆之大虧本，用另一筆大賺之盈餘去沖銷掉之會計作帳的手法。這是中國人好面子的一種手法，我認為是不合史實的了。

現在讓我們回到長沙之役經過的史實。

以筆者研究「一號作戰」的心得，我認為此次長沙終究是守不住的，只是為什麼張德能卻會敗得如此之快？我四十四軍在瀏陽可以與同一批日軍戰鬥了九天之久，可見日軍攻勢雖為空前，並非不能予以阻延。長沙是我軍苦心經營了六年的重鎮，我軍在此地區有充分的作戰經驗與堅固的陣地，三天之內就失守了，實在是意外之事。

何成濬上將當時擔任國府軍法總監，他負責審判張德能事宜，審判長則由當時的軍令部長徐永昌上將擔任。今以何成濬的日記為主體，參以筆者平時偶然讀到的一些零碎資料，記述並分析此次長沙戰敗的經過，至於此次戰役之詳細經過，請參照本書周珞先生的大作。

張德能在一九四四年六月負責率領第四軍防守長沙的時候，只擔任了該軍軍長約一年多，張氏在該軍並無人事權與經理權。[46]在日軍兵臨城下之時，我第九戰區司令長官薛岳匆匆撤出長沙，並未交代張部守城之策略或作戰方針。張德能依照歷次長沙會戰之布置，把防守的主要陣地及砲兵陣地安置在長沙城外，與長沙市區隔了一條湘江的嶽麓山上。與以前不同的是，張德能把第四軍的軍部也設在嶽麓山，與防守長沙的部隊隔了一條湘江。

日軍渡過長沙西邊的瀏陽河進攻長沙市，張德能的第四軍軍部及砲兵群卻安置在長沙東面的嶽麓山，成了後方。當此之時，張德能下令一部分駐守在長沙市區的部隊渡湘江去支援嶽麓山陣地，留守在長沙市區的部隊見到軍長率領一部分部隊向後方撤退，軍部又在湘江對岸的後方，以為是軍部將放棄長沙，乃大起恐慌，各級部隊遂失去控制，互相以武力搶奪渡船爭渡，全軍瓦解。

這種情形與中國戰史上，前秦大軍在淝水之戰時，因臨時作出陣前退兵後撤的舉動，以致軍心瓦解的情況類似。

當時第四軍下轄三個師，即九十師（師長陳侃）、五十九師（師長林賢察）、一〇二師（師長陳偉光）。在長沙失守之後，軍長張德能交付軍法審判，蔣委員長電令薛岳戰區司令長官查究長沙失守之究竟原因。薛岳之報告謂：「陳侃在嶽麓山作戰不力，指揮無方。林賢察、陳偉光率部渡江增援嶽麓山不能掌握軍隊，致遇敵即潰。請將陳侃交軍法審判，林賢察、陳偉光各記大過一次。」蔣委員長認為所擬處分太輕，復電令將三名師長均交軍法審判。[47]

46 《何成濬日記》，民國三十三年八月二十日。

47 《何成濬日記》，民國三十三年八月一日。

由薛岳的報告可知，薛氏是在替林賢察與陳偉光二人減輕罪責。因為第四軍只有三個師，其中九十師（師長陳侃）已經派駐在嶽麓山的陣地，張德能下令增援陳侃的時候，不會下令其餘負責防守長沙市區的兩個師的師長一齊率部渡江的，否則就成為軍長、軍部與三個師長都同時在湘江對岸，長沙城防交給誰去負責呢？由薛岳此報告可知，當時軍心浮動，兩師人爭渡湘江後撤，因而全軍譁散之狀況。

軍事審判的情形是「張德能因罪有應得，然司令長官（薛岳）之無計畫、無部屬及各師長不能掌握部隊，努力作戰亦宜分負相當責任也。」[48]因此判處張氏無期徒刑，經蔣委員長批示張德能應予槍決。[49]

張德能並無不戰而棄守長沙之意圖，只是陣前無法控制所屬部隊，因為處理增援部隊渡江失當而造成全軍譁變潰散，誠如何成濬所云之「無死可謂」，罪實不致於死。何氏云審判張氏之審判長徐永昌軍令部長「以豫戰、湘戰我一再失敗，委座異常震怒，恐不便復請求減輕。」[50]遂處以張氏死刑立案，迅即執行。

張德能是張發奎上將的親侄子，又是黃埔系統中出國留學過的中堅將領，蔣氏此舉實為揮淚斬馬謖的痛心事也。其麾下三個師之中，因爭相渡江而致譁變的兩個師，即林賢察師與陳偉光師則是粵軍，是薛岳的嫡系部隊，所以張德能不能確實掌握這兩個師的軍心，因而生變。而且在事後薛岳

48 同註47，八月五日日記。
49 同註47。
50 同註47。

乃維護林、陳二位師長也。

以上所述是在研析長沙會戰我軍失敗之原因。細按張德能失守長沙之經過，實與史迪威、陳納德等美國陸空軍之行動無涉。長沙失守與我國陸軍有否能力保衛長沙機場與否，以及陳納德之十四航空隊能否與中國陸軍配合以自衛都沒有關係。

以下是分析衡陽會戰的經過：

(一)我衡陽守軍方先覺第十軍之英勇表現

長沙既失，我軍九戰區野戰軍之主力已經或被殲滅、或已潰散，日軍乃沿粵漢線長驅直入，南下攻擊衡陽。我軍負責防守衡陽的是由方先覺中將所率領的第十軍，當時不但敵我兵力人數不成比例，敵方使用在攻擊衡陽的兵力超過十萬人，我方守軍四個師加起來不超過一萬七千人。[51]而且我軍裝備甚劣，依照當時助戰之美軍十四航空隊司令陳納德的回憶，我方只有「三門法製七五砲，少數機槍及機動車輛，其餘為國造步槍。」[52]我軍令部比照雙方情勢，在日軍威脅衡陽之時，已做出悲觀之結論。六月二十三日軍令部在中央各部院會廳會報中報告說：

> 衡陽業已在倭寇嚴重威脅下，守軍力量甚低劣，敵人不攻則已，否則與長沙必無二致。[53]

---

51 《陳納德回憶錄》（*Way of a Fighter*），頁二九七。記載第十軍人數是一萬人。劉馥《中國現代軍事史》則說是一萬六千人。

52 同註51，《陳納德回憶錄》，頁二九七。

53 《何成濬日記》，民國三十三年六月二十三日。

當時敵我雙方卻作夢也沒有想到，我軍能固守衡陽長達四十七天之久，從六月二十三日固守到八月八日，衡陽方告淪陷。日軍先後使用了五個師團以攻擊我軍的四個師，為中日八年戰爭中，最慘烈的一次城市攻防戰。日軍傷亡一萬九千三百八十人，內含軍官九百一十人，高級軍官有六八師團長佐久間中將受傷，五七旅團長吉摩源吉少將陣亡，聯隊長則傷亡多人。[54]我軍一萬七千人幾乎全部傷亡，然而以雙方傷亡人數去比較，我軍真可以說是戰果輝煌。

美軍十四航空隊在衡陽會戰中發揮了助守的功用，其間因為一度缺油停飛而使戰局惡化，此為史迪威拒絕增援陳納德飛機與汽油一事，應負我軍戰敗之責任所在，詳見本文第二章第四節〈史迪威對陳納德招致日軍進攻之指控〉之記述，在此不再重複。

衡陽會戰我軍有了英勇戰績，雖敗猶榮，國人著作中多有論述其詳細經過者，例如本書周珞先生的宏文中可請參閱。

衡陽會戰之影響並不僅僅在於我軍能苦守四十七天之久，而是在於延緩了日軍長驅直入桂林、柳州，進窺雲南與貴州的時間，使我軍能及時調派遠在河南的湯恩伯集團，與陝西的胡宗南所部的一個軍千里跋涉，徒步行軍，趕到貴州去支援。又可以使中國支持到北緬戰事告一段落，以待我駐印軍在攻下密支那，打通雷多公路以後，於一九四四年十二月回師支援昆明的防務。

如果我軍在衡陽的表現一如長沙者，三天之內就失守衡陽，那麼日軍可以提早一個半月攻擊桂林、柳州，進窺雲南與貴州。我湯集團、胡部及新軍恐將不及馳援，而我國整個西南大後方的安全都可能發生問題，大局危在旦夕矣。所以衡陽之戰並不僅只限於阻遏日軍在下長沙戰勝之威勢，而

54　李則芬著《中日關係史》，頁六一六。所引日方資料。

是繫國家安危的一戰。

(二)方先覺被俘後曾否向日軍投降？

方先覺率領第十軍死守衡陽，戰果輝煌，雖然力竭被俘，可是又迅返逃歸。他能力戰四十七天，以一當十，則衡陽失守，非戰之罪也。自當為國人視為民族英雄。

可是在衡陽之戰以後，方氏並未受到上賞，一直以中將的官階終其身，此為吾人讀戰史者所大為不解之事。

有關方先覺軍長在被俘後，曾否降日之研究，筆者曾撰寫了一篇長文專章予以討論之，此即本書之〈方先覺曾否降日之研究〉，詳見該文，在此不贅也。

筆者在研究一號作戰經過的時候，依照另文，已判定方先覺軍長並無降日一事，因而對方氏及其所部第十軍的一萬七千名勇士們死守衡陽四十七天甚為崇敬。誠如何成濬在其日記中所言，這是我軍在八年抗戰中成績最優的一個戰役，尤其難得的是發生在「一號作戰」，我軍全面潰敗中間，使中國能幸免於危亡。

日軍對方氏極為尊敬，戰爭結束的數十年後，當方氏在臺北逝世之後，日方曾參加衡陽會戰當時尚猶存活的官兵，曾組團專程來臺北參加祭拜，以示崇敬之意。中國參加過抗戰的將領何止千百，能受日方如此以禮對待者，只有蔣中正、何應欽與方先覺三人，然而三者之身分地位相差懸殊，方氏以閒退之身，能受到過去的敵人如此之尊敬，實為難得。而我們在研讀抗戰史實，不免要發生疑問，為什麼像常德會戰中的余程萬及衡陽會戰中的方先覺，有如此傑出表現的將領，在我軍體系中並不因戰功而青雲直上？方氏的例子在另文中已討論過。余程萬因為彈盡力竭而棄守常德，之後他雖然與援軍配合，在八天之內又再予光復，而且迫使日軍主力部隊第十一軍違背大本營之指令而退出常德地區。可是他未奉命令擅離防地，因此被交付軍法審判，蔣委員長力主處死刑以肅軍紀，而軍令部長徐永昌及軍法總監何成濬等則主張罪不致死，余程萬羈獄數月之久，最後託桂柳失守之福，何成濬以我方既然不處分輕易失地之桂系將領，何能有理由去處死在常德血戰二十餘日，有傑出表現之余程萬為藉口，才取得蔣氏之批准，維持原判處余程萬以五年徒刑。[55]

常德會戰發生於一九四三年十一月一日至一九四四年一月五日，因此在一九四四年五月長衡會戰開始之時，余程萬正好在重慶接受軍法審判。我們很難判斷他如果參加了長衡會戰，對戰局會產生什麼樣的影響？筆者只是要指出來，像余程萬或方先覺這種少數能與日軍優勢兵力打硬仗的國軍將領，是我軍極為寶貴的資產，而我方在抗戰中間並未充分使用，實在是件很可惜的事情。

(三)十四航空隊助守之佳績，何以功敗垂成？

至於十四航空隊之助守，終於功敗垂成，除了前述史迪威在五月間拒絕增援陳納德，以致十四航空隊在七月裡因為缺油而停飛，使得衡陽戰局轉壞之外，另外一個重要的原因是我國陸軍已經無力解除衡陽之圍，空軍助守終久只能取得一時之效，無法長久。

當時第九戰區的野戰軍在長沙潰敗之後，除了衡陽的守軍第十軍以外，已悉被擊破。其南邊第四戰區的野戰軍只有桂系的夏威集團軍三個軍是完整的，用以防守桂林、柳州地區已經兵力不足，更無庸談到越區北上去解衡陽之圍了。

我軍雖然也曾設法調派六十二軍馳援衡陽，而且號稱一度攻到衡陽城郭，終未能與第十軍結

55《何成濬日記》，民國三十三年十二月十一日與十二月二十一日之記載。

合。[56]

總之，當時在湖南與廣西一帶，已經沒有強大的野戰軍可以調去支援第十軍，以解衡陽之圍了。在此種情形下，以第十軍一萬七千人去阻擋日軍十餘萬人，五個師團的圍攻，再是有十四航空隊的空中支援，也是有時而窮。第十軍的兵員、械彈、糧食都會有打光吃光的一天，又何況第十軍並沒有收到任何械彈的增補呢？

因此十四航空隊因為史迪威之杯葛而減弱的戰鬥力量，固然使得衡陽會戰惡化，可是即使十四航空隊能得到充分的補給，不曾停航，恐亦無法挽回衡陽失守之結局，這只是時間問題。當然，我軍能守得愈久，對西南各省的安全保障更為有利，則是不爭之事實。換句話說，史迪威在杯葛十四航空隊這件事情上面，是要負擔我軍在衡陽失敗的一部分責任，但是並非主要或全部的責任。

第四節　桂柳作戰我軍敗因之分析

一、白崇禧與軍令部的意見不同

56 第六十二軍屬於第四戰區的粵軍鄧龍光的第三十五集團軍，在衡陽之戰後一個月發生的桂柳作戰中間，列在我軍作戰序列中。當時以番號計算有二個師共六個團，以人數計全軍只有三千人，以如此之兵力如何去攻擊十萬人以上日軍之背面去解衡陽之圍？依筆者之估計，此很可能只是我軍的官樣文章，當時既不能派兵去解衡陽之圍，又無兵可派，只有派出如此虛名之第六十二軍。如果以戰力去計算，第四戰區應派出其主力夏威集團軍去解衡陽之圍，夏集團有四個軍的番號，其中三個軍平均每一個都在一萬人到二萬人之間，比六十二軍的三千人自是強得多。可是這是第四戰區野戰軍的主力，當然不願意派去北上越區作戰，以致桂柳地區無兵可用。
以上有關第六十二軍等兵員數字等之資料，請見蔣緯國主編，《國民革命戰史　第三部　抗日禦侮》，卷九，頁三五五、三五七，總頁九—二四三五、九—二四三七。

一九四四年八月初旬，日軍在四十七天血戰之後，攻陷衡陽，完成一號作戰第二階段之攻勢，乃依照其既定之方針，實施第三階段的桂柳作戰，並於九月初成立第六方面軍，由華北派遣軍司令官岡村寧次大將南下出任司令官，負責指揮桂柳作戰。

一九四四年六月二十三日，日軍進襲衡陽，我軍軍令部開始了解此次日軍攻勢與前後三次長沙會戰不同，此次日軍是要打通縱貫中國大陸的交通線，並不是以攻擊長沙為目標之有限攻勢。

日軍進攻衡陽之目的既然是在打通粵漢線武漢至衡陽段，那麼在攻占衡陽以後，日軍進入廣西境內，是會向西南轉向去打通湘桂線，還是繼續南下去打通由衡陽到廣州的粵漢線？

廣西是國軍桂系的發源地，當時桂系三大巨頭之一的白崇禧上將是我軍的副參謀總長，他在桂林實地研判敵情後，正確地判斷日軍將進攻湘桂線，以桂林與柳州為主要目標，並於六月二十六日向蔣委員長電呈他的看法。

八月二十四日，軍令部參照白氏之意見，對我軍頒發作戰指導，預期把我軍主力桂系的夏威集團軍三個軍，分別各個配置一個軍在全州（黃沙河陣地）、桂林與柳州，即是判斷敵軍將以打通湘桂線為主要目標。

然而比照白氏的建議與軍令部之作戰指導，兩者的基本精神完全不同。軍令部把夏威集團軍分割使用，一字排開，是採取逐次抵抗，遲滯敵人的戰術。然而白氏在六月二十六日即已指出桂林雖然有永久工事及天然形勢，可是我軍防守兵力不足，以原定部署的六十二軍（三千人）及四十六軍（屬夏威的第十六集團軍主力，約二萬人），「縱然能短期遲滯敵人，但絕無反攻之力，時間延長，徒作無謂消耗，不能達到預想目的。」因此白氏主張以四十六軍守桂林，及夏威之三十一軍（約二萬人）守柳州，但是另外調集第七戰區主力兩個軍控制在龍虎關一帶，在日軍進入桂林核心陣地，受我相當消耗之後，即以第七戰區主力之兩個軍進入恭城附近，第三十一軍於柳州，分途推進，與之三面夾擊日軍。因此，白崇禧是採取以攻為守的策略，把日軍吸引在桂林地區，我方守軍憑藉天然形勢與永久工事以資固守，而我柳州守軍及預先配置好的第七戰區主力的兩個軍則三面進擊在桂林地區的敵軍。

白崇禧的建議是在六月二十六日提出的，二十七日軍委會依之而策畫部署，二十九日電會第四戰區（廣西）及第七戰區（廣東），「國軍決固守桂林陣地依第六、第九戰區之夾擊及第七戰區之協力，先擊滅進攻的湘桂路之敵。」其間規畫第七戰區「應祕密準備一個軍，轉移連山方面，參加桂林會戰。」「第三十五集團軍，除第一五五師仍行原任務外，並祕密以一個師即開梧州擔任固守，並準備於必要時參加桂林會戰。」

拿這個指令與白崇禧的建議作比較，關鍵處在第七戰區派出參加桂林會戰的，並非一定是白氏所要求的二個主力軍，軍委會並未指明，而是由第七戰區自行決定派出一個軍。

在八月二十四日軍令部的作戰指導裡，關於第七戰區派軍參加桂林會戰，其命令的文字是「準備以一軍長率領二個師，適時參加桂林決戰。」既非如白氏要求的「以一總司令或副總司令統一指揮」之兩個主力軍，亦未指定由哪一個軍去擔任此參戰任務，更未規定何時參戰。

按之戰事實況，第七戰區奉軍委會令，在九月十八日派出第三十五集團軍司令部及其所屬第六十四軍兩個團（共約四千人）劃入第四戰區，至十月十二日到達戰地參戰，日軍則是在十月二十八日起開始攻擊桂林的。

以此與白氏的構想去作比較，可見軍委會及第七戰區都並沒有以主力與日軍在第四戰區的桂林決戰的想法。

白氏的構想是以第四戰區的一個主力軍防守桂林，吸住敵人，再由第四戰區的另一個主力軍自柳州向桂林的敵軍進攻，同時則由第七戰區調來的二個主力軍一起三面合擊，此於後來的發展大不相同。

軍令部採取了白氏的建議，把第四戰區的三個主力軍分布全州、桂林、柳州三地布防，但是沒有積極支持白氏所主張的調動第七戰區的兩個主力軍到桂林參戰反攻。把白氏三面包圍日軍攻勢心態的策略，一改而為兵分三地的守勢心態的策略，就正好成為白氏所指出來的，以有限兵力去遲滯敵軍，既然無力反攻，收效不大而徒作無謂消耗了。

然而如果我方採取了白氏的建議，能在桂林會戰反敗為勝嗎？我想是不會的，因為第四戰區的主力，夏威集團軍的三個軍在此次桂柳作戰中的表現太差了。白氏的構想把桂系夏威集團的戰力太高估了。

二、敵我雙方兵力比照——兼述柳州之敗

衡陽會戰之後，我第九戰區薛岳所部野戰軍已經潰敗。日軍此時成立了第六方面軍，集結了十一萬人，揮軍進攻我國第四戰區所屬的廣西省桂林與柳州二個城市。

當時我軍在第四戰區的參戰兵力號稱為四個集團軍，然而其中除了桂系的第十六集團軍（夏威所部）的三個軍之外，其餘都是兵力殘破的敗軍或地方團隊，今抄錄《國民革命戰史》所載之雙方兵力對照表，供讀者參考。

桂柳作戰中日兩軍參戰部隊兵力對照表

日軍指揮單位	日軍部隊番號	日軍參戰人數	我軍指揮單位	我軍部隊番號	我軍參戰人數
第十一軍	第三師團	約一萬人	第二十七集團軍	第二十軍	約三千人
	第十三師團	約一萬四千人		第二十六軍	約三千人
	第五十八師團	約八千人		第三十七軍	約三千五百人
	第四十師團	約一萬人	第十六集團軍	第四十六軍	約二萬人
	第一一六師團	約九千人		第三十一軍	約二萬人
	第三十七師團	約一萬五千人		第九十三軍	約一萬人
第二十三軍	第一〇四師團	約一萬五千人		第七十九軍	約六千人
	第二十二師團	約一萬五千人	第三十五集團軍	第六十四軍	約四千人
	獨立第二十二旅團	約五千人		第六十二軍	約三千人
	獨立第二十三旅團	約五千人		桂一縱隊	約三千人
越南駐屯軍	第二十一師團	約五千人		桂二縱隊	約三千人
			第四戰區	第九十七軍	約一萬人
			第二十四集團軍	第一百軍	約一萬人
				第七十四軍	不詳
合計		約十一萬一千人	合計		約十餘萬

以上表可知，夏威集團軍的三個主力軍共約五萬人，占了第四戰區總兵力的一半，其餘各軍大多只有三千人，相當於一個團的兵力，其中擔任作戰任務的官兵能有多少？實為疑問。

例如第二十七集團軍是楊森所部，以其生前在臺北發表的回憶錄去看，其所部在長沙戰役潰敗之後，退入廣西，收拾殘餘，一個集團軍的兵力是不能湊成一個師的建制，今按查此表果然，三個軍加起來不到一萬人。楊氏自云已無力作戰，奉令退入貴州省整補。可是在我軍有關桂柳作戰之記載，竟說在十一月七日第四戰區下達指令，把原來負責防守柳州的第六十二軍（約三千人）調赴桂林馳援之後，竟然把防守柳州的重任交給了這個殘破的二十七集團軍（楊森所部），以抵擋日軍二個師團（約二萬五千人）之進攻，怎麼能守的住？當時負責柳州城防的我軍二十六軍丁治磐所部只有三千人，在趕到柳州，進入陣地之後不久，日軍已攻到城外了。以此微弱的兵力，依靠城防工事，在城郊守了兩天才棄守柳州的了。

依照白崇禧的建議，西江一線，荔浦與龍虎關附近的陣地應該是由第七戰區調來的兩個主力軍負責防守的，結果在桂柳作戰中，先後由第六十二軍的三千人與第二十七集團的一萬敗軍去負責，那麼柳州之敗也是必然之事了。

三、陳牧農不戰而棄守全州

以我軍在柳州使用了戰力殘破的部隊去負責防守，可知此非我軍勢所必守的據點。在桂柳作戰中，我軍力爭的是桂林，然而我軍在桂林作戰的表現是令人失望的。

如前所述，我第四戰區的主力是桂系的夏威集團軍，其編制上有四個軍，重要的是第四十六軍（約二萬人）、第三十一軍（約二萬人）與第九十三軍（約一萬人）。

第四戰區派令第九十三軍陳牧農部防守全州附近的黃沙河陣地，此是桂林外圍的重鎮。日軍在九月八日展開對黃沙河陣地的攻擊，我九十三軍不戰而退，棄守黃沙河及全州，蔣委員長赫然震怒，電令第四戰區司令長官張發奎下令就地槍決陳牧農軍長。[57]

依前所述，白崇禧在桂林作戰的構想，便是要以夏威集團軍為首幹，配合第七戰區的兩個主力軍來三面進擊包圍桂林的日軍。然而在桂林作戰的第一個回合，夏威集團軍三個主力軍之一的九十三軍，竟然會不戰而棄重地，落得軍長陳牧農被政府就地槍決的下場。

在一號作戰中間，我軍在豫中大敗、長沙大敗，但是主將都並不是因怯敵以致不戰而棄防地。豫中之敗，軍令部的戰略戰術有錯誤，我軍兵力不足，加以湯恩伯集團失去民心，在在都是原因。長沙之敗，張德能軍長領導統御出了問題，以致所部因為爭相渡江後撤而譁散，但是張氏並未有不戰而棄長沙之意，他雖然被處死刑，負責審判他的軍令部長徐永昌及軍法總監何成濬都認為其罪不足謂死。唯有這一次陳牧農棄守黃沙河及全州，確是畏敵怯戰，其罪該死。兩相比照，我們可以看出張德能罪比陳牧農要來的輕微，異罪同罰，兩人俱被槍決，無怪乎徐永昌及何成濬認為對張氏處刑太重。

四、全州之失使日軍提早一個月進攻桂柳

按照日方第六方面軍之計畫，原定在十二月上旬對桂柳地區攻擊，前述九月八日日軍攻取黃沙河陣地及全州，只是日軍試探性的攻擊，因我軍怯敵而使日軍意外得勝。

此時日軍正當衡陽血戰才一個月之後，又再調整作戰序列，成立新的第六方面軍，抽調關東軍南下，因此日軍對全州之勝的反應分成兩派，第一線的第十一軍主張乘著全州之勝而立刻進擊桂柳，方面軍則主張等待日軍元氣稍復。結果十一軍的主張被採用，乃於十月十一日以主力五個師團，

---

57 同註56，頁三五四。總九—二四三四。

約七萬人，大舉向桂林進攻，比第六方面軍的計畫提早了一個月。此因日本十一軍判斷我軍桂柳地區兵力不足，衡陽會戰後我軍尚未恢復元氣，與其坐等一個月待日軍補充完成再作進攻，不如待國軍之敝，乘我軍比日軍更需喘息之時進攻。日本十一軍此點判斷是正確的，《國民革命戰史》在檢討桂柳作戰的經驗教訓時有文曰：

> 縮短會戰間隔，不予敵整補之時間，則可使次一會戰有利。日第十一軍在衡陽會戰後，續即向南發動攻擊，能迅速擊破桂、柳地區之中國軍，已完成廣西會戰。

這一個月的提早攻擊，對國軍是很不利的，因為比照緬戰的發展，等到十二月初我遠征軍回師之時，日軍已攻進貴州省了。如果日軍依照其第六方面軍的作戰計畫在十一月上旬才進攻桂柳，那麼我遠征軍回師之時，桂柳作戰尚未結束也。

在「一號作戰」中，我軍在豫中會戰讓日軍提前打通平漢線，因而使長衡會戰提前了一個月，此次陳牧農棄守全州，使日軍提前進攻桂柳一個月，方先覺死守衡陽四十七天，比日軍預期的要多出一個多月。把這三個因素加起來，正負兩相抵銷，日軍打到貴州獨山的時間比預期的要早了半個月到一個月，這是爆發史迪威事件的一個關鍵點——東戰場危機與我遠征軍陷入緬戰同時發生的原因之一。

五、獨山之役真相難明

日本第十一軍在十月十一日發動進攻，展開桂柳作戰。十月八日包圍桂林，十一月十日桂林失陷。同一天，十一軍第三及十三師團攻取柳州，桂柳作戰因而結束。

日軍在十二月五日之進擊貴州省的獨山，只是此戰役的追擊作戰，並非其主力攻勢。然而因為獨山是一號作戰及八年抗戰中，日軍攻勢最楔入內地之處，又以貴陽告急，重慶震動，我統帥部急調湯恩伯集團的三個軍來援，新任陸軍總司令何應欽亦親臨坐鎮。因此在日軍退出獨山、南寧之後，我軍參與其事之將領如何應欽、湯恩伯等頗有引以為功者。[58]

仁按：承周珞兄賜告，日軍進貴州乃是第三及十三師團是十一軍違抗命令，自行追擊進入，目的在破壞鐵路沿線設施及洞庫中補給品，係自行撤退，沒有我們自吹自擂的黔桂追擊戰。

以今日所見之史料去看，獨山之役與「一號作戰」之成敗並無干涉，日軍雖然退出南寧與獨山，仍是打通了縱貫大陸的交通線。獨山與南寧的攻占只是日軍擴張戰勝成果的小規模行動，而且敵我雙方在此地是否有過激烈戰鬥都是疑問。只是因為當時在連連大敗之河南、湖北、湖南、廣西各省失地千里，我軍能使日軍退出貴州省，陪都人心因之安定下來，在心理上，獨山之役就變得重要起來了。

當時何成濬日記中有關獨山的戰事有下列三條，今錄之如下。

十二月五日記：「倭寇廣播云已占領獨山，因向負責者詢之，云獨山確於三日晚陷敵，現敵軍約一聯隊，業進至都匀東約十里地區，都匀亦在危險中。」

十二月七日記：「赴會出席各部院會廳會報，軍令部報告，獨山、三合、八寨等處均已收復，

58 請見苟吉堂著，《中國陸軍第三方面軍抗戰紀實》，第十二章。何應欽，《八年抗戰與臺灣光復》，頁七一。

黔桂邊境倭軍甚少，到處擾亂者，多屬偽軍。所謂收復並未報告戰況，以前蓋我軍誤視偽軍為倭軍即退，有時偽軍他竄，又復進至原地，遂以收復聞也。」

十二月十日記：「余勤仁到部，晤後，詢以黔桂邊區戰事云，近日無甚戰事，前失陷獨山、八寨、三合等處，皆係極少數敵人前來偵察情形，我守軍不沉著所致，現敵人似本無進犯黔省企圖。」

以今日吾人可見之史料去看，筆者同意何成濬所記載的，當時日軍並無進犯貴州之企圖。至於獨山之失而復得，是否盡合何成濬之記載，還是苟吉堂的記載，是湯恩伯集團三個軍千里馳援，臨危授命，血戰之後的戰果，筆者目前只有存疑，希望讀者中有人能夠釋疑。

六、桂林作戰之敗績

我軍防守桂林的主力是夏威集團軍的三個主力軍，即第三十一軍、第七十九軍與第九十三軍。此與六月二十六日白崇禧之建議不同點，在九十三軍已自全州退回桂林，而原擬防守柳州，待敵軍進圍後，再從柳州向其外圍進攻之三十一軍，此時亦已投入。

我軍以此陣營迎敵，即已放棄柳州之防守，如前述只以楊森集團軍的殘破兵力虛於應付，而是將三個主力軍均集中在桂林，以五萬人左右的兵力去對抗日軍十一軍的六個師團。

日軍似乎已經明瞭我軍的布置，乃在此六個師團中抽調二個師團逕撲柳州，乘我之虛。攻克柳州的任務原來是屬於日軍第二十三軍的，因此日軍十一軍的這個行動頗有爭功之意。然而因為十一軍把軍力分指桂柳二地，所以在我桂林守軍脫離戰場向西方移動時，其兵力不足以圍殲我軍。

因為日軍十一軍之分攻桂柳二地，我軍原來的構想以桂林為前方當敵之主攻，柳州為第二道防線，遂不克實現，因此桂林在十一月十日失守，柳州在同一天失守。柳州之敗已如前述，今簡論桂林之失。

以敵我兵力去比較，敵方十一軍總兵力約七萬人，減去分攻柳州之第三師團一萬人與第十三師團一萬四千人，則敵軍用在桂林的大約是四萬六千人。我軍主力三個軍約五萬人，雙方接近一比一，那麼我軍的兵力是不夠的。

可是桂林擁有極佳的天然形勢與永久性防禦工事，我軍在戰役前已在此屯結了三個月的軍需，美軍援華物資也久以桂林為集散地之一，當時儲存甚多，可供守軍之用，這是豫中會戰與長衡會戰中，我軍所缺乏的物資條件。

桂軍在我軍中號稱勁旅，夏威雖然不足以名之為將才，白崇禧卻是中外聞名的良將，張發奎之名聲在國內亦不亞於白氏。因此以兵力去比較，我軍必敗，可是以物質條件與將領水準去看，許多人希望桂林之役能成為第二個衡陽。衡陽之役中，我軍一萬七千人對抗日軍十多萬人，兵力是一比六，城防工事及械彈等則衡陽守軍遠不及桂林守軍條件之優厚。主將方先覺的威望在戰役前當然遠不及白崇禧與張發奎之高。

衡陽守軍（即第十軍一個軍）面對日本第十一軍五個師團，固守了四十七天。桂林守軍（為三個軍）面對元氣已傷的日本十一軍三個到四個師團，只守了十天。兩相比照，桂林守軍的表現是令人失望的。

桂林之役我軍失利，除了兵力不足之外，我軍戰略戰術可爭議之處不如豫中會戰或長衡會戰之多。軍令部及白崇禧對日軍主攻在湘桂線的判斷是正確的。

第七戰區未如白崇禧所主張的，派出兩個主力軍以支援桂林作戰，當然是削弱了我桂林守軍的戰力。可是以九十三軍棄守全州，以及包括九十三軍在內的三個主力軍在桂林作戰中的表現去看，我認為桂林作戰的失敗主要原因不在第七戰區支援與否，而是在桂軍夏威集團軍之缺少鬥志，戰力太差。如果是用方先覺或余程萬所部來防守桂林，我相信戰績要比夏威集團軍來得好些。

桂柳作戰中，美國十四航空隊是全力參戰支持的，但是不能因之反敗為勝。

一九四四年十一月十日，桂林、柳州同時淪陷，十一月十二日星期日，蔣中正日記：

以集中最新良之武器與器材，盡其所有以供桂林之務，乃戰鬥未至數小時，連其圍城接戰亦不過二日，而即被敵寇極小數部隊（不足一師團）完全占領，實為抗戰以來所未有之敗績也。

仁按：當時桂軍之主力不在廣西省內，境內只有夏威的一個集團軍，大約五萬人，白崇禧的作戰計畫是寄望於兩個廣東的主力軍北上支援廣西，結果沒有實現。所以筆者判斷桂軍乃採取放棄桂林、柳州以保全實力，待日本自動退軍後，才予光復。這是第二期抗戰，華軍所採用的常見手法，果然日本在一九四五年內乃自動放棄此次一號戰役所取得的廣西省各地，此為國軍所稱呼的湘桂黔追擊戰。

第五節　小　結

因為篇幅的原因，我略去湘贛邊區追擊戰而不予討論。

在河南、湖北、湖南與廣西四省，南北長達一千四百多公里的「一號作戰」裡，我軍只有在衡陽會戰裡打出了一個英勇的戰役，其他的戰役都是踉踉大敗。在一號作戰結束後的湘西會戰，我新軍初試啼聲，打敗了日軍對湖南芷江機場的進攻。再過了半年，日軍投降，不久國共內戰爆發，三、四年間，國軍美式裝備的新軍在東北與徐州會戰中喪失之後，剿共戰事大局轉劣，此上距「一號作戰」不過四年而已。

「一號作戰」我軍失利所暴露出來的種種軍政經濟等方面的問題，並不因為抗戰勝利而消失，只是因之延後惡化而已。

在研究「一號作戰」時，有許多問題值得我們研討，例如：

日軍在豫中會戰時，為何不乘勝進攻陝西？

我軍在長衡會戰時，為何不由宜昌一帶出擊武漢，以牽制日軍南下？

日軍在桂柳作戰後，為何不乘勝進攻貴州與雲南？

這些不曾發生的事情與某些已經發生的事情一樣值得我們研究，只是筆者功力有限，一時是無法提出解答而已。

我們喜歡閱讀中外戰史的人，往往有盡信書不如無書的苦惱，此處我借用二次大戰時曾經擔任過德國陸軍參謀次長的布魯門拜特將軍的一段話，作為筆者對「一號作戰」我軍敗因分析之小結，他說：

> 以我在參謀本部工作之經驗，許多有關戰役之重大考慮，往往是因政治因素而非戰略因素而決定的。而且是取決於後方策畫者之勾心鬥角，而非前方戰場上之賣命打拚。更有甚者，此種勾心鬥角往往不落痕跡於文字，像軍令或作戰計畫此類之官式文書，簽發者每每考慮到藏

之名山，傳之後世——歷史對此等文件之評價而有所顧忌。因此簽發文件的人每每口是心非，其心中所想的與文件上所寫的往往兩相逕庭，大不相同，所以在公文堆裡面去尋找戰史的真相，是愚不可及之事了。[59]

可是很少人有機會在戰事中擔任參謀本部的高級職務，像我們不曾參加作戰的後輩，除了在文書中去作研究外，只能參照一些當事者的回憶。然而他們既然是當事人，自不免爭功諉過。因此本文既然是在做紙上功夫的研究工作，實難以將事實真相查明到絲毫不差的程度，還希望讀者指正，本文只是愚者千慮，以供讀者參考而已。

第四章 日軍印坊攻勢及其影響

第二次緬戰發生在一九四四年春天，時在第一次緬甸戰爭結束之後約二年。

緬甸是個熱帶國家，北緬的雨季由五月到七月，長達三個月之久，因此雙方的軍事行動在計畫中都希望避開雨季，在冬春兩季作戰。

一九四三年春季，表面上無戰事，其實外弛內張，雙方都在籌劃第二次緬戰。當時駐緬日軍有三個前線，即：

1. 緬甸西北角印緬邊境，有以印坊為基地的英軍。

59 英國戰史學家 B.H. Liddell Hart, *The German Generals Talk*, p.197.

2. 緬甸北部的胡康河谷，面臨以印度雷多為基地，由美軍史迪威將軍負責訓練與率領的中國駐印軍。

3. 緬甸東北角與中國雲南省相對，有以保山為基地，史迪威協助編訓，由陳誠（衛立煌代）指揮的中國遠征軍新軍。

一九四三年冬天，中美合作建築雷多公路，由印度的雷多開始，通過北緬，企圖銜接上中國的雲南省。史迪威在一九四三年十一月，率領中國駐印軍攻入日軍在胡康河谷的防線，以武力支援雷多公路的築路工程。

一九四三年三月間，日本駐緬的第十五軍判斷中英緬將反攻緬甸，為了以攻止攻，主張進攻印坊基地的英軍，此案為大本營延擱，遲至一九四四年一月七日，日本大本營方予匆匆批准，史稱印坊攻勢。

由於英國在應付印坊攻勢時，抽調了入緬英軍亦即遠程突擊隊旅 Chindits（共三個旅）回師救援，亦即符合了日軍進攻印坊以攻止攻之期望，使得原來保護史迪威軍右翼的英軍撤走。史迪威及美軍部為了避免在胡康河谷及孟拱河谷作戰的我駐印軍為日軍切斷歸路，遂通過美國政府向中國政府施加壓力，強迫我國在雲南省的遠征軍提前入緬，以加強史迪威軍之左翼，迫使日軍將兵力向雲南方向，即日軍的右翼旋轉，而不能乘虛進攻史迪威軍的右翼，擴張英軍撤出所留下來的我軍危機。

因此日軍發動印坊攻勢的日期是很重要的關鍵，此日期間接決定了我駐雲南的遠征軍入緬的日期，也因之使得日軍在「一號作戰」長驅直入我東戰場時，我遠征軍陷在入緬的苦戰中，回師不得，而造成史迪威拒絕回師救援東戰場，因而被國府要求撤換的事件。

包括了梁敬錞在內的中國史家，在批評史迪威對中國戰區東戰場失利應負之責任時，每每忽略了史迪威對胡康河谷的攻勢，使得日軍發動原已被否決的印坊攻勢，以致我遠征軍提早入緬一事，因而忽略了史迪威造成我西南後方軍力空虛之責任。

本章之主旨即在說明史迪威對此事應負之責任，以及印坊攻勢所引起的連鎖反應，而造成「史迪威事件」的原因，並研究我軍入緬及史氏不予回師救援東戰場此兩件事責任之誰屬。

第一節　印坊攻勢之緣起

一九四三年三月底，日本駐緬甸派遣軍司令官河邊正三中將有感於中英美三國聯軍可能自印度及雲南出擊，欲打通雷多公路，重啟盟國對中國陸路的交通線，因之日本駐緬軍乃計畫在一九四四年五月北緬雨季來臨之前，先行進攻印緬邊境附近印度之印坊（Imphal）。此為以攻止攻有限目標之作戰，可是日本參謀本部未予同意，此案遂遭擱置。

一九四三年十一月，史迪威命令我在印度整訓之孫立人師進入北緬胡康河谷，進攻于邦（Yubang）。十二月二十九日攻占于邦，擊敗了日本守軍第十八師團的一個聯隊。

日軍十八師團是由日本九州籍的士兵所組成，九州人素稱驍勇善戰，該師團曾在中國大陸作戰多年，以其經驗，一個聯隊（相當於我軍一個團的兵力）用以對付國軍一個師應當綽綽有餘，此次敗於孫立人師一個團之手，使日軍上下大為震驚。此乃中國新軍初試啼聲之一戰，中美盟軍當局也為之大為鼓舞。[60]

一九四四年一月七日，也就是于邦之役日軍敗績之後的十三天，東京日軍參謀本部乃將駐緬第

60 吳相湘，《第二次中日戰爭史》，頁九七一。

十五軍在八個月前建議的印坊攻勢突然予以批准。

日軍在印坊攻勢計畫中主攻目標是印坊，助攻目標是駐在阿拉干（Arakan）之英軍。其使用兵力為主攻印坊者日軍三個師團，另有印度軍兩個聯隊，其中的日軍主力師團由泰國調來。助攻阿拉干者為一個師團，另一個師團防守孟拱河谷以當中國駐印軍之進攻，並且防備在雲南之中國遠征軍之入緬。

按照河邊正三在一九四三年一月間的腹稿，印坊攻勢應當在一九四四年乾季進行，亦即如我軍之進攻胡康河谷一樣，在一九四三年十一月間開始。然而日軍參謀本部拖延到一九四四年一月七日才予批准，距離雨季開始的五月已只有四個月。

印坊攻勢計畫中，日軍使用的主力師團（第十五師團）當時仍駐在泰國，而我史迪威軍已攻入胡康河谷，有自孟拱河谷切入日軍北緬陣線中腹之勢。日軍參謀本部了解駐緬軍已經來不及等待第十五師團趕到印坊前線才去發動攻勢，所以在批准此作戰時，授權戰地指揮官自行決定攻勢日期。

當時日方指揮官為緬甸派遣軍司令官河邊正三中將，及第一線的駐軍第十八師團長田中新一中將。此時日方作戰計畫中所需使用的六個師團，除了印坊主攻的主力第十五師團遠在泰國之外，其餘的五個師團之日軍都是原來駐在北緬的部隊。此外，日軍也使用了兩個印度聯隊，此為日軍自所俘獲之英軍中抽調而整訓成軍者，屬於當時與日方合作的印度流亡政府者。

河邊正三與田中新一有二個選擇，一個是等待第十五師團到達，將主攻印坊攻勢與助攻之阿拉干攻勢按照原訂計畫一齊發動。這個策略有二個缺點，第一個是雨季日益迫近，第二個是史迪威之攻勢日益凌厲。

日軍的第二個選擇是先單獨發動助攻的阿拉干攻勢，因為這個攻勢不需要使用第十五師團。這個策略的缺點是以一個師團的兵力單獨發動攻擊，只能成為騷擾性質的攻擊，遲滯我軍的行動，而且在日軍後來發動印坊攻勢的時候，缺少了阿拉干方面的助攻，將使攻擊軍成為孤軍深入的形勢，減少勝算。

結果河邊正三與田中新一選擇了第二個策略，也就是先單獨實施阿拉干攻勢。

我判斷日軍之所以出此下策，有二個原因。

一是我軍在胡康河谷的進展太快，日軍不能等待第十五師團趕到，恐失戰機。

二是日本駐緬軍在擬定印坊攻勢時，參謀作業發生錯誤，把日軍預定要使用的一條主要交通線道路誤認為全天候的路面，以為雖然在雨季中仍可以使用。事實上這只是一條泥土路，使印坊攻勢在三月中旬開始的一個多月以後，日軍攻入印度的二個師團的補給就中斷了，不能不狼狽退兵，遂遭敗績。日軍錯估道路狀況，這一點《美軍戰史》亦曾指出來。

日軍參謀本部在一九四四年一月七日批准駐緬軍的印坊攻勢作戰計畫，河邊正三與田中新一在二月四日發動阿拉干攻勢。在此之間的一個月內，除了孫立人的新編三十八師繼續在胡康河谷中推進外，史迪威又令我軍廖耀湘師（新編二十二師）也參加戰鬥，通過叢林高山，奇襲日軍，在二月一日攻占胡康河谷中的太白家，而我史迪威軍右翼助攻的英國突擊旅亦開始向 Indaw 進攻，北緬戰事擴大。因此日軍遂匆匆在二月四日先發動阿拉干攻勢，然而此戰役只進行了二十天，在二月二十三日就匆匆結束，日軍為英軍擊敗，並未達到遲滯我軍進攻胡康河谷的目的。

第二節 印坊攻勢所引起的連鎖反應

日軍第十五師團自泰國調赴北緬，以行動遲緩而遲到，因此阿拉干攻勢在二月二十三日結束後，日軍在三月十二日才開始發動印坊攻勢。

日軍使用在此攻勢中只有三個師團，是一個中型規模的以攻止攻的作戰，在中國戰區中像這樣規模的戰役，前後總有好幾十個，實在無足為奇。何況日軍在三月十二日開始攻擊，再過一個多月，到了五月，北緬雨季就要來臨，補給將要中斷，日軍非得自印坊退兵不可。

然而負責防衛印度的盟國印緬戰區統帥，英國的蒙巴頓海軍上將誤以為此為日軍進攻印度之先聲。因此他一方面凍結盟國在印度之物資，悉數用於印坊作戰，另一方面在四月三日，經與史迪威面商後，抽調原來用於掩護史迪威軍右翼的英軍突擊旅回救印坊。此使史迪威之右翼暴露，在胡康河谷及孟拱河谷作戰之我軍成為孤軍深入之勢，英美兩國政府乃聯合加強壓力，迫使我駐在雲南的遠征軍入緬，以加強史迪威軍之左翼，並吸引日本北緬駐軍，減輕日軍對印緬邊境英軍的壓力。

我遠征軍在五月開始進軍北緬，北緬雨季正在開始，我軍備嘗苦辛。

日軍在四月十七日開始進攻我國第一戰區的河南省，發起豫中會戰，發動一號作戰。

五月十五日，中英美三國盟軍攻克北緬密支那機場，然而日軍仍固守密支那市區。

六月十八日，長衡會戰中，我軍失守長沙。

六月二十三日，日軍開始圍攻衡陽。

日軍在六月二十六日，結束印坊攻勢，狼狽退入北緬。

八月三日，盟軍攻占密支那。

八月八日，衡陽會戰結束，日軍攻占衡陽。

九月二十五日，蔣委員長要求美政府撤換史迪威。

十月十八日，美政府調回史迪威，易之以魏德邁。

由日軍印坊攻勢這一個中型規模有限目標的作戰，竟然因為中美英三國政府間長期的矛盾，藉著我入緬軍回師救援東戰場這一個核心問題的爭執，在七個月內引爆出史迪威事件這樣子一個影響中美關係極為深遠的大事。於今研讀史料，恐怕當時中美英日四國軍政當局都不會在事先判斷出這一連串的連鎖反應來的。

史迪威招致了印坊攻勢，因之迫使我遠征軍自雲南提早入緬，又拒絕其回師救援東戰場，使「一號作戰」中，我軍在東戰場的情勢更為惡化。《美軍戰史》替史迪威遮蓋此責任，諱言此點，特別指出印坊攻勢與「一號作戰」無關，並引當時日本中國派遣軍總司令官畑俊六元帥之回憶為證詞，其文曰：

> 一號作戰與日本之攻擊印坊並無關連，畑俊六在戰後回顧時表示參謀本部未將之相連，實為不幸。

從日軍看來，「一號作戰」與印坊攻勢確是無關的，可是從我方看去，因為前述印坊攻勢所引出的一連串連鎖反應，這兩個事情的關連實為深厚。《美軍戰史》採用畑俊六的說法，並不辯白敵我雙方對此觀點與考慮之不同，是在替史迪威洗刷責任。

《美軍戰史》有關史迪威事件二卷的兩位作者 Romanus 君與 Sunderland 君在二次大戰時都曾在史迪威的司令部服務過，因此其所編著之《美軍戰史》中不免有偏袒史迪威而多所指責中國政府與陳納德處。此與苟吉堂以湯恩伯集團的副參謀長身分來寫湯集團的抗戰經過，不謀而合，都難成為信史。這是我們讀其書時要考慮到的地方，此是題外話。

第三節　史迪威個性與其職務兩不相宜

關於我遠征軍入緬，史迪威又隨後不許其回救東戰場，因而要擔負一部分東戰場我軍大敗責任之討論，應該分成二方面來討論，即入緬與回救。這兩件事並不一定相關的，也就是說我軍在入緬後仍然可以回救東戰場的。

本節先討論史迪威個人所引起的問題。

美軍在印度及雲南訓練中國新軍，由史迪威主持其事。史迪威的目標是由他率領新軍去打通北緬的雷多公路，替中國重啟對外的路上交通線，厚植國力，以逐步反攻大陸上的日軍占領區，進迫日本，然後美國空軍才以大陸的機場為基地去進擊日本本土。史迪威曾在一九四三年的三叉會議中陳述他的這個戰略構想。

史迪威這個戰略構想完全以陸權為重，沒有考慮到盟軍，尤其是美國在中太平洋上，海權與空權的優勢已可直接由海上進擊日本本土。按之後來的戰事發展去看，史氏的看法是不合時代的落伍觀念。然而當他提出這個戰略觀念被盟國當局接受，而且授權他去逐步實施的時候，這個戰略觀念是否合乎時宜，就不是史迪威一個人應該擔負的責任了。

此正如前文所述，陳納德在一九四三年的三叉會議中提出以空權為主，由中國大陸的基地去轟炸日本本土的策略，既然為盟國政府所採納並且交由李梅去實施，那麼因之而產生的後果也就不是陳納德這個提議者一人應負之責任了。

以今日去回顧，我軍入緬打通雷多公路是得不償失的。這條公路修好後，使用了八個月，日本就投降了，史迪威的戰略構想才走出第一步就不適用了。可是只要盟國政府當時沒有改變打通北緬雷多公路的決策，史迪威只是奉命行事，盡忠職責，是沒有責任的。

史迪威為了打通雷多公路，把中國的新軍二十多萬人全數用在北緬，當然會造成中國戰區的空虛，但是以史迪威的觀點去看，中國戰區除了新軍之外，並非無其他可用之兵。他認為國府以胡宗南集團駐在陝西去監視中共軍隊是不智的，他主張把胡宗南集團與中共都移用到東戰場來。他要把胡宗南部的六個師調到雲南，以及由他指揮中共軍，由美國裝備五師共軍，在黃河以北與日軍作戰。[61]

由此可見，他完全不了解國共鬥爭的本質，很天真地以為他可以來分別領導國共二軍，分在黃河南北作戰，使雙方合作抗日，至於國共的政治談判則可以等到抗日勝利再說。此於史實去看，固然今已可知行不通，即使在當時，恐怕國共雙方都不會接受這種美國式的天真想法。

他也不了解胡宗南的部隊駐在陝西，除了防共之外，也有監視山西的閻錫山集團之涵義，抗戰時關於閻集團與日本私下妥協的說法是時有風聞的。中國戰史上，外軍進入四川有三條道路，一由漢中入川北，二由武漢經宜昌入川東，三由雲貴入川南。胡宗南集團的第三個任務便是替四川把守漢中的大門。

史迪威在美軍中號稱中國通，只是基於他早年曾駐屯在天津多年，作為中下級軍官的生活經驗而已。其實由他的言行去看，他是不了解中國的風土人情的。

史迪威對中國軍隊的評估，認為師級以上之軍官皆不能作戰，可是中國士兵卻能作戰，只是沒有經驗過良好的訓練，缺少補給與裝備而已。因此他堅決主張由他領導的美軍去替中國練兵，以美式裝備與補給去重建國軍，他這個主張不論是對還是錯的，對中國來說並非惡意。事實上，國軍撤

61 梁敬錞，《史迪威事件》，頁三二八。

退到臺灣後，痛定思痛，先是由史迪威一手調教的孫立人將軍負責訓練新兵，即使在孫立人被幽禁後，長期以來，在美軍協助下重新建軍，等於接納了他的主張，只不過是晚了十多年罷了。

更且，國軍在臺灣的練兵方法是在遷臺前後，由孫立人上將在鳳山練兵時所創建的。可是孫將軍所採用的便是他在印度練兵時，從史迪威將軍處學到的心得。

如果我們拿英國人寫的戰史與美國人寫的戰史去作比較，有關中國抗戰的記載，美國人比英國人要多加肯定我國對戰日的貢獻的。史迪威對中國的批評，比起英國人來還是要公正的多的。

我國史家對史迪威的許多指責，有些地方是史迪威替美國政府或軍部背了黑鍋。例如梁敬錞指責他拒不以 B-29 機群及其儲存之汽油支援陳納德，其實成都機場 B-29 機群是直屬於華府軍部指揮的，而美國空軍將領中少有支持陳納德者。又如美國改採以中太平洋直攻日本本土之戰略，而仍迫使中國出兵北緬去打通雷多公路，其實此點史迪威也是受害者，如果中國政府受了美國的欺騙，那麼史迪威在北緬苦戰，做了虛功，也不過是美國軍部騙局中的一枚身不由己的棋子而已。

凡此種種，因史迪威是在華美軍的司令官，遂在中美關係陷入低潮時，成為眾矢之的。而他那種高傲與盛氣凌人的態度，使愛好顏面的中國高級官員更加羞怒。總之，以他的個性，根本不適合擔任中美兩國軍事合作橋梁的職務。

但是史迪威的優點是在能練兵，能打硬仗，身先士卒，與官兵在北緬叢林山區中能同甘苦，是一個勇敢與負責的步兵將領。他對大戰略的觀點固然落伍，可是作為第一線作戰部隊的統帥，他是驍勇善戰而且克盡厥職的。

《美軍戰史》戲稱史迪威是美國軍事史上官階最高的班長，他以四星上將之尊，常常揹了支步槍去參加班排連等小部隊的行軍與戰鬥，使人想到拿破崙亦有伍長之外號。然而史迪威只是一個戰將，缺乏拿破崙在政治上與戰略上的傑出天分，史迪威的悲劇是在他擔任了一個與他個性不合，遠超過其政治上與戰略水平的職務。

第四節　遠征軍入緬之責任在我軍委會

如前所述，在一九四四年三月下旬，因為日軍進攻印坊，英美兩國政府共同壓迫中國派遣駐在雲南的遠征軍入緬。當時駐在雲南的遠征軍約有十一萬人，由陳誠在名義上擔任司令長官，然而陳氏因病赴渝休養，職務由衛立煌代理。

一九四四年三月二十日，美國羅斯福總統致蔣委員長一備忘錄，要求遠征軍入緬，有文曰：

> 請求滇西方面之遠征軍及時開始攻擊，牽制當面敵軍第五十六師團，使駐印軍作戰容易。遠征軍若能推進至騰衝或龍陵，則駐印軍可乘機推進至密支那。

我軍委會遂在四月十三日下令遠征軍準備入緬，而衛立煌集團在奉命後擬定作戰計畫，亦將「遠征軍應駐印軍攻擊密支那，打通中印公路」作為作戰方針，以騰衝之攻取為作戰目標。[62] 軍委會在四月十七日予以批准，我軍遂在四月下旬入緬。四月十七日日軍發動豫中會戰，展開一號作戰。

62　蔣緯國總編著，《國民革命戰史　第三部　抗日禦侮》，卷九，頁一七二。梁敬錞著《史迪威事件》頁三四四，引蔣委員長在一九四四年十月九日致美國羅斯福總統一備

忘錄，有文曰：

> 日本乘我出兵北緬之時，對於湘豫兩省猛加攻擊。

按之今日可見之史料，此並非事實，只是當時我方無從得悉日方擬定「一號作戰」之經過，有此判斷，亦為常理之中。然而包括梁敬錞在內的中國史家，至今仍頗有引前論為事實，因而怪罪英美政府及史迪威之強迫我軍入緬者，就是錯誤了。

吾人今試以日期來作比較。

我軍令部在一九四四年三月四日對湯恩伯集團頒布豫中會戰之作戰計畫——「平漢線會戰計畫」，同年四月十二日答應美方要求，下令遠征軍入緬。在四月十七日批准遠征軍的入緬作戰計畫，同一天豫中會戰爆發。

因此可知，我軍委會下令遠征軍入緬時，已明明知道日軍要進攻豫中以打通平漢線南段，只是我軍委會並沒有判斷到豫中會戰是日軍「一號作戰」打通縱貫大陸鐵路線作戰的一部分，戰事在七個月後將會波及遠在豫中南方一千多公里的廣西省桂林與柳州地區，屆時我軍需要由北緬回師。我方誤以為豫中會戰是一個局部性的有限目標作戰，戰事將局限在平漢線南段的河南省地區，所以才會在準備豫中會戰之同時批准遠在雲南省的遠征軍入緬，更且在同時準備反攻宜昌及武漢。

當時看出日軍打通縱貫大陸鐵路線的企圖者只有陳納德一人，美軍方包括史迪威在內，都與我軍令部的看法一樣，誤以為豫中會戰只是一個局部戰事。

陳納德在四月上旬三次向史迪威提出警告後，四月十七日史迪威與陳納德之空軍老上司，美國駐印緬戰區空軍司令索摩威爾將軍會商，研判敵情，兩人都判斷錯誤，認為陳納德之警告是在虛張聲勢，藉以替十四航空隊爭取更多的補給噸位，[63]因之不予採信。

因此淺見以為，我遠征軍入緬事固然是出於英美兩國政府的要求，可是我國在批准此等要求時，並未判斷到幾個月後就需要其回師救援東戰場，這個責任是應由我方擔負的。更有進者，史迪威以其主持北緬戰事者之立場，在英軍撤出其右翼兵團之後，要求我遠征軍入緬以加強其左翼，以保護其在胡康河谷作戰的我中美聯軍中央兵團，站在兵學的立場，這個要求是合乎情理的。史迪威在兵學上犯的錯誤，不在他要求遠征軍入緬，而是在緬甸雨季即將來臨，其右翼兵團英軍將要撤出之時，仍然堅持中央兵團對孟拱河谷之攻擊，未予撤回印度。

當時史迪威有二個選擇：

1. 在英軍後撤時，中央兵團也退回印度的雷多，撤出胡康河谷，放棄一九四三年十一月到一九四四年四月間我方的戰果，等到一九四四年十一月，北緬雨季結束後，捲土重來。

依吾人後見之明，這個選擇對中美雙方都是比較有利的。在我方言之，我衛立煌部十一萬新軍不會因北緬戰事而凍結在騰衝、龍陵一帶。我軍可以將之投入於五、六月間開始的長衡會戰中，則東戰場的情勢將大為好轉。

對美方來說，一九四四年冬天，美國海軍已在太平洋取勝。美軍在十月二十五日菲律賓的雷伊泰海戰中大勝，消滅了日本海軍的主力，此後由太平洋直攻日本本土，已是指日可待之事。那麼在一九四四年十一月再去重新打通雷多公路就是多餘之事了，因之可以省去無關日本勝敗大局的第三

63 《美軍戰史》，頁三二一。

次緬戰。

然而史迪威見不及此，他選擇了下述的第二個方略。

2.在英軍後撤時，史迪威軍仍繼續進攻胡康河谷及孟拱河谷，希望能在一九四四年十一月乾季來臨，日軍可以增兵北緬之前，攻占北緬重鎮密支那，尤需儘先取得其機場，以使我軍能獲得空軍之增補，而不為雨季所遮斷的陸上交通所困擾。在此方略下，史迪威的中央兵團——我駐印軍就需要遠征軍入緬以保護其左翼了。

這個方略的好處是我方不需放棄在北緬已經取得的戰果，可以繼續修築雷多公路，儘快打通之。這個方略的壞處是我遠征軍十一萬人因之必須在雨季中進入北緬，去和日本一個師團作戰，即使當時無人考慮到東戰場之安危，只由北緬戰場去看，代價也太大了。

在一九四四年三、四月間，史迪威決定繼續緬戰的時候，中英美三國都沒有判斷出日軍「一號作戰」作戰目標之真相，我們不能因之而責怪史迪威。

然而由史迪威出此下策，繼續北緬戰事而不是退回印度，可見他作為統領方面大軍的統帥，並沒有對全盤局勢具有足夠判斷能力與了解。他對美軍在太平洋的進展似乎不很清楚，他把中國二十萬人的新軍用在北緬的雨季中去和日軍三個師團對抗，去打通了一條註定在日本投降後就會廢棄的雷多公路，實在是付出過多的代價。這只有一種情況下才能合理地解釋他的決策——就是他深信日本的投降不是一時三刻可就之事，中英美三國在亞洲大陸上，尤其是在中國戰區，還會要和日本從事長期的戰爭。如此則雷多公路對支持中國長期抗日，將會有重大的貢獻，值得付出前述重大的代價，儘快在一九四四年雨季中予以打通。易言之，史迪威並不能預期到雷多公路的使用只會有八個月之短，他誤以為在此公路長期使用後，日本才會投降。

中國許多史家批評史迪威之堅持二次緬戰，是要洗雪其一次緬戰大敗之恥辱。此或許是事實，然而難以認定。筆者認為史迪威的心態如何，一如史迪威事件中，其他當事人如陳納德或蔣委員長心態如何，實在難以有確實證據去加以認定。

中國史家在批評史迪威時，很少以兵學的眼光去看他的言行。史迪威是一個純粹的軍人，而不是政客或外交家，他的個性及思想方法都不適合他的職務，因之造成了被國府要求美方予以撤換的悲劇。可是我們在批評史迪威的時候，如果不用兵學的眼光去作評析，不但對史迪威是不公平的，恐亦難使支持他與同情他的人士心服。梁敬錞在一九七一年出版了《史迪威事件》，引用了蔣委員長的私人資料──《大溪檔案》，以國府的觀點去指責史迪威的錯失，當然難以客觀公正。然而即使作為史迪威的批評者，梁著最大的缺點是作者不懂兵學，沒有從兵學的觀點去批評史迪威在戰略及戰術上的錯失。

其實以兵學的眼光去看，史迪威是很值得批評的，今分析如下：

一次世界大戰與二次世界大戰有一點很大的不同，就是機器取代了人力與馬力，在陸軍言之，是火炮及機械化部隊的時代，速度與火力成為戰術上勝敗的關鍵。在海軍與空軍言之，則為航空母艦取代了戰鬥艦，以及新式飛機及炸彈之發明。

英美法德等國家在這兩次大戰中，都有了江山代有才人出的現象，許多一次大戰時的名將趕不上時代潮流，被新生代的後起之秀所擊敗。就美軍言之，與中國戰區比較有關係的三名陸軍將領，麥克阿瑟元帥、史迪威及魏德邁，其中只有史迪威沒有戰略眼光，不了解海空權之重要。其實史迪威最多只曾指揮過五個中國師作戰，而且運氣很好，他的戰區是在北緬深山叢林之中，仍是以步兵為主力的傳統式戰鬥，使他這個落伍的舊式軍人仍有用武之地，因功升至四星上將，只好算他運氣太好。

不論是批評他的史家如梁敬錞，或稱讚他的人，都沒有注意到史迪威在兵學上的缺失，他頂多只是一個身先士卒的戰術將領，絕非大軍統帥之才。

第五節　我軍大舉入緬時在豫中戰敗之後

我軍委會在一九四四年四月十七日批准我遠征軍入緬作戰計畫，五月上旬我駐印軍在史迪威率領下，已攻占北緬之胡康河谷，進入孟拱河谷，向密支那推進。五月十一日我遠征軍第一線作戰兵團渡過怒江，開始進入北緬作戰，以支援史迪威軍進攻密支那之行動。

今與「一號作戰」之進度作比較，四月十七日日軍進攻豫中，五月八日打通平漢線，五月二十五日攻陷洛陽，豫中會戰結束。

五月十五日我駐印軍攻達密支那市，五月二十一日我軍委會下令遠征軍迅速攻占騰衝、龍陵與駐印軍會師緬北。我遠征軍司令部乃於五月二十二日下令各集團軍，改變四月十七日原訂的作戰計畫。

當時遠征軍轄有二個集團軍，外加直屬部隊共十八個師，在四月十七日核准作戰的計畫中，以第二十集團軍四個師為攻擊軍，以騰衝為攻擊目標。第十一集團軍十個師之主力為防守軍，另在四個師中各抽調一個加強團渡江攻擊，以策應第二十集團軍之攻擊。

遠征軍在四月十七日的作戰計畫中，第二十集團軍攻擊目標只是騰衝，第十一集團軍防守軍的任務則是派出一部分兵力「在龍陵、芒市，及龍陵、騰衝之間加強游擊，專以阻絕敵之交通，勿使龍陵以南敵軍增援騰衝為主要任務，並相機占領龍陵。」[64]因此第十一集團軍是以防守為主，對龍陵只是牽制性的助攻。

可是在五月二十一日軍委會更改遠征軍作戰計畫時，將龍陵的攻擊亦改為主攻，把二十集團軍與十一集團軍並列為攻擊軍。我遠征軍司令部在五月二十二日下達的作戰命令，其任務要點如下：

第二十集團軍（轄第五十三軍、第五十四軍、預備第二師）為右集團軍，仍照原計畫攻擊騰衝。

第十一集團軍（轄第六軍（欠預備第二師）、第七十一軍、第二軍）為左集團軍，攻擊龍陵、芒市，並限五月底以前完成攻擊準備。[65]

因此拿四月十七日與五月二十二日兩個作戰計畫去作比較，在四月十七日我軍出動入緬的兵力，主攻的是第二十集團軍的二個軍（共四個師），與助攻的第十一集團軍的四個加強團。以一九四四年五月我遠征軍指揮系統表[66]去看，當時計畫留在雲南省的有十一集團軍（欠四個團）的三個軍（九個師外加直屬部隊）、一個集團軍直屬師（第二百師），另一個直屬司令部的第八軍（三個師），一個直屬師（第九十三師），外加直屬部隊。

64 同註62，蔣緯國總編著，《國民革命戰史 第三部 抗日禦侮》，卷九，頁一七二—一七四。
65 同註62，頁二二五。
66 同註62，頁二六三。

那麼當時計畫是入緬的有二個軍（四師）加上四團（相當於一個半師），留守的有四個軍（十三個師，扣四個團，相等於十一個半師），另加一個直屬師及直屬部隊。

粗略計算，四月十七日計畫中預期入緬的是五個半師，留守的是十二個半師，比例是接近一比二。可是在五月二十二日軍委會更改了作戰計畫，把入緬兵力增加到了五個軍，其中二個軍各轄二個師，三個軍各有三個師，共十三個師。另外第十一集團軍的直屬師第二百師在前述作戰計畫任務項目中雖然沒有列出，該師與長官部直屬之第八軍（轄三個師）在九月裡均參加了龍陵與芒市之攻擊，那麼加起來入緬部隊就有了十七個師，留守雲南的只有一個師（第九十三師），可以說遠征軍是傾巢而出了。

五月二十二日的作戰命令中，入緬軍並沒有包括第二百師及第八軍的三個師，這四個師參戰是在九月裡為了龍陵作戰需要增兵才進入北緬的。因此五月二十二日新的作戰計畫中，遠征軍預定入緬者為十三個師，留守者為五個師，比例是十三比五。

我軍之所以在豫中戰敗後反而大舉入緬，根據五月二十一日我軍令部長徐永昌上將所作的書面意見，有五個理由，大意如下：[67]

1. 緬甸日軍進攻印度失敗（按指印坊攻勢），我駐印軍奇襲密支那又奏功。故此時乃我遠征軍反攻騰衝、龍陵與芒市之好機會。
2. 我遠征軍出擊部隊進展良好，主力自應渡河擴張戰果。
3. 占領騰衝與龍陵可能與駐印軍會師，提前打通中印公路，有利於大局。

67 同註62，頁二五七。

4.占領騰衝、龍陵與芒市之線，有利於爾後之反攻緬甸。

5.於河南戰事失利之際，如能在滇西打一大勝仗，可以重振士氣，一新國際視聽，於政略上極為有利。

由此可見，我國雖然在美國政府五次要求下，終於在四月十七日決定派遠征軍入緬，當時只是替駐印軍攻擊密支那時，保護其左翼，牽制龍陵與騰衝一線之日軍第五十六師團，使之不能援救駐守密支那之第十八師團所部。因此我軍只打算派出五個半師，而以主力十二個半師留守雲南。可是在五月二十一日我軍令部見到駐印軍奇襲密支那機場奏效以後，也不禁見獵心喜，又想在滇西北緬建功，以彌補豫中之敗，乃變更遠征軍作戰計畫，以主力十三個師入緬作戰了。此並非出於史迪威或英美政府所強迫者，而是我軍令部判斷錯誤，並沒有因為豫中之敗而警覺到日軍將進攻湖南與廣西，則我遠征軍以主力入緬將造成西南之空虛，因而自動派遣遠征軍之主力入緬。因此我軍主力之入緬之事，我軍令部自當負責也，不能歸罪於史迪威或美國政府。

第六節　遠征軍回師與東戰場結局無關——兼述史迪威事件之近因

梁敬錞著《史迪威事件》，引用蔣中正先生之大溪檔案，以國府之立場說明史迪威事件之經過。其間強調史迪威拒絕遠征軍回師，以致我軍在東戰場失敗，此非事實，今說明如下。

史迪威拒絕衛立煌部遠征軍回師救援東戰場，是中國史家對史迪威的一個重要指控，可是我國究竟在何時向美方（包括史迪威在內）提出要求調回入緬的遠征軍呢？

蔣委員長在一九四四年九月二十五日要求美政府撤換史迪威，十月十九日史迪威奉召返美。五月二十二日我遠征軍更改作戰計畫，大舉入緬。

因此史迪威拒絕遠征軍回師入緬之事，應該是發生在五月二十二日到十月十九日之間。我方要求調遠征軍回師之事則應發生在五月二十二日到九月二十五日之間。

細查梁敬錞著《史迪威事件》與吳相湘著《第二次中日戰爭史》等國人著作，提到在此期間我方要求調遠征軍四師入滇的記載，只有一次，今抄錄梁著三二二頁之記載如下：

九月十五日，史迪威自桂飛渝，謁蔣於黃山，蔣囑其轉飭密支那華軍，於一週以內發動八莫攻勢，否則衛立煌部隊應調回昆明，以免敗衄。史迪威以駐印軍甫奪密支那亟需修養，不能進攻，又以衛立煌部隊缺額待補，亦不宜調回。反要求調出圍堵共黨之胡宗南部隊南下赴援，爭持之間，語多不遜。退後飛桂，即於空行途中電告馬歇爾，謂雲南遠征軍如果調回滇省，則吾儕將前功盡棄。蔣意在保全實力，獵取美國戰勝日本之果實。

梁氏之註云，取材於《美軍戰史》四三五頁，史迪威九月十五日電文。

吳相湘《第二次中日戰爭史》一〇三八頁記載如下：

這時，緬甸日軍正在反攻龍陵，蔣主席要史迪威使用駐密支那的華軍進攻八莫，牽制日軍，被史迪威拒絕了。九日日軍進迫廣西邊境，東西戰場同時告急。蔣主席在十一日再向史迪威提議使用密支那的軍隊，史迪威說密支那的軍隊是屬於蒙巴頓統帥的戰鬥序列，又拒絕了。

吳氏原註說此取材於 *The Stilwell Papers*，三二六頁與四三三頁。

吳氏又說：

史迪威在九月十四日從重慶飛到桂林，廣西和湖南間的要隘全州就在這天淪陷，廣西的門戶洞開，日軍可以長驅直入，中國保衛桂林和柳州的軍力已經不敷運用了，史迪威命令所有美軍人員，除在桂林飛機場工作人員外，一律撤退。十五日史迪威在昆明得到克復騰衝捷報，立刻飛回重慶，在正午與赫爾利應蔣主席約談。蔣主席指出龍陵戰鬥膠著，再提議調密支那的華軍進攻八莫，牽制日軍，並且表示如果在一週內沒有行動，就將中國遠征軍調回，保衛昆明。史迪威竟用非常驕傲的語句來反對，甚至認為這是要停止在北緬作戰。他不僅拒絕用密支那的軍隊攻八莫及調回中國遠征軍，反而要求調用圍堵陝甘邊區的胡宗南部隊南下增援。

這天下午四時，史迪威沒有和赫爾利商量，就像往日一樣急躁地電向馬歇爾報告這一切的事，他說如果中國調回遠征軍，則多年以來為打通滇緬公路的血汗都要前功盡棄了。他還歪曲地說，蔣主席要保衛昆明是想保存實力，等待美國擊敗日本。

吳氏原註說此段取材自《美軍戰史》四三四頁至五百頁，又 *The Stilwell Papers*，三三〇頁，又梁著《史迪威事件》，三三三頁。

亦即梁敬錞與吳相湘二位中國史家的記載，取材自同一來源《美軍戰史》，只是吳氏的記載比梁著要詳盡些。

我們分析上述的記載，有下列三點關鍵：

1.蔣氏主張要調回衛立煌軍，並不在要救援東戰場，而是要迫使史迪威在一個星期內派遣駐在密支那的我國駐印軍向八莫進攻，以減輕衛立煌部在龍陵所受日軍反攻之壓力。

2.即使衛立煌部返回雲南，我方將用之保衛昆明，而非馳援時在危急中的桂林與柳州。

考我方在六月二十三日衡陽會戰開始之後，警覺到日軍將要進攻廣西。六月二十六日我副參謀總長白崇禧研判敵情，判斷日軍將攻擊湘桂線上之桂林與柳州，並建議由第七戰區（廣東省）調兩個主力軍入援。我軍令部亦根據白氏之研判而制定作戰計畫。

當時我遠征軍正在分批入緬，無論白崇禧之建議與我軍令部之計畫，都沒有考慮到調動遠征軍一部分入援桂林與柳州。

日軍在八月八日攻下衡陽，我駐印軍在八月三日攻占密支那，所以我遠征軍在此前無法回師。日軍十一軍在九月八日試探性攻擊廣西之全州，我軍陳牧農軍不戰而棄全州。

日軍正式大軍進攻桂林則遲至十一月一日才開始。

在九月十五日蔣氏召見史迪威，提出調回衛立煌部的時候，並不是為了馳援桂林與柳州，而是保衛昆明。

日軍在「一號作戰」中並沒有進攻昆明，我軍也沒有把原來應該用在桂柳作戰的部隊留守昆明，因之影響到桂柳作戰。換句話說，當時遠征軍回師保衛昆明與否，並不會影響到「一號作戰」的結果，昆明空虛只是一場虛驚，與我軍桂柳作戰之敗績無關。

3.我軍在五月上旬入緬攻擊騰衝，到了九月十五日才能攻取。我軍此時圍攻龍陵地區亦已長達二個多月，日軍在九月五日以二個師團（皆不足額）反攻我軍，若我軍在九月十五日撤回龍陵地區之我軍，則連方才得手之騰衝也要放棄了，此乃不合兵學原則之事。蔣委員長此時只是擺出姿態，強迫史迪威在命令駐印軍一週之內由密支那進攻八莫，是以撤軍為要脅，並非真心要將衛立煌部撤回雲南。

然而史迪威在當天（九月十五日）以電報向馬歇爾報告時，誠如梁敬錞及吳相湘二位之記載，竟把委員長與史迪威因為何時進攻八莫之爭執，小題大作，解釋成了蔣氏要撤軍回雲南以保存實力。很不幸地，此時馬歇爾正在參加英美兩國由羅斯福與邱吉爾所主持的最高軍事會議——魁北克會議。在接到史迪威電報的前一天，英美兩國才同意了英國所提出的全面反攻緬甸，其中成敗關鍵之一，便是我遠征軍需在北緬牽制日軍，使之不能南下阻擋英軍之攻擊南緬。因之馬歇爾乃代替羅斯福擬一電報致蔣委員長以支持史迪威拒絕遠征軍回師昆明之立場，其間辭意強硬，大傷中國政府及蔣委員長之顏面與自尊。此電文由史迪威在九月十九日面交蔣委員長，六天後，即九月二十五日，蔣委員長乃要求美國召回史迪威矣。

因為何時進攻八莫之一小問題，竟會導致蔣委員長不惜與美國破裂之重大事件，冰凍三尺，實非一日之寒。按美方在七月八日向中國要求，由史迪威指揮全中國之陸軍，此時經二個月之交涉，雙方就此事已達成原則性之協議，然而史迪威仍堅持以監視中共之胡宗南部南調雲南，及裝備五師共軍，在史迪威之領導下，出晉豫以攻武漢之日軍，此為國府絕不能容許之事。

蔣氏在一九四四年六月二十一日與美國副總統華萊士面商時，已託其向羅斯福總統表示蔣氏不能信任史迪威之意，因而要求羅斯福另派私人代表來華，遂有賀爾利在九月六日之以羅氏私人代表身分到達重慶。蔣氏在九月七日單獨召見史迪威，即告之以今後史氏統帥國軍時，必須聽命於蔣氏及軍委會，尤其是要使用中共軍，必須得到軍委會之核准。

在此雙方互不信任，又在談判史迪威將要統帥中國陸軍全軍之時，史迪威為了何時使用國軍進攻八莫這種小事，竟然會對蔣氏語出不遜，羅斯福又用最後通牒口氣來電支持史迪威，遂使蔣氏下決心要求美方撤回史氏。此即蔣氏之考慮非在遠征軍回師昆明一事而已，而在其以中國之首及國軍統帥之身分，不能忍受史迪威之抗命，更不能以中國陸軍統帥託付之史迪威也。然而史迪威出任中國陸軍統帥之職已箭在弦上，中美兩國談判已到接近簽字階段，唯一足以阻止此事實現之方法，即以快刀斬亂痲，逼使美國召還之也。

因此蔣氏之要求美國召還史迪威，並非因遠征軍回師與否，此乃一時之藉口，關鍵在蔣氏不能信任史迪威帶領中國陸軍全軍之重任。我國史家多有不了解於此者，遂以當時蔣氏所云史迪威拒絕遠征軍四師保衛昆明以致使我東戰場失利為是，此為我方一時推託之口實，以今日觀之，乃是一個並非合乎史實之指控也。

史迪威企圖率領我國陸軍，並非如表面看去只為其個人權力之故，而是合乎其一貫之戰略思想者。此時緬戰將要結束，雷多公路即將打通，史迪威為實施其由中國大陸進攻日本本土之戰略，必須支持國軍逐步反攻日軍占領區。以其在一九四三年五月三叉會議中之言論，此需訓練國軍新軍一百二十個師才能奏功。到一九四五年九月為止，其所代訓之新軍為遠征軍十八個師，駐印軍五個師，共二十三個師，與一百二十個師總數相差太遠。因此史迪威一方面要計畫擴大國軍新軍之訓練，另一方面要充分利用中國已有之軍力。在他極為天真的眼光裡，國軍胡宗南集團與共軍對峙，是把中國人抗日的兩股力量對消掉了，因此他才會提出美國裝備共軍在黃河以北作戰，或由共軍出晉豫以攻武漢了。他認為中共軍不會服從國軍將領的指揮，卻會接受他的指揮，他自認為只有他才能領導國共兩軍一齊抗日，所以中國陸軍全軍的統帥就非他莫屬了。他認為國共內爭，則可以等到日本投降後再去解決，這是非常天真而且行不通的想法。

況且按之史實，他那逐步反攻日軍占領區的戰略觀念根本來不及實施，日本就投降了，他是以七年之艾來治三年之疾了。其實這是史迪威作為一個戰區的高級統帥，高級指揮官所犯下的最大的錯誤，而中美史家都沒談及此點。亦即聯軍在麥帥指揮下，利用跳島作戰，以海空軍的絕對優勢攻向日本本土，已為指日可待之事，而史迪威見不及此，還在想由中國大陸經過朝鮮半島，用陸軍去攻擊日本本土。

第七節　魏德邁促成我軍由緬甸回師

美國政府在一九四四年十月九日召回史迪威，史迪威當時擔任的職務分屬中國戰區與印緬戰區。在指揮作戰方面，他在中國戰區的職務是美軍司令與戰區統帥蔣委員長的參謀長，這兩個職務由魏德邁繼任。他在印緬戰區的職務是戰區副統帥、美軍司令與中國駐印軍總指揮，這三個職務由美軍將領蘇爾登繼任。

同時盟軍將北緬戰場的指揮權重新劃分，中國駐印軍仍舊留在印緬戰區，由蘇爾登指揮。遠征軍則劃回中國戰區，由魏德邁指揮，直屬於蔣委員長麾下。

蘇爾登在十月十五日下令駐印軍進攻八莫，此為造成史迪威在九月十五日向蔣委員長抗命之事端，由此可證，當時史迪威之抗命並非兵學之必須。

魏德邁在十一月一日到任，日軍在十一月十日攻陷桂林與柳州兩地，桂柳作戰結束，日軍一時有長驅直入雲貴二省之趨勢，重慶震動。

魏德邁一改史迪威之作風，通誠與國府及陳納德之十四航空隊合作，商訂挽救危局的三個重要決定，即：

1. 調衛立煌部遠征軍八萬人回雲南。

2. 取消成都機場 B-29 機群轟炸日本本土之計畫，以其儲存物資撥給十四航空隊，並在 B-29 機群調離中國之前，准許陳納德用之以轟炸武漢日軍之補給中心。[68]

3. 與國府配合，緊急空運湯恩伯集團一部分至貴陽，以保護貴州。[69]

前述 1、2 兩項，是史迪威與蔣委員長、史迪威與陳納德爭執劇烈之要項。魏德邁之所以輕易答允，我判斷因為魏德邁對於盟國在太平洋戰區全盤戰略的了解比史迪威要透澈得多，他知道美空軍已決定由塞班島以 B-29 機轟炸日本本土，成都基地的 B-29 機群已失去重要性了。

魏德邁本人是美軍中有名的戰略家，久在國防部及蒙巴頓的印緬戰區司令部服務，因此他對英美兩國在太平洋及東南亞（包括中緬兩國）的大戰略構想應當清楚。史迪威是一個戰將，長於第一線的作戰，拙於盟國海陸空協同作戰的大戰略之設計，此二人之優點與缺點恰巧互為表裡。

然而魏德邁雖然支持調動衛立煌部八萬人回師雲南之計畫，實際上因為緬北滇西作戰之需要，

---

68 《陳納德回憶錄》，*Way of a fighter*, p.330.

69 美軍記載曾協助空運湯部，可是苟吉堂《中國陸軍第三方面軍抗戰紀實》則說是徒步行軍，以苟氏記述，湯恩伯在一九四四年十月下旬奉命馳援貴州，共統轄五個軍，即其所部二十九軍、十三軍，胡宗南部九十八軍與第九軍，重慶衛戍部隊第九十七軍。其時湯部兩個軍在河南，胡部兩個軍在陝西，徒步行軍多在三千公里上下的遠程，只有九十七軍自重慶來，離貴陽較近。苟氏並未提及美空軍協助運送部隊之事，今兩說並錄，存考。吳相湘《第二次中日戰爭史》，頁一〇六五，則說：「第五十七軍的一部分人也從西安空運來了。」時為一九四五年一月。然而五十七軍並非在苟吉堂書中所說的屬於湯部建制的部隊，姑且亦錄之存考。

在衛立煌部與駐印軍會師之前，也無法立刻將衛部入緬的十七個師中間抽調八萬人回雲南。因此一直到了十一月底，因為日軍攻入貴州，魏德邁在得到蔣氏同意之後，急電印緬戰區統帥英國的蒙巴頓海軍上將調中國駐印軍（而非衛立煌部的遠征軍）第十四師在十二月五日空運回國，這是中國入緬軍第一批回師。

十二月十五日我軍攻克緬甸的八莫，駐印軍第二十二師因之得以飛回國內。

一月五日，這兩師部隊到達雲南。

一月二十七日，遠征軍與駐印軍打通雷多公路，兩軍在芒友會師。北緬戰事結束，中英美盟軍取得勝利，我軍開始回師，其中駐印軍三個師由美駐印度空軍運回，其餘沿著雷多公路撤回。[70]

由此可證，在一九四四年九月中旬，史迪威之反對我遠征軍回師是有兵學上的道理的，否則在一九四四年十月魏德邁繼史迪威之後，遠征軍之指揮權已歸還給中國戰區，由蔣委員長通過魏德邁去指揮。此時蔣魏二人都有調遠征軍回國入衛昆明之意，何不逕於實行？在二個月後，即十二月五日，日軍進入貴州省，我方並未就近自滇西調遠征軍回師，而是緊急以空運將遠在印度的駐印軍（而不是遠征軍）的第十四師飛回國內呢？更由此可以證明，蔣委員長在九月十五日告史迪威以遠征軍回師保衛昆明，不過是用以為手段去威脅史迪威在一週之內進攻八莫而已。我國史家多有以之為蔣委員長之真意，引而指控史氏抗命需負東戰場失敗之責任，此非事實也。

第五章 總結

70 吳相湘，《第二次中日戰爭史》，第十二篇第一章第二節〈中國駐印軍的回國〉。

第一節　日軍發動「一號作戰」的錯誤

「一號作戰」是因為日軍大本營對戰局估計錯誤才產生的！其錯誤如下：

1. 誤以為美 B-29 機是自桂林、柳州起飛去轟炸日本本土。
2. 誤以為日軍在打通縱貫大陸的鐵路線後可以確保其交通線，以支援南方（中南半島）的日軍。

史實顯示，日本在一九四四年十一月下旬打通湘桂線，完成「一號作戰」打通縱貫大陸鐵路線的目標。可是在六個月內，也就是一九四五年六月二十九日，我軍收復柳州，又切斷了日軍利用湘桂線支援南方日軍的途徑。

3. 對蘇俄的態度判斷錯誤，所以在「一號作戰」中，日軍抽調關東軍南下，以為北方無憂，而向南方延伸戰線。在「一號作戰」結束了五個月之後，日本大本營即開始對蘇俄的態度有了懷疑，在四月十八日下令其中國派遣軍準備自西南撤兵，縮短戰線，抽調兵力北上支援關東軍。六月四日，大本營參謀總長梅津美治郎在中國大連召開會議，當席對關東軍司令官山田乙三及中國派遣軍總司令官岡村寧次下達準備對蘇俄的作戰命令。[71] 關東軍在一九四四年十月美軍登陸 Leyet 後再次由各個師團中抽調步兵聯隊、工兵、砲兵，只帶輕武器小型火炮增援菲律賓。

換句話說，日軍因為進行「一號作戰」，把戰線向中國南方及西南方延伸太長。此時為了防俄國向東北的關東軍進攻，要自動放棄此次「一號作戰」在中國廣西省與湖南省所取得的一部分地區。此與陳納德在一九四三年五月三叉會議中的發言相印證，可以看出陳氏的判斷是正確的，只是中國戰區因「一號作戰」日軍大舉進擊所受之損失，將由蘇俄坐收漁人之利了。

---

71 吳相湘，《第二次中日戰爭史》，頁一一二八。

4.誤以為可以捕捉到中國野戰軍的主力，因之促使國府崩潰。日軍在擬定「一號作戰」計畫時，估計中國野戰軍的打擊兵力約為二十五萬人，其中約二十萬人是美軍代為訓練的新軍。結果因為我駐印軍及遠征軍入緬，日軍在「一號作戰」中擊潰的只是我第九戰區薛岳所部，並非此次日軍主要目標中央軍的打擊兵團。

此所以在我軍自緬甸回師之後，即能連連造成湘西會戰及桂柳反攻作戰之佳績之原因，與半年前我軍在「一號作戰」中之連連大敗，情形完全不同。

第二節　「一號作戰」我軍潰敗原因之研究

「一號作戰」是因為日軍估計錯誤才產生的。

「一號作戰」我軍大敗的原因已如上述之分析，今歸納豫中會戰、長衡會戰及桂柳作戰之敗因如下：

1.我軍兵力不足，在這三個戰役中，每一個都無法抵擋日軍優勢兵力的集中攻擊。

2.我軍戰力降低：其中長衡會戰的薛岳所部則更加上受到排擠之因素，桂柳作戰中的夏威集團軍則鬥志太低。

3.我軍在戰略上判斷錯誤，在一九四四年初，我方認為日本將放棄武漢，向長江中下游撤退，乃以反攻宜昌（及武漢）為年度軍事目標。而此時日方正在準備發動一號作戰。因為這個戰略上的誤判，以致我方應戰之戰術亦有錯誤，一如蔣日記在一九四四年五月二十日所說的。我軍對日軍攻勢目標判斷亦有錯誤：在豫中會戰及長沙會戰中，我方判斷日軍此次一如以往，是個有限目標之攻勢。一直等到日軍自長沙南攻衡陽，開以往未有之先例，我軍才警覺到日軍是要打通縱貫大陸之鐵路線，將要進攻桂柳，然而為時已晚，已無兵可調矣。令人奇怪的是，當時我遠征軍正在逐批入緬作戰，可是我軍令部及白崇禧所代表的桂系，都沒有調其入廣西之打算。

4.長沙會戰張德能軍之失利，與全州之役陳牧農軍之不戰而退，同為失地，兩軍長同遭處死刑，性質不同。此二者加上湯恩伯集團棄守平漢線南段過速，對我東戰場敗退之速度大有影響，使得我入緬之軍隊因陷在密支那戰役而來不及回救東戰場。不過我軍委會之打算調入緬軍回師，只是要用在保衛昆明，並未打算用在湖南與廣西兩省。

5.衡陽會戰我第十軍以一萬七千人之劣勢軍力，對抗日軍十餘萬人之圍攻，能死守四十七天，是為我民族之光。

6.在豫中會戰時，我軍戰術有錯誤，遂為日軍各個擊破。

7.陳納德之十四航空隊雖未發生決定性之遏阻力量，然在長衡與桂柳二會戰中助戰之功亦大，不應負招致日軍此次「一號作戰」大舉進擊之責任。

8.史迪威對豫中會戰之失利不負任何責任，對長衡會戰應負拒絕增補支援十四航空隊飛機及汽油，因之使十四航空隊在衡陽會戰中曾一度停飛，以致戰局更為不利之責任。史迪威對長沙、桂林、柳州之失守並無責任。

9.我遠征軍入緬之責任應由我國軍委會擔負。我軍主力之入緬並非因美國政府之壓迫，而是我軍令部見獵心喜，自動出擊的。

10.衛立煌部遠征軍未能在一九四四年九月回師以保衛昆明，對東戰場之戰局並無影響，昆明空虛，只造成一場虛驚，史迪威不能因之負東戰場失利之直接責任。然而因其調訓三十師新軍，故各戰區抽調出精銳後，史迪威之新軍又優先徵用新兵，間接使各戰區戰力減低，應負間接責任。

在整個「一號作戰」中間，我軍只有死守衡陽的第十軍有了傑出表現，其次為防守瀏陽的四十四軍能血戰九天，亦為可觀。我國史家每每以史迪威控制美援物資只供以裝備遠征軍，作為東戰場我軍戰力削弱之原因。其實此次武器比第十軍精良，人數比第十軍要多，城防工事比第十軍要堅固完整，可是戰績遠不能與之相比的例子有二個，即守長沙的張德能第四軍與守桂林的夏威集團軍，可見武器械彈不足並非我軍失利之主因。試想陳牧農軍以一萬人防守廣西全州與黃沙河陣地，遇到日軍一個連的試探性攻擊就不戰而棄此要隘，如此軍隊之戰敗，怎能怪罪械彈之不足？

我軍在東戰場缺少的是像方先覺、余程萬這種能和敵方優勢兵力打硬仗的將領。可是方先覺在衡陽會戰後因被俘而未受上賞，余程萬在常德會戰時彈盡援絕，突圍與增援部隊會合反攻，常德失守八日而後得回，余氏卻因擅棄守地險遭處死，終以五年徒刑結案。由這兩件事去看，我軍缺少像他們這種打硬仗的將領，不是偶然的，因為不打硬仗，避開敵人正面，敷衍過去，不易犯錯。打了硬仗，敗算大而勝算小，功不賞而罪易罰也。

第三節　尾語——筆者為什麼要寫這篇文章？

這一節要寫的是題外話，是要向讀者說明筆者這個外行人，為什麼要花了如此多的心血去研究一個七十多年前的「一號作戰」我軍失敗的原因，而寫了七、八萬字，草成本文。

筆者生於一九四二年衢州會戰時的前線——浙江龍泉，家父當時在浙江省政府服務。在日軍進攻時，家父母率家人隨著省府逃難，在路上逃到龍泉時生下了我。或許因此之故，我對抗戰史的興趣極高。

我對戰史的啟蒙，得力於黃大受先生。在我讀小學及初中的時候，黃先生與我家鄰居，時常過來與家父閒談。那時黃先生正在寫作《中國近代史大綱》，我因之得有機會拜讀他的手稿，對太平天國的戰史頗感興趣。然而這只是死背硬記，小孩子的我並不了解其中的得失優劣。

我在師大附中念初中與高中的六年間，有機會讀到家藏由軍事譯粹社出版，紐先鍾將軍主持編譯的兵學書籍。其中印象深刻，在四十多年後的今天覺得如在目前的，是幾位二次大戰德軍將領的紀錄。包括古德林上將回憶錄、曼斯坦元帥的《失去的勝利》、有關隆美爾元帥的《日記與戰時文件》等，以及波蘭安德斯將軍著的《希特勒征俄祕史》，此外我也非常熱心去研究拿破崙的戰史。

當時在一九六〇年代，我每每感到遺憾的是我們竟然沒有詳盡可靠的抗戰史，這八年抗戰就像過眼雲煙一樣地了無痕跡。那個年代不是沒有將領們發表回憶錄，可是與我所讀過的外國將領，尤其是德軍將領的回憶錄去比，實有天淵之別。例如我還記得當時劉峙上將在《自由談》月刊上發表回憶錄，寫到以他為主帥（華東剿匪總司令官）的徐蚌會戰時，竟然草草了事。言下之意是這個戰役他只是掛名的主帥，實際上是由他的副手副總司令杜聿明將軍所指揮的，此容或是事實。然而作為一個大軍統帥，不論勝敗，在寫回憶的時候必須要對歷史負責。寫戰史的目的不是在論勝敗、表揚己功、掩蓋失敗，而是要記載真實的經過，以供來者作參考，此乃前事不忘後事之師之意。前述那些德軍將領的回憶，他們對戰役的記述並不因德方之勝敗而分繁簡。將軍們可以失去勝利，但是在戰史上不能失去尊嚴，一個掩過誇功的將領，既不自我尊重，焉能為史家所尊重呢？

當時有關抗戰的書籍很少，禮失而求諸野，只有訪求之於遺老。所以我很喜歡陪長輩們、老人家們談抗戰時的天寶舊事。

其中有一位是在我家做事多年的老傭人，姓楊，他是廣東人，曾在國軍薛岳所部擔任過排連長級的職務，參加過長衡會戰。每當他談起抗戰時我軍士兵及中下級軍官的艱辛，筆者每每為之淚下。

現在還記得他用那沙啞的喉嚨說：「你們不知道，真慘啊！我們三個人一支槍，衝鋒時，三個人跑在一起，拿槍的那個人倒下去，另一個就撿起槍來再衝上去。」

出國留學以後，在圖書館裡竟然找到為數頗多用英文寫的有關抗戰的書籍，例如《美軍戰史》、英國人寫的戰史、《陳納德回憶錄》、劉馥著《中國現代軍事史》，及英譯日方的史料。然而此既非我的專科，大部分只是瀏覽一下而已。

梁敬錞在一九七一年發表了《史迪威事件》，美國的塔克曼女士也寫了 *Stilwell and American Experience in China* 這兩本幾乎同時發表的書籍，對史迪威事件有了南轅北轍的看法。塔克曼女士的立論，基本上是與《美軍戰史》相符合的，即是支持史迪威，而對國府及陳納德多有指責。

當時我正在大學教數學，就利用了暑假收集了資料，寫了一篇頗長的書評，分別指出我所認為雙方錯失的地方來，發表在一九七三年七月在紐約出版的《聯合月刊》第五卷第二期，文章的題目是〈一號作戰——評梁敬錞的《史迪威事件》及《美軍戰史》〉。

因為撰寫此書評，把許多資料整理了一遍，竟然在《陳納德回憶錄》中發現了一條記載，說薛岳所部在長衡會戰末期，十五萬人只有五萬枝步槍，使我想起了少年時聽老楊說故事，三個人一枝槍衝鋒的情形。那一剎那的感覺如同身受電擊，真是感慨萬分，我們中國太虧待長衡抗戰中的民族英雄們了。

在一九七三年我就想找個機會，好好把資料消化掉，把我軍在「一號作戰」中失敗的原因做一個分析，不為別的，只為了要使「一號作戰」中死傷的軍民能夠瞑目，也要使我們後死者能有所了解究竟是怎麼一回事？我軍為何在「一號作戰」中潰敗的如此之慘？

一轉眼就是許多年過去了，又恰巧在一九八九年我有些空閒，就著手了此多年心願，沒想到一寫就寫了七萬多字，下筆不能自休。寫完了以後，一直束之高閣，沒有發表。在二〇〇八年左右，我請了呂芳上及黃自進兩位歷史學家代為潤飾，本來是希望能因之與日文資料相互查證，可是迄未如願。到了二〇一九年，我已七十七歲，不再等了，先將本文發表再說了。

本文所述，多為管見，不敢自詡為定論，故名之曰研究，還希望讀者指正。

一九七三年寫〈一號作戰──評梁敬錞的《史迪威事件》及《美軍戰史》〉的書評時，曾有以下的結語，而今已入老年，心情與當時微有不同，然對「一號作戰」我軍之表現的感想仍為不變，今移用於此，作為本文之結語。

最後謹以此文獻給死守衡陽四十七日的方先覺氏及其第十軍的一萬七千勇士們，因為沒有他們所象徵的犧牲精神，就沒有今天獨立自主的我們。以一個數學教授的我，可能會漸漸失去對中國歷史的興趣，然而我永遠不會忘記在少年時，聽那老兵說起三個人一支槍的戰鬥，讀方氏圍城中日記及電報時的熱淚，中國太對不起他們，三個人一支槍，一萬七千人對敵十萬人，四十七日，衡陽！衡陽！因為有你們，中國不會亡，中國一定強！

附錄

一號作戰與緬戰大事日程表

為了使讀者明瞭「一號作戰」、緬戰與史迪威事件三者之間極為錯綜複雜的關係，筆者製成了一個大事日程表，以日期先後為次序，把三者重大的事項作了一個排列。其間有關中美雙方為了史迪威事件所引起的交涉，為了方便，列在緬戰的備考欄中。讀者如果在讀本文時一面參閱此表，當可對許多關鍵事件之日期先後有所了解也。

一號作戰			緬戰		
日軍	我軍	備考	日軍	盟軍	備考
			駐緬軍擬定印坊攻勢計畫，日本大本營未予批准，予以擱置。（一九四三年三月）		印坊（Imphal）為印緬邊界地區
				史迪威令我駐印軍孫立人師攻入北緬之胡康河谷，以武力掩護雷多公路之興築。（一九四三年十一月）	
				孫立人師二個團攻克北緬之于邦。（一九四三年十二月二十日）	此為我新軍初試啼聲，擊潰日軍十八師團一個聯隊，日軍上下莫不震驚。

一號作戰 日軍	一號作戰 我軍	一號作戰 備考	緬戰 日軍	緬戰 盟軍	緬戰 備考
御前會議批准大本營所擬之一號作戰計畫（一九四三年十二月三十一日）		日軍草擬一號作戰計畫時未將此與緬戰之印坊攻勢相連結。			
			參謀本部匆匆批准印坊攻勢。（一九四四年一月七日）		此為日軍在于邦之失利後之反映，欲以攻止攻，迫我軍回師印度。
				史迪威令我廖耀湘師由印度進入北緬胡康河谷，奇襲太白家，予以攻占。（一九四四年二月一日）	雷多公路隨我軍進展在二月下旬修築至新平洋與太白家。由新平洋至密支那段，可利用原有之公路路基以修復之。由密支那至八莫轉南嶺則已有南密公路接滇越鐵路。
			河邊正三提前發動印坊攻勢之助攻，以一個師團攻擊在阿拉干之英軍。（一九四四年二月四日）	英軍第十六旅在二月上旬向 INDAW 進攻，此為我駐印軍右翼兵團之助攻。	印坊攻勢原定主攻印度印坊者三個日軍師團，其中主力師團第十五師團此時還在泰國，日駐緬軍決定先發動阿拉干之助攻以減輕我史迪威軍切入北緬之壓力。
			阿拉干攻勢失敗。（一九四四年二月		

一號作戰			緬戰		
日軍	我軍	備考	日軍	盟軍	備考
			二十三日）		
	我軍令部下達「平漢線會戰計畫」給湯恩伯集團，決定豫中會戰我軍之戰略與戰術。（一九四四年三月四日）	我軍判斷錯誤，誤以日軍攻擊豫中為一有限目標之攻勢，日軍在打通平漢線後，戰事就告結束。故以避開敵軍正面，迫使其進入山區決戰為戰略。			
			發動印坊攻勢，此為一個以攻止攻有限目標之進攻，日軍出動三個師團，目的在迫使盟軍回救印坊，以阻止盟軍入緬。（一九四四年三月十二日）	1.三月中旬，史迪威與蔣委員長商遠征軍入緬事不洽，擅自將指揮部未奉政府命令，撤至印度。2.三月下旬，我駐印軍攻入孟拱河谷，有切斷北緬日軍陣線之態勢。	盟軍印盟戰區統帥蒙巴頓判斷錯誤，以為是日軍將要大舉攻入印度，乃宣布印緬戰區進入緊急狀態，將一切在印之盟軍物資凍結，只供印坊之戰使用。
	陳納德首次向史迪威警告日軍此次攻勢將分別在平漢線與粵漢線進行。史迪威判斷錯誤，以為此次日軍攻勢一如以往為有限目標			蒙巴頓與史迪威會商，調英軍入緬之突擊旅，回師援救印坊，並約定各自要求其本國政府代請我遠征軍入緬。（一九四四年四月	史迪威攻入胡康河谷，我駐印軍因之右翼空虛，故英美兩國政府乃加壓力，要求中國政府派遣駐在雲南之遠征軍入緬，以保護我入緬之遠征軍

一號作戰		
日軍	我軍	備考
	之作戰。（一九四四年四月三日）陳納德稍後又以急電向史迪威提出另二次警告，史迪威在與印緬戰區空軍司令索摩威爾會商，研判敵情後，共同認為陳納德在虛張聲勢以求增加十四航空隊之補給噸位，故不予受理。	
	陳納德向蔣委員長當面報告，必須取得飛機汽油，否則無以發揮其禦敵任務。（一九四四年四月十五日）	1.當時蒙巴頓因應付印坊攻勢，已將在印物資全部凍結，史迪威亦無法增加十四航空隊之噸位矣。 2.蔣氏並未立刻轉告史迪威。
發動豫中會戰，進攻河南省之我湯恩伯集團。（一九四四年四月十七日）		1.日軍兵力十五萬人，我湯集團則有二十一個師，其中十個師戰力薄弱。 2.日軍戰力依《美軍戰史》之估計，較前

緬戰		
日軍	盟軍	備考
	三日）	之左冀（一九四四年四月四日），此為美軍第五次要求我遠征軍入緬。
	我軍第五十師及第十四師自昆明飛去印度，支援駐印軍作戰，分別於四月一日及四月十五日飛出。	1.史迪威之駐印軍兵力由三師增加為五個師。 2.依照一九四三年十月我軍之作戰指揮系統表，此二師已列入駐印軍系統。
	我軍委會批准我駐雲南省之遠征軍入緬作戰計畫。（一九四四年四月十七日）	1.我軍委會此時沒有判斷到日軍在攻擊豫中後，將南下打通粵漢線及湘桂線，屆時將需要遠征軍自北緬回救昆明。

一號作戰 日軍	一號作戰 我軍	一號作戰 備考	緬戰 日軍	緬戰 盟軍	緬戰 備考
		增強七倍，敵我相比，我軍兵力與戰力均不足。 3.因我軍令部及湯集團對日軍攻勢目標判斷錯誤，我方讓日軍提早一個月打通平漢線，使日方提前一個月攻擊湖南，影響戰局甚大。			2.在此作戰計畫中，我遠征軍十八個師中，入緬者五個半師，留守者十二個半師，兵力是一比二，主力並未入緬。
打通平漢線，完成豫中會戰之主要攻擊目標。（一九四四年五月八日）	湯集團避開敵人正面，誘使敵人進入山區決戰。	日軍在打通平漢線後，繼續沿隴海線對洛陽之攻擊只是次要目標，以防止我軍將來以洛陽為基地對平漢線之反攻。		我遠征軍入緬之攻擊軍第二十集團軍下達攻擊命令。（一九四四年五月八日）	1.即豫中會戰我軍已敗時，我遠征軍尚未入緬。 2.我軍令部並未因豫中之敗而生西南將有大危機之警覺。
				我遠征軍渡過怒江，進入北緬作戰。（一九四四年五月十一日）	
進圍洛陽。（一九四四年五月十四日）	蔣委員長召見史迪威駐重慶之代表費立思准將，代陳納德要求借用成都機場 B-29 機群之五百噸汽油，以及調	1.此即梁敬錞所說陳納德在四月十五日向委員長報告後，蔣氏代為向史迪威要求借用飛機汽油之事，其實日期上差了整整一			

一號作戰		
日軍	我軍	備考
	用防守成都基地十四航空隊所屬之二百架戰鬥機以支援洛陽作戰。（一九四四年五月十一日） 史迪威拒絕此要求。（一九四四年六月五日）	個月，此時平漢線已失矣。 2.《美軍戰史》說蔣氏亦要求出動 B-29 機，梁氏則未提此點。按 B-29 機直屬美華府軍部，史氏無權動用。 3.史迪威是在四月二十日下令十四航空隊以二百架戰鬥機協守成都基地，因之凍結了陳氏五分之二的戰鬥機。 4.此事對豫中會戰影響不大，但是對七、八月間的衡陽會戰我軍失利，大有影響。

緬戰		
日軍	盟軍	備考
	駐印軍奇襲北緬密支那之飛機場，予以攻占，然而日軍三千人堅守密支那市區，至八月二日方才退出。（一九四四年五月十五日）密支那之役是	1.密支那是北緬公路中心，當時有(1)保密公路，通中國雲南省之保山，然路面較差。(2)密南公路，通八莫至南坎，接上滇緬公路，密南路之路面與路況與滇緬路相

一號作戰	日軍	
	我軍	
	備考	
緬戰	日軍	
	盟軍	北緬戰局勝敗所繫之關鍵，史迪威攻取密支那機場而由中將升任四星上將，成為美國軍民之英雄，亦因之使其非得攻下密支那市不可。史迪威率我由雲南支援之第五十師及第十四師一部飛抵密支那助戰。
	備考	同。(3)北密公路，可行四分之一噸車輛。2.我軍攻占密支那以後，只要攻取八莫及南坎，則雷多公路就接上了滇緬路，此所以密支那為雙方必爭之地。3.在攻取密支那之前，我軍只有沿著一條公路進攻，攻取密支那後，則有三條公路可以進軍，使日軍難以布防。4.日本空軍之戰鬥機利用密支那機場為基地，其航程可以威脅到美軍在印度空運物資至中國之航線，因之美國空軍被迫將航線北移至駝峰。在攻取密支那機場之後，美空軍可以將航線南移，避開喜瑪拉雅山，尤為方便安全。史迪威因此功由三星

一號作戰			緬戰		
日軍	我軍	備考	日軍	盟軍	備考
					中將升成四星上將（一九四四年六月二十九日）。
				我軍令部下令遠征軍改變作戰計畫，以主力入緬。（一九四四年五月二十一日） 我遠征軍奉令重擬作戰計畫，以十三個師進入北緬，留守則為五個師。（一九四四年五月二十二日） 隨著戰事發展，在九月中又投入預備隊，估計為入緬者十六至十七個師。	1.軍令部長徐永昌之書面意見，舉出大舉入緬之五點理由，其中三點為：(1)駐印軍已攻取密支那機場。(2)提早打通滇緬公路。(3)於河南戰事失利之際，如能在滇西打一大勝仗，可以重振士氣，一新國際視聽，於政略上極為有利。 2.由此可見，我遠征軍之大舉入緬並非因為英美之壓迫，而是我軍令部見獵心喜，又未判斷到湖南廣西危機將要發生之故。此亦梁敬錞所言非事實。
攻取洛陽（一九四四年五月二十五日），兵分七路自		豫中會戰結束 1.長衡會戰開始較日軍原定作戰計畫提早	第十八師團在馬拉威被我軍殲滅。（一九四四年六月一	廖耀湘部新二十二師突破日軍第十八師團陣地，我軍傷	

一號作戰		備考	緬戰		備考
日軍	我軍		日軍	盟軍	
湖北南下攻擊湖南長沙，第一路助攻，自五月七日開始攻擊湘陰一帶（一九四四年五月七日），主攻之第十一軍主力在五月二十九日渡新牆河進擊。包抄我軍後路之二路日軍在六月一日南攻。		一個多月。 2. 日軍主攻之十一軍共十七萬人，內含由豫中戰區調來之一個半師團。 3. 我軍仍採取前三次長沙會戰之戰略，判斷錯誤。 4. 我軍薛岳所部約二十五萬人，補給毫無，戰力極差。	日）	亡亦重。（一九四四年六月一日）	
攻下長沙前後為時不到三天。（一九四四年六月十七日）	長沙守軍第四軍張德能所部因兩師人爭渡湘江而譁散。（一九四四年六月十七日）	1. 國府以軍法判處張德能死刑。 2. 我軍第九戰區薛岳所部之野戰軍主力潰敗。			六月二十一日，美國副總統華萊士奉美政府命訪問重慶，與蔣委員長面談挽救危局之方法，表示美方希望調停國共。蔣氏提出對史迪威之不信任，要求羅氏加派私人代表駐重慶。
開始包圍衡陽。（一九四四年六月二十三日）	我衡陽守軍第十軍方先覺所部四個師死守衡陽。（一九四四年六月二十三日至八月八日）	1. 日軍前後使用五個師團十萬人圍攻衡陽。 2. 我守軍一萬七千人，死守四十七天，雖敗猶榮。	印坊攻勢指揮官田中新一因雨季來臨，補給中斷，全面撤軍，八萬四千二百八十人之攻擊軍生還三萬餘人。		1. 印坊攻勢結束，盟軍獲勝。 2. 英方蒙巴頓上將以盟國東南亞司令部（英軍指揮系統）統帥身分，在一九四四

	日軍	我軍	備考
一號作戰			3.十四航空隊助戰有功，然因汽油不足，在七月十二日至二十八日停飛十二天，使日軍能大舉合圍，影響戰局，史迪威拒援十四航空隊應負此責。 4.據何成濬日記之記載（一九四四年八月十五日）。方先覺在八月七日，即衡陽失守前一日，日方宣傳方先覺曾向日軍要求率所部投降。今已考證此為誤判，當時方氏只是要求停戰。

	日軍	盟軍	備考
緬戰	（一九四四年六月二十六） 駐密支那指揮官下	中英美三國盟軍以	年三月間向英國軍部要求撤換史迪威副統帥之職務，六月間英方向美軍部提出此要求。 3.美軍部作戰司在六月二十九日向馬歇爾建議，升史迪威以上將職，使率中國全國軍隊，則可藉此離開東南亞戰區以滿足英方要求撤換史氏之希望，並增強華軍之兵威。 4.七月四日，史迪威表示在下述條件下，願意接受美軍部所建議之指揮華軍全軍之職務：(1)需有實權。(2)以中共軍出晉豫以攻漢口。(3)遠征軍不可調回。 5.七月七日美政府提出史氏統帥華軍之案。

一號作戰		
日軍	我軍	備考
攻占衡陽。(一九四四年八月八日)	方先覺軍長及第十軍殘部力竭被俘。(一九四四年八月八日)	長衡會戰結束，我軍敗績。第九戰區司令部及殘軍退到湖南、廣東、江西邊境，日軍予以追擊。我軍戰史稱之為湘粵贛邊區作戰。
九月初，日軍在衡陽之役後調整作戰序列，成立第六方面軍，由華北派遣夏威集團軍司令官岡村寧次大將南下出任，負責指揮桂柳作戰。第六方面軍下轄湖南之第十一軍負責進攻桂林，與在廣東之第二十三軍負責進攻柳州。另調關東軍第二十軍南	八月二十四日我軍參照白崇禧之意見，採用其以桂系軍為主力之作戰計畫，分守桂林、柳州與全州三地，由軍令部頒發作戰指導。然而事與願違，後來的戰局未照此計畫實施。	1.日軍攻擊衡陽時，我軍令部開始警覺到日軍此次是要打通縱貫大陸之鐵路線，判定日軍在攻取衡陽後，進攻廣西。 2.副參謀總長白崇禧在六月二十六日作成防守桂柳，判斷日軍將進攻桂柳線之研判。白氏主張調第七戰區（廣東）之二個主力軍入桂助戰，誘

緬戰		
日軍	盟軍	備考
令撤退後自殺，日軍守密支那之駐軍為三千人，撤守時尚餘九百人。(一九四四年八月一日)	我駐印軍為主力，在史迪威指揮下攻占密支那，北緬戰局勝利在望。(一九四四年八月三日)	
		八月十八日羅斯福派遣美前陸軍部長赫爾利少將為其駐重慶之私人代表，此係應蔣委員長託華萊士轉告羅氏之要求。
九月五日，日軍以二個師團(不足額)反攻龍陵。	我軍自七月七日迫近龍陵後，至今已達二個月之圍攻，以雨季及地勢險惡，始終未能攻克。	1.九月六日，赫爾利到達重慶，史迪威此時同行。中美兩國對任命史迪威率領全中國陸軍一事已有原則性之同意。 2.九月七日，蔣氏單獨召見史迪威，告以史氏今後統帥中國軍隊，百分之六十為軍事，百分之四十為政治，需經由軍委會接受蔣氏之領導，必須

一號作戰：日軍	一號作戰：我軍	一號作戰：備考	緬戰：日軍	緬戰：盟軍	緬戰：備考
下防守湖南，使第十一軍可以全師南下。第二十軍僅是軍級單位司令部（沒有附屬作戰部隊）。		使日軍三個軍則在外側反攻之。3.軍令部並未接納白氏意見，結果是以我第四戰區（廣西）之主力三個軍守桂林，外側無強有力之主力部隊反攻。第七戰區只派出一個殘軍（約四千人）助戰。			先得軍委會之核准方可使用中共軍隊。
第十一軍派出一連人，試探攻擊全州。（一九四四年九月八日）	陳牧農九十三軍不戰而棄全州。（一九四四年九月八日）	1.蔣委員長下令就地槍決陳牧農。（一九四四年九月二十日） 2.日軍在衡陽血戰之後，第六方面軍預備整頓後，至十一月上旬才展開桂柳作戰，此時十一軍已輕取全州，主張乘勝追擊，得到第六方面軍批准，提早一個月進攻桂柳。 3.我軍作戰計畫因全州之失而改變，將全州退軍與預定守柳州			九月十一日，蔣委員長向史迪威建議使用駐密支那之我駐印軍，為史迪威藉口此屬印緬戰區蒙巴頓之戰鬥序列而予拒絕。

一號作戰 日軍	一號作戰 我軍	備考
		之主力軍，全體集合在桂林，以三個軍約五萬人準備死守三個月，結果只守了十二天，令人大失所望。
	全州失守，桂林告急，史迪威在九月十四日飛抵桂林，宣布美軍撤出桂林。	九月十五日由美空軍自動破壞桂林機場，以免被日軍所利用。
		1. 九月十五日蔣委員長召見史迪威與赫爾利，要求我駐印軍進攻八莫，以解我遠征軍在龍陵之危。若史迪威不能在一個星期內進攻八莫，則蔣氏將召回遠征軍回師昆明，以免遠征軍在緬遭敗績。史氏當場拒絕進攻八莫，亦反對以遠征軍回師保衛昆明。主張調我駐陝西防共之胡宗南部南下。史氏對蔣委員長語多不遜，因之使蔣

緬戰 日軍	緬戰 盟軍	備考
反攻龍陵日急。	克復北緬要地騰衝。（一九四四年九月十五日）	1. 我駐印軍在八月三日攻下密支那以後，頓兵不前，整頓休息，日軍乘勢進攻我龍陵地區之遠征軍，以阻止我遠征軍與駐印軍會師。 2. 我遠征軍以十三個師入緬，與日軍一個到二個師團作戰，到九月中才攻下騰衝，前後費時四個月。是因時值北緬雨季，而地勢又極為險惡之故，可謂備嘗艱苦矣。

一號作戰		
日軍	我軍	備考
		氏決心要求美政府予以撤換矣。 史迪威當天致電馬歇爾，謂蔣委員長欲回師昆明是保全主力，如此則北緬之戰，前功盡棄。此電文轉達至在魁北克開會之馬氏，蔣氏因進攻八莫對史氏所提之撤軍威脅，遂一變而成國軍欲撤軍，而使魁北克會議通過之英軍反攻北緬胎死腹中之抵制。因之引起英美兩國元首之關切，而有美方羅斯福總統致電蔣氏，措辭強硬之電報。此電文極傷中國政府及蔣氏之顏面與自尊，因之使蔣氏不惜與美政府反目而要求美方召回史迪威矣。 此電文為馬歇爾代羅斯福所擬，羅氏後來

緬戰		
日軍	盟軍	備考
		3.羅斯福與邱吉爾在九月十二至十六日在加拿大之魁北克開會，是英美兩國元首共同主持的軍事會議，主要議題為遠東戰爭，此時歐戰之勝利已在望，盟軍已攻入德國本土。 英國此時在會中已決定反攻全緬，需要我軍牽制北緬之日軍，故一反以往反對我軍入緬之態度，希望我遠征軍不要回師昆明。 3.英國政府在二十天後自動撤消此反攻計畫，蓋以不及調軍至緬甸作戰也。

一號作戰			緬戰		
日軍	我軍	備考	日軍	盟軍	備考
		告訴赫爾利云，簽字時並未注意，並不知道會有最後通牒之意思。 2.史迪威將羅斯福電報面呈蔣委員長。（一九四四年九月十九日） 3.蔣委員長要求美方召回史迪威。（一九四四年九月二十五日）			
		美政府召回史迪威，代之以魏德邁。（一九四四年十月九日）		我駐在密支那之駐印軍奉命向八莫進攻。（一九四四年十月十五日）	繼史迪威任指揮駐印軍之美將蘇爾登下此命令。
一九四四年十月十一日開始進攻廣西。 日軍進攻桂林：十一月一日至八日：外圍 十一月九日至十日：市區		1.桂柳作戰開始。 2.日軍參戰兵力，主攻桂林之第十一軍約七萬人，助攻柳州之第二十三軍約四萬人，合計十一萬人。 3.我軍兵力約十萬人，其中只有桂系的夏威集團軍三個軍約五萬人戰力完整，全			一九四四年十月二十五日美日海軍大戰於菲律賓之雷伊泰灣，日軍慘敗，美海軍在太平洋戰區取得決勝，而直接進攻日本本土指日可待。雷多公路之戰略價值因之大為減低矣。

一號作戰	日軍		
	我軍		
	備考	數用在桂林作戰。柳州以楊森集團軍的殘餘約一萬人負責，等於棄守。 4.我軍令部在十月下旬命令湯恩伯部馳援貴州。建制為湯部兩個軍，胡宗南部二個軍，及重慶衛戍軍一個軍。	魏德邁就職。（一九四四年十一月一日）
緬戰	日軍		日軍棄守龍陵。（一九四四年十一月一日）
	盟軍		華軍攻占龍陵。（一九四四年十一月一日）
	備考		1.盟國將北緬戰場指揮系統改制，以前由史迪威共同指揮之中央兵團附駐印軍，及左翼兵團我遠征軍，此時一分為二，駐印軍仍屬印緬戰區，由蒙巴頓通過美將蘇爾登指揮，我遠征軍則屬中國戰區，由蔣委員長通過美將魏德邁指揮。 2.魏德邁決定調遠征軍八萬人回師救援昆明，然而我軍因緬戰尚未結束，以及交通

一號作戰			緬戰		
日軍	我軍	備考	日軍	盟軍	備考
					工具為英美控制，到了十二月五日才由印度空運派遣新一軍第十四師。此屬駐印軍，而非遠征軍。
十一月十日，第十一軍攻入桂林，第二十三軍在同一天攻下柳州。	我夏威集團軍五萬人抵擋日軍四萬六千人，只守了桂林十二天。	1.我軍在桂林有三個月的儲糧及大批械彈，悉以資敵矣。 2.桂柳作戰結束。			
攻占南寧。（一九四四年十一月二十四日）		1.打通了中國境內之湘桂線。 2.十二月十日與越南之日軍會師，打通縱貫大陸之鐵路線，完成「一號作戰」之主要目標。 3.一號作戰主攻結束，我軍戰敗。		攻占芒市。（一九四四年十一月二十日）	
攻占貴州之獨山。（一九四四年十二月五日）		此為日軍之騷擾性攻擊，非主力作戰。主要破壞鐵路交通，爆破沿線補給洞庫。			我駐印軍第十四師由印度飛回中國。（一九四四年十二月五日）
	我湯恩伯部趕到貴州，克復獨山。（一九四四年十二月八日）	獨山是日軍在中國八年抗戰中，進入內陸最為深入的地方。			

一號作戰 日軍	一號作戰 我軍	備考
	魏德邁建議華府召回駐成都機場之B-29機群，並以其噸位撥補十四航空隊。（一九四四年十二月四日）	依照魏德邁之建議，我軍成立中國陸軍總司令部，由何應欽出任總司令，以統一指揮全國之野戰軍。（一九四四年十二月二十一日）
	在B-29機調離中國前，魏德邁允許陳納德用以轟炸武漢。（一九四四年十二月十八日）	
		1. 美軍部召回成都機場之B-29機群。（一九四五年一月十六日） 2. 美軍在一九四四年七月七日攻克塞班島之後已可用之為基地以B-29機轟炸日本本土，成都機場之B-29機群之重要性因之大為減低。

緬戰 日軍	緬戰 盟軍	備考
	我駐印軍攻占八莫。（一九四四年十二月十五日）	我駐印軍第二十二師由北緬飛回國內助戰。（一九四四年十二月十六日）
	駐印軍攻下南坎。（一九四五年一月十五日）	一月五日由印度飛回之駐印軍二個師到達昆明，西南人心始安。
	遠征軍攻下畹町。（一九四五年一月十九日）	1. 北緬戰事中，遠征軍部分勝利結束。 2. 我入緬遠征軍十六個師對抗日軍五十六師團全部一萬六千人，與第二師團及第四十九師團各九千人。
	駐印軍攻下芒友，與遠征軍會師。（一九四五年一月二十	二月四日雷多路通車，國府命名為史迪威公路。

一號作戰	日軍	
	我軍	
	備考	
緬戰	日軍	
	盟軍	日） 駐印軍攻下臘戌。（一九四五年三月二十日）
	備考	1. 雷多公路打通。 2. 北緬戰事結束，我軍勝利。 3. 我駐印軍五個師擊潰日軍主力師團第十八師團。 4. 我駐印軍三個師由印度空運回國，其餘則由公路回國。

一號作戰華軍戰略錯誤之分析（上）
——「反攻宜昌」之為胎死腹中

阮大仁

一、日方發動一號作戰

在一九四三年中間，以美軍為主力的盟軍在西南太平洋戰區擊敗了日軍，在即將來臨的一九四四年之中，定將推進到中太平洋地區，加上美國新製成之B-29長程轟炸機，則可以逕攻日本本土。在面對此戰略情勢逆轉之時，日本軍大本營必須作出選擇，即為：

1. 收縮防衛圈，退保本土。
2. 繼續遂行一九四一年發動太平洋戰爭時的攻勢心態。

結果，日方決定採取了第二點，如此，則日方必須建立一條陸地上的交通線，以運補其在東南亞地區多達百萬人以上的南方軍，以避免因為美國取得了制海權與制空權以後，南方軍終將成為甕中之鱉而束手就擒。

這條新的陸地上之交通線，即是由北平南下之平漢鐵路，在武漢接上南下之粵漢鐵路，至湖南衡陽去接上湘桂黔鐵路，以與滇越鐵路接連上。

這就是日方在發動「一號作戰」的四個目標中之首要目標。

在一九三八年十月的武漢會戰結束之後，日本在中國大陸的作戰目標，即有兩個：

1. 封鎖中國的對外通道，迫使中國投降。

2. 確保其武漢基地之安全，在其周遭地區發動以攻止攻之戰鬥，並以破壞中方糧食收成為目的。從一九三八到一九四四的六年之中，日本在武漢一直集結了五個到七個師團，是其中國派遣軍主力之所在。

在一九四四年初，中方認為：

1. 在美國 B-29 長程轟炸機進駐中國四川之後，美方可以由此直攻日本本土。

2. 因此武漢對日軍之重要性將大為降低，此因在 B-29 新轟炸機出現之前，從武漢以西起飛之美機，其航程都不能遠達日本本土，所以日方乃堅守武漢也。

關於 B-29 機航程之計算，日本東京方面有了錯誤之估算，因之東京方面認為此機群乃是從桂林、柳州兩個基地起飛者，此是在湘桂黔鐵路上，為日方「一號作戰」兵力可達之處。日方並不知道，B-29 機之航程遠在日方估算之上，因此 B-29 機是從四川成都附近之機場起飛者。

在擬定「一號作戰」計畫時，日方中國派遣軍與東京方面之看法不同，而認為 B-29 機並非在桂林、柳州起飛，此是因為其派遣在此兩機場附近之間諜並無此類之目視報告也。

日軍大本營與中國派遣軍有關此點之爭議，詳見另文有關日方制定一號作戰計畫之討論。

3. 在發動一號作戰之豫中會戰之前，平漢鐵路既然被國軍截斷，日方對武漢之補給，乃是經由長江航運，自東往西之逆流而上。盟國空軍，即由陳納德所指揮之美國十四航空隊及中美聯合大隊，在一九四三年內已取得此區域之制空權。

4.中方認為日本陸軍之精華已大量聚集於西南太平洋地區，在中國戰區裡，日方已無力也無心發動大攻勢。

5.當時中國急須爭取美國之經援及軍援，又有內部中共之問題，所以國府急於表現抗日，乃草擬一個反攻宜昌之作戰計畫，其最終目標則是武漢，作為一九四四年之年度作戰目標。此可見諸於蔣中正日記，民國三十三年大事表（即一九四四年），其記載為：

（一）本年軍事目的：

甲、光復宜昌（六月間）—武漢（十一月間）

因為國軍反攻宜昌之作戰並未實現，所以戰史學界無人注意及此，筆者在此稍予點出，以說明國軍在「一號作戰」中大敗主因之一，即戰略錯誤，實種因於事先中方錯判，認為日軍在一九四四年內，形將採取戰略守勢之企圖，是犯了大錯，殊不知此時日方正在規畫與準備「一號作戰」，「曠世大戰」之攻勢作戰也。

二、蔣中正日記中「反攻宜昌」之相關記載

反攻宜昌之計畫，是以長江沿岸為途徑，即自三峽向東去攻擊宜昌與沙市，並且把國軍主力集中在長江北岸。

茲在此，把蔣中正日記裡與此有關之記載，逐條抄錄：

1. 一九四四年一月八日：

注意：

一、敵寇本年在華之戰略，安慶以上部隊之撤退。

仁按：安慶在武漢以東之長江沿岸，此即當時我方判斷日方將自長江中游地區向上海方向撤退，此為誤判，因為後來並未實現，日方反而把兵力集中在武漢，以進行「一號作戰」。

2. 一月八日後之本星期預定工作項目：

一、本年軍事目標與戰略之決定？是否其對俄更安心，抽部隊積極攻我。

仁按：此即在一號作戰中，日方自關東軍防俄之部隊中抽調一個裝甲師團以進攻豫中及長衡。當時關東軍只有兩個此種級別的裝甲師團，此即抽調了二分之一的裝甲武力。

3. 一月十五日後之本星期預定工作項目：

一、本年戰略目標與方針。

二月初蔣中正先生赴第九戰區之湖南衡陽召開第四次南嶽軍事會議。

4.本月（三月）大事預定表：

一、第六戰區主力應移動於長江北岸。

仁按：有關此點之評析，請見後文。

5.三月四日後之本週預定工作項目：

一平漢路戰事之準備。

6.三月五日（星期日）：

晚，軍事會報，敵寇急修黃河南橋，打通平漢之計益顯矣。

7.三月六日：

下午批核平漢路作戰預備案。

8.三月八日 星期三：

注意：

三、反攻宜昌與平漢路作戰時期之先後，應加重注意研究。

仁按：中方以反攻宜昌為一九四四年之軍事目標。在三月初發現日方有進攻豫中，以打通平漢鐵路為目標時，中方並未因之放棄反攻宜昌之計畫。此因中方認為日方打通平漢路之目的是在有助於其撤出武漢地區。此即到豫中會戰之前夕，中方仍判斷日方將要放棄武漢。因而仍然準備反攻宜昌。

9. 三月十八日後之本星期工作項目：

一、平漢路與對宜昌反攻準備之督促。

仁按：一如第8項，此時中方並未因為日軍將要進攻平漢路而放棄反攻宜昌之計畫。

10. 四月九日：

倭寇在華之部隊，已儘量抽調出海，我軍反攻，其時矣。

仁按：日軍是在四月十七日發動豫中會戰，以展開「一號作戰」之第一步。在此八天之前，中方猶自有如此重大之誤判，在日方已經加強了在華兵力高達七倍以上之戰鬥力之此時，中方卻認為日方「已儘量抽調出海」，真是一個極為嚴重的誤判。中方因之仍在作其反攻宜昌之準備。

四月十七日，日方發動豫中會戰：

11.四月三十日後之本月大事預定表：

一、河南戰事尚未結束，如平漢路為敵打通，則難矣。

六、平漢路戰局之結果如何？

八、反攻宜（昌）沙（市）之準備完成。

三、小談「反攻宜昌」之戰略錯誤

因為一九四四年國軍反攻宜昌之計畫並未實現，戰史界也無人注意此事對「一號作戰」之影響。

筆者在閱讀蔣中正日記之前，也不曾注意此事，只是從胡璉將軍的回憶錄中讀到過這個說法。當時反攻宜昌的主要作戰區域為我方之第六戰區，陳誠上將以戰區司令長官之身分負責此事，其在宜昌西邊面對日軍正面的第一線部隊是十八軍，軍長為方天中將，其主力為胡璉少將所率領的一個師，駐防在三峽地區的石門要塞群。胡璉將軍來臺後官至四星上將，一生戰功彪炳，是位勇將。

在胡將軍的回憶錄中，他表示當時他極力反對出兵去反攻宜昌。

因為此事並未實現，所以讀者如我，只是等閒視之，當作胡將軍只是在表達個人意見而已。

在研究華軍為何在「一號作戰」中如此潰敗之原因時，筆者發現了一個主因，是華軍的戰略犯了大錯。這一點，蔣中正先生自己也承認了。在豫中會戰已經結束，即一九四四年五月二十日（星期六）之後的本週反省錄，蔣日記說：

1. 河南戰事，殊擾心神，抗戰軍事之所以能維持至今而不退者，全以戰略之優勝而補戰術之不足，戰術之低能也。此次戰略錯誤，則戰術自必潰敗也。

仁按：這段話寫在一九四四年五月二十日之後的日記中，當時日方尚未發動長衡會戰。因此蔣先生說的戰略錯誤，只是限於豫中會戰中。筆者認為，在整個一號作戰中，中方都犯了同樣的一個戰略錯誤。不過到了蔣先生在寫了這段日記的一九四四年五月底，此錯已成，即使在此時蔣先生能預知即將要發生的長衡會戰，也已經來不及予以補救而已。因為筆者迄未讀到一九四四年國軍反攻宜昌的作戰計畫，在此只能稍談一二，希望有興趣的同好可以繼續予以研究。

這個反攻宜昌的計畫，其基本前提是假設日軍在一九四四年內將要放棄武漢，向長江下游撤退。殊不知，此時日方已在籌劃一個「曠世大戰」的「一號作戰」之攻勢。這個反攻宜昌計畫，是要把我第六戰區野戰軍之主力「集中在長江以北地區」，此對豫中會戰之影響不大，可是對接下來要發生的長衡會戰則影響甚大，因為長衡會戰的戰區——第九戰區位於長江南邊的湖南省。所以當日軍沿著粵漢鐵路而由北到南長驅直入之時，位在長江以北的我軍遂不及南下去救援矣。

這個反攻宜昌的計畫，在戰略上的大錯，是誤判了日方在一九四四年中國戰區之企圖，在我方應該採取守勢之時，卻貿然興兵要採取攻勢，而更為嚴重的是把我方野戰軍之主力配置到了長江北岸，成了遠水救不了近火，無法去援救長沙與衡陽的情勢。

更且晚至一九四四年四月底，豫中會戰已將要結束之時，中方猶在「反攻宜（昌）沙（市）之準備完成」。可見此時，中方並未警覺到日方將要南下攻擊長沙及衡陽也。此即中方認為在打通平漢路之後，日方已完成此次作戰之目標。也就是說，中方認為日方在豫中會戰之目標，是打通由北向南經由平漢鐵路去對武漢的陸上補給線，以彌補我方對其長江航運空襲之破壞，更且在必要時以方便其撤出武漢。我方並未判斷日方之進攻豫中，打通平漢線，是為了在中國大陸建立一條由北到南的交通線，以補給其在東南亞之南方派遣軍也。

本節所述，是筆者在研究「一號作戰」華軍所犯下的戰略錯誤時之一個發現，在此寫出來，供大家參考。希望能掌握到華軍反攻宜昌作戰計畫之戰史界同好，繼續研究此事。筆者在此提醒兩點，以供參考，此即：

1.在反攻宜昌計畫中，把我方第六戰區野戰軍主力去集中在長江北案，對後來發生的長衡會戰之影響何在？

2.我軍把一部分打擊兵力去集中在宜昌附近地區，雖然一時不及南下去援救第九戰區中之長衡會戰，但是對稍後發生的，在該地區附近之「芷江作戰」之影響為何？

總之，筆者在此提出來，請大家注意這一個胎死腹中的「反攻宜昌作戰」，因之所造成華方在「一號作戰」中的戰略錯誤，對「一號作戰」中的「長衡會戰」之「戰術錯誤」，其影響何在？請大家繼續研究之，可也。

二〇一八年十月於金山

一號作戰華軍戰略錯誤之分析（下）
——「反攻宜昌」計畫對一號作戰華軍潰敗之影響

阮大仁

一、前言

在「一號作戰」之中，華軍慘敗，重點如下：

1. 以死亡人數去計算，日軍的記載是消滅了華軍七十五萬人。中方的記載是華軍陣亡一百萬人。

2. 在長達八個月及一千公里以上的多次戰役中，華軍只有在七、八月中於衡陽保衛戰中間死守了四十七天，算是戰績優良。其他不論在豫中會戰、長沙之役及桂林、柳州作戰中，都極為迅速地一敗塗地，誠可謂之不堪一擊者也。這個敗象的成因，除了華軍的戰力本已降低，加上日本的參戰部隊戰力加強七倍之外，華軍在戰略上犯了大錯，以致戰術也犯錯，更是一個主要的原因。

華軍之所以有了如此表現，在戰後的戰史學界予以研究及檢討者甚多，在本書中筆者也會就各個戰役，此即對豫中、長沙、衡陽及桂柳各次戰役分節予以討論之。在此節中，筆者要專文討論的，是一個戰史學界從未有人注意到的問題，此即在一九四四年春天，日軍即將發動一號作戰之前夕，一直到四月底豫中會戰將要結束之時，國軍因為敵情判斷錯誤，正在持續地全力準備「反攻宜昌」之作戰計畫，把華軍的一部分主力放在鄂西、川東的長江北岸，因而對即將發生的長沙、衡陽作戰所造成之不利影響。

因為這個「反攻宜昌」之計畫從未實現，所以戰史界無人注意及此。雖然包括本人在內，都已看出在「一號作戰」中，華軍慘敗之原因是在戰略犯錯，誠如上節前文所引，在豫中會戰即將結束時，一九四四年五月二十日的蔣中正日記所自述的，此次豫中會戰華軍戰敗之原因是在戰略犯錯，因而所造成的戰術錯誤也。

在本節中，筆者將要指出來的是，此戰略錯誤，不僅是如蔣中正在五月二十日的日記所說的，限於豫中會戰之中，對後來將要發生的長衡及桂柳作戰，也是不利的。而且在日軍自武漢長驅直入而下湘桂兩省時，我野戰軍之一部分主力都因地形之阻隔而被隔絕在長江北岸之川鄂邊界之境，一時無法調入湘桂黔各省去千里赴援也。

梁敬錞先生在一九七一年所寫的大著——《史迪威事件》中，大力指責史迪威控制中國的新軍及美援物資，拒絕援救東戰場，以致日軍在一號作戰中大勝，此非事實。筆者對此事之詳細評析，可見於本書有關各次戰役之檢討中，在此只是要指出來下列數點：

1.國軍從來沒有要調新軍入湘、桂，當時第九戰區在湖南省，是由薛岳將軍擔任司令長官，他與重慶中央的矛盾很大，由本書所引之各條蔣日記對美軍企圖接濟薛岳所部之槍械彈藥大起反感可知也。

2.至於廣西省，主持軍事之戰區司令長官張發奎，以及負責籌劃防守大計的白崇禧副參謀總長，都沒有要求屬於中央軍之新軍赴援，而是寄望於廣東省屬於余漢謀的兩個主力軍之北上支援也。

也就是說，中方當時希望史迪威所部回師，是要保衛雲南省，尤其是昆明市，並非用於湘、桂兩省，可是在「一號作戰」中，日方並未有攻入雲南之作戰計畫，甚至其小部隊進入貴州省，也是一個無關緊要的擴張戰事之行動。所以不論當時入緬軍是否回師雲南，於「一號作戰」之實況無關也。

其次：

1. 除了史迪威代訓之新軍之外，在湘、桂、黔各省與日本作戰的華軍，並不使用英美制式的武器，而是使用公制的武器，美國軍援之械備，其彈藥之口徑與華軍之軍械不合，不能用。

2. 因之史迪威之誤事，不在拒援華軍械備，而在拒絕陳納德之要求，不把汽油撥給陳納德之空軍部隊，以及凍結了陳部二百架軍機以保護成都的美戰略空軍機也。仁按：當時陳部有戰機五百架，其中二百架用在成都，一百五十架用在緬戰，而剩下的一百五十架則用在東戰場。筆者關於此方面的評析詳見本書之另文。

因之，在日軍長驅直入湘桂黔三省時，華軍在戰略上之錯誤是與史迪威的作為無關的，即是在此時把一部分打擊兵力之主力凍結在湖北省西部的長江沿線之北岸，因而遠水救不了近火，不但無法南下去援救湘、桂兩省，連就近向西移動去援救重慶及四川省都有困難。此因長江三峽及鄂西、川東之山區，固然使日軍無法攻進四川去，也使華軍插翅難飛，而難以進入四川也。所以在日軍進入貴州省之獨山時，川、滇、黔三省告危之際，華軍乃是遠自陝西、河南去調動胡宗南及湯恩伯所部，千里赴援，而不是從鄂西去就近調陳誠所部回救，此是因為地理環境所造成的現象。

因為筆者手上並無一九四四年春天，國軍反攻宜昌（及武漢）之作戰計畫，與當時兵力配備之狀況，只是在研究蔣日記時，依上節所引述者，以及參考了少數資料，乃發現在「一號作戰」中華軍大敗的主因之一——此即事先的作戰計畫之戰略錯誤，是在於日軍將要發動「一號作戰」之關鍵時刻，中方判斷錯誤，認為日方將要撤出武漢地區，乃集中兵力去反攻宜昌及武漢也。

本節限於資料，只能略述拙見，還希望對此事有興趣之同好，繼續去研究下面三個問題：

1. 反攻宜昌計畫之詳情。
2. 此計畫對一號作戰中，我方在各戰役中所採用的戰術之影響何在？
3. 在一九四五年中，日方於敗降之前夕，發動了對芷江基地之進攻，我方空運駐印軍之新六軍（廖耀湘）部回師救援而打敗了日軍。不過在廖軍回師之前，我方能擋住了日方七個師團之進攻以待援，是否與我方當時在此地區因為先前的「反攻宜昌」計畫，集結的人力與軍力有關的呢？

二、舉一個例——由七・九機步槍儲存量去看

筆者手頭上並沒有一九四四年國軍計畫反攻宜昌之資料，在此只舉一個相關的例子，以見一斑。李則芬中將之「中日關係史」（臺北臺灣中華書局，一九七○年，頁六一四），有句云：

> 中國的兵工廠因為原料缺乏，械彈生產量銳減。據兵工署長俞大維說，三十二年（一九四三年）六月間，七・九二步機彈的全國存量，只有四千萬粒，其中有一千萬，存於長江沿岸各倉庫的，專用於防範宜昌之敵（見 *The Stilwell Papers*）。依照軍委會三十三年冬（一九四四）頒布的戰鬥序刊，各戰區及四個方面軍，共約二百五十個師，平均每師只有機步槍預備彈藥十二萬粒，大約等於一基數的五分之一。

仁按：筆者對於這方面並無研究，在此只是指出下面各點，以供將來研究此事者之參考。

1.七・九口徑之機步槍是當時華軍所使用輕兵器之主要制式裝備。

2.李將軍此文中所引用數據有兩個時間點，相差一年多。此即：

(1)七・九步機彈在一九四三年六月之全國存量為四千萬粒。其中四分之一儲存在江防軍之防區，川東鄂西之長江沿岸地區。

(2)一九四四年冬天華軍共約二百五十師。

3.前述兩個日期之第二個，即是一九四四年冬天，即為「一號作戰」之末期，日軍攻入廣西省與貴州省之時間。

4.一九四三年六月尚在抗戰第二期，當時戰事已為消沉，中日雙方都是在打持久戰，有限目標之戰役，一號作戰是在一九四四年四月開始的。合理的判斷是在一九四四年內我方的械彈消耗多於一九四三年內。也就是在一號作戰中，除了「江防軍」以外，我方各部隊七・九機步槍子彈的平均存量應當比一九四三年六月間為少。況且在一號作戰中，鄂西並未有戰事，所以江防軍的彈藥消耗量也不大。

5.在一九四四年內，因為我軍之反攻宜昌作戰計畫及準備，是在四月底完成的，我「江防軍」之戰力應比在一九四三年內增強。此即在一九四三年六月，江防軍所儲存的七・九機步槍子彈占全國四分之一，這個比例數字在一九四四年內應該更為增加。這就是說，在一號作戰中沒有參戰的江防軍之實力與戰前相比至少是一樣的，可是參戰部隊的實力卻為大損的了。

6.今以本書已經引用過的兩個數字為例：

(1)在一九四四年四月到五月的豫中會戰裡，此即「一號作戰」之第一部分，我方主力的是湯恩伯集團，其副參謀長苟吉堂將軍在大著中，即為《中國陸軍第三方面軍抗戰紀實》中，曾說當時湯部之彈藥平均只夠二十分鐘戰鬥之用。

(2)在一九四四年五月到八月的長衡會戰中，此即「一號作戰」的第二部分，根據陳納德之回憶錄，華軍主力之薛岳所部，共有十五萬官兵，五萬枝步槍。

7.由此可以印證筆者在此節之主要內容，即在一九四四年春天，日方正要展開一號作戰之曠世大攻勢之時，我方判斷錯誤，不但沒有採取相應之守勢，反而也同時在準備反攻宜昌之大攻勢，此即我方戰略錯誤之所在，其影響是我方把打擊兵力及械彈裝備去集中在長江北岸，靠近宜昌之地區。梁敬錞的《史迪威事件》一書，一再指責史迪威把持新軍（遠征軍）及美援物資，用於緬戰之中，拒絕回救東戰場。有關此點之討論，詳見另文。在此筆者只是先要指出來的，一如上文所說，是除了史迪威所代訓的新軍之外，華軍所使用的裝備大多是公制的，與英美之英制不同，就拿子彈來說，七．九口徑的機步槍是公制的口徑，不能使用美製之子彈也。

8.筆者手上並無「反攻宜昌」計畫之資料，猶待同好們對此繼續研究，其對我方在一號作戰中潰敗成因之影響何在？不過就李則芬中將所引述的一個數據，容筆者在此指出下述三點：

(1)江防軍由陳誠上將統率，其防區在宜昌以西之三峽，是防止日軍溯長江而上去進攻四川東部的一支部隊。在一九四三年六月，為什麼我方要把全國七．九機步槍之子彈存量，大約四分之一儲存在此的長江沿岸之地區呢？因為三峽地區之防守，主要是依靠長江兩岸高山上之要塞群，以石門要塞為最大之基地。這些要塞皆為居高臨下，目的是阻止日軍溯長江而上，因此都是以砲兵為主，在防禦方面，使用近距離的機槍與步槍之機會不大。

(2)從一九三八年十月武漢失守，到一九四三年六月，抗戰已進入第二期之持久戰。江防固然事關四川之安危，當然重要，可是日軍要攻破我方在三峽地區之要塞群，機會不大。

(3)我判斷，華軍之所以維持戰力強大之江防軍，有下列兩個不同的思考，此即：

a.從守勢來說，此是最靠近重慶地區的一支中央軍，是由蔣委員長嫡系的陳誠上將所統率，所以維持其糧彈充足，大有助於蔣先生在重慶之掌權，自有政治原因。

b.從攻勢來說，三峽地區在宜昌及武漢之西邊，由長江順流而下，可以直搗武漢地區。中國戰史上曾有三次史例，此即曹操之先取益州，再西攻武漢而形成了赤壁之戰。以及劉備為報關公被吳將陸遜計殺之仇而攻吳，兵敗於宜昌附近之白帝城。以及後來魏晉先滅蜀漢，再東下南京以滅吳之故事，亦即唐詩「王濬樓船下益州，金陵王氣黯然收」之所指也。此即在一九三八年武漢失守之後，中方乃是待機而動，要乘日方之虛，以反攻武漢（及宜昌）也。在一九四四年春天，中方只是認為時機成熟，可以著手進行此長期之舊謀而已。否則，若只是以防守三峽去作考慮，除了上述的政治理由之外，只以軍事之考慮，中方不應該把各戰區都為急需之七．九機步槍子彈，多達一千萬粒，即全國總儲量的四分之一，去儲存在三峽附近也。

三、小結

筆者在注意到了「反攻宜昌」計畫對「一號作戰」我方潰敗可能造成了影響之後，曾以長途電話向張鑄勳中將請教相關事宜。承告：中外的戰史學界無人注意及此，一時也找不到有關此作戰計畫之相關資料，所以待考，作者希望對此事有興趣的戰史同好們共同努力。

張中將是臺灣中華戰略學會秘書長，退休前在臺曾任國軍的師長、軍長、國防大學戰爭學院院長及國防大學副校長，是出身步兵科，兼有軍中實務與兵學修養的一位將軍。希望傅應川兄或張兄能出面去領導同好們研究此事。筆者住在金山，一方面不容易去蒐集資料，二方面對軍事學是外行人，對資料之掌握及分析也難以在行的了。

以後見之明去看，在一九四四年日軍將要發動「一號作戰」之前夕，中方在戰略中之所以犯了如此重大之錯誤，是因為「日方不照兵法打仗」。此即如筆者在本書序言中已說明的，當美國所領導的盟軍在中太平洋進逼日本本土之時，依常情言之，日方應該把伸出去的拳頭收回來，以保護其本土。哪裡想到日本陸軍不服輸，竟然要把拳頭伸得更遠，一方面是為了接應其為數以百萬計的陸軍之南方派遣軍，於必要時向北方退兵。二方面則是準備於必要時放棄日本本土，移國於中國之大陸，在一九四六年內與盟軍在大陸上決戰。

這真是一個瘋狂的想法，匪夷所思。日本陸軍之不服輸，一方面是因為其一向與其日本海軍不睦，瞧不起海軍，二方面在西南太平洋戰爭中吃了啞巴虧。

盟軍在麥克阿瑟將軍所領導下，在西南太平洋戰區實施了「跳島戰」，這是海爾賽海軍上將所提出來的計謀。此乃配合了盟軍的海軍與空軍，選擇了一連串的島嶼作為攻擊點，其要素有三：

1. 是日本陸軍並沒有派重兵駐守者。
2. 該島之地理環境足以興建空軍之機場。
3. 在當時美國空軍戰機航程之內。

換句話說，盟軍一方面是避重就輕，不與日本之陸軍決戰，二方面是在作接力賽，以優勢的海空軍步步向日本本土進逼。

因之在西南太平洋戰區內，日本陸軍乃成英雄無用武之地，在美軍已取得制海權與制空權之狀況下，其駐守在各個島嶼上之陸軍，已被切斷其對外之交通，乃成為各自為政的甕中之鱉，一籌莫展而困守各島的了。

日本陸軍乃認為是海軍輸掉了戰爭，陸軍還是可以與美軍一戰也。

此時中方及美方在亞洲大陸上負責籌劃大戰略的高級將領，分別是美國的魏德邁中將（駐在印度），以及中國的蕭毅肅上將（副參謀總長，駐在重慶），兩位都是深受德軍思想之影響者，各自用理性去分析，會認為日方在此情形下將會改採守勢心態，也是一種合乎常情、合於兵學的判斷。哪知道日本陸軍高層反而發動了一個「曠世大戰」的「一號作戰」呢？竟然採取了攻勢。兵法云知己知彼，百戰不殆。又云兵為詭道，中美高層真是不了解日本陸軍高層將校們之心態的了。

以大戰略的角度去看，日本此舉加速了其敗亡。因為日本陸軍之「移國大陸」的構想，其關鍵點是滿洲（東北）之交通線，當俄軍切入了中國之東北地區，日本本土與中國大陸及東南亞地區之陸軍之補給線已被切斷，乃將成為潰不成軍矣。

試問，當日軍以舉國之力，傾巢南下以攻中國之華中及華南時，以致其在東北及華北之軍力不足，不就是變相幫助了蘇俄及中共之進入東北及華北嗎？

試看，一號作戰在一九四四年十二月結束，英美俄三國在三個月內，於雅爾達祕會以決定二戰後歐洲及東亞局勢。即可證明，日本人在一九四四年實行「一號作戰」，不但加速了其在二戰中之敗亡，也進而幫助了蘇俄之伸足東亞，更間接幫助了中共在國共內戰中取勝，以及日後所產生的韓戰及越戰也。

日本人真是害人而不利己的了。

「一號作戰」是一場日本人不應該去打的仗，在政略上及戰略上犯了大錯，不過在戰術上是成功的，只是「贏了一場戰役卻輸掉了整個戰爭」。而中方則是在政略、戰略及戰術上都是一錯再錯，一敗塗地，除了衡陽保衛戰之外，中方的表現真是乏善可陳的了。

至於「反攻宜昌」這個沒有實現的作戰計畫，對「一號作戰」中華軍潰敗之影響何在？在戰史研究的方面，固然是我找到了一個前人未及注意之處的新發現，不過我預判大家研究的結果，將會顯示此事只是對長衡會戰之進度發生影響，產生一些遲滯日軍進攻速度之效果，對豫中會戰及桂柳作戰的結果都會無關的，也就是說，對「一號作戰」的大態勢之影響不大也。可是，日軍在湖南與廣西地區進軍的速度與時間，在在與第二次緬戰息息相關，如果中美盟軍能在東戰場予以遲滯日軍的進度，使我入緬軍（包括遠征軍及駐印軍）能在打通中印公路後，有時間回師救援東戰場，那麼不但戰局可能改觀，史迪威事件也可能會避免的了。總之，這些都是值得研究一號作戰戰史的同好們去深思者也。

二〇一八年十一月於金山

一號作戰

——評梁敬錞的《史迪威事件》及《美軍戰史》

阮大仁

一、前言

一九七一年內，史迪威事件忽然又成為出版界的熱門，在中美兩國以此事件為主題的專著，就我所知的有三本，即：

1.梁敬錞著，臺灣商務印書館出版之《史迪威事件》。七月初版，八月即發行第三版。

2.B. W. Tuchman 所著，美國 MacMillan 公司出版之 *Stilwell and American Experience in China*。

3.通俗叢書 Ballantine's Illustrated History of the Violent Century 由 D. D. Rooney 主寫的 *Stilwell*，美國 Ballantine 公司出版。

並非以此事件為主，但是內容與之極有關連的有：

4.與前項同一叢書，Ronheiferman 寫的 *Flying Tiger, Chennault in China*。

5.同一叢書，Arthur Swinson 主筆的 *Mountbatten*。

Ballantine 叢書是通俗性的，售價低廉，每本一元美金，圖片多，可是沒有創見，只是抄書重編而已。Tuchman 女士曾得普立茲獎金，抗戰時又久在中國，此書一出，即受重視，已被著名的 Monthly a book Club 選用。然而此書並無第一手的資料與研究，是綜合整理歷年來的成說，只是其篇幅與內容均非前述通俗叢書可比擬的。這五本書在史學研究的價值上來說，只有梁著是有分量的，而且以寫作的態度言之，也只有梁著是學術性的，並不以趣味性、通俗化，求暢銷為重。

王雲五為梁著寫的序言中說，「全書無一重要詞句無根據，誠罕見之信史也。」梁著確是語有所據，但是談不上是信史，因為資料的取捨與解釋已為主觀，況且許多資料雖有根據，卻並不是取自第一手的原始文件。加以梁氏軍事學知識不夠，重要的日期、兵力人數、地圖、作戰判斷等或記載有誤，或省略不當，或看不透關鍵，即使梁氏有心要公正地寫部信史，對於一般的讀者言，能不能使之看清史實，已有疑問。這一點，主要的原因還是在一般人既缺乏史學的基本訓練，不能判定梁氏所引用的資料及其主張的正誤，而對那一段的史實又不甚了了。本文的目的與其說是批評梁著，不如說是將其與英、美、日各方面的記載作個比較，雖然因篇幅所限，我只以日軍一號作戰時有關的史實為限，時間為一九四四年四月中旬至一九四五年春，重點在梁著第八章及第十章有關部分的記載，可是希望藉此可以使讀者們明瞭要寫信史之難，與讀書之更難。

美國有關史迪威事件的書籍，包括 Tuchman 女士的新著在內，主要資料的來源是史迪威的日記以及《美軍戰史》，前者當然是史迪威一人的主觀看法，而後者一如梁著，絕非信史，我也同時予以評述。若各書所言不一，則並列之，然而疏漏之處尚有，伏望高明指正。

二、一號作戰與史迪威事件

日軍在一九四四年四月十七日發動了一號作戰（Operation Ichigo），此戰役戰線長達一千四百公里，為時九個月，動員六十二萬日軍（庚書二一九頁及乙六一四頁），是日本在二次大戰及抗日戰爭中所從事的規模最大一次，也是持續最久的一次戰役。日軍原定四個目標中，除了迫使「重慶政權」崩潰外（日軍原句），全部達成，更因中國除了衡陽一戰外，潰敗過速，日軍尚且超過預定目標，攻入貴州省及占領突出在湘贛邊區的汝城。

中國在華東戰場之空前危機，遂使史迪威與蔣委員長久已不快的衝突表面化，爆發了所謂的史迪威事件（甲三二二頁），使中美關係陷入低潮。梁敬錞以此挫敗歸之於史迪威之袖手不救（甲三〇三頁），蔣委員長以為是因史迪威把持租借物資，只供緬事之用，並且認為「日本乘我北緬出兵之時，對於湘豫兩省猛加攻擊」（甲三四四頁）。《美軍戰史》則歸咎於蔣氏之排擠薛岳及國軍之戰力太差，以及是陳納德十四航空隊盲目求功，招致日軍進攻其基地之故，非史迪威之責。

本文參考各方資料來指出中美雙方主觀不實之處，我認為綜合起來，雙方多少均犯了下述的錯誤。

(一)當時人物主觀而不符事實的意見，未予指明其誤，反而採用，更且強調，致使讀者產生錯誤之結論者。

例一

梁著三四四頁引用蔣委員長致羅斯福之密電，要求撤換史迪威時，有句曰：「日本乘我北緬出兵之時，對於湘豫兩省猛加攻擊。」此非事實。

考日軍一號作戰計畫之擬議，在一九四三年秋天，是年十二月三十一日由其天皇在御前會議裁可，交其駐支那派遣軍司令官畑俊六元帥執行，預定籌備期為四個月，調關東軍之一個裝甲師團入華北，籌集物資，並在次年一月間修復在開封之黃河鐵橋（乙六一三頁）。我軍四月十三日入緬，日軍十七日由開封向鄭州進攻，此是時間上的巧合。日軍一號作戰分KOGO及TOGO兩部分，KOGO即我方所稱之豫中會戰，主要戰事在洛陽於五月二十五日失守後已結束。當時我遠征軍入緬者約一萬人，為留在雲南尚未入緬十五分之一。而TOGO第一部分，即我軍所稱之長衡會戰，自五月七日起至八月八日。此為日軍此次進攻湘豫兩省的日期，此段戰事，日方完全按照原定計畫進行的，並未因我遠征軍入緬而加緊攻擊。蔣氏此言在當時是增強撤換史迪威之要求，梁氏今日仍引用之，且不加說明，實欠考慮。

例二

《美軍戰史》（戊三二六頁）引用了史迪威手書的一頁文稿，對陳納德招致此次日軍攻擊甚為不滿，此文稿的主張為一般美國史家們所引用及支持的。中文的字譯如下。[1]

---

1 《美軍戰史》戊三二六頁引用史迪威手稿原文為：

Chennault [stated]: The Chinese ground forces can protect the bases with the help of the 14th AF….

Chennault has assured the Generalissimo that air power is the answer. He has told him that if the 14th AF is supported, he can effectively prevent a Jap invasion. Now he realizes it can't be done, and he is trying to prepare an out for himself by claiming that with a *little more* [Stilwell's italics], which we won't give him, he can still do it. He tries to duck the consequences of having sold the wrong bill of goods, and put the blame on those who pointed out the danger long ago and tried to apply the remedy.

He has failed to damage the Jap supply line. He has not caused any Jap withdrawals. On the contrary, our preparations have done exactly what I prophesied, i.e., drawn a Jap reaction, which he now acknowledges the ground forces can't handle, even

陳納德說中國陸軍在十四航空隊的協助下，足以保護其基地……

陳納德向蔣委員長保證空權是致勝的關鍵，他說如果十四航空隊得到支援，他能阻止日軍之進襲，現在他可知道不行了，想藉口說只要增加一點點的補給，此乃我們不會給他的，他仍能擋住日軍，他不過是想把責任推到那些早已發現危機的人的頭上。

他不曾截斷日軍之補給線，他不曾迫使任何日軍後退，相反地，一如我所預料，我們的準備，正是招致日軍進攻的原因。現在他已看出地面部隊在十四航空隊能有充分補給的支援下，也擋不住日軍之進擊了。

此手稿寫於一九四四年五月十一日至十四日間，是史迪威接到費立思轉來蔣氏要求調用保護成都基地之戰鬥機 B-29 機隊所有的五百噸汽油給陳納德時，史迪威的反應。這裡面的立論，今日看來，一點對的都沒有。關於是否是十四航空隊招致日軍進攻，我在後文詳述之。其他各點，我先在此校正。

首先陳納德要求的不是一點點。成都機場所駐戰鬥機總數為二百架，是十四航空隊實力的五分之二，除去用在緬戰的一百五十架之外，東戰場只有一百五十架，若能調用那批二百架，則實力增加一點五倍，當不是一點點。其次關於汽油問題，B-29 機自一九四三年入駐成都起，所占之補給噸

---

with the total air support he asked for and got. (2)

關於此文件寫成之日期，美軍戰史原來有一條注解：

The paper, handwritten in ink, was found in SNF 31, clipped to a radio dated 14 May 1944 and just before a letter from Ferris dated 11 May 1944. (2)

位每月為八百至一千噸，是同時十四航空隊的六分之一，然而 B-29 機甚少使用，故積存的補給數目甚大，而十四航空隊則不夠。後來的衡陽會戰，十四航空隊在六月二十八日，日軍開始進攻日起，至七月十二日，曾有效地轟炸日軍補給線，使其只能夜間行動，七月十二日至二十四日間，因缺油而停飛十二日之久，日軍遂大舉進圍，七月二十八日起，十四航空隊才能恢復全面的活動。至八月一日，雖共飛行了四千四百五十四架次，然衡陽終在八月八日陷落（辛一二五頁）。《美軍戰史》承認此役十四航空隊助守之功，卻不提十二日停飛之事，只含混說因汽油及機員之缺乏，十四航空隊對中國陸軍的支援穩定地減少（戊四百頁）。衡陽戰事的變化，足以證明史迪威所說十四航空隊若有充分的補給，也擋不住日軍進襲之說是不確實的。

其次，史迪威手稿中省略掉陳納德的後半句話，《美軍戰史》不予指出，是不公平的，陳納德的原句是說，「中國陸軍在十四航空隊協助之下，足以保護其基地，除非日軍發動一個大規模的攻勢，若然，則必定削弱日軍在其他戰區的實力，而中國戰區所受的損失，可在其他地方得到彌補。」（丙二二三頁及丁三二一頁）[2]這句話是陳納德在三叉會議（Trident Conference）中與史迪威爭辯

2　陳納德對史迪威的答覆理由，《美軍戰史》（丁三二一頁），與回憶錄（丙二二三頁）的記載大同小異，今併引於後。

《美軍戰史》的記載是：

Chennault acknowledged the possibility of a powerful Japanese offensive to occupy central China but did not think it would be more successful than similar efforts in the past. If it was made, he thought, it would have to be in such force as seriously to reduce Japanese strength in other theaters outside China.

《陳納德回憶錄》的記載是：

I claimed that the combination of American air support and Chinese ground troops could defend the bases against all but a major Japanese ground offensive. If the Japanese did mount a major offensive in China, the drain on their far-flung battle line

時，答覆史迪威對其計畫指控時說的，有趣的是梁氏也不予引用。想是陳氏所說對中國人而言太刺耳之故。

(二) 因所引資料非出自原始文件而生之錯誤。

例三

梁著二四二頁及《美軍戰史》（戊三一六頁）所述之日軍發動一號作戰的目的，均與日方作戰命令不符，今列表比較於後（表一）。梁著係採自抗日戰史，《美軍戰史》係採自 Japanese Study，均非日方原始文件，故易生曲解。

表一：中美日三方不同的記載

	日軍戰令	抗日戰史	美軍戰史
資料來源	庚二一九頁[3]	甲二四二頁	戊三一六頁[4]

elsewhere would be ample compensation for whatever might be lost in China.

3 引自 "Strategic Direction from Imperial General Headquarters to the Commander-in-chief of the Japanese Expeditionary Army in China," Hattori, *op.cit.*, III, p.247.
The Imperial General Headquarters gave the objective of this offensive as follows:
"1. To forestall the bombing of the Japanese homeland by American B-29s from [the Chinese] bases at Kweilin and Liuchow;
"2. To secure the Kweilin-Liuchow area in anticipation of allied counteroffensive from India and [China's] Yunnan province and directed against [the Japanese forces in] south China area;
"3. In view of the increasingly insecure sea communication, the north-south trans-continental railroad network has to be

(一)空軍基地問題	阻止美軍 B-29 機使用桂林、柳州之基地以轟炸日本土。	占取美空軍 B-29 桂林、柳州之基地。	占領華東各機場，以防止日本本土之被空襲。進一步研究指出，日軍因十四航空隊攻擊其補給線，其支那派遣軍局勢嚴重，因此以占領華東各機場為目標，此是陳納德戰術飛機之基地，而未來極可能為 B-29 機所使用。
(二)國軍反攻問題	占領桂林、柳州區域，因預期盟軍將自印度及雲南進攻在華南之日軍。	防阻中國軍隊反攻。	阻擾中國軍隊在華南之反攻。

restored to operation for the purpose of reestablishing land communication with the [Japanese] armies on the southern front; "4. To destroy the backbone of the Chinese army and force increased deterioration to the political regime at Chungking.""

4 《美軍戰史》戊三一六頁有關日軍一號作戰目的之記載為：

The planning for Japan's 1944 offensive in China, an operation whose opening phases would form an ominous background to the Chinese offensive action the Salween, began in the fall of 1945. Japanese staff studies then weighed the advantages to be gained by taking the east China airfields and preventing air raids on Japan, the disruption of Chinese activities in south China, the opening of secure land communications to *Southern Army* via Indochina, and the overthrow of the Nationalist regime. Further study focused on one objective that would satisfy the concern felt by *Imperial General Headquarters* about the menace of the B-29's, and meet the situation that faced *China Expeditionary Army* as a result of the Fourteenth Air Force's attacks on its lines of communications. This objective was the east China airfields, the current base for Chennault's tactical aircraft, and a potential base for the B-29's.

(三)陸上交通線問題	因海上聯繫之日益困難，縱貫大陸之鐵路必須打通，以重啟對南方日軍之陸上補給線。	確保安南與中南半島之交通。	打通路上交通線，以支援在印度支那半島之南方派遣軍。
(四)政略問題	摧毀國軍的骨幹，加速重慶政權的崩潰。	無	推翻國民政府。

(三)因支持作者之主觀論點，深文周納，採用有利於己說之其他當事人之私人觀點，誤用權威性，使讀者接受其論點之錯誤。

例四

梁氏認為史迪威專心緬事，不救東戰場，是因要湔雪第一次緬戰大敗之辱（甲八頁），並舉赫爾利之言為證（甲六五頁）。竊意以為史迪威之心理狀況，只有從其言行及日記文件等去研究，任何旁人的觀察都不可能客觀的。同樣的，美國方面對蔣氏及陳納德許多心理方面的猜測，也都有問題的。因為每一個人立場、地位及職務的不同，所考慮也不同。

例五

《美軍戰史》為了支持史迪威的論點，說一號作戰是因陳納德之十四航空隊進襲日軍補給線所招致的反攻。並舉日軍岡村寧次的回憶為證（戊三一六頁）。

關於十四航空隊招致日軍此次進襲與否的問題，是一大爭論。竊意以為要判斷日軍進攻的原因，只有二途，最好是能找到當時在日軍參謀本部擬議此次作戰計畫時的討論過程，及主要決策者的日記或回憶錄等。筆者手上沒有此等資料，而至目前為止，也未見任何一本書曾引用此等資料。

退而求其次，只有研究已問世的日方原始文件，例如日本參謀本部下達給駐支那派遣軍之作戰命令，及事實上的作戰經過來作判斷。像《美軍戰史》以史迪威設想日軍之動機為準則，是過於主觀的。我先將《美軍戰史》引用岡村寧次的話為旁證之不當予以說明。

自一九四三年秋，日本參謀本部擬議此次作戰計畫起，至一九四五年春此次戰役結束時為止，岡村寧次始終在中國戰區，並非參謀本部之決策者，因而容易有狹窄主觀的本位主義之見。即使以二次大戰言之，此種例子太多。例如倫德斯特與希特勒對敦克爾克進攻應用陸軍或空軍之爭。古德林、曼斯坦等之不同意希特勒將攻擊莫斯科之兩個裝甲兵團轉用於基輔會戰。巴頓與艾森豪及蒙哥馬利對進攻西西里島進軍路線之爭。史迪威與蒙巴頓，史迪威與蔣氏對緬局的歧見，陳納德與安諾德及李梅對十四航空隊戰略及戰術之爭。即拿日方來說，九一八事變如此重大之事，關東軍事先也未取得日本參謀本部之同意。由此可見，除非《美軍戰史》能有更進一步的證據，僅憑一個戰場指揮官的話，去猜測及判定參謀本部的心意，是不客觀的。這是就一般的情形言之。

更進一步去研究，《美軍戰史》引用岡村寧次的是什麼話（戊三一六頁）？共分兩段如下：

岡村寧次認為因十四航空隊對日軍在漢口補給中心極端有效的攻擊，而日空軍無力與之抗衡，日陸軍必須計畫去摧毀陳納德之基地。

岡村寧次在戰後回憶，因十四航空隊對日軍長江航運的攻擊，使日方補給線極端不安全，故日軍必須打通平漢線。

第一段話沒有註明時間，是一大疑問，因為在一九四三年草擬一號作戰時，一直到一九四四年九月岡村調往新成立的第六方面軍，至華南指揮 TOGO 戰事為止，他的職務是華北方面軍司令官，漢口根本不在他的防區。這句話可能是在他於一九四四年十二月下旬就任支那派遣軍總司令後說的，若然，則他所指的對十四航空隊基地之攻擊，並非是一號作戰，而是指一九四五年四月十日開始，由他主持策畫的，日軍六萬人攻擊近在漢口咫尺的芷江基地的戰役。此戰役是因陳納德在魏德邁支持下，自一九四四年十二月十八日，以 B-29 機群大舉進襲漢口，而後復亙月轟炸，使日軍在漢口之補給中心大為受損後所引起的（辛一四九頁及丙三三〇頁）。這一點，尚待澄清。

一號作戰的日軍戰令中未言及十四航空隊一字，而《美軍戰史》則重複提出（請見表一）。美軍軍部及史迪威總部一向低估陳納德之作戰實績，一九四三年秋冬兩季，即日軍草擬此次一號作戰計畫時，十四航空隊聲稱擊沉日軍船隻的噸位數，平均每月十二萬五千噸，而美軍方則只承認為二萬噸猶不到（丁三三八頁）。此數尚非僅限於長江航運，而是包括自上海至新加坡間海運者。此時一反前論，卻說是因長江航運受損，必須打通平漢線（用岡村語），前後極為矛盾。

其次我們參看日軍一號作戰的原始計畫（摘自《美軍戰史》戊三一六頁）及日軍實際作戰經過（摘自辛一一三頁）。

其原定攻取的十四航空隊基地為衡陽、零陵、桂林、柳州四處，均在湘桂線上。後來因我九戰區長官部移駐湘贛邊區的汝城，四、九兩戰區部隊共同控制著一段粵漢鐵路，北起柳州，南至英德，日軍方行追擊，攻陷汝城（乙六一七頁），因而十四航空隊在汝城之基地亦一併陷落。我軍棄守汝城後，隨即在退守處 Chenhsien 修築一機場，供十四航空隊之用（丙三三三頁）。

因此日軍原定攻擊者為鐵路線上的基地，非沿線者，例如對武漢最近的芷江基地，猶且不在其列。

況且日軍在長江航運、華南海運、華北及香港、南京、臺灣及武漢等補給中心，均在成都機場十四航空隊之航程之內，攻陷湘桂線上各基地，對此無補於事。而事實上，在一九四五年內，因魏德邁之通力支持，十四航空隊在失去了沿湘桂線之各基地之後，對上述各地的攻擊，尤其是武漢，戰果空前（辛 Counteroffense 之章）。

因此日軍誠如其戰令中所明示，攻取桂柳是為了防止 B-29 機進襲其本土，與十四航空隊的關係不大。而《美軍戰史》只含混地泛指華東各基地，又不指出 B-29 機（此不屬陳納德指揮），顯係加罪於十四航空隊也。（見表一）

更有進者，日軍戰令明言此次作戰目的之一為打通縱貫大陸之交通線（表一），《美軍戰史》不但承認（見表一），而且引用岡村之言為要打通平漢線。則十四航空隊衡陽至柳州一連串四個基地之受攻擊當為恰巧在湘桂線上之故，《美軍戰史》欲達到諉罪十四航空隊之目的，竟有下述自相矛盾的句子。

一月十七日，（日本）參謀本部令其駐支那派遣軍總司令官畑俊六大將，占領華東之各機場，及占領湘桂線、粵漢線及平漢線。（戊三一六頁）

日軍參謀本部並未計畫以打通粵漢線為取代海運而對南方的新補給線，日方未重新啟用鐵路線的原因是因為器材不足。（戊四〇七頁）

在此段文字的注解中說：

日本戰史部門，東亞組的人員明確地拒絕了本書作者所作重啟陸路交通線為日本參謀本部的企圖之一。（戊四〇七頁）

(四) 有不恰當之省略，致使讀者易得錯誤結論者。

例六

梁著二四三頁至二四四頁有下述之記載：

委員長召陳納德（四、十五）使報空軍情勢，陳納德據實上聞，……如飛機汽油不能立得補給，則十四航空隊將難發揮其禦敵之任務。委員長面囑費立思，立電史迪威借用保衛成都 B-29 基地之驅逐機，與五百噸汽油，以應豫中前線之急，費立思當日電告史迪威。

按四月十五日陳納德向蔣氏作上述之報告，十七日日軍自開封向鄭州攻擊，豫中會戰開始，四月下旬我軍棄守平漢線，日軍轉攻隴海線上之洛陽，五月十一日蔣氏召見費立思。因此陳納德向蔣氏告急，及蔣氏要求史迪威支援十四航空隊，此二事之間差了近乎一個月，這個時差非常要緊，我將在下例討論豫中會戰時說明之。

像這樣的省略，我們很難說是作者有意的，還是無心之錯，只能說是不恰當。

例七

《美軍戰史》（戊三二六頁）引用了史迪威在接到五月十一日費立思來電，轉達上述委員長借機及汽油之要求後，曾寫了一張手稿，猛烈指責陳納德。其第一句話引用陳納德在三叉會議的答詞，卻省去了後半句，《美軍戰史》不予以註明被省去的部分，遂使讀者以為陳納德在一九四三年夏天未能如史迪威之預見日軍如一號作戰之龐大攻勢（詳見例二），是不恰當的。

(五) 有彼我犯同樣錯誤，厚己薄彼，只言對方之錯，致使讀者曲解史實，歸罪於對方者。

例八，豫中會戰有關的問題

梁著二四二頁有下述之記載：

> 陳納德於是年（一九四四）四月六日、八日、十日三度函向史迪威警告，謂日本正調重兵採用鉗刑攻擊，一由河南取平漢線，一由粵漢線取長沙……，（史迪威）謂日軍西犯不過如上次常德會戰之役，掠得米糧之後，即將退出，不以為意，且命陳納德，勿得以此不利之情報上聞於委員長。

筆者核對各方資料（史迪威、中國、陳納德及《美軍戰史》）後，認為此是事實（除了陳納德是用急電，不是函件的一點小錯之外），亦即史迪威對敵情判斷錯誤，梁敬錞並未冤枉他。可是接著的問題是我國統帥部及戰地指揮官對敵情判斷又如何？如果也像史迪威一樣，並且是未受其影響而得之錯誤，則戰敗之責，當不在史迪威一人。

細按豫中會戰的經過，我方確是至少有兩次重大的判斷錯誤。《美軍戰史》不了解我軍情況，其他美國作品，包括Tuchman的新著在內又只看表面，都一致嘲笑湯恩伯部撤守平漢線之快。國人的著作，梁著未提豫中會戰的經過，其他的只敘述事實，對我方之戰略正誤與否並未置言，只有李則芬在其《中日關係史》中，對一號作戰雖是簡言，然隱約提到此點。他在一四頁有下列的話：

> 由此可見，即將來臨的豫中會戰、長衡會戰、桂柳會戰諸役，日軍之得以長驅直入，數月間打通一千四百公里的交通線，實由於日軍的空前大舉，及我軍戰力的衰弱。至於戰略戰術的是否有當，倒是次要問題了。

他言外之意雖然提到戰略與戰術有問題，卻未明白指出。我猜想是因他身在臺灣，不便明言。否則以他身經百戰，位至將官，有《五千年世界戰爭史》五巨冊（尚未出完，已出五冊），《成吉思汗新傳》等著作證明其軍事學及史學修養之高，我在下文能看出我方的錯誤，在他看恐怕還是皮毛之言的。

（在此順帶一句，我與李則芬素不相識，但是在拜讀其一連串的著作後，十分欽服，尤其是其《中日關係史》甲午戰爭及其前（即第一章至第十五章）、《成吉思汗新傳》及《五千年世界戰爭史》中有關中國古代戰史方面的論點，以軍事學的眼光，用地圖及數字來分析與辯證古史，確是在我國史學界開創了新的道路。他對元世祖二次渡海攻日之戰的研討，是筆者所見過中外十餘種有關此戰的書籍與論文中最好的一篇，即其《中日關係史》之第七章「元軍征日」。仁按：於二〇一八年九月補注：在一九七三年發表此文時，筆者尚未拜識李則芬將軍，與他通信。當時筆者只是他的一位讀者。）

因為下文的結論是我個人的判斷，無書可引，為了取信於讀者，我必須細述理由，然而資料來源仍註明出處。

日軍一號作戰之第一部分KOGO作戰，我軍稱為豫中會戰。梁敬錞氏及《美軍戰史》對於一號作戰只重視其第二部分之TOGO作戰，即我方稱為長衡會戰及桂柳保衛戰的，《美軍戰史》之所以簡略，一因其為按照日期編寫的，此戰為時甚短，主力作戰不到三個星期，全部作戰不到二個月。二因此戰甚少使用美空軍，而國軍又非美式裝備者，簡言之，與美國關係不大。梁著只提及此戰數處，未有不錯者，請見表二。

表二：梁敬錞有關豫中會戰記載的錯誤

頁數	記載或其大要	錯誤之種類	備注
二四二	豫中會戰（三月二十五日）。	日期錯誤。	日軍是在四月十七日開始進攻的，與梁氏所寫的日期比較可能誤印的是五月二十五日，此為洛陽淪陷之日，但此並非主力決戰日，洛陽圍城已久，五月十一日蔣氏借飛機，據《美軍戰史》（戊三一六頁）即是欲救洛陽之急。
二四三	史迪威對敵情判斷的錯誤。	未言及我方比之更嚴重的判斷錯誤。故使讀者曲解並歸罪史氏。	即我此段文章之重點。

二四四	委員長向史迪威借飛機及汽油應豫中之急。	未說明日期。	見例六及本例。
三〇二	日方橫山勇「一號作戰」兵略，分攻粵漢路、平漢路之鉗形戰術。	指揮官名字錯誤。	橫山勇是日軍第十一軍司令官，負責指揮 TOGO 第一步（即長衡會戰）IOHIGO 其他部分。即 KOGO（豫中會戰）及 TOGO 第二、第三步（桂柳會戰及湘贛邊區追擊戰），皆由岡村寧次指揮（此外，梁氏行文上若用「分攻粵漢路、平漢路之兩個不同的鉗形攻勢」要比較清楚些，不過此不能算錯誤）。
三四四	日本乘我出兵之時，對於湘豫兩省猛加攻擊。	未合事實。	詳見例一。

然而許多有關 TOGO 部分之爭論，例如日軍攻擊衡陽、零陵、桂林、柳州基地，是因恰巧在湘桂線上？因 B-29 機可以用之轟炸日本本土？還是只為十四航空隊之故？或者說日軍攻擊之目的在報復十四航空隊之轟炸，還是要打通大陸交通線？皆多少可由 KOGO（豫中會戰）處得到此旁證。

由華北至華南，我國有兩條鐵路幹線，一條是平漢、粵漢線，另一條是津浦、京滬、滬杭甬、浙贛至衡陽接上湘桂線及粵漢線。這兩條大交通線之間，北有平津鐵路，中有隴海鐵路，南有長江航運貫通其間。一九四三年間，由於十四航空隊之逐漸掌握了制空權，長江航運已不復安全（然而對日本海運及海軍最大之威脅，當是美軍在太平洋之反攻，及中途島海戰之失利）。更有進者，日本深恐美軍在中國沿海登陸，打破日本對中國陸上之封鎖，則日本永不能迫降或迫和中國，而必須在美國攻近日本本土時兩面作戰。故日軍欲先行擊毀國軍之骨幹，迫降中國（見表一）。其次，日本陸軍一直認為海空雖敗，仍可移往中國大陸與美軍在大陸上決戰，這種自豐臣秀吉起便有的移國大陸之怪想，四百年來一脈相承。因此日本此次戰略目標在交通線方面有：

1.因長江航運不安全，對武漢及華中日軍之補給必須由打通平漢路著手。

2.因求兩大鐵路線間之聯擊，必須打通其間之隴海鐵路及攻占南端交點之衡陽。

3.不能依靠運輸量差（浙贛路是輕軌）以及靠近海岸之東線，必須打通深入內陸之平漢及粵漢線，一以防止美軍可能在海岸登陸而予以切斷，二可以準備萬一必要時在大陸上與美軍決戰。

第三點才能解釋日軍為何在衡陽苦戰四十七日，不以圍困繞過，直攻我後方空虛之桂柳的原因。若其只因十四航空隊之基地，則衡陽機場在六月二十六日即失陷，而衡陽則戰至八月八日才失陷。若日軍繞過衡陽進攻桂柳，以當時我軍只有夏威集團軍的二個軍防守此區域，則在七、八月間即可攻陷桂柳，不必拖到十一月中旬。其中也才能解釋日軍為何要在一月間先修復在開封的黃河鐵橋（在隴海線上），然後進攻鄭州，因為只要打通平漢路，不需修復此橋，然而日軍是希望徐州至鄭州間的隴海線能通車，以取代與平行而漸失功效的長江航運，若戰事開始後，中美空軍必然轟炸，不會讓日軍有機會去修復。果然因我方之疏忽，遂使日軍先行修復此橋，在豫中會戰開始後，直至日本投降，我方雖連續轟炸，卻始終不能炸毀此橋（丙二八六頁）。

再說日本若要進攻湘桂，不必一定要進攻豫中，前後三次長沙會戰即然。故日方之目的若僅在十四航空隊之基地，則長江以北根本無此等基地，為何要發動豫中會戰？若說日本一號作戰發動六十二萬人，作戰九個月，目的是湘南桂北沿鐵路的四個十四航空隊的基地，卻遠從一千公里外的豫中開始攻擊，不就近由廣州及岳陽直接發動 TOGO 攻擊，是沒有軍事常識的話。史迪威在五月十一日寫的手稿（見例二）即肯定日進攻是為了報復十四航空隊的進攻，這完全是成見。因為到五月十一日為止，豫中會戰雖已失利，然豫中根本無十四航空隊之基地，而 TOGO 是五月七日發動的，十一日時尚在湘北接觸，長沙要到六月十八日才失陷，第一個被攻陷的十四航空隊基地是六月二十六日的衡陽基地，史迪威如此早地下結論，不是成見，又是什麼？而且不問以後的戰況，在五月十一日即已決定不救陳納德，其成見誤事實深。若史迪威在五月十一日即已看出日軍主攻之目標為湘南桂北的十四航空隊基地，則為何在六月五日以前猶不肯應陳納德之懇求，宣布中國戰區進入緊急狀況？六月二十六日衡陽機場失守後，史迪威即向陳納德及美軍部宣稱東戰場已失敗，下令駐桂林之美陸軍單位緊急撤出，連在中國唯一的美軍野戰醫院之物資裝備都不及搬運，放棄了。

梁著引用陳納德三次致電史迪威，警告日軍攻擊，史迪威判斷錯誤，置之不理（甲二四二頁）。然而即使史迪威接受了陳氏的請求，增援十四航空隊，對戰局有沒有影響呢？我們以陳納德自己的話來解答，他說：

> 河南的防守是毫無希望的，湯恩伯的部隊四年沒有作戰，漸漸淪為亂民，搶奪民食，為人民所憎恨，一如日敵。（丙二八六頁）

關於湯恩伯在一九四〇年至一九四四年間在河南的劣蹟，一九七一年在臺出版的《傳記文學》、《春秋》等雜誌中也零星地有河南籍人士的回憶錄予以指責，而香港或美國出版的中英文書籍則早有詬罵，甚至有人喻為河南四種災害，「水旱蝗湯」之一。[5] 一些稍具水準的書如 Tuchman 的新著，

5 此語摘自唐人著《金陵春夢》第四集《血肉長城》三九四頁。這套書由史的觀點來看，真是「滿紙荒唐言」，像這種胡說八道的書會在海外知識分子中流行，充分證明一般人對歷史的基本知識及判別能力都很差。國無史則亡，我們豈可不警惕？

均無好評。劉馥《中國現代軍事史》二二〇頁的記載是：

中國軍隊的抵抗是艱苦的，不過湯恩伯的失敗主因是得不到河南人民幫助，且從不援助河南百姓度荒。當日軍進攻時，河南人民並不積極幫助國軍抗日，有時反幫助日本人。

個人認為除了湯部失去民心之外，我方判斷錯誤，戰略失策也是主因之一。遠在一九四一年冬，太平洋戰爭發生之後，日軍在中國戰區已改採以攻為守的方略，利用其機動性及內線作戰之有利條件，針對我軍整補遲緩的弱點，隨時轉用軍隊，集中兵力，在某一地區得到局部優勢兵力之時，即行進攻，故其每次攻勢，均為有限目標，主旨在阻止我軍反攻（乙一六二頁）。在此情形下，我軍應敵有二種方策。

1.因各種原因，我軍非堅守一地不可者，則退至該處，堅守待援，予以反包圍。例如防止日軍奪去湖南秋收的常德會戰，以及此次ICHGO。作戰中為屏障桂柳，防止日軍打通鐵路線的衡陽會戰。此種方策有時不克堅守，然亦絕不輕易放棄正面，必然逐點抵抗，例如為阻日軍奪去浙東衢州機場的衢州會戰，及防守三峽，阻止日軍入川的前後兩次鄂西會戰。又如一號作戰後，一九四五年四月中旬，為防止日本攻占湖北芷江空軍基地的戰事等。

2.在日軍攻擊時，採退卻防禦，誘敵深入，待其補給線過長，或從旁側擊，或反攻之。例如前後三次長沙會戰、豫南會戰等。

通常日軍在完成其以攻為守的目標之後，即使參戰部隊受到嚴重損失，被逐退後亦不再持續進攻，只求恢復戰役前之敵我狀況而已。前述各戰役中，例如豫南會戰，前後三次長沙會戰等皆然。

就創敵之深，在我方固然名之大捷而無愧，然以達成戰略目標言之，日軍是成功的。即以長沙一地舉例言之，包括此次一號作戰在內，四次大戰，日軍的兵力及作戰日期與目的列下表說明之，以供讀者比較。

表三：抗戰中在長沙中日四次戰役的比較

會戰名稱	作戰日期	日軍兵力			備注	
		主攻	助攻	作戰目的	來源	資料來源
第一次長沙會戰	一九三九年八月下旬至十月八日	第三十三師團、第三師團之一部。	第一〇一師團及第一〇六師團。	使我軍無法完成反攻之準備。	此次日軍只使用陸軍。	乙五九四
第二次長沙會戰	一九四一年八月中旬至十月八日	共六個師團，約十二萬人。	海軍渡洞庭湖攻擊。	配合德國攻俄，企圖粉碎我軍戰力，並抽調兵力以發動太平洋戰爭。	日海軍出動軍艦二十艘、汽艇兩百艘、飛機百餘架。又因我軍在贛北，粵北之主動出擊，故日軍陸路無助攻。	乙六〇二
第三次長沙會戰	一九四一年十二月二十三日至一九四二年一月六日	三個半師團。	一個半師團。	日軍攻香港及緬甸，我軍在粵北攻日軍，以及派軍入緬，日本為牽制我軍，阻我轉用兵力。	有一飛行團助攻。日軍因發動太平洋戰爭，華中之兵力已經減少。	乙六〇三

長衡會戰（ICHIGO之TOGO之第一部分）	一九四四年五月初至八月八日	第十一軍下轄八個師團及幾個獨立派團，共十七萬人。	第二十三軍，下轄二個師團。	見前文「一號作戰的目的」。	1.在華日軍在一九四三年內，戰力增加七倍。（戊三三七頁） 2.調原屬關東軍之第二十軍南下支援，此尚不屬上述兵力之內。 3.橫山勇以衡陽會戰不佳，改由岡村寧次統一指揮。	乙六一五

因為我方對豫中會戰沒有坦白地公布當時統帥部決定戰略過程的資料，我們只有在假設戰地指揮官是服從統帥部指揮的前提之下，從實際戰況去加判斷。[6]

李則芬記載豫中會戰的主要戰事經過甚為簡單，其內容如下：

我第一戰區副司令長官湯恩伯指揮四個集團軍當敵主攻，避開鐵路正面，從旁側擊。敵人於打通平漢路後，復向西圍攻洛陽，第一戰區司令長官蔣鼎文命劉戡兵團在龍門宜陽間拒止敵

6 非但官方之資料非吾人可見，即使參與此役的將領們回憶錄中也予諱言。例如當時任第二集團軍總司令之劉汝明，其總部設在鄭州西南之南陽城西十二里之劉公莊，離平漢線及隴海線均不遠，當受此戰事之影響，然其一九六六年由臺灣傳記文學社出版之自傳《一個老兵的回憶》中，對於豫中會戰一字不提，實令人不解。由此可見，諱言我方之慘敗，倒也不限於梁氏一人而已。

人，湯恩伯部主力亦調至龍門附近，協同反攻，以解洛陽之圍。

由這簡單的一段話，可以知道我方完全沒有了解日軍的目的是在打通平漢線。因此第一個錯誤是湯恩伯之避開敵人正面，讓敵人輕易打通了平漢線，遂使武漢的日軍提早近一個月發動對湖南的攻擊，影響戰局甚巨。第二個錯誤是不了解洛陽只在隴海線上，不在平漢線上，不是敵人主要目標，敵攻洛陽，一方面是要吸引我主力湯恩伯部脫離平漢線，二是防我軍將來自洛陽反攻鄭州。因此我方不該全力於洛陽之守衛戰，應該以主力反攻鄭州。當然敝人只是後見之明，是比照了日方的戰令才有此高見。然而梁敬錞指責史迪威輕視日軍之攻勢，不應陳納德之求救。殊不知十四航空隊從未曾在華北有過基地，中國在該等基地無優良的警報系統及後勤系統。豫中會戰時，十四航空隊曾分次進駐鄭州、洛陽、西安各基地，然不久均撤出，以其不能發揮作用也。況且蔣氏下令借飛機及汽油是在五月十一日（此日期梁氏省略掉，見例六），此時平漢線已棄守，是要用在洛陽的城防戰上，已無關大局了。

綜合我個人的研究，豫中會戰我軍的挫敗，原因很多，例如我軍情報不靈；一月中敵人修復黃河鐵橋，我方竟無警覺；河南連年災荒，民間元氣大傷；河南是黃土平原，四、五月間利於日軍機械化部隊之進軍等等。然而最主要的兩個原因是湯恩伯軍紀鬆弛，失去民心，及我方敵情判斷完全錯誤，致戰略失策，而史迪威是沒有責任的。

然而梁敬錞指責史迪威對於湘桂兩省之失去，是有根據的，長沙保衛戰他責任不大，衡陽會戰及桂柳保衛戰他要負極大的責任，不過這已不是我此段文章範圍之內了。

若硬要派史迪威罪責，豫中會戰中唯一可以說是因他控制租借的物資，只用在緬事，使我軍戰力減低。不過即使我軍得到物資，是否會用在湯部？湯部有了美式裝備，是否有好的戰果？這些都是疑問。湯部四年來未經大戰，主力又是中央軍，不論其兵餉糧械，若平時注意，都應比後來在湘桂兩省作戰的薛岳及張發奎部之川湘桂粵雜牌部隊要好。而湯部戰績之劣，與薛部戰績之佳，兩相比照可以看出無美式裝備，實不足構成豫中會戰如此慘敗的理由。

例九，招致印坊攻勢的責任。

例八中我所指出的是梁著掩飾中國的錯誤，而只言史迪威之錯的。此例是反過來要討論《美軍戰史》厚以責人，薄以責己的錯誤。

緬甸戰事自一九四二年五月中英盟軍慘敗退入印度後即告沉寂，直至一九四三年十一月我孫立人師奉史迪威之命，自印度入北緬方始重啟。其間日方及盟軍皆曾草擬攻勢，改組人事，外弛而內張。

緬甸對中國言，為西南各省通海之門戶，欲行緬戰，則必須以打通滇緬鐵路為目的，不能只限於北緬。對英國言，除軍事上的考慮之外，緬甸在二次大戰後政治地位的歸屬更為重要，緬人因反抗英國之殖民統治，有翁山等所謂的三十志士，領導緬甸獨立軍與日本合作。第一次緬戰英將魏斐爾防禦仰光之迅速失敗，主因之一即在日軍自泰國由緬人嚮導，以自行車為工具，穿過原始叢林及山野，攻我盟軍之側背。吾人研討緬局，不可不重視緬人民心之向背，切勿以為緬人一如我國軍民之切志抗日。英國深切了解緬印人民之仇英，故在其歐戰未結束之前，既無力東顧，乃不欲假中美之手反攻全緬，否則盟國贏回緬甸，而英國失去緬甸，於英國無補。以二次大戰結束時的事實來看，亞洲各國助日者，有緬甸與印尼的未受處分，處分第二輕的是泰國，因為其名義上中立，盟軍只迫其老王退位，由其子接位。至於緬甸，先是由翁山將軍執政，他受刺身亡後，則由其部屬宇努繼之，由此可見緬甸獨立軍在緬甸人民心中並非緬奸，得到人民擁護，英國雖戰勝而重占緬甸，也拿他們無可奈何。因為有此政略上的考慮，英國所以一再抑制反攻全緬。然而為防禦印度計，英國軍方有北緬局部攻勢的擬議。因印緬邊境地形的限制，還有印度以孟加拉灣一帶人民最為仇英，英方著眼點在防止日軍攻進此一區域。故英軍歷次反攻北緬的計畫均偏重於印度洋岸或接近印度洋之更的宛江流域。史迪威最初贊成反攻全緬，後來折衷為北緬，然其著眼點在打通雷多公路，以重啟中國對外的陸路通道，並不僅限於更的宛江流域。

因此史迪威、中國與英國相互之間均有矛盾，以中國言，史迪威之全面反攻北緬與英國之更的宛江流域之反攻，當然是以史迪威者有利些，而最後會演變成中英合手迫美國召回史迪威，史氏之剛愎自用，固是原因，但是英國之陰險狡詐，面許中國，背面反悔，又使美國出面悔諾，遂使中國怨恨美國，而史氏乃集怨毒於一身，也是重要原因之一。

要明白史迪威何以不許遠征軍回救桂柳，必須明白第二次緬戰的經過，而欲知此，則必須知道所以有第二次緬戰的原因，亦即日本何以發動印坊攻勢（Imphal offensive）。梁著在此點上最大的缺點是只看我國之戰局，非但不公平，殊不知反而漏去了史迪威最大的錯誤，亦即在日軍正要發動ICHIGO 空前的大攻勢時，挑起了印坊攻勢，以致緬戰與華東戰事同時爆發，而我軍打擊兵力不足分配也。《美軍戰史》諱言此點，並引用日軍的資料以證明此二攻勢原無關連（戊三一六頁）。其記載為：

> ICHIGO 與日本之攻擊印坊並無關連，畑俊六在戰後回顧時表示參謀本部未將之相連實為不幸。

從日方看來，此是事實，然因中國戰場及緬戰均需用遠征軍，而又有史迪威之急功突擊密支那機場，卻又無法攻占密支那市，遂成進退不得狼狽之局，而遠征軍更不可能得其許可回師矣。本例並不在求於仔細解釋二次緬戰及與華東戰局之關係，只求於解釋印坊攻勢之成因，及史迪威招致此攻勢之責任。

一九四三年三月，日軍為了適應緬局之需要，將之自南方派遣軍下劃出，獨立成一戰區，司令官為河邊正三中將。當時駐在緬甸之田中新一中將有感於盟軍在印緬邊境之準備反攻，乃建議河邊正三向參謀本部請求許可，發動一有限目標之攻勢，目的在摧毀盟軍反攻之準備，以攻為守。其使用兵力擬為主攻印坊區域者三個師團，助攻阿拉干 Arakan 區域者一個師團。另一個師團防守怒江流域防我駐雲南遠征軍之入緬，一個師團防守孟拱河谷。這六個師團中，除了一個由泰國抽調來的主力師團外，其餘五個皆為原駐各地之部隊。因此主攻及助攻在內，不過四個師團，約八萬人。此計畫因主要目標為印緬邊境上雷多公路的起點印坊，故史稱印坊攻勢，日期是預定在一九四三至四四年的乾季內。

日本參謀本部將此計畫擱置，待一九四三年十一月，緬甸雨季結束後，史迪威欲打通雷多公路，令我駐印整訓之孫立人師進入北緬，十二月下旬攻占于邦（甲二三九頁），我軍有自孟拱河谷切入日軍北緬陣線中腹之勢。一九四四年一月七日，日本參謀本部匆匆批准八個月前河邊正三建議的印坊攻勢。

我言匆匆批准並非沒有根據的，首先，日軍參謀本部竟不及核定攻勢日期，乃令戰地指揮官（河邊正三及田中新一）隨機應變，自行選擇。其次，駐緬軍不及等待攻印坊主力之十五師團由泰國趕到，先行發動第五十五師團在阿拉干方面之助攻，此助攻為二月四日起至二月二十三日止，結果因十五師團遲至三月十二日才趕到預定作戰位置，阿拉干助攻與印坊主攻乃不能配合，此為印坊攻勢失敗的第一個原因。第三，河邊正三既然原議在四三至四四年乾季發動攻勢，若日軍非臨時決定，則當在四三年十一月發動，而且主力的第十五師團也不會預先不調到北緬。事實證明，日軍自三月十三日開始攻擊，四月上旬攻到印坊，予以包圍，而四月中旬雨季開始，日軍補給即告中斷，此為印坊攻勢失敗之第二個原因。

日軍參謀本部在一月七日臨時批准印坊攻勢的原因，即為以攻為守，阻止史迪威深入北緬，迫其回救印坊也。

三月十二日日軍開始攻擊後，蒙巴頓正在醫院中療養，乃緊急出院，飛往前敵太白家，與史迪威商議，史迪威拒絕回救，反說服蒙巴頓要求我軍入緬，此即梁著二三四頁記載的「史迪威感覺兵力缺乏，欲委員長再撥兩師交伊作戰，又欲雲南軍及時攻騰衝龍陵，以減日軍印坊方面之壓力。」以及「三月十七日史迪威致電美國，蒙巴頓致電英國」，聯合加壓力於我方之事也。

然而蒙巴頓不知此乃日軍有限目標之攻勢，臨事荒憒，以為日軍有意攻占孟加拉灣，助印人抗英。乃一面取得英美聯合參謀本部之令，宣布印緬戰區進入緊急狀況，授權其凍結一切在印之物資，以備印坊作戰之用，一面在四月三日與史迪威會商後，下令二月中旬入緬之英突擊旅，由原定幫助史迪威攻取密支那之任務，抽調一半兵力支援印坊方面之側擊日軍，乃使史迪威之右翼空虛。梁著二三六頁說：「不料我軍增援緬之第三日（四月四日），羅斯福忽又來電，仍促雲南遠征軍出動」。此即不明瞭實況，蓋因英軍撤離後，史迪威更需我軍之入緬以加強其左翼而彌補其右翼之削弱也。

由此可知，如史迪威在一九四三年十一月不進攻北緬，日軍根本無意發動印坊攻勢，緬戰不會發生，我遠征軍亦不必入緬。待桂柳保衛戰時，我打擊兵力二十五萬人中（日方的估計），在印緬者有十萬人（庚二一九頁），影響我東戰場戰力甚大。

《美軍戰史》猛烈指責十四航空隊之招致 ICHIGO 攻勢，不合事實，我已辯明。但對史迪威之招致印坊攻勢，卻一字不提，實不公平。

（本節有關印坊攻勢者取材於英 Collier 之《遠東戰史》。〔即參考書己〕。有關緬人為反英爭取獨立而助日本者，讀者請查閱 Yale Unive 出版之 *Southeast Asian Studies* 論文集叢有關之論文。例如 *Dorothy Guyot The Burma Independence Army: A Political Movements in Military Garb*，除此叢刊外，也偶爾有些刊有關此問題的書，例如由 F. Trager 編輯，*Burma: Japanese Military Administration, Selected Documents, 1941-1945*，University of Pennsylvania 出版，有趣的是此書附有三十志士之緬日名字及在獨立軍中的職務表〔二三九至二四二頁〕）。

(六) 有隱飾己過，將整段事實完全隱去者。

例十

梁著以史迪威控制物資，致使國軍戰力低弱。然而長衡會戰中主持我方的薛岳，當時與蔣氏不和，頗受排擠，則我方雖能得到物資，是否會交給其部隊使用，很有問題。依《美軍戰史》及《陳納德回憶錄》所載，凡向美方對薛岳所部增援的要求，皆由陳納德提出，未曾有一次為我中央政府提出的。陳納德在史迪威已去任，由魏德邁繼任之後，一九四五年春，為挽回其由薛岳所部防守的湘贛邊區的汝城基地時所作的努力，有下述的記載：（丙三三四頁）

> 我對援救薛岳所部的強烈呼籲又歸無效，自去年八月起（筆者注：即指八月八日衡陽淪陷後，

薛部退至汝城起），我即設法運送小型軍火及少數自動武器及車輛給薛岳，魏德邁只批准醫藥的運送，但不包括武器在內。中國國防部因薛岳對在重慶的將領們無能之大膽指責深表憤怒，一直到薛派遣代表到重慶向蔣氏求和，重慶才批准供應其軍火，時為二月二十三日，即我們唯一原來在華東倖存的汝城基地失去之後的兩個星期。薛岳所部的情況惡劣極了，在夏天及秋天（指一九四四年的長衡會戰），其所部自二十五萬人減為十五萬人，只有五萬支步槍，自一九四四年五月華東戰事起，至今迄未得一槍一彈之援助。

陳納德當然不會替史迪威掩飾，況且上述的拒援是在魏德邁繼任之後。細讀《美軍戰史》，長衡會戰時，尤其是衡陽會戰時，史迪威正因密支那機場久已攻下（六月初），密支那市攻不下（八月三日攻下，在衡陽失去的前五日），而美方又因政治因素在六月二十九日宣稱因攻占密支那之功，升其為四星上將，反使進退不得。蒙巴頓在六月中旬被OCS授權凍結一切在印之物資，以備印坊之戰及追擊日軍之用，史迪威本身供應也減少（戊三〇九頁），因此對陳納德援薛的要求，聲稱空運能力不足，若十四航空隊能讓出自己的噸位，可以同意。以陳氏年來之一再爭取補給，史迪威顯係推託。不料陳納德權衡利害，在長沙失陷後，衡陽保衛戰已近危機時，要求以十四航空隊的噸位撥補薛岳部，第一次為一千噸，未被接納，第二次降為五百噸，而史迪威乃無可推託，即聲言因蔣薛不和，彼不欲助薛而激怒蔣氏。以其幾乎同時在同情李濟琛之八省自治政府，預謀者包括薛岳在內，則《美軍戰史》（戊四四二頁）所說的史迪威始終不救衡陽，是因不干涉中國內政，完全是託辭。須知乍看上去，以陳納德之噸位撥補薛部，於史迪威一無損失，殊不知陳氏空軍不用的物資，史氏不一定能用之於陸軍，則運華之總噸數雖然不變，自不利於史氏在密支那之作戰也。

我在前文豫中會戰的檢討時說，湯恩伯之輕棄平漢線，使日軍對湖南提早發動了近乎一個月的攻勢，是很重要的。若衡陽會戰延後一個月，到九月上旬才結束，八月三日密支那已攻取，六月二十八日日軍印坊攻勢完全失敗，則英美不一定要凍結在印之物資，我方在衡陽會戰可能會得到些補給。可是若中央政府仍一本抑制薛岳的作為，陳納德即使能得到史迪威之許可增援薛部，也不一定能使薛部得到補給的。

除了美方補給之外，我方的情形又如何？能不能支援薛部呢？我的答案是肯定的。理由是一九四三年內，我方七・九步槍子彈共有四千萬發，其中一千萬存在宜昌以西的長江沿岸，以供江防之用（乙六一四頁）。第二年的長衡會戰時，該區域並無戰事，而武漢日軍只有兩個師團的留守兵力，敵人不會自宜昌西攻，事實上我軍不出擊武漢以牽制日敵南下，也是令人不解的錯誤。總之，存在第六戰區以備江防的全國四分之一的子彈，不移用一部分給戰區鄰接的薛部，還要責怪美軍不自印度運械彈來，太不公平。

三、綜合批評

如上所述，梁著與《美軍戰史》都是非常主觀的，其他如史迪威日記、《陳納德回憶錄》等，既然是個人的看法，主觀乃屬當然。英國方面的作品則偏袒英方，對蔣氏及史迪威均無好評。我所見到的書本中，提到此事的只有劉馥的《中國現代軍事史》（庚書）稍客觀公正些，然而言之不詳，也可能因之不容易察覺其主觀偏袒之處。美國其他作品，包括 Tuchman 女士的新著在內，取材於史迪威個人資料及《美軍戰史》，取法乎下，不主觀也很困難了。目前還有一個寶庫是中美史學家忽略掉的，即日方的文件，我不懂日文，我所引用的日方文件是英文版的，既不完全，在原來譯者翻譯時又可能有未盡吻合原意之處，希望懂日文而又能有機會見到這些史料的史家能加以發掘，雖然這也是日方的主觀看法，然而多一種角度去看，當有助於真相的發掘，至少盟軍間對日方許多不同的猜測可以澄清，例如十四航空隊之活動，在日方參謀本部擬定一號戰略時到底有多少分量？我個人是反對《美軍戰史》及史迪威所說的完全由十四航空隊所招致的，我更因日軍戰令及作戰計畫及實際經過，認為衡陽至柳州的四個基地，因恰巧在鐵路線上而受攻擊，這當然是我個人的推斷，真相仍需在日方文件去找。

現在讓我集中注意力在梁著上，我認為此書有下列的重大缺失。

1. 主觀。即使僅就一號作戰時的記載言之，其具體事實見上述各例。

2. 作者在軍事方面的知識太差。例如他對一號作戰的簡短記載，不論兵力人數（日軍動員一百二十萬的數字絕對不確實的，可以參考《美軍戰史》、《中國現代軍事史》、《中日關係史》、《遠東戰史》等，他們的數字雖然不一，然以《中國現代軍事史》之總共六十二萬人，單一戰役則為桂柳保衛戰之四十萬人比較可靠，這也是上述書本中估計最多的）、指揮官名字、作戰日期等等均有錯誤（見表二）。又如其六二頁至六三頁間所附〈緬甸作戰簡圖〉只是地圖，並非作戰圖，此並非漏印進軍路線等，因為其圖例中無此類說明，而且標題為「自一九四二年三月至一九四四年六月」，將兩次緬戰併在一起，試問由一份地圖如何表示法？三如一一五頁記載史迪威向委員長報告在印商談結果，第三條有句云「中國軍隊若干師，自雲南出擊臘戍，奪曼德勒，經雷依姆至羅依考。」此為明顯錯誤，因我軍絕無在攻占鐵路線之臘戍及曼德勒後，忽然又橫向東南，脫離鐵路線去攻雷依姆之理。一定是誤譯了英文，即在臘戍攻占後，分兵二支，一以主力攻鐵路線，一以攻雷依姆至羅依考之線（沿薩爾溫江），既可以保護攻鐵路線主力之左翼，又可以控制薩爾溫江流域（此或許不是梁氏之錯，而是資料上的問題）。綜觀全書，梁氏討論各戰役，無雙方之作戰序列，無作戰地圖，無雙方之作戰詳情，即使日期雖有正確者，亦多半非主要戰役者，例如第二次緬戰，只記載一九四三年冬我軍攻于邦及太白家，與一九四四年四月我雲南遠征軍入緬等少數幾個日期，關於印坊攻勢之起迄，史迪威攻占密支那市等等重要之日期皆付之闕如。又如衡陽會戰雖自六月二十三日起至八月八日，中間日軍曾撤回整頓一個星期左右，亦無記載，日期及數字之混淆是此書的一個大毛病。

3.《美軍戰史》及其他美方書籍成書在前（一九七一年成書者不算），梁著對其主要指控處，並無答辯。例如薛岳所部的補給問題，薛氏尚健在，梁氏並非絕不可能取得該方面資料者，退一步說，梁氏既能取得蔣氏之私人資料，為何不向國防部借調湘桂會戰時我方後勤補給的資料，若能列出何年何月何日於何地撥補薛部械彈多少之具體數字，以事實為證，則美方（包括陳納德在內）之指控，不攻自破。梁氏一字不提，只指責史迪威不救湘桂，而《美軍戰史》為史迪威洗脫的理由，即在史迪威不欲助薛而激怒蔣氏也。梁氏這種片面指控而又不提答辯的辦法，只能取信於不能讀到美方指控理由的讀者，不能成為信史。

4.梁氏有許多關鍵處未能看清，或不便明說。例如史迪威挑起印坊攻勢之責任，又如美國租借物資在史迪威來華前，原由我方支配，然而俞飛鵬等在緬處理不當，致為英美所指責，而改由美方控制，梁氏對此既不答辯，卻猛烈指責美方之片面改約。再如我軍作戰能力低，後勤及徵兵之弊病等，久為中外所詬病。湯恩伯部號稱國軍三大王牌之一的精銳，以三十二個師，三十多萬人防守豫中，日軍出動十七萬人進攻，預定計畫亦不過二個月即可擊敗湯部，實際上因湯部軍紀廢弛及我軍判斷錯誤，三個星期不到即被打通平漢路，致使日軍提前發動湘省之攻勢早達一個月左右之久。又如一九四三年六月，我國七．九步機槍子彈全國存量為四千萬發，其中一千萬發存為長江江防之用，其餘全國二百五十師平均每師只有步機槍子彈十二萬粒（乙六一四頁），每師應有九千多人，平均以六千人計，則每人不過二十發，像這種用數字可以硬算出來的毛病，我們只有承認戰力是不夠的。又如衡陽防守戰的第十軍，一萬多人的裝備是三門法製七五砲，少數機槍及機動車輛，其餘為國造步槍（丙二九七頁，陳納德原文說是一萬人，劉馥說一萬六千人，以第十軍有四個師，我個人認為應不只一萬人，故用一萬餘人。又陳氏說國造步槍是手製的，這是不可能的，頂多有部分手製零件及手工裝配，如槍管等是必須用機器造的）。而苦戰四十七日卻未得一槍一彈之援助，其對手為日軍五個師團，約十萬人之先後輪番圍攻，像這種數字的計算，在我方不提，是要掩飾不救薛氏，《美軍戰史》不提，是要掩沒國軍及十四航空隊之戰績，與洗刷史迪威不救衡陽之責，都是不公平的。在此我要順帶提一句，陳納德與所有書的作者一樣都沒提到一點，即方先覺的第十軍是第二次及第三次長沙會戰扼守長沙，待我反擊日軍的部隊，也是常德會戰兼程往援余程萬師，反攻常德的主力。易言之，方氏與其所部對付日軍之城防戰，不論攻守均有經驗，而且均有勝績的。假如換了別的部隊，例如湯恩伯部，衡陽守不守得了四十七天之久，並非美空軍助戰一事可以決定的。

寫到這裡，回想到少年時的兩件事，一件是我在臺唸高中時讀到抗戰書史之類的書籍，中間有記載方氏圍城中的部分日記及求救的電文，當時即為之落淚。另一件是我家曾有位退伍軍官的傭人，曾參與長衡會戰，他說當時薛部是三人一把槍，同進同退，一人陣亡，則第二人拾起槍來再殺敵。我當初以為他在誇口抗戰的艱苦，這次因寫此文，翻查史料，在《陳納德回憶錄》中竟然找到薛部十五萬人，五萬支步槍的記載（見例十），真是感慨萬分！我們中國太愧對民族英雄了！

在臺灣能讀到陳香梅的《一千個春天》，讀不到陳納德的自傳，並不是偶然的。

四、梁著的價值

梁著絕不是信史，況且其省略之處過多，又多半是於中國不利者，連「史」字都有問題，更無論於信矣。然而梁著仍有其價值處。

1.因梁氏獲准使用大溪資料，多少代表國民政府之觀點。

2.梁氏雖偏袒國府，但對史迪威並無謾罵，是細細講理的，雖然其立論在多方考證下未必都站得住。據我所知，梁著是第一本指出美國因對日戰略改換，對中國背諾，以及明言：

> 密支那作戰時，美國業已棄去其珍珠港事變以來，中美軍事合作之戰略，而自採中太平洋逕擊日本之捷徑。吾人誠不能以自製獨立戰略責美國，然吾人卻怪美國既捨棄中國攻日之戰場，何以鞭策中國政府，追求中國之軍隊，使其於本土極度艱危之秋，為美國中太平洋戰略，效捨己耘人之死力。當美國力量未逮中太平洋時（一九四三年六月以前），美國只恐維護中國戰場之不力，當美國力量一及中太平洋之時，美國便惟恐拋避中國戰場之不速。美國軍事幕僚之計算，何如是之精刻？國際政治之幻變，又何如是之現實？如歷史尚有教訓之作用，吾願今日研討中美國關係者一長思之。（甲十頁）

這段話我高舉雙手贊成，雖我個人的研究並不同意史迪威密支那之戰是為了配合中太平洋作戰而已，或許美參謀本部有此意，但史迪威仍在做他由大陸攻日的長期作戰的打算。不過梁氏的結論我是贊成的，我們中國人應當檢討一下，再不要冒冒失失為美國效「捨己耘人」之死力了。國民政府如能有此覺醒，當是梁著在中國歷史上最偉大的貢獻。此時此地，國府人士重溫史迪威事件，希望如梁氏之苦心，能鑑往而知今。

3.不論梁氏下筆時多麼主觀偏袒，其資料蒐集的豐富，寫作的程式等，水準之高，是中文作品中少見的。梁氏久在美國，中英文著作皆豐富，這種訓練是我國史家很少有的，希望能啟發我們這一代的後學者，我個人即得益不少。

4.我在本文中批評的重點，恰是梁氏之短，即軍事方面，因我蒐集資料時及選定題目時恰巧定的，此文包括了我已整理好資料者二分之一左右，只是因字數及顧及讀者興趣的關係，先行發表批評一號作戰的部分。我自己承認要我寫一部綜合全局的作品，仍寫不出來。

5.梁著雖失之簡略，然自相矛盾之處沒有，未如《美軍戰史》之矛盾百出。然而此也是我們讀梁著需小心處，每一日期，每一數字，每一未說明之事情，均需與英美日各方資料查對，否則不易發現其偏袒與錯失。我已舉過例者不說，其他需研究者尚多，例如：

(1)一〇二頁引用史迪威致馬歇爾密件（原註三），其建議之遠征軍總司令為陳誠，而梁氏則解釋為史迪威本人，不知何故。

(2)二四四頁記載一九四三年三月，史迪威與委員長商遠征軍事不協，即憤令其指揮部全體人員退出重慶，遷往新德里一事，所商者是什麼？事後回顧，何方理直？

凡此種種，不一而足。

五、感言及小結

我花了六個星期，主要是讀了十多本書中有關一號作戰及陳納德與史迪威之爭的資料，越深入越不敢下結論。況且我尚未詳細觸及此事件許多其他重要點，如英國在此事件中的角色，美軍統帥部與史迪威的人事關係，美政府親俄派態度改變的過程，親英派親俄派的鬥爭，日方的詳細資料，緬方的態度等等。我只敢就我已看過的資料說，大家都在誇己功，諉過於人，沒有一本書不是立場鮮明，功在一人，或過在一人的。因此我目前的結論是，因民族、國家及思想之不同，對此事件之功罪，將無統一之定論。我們必須同時參考中英美日的資料，編個大事表，用地圖及數字來查證論點，將每一本書中故意含混的地方找出來，這是我已在做的事。至於個中重要人物的心理狀況等，只有引用其言行，不可自加注釋，否則必然糾纏不清。若梁著二四四頁引用史迪威部下私告陳納德之語，在史學的觀點來看，是不夠嚴謹的。

國民政府最受批評的是沒有制度，因人定事，在梁著中得到充分的證明。例如：

所有重要的軍事會議，梁著所引用的，往往是我方只有蔣氏夫婦出席，偶爾有商震及林蔚。各戰地指揮官，及遠征軍指揮官不曾參加不說，連主管情報的戴笠、楊宣城等，主管參謀的何應欽等，主管後勤、空軍等的將領也沒有。蔣夫人雖然名義上是航空委員會委員長，然與伊無關的會議也出席（有人說是為了翻譯上的方便，這是說不通的）。英美史家批評開羅會議中，我方表現太差，事事皆由蔣氏決定，完全沒有參謀組織，實是其來也有自，只是在國內的情形，外人不知道罷了。再說外交方面，宋子文做蔣先生私人駐美代表時，由其與羅斯福交涉，宋升外交部長，胡適繼任大使，仍由宋交涉，宋不在華府時，則由孔祥熙交涉。以史迪威事件有關中美如此重大之事件，梁氏引用我方及蔣氏私人文件之豐富，全書不見一篇胡適這個駐美大使的報告或交涉事項，甚至下達給他的命令都沒有，豈不奇怪。再說同負第一次緬戰錯失之責，竟只拒絕撤換杜聿明一人。在「一號作戰」

中，湯恩伯大罪不罰，方先覺大功不賞。這一類亂七八糟的人事升降，讀了只有搖頭。

說中日戰爭中最大的「一號作戰」這戰役來說，中共是沒有抗日的，所有資料中，即使最替史迪威說話，讚揚中共及反對國府的，例如 Tuchman 在一九七一年的新著中，也只說中共乘湯恩伯撤出平漢線時，自山西滲入河南，與民間武力紅槍會合作。日軍占據鐵路線，而兵力未達之鄉間，共軍遂取代撤出之國軍矣。共軍在我國軍湘桂苦戰時，並未截斷已在其勢力範圍之平漢線，一九四四年九月，日本猶能自東北調第二十軍南下湖南。而且另外可以證明目前共黨宣稱日本及國府合作剿共，國府並不抗戰的謠言是不合事實的，因為遲至一九四四年春到一九四五年春，日本投降前的八個月，日本參謀本部的一號作戰戰令中四大目的之一，仍為摧毀國民政府（見表一）。據個人目前的研究，在華北的國軍某些指揮官，尤其是山西的閻錫山，與其對陣之日軍某些指揮官有互不侵犯的默契是可能的。在華中及華南，尤其是鄂西的陳誠，及湖南的薛岳，與日軍是大小戰事不斷的，則絕無此可能。不過據《美軍戰史》，在一九四四年至四五年，日本駐支那派遣軍總司令畑俊六自己承認也有代表在延安，而且李濟琛創議八省自治政府時也曾與之接觸，說起八省政府，梁著及《美軍戰史》均交代得都不夠清楚，白崇禧之反對此事，對此成敗的影響。若有心人能找到資料，倒是一篇論文的好題目。日軍此次作戰目的雖在摧毀國軍之骨幹（見表一），然而中央軍的王牌湯恩伯部根本幾近未戰，觀乎一九四四年十二月貴陽告急時，湯部空運趕到獨山，可見其戰力尚在。倒是雜牌軍的薛岳所部，抗戰英勇，受損最大。而共軍在河南漁翁得利，這是我目前研究所得的印象，只可說暫作一個小結。

本文主要參考書：

甲：梁敬錞著《史迪威事件》，臺灣商務印書館出版。

乙：李則芬著《中日關係史》，臺灣中華書局出版。

丙：*Way of a fighter: the Memoirs of C. L. Chennault*，Robert Hotz 主編，美國 G. P. Putnan's Sons 公司出版。

丁：Romanus and Sunderland 主編，美國陸軍部戰史之一，*Stilwell's Mission to China*。

戊：同前之著者，美國陸軍部戰史之二，*Stilwell's Command Problems*。

次要參考書為：

己：*The War in Far East, 1941-1945*，A military thistory 英人 Basil Collier 著，美國 William Morrow 公司出版。

庚：*A Military history of Modern China, 1924-1949*，中國留美學者 F. F. Liu 著，美國 Priceton Univ 出版。

辛：*Flying Tigers – Chennault in China*，Ron Theiferman 著，美國 Ballantine 公司出版。

刊載於一九七三年在美國紐約出版之《聯合月刊》

方先覺曾否降日之研究

阮大仁

前言

一、戰場如商場

商場如戰場，戰場亦如商場。

在商場中的交易，以簽約時書面文件所記載的條文為準則，在簽約前的談判過程中間，各方面曾提出來的條件，只要在契約中未予列入的，都是不算數，是無效的。更且如果談判失敗，交易不成，沒有簽約，則當然亦為如之。至於戰場亦然。

本章之主題只有一個，即在研究：於衡陽會戰結束時，中方的國軍第十軍軍長方先覺中將曾否率部向日軍投降？

此事之所以引起中方史學界之爭議，而日方則無之，一方面是因為中日文化之中，對「豎白旗」所代表的意義不同，有關此事之討論，請見下文本章甲篇第三節。其次是日本文化中除了「投降」一詞之外，另有一個名詞即「終戰」，而中文中則無之，皆以「投降」視之也。所以日方在戰史中認為方先覺被俘後沒有投降，而中方以其曾豎白旗，更且在被俘時沒有殉國，乃有人以其為降將的了。

在討論此主題之前，筆者先要敘述下列事實：

1. 在一九四四年八月七日傍晚，方先覺軍長曾派「軍使」（即代表）赴日營，提出了一份經過他簽字的書面文件，要求「停戰」。日方當場予以拒絕，雙方再戰。

2. 在次日早晨，即一九四四年八月八日晨十時，日軍攻入位於衡陽城裡的國軍第十軍之軍部，方軍長及各位第十軍之將領全數被俘，無一人死亡或殉國。

3. 在八月七日傍晚，方軍之軍使赴日營時，方軍曾豎起白旗。以及在八月八日方軍長被俘後，曾下令殘部豎起白旗，停止抵抗，結束戰事。

由於第一項的書面文件今已找不到了，史學界只有根據當事人的回憶去加以討論之，目前比較廣為流傳的有兩個不同的版本，在本章中稱之為「饒七項」及「梁六項」，筆者對此兩種說法的研究，詳見本章乙篇之中。在此筆者先要指出來，其中「梁六項」是一組要求「停戰」的條件，而「饒七項」則為要求日方准予「投降」的條件，筆者的結論是「梁六項」比「饒七項」更為可信，詳見後文。

筆者在此前言中先要強調的，乃為方先覺之求和，在八月七日晚上既然已被日方拒絕，沒有實現，史家就不能用之為判斷八月八日方氏被俘後曾否降日之證據也。

二、評史與論人應貴於寬厚

中文有句成語──「口誅筆伐」，此即在評史論人時，可以用言語評述，也可以形諸文字。

在二〇一七年秋冬，筆者曾用毛筆書寫了一幅自撰的大字行草對聯，送給今上海同濟大學的歷史系教授郭世佑兄，其文曰：

評史應似老吏之斷大獄，論人當如新婦之烹小鮮。

這是因為郭兄為人方正，在評史論人時往往嚴謹，而筆者則不然。猶憶少年時受先父之教誨，父親是一位從政的法律學家，要我在下筆時「立法貴嚴而責人貴寬」。（仁按：此語出自宋人蘇軾的名著〈刑賞忠厚之至論〉。）

今舉一例言之。抗戰八年中，父親長期擔任了浙江省的民政廳長，是國府在浙江省政府中的第二把手，其官位僅次於省主席。抗戰勝利後，省政府面臨一個難題，就是在淪陷區中受教育的年輕人，以及工作過的人，他們的學歷與工作經歷，國府應否予以承認？父親的主張是「有偽政府，沒有偽人民；有偽學校，沒有偽學生。」這也是省府最後採取的決策。此即父親認為在淪陷區生活的人，必須求學與工作，是為情有可原之舉動。是政府棄守後，使他們在淪陷區中生活的，所以在勝利後，政府不應該歧視他們的學歷及工作經歷。

此因在抗戰勝利之初，國府在制定《懲處漢奸條例》時，立法甚嚴，而父親乃主張應有首從、輕重之分，亦即此為「立法貴嚴而責人貴寬」的例子。

拙聯上聯的文意是說老吏斷獄必然兼顧天理、國法與人情，而不會是釘死在法律條文文句的字面意義中。下聯則是老子所說的：「治大國如烹小鮮」，是因為小魚小蝦容易破碎，所以廚師在烹燒小海鮮時要小心待之，而新婚的媳婦初入廚房時去烹小鮮，則會更加小心謹慎的了。

我們在評史論人之時，往者已矣，無法復生來作自我解說與辯白，因此我們後起者在評論前人時，不但要小心謹慎，而且要設身處境地為前人著想，必須兼顧情理法也，不可單純地以今論古，成為後人言者何其容易，而前人行之又何其艱難的情況，成為隔岸觀火，大說風涼話的狀況。

仁按：先父毅成公之遺訓，筆者五十年來在寫文章時，一直謹守之也，在本文中亦為如之。

在討論此主題之先，容筆者列表說明至今（二〇一八年）為止，國府、中共與日本三方面的官方對此事各自所採取的說法：

表一：

	在抗戰中	戰後	備注
日方	有投降。	沒有投降。	會戰結束時，方氏被俘後，日方曾廣播宣稱其曾簽下一份《停火協議書》。可是在戰後，日方卻無法提出這份文書以為證明。而且其戰後的官方戰史記載，中方第十軍在此役中無一人向日方投降。
國府	沒有提出說法，一字不提。	沒有提出說法，一字不提。	不論在戰時或戰後，國府之軍史對此事一字不提，此即主張沒有投降。
中共	有投降。	有投降。	1. 在戰時是根據日方公開的說法。 2. 在戰後則依據本文中所列出的「饒七項」。

至於臺灣、中國大陸及日本之民間人士，都是一致主張方先覺所領導的第十軍之一萬七千官兵，在衡陽保衛戰中，經過了四十七天的血戰，以寡擊眾，抵抗日軍三次總攻擊，其兵員總數多達十多萬人之圍攻，是中國人在八年抗戰中最好的表現。至於方先覺曾否降日一事，民間人士多半認為沒有，而且一致稱讚他是一位勇將，此連日本人亦為如此，例如本章末之兩篇附文，是日本人所寫的文句，即可為例證也。

在本章中，筆者在綜合研究了日本、國府與中共三方面之所提供的資料後，乃作出方先覺並未向日本投降的結論，詳見後文。

三、方先覺並未向日本投降

各方面對方先覺曾否降日之評論，主要的討論可分下述五點：

1.中、日雙方都有證人證明第十軍在八月七日傍晚及八月八日方氏被俘後，先後兩次都「豎起白旗」，有關此事之討論，請見後文甲篇第二節「方先覺豎白旗之分析及討論」。我的結論是這兩次的舉白旗，方氏都不是表示投降，第一次是為了保護其所派出之「軍使」，第二次是在兵敗後命令殘部「終戰」，方氏並未簽降書。

2.方氏在被俘前一晚，曾派「軍使」赴日營議和，提出六項條件（另說為七項），此在本文中稱之為「梁六項」及「饒七項」。在此前言中，筆者要先指出來的是：

(1)這兩個版本有了彼此不同之處。

(2)日方當場拒絕之，因此都沒有成為事實。

(3)坊間所有關於這兩個版本的各項條件之討論，都是在研究方氏被俘前之心態，因之一如上文所說的，此等項目不能被用為研究方氏被俘獲後曾否投降之證據也。

(4)在一九四四年八月裡，在重慶的國府高層將領們，依據上述第一項「豎白旗」與第二項「梁六項」所表示的想法，例如下文中要引述的《徐永昌日記》及《何成濬日記》，都只是其個人在主觀上的判斷，並非具有充分客觀事實之證據而得之者。今日吾人在治史時可以用為參考資料，這些在一九四四年八月裡，某些國府高層人士對此事之個人的看法，並不足以用為在歷史上對此事之定論也。

3.日方在戰時宣稱方將軍在被俘後曾投降，以及簽署了包含三項條件之停火協議書，可是：

(1)在戰後日方無法提出前述書面文件以證明之。

(2)日方戰後官方之戰史記載了「第十軍豎起白旗」、「放下武器停止抵抗」，以及「在會戰中華軍官兵無一人向日軍投降」之說法。是使中國人認為此等是自相矛盾的，因之國人主張與反對方氏曾為「降將」者，乃各取其中有利於己說之記載作為證據，因而紛爭不已。

4.其實此因中國人與日本人對「白旗」之意義不同，又對「投降」與「終戰」兩種情形之解釋不同，因之在中國人認為是自相矛盾的兩段記載，在日本人心目中並無矛盾存在，筆者在下文中將予解說之也。

5.此即日本官方戰史之記載第十軍豎白旗，並非表示日軍認為當時第十軍有投降之意，而且其記載第十軍放下武器，停止抵抗也是日本人心目中的「終戰」，而非「投降」。所以在記載了上述文句之後，日方會得出「華軍無一官兵向日本投降之結論」。可是在中國讀者的心目中就會以「豎白旗」、「放下武器，停止抵抗」為第十軍向日本投降的表態也。

以上各點，在本章中筆者會詳加說明，在此前言之中，容筆者在此再一次先把本章之結論說出來，即筆者認為在衡陽會戰結束時，方先覺並未率部向日本投降也。

本章可分六個單元，即為：

前言

甲、方先覺曾否降日之討論

乙、國軍高層對方先覺是否降日之不同看法

丙、東方與西方兵學對「投降」之不同看法

丁、有關汪政權之一些雜記

戊、結語

附文三篇

甲、方先覺曾否降日之討論

一、中方相關文獻資料之簡介

A.主張方先覺為降將者，所依據的資料，主要的依據有下述四種：

1.第十軍饒少偉少將師長在一九四九年之後，居住在中國大陸上所發表的回憶錄——「方先覺衡陽投敵經過」中，所記載的七項條件，本文中簡稱為「饒七項」。

2.《何成濬日記》及《徐永昌日記》中所記載的，在一九四四年八月十五日，從日軍手中逃歸的梁子超上校團長所作的口頭報告之六項，本文中稱之為「梁六項」。

3.中方及日方都有人證明第十軍在一九四四年八月七日傍晚，以及八月八日戰敗後，曾兩次豎起白旗。此可見於《徐永昌日記》，及戰後日本官方之戰史。

4.戰後日本官方戰史記載，第十軍在一九四四年八月七日晚上九時開始「接連放下武器，停止抵抗」。

上述四個論點可見諸中共大陸上出版之多種刊物，例如《歷史研究》二〇〇六年第五期所刊載的一篇文章，此即鄧野寫的〈蔣介石對方先覺投敵案的裁決〉。本文中稱此為「鄧文」。

B.認為方先覺並非降將者之立論為下述兩種：

1.他們指出日方在戰爭結束後，無法提出任何書面文件以證明其所宣稱的，即為方氏在被俘後曾簽署了一份「停火協議書」，更沒有「降書」的了。

2.在上述第四項，即戰後日本官方所發表的同一本戰史裡記載，華軍官兵無一人向日方投降。提出此類主張的書文甚多，例如：

1.第十軍葛先才少將師長的回憶錄──《長沙、常德、衡陽血戰親歷記》。本文中簡稱為「葛著」。

2.白天霖編著《抗日聖戰中的衡陽保衛戰》，初版於一九七三年在臺出版。白氏在衡陽會戰中為第十軍之上尉連長，此書是他奉當時還健在之方先覺中將之命令，召集了第十軍在臺之同袍，合力編著的，也經過了葛先才將軍所主持的一個審查會之予以審議通過的。本文稱之為「白著」。

仁按：白氏在臺升至少將後退伍。

3.蕭培編著《衡陽保衛戰》，本文稱之為「蕭著」。

仁按：蕭先生是當代中共大陸上，衡陽市當地的文史工作者，不過筆者讀到的是繁體文版。上述三本書都是在臺灣出版的，不過也有大陸之簡體文版問世。

C.介乎兩者之間，認為方將軍在被俘後曾經簽了停火協議，卻沒有「降日」者，為：

1.劉台平著《衡陽保衛戰──遙遠的槍聲》。

二、方先覺「豎起白旗」之分析及討論

誠如前述，在衡陽會戰結束時左右，即一九四四年八月七日傍晚，與八月八日早晨十時之後，

第十軍先後兩次豎起白旗，中方之主張方先覺為降將者，引此事為證明。

戰後日方之官方戰史有第十軍「豎起白旗」之記載，可是同時又記載了華軍官兵無一人向日方投降，這兩條在中國讀者心目中認為是自相矛盾之說法，日本人為什麼會有如此記載呢？這是因為中日文化中的二個不同處，容我在本文中予以說明之，可也。

在說明此兩點之前，容我先解決與此相關的一個「異說」，此即在「蕭著」之一四二頁記載，當時代表第十軍赴日營的軍使張廣寬上校副官長，其手持的是「紅十字會旗」，並不是白旗。在本節中筆者不予採用，此因「蕭著」的說法是個孤證，又為後出。「豎白旗」的說法最早已可見於一九四四年八月裡的徐永昌日記，可是「蕭著」則是大陸易手之後才出版的。況且「紅十字會旗」當然不是表示投降，在本節中也不用去研究此在中日文化間不同意義的了。

我們先來研究「豎起白旗」在中日之間的不同意義。

陳舜臣先生在其大著《日本人與中國人》中，對此曾提出解釋。當然，陳先生是在泛言中日之不同，並非針對衡陽會戰而寫的也。仁按：陳先生是華裔日人，一九二四年在日本出生，一生都住在日本，以日文寫作，是位在日本極負盛名的大作家。他在該書中寫了與「豎白旗」相關的文字，在下文引述時，括號中的文字是筆者加上去的：

（明人）朱九德在倭變事略中寫道：（倭人）執白旗吹螺，整隊而來……

（倭人）以白旗加蝴蝶陣是暗號，並非投降的標誌。

此即在日本人的習俗中，軍中使用白旗並非表示「投降」。

接著，陳先生在該書中說：

白旗代表投降或軍使，過去只是歐洲的習慣。

並且陳先生舉了一個例子說明此事。即在鴉片戰爭中，英方曾派軍使乘船去清軍陣營談判。該船升了白旗，清軍不明瞭此白旗之意義，乃予攻擊，而英方遂以為清人為野蠻人的了。

仁按：在中國古代交戰時，敗方在投降時，當然也會有所表示，可是並非使用白旗，而是「降幡」，此即唐詩所謂之「一片降幡出石頭」之「降幡」。這是在描述晉將王濬攻滅東吳時，吳主孫皓向其投降之事也。石頭為古代南京城之名字。

在降幡上，中國人通常會寫上一個大大的「降」字，而且其主事者也會有動作加以配合，以表明「投降」之意。例如大開城門、肉袒牽羊、負荊請罪等等。因此在鴉片戰爭時，中國人是第一次接觸到歐洲人的「白旗」，當然不明瞭此為表示「和平」的意思的了。

在一九四四年八月七日傍晚，方先覺派軍使赴日營時，第十軍所豎起之白旗，只是為了保護其軍使，日方之了解亦為如之。此乃中日雙方交戰者此時都是採用了歐洲人使用白旗之習慣。

因之日本軍部在戰後公開發表的官方戰史中，乃有第十軍豎起白旗，以及無一人投降之兩種記載的了。

至於第十軍在八月八日早上十時以後，已經戰敗之後，第二次豎起白旗，是否表示「投降」一事，容筆者在本章丙篇第三節中，在研究日文中所特有的一個名詞「終戰」，與中文所謂之「投降」之不同時，再予解釋可也。此即那一次第十軍之豎起白旗，因為方軍長並未簽署「降書」，在日本人心目中乃是「終戰」，而不是方軍長率部向之投降也。因之日本戰後官方戰史才會寫了「守軍接連放下武器，停止抵抗」，以及華軍官兵無一人向日方投降，這兩個使中國人讀起來覺得自相矛盾的說法。這是因為日文有「終戰」一詞，而中文則無之也。

三、「饒七項」與「梁六項」外在因素之考量

筆者認為在衡陽會戰結束時，吾人要去研究方先覺被俘後之有否向日本投降，最為重要的證據，乃在日方是否能提供其降日之書面文件也。

至筆者寫作本文的二〇一八年，即戰爭已結束了七十三年之久為止，日本、國、共三方面都不能提供此類文書為證明，因之我們可以斷言，方先覺當時沒有簽署過這一類的文書也。

在沒有書面證據時，退而求其次，吾人只能去尋找當時在場者之回憶。不過目前能看到的，多是在憶述方氏被俘前一晚所提出的各項條件，而不是在記述他被俘後與日方交涉之經過，因之不足以成為方氏在被俘之後，有否降日查證之用也。而且在為數甚少的資料中，稍有提及方先覺等華軍官兵在被俘後之言行者，例如「葛著」與「白著」都是出於被俘生還的第十軍官兵之手，是主觀的為自己辯護洗刷之言詞，僅供參考，除非另有其他人證物證出現，吾人是難以率然全信的。

此外，在當時，中方及日方為了宣傳而各自都曾有一些可能為不實的說法。例如為國府所大力宣揚的方先覺之「最後通電」，「鄧文」引用《徐永昌日記》以力證此為偽造者。其實這種手法，在戰時之交戰各國中皆為常用之者，吾人治史時亦不必多予重視之。

在本章之下文中，筆者將要聚焦於「梁六項」及「饒七項」這兩個世間廣為流傳的版本，並且先在本節之中，以人、時、地的外在因素去考量兩者之不同，在下文中則再以各項條文之文字內容，

即為內在因素去作比較，並且推論出，不論以外在或內在之因素去作勘比，「梁六項」比「饒七項」更為可信者也，此即證明了世間依據「饒七項」而主張方先覺曾降日者，是為錯誤者，是為其所誤導者也。此因饒少將為了配合中共官方對方先覺為降將之定性，所作的「曲筆」，使得原本是一份要求「停戰」的條件，變成了要「投降」者也。此即其過程是，中共官方在抗戰中，根據日方的廣播，先已定性方先覺是降將。而後在一九四九年內戰結束後，饒少偉將軍仍住在中共大陸上，乃作出「饒七項」之曲筆，以配合先已定性的中共官方的說法。此後，在中共大陸的官方及私人文件中，又根據「饒七項」而認為方氏是降將也。

仁按：由下文可知，在一九四四年八月中，被日軍宣傳所影響，因而認定方先覺為降將者，並非僅是中共一方面而已，即使國軍方面，例如徐永昌、何成濬等上將，亦為如之也。

筆者在此先要說明的，是為什麼要聚焦在這兩種版本的說法上面。因為除此之外，也有一些其他的版本，例如「葛二項」。此是「葛著」之一一八頁所記述者。有二項，即為：

其一：停戰後不得傷害與侮辱官兵。

其二：為傷兵醫療。……

筆者在本文中不予研究討論此「葛二項」，是因為此二項在「梁六項」及「饒七項」中皆已有之，而且也無他人之著作曾引用過「葛二項」者也。因之在本章之中，筆者乃聚焦於「梁六項」及「饒七項」矣。

本節中乃以人、時、地之因素去對此二說加以比較與分析：

1.在地點方面：

「饒七項」發表於中共大陸上。「梁六項」則在國府主政時之大陸上。

2.在時間上，有下列因素：

(1)「饒七項」寫於一九四九年中華人民共和國建國後。「梁六項」則在一九四四年八月十五日出現。

(2)此即「饒七項」出現在內戰已結束，而「梁六項」則出現在抗戰之中，比之最少早出了五年。

(3)「饒七項」雖然晚出，可是比「梁六項」更早公之於世。此因中共主張方先覺是「降將」，饒少偉之回憶錄取名為〈方先覺衡陽降敵之經過〉，是符合中共官方的說法，可以即刻公之於世。反過來，記載了「梁六項」的徐永昌及何成濬之日記，雖然都是在一九四四年八月十五日寫的，因為他們各自主張方氏為降將之說法，與蔣中正先生及國府官方的說法是相反的，當時不宜公開其主張。而且兩位的日記都是他們在臺灣去世之後，為其後人代為出版的。因之「梁六項」雖為早出，可是因其當時列為機密，乃是晚於「饒七項」才為公諸於世的了。此點甚為重要，容我在下節討論其間條文內容時再予細談之可也。

3.在人的因素上，方先覺與第十軍將領們在八月七日集會，以商討此等條件時，饒在場參與此事，而梁不在場。因之在事後，梁沒有自清自保之考量，可以實話實說。至於方中將、葛少將及饒少將這三位曾參與此會議去商量這些條項的人士，他們各自在戰後去做相關敘述，反而會多所顧慮，此所以會有了下述的狀況出現：

(1)在「饒七項」中，饒少將自言忘了二項，而在「葛二項」中，葛少將則只提出了兩項，省略掉了其他各項。

(2)包括方中將在內，其他的幾位將軍（如周慶祥與孫鳴玉等少將）在戰役結束之後，對此事則為絕口不提。

筆者認為，饒少將所取得之第一手資訊，因此比起梁上校所取得之第二手資訊，反而是為更不可靠的了。

4.今日可見之徐永昌上將於一九四四年八月十五日所記的「梁六項」，與同一天何成濬上將日記中所記的「梁六項」之內容，大致相同，詳見下表（即表二）。因之反而可以證明，梁子超的報告雖然是口頭者，兩位上將分別各自的記載即是軍令部所收到者，他們兩位各自並沒有加以修改。

5.在下文將「饒七項」與「梁六項」之各條文作相互比較時，筆者會指出來兩者不同之處，即是「梁六項」是一組方氏要求「停戰」的條件，而「饒七項」之與其不同之處，不論在饒少將所忘去的兩項，與省略掉的「不解除武裝」這關鍵性的五個字，及添加的「俘虜」二字，饒氏在在都是要把「饒七項」寫成一組「投降」的條件，而不是「停戰」的條件。

6.饒少將身為參與制定此組條項者，是參與此會者，為什麼不像其他幾位與會將領一般地或予省略，或予絕口不提此事，反而要把「饒七項」寫成投降條件而自污的呢？我認為是因他身處中共大陸，必須配合中共官方對方先覺為降將之定性而所作的曲筆。此即其他人在港、臺，可以有不說話之自由，而饒氏卻是沒有的了。

四、「梁六項」與「饒七項」之原文

「鄧文」中所引述的，第十軍饒少偉師長在一九四九年之後，於中共大陸所發表的一篇回憶錄，篇名是「方先覺衡陽投敵經過」，刊載在大陸出版的《文史資料選輯第四十輯》，今錄其中所刊舉的七項條文如下：

1. 要求保留第十軍建制。
2. 要求日軍不進城殺害俘虜。
3. 要求日軍對受傷官兵給以人道待遇。
4. 要求日軍立即停火。
5. 要求日軍派飛機送方先覺到南京見汪精衛。

其餘尚有二項，饒氏自云已不能記憶。

以上七項之條文，在本文中筆者稱之為「饒七項」。

關於此組條文，目前傳世的另有一個版本，此即在《徐永昌日記》及《何成濬日記》中所記載者，其消息來源為軍令部在一九四四年八月十五日，即方先覺被俘的七天之內，根據第十軍第三師的一位梁子超團長，於逃出日軍之手而回到國軍陣地後，以長途電話所作的口頭報告。

徐在一九四四年八月十五日的日記說：

> 據逃出之梁團長子超在聯絡電話……

何在同一日的日記中，記載的比較詳細，則說：

> 據軍令部消息，接二十四集團軍程副參謀長電話報告，第三師團長梁子超，前日因我空軍轟炸衡陽，得間逃出云：「寇軍於本月七日突破我軍防禦工事，攻入衡陽城，方軍長見大勢已

去，派副官長向寇軍提出六項要求。」

何上將在這一天的日記中還有一段與此事有關之文句，容我在後文再予記載與評析，現在先只討論前述梁團長記述的六項條件，即在本章中稱之為「梁六項」者。

何上將時任軍法總監，其日記明言消息來源是得自軍令部，而時任軍令部長的徐永昌上將在同一天，即八月十五日的日記中也記載了此「梁六項」。

徐永昌的記載是：

1. 不解除武裝，不分割建制。
2. 指定地點集中訓練。
3. 受傷官兵不得殺害。
4. 送往南京。
5. 保障生命安全。
6. 眷屬送安全地點。

何成濬在其八月十五日日記則為下述之記載，此與徐日記所列者次序略有不同，可是文句則是一樣的，此即：

1. 保全生命。

精忠貫日月　勁節厲冰霜

方先覺將軍（1905-1983）

2. 不殺害受傷官兵。
3. 不解除武裝，不分割建制。
4. 指定地點集中訓練。
5. 送往南京。
6. 送家眷往安全地點。

現在將前述三位將軍的記載製成下表：

表二：

	項目之內容	徐永昌條目	何成濬條目	項目之內容	饒少偉條目	備注
完全相同	不殺害受傷官兵。	3	2	要求日軍對受傷官兵以人道待遇。	3	
	送往南京。	4	5	要求日軍派飛機送方先覺到南京見汪精衛。	5	此兩說之不同處，是在饒說只說方氏一人赴南京。梁說則並未明言是方氏一人或全軍官兵。
部分相同	保全性命。	5	1	要求日軍不進城殺害俘虜。	2	饒用了俘虜二字，梁則無之，此與「不解除武裝」有關。
	不解除武裝，不分割建制。	1	3	要求保留第十軍建制。	1	此為關鍵性之不同處，見下文。即梁說有「不解除武裝」，而饒說則予省略。
完全不同	指定地點，集中訓練。	2	4		無	此與「不解除武裝」有關。
	家眷送往安全地點。	6	6		無	
		無	無	要求日軍立即停火。	4	

五、「梁六項」與「饒七項」內在因素之比較

關於「梁六項」及「饒七項」外在因素之比較，亦即這兩個版本之人、時、地因素之不同，已在本篇上文第三節中予以討論過了。因之，本節只在討論這兩個版本之間，各項條文文字之不同，亦即其內在因素之考量。

在此之先，容筆者指出來，這兩個版本在邏輯上只有三個可能，此即：

1. 兩者皆偽。
2. 一真一偽。
3. 兩者皆真。

因為兩者彼此不同，所以不可能都是真的。至於兩者皆偽，在沒有第三種版本出現之前，治史者亦無從予以勘比討論之，也可以在此暫時不予計入。因此只有一真一偽才是吾人在此需要研究之處。在上述考量兩者外在因素時，筆者提出了梁說比饒說較為可信之主張。在本節中以內在因素去考量，筆者也將會得到同樣的結論，請容筆者在下文中予以證明之也。

依照表二，在「梁六項」與「饒七項」中，有兩項是完全相同的，雙方的差異只是文句不同，因此，在考慮二者之中的哪一個是真是偽時，這兩項我們不予討論。另有「梁六項」中的兩項，即「指定地點、集中訓練」，與「家眷送往安全地點」，是「饒七項」中沒有的。因為饒氏自己說七項中有兩項他不記得的，所以此兩項可以被看成是饒所不記得者，因此在考量饒氏是否說謊時，也暫時可以不予討論。不過在下文中，筆者會對其中的一項，即「指定地點，集中訓練」之意義，予以分析及討論。另有一項是「饒七項」中有的，而是「梁六項」中所沒有的，此即「要求日軍停火」。

然而筆者認為，不論依照梁說與饒說中的其他條文之文句去看，這條都成了不必要的「贅詞」。

1.在「饒七項」中，第十軍倖存的官兵成為日方的「俘虜」，那麼日軍當然就會停火了。

2.以「梁六項」去看，第十軍既然已經被予「指定地點、集中訓練」，則日軍自然會停火的了。

綜合以上，筆者認為「梁六項」及「饒七項」這兩個版本，在條文上最大的不同處，是在上表中所列出來的，那「部分相同」的兩項。此即：

1.「梁六項」之「保全生命」，而「饒七項」為「要求日軍不殺害俘虜」。其中的差別是在，梁說不以第十軍之官兵為日軍之俘虜，而饒說則以為是。

2.「梁六項」之「不解除武裝，不分割建制」。「饒七項」則是「要求保留第十軍建制」。這個差別在，梁說是要求「停戰」，而饒說則為「投降」。

此即饒說省去了「不解除武裝」這五個最為重要的關鍵性字句。

筆者認為前表中所列出的兩者歧異之處，即種因於饒氏省去了「不解除武裝」這五個字，今解釋如下：

1.在前表中的第一大項，即「完全相同」之兩項，彼此相同，可以暫不討論，即在此條中饒與梁之說法無真偽之分別。

2.第二大項「部分相同」之兩項，討論如上述。即饒說「俘虜」，而梁則無。梁說「不解除武裝」，而饒說無之。

3.在第三大項「完全不同」之三個項目，此即：

(1)「饒七項」說：「要求日軍停火」。而「梁六項」則無之。如上述，筆者已說明在二說中此項都是贅詞，勿庸列入。

(2)「梁六項」有的，而「饒七項」所沒有的二項，此即：

a. 指定地點，集中訓練。

b. 家眷送往安全地點。

因為饒氏自云已忘去兩項，因此「饒七項」沒有記載此兩個項目，吾人不能引為其在說謊之證據。

把前述三點加在一起，容我分析如下：

「饒七項」省略掉的「不解除武裝」這五個字，與加上的「俘虜」這兩個字，都是要把一組「停戰」之要求改成「投降」之要求。更且「饒七項」所忘去的兩項，是只有在第十軍不是俘虜，在「不解除武裝，保留建制」的狀況下，方先覺才能要求日軍去做的。把這三點加在一起，我認為「饒七項」是「曲筆」，是為了配合中共官方對方先覺為「降將」之定性，而故意把方將軍所提出來的「梁六項」，或予省略，或予修改加上「俘虜」一詞，或予忘卻關鍵性的兩項。把原來是一組要求停戰的條件，改成了向日軍投降的條件。此即由這些不同的改動處，其本意是彼此相互配合之事實去看，此等改動乃是饒氏在有意說謊的了。其唯一的目標是要把方先覺原來所提出來的一組要求停戰的條件，改成一組要求「投降」的條件。因之，我的結論是：「饒七項」是不可信的。

一如上所述，「梁六項」雖然早出，卻比「饒七項」問世要晚。饒少將作此曲筆時，並不知道有「梁六項」秘件之存在。因此使後人在兩相對照之時，才能看出「饒七項」之曲筆何在也。亦即如果饒少將事先知道「梁六項」的內容，當可以另提說法去圓謊的了。

綜合以上的分析，以「梁六項」及「饒七項」之內在因素去看，筆者得到了一如在前節中，以兩者外在因素來分析時同樣之結論，此即「梁六項」比「饒七項」較為可信的了。

其實「饒七項」之為不可相信，最簡單的推理是，像「饒七項」這樣子的一組「投降」條件，日方在八月七日傍晚為什麼要予以拒絕，不接受的呢？就是因為「梁六項」有不解除武裝之要求，因此只是一組要求「停戰」的條件，日方才會拒絕的了。當時日方是在已大量增兵，準備第三次總攻之時，勝券既已在握，當然不願意接受只是「停戰」，而不是「投降」的條件的了。果然，在第二天早上，即在十一個小時之後，過了一個晚上，日方就已攻入衡陽城而獲勝也。

以上的討論聚焦於八月八日衡陽城破之前，中日兩軍在八月七日傍晚之議和經過。以下則略述日方拒和後，以至方氏被俘後之行動。

1. 日本官方戰史的記載是在八月七日晚上九時後，「守軍部隊就接連放下武器，停止抵抗」。這段記載在「八月七日晚上九時」之時間的說法，顯然有誤。因為：

(1) 方先覺等人是在第二天早晨十時被俘的。

(2) 如果在華軍「放下武器、停止抵抗」後，日方繼續進攻，則方軍長等當時就會被俘了。

(3) 可是從八月七日晚上九時到八月八日早晨十時差了十一個小時。

所以合理的推論是在八月七日晚九時，在雙方議和失敗之後，日軍暫時停止大規模的進攻，所以華軍也「停止抵抗」的了。

2. 蔣中正一九四四年八月八日日記說，「及至（晨）五時，衡陽電台猶通，至五時十五分以後，電台忽斷，以後即不復通。」由此可見，日方攻到第十軍軍部時間是在早晨五時十五分。方軍長被俘不可能早於此時。也就是在八月七日晚上九時，華軍不可能在日軍進攻之中去「接連放下武器，停止抵抗」。

3. 方先覺是在八月十日早晨被俘的，日方聲稱在此之後，方氏與日軍簽署了停火協議（此可見於戰後日本防衛廳出版之《日軍對華作戰紀要》）。

4.請注意，日方的記載方將軍簽的是「停火協議書」，而不是「降書」。因之在此時方將軍下令其殘部第二次豎起白旗，在日本人心目中，只是表示「終戰」，而非「投降」。

5.截至目前為止，日本戰敗投降已經七十三年以來，日方始終拿不出這份「停火協議書」，以證明確有此事。筆者認為此只是當時日方片面宣傳的不實說法，不可採信也。

以上是在一九四四年八月八日戰事結束時所發生之事。

方先覺等將領們是在一九四四年十一月九日逃出衡陽而歸隊的，當時重慶的軍政界人士對方將軍等的看法與處置則請見下文。

目前中方史界之認為方先覺曾向日軍投降者，其立論之依據，主要為：

1.方先覺在八月七日與八日曾兩次豎白旗。

2.「饒七項」之各條文。

依照筆者在上文中之分析與推論，此為：

1.方先覺兩次豎白旗均非表示投降，第一次在八月七日傍晚是為了保護其所派赴日營之軍使。第二次在八月八日方氏已被俘後，只是下令「終戰」，此時及其後方氏並未簽署任何向日方投降或要求停火之文書。

2.「饒七項」是曲筆，「梁六項」較之可信。可是「梁六項」只是一組要求停戰的條件。此即在八月八日被俘前（即八月七日夜），方先覺並無降日之意願，卻可能有歸順南京汪政權之意願，此點筆者將在下文丁篇稍予討論之也。

因之，綜合以上，筆者對此事的結論是方先覺並未「降日」也。

乙、國軍高層對方先覺是否降日之不同看法

一、國軍將領日記中對方先覺是否降日之各種說法

在「白著」中，引用了方先覺中將在一九七四年於臺北所寫之一篇文章為「代序」，此文之題目為〈衡陽戰役之回顧〉，其中有言曰：

事過至今三十年，使余耿耿於懷者，是未能確保衡陽，及未能隨衡陽陷敵而捐軀。

至今為止，筆者所讀到過的中外之戰史，包括中、日與英美的，對衡陽會戰中，華軍的表現都是讚不絕口的，沒有人指責衡陽之戰華軍戰敗是守將方先覺之責任。因之筆者不能苟同方將軍對失守衡陽之自責。可是對方將軍沒有捐軀一事，國軍中是有將領們予以譏評的。筆者也不同意前述方將軍對此事之自責，以及本節中各位對此事的譏評，在後文中筆者將申論拙見。

孟子說：「可以死，可以無死，死傷勇」，為國族盡忠，不必一定要死身殉國也。方先覺是忠勇之士，抗日的民族英雄的地位，我認為絕不因為他沒有自殺而稍損也。

在本節中，容筆者先將與此事有關的三位國軍上將之日記予以抄錄，再予評論之。此三位是時任華軍統帥的軍委會委員長蔣中正先生，他是力言方先覺絕不可能投降者。另兩位則是軍委會軍令部部長徐永昌及軍法總監何成濬，他們兩位在當時則以為方是「降將」。

蔣中正日記，一九四四年八月九日：

今日敵寇廣播稱，衡陽方軍長自動掛白旗乞降，其方式如星加坡英軍乞降時相同等語。此等污辱，乃為終身不能湔除之羞耻。余深信先覺決（絕）不至乞降。但其不能以身殉國，竟被敵所俘而屈，使我軍譽與軍校皆蒙此不白之污辱，殊所不料也。

此段蔣日記中可評析之處有二，其一為豎白旗之事，已見前文之解讀，在此不贅。其二，為英軍在星（新）加坡降日之事，則請見後文相關之文章。

蔣日記一九四四年八月十六日記：

又聞敵廣播稱，方先覺在九日上午，由南門外防空洞內尋獲，出面與敵相見，則可證明敵稱八日晨搖白旗乞降之宣傳，完全為謊妄，安知其今日之廣播亦非謊言乎？余深信先覺決不降也。

今已知方先覺與其他高級將領是在八月八日晨十時，日軍攻進其軍部時被俘的，當時彼等在事先並未豎白旗乞降，但是各軍師長、參謀長等人無一殉國，而且在被俘後，方軍長曾下令其殘部豎白旗，以避免無謂之犧牲，並且方軍長並未簽降書，所以日方視之為「終戰」，而非「投降」，因之在戰後日方之官史中，並未指出方先覺曾投降也。

蔣日記在此之後的上星期反省錄，即前文已引述者：

八月八日（晨）五時十五分，衡陽電信斷絕以後，即不復通。

此示日軍之進攻第十軍軍部在晨五時許即已開始，因此我方乃破壞電台與密碼本，中斷與重慶大本營之通訊，至晨十時方被俘也。

以上是蔣日記對方軍長在被俘時及以後之相關記載。在此容筆者加添一段話，在一九四四年蔣日記中，除了衡陽會戰中的四十七天之外，蔣日記提到方將軍的日記有四條，今分列如下：

1. 一九四四年三月十二日（蔣在衡陽參加第四次南嶽會議）：

第十軍方先覺與第三師周慶祥，皆視之可愛，見之甚為欣慰。

以上一條是在衡陽戰役之前。以下三條是在戰役之後者。

2. 十二月十三日蔣日記：

正午召見方先覺軍長，新由衡陽囚所逃出者。不禁如隔世重逢，悲喜交集。

3. 十二月十五日蔣日記：

晚約方先覺等，訓勉之。

4.上星期反省錄：

一、方先覺由衡陽生還重逢。

以下是何成濬上將日記中對此事相關的三條記載。

第一條是在一九四四年八月十五日，即前述何上將記載了「梁六項」之日。在那一天的日記中，在引述「梁六項」後，何日記有下一段文字：

結果為敵所騙，一項未接受（仁按：指梁六項），噫！方軍長等苦戰四十餘日，聲名烈烈，雖庸人孺子，莫不稱道忠勇，如堅持到底，以身殉職，則在中國史上張巡之守睢陽不能專美於前也。奈何，當最後關頭，以一念之差，由民族英雄一變而為降將軍，留此不能洗磨之耻辱，余聞之不勝太（嘆）息痛恨之至。

即在八月八日衡陽會戰結束後不久，以前述之記載，蔣中正先生對日方所宣傳方將軍「豎白旗乞降」一事，是不相信。而何成濬上將則依據「梁六項」，以其個人對此組條件之認知，而認為方先覺是「降將」。

在此，筆者要問一個問題，此即蔣中正先生在一九四四年八月十五日以後之日記中，從來沒有提及「梁六項」，是軍令部沒有向他報告此訊息嗎？還是他不予採信，乃為視而不見的呢？

何上將有關此事的第二條記載，是他在一九四五年七月三日的日記，其文曰：

午後二時，葛先才、林鈞來寓。葛係第十軍師長，去歲同方先覺、趙（周）慶祥、容有略、饒少偉等苦守衡陽，彈盡援絕以致被俘。方等先逃出，葛於最後敵軍監視稍懈時亦乘機脫險返渝，因素未見面，故約林同至寓。其人甚沈毅，略述衡陽抗戰經過即辭去。

何上將日記第三條的記載，是在一九四五年七月十三日，即前文第二條的十天之後，其文曰：

午後二時，湖北旅渝（重慶）同鄉會歡迎去歲苦守衡陽之師長葛先才，到者甚眾，情緒至為熱烈，蓋自抗戰以來，奉命保衛國土，抗拒強寇之將領，以葛先才等在衡陽一役為最優也。

對以上所引何上將的三段日記，拙見分析與討論如下：

1. 何上將是軍法總監，如果方先覺中將是曾率部向日軍投降，何上將應當是在方將軍逃歸後，予以究責，負責查辦的當事人也。

2. 在葛先才等將領逃歸之前，於八月十五日，即方將軍等被俘七天之後，根據逃歸之梁團長的口頭報告之「梁六項」，何上將認為方先覺是「降將」。

3. 可是日軍並沒有接受方氏在八月七日晚上所簽署了的書面要求之「梁六項」，反而予以拒絕後，雙方再戰，在第二天早晨十時才生擄方將軍及各將領。

4. 因此即使像何成濬及下文徐永昌二位上將對「梁六項」之解讀為正確的，我們頂多可以說在八月七日晚上，方軍長曾有投降之意願，可是在日方拒絕接受了他所提出的六條件之後，在八月七日晚上，方將軍此舉並未造成了投降的事實。況且在前文中，筆者在分析此「梁六項」時，曾替方將軍申辯，我認為這六條：

(1)並不是「投降」條件，而只是要求「停戰」的條件。

(2)在此六項中，方將軍率部是要向汪政權要求收編，而不是向日軍要求收編也。

也就是說，當時何與徐二位上將對「梁六項」的認知，是與筆者不同的。其間的差別，可能是因為方氏要求「送往南京」而產生的「降敵」感，因時日有了七十多年的差別，而感覺不同，請見下文丁篇。

5.在何成濬上將的三段日記中，第一段，即在一九四四年八月十五日，稱方先覺為降將。在第二段，即一九四五年七月三日，則稱「葛先才去歲同方先覺……等苦守衡陽，彈盡援絕以致被俘。」請注意，何上將不再稱他們為降將，可是他也沒有對第一段日記的記載予以更正，這是前後文意相互不同的兩段文句。

6.在第三段日記中，即在一九四五年七月十三日的日記中，何上將對葛先才少將不但沒有稱之為降將，反而大力稱讚包括了方軍長在內的第十軍將士們死守衡陽之戰功。

此處要說明的，即當時（一九四五年）在重慶，何上將是湖北軍人之大家長，而葛少將則是他同鄉晚輩，所以在記述湖北旅渝同鄉會之歡迎葛少將的時候，何上將這段文句是代表湖北同鄉們對葛少將所作的公論，並非僅僅是他個人的讚美之辭耳。

在分析及討論了蔣中正及何成濬兩位上將，當時對方先覺等第十軍的軍師長們被生俘而沒有殉國一事的看法之後，讓我們再來研究一下，包括徐永昌上將、程潛上將、陳誠上將、鄭介民中將等國軍的高級將領們，對方先覺被俘未殉國一事的各人之看法。

二、徐永昌日記中有關方先覺是否降日的記載

二〇〇六年大陸出版的《歷史研究》之第五期，刊載了鄧野先生的一篇文章，題目是〈蔣介石對方先覺投敵案的裁決〉，本書中簡稱之為「鄧文」。這是一篇符合了中共官方看法的文章，即認定方將軍是降將。

「鄧文」中引用了一九四四年時擔任了國軍軍令部長徐永昌上將的多篇日記，今逐條抄錄，並予分析評論如下：

1.一九四四年八月十五日的日記，此即記載前述「梁六項」者。

2.鄧文中所討論的方先覺致蔣先生的「最後一電」時，引用徐永昌日記「予以證明此為國府所偽造者」。其實在戰爭中，交戰雙方像這種各自為了宣傳目的所作的許多小動作，在戰爭已結束了七十多年後的今天，吾人勿庸予以重視與深究也，故在此不予討論。

3.一九四四年八月十日，徐日記：

> 二廳報告，收敵廣播，述方先覺率師長等舉白旗投降經過。

此即前引一九四四年八月九日蔣日記所記載者，今已知是當時日方的宣傳，並非事實，戰後日本防衛廳的官方戰史亦未有此種記載。此即八月十日方氏在被俘後才下令豎白旗，並非在被俘之前就豎了白旗，亦未向日方投降，只是「終戰」。

4.「鄧文」記載，徐上將曾記載：「蔚文謂頃已詢前方，據由衡陽逃出工人述，該軍曾舉出大

白旗派官長向敵講條件，不允，又經炮擊，乃降云云。」

仁按：蔚文是軍令部次長林蔚上將的別號。

此即在八月七日傍晚，方軍長派副官長張廣寬上校赴日營提出「梁六項」之事。當時所舉白旗只是為了保護所派出代表之安全，並非代表全軍投降，本人已在前文詳細討論之也，在此不贅。上述認為方先覺為降將之國軍高層，如徐永昌、何成濬等上將，都是在第一時間，即衡陽之戰結束後不久，他們每一個人對其所獲之情資所作的反應。此都是出於當時其個人主觀之判斷，今日吾人論史，只能僅供參考而已，不宜作為立論之主要證據也。

5. 在戰役結束之初，重慶方面對戰場實況難以掌握，因此對方將軍之被俘而未殉國，究竟是否已經投降，蔣中正與徐永昌的看法不同，乃是情理之常。蔣先生相信方將軍的人格，認為他絕不會投降，此當然不是一個理性的看法，而徐永昌則採取比較實際的觀點，寧可信其有，可是同樣也是一種個人的判斷而已。在戰後，日方的文件已經公之於世之後，我們不必只依靠這些當時遠在重慶，不在衡陽戰地現場者，在那時的主觀信念去看待此事。

到目前為止，日方無法提供任何由方將軍所簽署過的「停火協議書」或「降書」，則日方在當時對外廣播宣傳的方將軍曾向之投降，或在被俘後簽了「停火協議書」等說法，吾人皆應該不予採信也，宜視之為日方一時為了宣傳而作的舉動也。所以今日我們在引用我方在重慶的當時人有關此事的日記，需了解各位是接聽了日方廣播宣傳之後，各人的反應。只是這些位個人看法與其理念，僅可作為研究之參考，不能在討論方先覺曾否降日一事時，作為主要證據也。「鄧文」引用徐永昌日記以駁斥蔣日記的看法，是不對的。兩造在當時都沒有實證，都只是分別在表達其個人對方先覺在被俘後可能採取行動的主觀看法，都不是客觀的。

6.方氏被俘後，被日方利用作為對外宣傳的工具，是為當然之事。而他在逃歸之後，國府利用他為宣傳工具亦為如此。從今天去回顧這些動作，不論國、共與日方在當時都是各自依照其政治目的，去定性方將軍被生俘後有否降日之事。我們研究歷史，不宜在這些煙霧中去尋找真相也。「鄧文」中大量引用了當時國軍高層為了如何對待此事而起的爭執，例如蔣中正、張治中（文白）、徐永昌、林蔚等上將們有關此事的一些枝枝節節的爭執，從歷史研究的角度去看，都是枝微末節的史料之運用也，無法以之為論證方先覺有否降日之用也。

7.方先覺在一九四四年十一月九日逃歸之後，重慶高層乃為了如何處置他而有了不同的意見。「鄧文」引徐日記記載，大意為十二月十五日張治中上將（軍委會之政治部長）宴請了方先覺等後，賀元晉（靖）（國光）在軍令部會報中提議「本會開會歡迎」，「頌云（雲）（程潛）目視余，余無語，蔚文即謂見面慰問慰問。」

此示張治中及賀國光（元靖）兩位上將主張待方先覺等為英雄，在張治中以政治部長之身分開會宴請方先覺之後，賀國光乃在軍令部會議中主張軍令部也比照辦理，由軍令部予以開歡迎會祝賀其歸來。而徐永昌及程潛兩位上將則不同意，此時林蔚（蔚文）上將乃出面打圓場也。這條記載有趣，這五位將軍中，主張歡迎方先覺等者，即張、賀及林，三位都是蔣先生的嫡系將領，而腹誹的徐永昌是晉綏系、程潛是湘軍出身。也就是說，各人對方的態度是以他們與蔣先生的親近程度而定也。此即蔣先生既然把方先覺定為英雄，不可能降日，則其嫡系將領們也就跟著調子起舞的了。

8.在應否讓方先覺重新起用一事方面，國軍高層之間也產生了類似的爭執，「鄧文」引用徐日記說：

午後會報，辭修（陳誠）對方先覺擬再任軍長，程頌雲（程潛）（云）不可，謂被俘而回，在日本仍須赴死，歐美諸邦亦決不可再起用帶兵。

在引用此段文句的後半段之前，容我先指出下述各點，此即：

1. 陳誠是蔣的嫡系，蔣既然定性方先覺並未投降，則陳當然認為方應予東山再起。

2. 程潛的說法，對了一半，錯了一半。此即在日軍中，被俘歸來之軍官是仍須赴死的。可是在歐美各國則不然，下文中所記載的美軍巴丹要塞守將魏銳特中將之故事，即可引為證明程氏的說法並非事實。

《徐永昌日記》接著記載如下：

是時鄭（介民）廳長即言，數日前于魏特邁耶處會議，一美武官以方先覺與敵軍長官合照之像交之，默無一語。

由以上所引各條《徐永昌日記》可知，徐上將是認為方先覺曾經向日本投降。此與何成濬上將不同的地方是，在一九四四年八月十五日初次接到梁團長的口頭報告之後，徐永昌及何成濬兩位上將一致認為方先覺是降將。可是在方等將領逃回，而且在與第十軍逃歸之葛先才少將師長兩次會晤之後，何氏就改變了態度，而徐則依然認為方氏曾經向日軍投降也。

蔣先生則自始至終不相信方將軍曾向日本投降。

有趣的是，日方在戰爭中向外宣傳方將軍曾率部投降，可是在戰後日本之官方戰史則對此一字不提，更且日方也無法提供方將軍簽過字的「降書」或「停火協議書」之類的書面證據。

中共則自始至終宣稱方將軍是降將。

國、共及日本三方面的民間人士則一致尊敬方將軍，及其統帥的第十軍之一萬七千名將士為勇士也。

這真是一件奇怪的事情。

丙、東方與西方兵學對「投降」之不同看法

一、引言

在上文中，筆著已敘述了，國軍高級將官中頗有以方先覺為降將者，例如《徐永昌日記》中所引程潛（頌雲）上將的話，當程氏大力反對再度起用方氏為軍長時，乃以西方之習俗為證明。仁按：此時程氏是國軍的參謀總長。

即使不以方先覺為降將的蔣中正委員長，在初聞日方廣播時，其日記中曾以方氏與新加坡英軍降日之史例相比擬。

一如前文所述，不論是認為方氏是否為降將的雙方之說法，都只是當事人在衡陽會戰結束時，遠在重慶，不在衡陽戰地之現場，分別以其個人之想法，根據零星之報告所作之判斷。在戰後都不足以用為吾人評史論人之主要證據，謹供史家參考而已。

不過既然這些位國軍高級將領引用了西方的史例，筆者乃撰本節予以研究，古今中外軍史中對

「投降」一事看法之異同，並查證這些說法是否屬實，以免今後國人之研究方先覺曾否降日一事時，會繼續引用此等由於中國人文化及習俗，所產生的對西方人習俗之錯誤認知也。

二、西方人不以力竭被俘而投降為恥

不論古今中外，勝敗皆為兵家之常事。

西方人並不以力竭被俘而投降為恥事，今以拿破崙為證。拿翁史稱戰神，百戰百勝，一生只被打敗過三次，即是其軍事生涯中最後的三次戰役。因之他曾經兩次戰敗而退法國皇帝位，並在小島上幽居而死。也就是他曾向敵人投降過兩次，最後以敗降之俘虜身分而病死在被囚禁流放之地方。可是西方戰史上對拿翁之尊敬絕不因之稍減，不但他被尊為戰神，而且他的敵人亦對之甚為尊敬也。今以英國的威靈頓公爵為例。

公爵是在滑鐵盧之役打敗拿翁的英軍主將，戰勝後曾出任英國首相。筆者曾參觀過公爵的私邸，位在倫敦之海德公園中。在一進門之堂屋中，樓梯口，放置了一尊拿翁全身戎裝之立像，其大小尺寸與真人一模一樣。據說此是公爵在世時所安置者，以表其對拿翁之敬意。

至於近代史中，以二次大戰為例。英文的戰史著作，包括了著名的軍史家李德．哈特上尉之作品，有許多作品對敗降的德軍將領如曼斯坦元帥、古德林上將等人，甚為推崇與尊敬也。

三、日文中的「終戰」與「投降」的不同之處

日文中有一個名詞，在中文中並無與之相當者，此即「終戰」，在日文中此為：

「放下武器，停止戰鬥，結束戰爭。」

此與中文裡的「停戰」不同之處是在「終」字。中文的停戰可以是短暫的休戰，戰爭不一定是告「終」了。日文的終戰則是戰爭結束了，不會再戰，可是又不是「投降」。

那麼「終戰」與「投降」不同之處是什麼呢？此即「終戰」時的敗方並未簽降書，而「投降」則為有之。

就拿二次大戰（包括中國的八年抗戰在內）來說，至今日本的右派人士堅稱在一九四五年八月戰爭結束時，日方只是「終戰」，並未向同盟國「投降」。可是當時各地區的日軍指揮官曾向同盟國簽下「降書」，並且日本中央政府之代表們也在美國的米蘇里號戰艦上，向同盟國之代表們，亦即以美國的麥克阿瑟元帥為首者，簽下「降書」。此時代表中華民國接受日本投降，在日本降書上簽字的，是軍委會軍令部長徐永昌上將。

這些歷史事實足以證明，日本右派人士認為在二次大戰結束時，日本沒有「投降」，只是「終戰」，是個錯誤的論點。

在一九四四年八月八日結束的衡陽會戰中，因為國軍的守將方先覺軍長沒有簽署降書，所以才能適用於日本人所說的「終戰」，因之戰後日本官方戰史才會記載，在此會戰中，第十軍官兵沒有一人向日方投降也。

四、中國歷史對「投降」的各種看法

中國史在評價「降敵」一事上，要看敵人是什麼樣的人。在處理內戰與抗禦外侮時，亦即敵人是漢人（中國人）還是異族，中國史因之對待降敵者會有了不同的評估。

在漢民族的內戰之中，國人每以「良禽擇木而棲」來看待「降將」、「降臣」，可是對投降外族者則貶之為二臣的了。

今以三國時代為例去說明內戰之情形，並以關羽與嚴元為例。關公（羽）是中國人之武聖，其忠義精神為國人所崇敬與膜拜，可是他曾降曹。嚴元是益州刺史劉璋家族之家臣，在劉備攻取益州時，他為張飛所俘虜，一意求死，乃慨然陳詞說：「蜀中有斷頭將軍，無降將軍。」張飛大為感動，乃親自替他解縛，而嚴元也為之感動，遂降。文天祥的正氣歌中有句云：「為嚴將軍頭」，即是指此事也。

此即在三國時代之內戰中，關公與嚴元曾為降將，而歷史仍予尊敬，不以之為恥。可是在抗禦外侮，與異族交戰時，一個人的出處便有講究的了，今以明末清初三位書法家的事跡為例，來說明中國人對一個人是否投降異族的看法是不同的了。

倪元璐（一五九三－一六四四）、黃道周（一五八五－一六四六）及王鐸（一五九二－一六五二）是明末的三位名書法家。三位在明熹宗天啟二年（一六二二）同榜考取進士，是為「同年」。三位在明朝都做到了「尚書」級別的官位，此相當於今日兩岸的正部級職位。

在明朝亡國時，三位的出處不同，如下述：

1.李自成攻入北京時，倪元璐人在城內，已致仕——沒有任官職。他聽說皇宮已被攻陷，就在家中，身穿朝服（上朝時的官服），即正衣冠，面對皇宮的方向上吊自殺殉國。

2.清兵南下攻入南京時，王鐸出降，清政府用其為尚書，入仕六年後病故。王鐸降清時為順治朝，到了順治的曾孫乾隆帝在位時，乾隆帝編撰了「二臣傳」，將王鐸列名於其中，所以王鐸在中國歷史中成為負面人物。

3.清兵攻進浙江時，黃道周起兵抗清，後來兵敗被俘，被囚禁了兩年。清方百般示好，許之以高官厚爵，黃道周拒絕投降，終於被殺害，先生就像宋末元初的文天祥一樣地受後人尊敬。

黃道周就義那一天有兩個故事，流傳至今，此即：

(1)在囚居中，兩年以來，黃氏每以抄寫孝經為字課，臨刑之前，他忽然說：「呀！有某人要我寫孝經，我忘了，請稍待。」乃援筆書寫一遍，此本孝經今猶傳世。只見其用小楷恭筆書之，一筆不亂，這種從容就義的養氣工夫，真是令人敬佩。

(2)他被綁上柴車，從南京城內去城外刑場時，車子走過一個城門口，他要求停車，在當地受刑。當監斬官問先生為何求速死時，先生從容答道：「此地距明孝陵更為近些。」

中國史上對這三位大書法家之評價，是大不相同的了。倪元璐及黃道周是被國人尊敬的忠臣烈士，而王鐸則是被列為二臣者。近年來在古董市場，王鐸的書法作品走紅，那是因為日本之藏家喜歡收他的字，日本人當然不會以「夷夏之防」去看待王氏之降清也。

五、美國魏銳特將軍的故事

以上是討論東方與西方在歷史中，對「投降」一事各種不同的看法之泛例，在本節中，筆者則將之落實到二戰中之實例去作研討。

在二次世界大戰中，與日本交戰的同盟國，可分成四個戰區，即：

1.中國戰區——主要與之交戰的是中國（可分國軍與共軍兩方面），其次則有少量的美軍參加作戰。

2.印緬戰區——主要的是英軍（包括其國協成員如印度、澳洲、紐西蘭等國之軍隊），以及國軍，其次另有少數的美軍參加。

3. 西南太平洋戰區——主要為美軍，其次為英軍，其他有少數的荷蘭軍（在印尼）。

4. 東北亞地區——即在一九四五年八月，日本投降前一個星期，俄軍進攻中國之東北及內蒙地區，以及朝鮮半島北部之日軍。此區之戰鬥不但時間甚短，而且俄軍沒有向日軍敗降之情形，故在本文中不予討論。

印緬戰區不但是個次要的戰場，而且因為有中國的雲南省及英屬印度作為後退之腹地，所以在兩次緬戰中，英、美軍及國軍都沒有全軍向日軍投降之史例。因此在本文中，筆者只以西南太平洋戰區中所發生的兩個例子去討論之也，此即：

1. 一九四二年二月十六日，英軍十餘萬人在新加坡向日軍投降。

2. 一九四二年四月九日，美國與菲律賓兩國軍隊，其中美軍大約有七萬多人，在菲國之巴丹（Batan）要塞，全軍向日軍投降。

此兩個例子，分別是英軍史及美軍史上，至目前為止，各自規模最大的降敵之史例。

在討論英、美軍在戰後如何處置其降日的將領們之先，我要說明的是在一九四二年春，英軍在新加坡、美軍在巴丹之向日軍投降，其指揮官都是分別向其上級請准後，才予簽署降書的。這是因為英、美的國情與中、日、德、俄等國不同，那些國家的戰地指揮官是不可能獲得上級批准去向敵軍投降的，因此也不會有人在投降前，先向上級提出這種請求的了。因之在下文中，我們在討論英、美軍對四位降將的處置時，讀者需知道，其所受之對待不同，是與他們每一個人之曾否降日無關，而是各有其他的原因。

美國在一九四二年初巴丹之役中的守將，原先是麥克阿瑟（時為四星上將），在戰役中他奉羅斯福總統之命令，搭乘小艇衝出日本海軍的封鎖線而安抵澳洲，巴丹守軍乃交由其副手魏銳特三星中將（Jonathan Wainwright, 1883-1953）接管。魏氏在投降後被日軍送進俘虜營，戰後被釋放，美方對他的處置如下：

1.在日方向同盟國投降典禮中，即在東京灣的美艦米蘇里號上，當時觀禮的盟軍將領為數以百計，麥帥乃要求魏氏及英軍的柏西伏中將出列，分別站在他座位兩旁之後側。麥帥在日本降書上簽字時，先後使用了四支筆，他坐著轉過上半身把第一支筆送給了站著的柏西伏中將，接著再用第二支，再轉身送給了魏將軍。

仁按：柏西伏中將是一四九二年二月，英軍在新加坡降日時的主將。麥帥此舉是替他們這兩位英、美的「降將」雪恥。

2.一九四二年麥帥在澳洲重建巴丹降軍，用了同一個番號。一九四五年在魏氏獲釋後，麥帥應其所請，再度任命他為此新軍之軍長。

3.在魏氏於一九五三年去世前，美方晉升其為四星上將，當時已在二次大戰結束之後。因之魏將軍之進階，並非出於他在獲釋後新立之戰功，而是美方補償其在戰爭中作為日方降俘所受之「苦勞」也。

4.美軍協防臺灣時，臺中的美國小學即以魏將軍之大名為校名，此示美國人不以他在巴丹降日為恥也。

六、英國在新加坡降日的三位中將之故事

從一九四一年十二月八日開始，到一九四二年二月十六日結束的「新加坡之役」，可以分成兩個部分，即為馬來半島之戰，以及新加坡要塞之防禦戰。

當時守方之英軍，也包括了其殖民地官兵所組成的澳洲軍團與印度軍團，以及英國本土的英倫三島人士之英軍（狹義）。其指揮官皆為三星中將級，即為：

1. 英軍（狹義）之指揮官為英籍的柏西伏（A. E. Percival, 1887-1966），他也擔任了英軍（廣義）之全軍統帥。

2. 英籍的希斯（Lewis Heath, 1885-1954）擔任了印度軍團司令官。

3. 澳洲籍的班奈特（Gordon Bennett）擔任了澳洲軍團司令官。

在「新加坡之役」進行中間，這三位將領對戰事有了不同的主張，簡述如下：

1. 柏西伏主張把防線推進到馬來半島之北部，而希斯主張縮短，向南端之新加坡靠攏，以集中兵力。

2. 班奈特主張以攻為守，即基於拿破崙之名言——「攻擊是最好的防禦」，對日軍要主動出擊，而柏西伏則主張採取完全的守勢防禦。

當日軍自北向南，從馬來西亞半島去進攻新加坡要塞時，英軍面臨了一個頹勢。此即英方在構築要塞時的設計，是預期敵人自海上來，因此把砲位固定在大海方面的角度，而無法旋轉向北方的陸地。加上一開戰，日軍便用空軍把英國的一艘主力艦威爾斯親王號及另一艘巡洋艦擊沉，使得日方掌控了制海權及制空權。

更且在英方把戰線推進到馬來半島北部時，日軍在土著的協助下，乃多出奇兵，利用地圖上找不到的小路而把英軍南北向的防線予以切割，英軍乃為大敗。

英軍的主將柏西伏中將在開戰前不久才從歐洲被派到東南亞來就職，對戰區的天時、地利與人和都不熟悉。當他面臨日軍在馬來半島勢如破竹之際，在日軍兵臨新加坡之城下時，認為敗局已成，乃早早決定投降。其實馬來半島之戰事與新加坡不同，此即：

1.在馬來半島是野戰，南洋各國與中國不同，各地是沒有城牆的，頂多是木寨。而新加坡乃是要塞之攻防戰，與之不同。

2.新加坡的居民絕大多數是華裔，因為中日之戰，華僑是抗日的。可是東南亞各國的土著，包括緬甸、泰國、中南半島、馬來亞及印尼，甚至在菲律賓與印度，在一九四一年底太平洋之戰初起時是有很多人去支持日軍進攻的。這是因為這些地區長期被歐美白種人的帝國主義所侵略，淪為殖民地，所以有人會以日軍為解放者，是幫助他們獨立建國者。因此中、美、英、荷等國之史家在研究西南太平洋戰區的戰事時，不可以輕忽這個民心向背的因素。此即日本人當時所主張的大東亞共榮圈，對一部分東南亞人民來說是有吸引力的。筆者所讀過的中文及英文之著作及論文，沒有人在討論那一次西南太平洋的戰事時提到過這一點，是不對的。

因此柏西伏用馬來半島英軍迅被擊敗之經驗去判斷新加坡敗局已成，固然不錯。此因新加坡軍民之糧食及淡水長期之供應已被切斷，可是當時尚非彈盡糧絕，食用淡水也還可以支撐一時，所以他乃是投降得過早。更且他不知道華僑與馬來人（即巫人）對日軍之態度是不同的了。

3.當柏西伏中將決定在一九四二年二月十六日早早投降時，澳洲籍的班奈特中將力予反對，而英籍的印度軍團司令官希斯中將則服從此命令，與柏西伏一同投降而進了日本的俘虜營。班奈特乃把部隊交給了他的副手，他本人帶了兩名部下，搭乘小木船逃出日軍之封鎖線，最後逃回澳洲。

在二次大戰初起時，不論在歐洲的法國、北菲以及東亞各戰場，英軍都分別被德軍及日軍所擊敗。在這些敗軍之將中，例如亞歷山大、史靈姆、奧欽尼奇等等，許多位在大戰中仍被重用而久掌軍權。其中有些人在戰爭末期建功而獲晉級授勳，成為英國軍史上的名將。例如史靈姆將軍在一九四二年的第一次緬戰中被日軍打敗，退回印度。可是在一九四四年第二次緬戰中，在印度的印坊之戰，他大敗前來進攻的日軍，因而晉級元帥。

柏西伏這位在新加坡之敗將，因為身處俘虜營中，當然在戰時無法建功。可是在勝利後，他也沒有受到像美軍魏銳特將軍之對待，反而是被英方認定犯了兩個軍事上的大錯，即他把防線推到馬來半島北部，以及在新加坡投降過早也。

在戰勝後，英軍部對新加坡三位敗將之處置如下：

1.不論是戰時，對已逃歸的班奈特，以及在戰後獲救的柏西伏及希斯，他們三位終其生都未再掌指揮權。

2.在獲釋放後的第二年，即在一九四六年，英皇授給希斯中將以 CBE 勳章，晉升他為爵士。可是對柏西伏中將則一無表示。也就是說，在是否把防線推到馬來半島之北部的爭論上，英軍部認為希斯主張之收縮防線是正確的，而柏西伏是錯的。

3.戰爭結束後，英方把班奈特中將在澳洲移送軍事法庭法辦，起訴的罪名是他棄部下於不顧，於陣前潛逃。這真是一個令中國人瞠目結舌的舉動，中國人對班奈特會視之為英雄，因為他拒絕投降而逃歸本營，是一個抗拒上級亂命的勇士。可是英國人卻認為即使是上級所下達的命令是投降，下級仍然應當予以遵從。

此處容筆者插一句題外話。

希斯中將雖然是英國人，他所指揮的部隊卻是印度軍團。

日本人在打敗東南亞地區的英軍之後，徵集英軍中的印度裔官兵，組建了一支印度國民軍。當時印度有一位鮑斯博士，在戰前是印度國大黨的要角，在二戰中卻與日本合作，以武力反英去爭取印度之獨立。他與中國的汪精衛情形類似，不同的是汪偽軍從未參加過日軍進攻華軍之中型或大型會戰，這是基於汪先生在組織偽政府時已向日方申明之立場。而鮑斯的印度國民軍則不然，是與日軍配合作戰的，在印坊之戰中，日方即使用了兩個印度團。

順帶說一句，汪精衛在一九四四年秋天病死於日本，鮑斯則是在一九四五年日本投降前夕，與其政府之重要官員搭乘日本軍機旅行時，在臺灣海峽上空，飛機失事而死亡。

英國及印度在戰後都拒絕收容鮑斯政權印度國民軍之官兵，他們流落在東南亞地區，成為傭兵。

一九四二年春天，在巴丹之役中，美國的麥帥突圍逃至澳洲；在新加坡之役中，英軍的澳洲籍班奈特中將拒降而突圍逃至澳洲，可是兩人的遭遇卻有如天地之別。麥帥被認為是英雄，繼續掌控軍權，領導盟軍打敗日本。班奈特不但在戰時未被重用，更且在一九四六年盟國戰勝後即被移送軍法審判。

兩者遭遇的不同，是因為麥帥之突圍脫逃是奉上級之命令，而班奈特之突圍脫逃乃是拒絕服從上級降日之命令。在東方人心目中，將在外君命猶且可以不受，班氏拒降逃走乃是有功，應予獎勵，可是西方人卻反而予以法辦。

以上關於美、英四位降將的資料，筆者取材於加拿大皇家軍事學院教授 Hamish Ion 所寫的「*Brass Hats behind Bamboo Palisades: Senior Officer POWs in Singapore, Taiwan, and Manchukuo, 1942-45*」處頗多。不過這是限於四位將軍之姓名與軍階等等，本文中的分析與立論則是筆者之淺見，與包括該文作者在內的西方人之看法不同也，謹在此聲明。

丁、有關汪政權之一些雜記

一、方先覺曾要求「送往南京」

在一九四四年八月七日方先覺對日方所提出的條件中，有了「送往南京」之一項，意指方將軍要向在南京的「汪偽政權」靠攏，本節在研究此事。

在抗戰中，中國人在長城以內的大陸上，有三個政治實體，此即：

1. 在重慶為蔣中正所領導的中華民國政府，在本文中簡稱國府。

2. 在延安為毛澤東所領導的中共政權，在名義上此為屬於中華民國管轄者，在實質上則另成立了蘇維埃政府，受蘇俄影響（也可能被其控制？）在本文中簡稱為中共。

3. 在南京成立的，也自稱為代表中華民國的國民政府，由汪精衛領導，在本文中簡稱為汪政權，或汪偽政權。

當時已在第二次世界大戰之中，世上的三個集團分成兩方，即實行資本主義的英、美等國與實行共產主義的蘇俄結盟，去對抗實行資本主義的德、義、日集團，與之作戰。

此時前述的三個中國之政治實體，乃分別各自與此等三個世界集團中的一個結盟，此即國府聯英美，中共聯俄，汪政權聯德義日。也因為此世界三個集團之合縱連橫，使得國府與中共聯手抗日。不過在中國內部，國府或中共分別與汪政權之間的合縱連橫，並不像在世界大戰那對立的雙方之只有交戰，而是很少彼此作戰，反而是兩兩私下多相往來。不過在戰後，不論國府或中共對於其團體與汪政權之交往，都列為機密而成為禁忌。至今為止，中共（中華人民共和國）迄未公布此段史料，此由其處理「潘漢年案」之過程及手法可知之也。

至於國府與汪政權間錯綜複雜之關係，比起前述中共與汪政權之關係來說，當然更為廣泛與深厚。此因汪先生的集團成員中，原來是國民黨人士之數目遠遠超過其中出身於中共黨者，更且此等原為國民黨人士在參加汪政權之前，於國府中之地位亦多為甚高也。因之不論於公於私，汪政權中人與國府中人之牽連甚多且深矣。

在抗戰結束後，國府對汪政權中人之處置為：

1. 中央之部長或以上，一律處死刑。（只有兩個例外，即任援道與何適，兩位都是帶槍投靠，在戰後率部隊回到國軍中的將領。）
2. 地方則為省長皆予處死。
3. 其餘汪偽黨政軍官員，在治罪時，則分別處無期徒刑或有期徒刑。

順帶說一句，在一九四九年大陸易手時，國府臨撤退前，把各地猶在關押中的汪政權人士，除了服無期徒刑者以外，其餘尚在服刑（有期者）者則予一律提前釋放。

汪精衛的夫人陳璧君女士因為是被處以無期徒刑，所以被留在上海之提籃橋獄中為共方所接管。

據說，中共建政後，孫中山先生之夫人宋慶齡女士及廖仲凱先生之夫人何香凝女士曾一齊去探監，看望陳女士。她們要求，只要陳女士肯寫一份悔過書，她們便可以保證中共會把陳女士送往香港去依親養老。此即陳女士只要代表汪先生對歷史認錯，便可以獲釋，可是陳女士堅決拒絕，乃最後在牢中老病而死。

對於這一件事，我認為蔣中正先生在離開大陸時，沒有釋放汪夫人陳女士，是甚為過分的了。再怎麼說，汪先生夫婦在國民革命史上是有貢獻者，不說別的，陳女士在黃花崗三二九起義時，是參加者，立了大功也。

二、四個有關汪政權的小故事

因為在研究方先覺是否曾降日之時，筆者發現了方將軍曾提出了「送往南京」之要求，而聯想到了「汪政權」的歷史真相猶未明也，乃寫了這一段「多餘的話」。

這一段文章不能說是在做史學研究，與本文的其他部分不同，只能說是筆者對「汪政權」多年來聽聞之野史之雜記，因而所寫的四段故事。

1.是父親告訴我的：

在抗戰中，父親擔任國府浙江省政府民政廳長時，有一天蔣中正委員長自重慶祕電浙省府，表示錢新之先生將要從淪陷區的上海搬去重慶居住，命令浙省府派代表去「界首」歡迎之。省主席黃紹鋐將軍乃指定先父為團長，代表他去迎客。

父親說，他率人去「界首」迎候時，只見汪偽軍派了四十部大小車輛把錢先生及其家人、賓客、隨從等送到了我軍之陣地，而國軍也準備了相當數目的車輛去接手。父親陪了錢先生等人在茶室中飲茗談天，雙方的軍隊乃忙著去搬運其行李家私，父親說他看到錢府連馬桶都給帶上了。

2.現在住在舊金山灣區的王立楨兄告訴我，他訪談了幾百位曾參加抗戰的中、美空軍飛行員，其中每一個人都告訴他，在起飛作戰之前，上級都訓示他們，如果在淪陷區中落地，趕快去尋找汪偽軍，「他們會把你給送回來，千萬不要落入日軍手中，那就死定了。」

筆者曾讀到國府遷臺後的一份由國防部公布的數據，此即在抗戰中被汪偽軍尋獲或俘虜的中美空軍人員，有百分之九十八被汪偽軍護送返回歸隊也。

3.劉延明博士著：《偽軍——強盜下的卒子——1937-1949》。此書中對國軍之「曲線救國」，投汪偽以反共；以及共軍之投汪偽以攻國軍，「白皮紅心」，都曾舉出實例，可供參考。

4.在父親晚年，大約是一九八〇年代，我曾向父親請教，在汪精衛先生自重慶出走去河內之前，蔣先生與汪先生是否有「唱雙簧」的可能。即汪去組織「偽政府」，是與蔣先生商量過的嗎？父親說：「有兩個疑點。一，周佛海是蔣的人，不是汪的人。二，陶希聖怎麼可能在雙方之間，走來走去？」事隔三十年，第一個疑點我沒找到答案，第二個則為有之。

陶先生的三公子恒生兄，最近在灣區過世。在他生前，我曾與陶三哥有過下面的談話：

阮：「令尊陶伯伯去參加汪先生之前，有沒有向蔣先生報備過？」

陶：「看上去不像有過。」

阮：「何以見得？」

陶：「母親過世後，父親一個人住在我家裡，我時常聽到父親在睡覺中說夢話，不只一次，他說：『多謝委員長不殺之恩。』」

總之，要研究抗戰史者不能不研究「汪政權」，然而在中共的資料既未公布於世，國府官方資料雖已開放，然而不論公私兩方的史料，都是在「千呼萬喚始出來，猶抱琵琶半遮面」的狀況下，史家對「汪政權」的研究實為難以下筆也。例如，以陶公與先父數十年的同僚與老友之關係，父親還是不便當面私下問他；以三哥與陶公的父子之親，他也只能從陶公所說的夢話中去推測，也不敢當面向之請教。

由此可知，與「汪政權」來往相關之事，不但在中共方面列為最高之機密，此由中共處理「潘漢年案」之過程可見一斑。即使在國府方面，也為事屬敏感者。至於汪政府中人之後代，則當然更不願意去談此「天寶舊事」的了。

此即一如孔子所說的「杞宋文獻不足徵也。」有關汪政權公開之書面資料，各方面都為缺少，而父老口耳相傳之言語資料，也將會逐漸隨時而逝的了。

在此，筆者只能說，「汪政權」之歷史，至今真相猶未明也。因此在研究方先覺所提出的「送往南京」這個條件時，我們固然不能像徐永昌上將及何成濬上將之視此為降「敵」，也不宜用世人今天的眼光去對待之。是要考量一九四四年八月七日當晚，在衡陽圍城中血戰了四十七天以後，面臨戰敗時的倖存之第十軍官兵之心境也。此即當如老吏之斷獄，研究者不能用表面文章去看待此舉，而是要顧及天理、國法、人情去看待方先覺為圍城中此等數以千計的官兵之求活路時之心情也。

三、每一個漢奸都是真「賣國」嗎？

在二次大戰初期，德軍曾一度橫掃歐洲各國，所向無敵。各國在戰敗後，都分別有其國人與德國合作成立「偽」政府者。戰後各國處置此等人士大致可分兩種對待。今以法國的「維琪」政府為例。

一九四〇年德國擊敗英、法聯軍，法國敗亡，英軍退回其本土三島，隔海與德國對峙。法國投降時之總理貝當元帥，是一次大戰的名將與英雄，他乃以元首名義，出面組織了一個新政府，名為「維琪」政府，與德國合作。戰後，法人乃以其為與敵方之合作者（collaborator）而予以放逐；把他像拿破崙晚年一樣之囚禁於一小島上，待以元帥之禮，而使之老死於島上。可是維琪政府之實際主政者——其總理賴伐爾則被法人處以絞刑，即法人以其為賣國賊（traitor）。

名義上貝當元帥是維琪政府之最高領袖，「元首」，是一個公司的CEO，而賴伐爾只是他手下的總理，即COO，可是貝當所受的處罰則輕於賴伐爾也。

中國人所說的漢奸只有一種身分，即是賣國賊（traitor）。在國人心目中，只要是事敵者，就都是賣國賊，而不像法國人對待維琪政府官員，將之分成兩類，即在賣國賊之外，還有一種罪行較輕的合作者（collaborator）之存在的了。

這是筆者一直在思考的問題，即中國與西方人對此問題看法不同之處，是由於雙方的文化，尤其是歷史經驗法則不同嗎？中國是以漢族為主體的單一民族文化，而歐洲人則多為多元文化、多元民族所組成的國家，因此中國歷史特別看重「夷夏之防」，而歐洲人則無此考量。

歷史是由勝利一方去寫的，在二次大戰結束時，勝利一方的中華民國主政者是國府，因此由之去主持處理「漢奸」汪政權中之人物。可是四年後國府在內戰中失敗，退守臺灣，大陸上新的勝利者中共，在建立了中華人民共和國之後，又去負責處置留在大陸上敗方的國府中人了。

如果說國府在抗戰勝利後對汪偽政權中人的處置是過於嚴厲的，那麼中共在毛澤東當政的三十年裡，從建國到文革結束的那段時期，對包括了汪政權、國民黨等等的人士在內之「反革命分子」，其鎮壓的手段則是遠為殘酷的，毫不留情地全面血腥待之也。

在討論汪政權時，筆者無資格多予發言，因為筆者不曾去多作研究，只有冀望在未來，當中共公開其相關之資料後，下一代的史家們可以多作研究去補我們這一代人對此問題研究之不足。

在考慮方先覺是否降日這件事時，我要指出下面一個簡單而被大家忽略的問題，此為：

方先覺在一九四四年八月七日向日方提出了「送往南京」之要求，在八月八日早晨被俘後，到十一月九日逃回重慶。方先覺等將領及三千官兵既被日方生俘了三個月之久，而且汪政權也派了衡陽警備司令赴任，為什麼日方卻沒有把方先覺或其所部「送往南京」？這個問題我沒有答案，更且至今中國史家也沒有人問過者也。是不是日方對汪政權與其配合之程度及忠誠性，也有了懷疑的呢？也就是中國人心目中的每一個都是賣國賊之「漢奸」，其中有些人在日本人心目中卻是「不可靠」者的呢？這真是一個有趣的問題。

戊、結語

在傳世的「梁六項」及「饒七項」這兩個版本中，「梁六項」是一組要求停戰的條件，而「饒七項」是一組「投降」的條件。

筆者在本章中已證明「梁六項」比「饒七項」更為可信，饒七項是「曲筆」，那麼根據「饒七項」所提出來的，引以為方先覺曾降日者之立論都是不成立的了。

更進一步說，以方先覺曾「豎白旗」，而引以為證明方先覺曾降日者，其立論之依據也是出於中國人對白旗之認知，以之只是代表投降之錯誤，因之也是錯的。

既然在戰後，日方及中共都不能提出方將軍所簽署過的「降書」（或「停火協議書」），那麼其主張方氏為「降將」的說法就是不能證實的片面之宣傳的了，吾人應當不予採信。

並且不論「梁六項」或「饒七項」，都只是方先覺在一九四四年八月七日傍晚所提出來的條件，既然被日方拒絕，沒有成為事實，那麼就不能用在吾人研究方氏在八月八日被俘後行為之證詞。

至於在國軍高層人士，如程潛、徐永昌等上將對方先覺之批評中，所舉出有關歐美對「降將」處置之習俗，筆者在本章中亦舉出美國魏銳特將軍在一九四二年降日後，在二次大戰後至一九五三年死亡前之軍旅生涯，即：

1. 戰後重新出任軍長。

2. 獲晉級為四星上將。

以證明程潛等國軍將領之說法為錯誤者也。

總之，在研究了衡陽會戰之經過，以及方先覺曾否降日之後，筆者的結論是：方先覺是一位抗日英雄之勇將，他沒有向日軍投降。在衡陽會戰之後，方將軍被國人誤解為「降將」，受到了不公平的對待，史家必須替他辯白，洗清他「降日」的惡名也。

附文三篇

仁按：以下三篇附文，都是取之於「白著」，即白天霖編著的《抗日聖戰中的衡陽保衛戰》一書，第一篇「編著者按」，是白天霖少將寫的，第二、三篇則是日本人寫的。

一、編著者按

本書（按：民國七十三年初版）三校竣事，正準備付印，方故軍長的公子柏棟世兄轉來日軍第六十八師團戰友會總幹事多賀正文先生贈我的一幀〈衡陽之戰〉油畫的彩色照片。柏棟世兄並出示多賀正文寫給他的一封信；展讀之下，感動萬分！

六十八師團為當年圍攻我衡陽的第一批敵軍兩個師團之一，第一次總攻下來就傷亡殆盡，後經兩次補充，並獲大量敵軍增援，但在第二、第三次總攻之後又殘存無幾。今天的「六十八師團戰友會」，即係該師團參加衡陽之戰火海餘生的退伍官兵所組成。去年（按：民國七十二年）七月十六日至十八日，及今年三月三日至六日該會曾兩度組團訪華，向我當年衡陽守軍在臺袍澤致敬聯誼，兩次均至臺北近郊五指山方故軍長墓前祭弔，執禮甚恭。此後，有不少人便和我們經常通信，不僅昔日之敵成為今日之友，而惺惺相惜、英雄崇拜之情，更溢於言表，躍然紙上。多賀正文這封信上告訴我們，今年四月他們曾作衡陽慰靈旅行，特別攜回湘江之水，準備來臺供奉於方故軍長墓前，還掘取了衡陽的泥土，作為〈衡陽之戰〉大油畫著色的參考。他們對於當年衡陽之戰的重視與念念不忘，以及對我守土英雄烈士的崇敬，可說出於至誠。他們都是我們當年的敵人啊！這樣的深情至意，能不令人感動萬分？茲徵得方柏棟世兄的同意，將多賀正文來函影印並譯成中文，連同〈衡陽之戰〉油畫照片，彩色精印，刊於本書。

二、日軍六十八師團戰友會總幹事多賀正文先生來函

方柏棟先生：

大阪氣候已漸漸進入初秋。別後諒多清吉，謹此祝賀！春間承蒙寄贈《子珊行述》（按：方先覺將軍家屬刊印之紀念文集）多冊，併此致謝！仍請恕我久未修函問候。

三月自臺北歸來，即召開六十八師團戰友會，我很榮幸的被選為本會總幹事。四月間，曾以十天的時間前往湖南衡陽作一次慰靈旅行，並特別帶回湘江之水，現在冷凍保管之中，擬於下次來臺北時，供奉於　令尊方先覺將軍墓前。另一久未函候的原因，是四月份由大陸回國後，即忙於籌劃〈衡陽之戰〉大油畫的繪製。因為本國所有的戰爭歷史照片中，從未曾有一張衡陽戰鬥的紀錄，可以說，這是第一幅關於衡陽之戰的繪畫。因此在開始時，曾蒐集有關中日戰爭照片一百餘幀，以為繪製的參考，甚至實地赴衡陽取回當地的泥土，作為著色的依據。費時半年，終於八月三十日完成。此畫正面繪有投擲手榴彈的中國士兵，前面堆集的，則全是日本兵的屍體。這是本會全體戰友多年的心願，目的是將此一悲慘絕倫的戰鬥景象，留存後世，鑑戒警惕，期能永遠不再發生戰爭。

原畫高一公尺二，寬一公尺六。今特縮影三張，隨函寄上，分贈葛先才先生、方柏棟先生、白天霖先生留作紀念。此畫製作費用係由六十八師團戰友會戰友共同負擔，如第十軍認為有參考價值，請加利用，則本會更感榮幸。

多賀正文　拜啟

十月一日

三、中國之英雄故方先覺將軍閣下靈前追悼之詞

值茲故方先覺將軍閣下三週年忌日之際，我謹代表舊日本軍隊的有關官兵，向將軍靈前致以衷心底哀悼。

回憶一九四四年六月二十八日，貴軍所保衛的衡陽城被日軍三個師團三萬人以上的兵力包圍，雙方幾進幾退，貴軍傷亡慘重，日軍方面以佐久間將軍為首的成千上萬的官兵亦傷亡殆盡，不得不向日本國內要求增援。

當時衡陽城陣地遠遠不如日俄戰爭時期，旅順要塞構築得那樣鞏固。僅僅是用土壕圍起來的野戰陣地而已。然而貴軍竟能堅守四十七天之久，使日軍作出重大犧牲，實為八十年來戰爭史上所罕見的創舉。反過來說，假如日軍防守那樣的陣地，在四面楚歌彈盡糧絕的情況下，很難重創敵軍堅守四十七天之久，足以證明方將軍的確是雄才大略指揮有方，令人讚佩。

我本來是日本預備士官學校的戰術教官，以我個人的愚見來看，將軍對利用地形地勢配備陣地兵力、火器配置、射擊訓練、戰爭指揮等均有超人見解，方能頑強重創日軍堅守四十七天之久。方將軍為此優秀卓越的創舉，使得當時日軍橫山司令官以下的千萬官兵驚歎不已。我認為在世界戰史上沒有能和方將軍當時的鞏固防禦可媲美的，而當時擔任防守的中國第十軍也是世界上最頑強的軍隊，方將軍是世界上值得驕傲的偉大英雄。

現在在日本的舊軍人當中仍然傳頌著衡陽戰爭中，中國軍隊的苦戰精神。每當戰友們聚集的時候，總是異口同聲地讚美中國軍隊的勇敢精神，以及各級指揮官的優越指揮。我們的戰友們每當集會的時候，如不說幾句讚美方將軍的話，絕不結束我們的集會，足見將軍生前的業蹟感人之深。

今天我們也在日本同時舉行哀悼將軍的集會，謹向將軍的英靈遙致哀悼之情，將軍功績永垂不朽。敬請將軍長眠安息。

一九八六年三月三日

舊日本軍第十一軍戰友會有志代表

第百十六師團步兵第百二十聯隊大隊長　和田健男

第六十八師團輜重隊世話役　多賀正文

仁按：有關此次日人組團專程遠道來臺北之悼祭方將軍，有三事可記：

1.日方代表團之人士在唸了悼詞之後，各自排隊，一一上前致祭。

2.他們按照日方在衡陽會戰中之作戰序列排隊，每一個致祭者都報上了個人的姓名、軍職、軍階及其所屬之部隊單位之番號。此示他們每一個人都是代表了所屬之單位來致祭的了，並非僅僅是個人而已。

3.在祭典告成之後，中方國防部出面招待他們的人士，表示願代為順道安排，並招待他們去參觀臺灣各地，日人卻表示，此為對方將軍在天之靈大為不敬之事，他們乃立即迅速離臺返回日本，是為團進團出者也。

二〇一八年五月二十二日於北美

刊載於臺北《傳記文學》二〇一八年十、十一月第六七七、六七八期

第二編 東亞局勢之回顧、展望與建議

- 中日甲午戰爭後的各國暗鬥
- 中美俄日在東南亞的矛盾與角逐——一九七〇年代的「新課題」
- 鑑往與思來——今後東亞局勢的觀察
- 中主南進與日主北進構想之芻議

中日甲午戰爭後的各國暗鬥

阮大仁

引言

一九七〇年代上期年筆者年約三十餘歲，住在美國威斯康辛州的華基夏（Waukesha）小城，此地位於密窩基及麥迪遜之間，密窩基市之西郊。

彭明敏先生來密城及麥城的威州大學演講，筆者兩次都去聽了，彭先生在演講中說一八九五年臺灣在民主國的運動，臺民是抗日兼為反中。

事後筆者去了芝加哥大學的東方圖書館查看資料，寫成了本文，即為〈中日甲午戰爭後的各國暗鬥〉，發表於一九七一年十一月號之《東方雜誌》，當時　先父穀成公是該雜誌的主編。

筆者寫作本文最初的目的是去查證彭先生的說法，即臺民在反對日方割取臺灣而成立臺灣民主國時，同時也是反中的嗎？不料愈是查看資料，愈是發現了許多有關甲午戰爭及有關戰後和談、日本割臺、臺民抗日等等的「新發現」，大致如下：

1. 日本在馬關談和時，其外交手法是配合其軍事之狀況。
2. 英國暗助日本。

3. 臺民抗日幕後的主導者是時任兩江總督的張之洞。
4. 張之洞之保臺是要借重法國的力量，以民變為藉口去造成法國干擾臺局之理由。
5. 當時法國是實行總統制民選政府的國家，此所以臺民脫離清廷，以「民變」而抗日時，所成立的民主共和國是採用了與當時法國政治制度一樣的總統制政體。
6. 臺灣民主國並無反中之企圖，其詳情可見於本文。

在此引言中，筆者先引一電文以證明之，即為：

獨立後三日，唐景崧電北京稱：「以後奏事及行文，臺地暨內地各省，均仍沿用本銜及巡撫印。臺倘倖存，自仍歸中國。其印旗皆為交涉各國待援而設，免中國牽累。」

以上種種，詳見本文。

前　言

甲午戰爭表面上看來是新興的日本，假借朝鮮內部之黨爭，向亞洲大陸進軍，而與中國發生武力衝突。事實上，因朝鮮及滿洲久為俄國所垂涎，日本在事先與事後，均不能不顧忌俄國之助華，又因而牽涉到當時與俄國競爭的英國。

中日之間，在此之前，曾正式交戰四次。即一、唐劉仁軌與日軍戰於朝鮮半島之白江口，唐勝。

二、元世祖二次渡海進攻日本，均遇颱風而敗。三、明楊鎬援助朝鮮，與日本豐臣秀吉戰於朝鮮，明敗。其中第一次與第四次，均是因朝鮮而起，但是甲午之役，所不同於前者的是，其成敗之影響，並不只限於中日雙方，而是世界大局之一角，也可以說是英俄爭霸的一隅。

俄國因其地理位置西出波蘭，南出土耳其、新疆與西藏，東出朝鮮與滿洲。在波蘭方面，俄國與中歐之大強國——德國與奧匈帝國競爭，英國不必身居第一線，而且因英法與德奧之對抗，俄國在此方面往往與英法聯手，觀乎兩次世界大戰皆然。在中國的競爭，英國因著眼於華中及華南，除西藏因鄰近印度，英國曾一度阻止俄人滲透外，其他皆不須自行出面，可以退居幕後。英國在歐洲利用德奧本身之存危，以平衡俄國，在亞洲則寄目於誰呢？當然，最理想的是日本。

第一，日本因其地理位置，也憂慮俄國之伸入滿洲與朝鮮。

第二，日本國小民少，容易為英國所制，不像中國之難制。

第三，英日皆是海島國家，英國自信可以控制日本海軍之發展，而維持本身之優勢，因為日本不產煤鐵。觀乎以後英美之控制日本，不外乎限制其海軍力量，例如華盛頓海軍會議之決定英美日海軍為五五三之比。以及後來之禁運煤鐵給日本。可見英國之扶助日本，事先也不是沒考慮到日本的反噬的。

第四，也是最重要的是，日本勢力侵入朝鮮及滿洲，必然引起俄國及中國之不快，日本面臨如此龐大的兩個敵國，結下永不可解之仇，只有永遠依靠英國來達到均勢。

依照常識，英國玩的手段是萬無一失的，因為日本不可能吞併中國，俄國也不可能讓日本在亞洲大陸猖狂，那麼英國可以安心在華中與華南坐享巨利，讓中日俄三國為朝鮮、滿蒙及華北拚個你死我活，觀乎珍珠港事變前的英美法等之舉動，正是此意。英國認為日本如向英宣戰，即向除俄國外，其他所有之白種列強宣戰。因法得安南，荷蘭得印尼，西班牙（後來是美國）得菲律賓，其他如德、義、美等也都不會忍受日本取代英國在亞洲之利益的。

英國的如意算盤有兩個失著。首先，東北亞的局勢因牽涉到俄國，故與歐洲有關。當俄國在西境遭到存亡之威脅時，俄國可能容忍日本在東方的猖狂，此所以後來史達林之與日本簽訂互不侵犯協定，使得日本敢放心南進。其次，日本蛇想吞象，是要滅亡中國，而中國積弱之下，無力與之抗衡。換而言之，制衡日本的俄華均失去作用，再加上英法荷蘭等在歐洲受挫於德義，遂造成了日本掀起太平洋戰爭。

太平洋戰爭固然使玩火者的英國吃了大虧，使得美國取代了英國。然而英國在一八九五甲午戰爭後至黯然退出亞洲為止，幾乎享受了近乎五十年的甘果。俗語說，世無百年計，在英國帝國主義者之立場看來，當年扶日抑俄華之政策，確是妙計，很有趣的是今天美國又想效法英國，美國所持者是什麼呢？

第一，日本因其地理位置，必須顧慮俄國或中共之勢力外侵。換而言之，日本若想維持獨立，不得不與二者為敵。

第二，日本靠貿易立國，美國容易控制。

第三，日本無核子武器，而且其國土小，人口集中，容易為核子戰所摧毀，日本絕不敢與核子大國之美國為敵。

第四，日本之日益強大繁榮，必引起其近鄰俄國與中共之不安，日本既無力消滅兩者，只有依靠美國以維持均勢。

試與一八九五年時作個比較，似乎美國的如意算盤也很安穩。固然歷史不一定會重演，但是鑑往而可以知今，美國的算盤靈不靈，吾人姑且拭目以待之。不過將來東北亞如果要引起戰爭，而有一方是日本，則我敢預言，最初步的原因，仍是朝鮮半島均勢的打破。

當十九世紀時，如前所述，英俄之爭，在歐洲有德奧，在東方有日本替英國打頭陣。但有一處，卻是非英國直接出面不可，即在土耳其。因為該區域內無一強國可以替英國擋住第一線。

甲午戰後的各種事情例如三國還遼，類似的在土耳其均已發生過。當時鄂圖曼帝國被稱為歐洲之病夫，與中國之東亞病夫，情形相同。所不同的是因其地近歐洲，白種帝國主義到的早，故中國所受的各種侵略與不平等之待遇，如內河航行權、領事裁判權等，土耳其也早已身受。關於這方面的資料，中文的可以請讀者參閱喬治·冷佐斯基著，王兆基譯，商務出版之《世界局勢中之中東》。我在此只是簡述與中國類似的情況。

一、英國對土耳其及中國的政策是維持其獨立，但阻止其進步與強盛。因其弱，英國才能得利，而因其獨立存在，英國才能運用，以阻止俄國之伸足。

二、英國在不違反其利益下，必要時，不惜分他國一杯羹，聯合對抗俄國，例如在東方扶助日本制俄，在地中海聯絡普、奧、法、義以制俄。

三、英國不反對日本對中國所作之領土要求，例如割取遼東半島及臺灣，但絕不許俄國對土耳其作類似之要求。俄國在甲午戰爭前，曾屢次割取中國在西伯利亞之土地，英國不予反對，是因為所割之地不重要，及當時希望俄國削弱中國。到甲午戰爭後，中國弱態畢露，英國便不鼓勵俄國再作領土要求了。試看八國聯軍之後，俄國強占東北，不肯撤兵，日本因而與之開戰，而英國表面中立，暗中助日。

四、英國曾在一八四〇年與一八七八年，兩次聯合普、奧、法三國干涉俄國之侵略土耳其，逼其修改土俄之間的條約。其間在一八五四年，英法與撒丁尼亞（義大利之前身）曾與俄作戰，史稱克里米亞之戰，以阻止俄國伸足地中海。

五、英國因控制了直布羅陀海峽與蘇伊士運河，其在地中海利益之維持，繫於土耳其兩海峽之控制，此為英俄必爭之處。而後來俄法等之擔心英國利用日本控制臺灣海峽及渤海，將中國海變成第二個地中海，也不是無因。

因為英俄之爭霸，才有英國助日抑俄的決策，因此才造成日本在東方的崛起，甲午之戰是日本初露鋒芒，日俄之戰才是日本成為強國的開始，而這兩場戰爭，都是英國在暗中幫助日本，其用意在抵制俄國。英日蜜月的結束，是在一次世界大戰後，試看在巴黎和會中，英國猶支持日本對山東的要求，到華盛頓會議時，英國一面控制日本海軍之發展，一面支持中國，而且廢止了《英日同盟》，原因何在呢？說穿了是因為俄國革命後，已無力與英爭霸，日本已失去利用價值，英國為了平衡東北亞之均勢必須抑制其氣勢。

因此我們要研究甲午戰爭後的和局，必須先注意到幕後的主角英國。當時是海權時代，英法俄順序為海權三大強國，在地中海，英法聯合抗俄。可是在一八九五年的東方，因為英國支持日本之割取臺灣，使法國大為不快，是法俄聯手的。而德國之參預其間，是為了山東問題。其中的勾心鬥角，我依據今已公布之各國文件，一一加以說明。

本文的重點是：

一、以軍事學的眼光來看日本的外交步驟。

二、指出英日的勾結，與英國之利用日本，不勞而獲巨利。

三、找出張之洞求助於法國保護臺灣的經過，及失敗之原因。

四、張之洞在幕後與唐景崧等抗日的關係。
五、德法俄英日等各國的幕後鬥爭。
我所依據的資料主要採之於：
甲、中國史學會《中國近代史資料叢刊》中日戰爭第七冊中的各項電文、會議紀錄。包括中、日、俄、德、法、美等各國者。
乙、臺灣銀行《臺灣文獻叢刊》第一三一種，李文忠公選集第五冊所載光緒二十一年、李鴻章與中日議和及割臺有關的各電報。
丙、與乙同一叢刊第九十七種張文襄公選集第二冊中張之洞有關中日議和及割臺有關之各電報。
丁、陸奧宗光著，龔德柏譯，商務出版之《中日甲午戰爭外交祕錄》（日文原名《蹇蹇錄》）。
另外還參考了科士達（J. F. Foster）著科士達回憶錄。連橫著《臺灣通史》，及李則芬著《中日關係史》等。

前述參考書籍中，甲乙丙三種為原始資料，優先採用。丁書雖然不是原始的資料，然因作者為當時擔任日本外務大臣，中日議和日方兩名全權代表之一的陸奧宗光氏，因三國干涉還遼後，受日本朝野攻擊，為辯護非其外交失敗，所寫之祕密文件，當時只限於日本軍政財界要人閱讀的，因此內容較為可靠。不過此書寫成時，日俄尚未作戰，故作者尚需隱瞞英國之暗助日本，以及日本之利誘英國等。我將以各國之文件，予以指出。其次此書對日本外交之配合軍事，以及軍人之跋扈等，不予明言，此亦是情理中之事。總之，此書資料之運用，我是加以邏輯判斷後才採用的。

科士達氏曾任美國國務卿，為近世美國名國務卿杜勒斯氏之外祖父。當時為中國政府之外交顧問，自張蔭桓之第一次赴日和談起，到李經方之赴基隆海面割臺給日本為止，科氏均參預其事。以其地位及外交上之經驗，其所言者較為深入。例如其指出日本之刁難與張蔭桓的和談，是因為威海衛尚未攻下，確有獨到之見，此為我國史家未及之處。

至於連橫的《臺灣通史》及李則芬之《中日關係史》，我只是用在大局的介紹上。總之，我盡量利用原始史料，及避免重複眾所熟知之史家，有些因行文連貫，必須加入的，也盡量從簡。

因史料之引用，多半為電報文書等暫以收發之日期為準，或有一日至兩日之差誤，因其拍發需時也，然亦無關大局。不過因身在國外，文獻不足徵處，尚請高明指教。

第一章 中日議和之經過

一、緣起

一八九四年冬，中日甲午之戰已近尾聲，中國敗勢已成，乃有求和之意。中國分別請英美出面向日本探詢。

當時俄國因日本勢力進入朝鮮與滿洲，非常不安。早在八月九日中國要求俄國與中日共同干涉朝鮮內政時，俄國外交、陸軍、海軍與財政大臣，曾開特別會議，決定不干涉中日之戰，但求維持朝鮮之現狀（甲三〇〇）。其實俄國那時存心不良，坐觀中日相鬥，以便漁翁得利。不料中國不堪日本一擊，戰局直下。一八九五年一月，俄國軍政首要再度集會討論，曾考慮出兵占領對馬海峽中屬於韓國的巨濟島，以阻止日本北進。但多數意見，仍寄望於英國之調停中日，故決議一面加強太平洋艦隊，以便應付日本，另一面與法國聯繫，若中日締和，日本對中國之要求侵犯俄國重要利益時，與法國共同施以壓力（甲三〇七），此為三國干涉還遼之伏筆。

法國久有心占據臺灣，中法之戰時曾侵擾臺澎，沒有成功，但仍不灰心。德國則久想在中國得一良港為貿易基地，希望依序在膠州灣、舟山群島與臺灣中擇取其一。因此德法對中日之戰也甚為關心。

英日事先已有默契（詳見本章第十節與第十二節）所以後來德法俄三國之干涉日本，英國拒與參加。不過英日之默契協定甚為祕密，不但中國不知，其他列強亦在鼓中。此所以中、德、俄、法應付日本之重要決定，均一一向英國求助，也因此使日本由英國處得到消息，而能及時應付。

英日結合主要是在亞洲應付俄國，而在歐洲，則有俄法同盟以對付德國。這是一八九四年冬，一八九五春中日醞釀和議時的國際局面。

日本深知列強可能干涉中日和戰，以免日本獨吞中國。一八九四年十一月，國際間盛傳要瓜分中國，英國占上海（長江流域），法德有意於臺澎（華南）（甲三二四）。日本深恐其勝利果實被篡奪，乃藉十一月六日美國調停之便，宣稱日本無滅亡中國之意，不過需中國主動求和，日本方肯考慮。此為安列強之心（丁第十五章）。次年春，中國已由英國處轉知日方言和之基本條件，包括割取臺灣等，又由美國處知日方不欲第三國介入，必待中國主動求和，乃託美國駐華公使田貝代中國與日本接洽。中國既已主動表示和意，日本再無藉口拒絕，於是有第一次之和談。

二、和談前之中日內部情形

中國海陸皆敗以後，原先主持大計的李鴻章，受到朝野一致的抨擊，被褫黃馬褂，奪去三眼花翎，以及革職留任。朝政改由恭親王復出主持。淮軍既敗，恭王又與李氏不和，乃調湘軍宿將，時任兩江總督南洋大臣的劉坤一北上督師，而以原任湖廣總督的張之洞移鎮兩江。這個重大的人事變動，一面迫使李鴻章非求和不能自保其政治地位，另一面使堅決反對割地的張之洞有機會直接援助臺灣，而且也間接造成了臺灣民主國。

在日本內部，此是維新以後的第一次對外作戰，勝得這麼容易與徹底，一下子大家都得意忘形，夜郎自大了起來。對於媾和條件，軍閥政客們各抒己見，都是漫天喊價，沒有常識的主張，例如主財政者要求賠償金十萬萬兩。而主張割地者則除遼東半島與臺灣以外，有一派要求山東、江蘇、福建、廣東四省。另一派主張要求整個滿洲與臺澎。當時舉國如狂，根本沒有考慮到列強的干涉，與中國的意願。只有維新元老谷子爵有遠見，認為不可要求割地，以免中日結下冤仇，但以他的威望，此時也只敢寫私信勸告時任日本總理大臣伊藤博文氏，勸他慎重考慮，不敢公開主張，以免觸犯眾怒（丁一〇〇）。

當然，在眾說之中，軍部的意見最為有力，陸軍要求割取遼東半島，而海軍要求割取臺灣與澎湖。

三、遼東半島與臺灣澎湖

遼東與臺澎從無相同之處，南北如此之遠，為何日本要兩面發展？要明瞭此問題，讀者需仔細研究日本軍閥形成的經過，筆者在此只是作個簡短的說明。

明治維新，表面上是打倒幕府政治，還政於皇室，行中央集權。實際上，是擁護皇室的一批藩侯打倒了擁護德川幕府的另一批藩侯。在勤王勢力中最大的有二派，一稱長閥，一稱薩閥。由於二者地理位置、傳統、民風的不同，前者掌握了陸軍，後者控制了海軍。因為這種家族色彩，以及日本人特有的家臣私忠的作風，長薩二藩的鬥爭，便成為陸海軍的不和。直到中國抗戰勝利日本陸海軍皆潰滅為止，二者積不相容。

陸軍之興趣在亞洲大陸，以俄國為假想敵，欲由朝鮮滿蒙而攻俄。這條路線，海軍無用武之地，自然不感興趣，海軍則著眼於東南亞及南洋。因此一北進，一南進，南轅北轍，乃有各自割地的主張。

明治維新以後，日本國力漸強，欲向外擴張，長閥要侵略朝鮮，但主政之文人因不知滿清之虛實，不敢盲動，乃唆使薩閥侵滅琉球，一以滿足擴張派之慾望，一以試探滿清之反應。琉球危急時，向中國呼救，但因洋流及季候風之關係，琉球一向與福建來往。福建地方官員得報，不敢負責，向北京請示，結果一以耗時太久，一以清政府不了解日本此舉的真意，糊里糊塗便把琉球給葬送了，[1] 日本自得琉球後，大喜過望，深知清廷之腐敗無能，乃積極侵略朝鮮，終於引起甲午之戰。

今日本既已戰勝，陸海軍各持其既定之政策。陸軍認為臺灣非血戰所得之地，更與遼東半島不能比擬，因遼東半島撫朝鮮之背，可以控北京之咽喉（丁一〇〇）。此外日本自豐臣秀吉以來，便有一種極荒謬的想法，便是自覺地小民貧，又是海島，想移國大陸。豐臣與明朝在朝鮮作戰，初期日本得勝，他便寫信給留守的大臣，主張日皇移都北京，另立一大臣為本土之王，立一日人為韓王。[2]

1　當時清朝主政者以為琉球地小民貧，孤懸大海，失之不可惜，禦倭之關鍵在朝鮮，殊不知因姑息而助長日本侵略之心。日本當時為害怕清廷強力干涉，一切行動及文書，均由薩摩侯出面，預備弄不巧時，中央政府可以推卸責任。由此可見清政府只要稍為強硬些，日本便會退縮。當然中日以後的長期鬥爭不會因而化解，但是中國可以爭取到較長的時間來作準備。（詳見中華書局出版，李則芬著《中日關係史》之琉球章。）

2　此信原稿還在，李則芬之《中日關係史》曾將之製版印出。最可笑的是豐臣秀吉自己預定駐在寧波，以控制中日韓三國。

即使抗戰勝利之前，有一部分頑固不肯投降的日本軍閥，也曾主張移於中國之東北，與中美聯軍在陸地決戰。這種怪想，四百年來一脈相承。日本既著眼於大陸，朝鮮非能饜其貪慾，下一步是滿洲，而遼東半島不過是橋頭堡而已。

可是海軍既要南進，乃堅持臺澎非割取不可，至於遼東半島，若不能一起要來，可由中國割給朝鮮，而日本向朝鮮租借（丁一〇〇）。[3]

四、日本外交以軍事為主

割取臺澎與遼東，既是海陸軍之決策，因此在未攻占該區域之前，日本無法言和。一八九四年冬與一八九五年一月，英美之調停與李鴻章個人之嘗試所以不成功，便是因日軍尚未得到預期的戰果。當時旅順尚未攻下，遑言臺澎。[4]

日本在甲午之戰中，海陸軍均不強大，海軍之總噸位猶不及我國之北洋海軍。而陸軍在朝鮮與南滿之總兵力，不過七萬人（此為俄國軍方之估計），無法兩面作戰。因此日軍之戰略是集中海軍力量先摧毀北洋海軍，然後一部分南下進攻臺澎。不料北洋艦隊龜縮於威海衛不出，日軍只有一面圍困，一面以陸軍進攻威海衛。因為日本海軍如果南下，則北洋艦隊橫行渤海之上，不論日本海陸軍均將受其害。

3 此與日本現在有人在幕後扶植臺獨相類似，即先使目標區域脫離中國，再行侵占。

4 旅順之攻占，甚為重要，因日軍進入南滿以後，若俄軍出兵，可以切入朝鮮，則在南滿之日軍，將成甕中之鱉。故日軍必在遼東半島之南端得一良港，必要時日軍方以退縮到旅順附近，待海軍之支援。

在攻占旅順之前，日本以中國未主動言和作為推託，及旅順既失，中國決心求和，以保全北洋海軍之殘餘。但這是日本戰略上非消滅不可之目標，焉肯讓之脫生？

日軍在旅順大殺中國軍民引起國際指責，美國也一改中立態度，偏向中國。因此日本在國際壓力下，不得不偽裝和意，以免列強以為日本要滅亡中國，獨吞一切。

五、第一次和談之不成

一八九五年二月初，中國特派全權代表張蔭桓（戶部侍郎，原駐美公使，李鴻章左右之洋務人才）、邵友濂（原臺灣巡撫，甲午才調湖南巡撫），偕其美籍顧問科士達（J. F. Foster）及翻譯伍廷芳，與日本全權代表伊藤博文（總理大臣），及陸奧宗光（外務大臣），會談於日本之廣島。

二月一日第一次會議，日方以張、邵之全權委任狀與國書是同一文書，不合規格，理由是國書是友國之間用的，今為交戰國。張乃令人回旅館另取一份事先準備好的全權委任狀給日方，日方藉口太晚，定第二天再開會。當晚張氏想急電北京請示，被日本電報局所拒發，理由是甲午開戰，北京也曾不許日本駐北京公使發密電回日本。次日再度開會，日方花了一夜工夫在張氏委任狀上找到語病，指其有「請旨」二字，非全權也，並且態度惡劣，即刻請其回華（甲八十五）。[5]因此這次和談，沒有開始，便告結束。

5　其委任狀原文有句云：「本大臣，由本國皇帝賦於為締結和議會商條款簽名蓋印之全權。所議各條款，因期迅速辦理，以電報奏聞本國，請旨並定期簽字」。語句中確有毛病。據科士達之回憶錄，當其由美國趕至日本，在張之座船中見到此全權委任狀時，即指出其毛病，但已無法補救，故第一次只用國書，是希望騙過去，當夜想電北京補救，又被日人拒發電報。

我在上節指出日本要攻下威海衛，打臺澎才能言和。日本是一月三十日開始進攻威海衛，二月一日、二日怎肯真正和談？委任狀之文字，只是藉口而已。科士達另作一解釋，是伊藤認為張、邵二人地位太低，與之談判有失面子。我國許多史家從此說，我意不然。日本是最講究實利的國家，如果此時言和於日本有利，找個比張、邵二人官位更低的（兩人已是一品官），日本也必照談不誤。日本搶在和談前二天開攻威海衛，便是希望拖延談判，至少打下威海衛再說。至於國書及委任狀，只是臨時找到的藉口。日本總不能在開始談和後，再開闢威海衛這一個戰場。

況且另一個證據，是日人為了準備此次和談，曾在一月二十七日於日皇廣島行宮召開御前會議，會中只討論了媾和原則，並未談到一句停戰條件。換而言之，日本是和談不妨礙戰事，非得打到預定的戰果不可的。這樣的和談，有何誠意？即使換了李鴻章，此時也談不出成果來的。[6]

至於張、邵分量不夠，我認為日本也會考慮到的，不過並不是為了面子問題。中國曾經有不批准其全權代表對外所簽條約的先例，[7]而日本也自知其所訂之媾和條件太苛（割遼臺與賠款三萬萬兩白銀），以張、邵二人的地位，是無權答應的。即使二人簽應了，清政府也不會批准換約。當時日本要割遼臺，怕俄法之干涉，只有英國與中國知道，若一旦正式提出，談判又不成，消息外露，

6 中國既由英國處知道了日本媾和的原則，例如割臺等，當已知條件必苛刻。張、邵文書之字句，即係應付日人逼簽的情形，希望憑此可以要求請旨，則中國有緩衝時間可以向列強透露日本之苛求，請其干涉。殊不知日本最怕的便是列強干涉，當然不肯上此當。

7 伊犁事變，中國以崇厚為全權代表與俄國解決，結果崇厚無能，所簽的條約，中國損失太大，只得回伊犁一座空城。清廷大怒不但不批准此約，而且將崇厚處了斬監候（死刑，緩刑。不過後來崇厚得人援救，關了些年又放了出來）。後來是由曾紀澤去俄京談判，另簽一新約才解決的。

就不易再提了。而觀乎後來以李鴻章在中國之聲望，簽了日人減價後的條約（賠銀二萬萬兩，以及割遼東之一部分及臺澎），都幾乎不能獲得清廷的批准，可見日本若想到這一點，倒也不是杞人憂天。

六、列強之反應

二月二日中日和談破裂，英美奔走幾近三個月才搭好線的和談沒開始便擺了大烏龍，使原先寄望英國調停成功的俄德法等大為驚疑。他們一致認為中國不懂國際慣例，文書有誤，不足為奇，而日本吹毛求疵，其情可疑。此時只有英國心裡有數，日本項莊舞劍，志在沛公——威海衛與臺澎。倒並不是不和，一定要滅亡中國，而是時間未成熟，開價的本錢不夠。

因此，二月間德法倡議聯合干涉，而反被去年十一月主張同一論調之英國所拒絕（英國助日抑法俄）。德國與日本友好，乃於三月六日私下通知日本，若日本媾和條件過高，則歐洲列強必將干涉，而日本得不償失（甲三三二）。

其間，老實而經驗不足的美國，以原調停人的身分詢問日本，如果中國派一全權證書合格之使臣來，日本接不接受？日本乃指定請中國派遣李鴻章為代表。清廷於二月十二日（光緒二十一年一月十八日）下旨撤消對李鴻章的一切處分，內定其為和談代表。第二天發表雲貴總督王文韶調任直隸總督兼北洋大臣，以繼承李的職務。[8]

8　當時直隸（河北）非但是首都所在地，也是最前線。調一個不知兵的文人王文韶來，可見清廷無意再作戰。三個月前卸任的兩江總督南洋大臣（在清總督中第二重要之職務，僅次於直隸總督北洋大臣）北上山海關督戰的劉坤一，是湘北京的大臣中時分兩派，翁同龢是反對割地的主將，而慶親王、孫毓汶等贊成。大致來說，帝黨反對割地，西太后黨贊成。而駐外督撫中，張之洞反對割地最烈。李氏與翁派的大臣激辯數日，因西太后之支持，終於得到光緒帝之批准，授其割地之權。

七、李氏之遇刺與日本之慌亂

在李鴻章於三月十九日到達日本馬關之前，威海衛已失，北洋艦隊終告潰降。日本海軍在三月二十三日（陰曆二月二十七日），攻打澎湖。三天後，予以占領（陰曆二月二十九日）。

李鴻章到達後第二天，一換文，便要求停戰，當時日本海軍正在南下的路上，尚未開始攻擊澎湖。而日本陸軍又想攻入長城各口，造成更有利的情勢，自然不允許停戰。伊藤博文與陸奧宗光，乃故意提出李氏不可能接受之苛刻條件，迫使中國自動撤回停戰要求（丁一一五）。三月二十四日，即澎湖被攻的第二天，李鴻章奉清廷令撤回停戰要求，即日開始談和。李氏當天在離會場回旅館的路上，被日本一浪人所傷。

陸奧宗光恐懼列強藉口日本政府指使刺李而干涉中日和戰，乃連夜與伊藤商量，要求日方主動提出無條件之停戰（此浪人之一槍，打出了中國渴望的停戰）。伊藤乃與陸奧二人聯名致電在廣島之大本營，要求停戰。當時除陸軍大臣山縣有朋不加反對外，其他各軍閥一致否決。海軍因為澎湖

軍宿將，人又在附近（王在雲南），實在是最佳人選，但他是李之政敵。由此可見，李鴻章一出去求和，聲價又漲了起來。在此種情形下，清廷派他出使，實為不智。因他既已戰敗，和再不成，如何了局？所以李非把和議完成不可。觀諸以後屬於他的系統之龔照瑗，不惜抗命去破壞張之洞保臺的運動，可見和局對李這一系人的重要。

尚未攻下（第二天才占領的），反對最烈。伊藤以各海陸軍閥不了解事態之危急，乃親自趕至廣島去說服他們。並晉謁日皇，取得停戰詔令，即使如此，仍與海軍妥協，將臺澎劃出停戰區，並只停戰二十一天，時為二十七日午夜。伊藤為了害怕隨時有變化，乃急電留守在馬關的陸奧宗光，即刻與躺在病床上的李鴻章洽商停戰（主客易位，真是有趣）。停戰乃李鴻章求之不得之事，但他要求將臺澎亦劃入停戰區，及其他幾點修正，陸奧宗光除了臺澎劃為停戰區外，其他各點迅速答應，而李氏也不堅持，故談判半日即成（此段經過詳見丁一二二）。[9]事實上，連日皇及伊藤博文，均不能說服日本海軍在臺澎停戰，陸奧宗光又有何權答應？不過李氏不乘此唯一對中國有利之機會，堅持全面停戰或作更多的要求，實在可惜，伊藤博文於三月三十日趕回馬關與李鴻章簽停戰協定，此日即甲午之戰正式停火之日，因以後並未再行開火（三月二十五日澎湖陷落）。

三月三十日，即停戰簽字的同一日，俄國召開特別會議，討論日本侵華俄國應有之對策。海軍以其太平洋艦隊強於日本海軍要求攻日助華，而陸軍因西伯利亞鐵路未築成，動員困難，因而否決。不過與會之俄國軍政要人，一致認為需迫使日本放棄對遼東的要求。俄國干涉還遼政策，因而確定（甲三一八）。

日本之驚惶失措，急忙停火是不是庸人自擾呢？並不是。四月二日，法國要求俄國支持其干涉日本攻占澎湖的行動，俄國提出反要求，要法國支持其在雷州灣附近得一良港，兩國均欣然同意（甲三一一）。

9　臺澎既不劃入停戰區，北方停戰，則日本可以加強對臺澎的攻擊。當然，理論上雙方都可以在臺澎增強其軍事力量，但是北洋海軍已潰敗，南洋海軍只有四艘木輪，中國如何有效地增強臺海防務？觀乎張之洞之援臺，無論餉械均靠臺輪斯美號一艘，可知大陸援助臺灣之困難。

八、中國之不知日本軍情

三月二十四日夜，日本海軍不能答允停戰，可以了解是因為澎湖的局勢未明不能功敗垂成。但次日即已攻占，故當二十七日夜最後日皇詔令停戰時，日海軍為何堅持不許在臺澎停戰？根據以後的事實，日本並未在割到臺灣前用兵於臺灣本島。澎湖戰事結束後，至臺民抗日前，該區域事實上是停戰的，為何日海軍在三月二十七日要多此一舉？今之史家無人注意此點。

淺見以為日本當時之海軍實力，尚未有迅速運送大兵團遠道運至臺灣登陸的能力，而且日本陸軍在滿洲戰果未擴大，長城未攻下之前，未必願意配合海軍之南進。當時以七萬人分布在朝鮮與南滿，又缺乏機動力的日本陸軍，哪有能力分兵攻臺？我的判斷是日本原先的作戰計畫，只以攻取澎湖為目標，割取臺灣則以外交手段為之。事實可以證明，當馬關簽約後，北方戰事正式結束，日本有兩個月的時間準備侵臺，也只集結了一個旅團左右約六千名陸軍在臺海。當時既有臺民之武裝抵抗，以及法國準備干涉，日本之不全力南攻，除海運能力外，恐怕還是怕俄國乘虛而攻日本。一八九五年三月下旬，日本在南滿之戰事尚未正式結束（只停戰二十一天），海軍在威海衛剛攻下之後，轉而攻澎湖，其使用之兵力，據外國電報為六艘，唐景崧之報告為十二艘（丙一六三），此非日本全部海軍力量。[10] 可見日本仍害怕俄國太平洋艦隊之干涉戰局，即使如此渴望迅得澎湖，也不敢全力南下。再看三月下旬日本之預備兵力，不集中在戰線後方的朝鮮北部，而集中在廣島與馬關，其第二線兵力之總指揮小松親王在廣島候命，便是因為北面要擔心俄國，南面要擔心法國，這一點預

10 唐景崧可能誇大其辭以減輕失土之責。即使如此，日海軍遠途祕密行動，必須自帶其補給。又澎湖為登陸行動，亦必須運送一部分陸軍，因而必有一部分運輸艦。扣去運輸及補給艦，則真正的作戰軍艦算是六艘，也差不多了。

備兵力要作機動使用。

總之，中國主政者不懂軍事，不知道威海衛的重要，不了解日本無能力進攻臺灣本島。唐景崧在備戰時努力加強臺灣本島之防務與兵員，澎湖只增兵四營。事到臨頭，即無海軍可以支援澎湖，則只有眼睜睜地讓日本占去了。

九、澎湖對日本之重要性——日本海軍的兩面受敵

日本為了要割取臺澎必先取澎湖。第一要使之成為戰區，最好加以全部占領。但是能力又不足占領臺灣，只有先占澎湖。第二、占領澎湖之後，中國若要正面援助臺灣，即有受日本海軍襲擊的危險，使得力量微弱的中國南洋艦隊，龜縮不出。

不過，僅要完成此二目標，則三月二十五日日本既已占領澎湖，三月二十七日日本海軍也就不必再堅持臺澎在停戰區之外。那麼日本真正的目的何在？日本是為了應付法國對臺澎的野心。

法國久有侵占臺澎之心，三月二十五日（李鴻章受刺之後一日，日本占領澎湖之日），法國已向俄國透露其對日本攻占澎湖之不快。四月二日，法國決心干涉，要求俄國支援（甲三一一）。況其遠在一八九四年冬，法國與德國均會分別向英俄探詢法德占領臺澎之可能，但是德國無此實力，日本擔心的是法國。

當時法國用兵於東非的馬達加斯加島，有兵二萬人，若戰事一旦結束，或由法國抽調一部分兵力，是有能力作實質上的干涉。法國已占有安南，與臺澎甚近。中國朝野，尤其是主持臺灣大計的張之洞與唐景崧，在法日兩害相權之下，會幫助法國的。這一點，日本也深自知道。二月間，張之洞已向英俄試探典押臺灣十年，以絕日本之望的可能性（詳見下章）。英國與日本既有默契，必然

通知日本。日本安得不擔心張氏亦向法國試探（可惜當時沒有）？另外，日本更有一層隱憂，即中法之戰時（光緒甲申年），法人曾占領基隆，後來交還給中國，但不知有否附帶條件？因為鴉片戰後，英人將舟山交還中國，曾與中國約定，以後不得讓之他國。若有他國攻打舟山一帶地方，英國願意無條件協防，這個舟山互保條約，中英並未公布，只是在國際間盛傳而已。但是英日既有默契，英國將舟山割入勢力範圍時，可能以此向日本為根據。故日本除傳聞外，也可能看到的。若中法對基隆有同樣約定，就可以使法國名正言順地有了干涉的藉口。[11]

日本對臺澎的主張，既有英國祕密之支持，又為其海軍南進之既定政策之所繫，是不惜因之而與法一戰的。日本真正怕的是俄國，此所以後來日本在遼東問題對三國屈服（主要是對俄國屈服）之後，俄國無意支持法國對臺澎的要求，法國單獨對付日英，自然只有退讓了。所以日本在遠東退讓，在臺澎堅持，是分化敵人，在統一中求矛盾的手法。並不自相矛盾。

日本若要與法國在臺澎攤牌，而法國有靠近臺灣之安南為基地，日本自需在南中國海找一海港為基地。當時中國絕對助法，英國又不願明助日本怕引起俄國懷疑，甚至參戰，則日本只有自己占領一港口。澎湖乃是最佳選擇，因其孤懸，若為基隆或臺南則日人將陷於臺民抗日之泥淖，無法與法海軍決戰。

---

11 這點後來張之洞想到了，當時臺灣已經抗日，張氏在五月初一日（陰曆）打電報，要唐景崧令遞代表唐與法人交涉之陳季同（任臺灣民主國之外務大臣），向法國交涉商量，可惜那時已太晚了（丙二〇九）。這一點，李鴻章及清廷主持外交之大臣，事先沒有想到，實在可惜。否則串同法國，偽造一份文書，或稱當年曾有口頭約定等，也可以把日本擋回去了。很奇怪的是，李鴻章與張之洞儘管對割地有不同態度，但均只重視英俄，張之洞之求救於法國，是在英俄拒絕之後。李則根本不重視法國，三國還遼，李主要是運用俄國。

三月二十五日日本既已占領澎湖，以對付中國來說，日本在此區域之軍事行動已告一段落，似可停戰。其實不然，因停戰協定除戰鬥行動外，尚包括在海上不得運送兵員軍需及其他禁制品（甲一二八）。日本為了應付法國，得隨時增援澎湖之日軍，但為了防備俄國之太平洋艦隊，又不能將海軍主力放在南中國海。因此日海軍面臨南北兩面之威脅，甚至可能要兩面作戰，必須保持機動。

當然，中國海軍既已喪失，日本即使在海上運送兵員等，也不怕中國以違犯停戰協定而將之捕獲。但是若法國艦隊自馬達加斯加開出，日本海主力軍勢必南移，此南移當非應付中國，但若臺澎在停戰區內，則此移動即被視為嚴重破壞與中國之停戰協定，而給俄法干涉的最好藉口。而日本並不能以法艦隊東航為指責，因法國自可調派艦隊赴安南之法屬地。因此之故，日本海軍絕不願將臺澎劃入停戰區。

俄國在一八九四年曾開始增強其太平洋艦隊，至一八九五年三月三十日（中日停戰簽字日）俄國海軍已自覺其太平洋艦隊，強過日本海軍之總和，想主動參戰助華（甲三一二）。日本對於俄軍之增強其太平洋艦隊，當然有所感覺（因需繞過歐非亞三洲，通過日本海至海參威）。故日本海軍之第一假想敵，當是近鄰之俄太平洋艦隊，其次才是遠在東非洲的法國艦隊，此所以日本海軍的主力非留在北方不可。此外，日本可以暫時放心南方的另一個原因，是其在華南海面有一實力強大的後援——英國。

十、英國暗助日本

英國與俄國爭霸，局勢本已緊張，德國統一後，又加之在普法戰爭打敗了法國，國勢日盛，法俄因之結成同盟，成夾擊之勢，以防德國。法俄同盟，更使英國深受威脅，故英國大力扶助日本，以在東方牽制俄國。

陸奧宗光之《蹇蹇錄》成書在日俄戰爭之前，因此對英國之真正意向，特別掩飾，反過來一再強調英國是助華抑日，這是我們讀此書需小心之處。

在甲午戰爭尚未啟幕前，以及初期勝負未分明之時，英國為了害怕中日長期作戰，影響其商業利益；又害怕俄國使出英法聯軍時之故技，單獨調停，從中取得厚利，所以英國提議列強聯合干涉，當時日本深感不快。俄德法等列強高估了中國，認為中日長期作戰，他們正可以從中取利，只有英國在華利益最大，才需要擔心。不料中國迅速一敗塗地，日本進占朝鮮及南滿，各國深悔坐失良機。為了防止日本獨吞中國，乃有瓜分之議。然而英國並不贊成滅亡中國，德國亦然，故俄法等決定坐待英美調停，這是張蔭桓第一次和談之原因。不料日本無意和談，吹毛求疵，張氏無功而還，各國大驚，更肯定日本要獨吞中國，一八九五年二月中，乃聯合提議干涉，此時英國反而加以拒絕。前後不過四個月，國際間之局勢變化如此之詭譎，又有何道義可言？

英國為何反而拒絕呢？一以中日之戰將結束，英國在華商業利益偏重華中與華南，絲毫未受此次戰爭之影響，日本且已保證不進攻上海。其次，日本之侵占朝鮮，乃俄國之大忌，亦英國之所願。三以英國從中調停中日和談，對日本之企圖非常明瞭，不必杞人憂天，以為日本要獨吞中國。

況且以後來日本之和談條件之大有利於英國在長江流域商務之展開，英日此時已有勾結，亦不一定（詳見第十一節）。

英國不但拒絕干涉，而且集中艦隊於舟山海面，聲稱保護上海之英僑。各國當然知道日本既無進攻上海之企圖，英國只是用為藉口，但是無人了解英國之真正企圖。連中國在內，大家都以為英國是怕日本攻取舟山群島，意圖先占為己有。德國因亦有意於此，非常不滿，德皇威廉曾說：「俄國討好日本，英國討好中國。」這句話，以今日已公布之各國機密文件來看，恰巧相反。英國的目的是保護日本海軍之南翼，以防北俄南法之夾擊日本，英國自然清楚日本無意於舟山。中國方面，直到臺灣已割，陰曆五月一日，張之洞還希望在舟山的英海軍助華守住舟山，可見真是不知內情。英國之一再隱藏其企圖，是怕俄國警覺到英之助日。觀乎十年後，俄國波羅的海艦隊遠調至渤海助戰，一路上因英國嚴守中立，得不到補給，所吃的大虧，可知英國在此時不暴露企圖，以免俄法聯合打擊日本，先下手為強，確是妙著。

十一、日本和約的草案

中國在停戰之前，因李鴻章受傷，乃加派其子李經方為全權代表協助李氏談判（此任命至今猶被許多人認為不智，因李經方的妻子是日人，他又十分親日）。

因停戰只有二十一天，且又不包括臺澎，故中國仍急於媾和，李氏父子乃要求日本速提其腹案。日方於四月四日提出由陸奧宗光擬定之草案，要點如下：

1. 中國承認朝鮮為獨立國。
2. 割遼東半島與臺灣澎湖。
3. 賠銀三萬萬兩。
4. 中國以日本為最惠國。
5. 內河航行權，開商埠，減少入口關稅，准於在中國內地設廠等。

因為後來的《馬關條約》，大致與此草案相似，筆者願意在此，先討論各點的意義。

第一點看上去很有理，但是並沒說日本也承認朝鮮為獨立國，只要中國片面承認，放棄對朝鮮的宗主權。這一點，李鴻章也考慮到不妥，其交涉見下文。

第二點是為了分別滿足日本陸海軍之既定政策。筆者已在前文中詳細解釋過，不再重複。

第三點，經過雙方之討價還價，最後賠銀二萬萬兩，後來加上中國贖還遼東半島之三千萬兩，日本共得二萬萬三千萬兩銀子。此比日本所費之戰費高出太多，根據日本自己新聞界的估計，日本為了甲午之戰，只化了一萬萬五千萬日元（尚非銀兩）。這筆由中國剝削來的資金，對於日本初生工業之突飛猛進，大有關係。再加上日本得到朝鮮與臺灣二殖民地，日本在十年之後，國力才到達真正的強國的程度。觀乎一八九五年春，俄國強迫日本退還遼東半島時，俄船三十艘至長崎訪問（示威也），日本自思國力不如，乃屈服。而一九〇四年日本在俄國已築好西伯利亞鐵路，並且已占領滿洲之後，尚敢主動向俄宣戰。這十年的日本，是英國呵護下，剝削中國與朝鮮而養肥的。

第四點，需解釋什麼叫做最惠國？即甲國承認乙國為最惠國，則其他任何一國在甲國享有之權利，乙國都可以援例要求。這當然是非常重大而苛刻的條件，在中國的第一個最惠國是英國。

第五點，大致來說不屬於前四點的，通算在內。這些條款既瑣碎而且不切當時日本之實際情況。前四點是開門見山，大刀闊斧，後面卻加上了許多小尾巴。至今中國的史家很多不知其真意，例如日本要求中國允許其在內地開廠造物，以日本當時工業之幼稚，幾近玩笑。又如要求將入口稅從百分之二點五減到百分之二，以及要求中國速濬黃浦灘等，都不是日本的當務之急。高明如黎東方先生在其細說清朝（五八五）一書中都嘲之為日本人小氣，故弄狹獪，扮假洋人。其實大為不然。這一切的一切不是替日本自己要求的，而是替英國在做工夫。

十二、英國之坐享巨利

日本深知其欲吞併朝鮮，與割占遼東半島及臺澎，必然會引起俄法之干涉，德國與俄法在歐洲對立，參加三國干涉還遼之行動，當是日本意外之事（其原因見後文）。第一次和談前，一八九五年一月二十七日在廣島之御前會議，決定媾和原則時，日首相伊藤博文即曾向日皇報告可能會招致列強之干涉（丁一〇二）。日本之對策，乃拉攏在中國最有實力，而且與俄為敵的英國。

英國是最講實際的國家，若日本不予英國以巨大利益，空言助英抗俄，並不能使英入轂。一八九四年冬與次年春季，中國私下通過英美求和，日本答覆美國者，僅為外交辭令。而答覆英國者，乃媾和原則與條件。中國之知道日本要割取臺灣，最初即由英國轉知者。筆者手頭無英日祕密往來有利之細則，當是可能。當時日本除了因對付俄法需討好英國外，另外日本二十餘年來所全力進行之修改英日不平等條約，也在最要緊關頭（丁第九章）。日本急調其駐德公使青木至倫敦，而參照《蹇蹇錄》全書，其駐外使臣對日本政策影響力最大者，亦是此君。可見日本的外交重心，是在倫敦。

英國當時在華最大的苦惱是什麼呢？是長江流域商務的展開。長江流域是中國最富庶的區域，長江也是中國唯一可以通行大輪船的河流。

英國在華的商務，分為原料之收購及成品之推銷，因為到一八九五年為止，沒有任何國家的外商，獲准在中國境內設廠製造貨物，所以英國取之於中國之原料，必須出口加工後再運回中國來發賣，這是第一個不方便處。

其次是運輸，不論原料或成品，若無內河航行權，必然因中國本身缺乏新式輪船而轉輸困難。英國在光緒二年之中英《煙台條約》，已取得某些區域之內河航行權，在長江只限於主流，而且只到宜昌。宜昌以上至重慶，尚未獲准。

第三，是長江的出海口上海，港口淤塞。因黃浦灘之淤沙，不能通航大輪船，[12]變相限制了英輪之溯江而上，也增加了轉駁的費用。

第四，是中國各口岸均缺乏倉庫又不准英商自造，所以英貨無法在各口岸囤儲轉運，貿易規模無法擴充。

第五，是釐金制度變相幫助國貨。本來中國應該用關稅來保護國貨，但清政府因外債及賠款，竟糊塗到用關稅作為抵押，由外籍之稅務司來決定稅額，可以想像的到進口稅之低。如此則中國經濟早該破產，所以能拖到一八九五年，前述幾個落後而不利於外商的原因之外，倒是一種不合理的陋規——釐金救了中國。此是曾國藩打太平軍時，因受滿人督撫之排擠，不發軍餉，[13]不得已發明的「買路錢」——貨物過境稅，按值抽取一定之百分比。中國貨因是小農手工成品，不必轉賣千里之外，不須交納多次之釐金，而洋貨自海港運入內地，過一卡便要交一次，累積起來，數字也頗可觀。英國為此不知辦了多少交涉，終於在《煙台條約》加以確定，即英貨免除釐金。但英國迅即發現，若買中國原料出口加工，再運回中國來時，其成品固然不必繳釐金，但在原料運輸之時，已繳

---

12 孫中山先生在其實業計畫中，主張在杭州灣之乍浦港興建東方大港以取代上海。一因上海之良好港灘碼頭均在租界，華界無發展。二即因上海港口淤塞甚快，為永遠計，當另闢一深水之良港。

13 當時能調和於滿漢之間，給曾國藩充分支持的是湖北巡撫胡林翼，若以道光至光緒間清代名臣作個關係表，胡是承先啟後的樞鈕人物。胡林翼是陶澍的女婿以及林則徐特識之士。是胡林翼向林則徐推介三考不中進士的左宗棠。他除了拔識左宗棠，幫助曾國藩之外，與曾、左同時的各名臣名將，都賴之調和。因此，他雖只官至巡撫，事功不顯赫，近代的史家說到清朝的同光中興，胡是四大名臣之第三名，實在是當之無愧。另外三位是曾國藩、左宗棠、李鴻章。他們三位一生的事功，今日連小學生都知道。可是幕後功臣的胡林翼才是真正要緊的人物。中國太多以天下為己任的英雄如曾、左、李，太少能使曾、左、李合作的胡林翼。

了為數頗多之釐金，故成本仍是很高。當然最便宜的方法是在產地設廠，可是並不是所有地方均可以設廠的。

第六，中英《煙台條約》簽訂時，英國著眼於長江各商埠，自以為已掌握了各種貨物原料之集散地。然不久便發現，長江主流之商埠，並不是原始的集散地，例如湘江流域的桐油或木材，要運到武漢費時之久，遠非英人所能預料，故得感需將內河航行權向各原料產地盡量推近，以利產銷。

以上各點，當然日本在未來推廣商務時，也可能會面臨的。不過以一八九五年時的中日貿易，日本實在還談不到。而證諸以後的史實，日本在華的商業或集中於沿海各口，或在東北華北與福建，均不適用於內河航行權。因此，下列的日本各項要求，是為了誰呢？

1. 開沙市、湘潭、重慶、蘇州、杭洲等為商埠。
2. 得在
(1)長江上游湖北宜昌到四川重慶間。
(2)由長江溯湘江到達湘潭間。
(3)由西江下游到達廣東梧州間。
(4)由上海入吳淞江及運河到達蘇州、杭州航行。
3. 免除釐金及中國內地所有之稅賦鈔課等，而且進口稅只收百分之二。又購買原料為出口加工時，亦不收釐金。
4. 得在內地設廠造物。
5. 疏通黃浦江之泥沙。

這些條款對當時日本之工商業與對華貿易來說，確是如黎東方先生所說的可笑。但仔細一想，英國以最惠國之地位，援例一要求，便不好笑了。再看一看商埠及航行權，其地點包括了中國木材、桐油、豬鬃、茶葉與絲綢的集散地，可見這是英日事先仔細計算過的。此外一個最好的證明是，一直到抗戰為止，長江流域始終是英國貿易的獨占區，那麼日本豈不是白辛苦了一場？第二個證明，是英國後來果然援例要求與日本同等待遇。一八九八年中英訂立《長江內港行輪章程》，一九〇二年中英條約成，中國許英商在內地租賃棧房碼頭。第三個證明，是陸奥宗光的《蹇蹇錄》中所寫的草案，均是要點（丁一二六），卻不厭其詳地將這些條文寫下來。既然當時（以及後來）日本均不可能利用這些條文以獲巨利，為什麼要寫得如此詳盡？答案是此乃彼最得意的傑作，因這些條文加上共同對付俄國，才是日本拉攏英國的武器。

英國只在舟山集合了些艦隊，及婉助法俄一番，便坐享此巨利，中國還固然感謝其調停，日本更感激其暗助。這種老奸巨滑的外交手腕，豈是李鴻章、張之洞等所能匹敵？世人云，武力乃外交之後盾，由此可證，而孫子云善戰者不用兵，也由此可證。至於日本，被英國玩弄於股掌上，做盡惡人，後來又替英國打敗了俄國，最後終於和中國大戰，終至無條件投降，仔細想想，日本也是個可憐的傀儡。

我國的史家，大都注意割地賠款的前各點，殊不知沒有其餘的那些看起來可笑的瑣碎條文，英國不助日本，則前面皇皇數點，一點也行不通了。

十三、中國答覆日方之第一次覺書

日方的條件既如此苛刻與繁瑣，中國自然要還價，但是又恐影響談判，乃由李鴻章個人名義於四月五日（第三天）寫一長信給伊藤博文，逐點答覆日方，其重點如下：

1. 中日共同承認朝鮮獨立。

2. 不割土地，恐怕中日子孫，因此成仇。

3. 三萬萬兩銀太多，賠款應以日本實際支付之軍費為準，他並舉出日本報紙自己的估計只是一萬萬五千萬日元（非兩）。

4. 中日兩國，互為最惠國。

5. 其餘各條極複雜重要，一時不能普遍考究，尚需酌改，希望分成中國願即承諾與尚需修正者，在各條下一一註明。

最後李氏有一段文情並茂的哀告與忠言，茲據《蹇蹇錄》所引者錄之如下：「本大臣尚有一言之忠告，乞貴大臣之諒察。本大臣在官幾五十年，今自顧去死期不遠，盡忠於君國者，恐以此次媾和事件為最後。是以深期條約之妥當善良，無可指摘。使兩國政府，將來永久鞏固交誼。彼此人民，向後互相親睦，以副本大臣無窮之願望。今也和議將成。兩國人民今後數世之幸福命運，皆在兩國全權大臣之掌中。（下略）」

這封覺書長達數千言，連陸奧宗光都認為筆意精到，反覆叮嚀，言其所欲言，不失為一篇好文辭（丁一二九）。不過依我前面所指出，割地是海陸軍的要求，日本不肯承認朝鮮獨立是為了吞併朝鮮鋪路；賠贖，距日方財經界之要求十萬萬兩已很遠，而其他之瑣碎條文，是為英國鋪路，均需打鐵趁熱，不能如中國所願。陸奧宗光在其《蹇蹇錄》中不肯明言許多條件，連伊藤博文也無權更改。日本以張蔭桓需請旨才能答應條件為無全權，加以拒絕，但日方的代表又哪有全權？三月二十四日，日方兩全權代表聯名要求停戰，尚不為軍方同意，需要伊藤趕去廣島說服。日本這「全權」的定義，不知是誰下的？大約中國的「請旨」有損全權，而日本之向日軍請令，則非損「全權」了。

和議前，中日為了和談地點洽商甚久。後來應日方堅持，第一次是在廣島，為其大本營之所在地。第二次在馬關，也距廣島甚近。我認為日方是預期在和談間，雙方議價時，需要與廣島之大本營及日皇隨時聯絡，方便之故也。因此我要指出，日本各條件均為其專任財政、軍事、外交者所提出，非伊藤或陸奧所能擅改。而中國則先予李鴻章割地賠款之權，伸縮很大。最不利的是，日方已事先知道李氏有此權，故更不肯讓步。李氏不了解日本國情，還以為伊藤博文為維新功臣，又是現任首相，自當有權。殊不知日本的政客，控制不了財閥與軍閥（到了昭和登位之後，反過來是軍閥、財閥控制日本政界了）。李氏以己之權位度人，覺得伊藤亦有此決定之大權。

十四、李鴻章之不了解日本國情

李氏對上面各條之反要求，尚可謂非做不可，不一定是不了解日本國情。但是他提出的日本也以中國為最惠國，則充分顯露出他不了解此時日本全國上下的心理狀況，與日本之外交近況。

在本章第二節，我根據《蹇蹇錄》，已指出當時日本舉國皆狂，以中國之征服者自居，怎肯與中國互為最惠國。李氏亦當自知中國今後無能力對日本作任何要求，此舉不過是為了表示中日平等。除了保留面子外，心理上，中國對日方之突然強盛，仍不服氣。因中國以英國為最惠國時，並無反要求互為最惠國之事，乃是中國人自覺英國強過自己太多之故。

可是，即使日本人心理上不是夜郎自大，事實上也不能以中國為最惠國。

中日互為最惠國，看上去是平等的，其實不然。因為最惠國乃是有一方牽涉到第三國在該方享有較高特權時，另一方才能依例請求。所以英國自己無法或不便要求中國處，如廢英貨原料之釐金等，假日本此次戰勝時之機會提出。換言之，若無第三國之牽連，則最惠國之雙方，所謂最惠國之條件，根本是空文。如果列強在日本無任何特權，則中國為日本之最惠國，只是面子上好看，沒有作用。但是中國若被列強索去任何特權，日本則可援例要求。因此互為最惠國，只是形式上的平等，並非實質上的平等。中國以戰敗國提出此要求，當只求形式上的平等。可是日本絕不能答應，因為日本固然對中國盛氣凌人，但是也被列強欺侮。日本自被打破閉關到維新成功，與列強也曾訂了不平等條約，當馬關議和時，日本正在倫敦談判修正英日條約，新約可能仍對日本為不平等。例如當時英國在日本享有領事裁判權。中國提出互為最惠國，日本怎能答應？

我們中國人讀中日近代之關係史，應當特別注意，日本有今天的強盛，是由侵略中韓而造成的。即在使一八九五年，日本剛戰勝中國時，日本不強，而是中國太弱（俄方的評語），日本自己還是在列強不平等條約之束縛下。日本之正式成為強國，是在一九〇四年日俄之戰後，而中國賠償的二萬萬三千萬兩白銀，韓國及臺灣之淪為日本殖民地，是日本在這十年中工商起飛的原動力。[14]

十五、中國之第二次修正案

四月五日李鴻章之提出第一次對案時，亦自知日本絕不肯同意，因雙方開價太遠。其當天致電北京，報告賠償恐需超過一萬萬兩白銀，割地恐怕不只臺澎，請求指示（乙七二二）。清廷於四月七日回電告以賠款不過一萬萬兩，割地由其決定，但希望只割一處（未言明遼東或臺澎中哪一處，

14　中國近四百年來，只有一次戰勝日本，即一九四五年。這次勝利的果實，因國共之內鬥，中國並未享受到。國民政府在一九四五年對日寬大，及遣返日俘，反對四國共同占領日本，維持日皇等，著眼處在於防止日本之赤化。而國共之內戰卻使日本占了大便宜。當我們細讀甲午之戰，中國失敗時的慘狀，簽約時的屈辱，以及再看今天日本的許多現象，不禁想起孔子的兩句話「以德報怨，孰以報德？」

不過其語氣是保留遼東，割捨臺澎）。李氏方接電報不久，伊藤於八日與李經方單獨會見，大肆恐嚇，警告將再啟戰端。李鴻章乃不及向清廷請示，逕提出第二次之修正案，其與第一案不同者，乃明言割地與賠款。

1. 割地限於奉天省內之安東縣、寬甸縣、鳳凰縣、岫嚴州及南方之澎湖列島。

2. 償金為一萬萬兩，但無利息。

此時可以見到日方之拒絕張蔭桓，指定李鴻章之原因了。若為張氏，未得廷旨，怎敢擅言割地？又怎敢明言何州？何縣？

李氏一面急電北京報備，聲明遼東之四州縣為靠近朝鮮之邊城，而南方之澎湖已失，亦暫時割之。此當是為了違背清廷割地限於一處的指示，必須加以說明者，在同一電文中，李鴻章表示和談已經絕望，繼續停戰也不可能，要清廷利用尚餘停戰十天的期間，迅速備戰（乙七二五）。

十六、日本之最後通牒

不知何故，日本對李氏之祕電能迅速獲知，[15]日方乃作讓步。蓋日本當初提出之草約，亦不奢望能全部實現（丁一三三）。四月十日，日方主動修正其提案，但強調不過數點。

15 陸奧宗光之《蹇蹇錄》，出版於議和後不久，然其引用李鴻章之各項祕電，與今日已公布之李氏電文，一字不錯。譯者龔德柏先生，認為是日本偵破了中國之密電碼。筆者不太同意，若然，則中國對外及對內之一切密電，日方均可知悉，則為何張蔭桓在二月一日晚上，想由日本廣島拍祕電回北京，竟被拒絕，只許拍明電。我認為是李氏左右有漢奸洩密，此人在第一次張蔭桓來時未隨行，故伍廷芳與科士達不受嫌疑，其餘諸人中，以李經方嫌疑最大。四月八日，伊藤之與李經方單獨會談，甚為可疑。

1.中國承認朝鮮為獨立國之文句，不許改動一字。（即日本不承認，蓋中國之要求為「中日兩國確認朝鮮為獨立國」，此乃日本為吞併朝鮮預留後步。）

2.臺澎全割，遼東半島割一部分。

3.賠二萬萬兩白銀。

日本並不許李氏再予辯論，李氏抗問何故？日方答以此為最後決定，辯之無益，李氏猶抗爭聲稱臺灣尚未有日兵蹤跡，割之不合理。伊藤答以割何地，係任戰勝國為之，不一定要在戰區。李氏稱，營口乃遼東富庶之區，請予保留。伊藤答以此地非孤兒救濟院。總之伊藤之態度甚為無禮。日方態度堅決，李乃電北京請示。四月十一日伊藤寫私信給李鴻章，語句中有：「本大臣所提出對日本國的要求條件拒絕再議，因之亦無意容納閣下的意見和對此所作的結論」等語。[16]李氏乃以之為最後通牒，電告北京。當時因停戰期限將至，李氏又一再報告日軍集結在馬關廣島一線，清廷乃准簽約。

《馬關條約》是在四月十七日正式簽定，然在十一日至十五日將細則談妥後，已為確定，十七日只是形式而已。這一天當是我們中國的國恥日。

十七、小結

由本章可知，日本如無英國之暗助，不敢對中國提出如此苛刻之條件。若非俄陸軍之猶疑，日

16 此時因陸奧宗光臥病，此信係中田敬義與 H. W. Dennison 所起草，並非最後通牒，只是私信，中田自云：「何幸李鴻章見此書後，認為乃最後之書翰」云云。（甲一三二）

俄之戰必將於一八九五提早發生，而法國也會參戰，此時英國是否會助日本，吾人未知（英日正式同盟是在一九〇二年始訂定的，一八九五年時，英國對日本沒有條約義務）。不論誰勝誰敗，臺灣與遼東，均不能為中國所保有，只是前門趕狼，後門來虎而已。各國之垂涎遼東及臺澎，是因其地理位置，今天這個因素仍未改變。再加上臺海附近之大油田之發現，更使列強垂涎，吾人豈可不深加警惕。

世人之論馬關議和，都重視割地賠款，殊不知英國之坐享巨利。因內河航行權、內地設洋廠製洋物，及廢洋貨原料之釐金之後，中國農村經濟乃正式宣告破產。也惟其如此，迫使無政治意識之中國廣大群眾，因求生存而覺醒，乃有中國之新生。只是我們付出的代價太大，而抗戰勝利時，又沒享受到戰勝的果實，因此才有今天日本之一副從經濟大國到政治大國盛氣凌人之嘴臉。

在甲午之戰時，李鴻章號稱為知日本政情的人，也不過如此。下文要說的張之洞，也算是洋務派的健將，是極開明的人，可惜也實在不能算是懂得國際情勢。讀史至此，令人嘔血三斗。清政府以挾知日本政情自重之李鴻章，以戰既敗非成和局以自保不可之李鴻章，以日本主動指名要求之李鴻章去談和，實在不智。而且在李鴻章遇刺受傷後，會加派其子李經方去協助，更為不智，因李經方之妻為日人，本人又親日。觀乎後來割讓臺灣時，李經方稱病躲在上海，不敢去。在廷旨嚴斥後，勉強成行，卻又不敢上岸，只在基隆海面草草交割了事。中國人的文章或因李氏父子之權勢，不敢明言，或雖為李氏之政敵，然不知此等隱私，所以未曾多寫此段經過。我們看了科士達的回憶錄，說李鴻章老淚橫流，認為是翁同龢等故意要置李經方於死地，而李經方之惶恐發抖，非要科士達（洋人）陪去才肯動身等情景，真覺得其可恥。

第二章　張之洞的保臺運動

上一章內，因資料來源，用的是陽曆，這一章則用陰曆。但是在重要的日子，例如《馬關條約》日，中日煙台換約之日等，則亦將陽曆註出，使讀者有所比照。

一、緣起

張之洞在光緒二十年（一八九四年）十月十一日抵達南京，十六日就任兩江總督，十七日打電報給時在天津的李鴻章，堅決反對割讓臺灣給日本。此電，比他就任時向皇帝謝恩的電摺還早兩天發出，可見他對臺局的關心。他說：「竊謂臺灣萬萬不可棄，從此為倭傅翼。北自遼南至粵，永無安枕。且中國水師運船，終年受其挾制，何以再圖自強？臺灣每年出產兩百萬，所失更不可數計。不如不爭高麗，倭亦不能獨吞也。」他已看出日本之侵占朝鮮，必會引起俄國之干涉。他認為與其讓日本強，不如讓英俄強，因為一來英俄本來強過我國，二來日本太近我國（丙一三五）。

這篇電文表達了他對臺局的意見，即最好不割，若要讓人得利，絕不可是日本，寧可為英俄等。後來他之與英、俄、法一再接觸，或以典押，或乾脆強占臺灣，以絕日本之望的行動，即係基於這個觀念。

臺灣屬於閩浙總督管轄，原非兩江總督之轄地，為什麼後來臺局隱然以張之洞為樞鈕呢？有下述幾個原因。

1. 兩江總督管轄上海，既有關餘，而且又易借外債，因此不但臺防的經費，即使北洋的戰費，也得由其籌助。又因其管轄設在上海之江南製造局，國造之械彈歸其支配。

2.當時負責臺防的臺灣巡撫唐景崧與駐節臺南的總兵劉永福，均與張氏有淵源。

3.閩浙總督無錢無兵，不能助臺。除兩江總督張之洞外，就近尚有比較有錢有兵的兩廣總督李瀚章。但是李瀚章是李鴻章的哥哥，自然不肯幫助臺灣而破壞李鴻章的和局，因此重責遂由張之洞一人獨挑。

4.張的個性是不怕事的，否則換了個官僚，既非我轄區，又是李鴻章割的地，與我何干，樂得不管。

5.張在兩廣總督，湖廣總督的任上，因鋭意革新，講求船堅砲利，建廠開礦等洋務，與外國人有來往，知道一點國際局勢，才會想到以西夷來制東夷。

二、張之洞與唐景崧和劉永福之關係

要談臺灣民主國，則必須知道其總統唐景崧，與大將軍劉永福。他們二個的淵源要追溯到光緒九年中，中法之役。當時劉為太平軍之餘黨，逃入安南北部，自成一軍，號稱黑旗軍，助安南人抵抗法國。中法之役時，唐景崧在時任兩廣總督的張之洞之手下服務，乃自告奮勇招撫劉永福。光緒十一年，中法議和，劉被清廷任為廣東南澳鎮總兵，而唐因招撫劉之功，任臺灣兵備道。光緒二十年，中日甲午之戰既起，六月，劉永福移鎮臺南。九月，臺灣巡撫邵友濂畏事請求內調，乃調之任湖南巡撫。當時不在臺者無人願蹈戰區之火坑，清廷乃以時任臺灣布政使之唐景崧，就地升任巡撫。這已是唐與劉之二次合作。照理，兩人既有如此深厚之淵源，應當合作無間，其實不然。

劉永福起家的黑旗軍，原有三萬餘人，光緒十一年，劉回廣東時，清政府因其為太平軍之餘黨，並不信任，只允許其帶回一千一百人。而九年來屢次裁減其舊屬，到光緒二十年，只剩下三百人。

因此劉只是徒擁虛名，離中法之役時，其部屬的戰鬥力量已只有百分之一。

臺灣在抗日時，號稱有兵三百數十營，每營三百六十人。劉永福之黑旗軍，老兵只有一營，加上其在廣東帶來的新卒，也總共只有兩營。所以連橫在其所著《臺灣通史》中，未多述劉之戰績，而強調其他民兵的戰功，當也是事實。

劉既無實力，徒有虛名，唐又與之不和，因此在籌備臺防時，張之洞為了解決將帥不和的矛盾，曾兩次設法調劉離臺。第一次是光緒二十年在十一月十九日，張之洞因在上海募集廣東籍的新兵，需要一名廣東將領來指揮，電唐景崧借調劉永福。唐當天即回電同意，並說劉在臺，亦用其虛聲耳（丙一三八）。但是因劉要帶部同行，乃止。而且以次年正月二十四日張之電文「畿防緊急，劉永福若在臺無大用，似可遣之入衛，此題目大勝於調江南，當可允准。」可見第一次沒調成劉，其阻撓當在清廷之擔心臺防空虛。第二次，即在光緒二十一年正月間，此時日本已攻近長城，張之洞與唐景崧乃藉口保衛京畿，希望將劉永福調離臺灣，恰巧正月二十八日外人盛傳日輪已窺探澎湖，唐景崧又不放劉走了（丙一四九）。二月二十三日，日本南攻臺澎之勢已成，劉永福已不可能內調了，張之洞才打電報給劉永福，勸他與唐景崧和衷共濟，並表示對兩人一視同仁（丙一六二）。

我們細讀張之洞在保臺時的各種電文，可以看到他完全是以唐景崧一人為主。唐在臺時，雖已獨立，張猶撥款三十萬兩相助。唐一逃離臺灣，張對臺局便失去了信心，還迫令經手的洋商速將款子追還。張對援唐的熱心，與後來對劉永福的薄情，真是一個強烈的對比。在九月上旬，劉兵敗要逃回大陸時，張竟拒絕派船去接，並打了一頓官腔，說劉是抗命保臺，他不負責。

不過張對劉的印象不好，其來亦有自。光緒十一年，中法議和後，劉的出路成了問題。張之洞即認為上策是將其留在越南，讓法國人去傷腦筋（丙一一一四）。當時有人以為劉多家財輜重，既有身家，不會再造反了，但仍需發其眾（丙一一五）。而劉部入鎮南關後，打慣游擊之亂雜部隊，也很使時任兩廣總督的張之洞傷腦筋，例如其官銜仍用越南三宣提督。義良男，對上司行文用平行的咨，而不用呈稟等。張之洞對劉的評語，是好利而見小（丙一二〇），不識文字，吝惜財物，不忘人過，容易記仇（丙一二六）。總之，印象不佳。這與張是中國標準的儒生，而劉是起自江湖的草寇，兩人氣質不同，不無關係。

若細讀張之洞在中法之戰時的各項電文，便可知道其對唐景崧倚助之重，而對劉永福印象之不好。這對後來張的保臺運動大有關係，唐若不逃離臺灣，而去臺南與劉合作，抵抗日本，張之洞對臺灣的支持可能久些，也不致後來之藉口廷旨不准援助，置劉永福之求援於不顧，遂使臺局不可收拾了。

仔細研究史實，我們幾乎可以說，臺灣抗日之失敗，唐景崧要負最大的責任。連橫著《臺灣通史》，厚責唐氏，實為有理。至於連氏之責怪劉永福，當是不知道劉氏在內部所受的排擠，既無久戰之卒，又無張之洞的助餉助械。若以二人抗戰之時日言，唐之聞風逃命與劉之苦守臺南，雖同是敗績，究竟不同。臺灣抗日後劉永福致張之洞各電文，皆是求兵求餉求輪船，而唐景崧致張之電文，多是為一己求洗刷者。今天猶有人以唐景崧為保臺抗日的英雄，真是不知史實。

三、張之洞對臺防實質上的幫助

張氏對臺防的幫助，在於械餉二字，至於兵員，皆係唐景崧等在臺自己招募的。此外，劉永福派人回廣東，也募了三營兵。

光緒二十年六月間，張尚在湖廣總督任上，時臺灣巡撫尚是邵友濂，張已開始為臺防籌餉械，但以其轄區無械彈，要邵向廣東及上海設法（丙一三一）。八月間，答允助臺五十營之餉，及三十萬兩購械（丙一三二）。當時日本進口臺米，張乃建議不與日本貿易，以困日本軍民之糧食（丙一三二）。此時邵已內調，唐乃回覆若封口，則無法籌財源，並且又自相矛盾地說，臺北米少，日本不靠臺米（丙一三三）。張只要拒賣米給日本，與封口無關，若日本買米不多，則雖停止，損失猶不大。大約唐是著眼與日其他貿易的稅收及利潤，其時中日正在交戰，而唐猶在臺灣斤斤計較一地的小利。

張之洞在是年十一月，就任兩江總督後，援助臺防更多。他原擬以江南名義，代臺灣借外債二百萬兩。因當時臺灣可能被日本攻占，外國均不願借錢給臺灣，但此議亦為戶部所否決。至次年一月二十九日，戶部才同意由張向英國所借之款項中，撥一百萬兩給臺灣（丙一四九）。張以戶部既已破例准許，乃告唐景崧，以後盡可要求他先墊款。但指示其不必用之買輪船，輪船可由他買，臺款必須用在添兵購砲械上，並可在上海代購。二月二十八日，張撥子彈六十萬發運臺，並令江南製造局優先供應臺防，以及將松滬駐軍之部分槍械借給臺軍（丙一六四）。因原有之南洋海軍是木造兵輪，不堪一擊，張乃早已託德商漢納根買洋輪兩艘，但款已交，而輪船至此時猶不來。

二月二十七日，日本開始攻擊澎湖。二月二十九日，澎湖陷落。三月初七日，停戰消息傳來，但臺灣不在停戰區。張之洞乃緊急援臺，運去砲彈四百，而且將上海清軍之槍械子彈全部運去，此舉實為大膽（丙一六八）。他並且動腦筋到清政府存在外商手中的武器，並說此時尚可冒險運臺，再遲，有械也無法運了（丙一六八）。張之洞一人起勁，閩浙總督譚鍾麟雖是臺灣的頂頭上司，但福建地窮兵少，無可奈何，最可惡的是兩廣總督李瀚章，見死不救。試看張之洞是手上所有的械彈，都主動運給臺灣了，而李瀚章卻要等到唐景崧向清政府請求，清政府在三月初九日下旨後，才肯援臺（丙一七〇）。三月二十三日（陽曆四月十七日），《馬關條約》簽定，張之洞曾有長電給唐景崧及上電總理各國事務衙門（外交部），堅決反對，提議請各國以實力干涉（丙一七四）。

仁按：李瀚章是李鴻章的親哥哥，他當然與李鴻章步調相同，支持割讓臺澎給日本，以求達成和議，結束戰爭。

在馬關訂約後，臺民醞釀獨立以抗日，張之洞皆由唐景崧處得知消息（詳見後文），但其援臺之心仍舊。四月二十五日，他令上海道撥槍三萬枝，並子彈由斯美號輪船運臺。但恐日本干涉，對外需聲稱是臺民自購者。他同時命令江南製造局，將所存之械彈，盡數撥去，將上海附近清軍之車砲，集合運去（丙二〇二）。

在一月裡，清廷所批准的撥臺款一百萬兩銀子，因為是向英國借的，英商匯豐銀行予以拖延，直到四月下旬猶未交款。四月二十七日，清廷令張先墊發五十萬兩，張即日令上海道先撥三十萬兩。當時臺民醞釀獨立，德國及日本均認為是清廷所主使，對李鴻章大加壓力，李於四月二十八日上電奏劾臺撫唐景崧倡導民變。二十九日，張之洞接到內幕消息，清廷將下令唐景崧內渡，急電上海道暫停撥款。五月一日，令唐回北京陛見之旨到達臺北。五月二日，臺灣宣告獨立，唐任臺灣民主國大總統，決定不內渡。五月三日，張急令上海道速將二十萬兩匯臺，並說最好一次全匯，不要分批。五月四日，款匯出後才向清廷報備。清廷於五月五日嚴旨張之洞，以後不可援助臺灣。（以上詳見丙二〇七至二一〇之各電文）

唐景崧於五月十四日離開臺灣，十七日張之洞下令追回前款（丙二一九）。當時只失去臺北，劉永福等尚在抵抗日軍，臺事並非不可為。由此可見張之助臺，全視唐之態度而定，張對劉永福沒有信心，所以我說唐之潛逃，對失臺之影響甚大。

張氏後來雖曾派易順鼎為其私人代表，渡海到臺灣去參預劉永福抗日的戰事，但自三月五日以後，並無實質援臺之舉動。尤其是在唐內渡之後，其與各方面之電文均顯示，張連援助臺灣之心理也沒了。在他心目中，認為劉永福「事已如此，只可任其為之，成則為鄭成功，敗則為田橫。即使身殉，總可殺倭賊數千，總比作個越南游勇好。」（丙二二一）張之厚唐薄劉，竟一至於此。

張氏不但不助臺，甚至阻撓別人助臺。八月裡，易順鼎因張氏不援臺，憤而由臺南去廈門，以私人之名義，在廈門替臺募兵募餉，幫助劉永福，張氏乃嚴令其即刻回南京（丙二二九）。

我們可以說，在光緒二十一年四月二十七日以前，清廷與張之洞，均有援臺之心與行動。李鴻章在四月二十八日的電奏，使清廷改變心意，但張之洞並未因之改變。五月三日，當臺灣民主國已成立後，張利用清廷未撤回四月二十七日命令之疏忽，猶撥匯三十萬兩巨款給臺灣。五月五日雖有廷旨命令不准援臺，其後張猶要其部屬賴鶴年，經蔡穀嘉轉告臺方，守臺兩月，俄即來援。[17]張之改變態度，當是在唐景崧逃回大陸之後。唐在五月中出走，其間經過閏五月，至八月底山東巡撫李秉衡猶依其個人之情報向張報告，臺南劉永福與日本力戰，還有兵六七十營（一營三百六十人左右），苦無軍餉，若張之洞肯設法籌濟，李願盡全力，並由李秉閩粵兩省共襄兵事[18]（丙二二九），

---

17 此點張之洞後來加以否認，不過劉永福若無根據，從不敢以之指責張氏（丙二二八）。因劉當時唯一的希望是張之援助。

18 李怕負責任，要張出面，這也是中國政治可悲之處。另有一值得注意之處，是李不過是巡撫的身分，他電文中表示可連絡粵閩二省，用的是平等語句，當是指同階的官員。由此可見當時兩廣總督李瀚章，雖不肯援臺，但是廣東巡撫則不然。這也是中國政治的一個怪現象，即政以人定。只要有張之洞的聲望做靠山，大家都敢做，否則誰也不敢負責。再看閏五月裡，閩浙總督希望召回劉永福（唐景崧已逃回大陸），也不敢自己一人出面要請張聯名。可見同是總督，

也為張拒絕。

劉永福兵敗內渡，是在九月上旬。潰敗時，尚有六十營的兵力，敗因只是缺餉缺械。由此可見唐景崧之逃亡，使張之洞停止援臺，誤事極大。況且唐脫走時，還攜帶巨額現金，不留錢下來助臺餉，也不遣散在臺北之臺軍，致使潰而成匪，燒殺甚凶，唐實在是民族罪人。而張之洞之為德不卒，因人論事，歧視劉永福也令人扼腕。

四、張之洞向英俄試探質押臺灣

張之洞保臺運動，可分外交及援臺兩部分。在外交方面，可分為（一）光緒二十一年（一八九五）二月間向英俄試探，以臺灣之礦產為抵押，向英俄借巨款，為期十年。主要的是藉機以絕日本之望。（二）三月間，馬關簽約後，向法國試探代為保臺，許之以厚利。至中日煙台換約前二日，因李鴻章派系之駐英法公使龔照瑗之破壞而失敗。（三）三國干涉還遼成功後，張之洞希望依照遼東半島的例子，籌款一萬萬兩銀子，贖回臺灣，並運動三國協助。（四）在前述三事皆不成後，希望臺灣民主國能支持二個月以上，以待國際可能之干涉。

其中較可能成功，而且比較複雜的是與法國的交涉。

光緒二十一年三月初（陰曆），日本攻占澎湖，法國非常不滿，有意干涉。俄國因遼東問題，也對日不快。當時張之洞已向英俄試探質借臺灣之可能性，一來解決中國因甲午之戰所需要之大量

威望大有關係。因為劉永福當時的身分，對清廷言，仍是廣東南澳鎮總兵幫辦臺灣軍務，屬閩浙總督管轄，其調動不需要經過張之洞的。此二事，均為張拒絕。

軍費，二來以絕日本之望。

張之洞在二月四日向李鴻章及清廷分別建議質臺，李鴻章二月九日離北京去日本，十七日到廣島，在離中國前的二月十一日，予以拒絕。但當時清廷為恭親王、翁同龢這一派反割地的大臣主政，乃於同一日以光緒帝之名義，暗示張向外國進行。[19]因此李在馬關議和時，即張與英俄接洽時。

張以臺灣靠近香港，日占臺灣，會影響英國在華南之商業利益。又以遼東事，俄國不滿於日本。故在二月十一日奉旨後，急電清廷駐俄公使許景澄與駐英公使龔照瑗進行。俄國無力於華南，亦無興趣，故在十五日即予拒絕。當時，李鴻章正在去日本的路上。

英國的情形比較特殊。第一，當時駐英及兼駐法公使龔照瑗是李鴻章的親信。李鴻章與清廷在二月十一日，李不在北京時，拍給張之洞完全相反的兩個電報。可見雙方於李在北京時，即四日到九日之間，為了張之洞的建議，一定爭辯過。張在四日建議時，既以英國為假設對象，則李鴻章可能已關照龔照瑗予以阻撓。第二，英國暗助日本，但又知道法國有意臺澎，若英國過早拒絕張之洞，一來可能使中國疑心英日勾結，二來張可能轉而向法國試探。因此英國一直拖到二月底，才通過龔

19 其旨令為：「臺灣作押借款，藉資保衛一節，有無確實辦法，著詳細電覆。」此文甚妙，明言要張與外國交涉，但言外之意，又很明顯，這是標準的中國刀筆吏功夫。另外二個有趣的例子是，四月下旬，唐景崧要求將上海存槍全數撥給臺灣，清廷第一次下旨撥一萬枝，張代唐要求撥三萬枝。第二次下令時不言數字，只說要飭密妥辦，勿生枝節，因此張乃解釋為數之多少，自可不拘，乃撥三萬枝。而以張致唐之電文可知，此乃江南製造局全數之存槍也（丙二〇一）。另一個例子，是五月二日臺灣獨立，三日張撥匯三十萬兩給唐，四日報備，且在四日才打電報給清廷說臺灣獨立，妙的是清廷在五日回電中，不追究臺灣獨立的日期與撥款的日期，更不問款已匯出沒有，要不要追回，只說以後不許再援助臺灣，由此可見中國刀筆吏做文章之厲害處。

照瑗予以拒絕，而且還拖了個尾巴，說英政府對臺灣不感興趣，但若英國商人願意向中國租押臺灣之礦權，英政府不予反對。這很明顯地，是使張氏對英不死心，以免轉向法國試探。

張果然中計，於二月二十九日，仍要龔向英商試探。試看二月十一日至二十九日，發生了幾多大事？二十五日中日開始談判，二十七日，日本開始進攻澎湖，二十八日，李鴻章遇刺，二十九日，澎湖陷落。如果二月十一日，張之洞即向法國試探，局面又是怎樣了呢？法國在二十九日照會俄國，要干涉臺澎的局面。如果當時已取得中國質借的藉口，法國何樂而不為？若法艦在二月中進駐臺澎，則日本攻占澎湖之事，亦不會發生了。

由此可見，英國暗助日本之一個暗字，多麼重要。

張之洞開始對英國懷疑，是在二月二十九日以後，英商對臺不感興趣，殊有違英人重利之天性。但他也懷疑，可能是龔照瑗從中搗鬼。張對英失望轉而試探法國，是在三月二十九日。這一個月的耽誤，完全是英國狡猾地留了個尾巴，不讓張氏死心的關係。

三月二十三日（陽曆四月十七日），《馬關條約》的簽訂。因談判時，清廷故意將經過逐日詳細向各國洩漏，俄、德、法三國對日本占領遼東半島之干涉，亦已形成。故簽字之同一日，三國政府訓令其駐日公使，干涉中日和約（甲三五一）。三國之態度既已明顯，其中德國無實力，俄國又已拒絕過張氏，張乃試探法國對臺局之態度。

但這時與二月初已有不同，即日本已結束對華戰事，英國艦隊已集結舟山海面，而最要緊的是列強均以還遼比還臺重要。法國曾要求將遼東與臺灣一併處理，但俄德以日本一無所獲，可能迫而應戰，不如一步一步要求。可是等遼東問題明朗化之後，俄德均不支持法國對臺澎的要求，所以三國還遼，法國是一場空。俄國後來趁八國聯軍之役占領滿洲（日俄戰爭後又失去南滿），德國藉機伸入華北海岸，得膠州灣，英國藉口平衡列強在渤海之均勢，得威海衛，法國在華北一無所得，最後在華南靠近安南處，得地小民貧之廣州灣（雷州半島）。

五、張之洞與法國的交涉

本來，清朝駐法的公使是由駐英公使龔照瑗兼任，但是龔氏常駐倫敦，有事才去巴黎。因與英政府交涉之遲緩，以及二月底向英商交涉之久無下文，張之洞已懷疑龔因是李鴻章的人，從中予以破壞，故他對法之交涉，不願假手龔氏。恰巧，清朝派去俄國訪問的特使，前湖南巡撫王之春是張氏的學生。三月底，馬關簽約時，正由莫斯科到達巴黎。

法國已由清廷知道日本要求割臺，但是清廷又不向法方求助，法國乃暗示王之春。法國利用中國之不知國際公法，故意告訴王說，普法戰爭法割兩省給德國時，因當地人民之反對，故至今兩省人民德法籍者相混，而且各有產權。王氏聽了大為高興，三月二十六日連發兩封電報給張之洞，報告此法理上之依據。張一面電告唐景崧，要他出面向列國通告臺民反對割臺，並以法國之例子為理由，一面急電清政府，清廷也喜出望外，電令李鴻章依例向日本交涉。幸好李鴻章做事慎重，請教科士達，經查證後，才知法國所說的是指人民之產權，並不是領土權。況且法國所說的土地歸屬由居民自決之國際公法條文，並不適用於戰敗割地。因此中國才沒鬧笑話，冒冒然地錯用條文，向日本交涉。

法國豈有不知國際公法之理？此舉只是投石問路，果然達到目的，但因此促使張之洞有「居民自主」的想法。張在三月二十七日通知唐景崧，說明法國有意保臺，望其堅持，並告以上述臺民自便之理（丙一七五）。此為臺民獨立抗日思想之第一步。

張氏在三月二十九日急電王之春，令其直接向法國外交部接洽保臺的條件。電文云：「如法能以兵力助戰，脅倭廢約，臺、遼不割，賠款減少，我必以厚利相報。問其所欲何在？或越南、廣西、雲南界務，或代法收撫越地游眾，或各項商務不令英國獨擅東方利權，或別有願得之處，切實與商。」（丙一七七）此電文中，張氏所開出的條件，有許多已不在其兩江總督職權範圍之內，當是得清政府之授意。這時《馬關條約》剛簽訂，舉國譁然，臺灣士民，尤其憤恨。當時似乎只要臺遼不割，中國願向任何援之以手的列強，給予莫大之特權厚利。在中國朝野一致的仇日心理下，張氏才能向法國提出如此越權而優惠之條件。這封電報中，有二處有趣之點，即張說臺遼，而非遼臺，可見張氏心目中，與同時李鴻章之請三國干涉割地，一重臺灣，一重遼東。張氏此念，並非不要遼東，而是根據他的信念，日本吞併朝鮮及遼東，遲早會與俄國一戰。但吞占臺灣，則日本無後顧之憂。第二點是張氏不惜扶助法國來對抗英國，可見張氏已開始懷疑英日之勾結。

英國毫無疑問，也知道張氏與法的接觸，[20]為了使中國定心，緩衝中國對法的接近，乃於三月底向北京表示有興趣保臺（丙一七六）。證諸二月間張氏與英的交涉，以及英國後來的行動，今日吾人已可明瞭英國惡毒的用心，仍在幫助日本穩定中國，不使偏向法國。但當時清朝上下，卻是頗為感動而且寄予希望的。而且以今日德法俄三國公布之機密文件來看，當時清廷由英人所告知的「英尤惜臺，有質臺之議」，簡直是可恥的謊言。因同時，英國分別答覆三國的文書都是說《馬關修約》

20 龔照瑗雖不在巴黎，但巴黎清使館之人員為其幹部，聽命於他。後來龔為了阻撓王的活動，竟下令駐法使館人員不許替王譯密電，而這批人員也遵守此亂命，由此可見王之活動，不可能逃出龔之耳目。李鴻章一系既然要破壞張氏的保臺，以免和約作廢，則不論在北京或在倫敦，勾結英國破壞法國在華活動的情形，是可能的。

對歐洲各國有利，英國無意干涉。

張之洞開出的條件如此之優厚，法國之未欣然接受，是因此時三國還遼尚未解決，俄德不願將臺澎之局面混入，使遼東問題變得更複雜。法國也上了俄德的當，以為法國既先支持俄國在遼東之干涉，俄國在後來必然會支持法國對臺澎的干涉。

四月一日，王之春找到當年曾來中國勘察越南與華邊界的法人，一齊去法外交部，並且表示是奉張之洞之命，並非有清政府直接命令。法國因三國間尚未商定，所以只希望中國拖延換約，但希望中國保密（丙一八〇）。四月五日，法國因德俄已拒絕將遼臺一併辦理，乃正式答覆王之春，說若一併索還遼臺，恐日本民變。王問以若臺灣民變又如何？法國暗示如此則可商量。故王急電張之洞，而張也轉告唐景崧，要他：「在臺言臺，亦不妨從民變著想。」同一電文中張氏亦了解到英國幫助日本，是為了抵抗俄國。他說：「英人袖手，實欲倭強，藉倭拒俄。若臺向英言，英不為中國保臺，臺當求法保護，情甘歸法，決不歸倭，英、法、俄，或肯出力。然此語只可出自臺民。」（丙一八四）由此可見，臺灣民主國之成立，起因是為求法國保護，而幕後則由張之洞一手導演。

這時張之洞為了替後來的臺局鋪路，遂向清政府及法國擴大報告臺灣在四月初的一個小變亂，造成臺灣已有民變的跡象（丙一八四至一八六）。

四月八日，日本已表示在遼東問題上讓步，希望中國批准和約，這多半因臺灣局勢不利，日本事實上也無力兼顧南北。在遼東讓步，可以使俄國滿意，則對臺只有法國一國需顧忌了。法國亦已感到俄德態度改變，四月六日一面與王之春急商，答應即日派法國軍艦去基隆及淡水，以安臺民之心。另一面聯絡西班牙出面干涉，藉口是西班牙之殖民地菲律賓與臺灣接近，故有權干涉臺灣之歸屬（丙一八七）。王之春乃電告張之洞，請張轉告唐景崧，一需與到達之法海軍配合，二需提防駐淡水之英領事替日本做情報。

四月十五日，中日在煙台換約。當時還遼已經確定，只是技術性之細則尚未談妥。日本為了臺局，急於換約，使法國失去干涉的藉口。而張之洞為了同一原因，要求暫緩換約。在此換約期前之最緊要關頭，龔照瑗趕到巴黎，進行破壞王之春的工作。

四月七日，清政府正式命令張氏轉令王之春向法國交涉。在此之前，一切的活動，王皆是以張之私人代表出面。張氏於八日致電王氏，要他向法外交部交涉的重點是懇阻臺，恐民變，探所欲，許厚謝，託展限等。四月六日龔趕到巴黎，與王在八日同赴法外交部，當場龔即不許翻譯將上述之重點告訴法人。四月十二日王急電張求援，並說「祈商臺撫，仍以激變情形設法，則法可著手，乞轉唐。再事急矣，外部所欲，擬即預籌，或可補救。」（丙一八八）所謂的外部所欲，即法國要求中國展延換約一事。

十三日，張之洞轉告唐景崧說：「法確允保臺，王商甚力，龔阻撓，事將敗，請速電奏，以民變為詞，懇朝廷堅懇法，遲恐無及。」（丙一九一）同一天，清廷下旨龔照瑗立即回倫敦。對法交涉由王之春專任。龔竟抗命不走，張之洞請法干涉臺局，乃因而注定失敗。

十五日，中日換約，雙方代表已到達山東煙台會面。當天早上，俄德法三國駐華公使突然通知清政府，因還遼細則未定，請展延七日換約，清政府乃令換約代表伍廷芳暫停換約。日方急怒，而伍乃李鴻章之親信，急電李補救，李乃急電勸奏清廷，乃於中午改意，下令即刻換約。當日方有延誤，日代表伊東也急電本國請示。日方以三國之壓力太大，乃由伊藤博文下令伊東，答應清廷暫緩換約。可是伊藤的電報還沒到，清政府因李鴻章之故，已准換約了。

再看王之春在巴黎的情形，自龔四月六日到達巴黎後，法外交部即不再答覆王之照會。十三日，若龔遵旨離去，尚有二天時間，未嘗沒有改變之機會。但龔存心破壞，抗命不走還不說，還不許人將王於擬好之中法保護臺灣之協定，拍電回國請示。一直到換約後，王才能與張聯絡上。王在四月十七日的電文上說：「法既允許，當先定約稿請旨，龔匿不令知，故電台展緩洎諭旨屢頒，復輾轉宕延，直待換約而止，可為痛哭。春駐此無益，乞婉陳召歸。」（丙一一九二）

中日既已換約，臺灣已正式割讓，法國不便干涉。後來張之洞、唐景崧雖一直仍不死心，但大勢已定了。

六、李鴻章一系之破壞保臺

李鴻章從來便不重視臺灣，以其受刺激，不堅持臺澎在停戰區區內，當知其無堅保臺灣之意。當然，遼東半島為滿清祖宗之發源地，又緊接華北，在李的心目中，比臺灣更重要得太多。在當時看來，也是至理。

不過張氏與李氏最大的不同，是張為了保全割地，不惜廢約一戰，而李一則以敗兵之將，二則以手訂和約之人，當然不欲和約破裂再戰。因此李能拿回遼東便已心滿意足，而張氏則覺得雖割一寸土，也需為之再戰。

但今日的史料看來，兩個人都有理。李氏認為要外國助戰，結果仍是失地，只是不給日本，給了助戰之國，以法國對臺澎及俄國對遼東的野心，均非其他小惠可以滿足的。張氏認為與其便宜日本，不如便宜法俄，因日本與中國太近。而且今日的資料顯示，日本打完了甲午之戰，已是外強中乾，是經不起俄法聯手之一擊。但我們也已知道，俄法在東方的兵力，加起來還不是英國的對手。所以三國只還遼而不還臺，是德俄怕日本拚命，而英國乘機助日，所以留塊臺灣給日本，不欺人太甚。而日本肯還遼，是因為自量不是法俄聯合之對手，臺局又需動兵，尚不是與俄國攤牌之時。所以一場甲午戰爭打下來，俄國不安於日本之占朝鮮，日本懷恨法德俄之干涉，法國不滿日本之占臺澎，德國不滿英日占威海衛與臺澎，中國則更有仇恨。打了半天，鬧了半天，除了美國國力弱，插不進來，只有英國是面面俱到，人人感激，而獨享巨利。張氏與李氏不明瞭個中的曲折，兩個人的主張都行不通的，所以也可以說都不成。由此可見，國際間沒有道義，沒有同情，強者欺侮弱者，就像兀鷹之啄食屍首，而那時的中國就是一具龐大的行屍。言之痛心。

不過我要指責的是李氏之破壞保臺，例如龔照瑗之阻撓王之春，又如李氏在四月底之奏劾唐景崧領導民變，迫使清廷下令唐內渡，遂提早激發了臺民的獨立，使張之洞援臺的工作，因而停頓。細讀李氏在光緒二十一年對臺灣抗日有關之各電文，其使親痛仇快的文句，實在太多，隨手摘錄幾句，可見一斑。

四月十三日，李氏電告清政府，說「臺灣黑旗黨，殊欠安靜」（乙七三四）。將義軍說成了土匪，而且黑旗軍在抗日軍三百六十營中只有二營。李氏此句，很明顯地要使在北京不明實況的人，將其印象中太平軍之餘黨黑旗軍，與臺灣抗日相連。

四月二十四日，與其子李經方之電文有：「臺民如此凶橫」之句（乙七四〇）。

四月二十六日，電李經方有句云：「日船近岸，勢當披靡」，並將抗日軍稱為亂民。

五月初十日，李之舊部提督楊岐珍率部由臺到廈門，致電李氏，李氏轉告清廷，句云：「臺事實情，兵多烏合，紳士正者知難，劣者圖利，當道性偏，紳民無識者隨聲附和，假民為主，已見形跡。」（乙七二）

五月二十日，說臺灣北方全境已為日人所有，大約南方尚需稍戰云。又說臺民餽呈禮物，以迎王師（指日軍）（乙七六九）。

閏五月初六，將新竹抵抗日軍之民兵，稱為土匪（乙七七二）。

總之，李之割臺雖為情不得已，但是其公私文書中之誣賴臺民抗日運動，稱民軍為土匪，日軍為王師，簡直不倫不類。

我們將張之洞與李鴻章對臺民抗日有關之各電報一相對照，才覺得丘逢甲所說的「宰相有權能割地（指李鴻章），孤臣無力可回天（指丘自己）」，還算是對李很客氣的批評。

當然，在李的系統裡，不是沒有一個有良知的人。在李經方赴臺海割地時，李鴻章曾派陳季同去協助。陳到臺灣後，為抗日所感動，留下來幫助唐景崧對法交涉，此人後來曾擔任臺灣民主國之外務大臣。

七、臺灣民主國成立之幕後

根據資料，我們可以說臺民獨立抗日，可分：

1. 外在原因——法國之鼓勵，與張之洞之支持。

2. 內在原因——中日換約後，李經方又在臺灣海面正式將臺灣交割給日本。臺民抗日，必須另借名義，因已非中國土地。但是激發臺灣獨立的直接原因，是清朝因李鴻章之奏劾，決定命令臺灣巡撫唐景崧去北京，此令五月一日到達臺北，五月二日，臺灣民主國即正式成立。

在四月二十日與法國之交涉已告破裂，臺民已醞釀獨立，唐景崧曾電告張之洞及清政府。在四月二十日至五月二日間，唐與張往返電文，商討當以何種名義。張的結論，是任何獨立國名義，均難得清廷允准。唐的要求是在獨立前，請張向朝廷取得諒解。最後唐主動決定用總統名義（一度曾考慮總督總辦），但對清朝及其任何機構，均仍沿用臺灣巡撫之關防及名義。獨立後三日，唐景崧奏電北京稱：「以後奏事及行文，臺地暨內地各省，均仍用本銜及巡撫印。臺倘倖存，自仍歸中國。其印旗，係為交涉各國待援而設，免中國牽累。」（丙二一四）

張之洞的原意，是希望臺灣獨立三個月後，即可造成法國干涉的藉口。當時張最關心的，還是臺灣與上海間電訊的維持，深恐被日本破壞，一再電令唐景崧速將電報線賤價賣給洋人，以資保護，並說事平後，另造一線亦不難（丙二一五）。由此可見張與唐合演的這一幕臺灣民主國，絕不是今天某些臺獨分子所說的臺民反對中國的組織。

後來日軍攻勢猛烈，唐有出走之意，五月十三日，張之洞打了一封長電給他，指示其護守臺北城的兵法。並說匯交之三十萬兩銀子，如唐不在臺北，任何一府一縣，均可由外商交付，其原電有一段說：「臺地廣，倭兵少，但存一府一縣，即有生發。相持三月，各國必有出頭者，僕當力籌。臺北府即為倭占，仍可自存，何遽云事不可為？若至糜爛過甚時，可將總統印付與劉永福，公在臺南設法內渡，聽劉與土民為之。」（丙二一八）可見張之洞的希望，是唐景崧能留在臺灣打長期持久的抗日戰，否則也不會在此時撥三十萬兩銀子給唐。不料唐在第二天即狼狽逃走，對張之洞來說，實在是心理上的一大打擊，而此後，他便袖手不援臺了。

八、唐景崧之可誅

唐景崧對失臺之罪最大。固然我們已知道法既不助臺，則日本之占領臺灣只是遲早問題，但唐在光緒二十年冬至二十一年五月其脫走為止，對於臺局犯下了下面幾個重大的錯誤：

1. 集中兵力，防守臺灣本島。明知澎湖之重要（丙一三三），卻只增兵四營防守，當是不知日軍之軍情。

2.為貪圖籌餉之便利，不中止對日之貿易。

3.只知兵要多，不知械需精，一再謝卻張之洞代找到之良好兵器（丙一三四）。

4.與劉永福不和，務去之而後快，將劉安置在臺南。在日軍攻臺前，因他本身沒有基本武力，當時清正規軍為劉之二營，及淮軍提督楊汝珍所部，都不應唐之節制。唐乃急投藥，亂招兵，上了吳國英等人的當，被騙去了不少餉械。而且其無常識到了如此之程度，竟還向張推介吳，說吳有奇謀，在廣東有兵數萬，可以攻滅日本本土等等。

5.對抗日既無信心與把握，又不能壓平眾人，冷靜設謀。隨眾而起鬨，獨立不過十二天，只失去了臺北，便挾巨資一走了之，連帶地也使張之洞失去援臺之心。

6.他為抗日所招之大部隊，臨走時不予資遣或運回大陸，致潰兵成匪，燒殺甚凶。

7.細讀連橫著《臺灣通史．獨立紀》，當時臺防之重心在臺北與臺南，桃園以南至臺中，無可用之兵。當初之構想可能是防止日本在基隆、淡水或臺南登陸，因中部無良港供日本使用。但是唐在北部不戰而走，劉在南部遂不及支援中部，只能與日軍戰於臺中以南之平原區，失去地利。

歷來的史書，對唐景崧均有好評，以其抗日之故，其實此人純是環境使然，連橫著《臺灣通史》，對一般人目為英雄的唐景崧、劉永福與丘逢甲均有極為嚴厲的批評。說劉徒擁虛名，並不能戰，碌碌未有奇能。說丘在唐景崧不戰而走之同時，亦挾款而去，或說有十萬兩之鉅。對於劉，我覺得連氏責之太深，對於丘挾款而走之事，恕我不知。但對於唐，連氏批評的，實仍不夠嚴厲。

九、德國之干涉還遼與助日取臺

日本答應還遼之後，四月中因還遼細則問題，例如中國贖款數目，旅順是否一併歸還，日軍在南滿的撤兵日期等等，日俄之間的情勢並未鬆弛。

俄國在四月中旬即在日本海面集結強大艦隊，派兵船三十艘至日本長崎訪問以示威。英國從華南亦派遣一支艦隊去日本訪問，實際上是支援日本，警告俄國。套句近代名詞，乃國際警察行動。法國雖因英國態度不利於己，並未將在馬達加斯加之海陸兵力東運，然其在東亞之海軍司令亦率其所屬訪日。一時日本海上各國海軍雲集，大戰一觸即發。當時俄法號稱世界第三與第二之海權，僅次於英國，加在一起，其勢驚人。不過法在亞洲之兵力有限，故實際乃英國在東亞之艦隊加上日本以對敵，俄國之太平洋艦隊，雙方均無把握取勝。

經過數月之對峙，日本最後屈服，在歸還遼東之問題上，完全接受三國的條件，包括撤兵日期、放棄旅順等。此時日本舉國譁然，深感屈辱，在和談前盲目要求割地者，乃反過來一致攻擊當時的外相陸奧宗光外交失敗。陸奧固然因之而去職，由西園寺侯爵繼任，然心中不平，乃著《蹇蹇錄》以自辯。

俄德藉口只反對日本在中國大陸割取領土，不支持法國對臺灣的干涉。法國知道上當，一度乃轉邀西班牙共同干涉。然法西兩國，在中國均非有實力如英俄者，此干涉自難成功。

細究各國干涉還遼之逐步進展，與臺民抗日之經過，不難發現日本因臺局之屢次增兵，為避免兩面作戰，故在遼東問題上，逐步屈服。

在中日換約前後，臺民抗日前，除日本外，曾派兵船去臺灣者，計有英德法三國。英法立場明顯，德國是反日，還是助日呢？德國參加三國還遼，是因其寄望之三處良港——膠州灣、舟山與臺灣均將落空，因而憤怒。臺灣既已割給日本，而英艦之集中舟山，又使德國誤會是英以舟山為其已得區域。不過三處之中，德國第一選擇是膠州灣，因此雖在舟山與臺灣失望，德國仍不會因而干涉日本。偏偏日本存心控制渤海，割取遼東半島之外，在《馬關條約》中聲明占據威海衛及劉公島，作為中國付款及履行其他條件之保證。而《馬關條約》之賠償費已預定分兩年付清，至於其他通商、設廠、內河航行權等細則，尚需中日之間一一交涉，付之實行，不知何年何月。因此日本在實質上可以說是占了威海衛不還了，德國因而大急，深恐日本勢力侵入山東，則膠州灣遲早落入日本手中，故起而干涉。但是德國自知在中國並無實力，只能利用法俄與英日之矛盾取利，所以非常反對中日廢約再戰。因為只有在和戰之間，德國才能從中取利，不論和也好，戰也好，德國既無實力，自無影響。所以德國在遼東問題上，與法俄一致，以阻止日本勢力之進入華北與東北，此是加重法俄與日本之戰意，但在臺澎方面，則助英日抑法，以沖淡戰意。德國並一再警告中國，若中國廢約再戰，所失之地恐不止臺澎，例如舟山、海南等，恐將不保（乙七四一）。

十、三國兵船到臺灣

法國在四月六日主動向王之春表示願派兵艦去基隆及淡水，以安臺民之心。四月七日，龔照瑗趕到巴黎，王之春與法外交部遂失去連絡。

在法國極可能出兵干涉之際，英德兩國同時派兵船二艘去淡水。四月十五日，並派水兵上岸護僑，此乃中日換約之時。中國方面，不論李鴻章、張之洞與唐景崧，均不了解英德之真意在警告法國不可輕舉妄動。這也難怪，因法德是干涉還遼之同伴，而張之洞與唐景崧，雖已懷疑英國幫助日本，但德國與英共同行動，殊令之費解，所以三人均以為英德只是如其所言，乃欲保護其在臺之僑民而已。

法國對於德國參加還遼之動機及經過，自比中國知道的多。自己心裡有數，英德此舉是在幫助日本，以免在中日換約前夕，法國以實力支持中國的保臺。所以法國原定在四月十三日到達臺灣的兵船，一拖再拖，直到四月二十七日，才來了一艘。張之洞等以為法船之遲到，是因龔照瑗之破壞，這是誤會，法國是顧忌英國（德國在中國無實力，只是陪襯）。

四月下旬，法國在馬達加斯加之戰爭並未結束，而其在安南之艦隊，因支持俄國之干涉還遼，已經北上日本長崎，向日示威。這一艘法艦順道訪臺的主要任務，是在精神上激勵臺民，不要向日本屈服。

如前所述，臺灣民主國之原始思想，來自法國之暗示與鼓勵。但在中日換約前，即中國未正式將臺灣割給日本時，不論法外交部、王之春、張之洞與唐景崧，都沒用到臺灣獨立的字眼，只是含蓄地用民變二字。法國之正式談到臺灣獨立，乃此次法艦訪問臺北時。

這艘法艦在淡水只停了二天一夜，法人與陳季同及唐景崧分別晤談了一次。在二次談話中，法國人均強調臺灣必須獨立，法國予以正式承認後，才能有藉口干涉臺局（丙二〇四）。這對三天後的臺灣決定宣布獨立，具有重大的影響。

不過臺灣獨立後，因英俄德之牽制，法國並沒有幫助臺灣民主國。我們可以說，張之洞與唐景崧等，上了法國的大當。

十一、列強干涉臺澎之最後定案

法國有心而無力，其他列強根本無意反對日本之占臺澎。但是因臺澎控制中國沿海之航道，除英國外，所有列強均擔心澎湖成為第二個直布羅陀，即英國假日本之手，來控制各國對華的航運。

因此，在確定不干涉日本之占領臺澎後，於陽曆五月中起，列強即在醞釀一方案，即：

1. 日本不許在澎湖設防以保證各國在臺灣海峽之自由航行權。
2. 日本今後不許將臺澎轉讓給第三國（即除還給中國外，不可割讓給他國，最主要的是防止英國借日本之手取臺澎）。

這個交涉為時二個多月，英國以其不妨礙英日之利益，也勸日本接受。最後日本於一八九五年七月十九日（陽曆），由其新任外相西園寺侯爵，照會各國政府。宣言：「日本政府承認臺灣海峽為各國公共航路，因此該海峽不歸日本管轄，亦非日本所得獨自利用。日本政府保證絕不將臺灣及澎湖列島，讓與他國。」此宣言中，未提及澎湖之設防問題。是因英國之調停，為使日本不失面子起見，不予文字記載，只為共同之默契。筆者曾遊覽澎湖，見其港口等之建設，多為日據時之遺跡，確不能與後來日本在臺所開闢之左營、高雄等港口可比，可見日本確是未擴大使用澎湖港。

至此為止，臺澎的局勢已定。

十二、結語

依事後的檢討來看，張之洞保臺運動之失敗，幾乎是必然之事。張氏上了英國之當，在日軍攻占澎湖前，沒有與法國聯絡。在此之後，一切只不過是盡人事而已。

張之洞是當時號稱最知夷情的，在光緒二十一年二月間還會不知法之有心及有力干涉臺澎。以李鴻章之號稱知倭情，我在上章裡也指出他有許多對日本不了解之處。再拿直接辦理交涉的人來說，王之春的隨員中竟無人會譯密電，不得不受制於龔照瑗。張蔭桓在廣島要與北京聯絡竟必須通過日本之電報局。李鴻章父子之對日交涉文書，均需通過科士達之潤飾，由此可見，當時中國人才之缺乏，與辦外交之幼稚。

再說，中國政界派系之深。李派主割臺，所以淮軍系統的提督楊岐珍在臺灣抗日前，即率部回廈門。張派主張保臺，所以唐景崧與劉永福留下抗日。王之春與龔照瑗的鬥爭，也是張李之爭的一個縮寫。《馬關條約》的條文，李鴻章只通知一個道台後的盛宣懷，而不通知貴為兩江總督的張之洞，也是派系作祟之故。即在同一系統中，又尚有親疏之分，張之薄劉厚唐，即為一例。

第三，中國政界以人定事，同是總督，張之洞便可對外進行外交，對內指揮非其管轄的唐景崧。山東巡撫李秉衡要援臺，不敢負責，尚需請其首肯。閩浙總督要召回劉永福，也得請其聯名。同樣的，同是議和全權，李鴻章之全權，比張蔭桓之全權，不知要大了多少。

第四，清朝以非成和局不能自保的李鴻章去與日談和，實為不智。

第五，若無中國之支持，或國際因私利的支持，臺灣一島，既占了如此重要之地理位置，又復有資源之富，我們實在看不出，如何能確保獨立，不為日本所乘？張之洞與唐景崧不太了解國際情勢，弄了一幕被李鴻章嘲為殘民的短劇。

國際間之自私自利，在一八九五年二月至七月的短短半年中，因中日和戰，臺澎與遼東之割否，所引起的詭譎風雲中，可以詳見。英國之暗助日本，固然卑鄙，德國之抑日取遼，助日取臺，又何嘗不然？法國之極力鼓動臺民獨立，臺灣民變，與日本之主張中國割遼東給朝鮮，再由日本向朝鮮租借一樣地有吞併的野心。俄國阻止日本取得遼東，只是因其心目中已將遼東屬於俄國。美國看上去似最講道義，其實只是國力未強，無法與上述各國競爭而已。試看科士達之回憶錄，當其受中國之請，赴日幫助議和時，多少美國商人想與他拉攏，以發中國危難之財，便可以知道國際間沒有君子道義之交。只有利害的結合。

最後，筆者願意指正《臺灣通史・獨立紀》的一個錯誤。即連氏以張之洞對外交涉保臺，是先法後英。這個次序應是先英後法。況且筆者在本文中已指出，張之洞若在一開始，即陰曆二月中旬，即與法交涉，在日本攻澎湖之前，若法船先到臺澎，則局面完全不同。張氏中了英國的緩兵計，直到三月底才求援於法，是其保臺運動的致命傷。所以此次序之先後，大有關係，是錯不得的。

中美俄日在東南亞的矛盾與角逐
——一九七〇年代的「新課題」

阮大仁

前言

儘管「尼周」與「周、田中」在一九七二年的《聯合公報》中均明言，中美與中日之親善，不以第三國為對象，《尼周公報》又說反對任何一國（包括簽字國）在太平洋建立獨占勢力。然而東南亞各國還是極感恐慌，尤其在越戰即將結束之際，美國因尼克森政策而退縮的部分權力，所造成的「真空」，將由誰來填補，是東南亞各國最關心的。

就中共本身而言，也深覺到日俄伸入東南亞之可能性，周恩來亟亟拉攏日本，分化日俄，阻止日本對臺灣任何染指的企圖，也是著眼在東亞日後的均勢上。今天日本放棄了染指臺灣之心，即表明其國內南進派之受阻，然而中共所付出的代價也很大，放棄賠償，「釣魚台主權後議」及琉球歸還日本之默認。然而日本暫不南進，則會更加強與蘇俄合作開採西伯利亞之欲望，這也是中共不願意的。因此中共必須自身放棄不與外國經濟合作之原則，以利誘日本。渤海灣海底石油之聯合開採，只是針對西伯利亞大油田日俄開採之對案，今後日本居中俄之間，漁人得利，與雙方的經濟合作，都會大幅度的提高。另一面，南北韓的和談日本亦可能得利，只是北韓介乎中俄共之間，中俄共雖競與日本交好，卻又顧忌到北韓之讓步，會失去韓國作為中日俄三國緩衝之意義，因此將來南北韓談判將是中美日俄四國間外交鬥爭的尖端。而且南北韓和合的速度，又都會影響到日俄或中日，在東亞的寶庫——東南亞在七〇年代中勢力圈的劃分，目前的跡象是各國一致憂慮中共之南進。

因《雅爾達密約》而劃分的世界勢力圈，隨冷戰而凍結，現在冷戰解凍了，又是列強重新劃分世界的關頭。就我們中國人言，這次與前不同的，是中國也占了列強的一席。因實力消長而改變的勢力興衰，不是空泛的「不以第三國為對象」的言語可以消除的。過往的世界如此，今後也仍然如此，強國合議瓜分世界利益的行為是不可能改變的，不同的只是各強國對付其勢力圈中弱國的手段與態度，或有不同而已。

在七二年三月，筆者曾寫一文，在五月份的《明報月刊》發表，題目是〈尼中會談後的中日關係〉，文中有關東南亞者有下述的幾段話，大意是：

1. 美國當顧忌到如何使菲律賓等東南亞國家，以及與臺灣接近的東南亞各國，如何與北京和平共存的問題。（十六頁）

2. 在七三年內，越戰將由類似與五〇年代之日內瓦國際會議調停方式而解決，而且很可能先取聯合政府，最後以共黨統一越南為結局。但是泰國及馬來西亞則可保全於英美勢力範圍之內，寮國與高棉則為緩衝之中立國。在這種全盤局勢之下，美國乃有放棄臺灣，確保菲律賓與中立印尼的打算。在此情形下，北京在東南亞之威脅全部解決，可以專心於東北與北方，這也是英美等百年來的基本政策，即在東北亞保持中日俄之均勢，而讓英美等可以確享東南亞之經濟利益。（十七頁）

3.不論中日是合作、冷和與冷戰，未來東南亞市場的競爭，將是一場白熱化的經濟戰。（二十二頁）

以上的判斷，九個月來，由於越戰和談之明朗化，在七三年解決是可以預見的了。而寮國、高棉作為緩衝國，是雙方已同意的，到目前為止，所爭執的只是聯合政府之實質方式及國際監督停火問題，此與筆者所判斷的國際會議與使用聯合政府之名義稍有不同，這是因為北越及中俄共讓步之故。

目前的關鍵不在越南，越戰不論用何種方式結束，美國放棄越南是一定的了，不同的方式，只是使南越落入共黨手中的時間不同罷了。而且筆者可以主觀地判斷，在停火後二年至四年之間，南越便會赤化。

現在有趣的問題是：

1.美國以高棉及寮國作為緩衝國，分量夠不夠？骨牌原理能不能合用於東南亞？

2.東南亞對中共可能南進的反應及對策如何？

3.東北亞因東南亞情勢改變而可能起的變化如何？

4.中美英日俄等強國對東亞勢力可能作的劃分又如何？

易言之，本文的目的是研討在七〇年代中，中共在東南亞所扮演的角色。

以下分歷史的經驗、中國與東南亞各國的矛盾，及未來局勢的研判三方面來討論。

甲　歷史的經驗

一、英國的方針

十九世紀是英俄爭霸世界的競賽，俄國的地理位置，西出波蘭，南出土耳其、新疆與西藏，東出朝鮮與滿洲。而在東亞方面，英國曾向俄國建議，以中國之黃河秦嶺一線為雙方勢力範圍之分界線，未被俄國接受，英國乃轉而扶植日本，使之與俄國在東北亞對抗，而英國乃得確保北起中國長江流域，南至印度洋的富庶區域之利益。

英日蜜月初現跡於一八九四年之甲午戰爭，一八九五年《馬關條約》簽訂，歐洲列強群起干涉，唯有英國認為此約不影響歐洲各國之利益，故拒絕參加德俄法三國之強迫日本歸還遼東半島於中國之行動，並暗中破壞法國幫助張之洞的保臺運動。[1] 一九〇二年英日締結第一次同盟，一九〇四年日俄戰爭，英國表面中立，暗助日本，不允許俄方自波羅的海調至遠東的艦隊通過蘇彝士運河，迫其繞道好望角，並不許其在英屬地補充糧水。故俄艦隊離開歐洲後，一直航行到東非法屬的馬達加斯加島才得到第一次補給，影響戰機及戰力甚巨。日俄戰後，英日在東亞之勾結更形堅固。復經二次加盟，一九一八年的巴黎和會簽訂第一次世界大戰的和約，英國支持日本強占我國之山東省膠洲灣，承受德國因戰敗而喪失的權益。[2] 也是英國有意於保全長江及其以南的權益的一個證明。

第一次世界大戰後，有兩點因素影響東亞局勢。即：

1.俄國革命後的長期內戰，使東北亞無人可以平衡日本的勢力，英國反而要抑制日本，以免日本反噬。

1 錢崇實，〈中日甲午戰後的各國暗鬥〉，臺灣《東方雜誌》。一九七一年、十月號，頁六三。

2 金問泗，《從巴黎和會到國聯》，臺北《傳記文學叢書》之十五。「山東問題之我見」章。

2.美國因戰勝而國力膨脹，威爾遜總統乃提出十四點主張，包括民族自決的原則，使得美國有力量反對，也有意反對英日的同盟。

一九二〇年，哈丁取代威爾遜為美國總統，一九二一年召開華盛頓五國會議以討論限制海軍軍備（英法美義日），同時舉行九國會議以討論太平洋遠東問題（前述五個外加中比荷葡），會中因美國之堅持，英國亦因俄國失去平衡日本的作用，便改變一向支持日本的態度，山東問題遂由中日兩國在華府會談解決，而且英日同盟也由英美法日之遠東四國協定所取代。英國與日本間的蘭辛石井換文亦在一九二三年四月廢除。[3]這是英日蜜月的結束，也可以說是二次世界大戰中，太平洋戰爭的伏線。

一九二二年二月的華府會議中，英美日另行締結太平洋軍備限制條約，三國同意在太平洋各島嶼的武力維持現狀，美日各將所屬島嶼全部列入，而英國只入香港，新加坡被巧妙地略去了。[4]而且由日後英國之增建要塞工事以及太平洋戰事發生後之應變方針看來，英國只打算確保印度與新加坡、澳洲，因此預備暫時放棄中國長江以南至緬甸的廣大利益（包括香港在內）。[5]

3 前著，「華盛頓會議對我國問題之處理」章。又所謂的蘭辛石井換文，是美國對日本在東北亞地位的一種承認，其中有美日就韓國與臺灣對日本安全為極重要一點之同意，這點到一九七二年一月尼克森與佐藤榮作在加州會面時尚予同意。七二年八月，中日建交後，日本大平外相在國會答覆質詢，云「臺灣條文」（指《美日安保條約》中有關美國可以運用在日基地保衛臺灣）的條文因實際情況改變，等於無效。因此由蘭辛石井換文而生的陰影，直到七二年冬才消除。

4 伊藤正德著，蔡茂豐譯，《日本軍血戰史》，第二章〈新加坡攻略〉。

5 太平洋戰事爆發，英軍只有一師部隊可自中東抽調增援遠東，英軍參謀本部要求增防緬甸之仰光，而被邱吉爾否決，此因澳洲堅持必須確保新加坡之故。然而空軍及海軍也只有增調至新加坡的，未增援到其他屬地。

由一八九四到一九四一年，近半個世紀的史實顯示，英國的興趣在東南亞，以新加坡為樞紐。若形勢許可，則北上至中國長江流域，但對黃河及其北面，即東北亞，寧可放棄，讓中日俄競爭其間。若形勢不利，則退縮至東南亞，確保印度與新加坡，以圖反攻。

不論其假想敵為日本或俄國，英國的戰略構想是正確的，在二次大戰之前，英國雖然擁有世界第一位的海軍，但不可能集中在遠東，因而局部優勢反不如俄日，[6]所以英國必須採取退縮的防禦，以待集中兵力於遠東，故海港為重要之防禦中心。新加坡因地理位置，遂成樞紐，而香港太靠北面，又易受大陸方向來敵之襲擊，故不予考慮。

二、二次大戰後的局面

二次大戰後，是美俄爭霸的局面，其世界大勢之劃分，是根據英美俄三國在雅爾達所簽的密約。以東亞局勢言，在東北亞，英美慷他人之慨，將中國東北及北韓（在戰時均為日本之勢力範圍）劃給俄國，美國則得日本與南韓，但為了補償中國，則劃北越為中國之受降區。北越原為法國屬地，此次會商，法國不在場，因此也被犧牲。不過同是戰勝國，中法之實力不足與英美俄並論，而且以三國言，英國只是恢復了戰前的權益，並未如美俄之乘勢瓜分東北亞之勢力，這也是因為英國外強中乾之故。今日我們中國人痛恨《雅爾達密約》，其實英美俄若等到德國投降後，再次決定戰後之新秩序，俄軍東指，加上羅斯福之死亡，美國換了無外交經驗之杜魯門，恐怕中國喪失之權益不只東北。然而無論美國在其對華白皮書中如何自我解說，《雅爾達密約》這種列強瓜分世界，侵害盟

6 帝俄之海軍為第三位，日本之海軍在一次大戰後亦為第三位。

國主權的行為，是不道德的，與德義日之行為如出一轍。英美在此約中之犧牲中國，我個人有一推論，即削弱中國，不使其能主宰東亞，並轉誘俄國東進，以換取歐洲秩序之重建。不過英美當未判斷到國民政府之迅速敗給中共。由以上二點推論，主謀者當是英俄，不過就事論事，因《雅爾達密約》最得利的是美國。按照當時勢力範圍的劃分，英美俄是把中國勢力南移了，以北越交換東北。這與其在中歐將波蘭國境西移類似，只是國府因國共之內戰，北越只駐了二年軍便撤出。[7]

就東南亞言，二次大戰剛結束時，除了北越外，都只是恢復了原狀。然而主要的殖民國家，例如英國（香港、印度、緬甸、馬來亞）、荷蘭（印尼、新幾內亞）、法國（越南、寮國、高棉），這些列強在二次大戰時不是在歐洲已經亡國（荷、法），便是被日本打得無還手之力（英、荷）。日本在各地統治期間，扶植當地土人的傀儡政權，或組織親日的政黨與軍隊，也變相地教育了各國人民獨立反殖民的方法。戰後英法荷等雖然恢復了殖民統治，但對於有實力的附日分子，無力處罰，只得予以寬免。例如緬甸獨立軍的翁山等人，泰國的親日皇室（老皇被迫退位，由今皇繼任，但皇室仍維持），這使各國人士了解到英荷法確是今非昔比了。

然而促成東亞殖民時代結束的主因，是由於印度之獨立，共產中國之興起，以及美國之取代英國在太平洋的霸權。戰後英國實力衰弱的最大證明，是中共沒收了在華的英資，而英國無力索取。加以美國在東亞無殖民興趣，著眼點只在經濟利益之維持，因此鼓動各國獨立，以防阻共產集團之利用反殖民而赤化東南亞。

7　中國這兩年駐軍北越，對越南人民反抗法國有決定性的影響。舉例來說，胡志明便是跟著國民黨軍隊自中國返回北越的。

遠在二次大戰時，英美對於戰後殖民地之處理，即有歧見。根據邱吉爾回憶錄，他與羅斯福之交往，爭吵只有一次，即是他與羅斯福在英屬牙買加群島第一次會面時，羅氏表示戰後應允許印度獨立，邱氏當場拒絕，並說：「我之出任英國首相，是要戰勝敵人，恢復大英帝國，不是送葬的。」邱氏接著陳述了英國對殖民地的看法約四小時之久，並云：「我作了如此強烈的表示，使他深刻了解兩國對此問題看法的不同，他在以後的多次會面中，再也不曾談起殖民地問題。」

因此我們如果說因為中共之興起，以及美國圍堵中共之政策需要各國人民之支持，遂迫使英法荷等在無力抗衡下，黯然退出東南亞，大致上是不錯的。不過也有一二處是當地人民用武力打出來的獨立，其中最凶猛的是越南之於法國，而且限於北越地區，這當是因與中共接壤之故。然而國民黨在北越二年之占領，庇護了反法的越南民族主義者之擴大組織，也是原因之一。現在治東南亞歷史者，只著眼於北越獨立由越盟領導之成功，因此僅歸功於共黨，但他們忽略了以上因素。而越南人反法者亦不限於越盟，中國西南的軍閥，尤其是兩廣的，因與蔣中正對抗，有時甚至庇護中共，更不用說協助越共了。試問胡志明等越盟領袖在太平洋戰爭期間安身何處？這是題外話，暫且不提。

不過無論如何，就亞洲整個局勢而言，戰時日本之一度擊敗英美，戰後國府之置身五強之列，以及後來中共之興起，打了萬眾矚目的韓戰，這都是東亞人民自尊心提高的因素，遂使民族主義風起雲湧，而有今天的局面。

乙 中國與東南亞各國的矛盾

東南亞既介於中印兩大民族之間，在反帝國主義的立場上利害又是一致，為什麼中共對東南亞的關係至今不能展開？過去最主要的因素當是美國之作梗。然而若不是中國與東南亞各國本身間有重大予盾，在美國解凍中美關係的今天，為什麼泰國、菲律賓會宣布進入緊急狀態？新加坡反而強調現在越戰和談中擬議的緩衝國——寮國及高棉，不足以抵擋共產集團之南下，而必須請美國加強在泰國之武力。同時，馬來西亞亦正在奔走要求各大國共同保證東南亞各國之中立化。由這一連串的反應看來，各國對中國的恐懼，恐怕還在一九四二年時對日本的恐懼之上，但是中共又根本沒有向南發展之跡象。欲了解此點，必須由思想、種族、經濟、政治、地理各方面去觀察，以及各國與中國矛盾的不同的重點。

一、種族之不同

東南亞各國的土族，印尼、馬來西亞、菲律賓、北婆羅洲，以巫人為主，除了印度人及華人外，少有山地民族，泰國、緬甸、寮國、高棉與越南則有山地的少數民族，例如撣邦、喀欽、擺夷等，而且人數也很多。大體言之，各國是以巫人為多，因此種族上有別於以蒙古利亞人為主的中國。

目前在東南亞約有一千四百萬的華人，分布的情形以與各國總人口之比例來說，新加坡占百分之八十六為第一位，馬來西亞占百分之四十五為第二位，其次則泰國、菲律賓、印尼等，所占總人口比例不大，故在種族的觀點上，除了新、馬外，中共不會構成直接威脅。其他有山地民族的國家，擔心的是中共支持山地族獨立的要求，印支三國及緬泰均有少數民族的脫離運動。

新加坡以華人為主，但害怕中共，是因為政治、思想、經濟等方面的不同。簡言之，新加坡的執政者及多數人民不願意過共產生活。

馬來西亞與中國（不一定是中共）的矛盾，則是比較困難，因為巫人占百分之四十八，華人占百分之四十五，雙方的差數是太少了。況且以經濟、教育等程度來看，華人比巫人要占優勢的多，人口上微小的差額，並不足以保障巫人的權利。因此馬來西的巫人政權若要防止華人掌權，只有在立法上及事實上予華人以種種限制。

二、思想上的差歧

東南亞各國大多行資本主義，這與中共不同。此外在宗教信仰上，馬來西亞、印尼是回教國家，菲律賓是天主教國家，其餘的多是佛教國家，總之，都是宗教勢力深厚的國家。多數人民對於部分青年人之傾向無神論的共產主義，當然反對，這一點，不論中俄共都是不受歡迎的。只是相對來說，中共對於「破除迷信」更熱心些，而對同是亞洲人的青年急進分子卻又有一些號召力。

三、經濟上的因素

除了印支的三個國家及加上緬甸外，其餘泰國、馬來西亞、印尼、北婆羅洲及菲律賓都是資源豐富而貧富懸殊的國家。因資源豐富，遂為列強所垂涎，英國百年來著眼於東南亞而放棄東北亞者，原因在此，美國打越戰之目的也在此，日本打太平洋戰爭的目的更在此。馬、印、菲等有自知之明，當然怕中共動腦筋。其次因為貧富懸殊，所以是共產主義之溫床，在中共興起之後，印尼共黨受中共支持而發動流產政變，其他如馬共、越共、緬共、菲律賓之虎克黨、泰共、寮共等均部分受中共指導。所以馬來西亞等國必須在社會福利及民生保障上大加努力。

中共與東南亞各國友誼的高峰是萬隆會議，其中的兩大支柱是印度與印尼。但一九六二年中印為爭奪拉狄克之鈾礦作戰，已使各國寒心。而一九六五年，印尼共黨在中共之支援下，發動政變，雖未成功，但更使各國畏懼。印尼、印度分別與中共決裂後，中共與東南亞的友好關係就終結了。固然不與中共接壤的國家，不必擔心與中共之武裝衝突，但是其內部貧苦民眾在共黨領導下的叛亂也需防備。菲律賓及泰國在中共加入聯合國後宣布戒嚴，即是怕原已猖獗的內亂因之擴大。不過菲律賓的情況有點古怪，目前看上去似與馬可仕總統（或其夫人）想終身執政有關。

四、政治制度上的不同

各國均由殖民地而獨立（泰國除外），因此採取原殖民國之政制者多，雖然真正實行民主選政的只有新、馬、菲律賓與北婆羅洲（有些國家的現任執政者均由政變產生而通過民選之形式而連任），但是馬來西亞如果在提高巫人地位的同時，也對華人平等相待，各族平等互助，民主將更理想。其中菲律賓在一九七三年春通過新憲法，其民主傳統就已夭折。而有些國家之疏遠中共，痛恨社會主義，在政制方面，還是為了要維持既得權力利益。拿菲律賓來說，一直遲到一九七二年冬的緊急戒嚴，其土地改革尚未全面推行，而早在臺灣土改成功時，菲方即已聲言將效步。臺灣農業改革之主體——農復會，與菲國之農復會均由晏陽初先生一手創立，臺灣的只早成立幾年（大陸時期的三年左右不算在內），二十多年下來，雙方的成就是天壤之別。許多反對國府的人士，只看國府的缺點，老與更民主自由的歐美各國比，卻忘了亞洲地區有其特性，就拿我方才舉的例子，臺灣與東南亞各國的土改來說，臺灣是這個區域中唯一成功的例子，其他區域中效法臺灣的，已成功的有伊朗，正在進行中的有秘魯。我雖然批評了臺灣目前的農業政策，其病因之一在盲從三民主義，但在三七五減租至耕者有其田這一段土改期間，孫中山先生的理論是正確的，只是目前臺灣的經濟結構已完全與前不同，因此需要修正，不可再盲從下去。

五、地理上的因素

東南亞因為接近中國大陸，所以易受其威脅。歷史上中國王朝覆滅時，如果敗者已退到南疆，都不約而同的有撤退向東南亞之意圖。例如：

1. 南宋末年張世傑之率舟師伐越南，因颱風而覆滅。
2. 明末鄭成功之計畫由臺灣攻取菲律賓，因鄭成功突然病死而告中止。
3. 明末永曆帝之撤退入緬甸，清將吳三桂追入緬境，迫緬人送還，後縊弒帝於昆明。
4. 國民黨軍之退入越南（黃杰兵團）與緬甸（李彌兵團之殘餘）。

其餘屬於傳聞的有隋末的虬髯客與明初的惠帝，這兩個故事多半不可靠，但由此可知，中國民間對於失敗者逃退入東南亞一事的可能性是不懷疑的。

反過來說，當中國國勢鼎盛時，其勢力伸入東南亞也是當然之事。然而就邊境言，因中國之政治重心在北方的黃河中下游，故對外擴張偏重於西北、正北與東北。即使如此，也有南進之記載，其中多次被征服的北越，因接壤與地理環境之故，遠自漢武帝時，只要中國力量大，北越便被納入版圖，故不贅述。其餘不與中國接壤者，有：

1. 元世祖之伐爪哇。
2. 明成祖之派鄭和下西洋七次。

進一步言，與中國接界之越南或緬甸（因邊境是野人山，故與中國交戰次數極少，只有元世祖時、清高宗時有伐緬之役），當中國內亂或受北方外族侵入時，亦會北伸其勢力入中國之南疆，推其大者，則為唐朝以雲南為核心組成的南詔國，以及東漢初與清初之越南。

因此中國與東南亞各國間雖是中國歷史上發生事故最少的疆界，但亦絕不如一般人誤以為的和平共存，永無爭端。

中國一直是個陸權國，故對外擴張大致是以直接接壤者為對象，而且以外族入占中原的元清兩朝為最，這也是因為北方民族精於騎戰，陸軍更強大的緣故。中國之用兵南疆，越南久為對象，即是此因。而緬甸雖有天險與中國為疆界，但中國軍隊之大規模進入緬境者有六次，即元世祖之伐緬、清吳三桂之追殺永曆帝，清高宗之伐緬，以及國民黨在抗戰時之二次緬戰，與李彌殘部之入緬。有趣的是，每次緬人均對入境之中國軍隊具有敵意，不論其入緬之時代與動機為何。

越南之所以成為美國多年來保障其東南亞利益之一環，阻止中共南進，作為骨牌原理之第一張牌，有歷史上的因素，而歷史又是根據地理上的原因而形成的。

至於不與中國接壤的其他國家，尤其是印尼、菲律賓與北婆羅洲等海島國家，對於中共來說，所受的武力威脅要小的多。中共的海軍尚未強大到可以攻取臺灣，更不必說攻擊他們。故就地理言，印支半島三國及緬甸對中國之恐懼最大，其次為泰國及馬來西亞。

越戰如果結束，寮國與高棉之能不能發揮中立國的作用，關鍵不在「自由」與共產兩集團之對立，而在於北越與中共間的矛盾能不能調和。若北越完全倒入中共陣營，寮國、高棉不起作用，固無論矣。但泰國能不能如李光耀之希望，發揮阻擋共產勢力之南進，都是疑問。

若中共南進過速，勢力膨脹太快，則美俄二國將要共同努力的是：

1. 造成北越與中共矛盾的擴大（俄國出頭）。
2. 加強在泰之武力（美國出面）。
3. 將東北亞之形勢弄得更複雜，使中國一時無法南進（美俄分別通過日韓進行）。

4. 加強中印、中俄邊界之壓力（俄國進行）。

5. 加強支持東南亞各國之拒斥中共，例如最近俄國忽然改變其對麻六甲海峽管制權的態度（美俄合作進行）。

反之，若俄日在東南亞利用各國恐懼中共之心，而發展勢力過速，則美國會幫助中共。尤其是北越如果倒向俄共，則中國被俄圍堵之勢已成，大不利於美俄在世局之競爭。因此北越如果中立於中俄共之間，是除了中俄共之外，所有國家所共同希望的。

總之，英美不會自動放棄東南亞之勢力，其重點在確保泰國，以屏障馬來西亞、新加坡、印尼、北婆羅洲與菲律賓。而俄國雖不能取代英美之既得利益，但也不願東南亞完整地落入中共或日本（或二者合作）之手，至少要造成包括本身在內之勢力平衡，而且此地區有關東非及印度次大陸中俄共勢力之競爭，也是俄共不能放棄的。

這是為什麼美國主管東亞事務的助理國務卿葛林在一九七二年十二月中發表政策性的談話，說越戰結束後，美國在太平洋事務的重點將在東北亞，而非東南亞。因為在七〇年代要保障美國在東南亞之利益，不能再寄望於直接的武力干涉，一如創痛極深的越戰，必須運用外交手法以造成亞洲大陸的勢力平衡。其原則仍如一八九四至一九四二的英國，即在東北亞使中日俄競雄，而美國在東南亞確保在泰國等之利益——通過政治外交在東北亞的中、俄、日、韓之間為之。

美國在東南亞不能撤退的另一因素，也是地理上的，即由印尼可攻紐西蘭與澳洲，繞道南方可攻擊美洲本土。日本在太平洋作戰之構想即在此，而美日之決戰最初亦發生在澳洲附近，美國退守之最終線在此，反攻之開始亦在此。現在回顧，日本因使用武力攻取，故伸展太廣而失敗，今後不論中俄共，若以反帝（民族主義）及反剝削（民權及民生主義）為號召，由印尼跳過澳紐，經中南美而北上，可以搖動整個美國的勢力基礎。

中國北進或西進，都有強大的鄰邦作扼，只有南進是最適合的。因此東南亞將是七〇年代中共國力的試金石，而東北亞表面上會弄得很熱鬧，一如英俄、英日爭霸東亞的時代，但骨子裡卻為的是東南亞。

越南若整體納入中共陣營，則地理上阻隔中國南進的因素完全消除，因為中共可以南出印度洋，西南繞高棉、寮國而入泰緬（中緬邊界交通不便，不如繞道），則馬來西亞、印尼，甚至印度都受威脅。中共不會使用武力，但反帝反剝削的號召力，對這些國家內的一些人民是有魔力的，這是東南亞各國執政者憂心的原因。

丙　未來局勢的研究

一、極不穩定的三極半的均勢平衡

七〇年代東亞發展之趨勢，是中俄美日四國的平衡，其中美俄是兩個超級強權，中國是強而不富，日本是富而不強。日本新聞界自稱是四極平衡，實在自抬身價，在完成重整軍備之前，日本只能算半極。

因此，美國對東亞的新政策是建立在兩個前提上：

1. 美日不可分離。
2. 中俄不可合作。

這兩個前提又必須：

1. 日本維持半極的身分，不能升成一極，不然必與美國分道揚鑣。

2. 中國必須被支持為一極，以與俄共對抗。若中國被降為半極，容易向俄屈服。這是美國在一九七二年內大力幫助中共，不論聯合國會籍、臺灣領土權、印巴之戰、小麥貿易、中美親善等事，美國均站在於中共有利的立場之原因。

以日本之富，重整軍備是旦夕之事，然而防備日本軍國主義因重整軍備而復興，是中美俄三國共同的願望，所以日本要成為一極，為時尚遠。然而扶助強而不富的中共成為一極，卻只對美國有利，俄國當然反對，因此今後美國更會獨力增進中共在世局的發言地位。這種三極半的平衡，其中矛盾之處就是以上列第二前提為目標。但是：

1. 因促進中俄之對抗，美國幫助中共會引起俄日的不安，日本會不會在中共日漸升格之際，再長期屈居無軍備之半極地位？

2. 俄共因顧忌中共，會亟亟拉取日本，但仍希望日本留在半極的地位。

3. 中國拉取日本，可能希望日本作有限度的重整軍備（非核化）以平衡俄國。

不論三者中任何一者成功，即毀了美國政策的「美日不可分離」的第一前提。

今後東亞的均勢之能否維持，端要看日本之變化。其他三極的相互關係大致是不會變的，中俄共在未來即使可能消除敵對，但要用和平手段恢復史達林時代的主從關係是不可能的了。

東亞均勢之極不穩定，即在日本之屈居半極，是不符合日本的實力和願望的，這種局面原本不能持久，何況日本之民族性，更不是「文王以大事小」的君子之國。

二、東南亞可能的動向

在東北亞問題未解決之前，中日均無法全力南進。假設在五年後，東北亞三強中俄日之關係已建立成為定型，則是東南亞全面重新分配勢力之時際了。

馬來西亞與中共之矛盾最大也最難解決，因此將成為東南亞最積極反對中共南進的國家。而中共在馬共未得勢之前，亦絕不會去惹馬來西亞。若英美不足保護馬國，其依序會歡迎俄日勢力之進入，若英美力足維持，則自然要堅強地留在英美陣營內。

菲律賓與中共矛盾不大，受威脅亦小，頂多做到與中共建交而已，不會有更進一步的交往或仇視，保留在美國陣營內是必然的。

北婆羅洲唯馬來西亞是從，但華巫之間衝突不大。

泰國在越南未被共黨統一之前，可以偏安一時。若今後中美交惡，則泰國將是今日的越南，否則可以成為雙方勢力真正的界線。

印支三國及緬甸，終久會納入共產陣營，只不知是屬於中共、俄共，甚至北越的勢力範圍而已。最可能的是中俄平衡，而北越兩面取利。

東亞三個半極的角逐，在北是韓國，在南則為印尼。印尼的資源豐富，一如馬來西亞，戰略地位亦相當，但印尼與中共沒有長遠的矛盾。何況因其與馬來西亞之間在巫人國家中的爭霸，很可能變成一如印度次大陸上的印度與巴基斯坦，在敵人的敵人便是朋友之原則下，引中共為友。對中共言，印尼雖有屠殺親中共華僑之前仇，但並非是不可解之仇恨。目前因海底石油之開發，英、美、日已伸入印尼，故將來俄國自西北方的印度洋來，中共自東北方的太平洋來，各方勢力交戰之處，當是印尼。印尼南控紐澳，關係美洲之防禦，北臨印度洋，是俄國伸入太平洋之咽喉，西對東非，關係到中共在非洲之經營，對中美俄三極均極重要。日本則著眼於資源的開發，與麻六甲海峽的航行權，因此只需採守勢，不如中美俄之必須採攻勢。將來中美日俄如能在東南亞達成新的均勢，印尼多半會在其間中立，作為緩衝。如果印尼一面倒向其中之一，則均勢便不能達成。對中俄而言，只是阻止其向外發展，對美國言，則是影響其在西半球之霸業，故美國對印尼勢所必爭。只是印尼因反對白色帝國主義，以及蘇加諾長期執政之影響，對美國遠不如菲律賓對美之親近，因此美國在無法堅強地收之為忠實盟友的情況下，會主張它中立。

不論如何發展，現存的東南亞公約組織一定瓦解。紐澳在七二年底分別由本國之工黨執政之後，已表明將退出，至於英國久已想抽身於蘇彝士運河以東之藩殖民地之外，美國又與中共和解，這個原無實力的東約組織，今後將成為新均勢建立時之阻礙。餘下的其他會員國，大勢如上述，對中共的立場及關係均將改變，因此這個公約國已失去其原本建立時圍堵中共之目的。

中共對於新加坡將積極爭取，並不僅是因為該國是由華人組成而已，還因為在大陸上和平手段發展，中共頂多可以到達泰國，在海洋上的發展，菲律賓無機可乘，而印尼又無法獨加控制，則中共需要一支尖兵，放在泰國以西，非洲以東，以免又被圍堵與切斷，最理想的莫過於新加坡。中共並不一定要赤化新加坡，相反的，新加坡如果比馬來西亞赤化要早，將會牽動全局。而且一個赤色的新加坡，與一個中立的印尼隔海相對，將使美日不安。中共只希望新加坡的華人與大陸祖國「認同」，這對新加坡是一個必須防止的威脅。而中共則會在新加坡與香港特別提倡對大陸的認同，在其他區域則依各地華巫狀況而有不同程度之推行，對馬來西亞言，中共反而會鼓吹華人與馬巫認同，以緩和與馬來西亞的矛盾，這已見之於周恩來對馬訪問團之言論。

中共的目光會超越東南亞而注目非洲與中東，然而東南亞是其必經之路，因此也會成為中共在七〇年代躋身列強，開始伸張勢力之試金石。

丁　結論

東南亞的局勢將以東北亞之發展而定，在越南未全部被共黨統一之前，現在的秩序尚可維持四、五年。除非再起戰事，共產集團與英美集團之劃分，東線在泰國，西線在印尼。然而共產集團內部之分配，當以中俄共競爭之勝敗而定，北越將是內爭中舉足輕重的角色。

或許讀者中有人會反對我的推論，認為中共不是一個擴張性的國家。有人甚至會說，中國的文化是王道的，不是霸道的，中國從未擴張其領土。關於王道與否，只能看歷史事實，而且事實顯示中國歷代的疆土是有增減的。至於中共是否是擴張性的國家，姑且不論，只就事實與利害言，當美國頂備撤出在東亞之一部勢力，其所遺留之空檔，中共如不填補，必為俄日所得，那麼中共又陷於本土被包圍的狀態，這是局勢所造成的。況且目前的情況是俄共比日本要捷足先登，此對美俄全球爭霸的局面來說，當非美國之所願。因此可以說是美國情願讓一部分勢力給中共，以平衡俄共。這不是道義上中共擴張與否之問題，而是中共不要，美國則不能退，美國一退，俄共進入，對中美均不利。在美國圍堵中共之時，並不影響中共之生存，因為美國無滅亡中共之意，是消極性保護美國利益的提防而已。這次俄共對中共的圍堵則不然，有積極性攻勢之意義，目前亞洲大陸上，俄共對中共之包圍，只缺緬越二國，中共著急，美國也急，若中共為俄共所攻取，則又成為美俄兩極對立的局面，而且連美俄均勢都會失去，此示三次世界大戰可能發生。因此中共填補美國在東亞之部分空檔，是有利於中美雙方的，也有利於世局均勢的維持。

今後在美國全球縮減勢力聲中，中共與美國之相互合作將較前密切。

我個人認為政治是現實的，中共有能力，有機會，就會去抵消俄日勢力。但中共在擴張勢力的過程中，將不會吞併土地，這可以由本文的推論找出理由來，至於是不能也，還是不為也，非局中人是無法明辨的。

一九七二年十二月二十八日

香港《明報月刊》七十七期一九七二年五月

鑑往與思來
——今後東亞局勢的觀察

阮大仁

一、前言

我在一九七三年發表於香港《明報月刊》上的一篇政論，題目是「中美俄日在東南亞的矛盾與角逐」。當時是因為美國的尼克森總統及其國務卿季辛吉，為了結束美國在越戰中的參預，撤出越南，而提出了聯中制俄之大戰略。筆者因而提出來個人對此之看法，以判斷東南亞大局可能之發展，在本文中稱此篇作品為「上文」。

美國的小羅斯福總統對政論界有一個冷嘲熱諷式的批評，作為受到政論界監督及觀察之政界中人，他自然不會喜歡旁人對他的指三道四，因之有了下面的評語。羅斯福說，政論家往往是一個事先大膽作出評論與判斷，事後每每得去小心解釋自己為何會在先前看走了眼的一個人也。

筆者認為，在事過境遷的時候，每一個作者如果有機會，都應當提出自我檢討去查驗當年的己見，以對讀者負責。

在二〇一九年出版本書之時，在本文中，筆者理應說明，從發表「上文」的一九七三年至今，大約四十六年中間，筆者在「上文」中所提出來的看法，其中較重大的正確與錯誤之處何在的呢？更且在中國提出了「一帶一路」的計畫之後，在本文中乃予研判在未來的三十年到六十年之間，即為兩個世代，東南亞地區的局勢之發展又將會是如何的呢？

中國有句老話，即為「鑑往開來」，在本文中，筆者只說是「鑑往思來」，是因為作為一個住在海外的旁觀者，本人無從參預「開」來，只能提出一些思考罷了。

政論寫作者可分兩類，即為傳教士式與算命師式，前者是提出了自己的主張，後者只是觀察世情。在四十多年前寫作「上文」時，筆者年為三十一歲，是採取了傳教士說道的態度，此因當時是尚為「不知愁滋味」的年齡。筆者今已七十七歲，是在「已知世事艱的」老年，所以在本文中只想去扮演一個算命師的角色。不過也提出兩個主張，此即中國南進的一帶一路，應該是陸路重於海路，其次為今後東亞兩個大國，即中國與日本，應該合作去開發東亞之大局面，不過在北進與南進方面，中日之重點各異，中主南進，日主北進也。

因之此文只是鑑往「思」來，而不是鑑往「開」來。王羲之在〈蘭亭集序〉中有言曰：「後之視今，亦猶今之視昔」，所以在本文中筆者所提出來的看法，一如所檢討四十多年前之「上文」，將來也應該被後人檢驗，可是人壽有限，唯有留待幾十年後之世人再對本文去作檢討的了。

二、鑑往部分

在「上文」中的拙見，今已成為事實的，即是判斷正確者，在此簡述五點，即為：

1. 越戰之結局。
2. 日本重整軍備問題。
3. 中國之南進。
4. 中美俄日三極半的不穩定平衡。
5. 中俄美三角關係的變化。

至於「上文」中筆者的誤判當然有之，例如當時筆者認為緬甸將會赤化，結果沒有。更且，在一九七二年寫作「上文」時，中國大陸猶在文革之中，毛澤東猶為在世。在「上文」中筆者並未能預見在文革結束之後，中國在鄧小平長期主政之下，所締造的改革開放之「和平崛起」。也沒有預見臺灣在蔣經國主政之下，解嚴以後之開放黨禁與報禁，以及允許兩岸之間恢復和平往來也。

現在容筆者簡述在上「上文」下列五點判斷正確之處，此為：

(一)越戰之結局

越戰是在一九七五年結束的，北越及越共聯合擊敗了南越，共黨政權統一了越南。在一九七三年發表的「上文」中，筆者在開場白中即曾說過：

目前的關鍵不在越南，越戰不論用何種方式結束，美國放棄越南是一定的了。不同的方式，只是使越南落入共黨手中的時間不同罷了。而且筆者可以主觀地判斷，在停火後二年至四年之間，南越便會赤化。

此因在一九六九年美國發表了尼克森主義之宣言，將在南越撤軍之後，越戰的結局之方向已定，即為赤化，只是其進度難以在事先予以預判。

史實是在「上文」發表後之兩年多，即在一九七五年越戰結束。當時筆者尚在繼續寫作政論文章，此需待晚至一九八二年，筆者完全棄筆從商。因此當時即有同輩之政論界中同行私下問我，如何能作出在「上文」中之預判。

此因中南半島地區的天氣，每一年都會有了長達三個月的雨季。因之不論古今，在此地區交戰的各方只能在乾季中作戰，在雨季中則休戰，予以整頓軍力，以便來年再戰。

在越戰中，美國與南越聯軍之優勢是在武器裝備較好，因之在雨季中其工作的重點則是在管理與維修這些武器裝備。可是長此以往，美方是把此種工作長期外包給日本與臺灣的廠商，此示美方在南越境內並沒有訓練及培養當地人去掌握此種技能。因之在美軍撤出時，雖然會把各種武器裝備移交，留給南越軍使用，可是南越政府缺少管理及維修這些武器裝備的認知，也沒有此種能力。此即在經過二個到四個乾季的戰鬥與耗損後，其軍力一定會大為減弱也。

這就是我能在「上文」中作出前述判斷的依據的理由所在也。越戰結束後，在一九七五年發生的中國懲越之戰，長達十多年，在本文中雖然也可以歸於其他項目之討論，不過容筆者在此一併順記之，並說明其來龍去脈可也。

二千多年前，中國的春秋時代吳越之爭時，范蠡幫助越王勾踐去雪恥復國。成功後，他便悄然引退，帶了西施出國遠遊去了，世人或以為後來出現的大商人陶朱公即是他的化身。在他隱退之前，他曾勸另一位越國的大臣文種，要文種也與他一樣地急流勇退時，他便指出了勾踐的為人，是可以共患難而不能共富貴的了。

西漢創立時，留侯張良就是採用急流勇退之手法，悄然隱退求道成仙去了，而留下來的另一個功臣淮陰侯韓信，則一如文種之終有殺身之禍。此即漢高祖劉邦之為人，如越王勾踐，也是不能共富貴者。

其實在古往今來之歷史中，不論是在國與國之間，或在人與人之間，這種可以共患難而不能共富貴的例子很多，中越之間在越戰結束後，便是如此也。

在越戰中，中共及俄共都是長期支持北越及越共的盟友，可是在越戰結束後之一九七〇年代，中俄兩個共黨政權已為交惡，因之在統一與赤化後的越南必須在二大之間擇一為友，此時其選擇是與蘇俄為友，靠邊站。如此，則北有俄國，南有越南，中國乃成被包圍之狀態，對美國及中共皆為不利。

就美國言之，尼克森之大戰略是扶中制俄，更且不願看到越南挾越戰大勝之餘威而南進。對中國來說，不願看到已與蘇俄結盟的越南因為南進而坐大，因之由中國出面展開「懲越戰爭」以牽制越南，使之不能南進也。中國此舉應當是先已得到美方的默許，在開戰前夕的關鍵時刻，中國主政者鄧小平親訪美國首都華府，由此可知中國在發動「懲越戰爭」之前，已經向美國打過招呼，取得美方之默許的了。

(二)日本重整軍備問題

二次大戰結束時，東亞的大局是在一九四五年的雅爾達會議中，由美、英、俄三國的領袖所達成的密約而予以規畫的。

在此會議中，五大盟邦中的另外兩個，即中國與法國都沒有參加，因之英、美、俄三國乃在瓜分勢力範圍時，去損害了中、法各自的利益。

在此密約中，把中國的東北（即原來的滿洲國）與外蒙古都劃進了蘇俄的勢力範圍，卻為了補償中國，乃把戰前法國原來的殖民地北越交給中國去接收。

因此在一九四五年日本投降時，北越是由國軍受降的，而且以胡志明為首的越南共黨集團，是隨著國軍回到越南的。在八年抗戰中，胡志明等人是寄身在張發奎將軍所指揮的，位置在廣西桂林的戰區司令長官部中長期工作的。

史家在討論抗戰後的國共內戰中，每以俄方把關東軍的武器裝備轉送給中共的「四野」，使之坐大。可是無人注意到，國軍在北越所俘獲的兩個日本師團之武器裝備之下落。筆者判斷，國軍將之交給了胡志明集團，因之在兩年後，國軍撤出北越，法軍回到北越之時，越南的共黨集團在北越國軍占領區中已為坐大，已成氣候的了。此因國軍進入越南駐守的兩個軍，是使用美式裝備的新軍，用英美制的機備，而日軍使用的是公制的機備，國軍不能使用，也不可能將之擲去的了。

越戰亦因之而產生了。

在一九四九年中國內戰結束之後，加上一九五〇年代的韓戰，使得中共與美國成為交戰的敵國，此時因《雅爾達密約》所產生的東亞局勢乃為之大變。昔日之友的中、俄與美國已反目，美國乃轉而支持昔日之大敵——日本，結為新的盟友。

此時距離二次大戰日本投降的一九四五年，只有短短的五、六年不到些，東亞局勢之所以有如此迅速的巨大變化，種因於一九四五到一九四九年中國的國共內戰，中共在蘇俄之支持下，打敗了美國所支持的國府，中華人民共和國之成立也。

經過了兩個世代，即從一九五〇年代到二〇一〇年代，目前的局勢是美國東結日本，西結印度，再加上爭取澳洲之支持，以結合成一個新的軍政同盟去平衡中國的「和平崛起」，以抗衡中國之南進東南亞地區。

此即在越戰結束時，美國扶中制俄的大戰略，在四十多年後的今天，因為中國之成為世界第二大經濟體，威脅到了美國在東南亞的地位，美國乃改變大戰略，而以中國為假想敵了。因之日本重整軍備之問題，乃當為更加浮現出來的了。

在「上文」中，筆者即已指出來，二次大戰後的東亞大局原先是由雅爾達會議中三強所規畫的，在戰後已經發生變化，因之在「上文」中，筆者說：

七〇年代東亞發展之趨勢，是中俄美日四國的平衡。其中美俄是兩個超級強權，中國是強而不富，日本是富而不強。日本新聞界自稱是四極平衡，實在是自抬身價，在完成重整軍備之前，日本只能算是半極。……

到了二〇一九年，筆者寫作本文時，日本重整軍備之大方向已定，只是在今後的進度與速度的問題而已。

(三) 中國之南進

「上文」指出來：

中共的目光將會超越東南亞而注目非洲與中東，然而東南亞是其必經之路。……

在中國明朝，大約六、七百年前的明成祖時代，中國人的鄭和曾經多次率領大型艦隊，沿著「海上絲路」而遠航非洲及中東。

此次中國所推行的一帶一路，其在南進中的海路，即為此條鄭和所使用的古代之「海上絲路」。以之與近代歐美各國之東來，是在同一條海路上，反方向而進行的了。

關於此方面之拙見，留待後文「思來」部分稍於討論之可也。

(四) 中美俄日三極半的不穩定平衡

一如前述，日本在完成重整軍備之前，富而不強，只能算是半個大國，是半極。當美國為了平衡中國之和平崛起，而去扶植日本作為其助力時，日本重整軍備勢將引起東亞其各鄰國之不安，這是歷史因素使然，因而使得大局乃生變化而不穩也。

(五) 中俄美三角關係的變化

在一九七〇年代，美國為了結束越戰而扶中制俄，在二〇一〇年代，中國因為鄧小平的「改革開放」之成果，已一躍而為世界上的第二大經濟體，目前由川普主政的美國，乃以之為假想敵之一。

在一九七〇年代，各強權之競合是以軍事及政治之考量為重，目前則另加上一個經濟因素。因為蘇俄一直是強而不富，所以自十月革命之後，接近一百年中，俄國在經濟方面始終未曾對英美等歐美的大國產生威脅。目前中國的崛起，其軍事上之分量尚遠不足為美國之大患，可是在政治（外交）及經濟方面，則必然會是美國之遠憂。尤其是在習近平主政之下，中國一反鄧小平在外交上之採取低姿態，而提出了「一帶一路」的主張，儼然是要在現有的體制之外，去建立一個新的「帝國」之型態，使得目前的大「帝國」——美國心生警惕也。

也就是說，當年美國之聯中抗俄或扶中制俄，過了四十多年，則轉變而成離間中俄，以二者兼為美國之強敵也。

以上各點，是本人在四十多年前的「上文」之中，對東南亞局勢所作之研判中，比較重大而且正確的判斷。至於「上文」中的錯誤，當亦有之，例如當時筆者認為緬甸可能赤化，現已可知是個錯誤之判斷也。不過大體言之，「上文」對東南亞大局的發展之研判是正確的。可是筆者也得承認，一如前述，在一九七二年，中國猶在文革之中，筆者並沒有預見在文革結束之後，中國將在鄧小平主政下，這幾十年來的經濟之蓬勃發展也。當時也沒有預見臺灣之走上民主政治，經由全民選舉總統之造成政黨輪替，以及兩岸之間的和平往來也。

三、思來之部分

今後兩個世代，即在三十年到六十年之間，東南亞大局之發展，經濟乃是重點。此即其關鍵是在，中國能否經由「一帶一路」之南進，去完成「九加一」之整合，使得東南亞地區成為以中國貨幣為基礎的一個經濟合作區，一如今日在歐洲之歐元區。

今後中國南進時，南方的「一帶一路」有兩條通道，即為一陸一海，在討論二者彼此間的輕重緩急之前，讓我們先來回顧二千年來，中國南進之阻礙何在？

今日中國與其南方各鄰國之疆界，大約是在一千年前的唐朝所形成的，是受了地理上的限制。

漢人以步兵為主力，難以跨越高山大海、森林河谷。歷史上，只有元朝及清朝，因為中國的武力是以騎兵為主力，所以才能進入該區域。

可是在元朝及清朝，漢人是亡國之民，因之蒙古人或滿洲人之征服者，在他們統治下的中國，其對外擴充之政策，是與漢人所立的宋、元、明三朝是大為不同的了。此是就陸軍言之。

再說以海軍言之，中國的歷朝歷代都非其所長，即使在武力強大的元、清兩朝亦為如之。此因蒙古人及滿洲人比漢人來說，同為「陸權帝國」，其優勢是在他們使用的騎兵之戰力高於漢人的步兵，此僅為在陸地上作戰之優勢，他們比起漢人，尤其是南方的漢人，在海戰中更不如之也。因之在此一、二千年中，不論是在東北亞與東南亞，中國之海軍在對外族作戰時，無不敗。此由元世祖二次攻日，清朝在中法之戰與甲午之戰中，其南洋艦隊與北洋艦隊分別各自大敗可見也。其他小型海戰，例如元人清人之入越南，更無論矣。

其實陸權國家之難以在海上稱雄，並不限於中國史而已，此在歐洲之近代史中亦為屢見不鮮者；例如法國、德國、奧匈帝國及帝俄等歐洲之陸權大國，其海軍之戰績均差也。

筆者認為此是因為各個國族之民族文化所使然也。

軍事上並非以武器裝備、船堅砲利而為致勝的充分條件，仍需要有其他的軟件予之配合。

拿中國來說，二千多年以來，中國人的兵書——軍事學之研究，沒有一本是討論海軍的，全部都是陸軍方面。自春秋戰國之《孫子兵法》，到上一代的蔣百里上將之《國防論》，皆為如此。這就是屬於筆者所說的軍事學中的軟體之一部分。在軍事上重陸輕海，是中華民族二千多年來之素習，並非一朝一夕可以立刻改變的。

即以中華人民共和國為例，從一九四九年至今，立國的六、七十年內，其政府中主持國防及軍事之重要人物，即中共及人民政府之軍委主席、副主席、國防部長、三總負責人等等，其中有幾個人是海軍或空軍出身的？可以說是寥寥無幾也。此即中國自古以來之大陸軍思維，在今日之中華人民共和國是為一貫如此，這是民族文化所造成的。就拿在臺灣的中華民國來說，作為海島國家，可是其軍權自兩蔣父子以降，一直到今天，皆為由陸軍出身的將領群所操控也，此與中共的解放軍之情形也是一樣的了。

因之在本文中，筆者對中國南進的一陸一海兩條通路之思考，將會提出在軍事上應該是採取陸重於海的觀點。

除了軍事上的思考之外，我們也應當把今後的中國之南進，與近代其他各國之進入東南亞地區，其古今中外局勢之與其他國家之各種不同處，也一併考慮在內。今先作簡單的分析如下：

在二十一世紀的今天，各國及各民族之間的交往，與以往之多為依靠政治及軍事之強權去「殖民」，是大不相同的了，今後的主力是在「經濟」。作為一個陸權大國之中國，其在經濟上之往來，與鄰國自為較易，因之在地理上，東南亞地區與中國之經濟整合乃是有其利便之處。

除此之外，尚有「人和」。不過在此先談「地利」，後談人和，此即：

1. 因為交通基礎建設技術之突飛猛進，中國南進之陸路，所經各國為了要進入中國的國內市場，也樂意與中國配合去造路，今已完成了高速公路網，及修整與擴建傳統的鐵路及河運，目前正在研究去建造高速鐵路系統，以及擴建與建造新的海港。筆者估計，大約在三十年後，中國與新加坡之間的東南亞地區之陸上交通網，當可全部完成。

2. 即使不在此路所經過的國家，例如日本及菲律賓等國，為了建築工程及財務上之投資，也有興趣參預其事。

現在加上「人和」因素，去思考此次中國南進東南亞，與以往在地區中居於主導地位的歐美亞各國之不同處，此即白種人的歐美各國，以及在二戰時黃種人的日本人之不同處。此即「人和」的因素也。即為：

1. 中國人在此地區之移民史已長達一千年以上，目前在此區域中，華裔居民的人口當以千萬人為基數去作計算。而且華人長期與土著世代通婚之結果，使得土著中有華人血液的混血兒亦為眾多。

2. 華裔（包括華僑及混血兒）在東南亞各國，長期以來已成為掌控其經濟上強勢族群，可以說是無一例外。因之在推行「一帶一路」之南進政策時，中國應當小心注意，切勿使得不帶有華人血統的各國其他族群，認為中國只是在圖利或幫助其本國中之某一特定族群。此即是中國要務必做到雨露均霑，使之為皆大歡喜的了。

3. 一如前述，中國於發展南方的道路，可分一陸一海的兩條通道，為了與美日去爭奪南海地區之控制權，目前中國表現的是重海輕陸。在軍略及政略上，筆者認為對中國來說，此是為了圖近利的躁進，是不智的。筆者認為，如果中國把主力放在陸路上南進，雖然在經濟方面之收效不如海路之迅速，卻是海權國家如美日難以親自伸足之所在，彼等必須在該等地區借力於同路人。目前美日之選擇，是在緬甸去培植親美及親日之翁山蘇姬所主導之政權。可是中國的通道主要是通過其北境之四邦，該地區的居民並非以緬人為主要族群，其中三個為華裔，一個是印裔（孟加拉族）之回教徒羅興亞人。所以不論美、日或緬甸之中央政府，在此區域中之控制權，不但不能穩固，而且是違背其居民之意願的，是如兵法中所說的「剛不可久」的。也就是說，當緬甸在經濟與外交上被中國利誘時，局勢當有改變。屆時不論是此路所經過的四邦，以及位在仰光的緬甸中央政府，都會去和中國長期合作的了。目前美日之布局，是「剛不可久」的了。

此即目前以翁山蘇姬所領導的緬甸中央政府，其伸足於北緬四邦，「統一緬甸」對幫助它的美日來說，其目的是在阻延中國南進之一路。然而在長遠的未來，此只是改變了北緬的政治生態，使得中國在南進時，除了北緬四邦之外，緬甸的中央政府也能插手分一杯羹而已。

4. 美日的下一道防線將是在泰國，此因自緬甸南下，相鄰的高棉太小，中國人的勢力又太大，因之，下一步的泰國乃成雙方勢力交替之重心。泰國長期以來即分成兩派，其中一派之領袖，即為先後兩次擔任總理的塔克辛與其妹，均為華裔，而且都是經過民選而登位，又由於軍人政變而被迫下野的。這一派是親中的，以農村居民為其政治上之主力。另一派則是以都市中的居民為主力，長期受到軍方的支持，他們與中國大陸並不親近，是親美的，可是同時也是友臺的。舉一個例子，泰國的軍警長期在臺接受訓練，高級軍官們如果在政爭中失敗，往往是從泰國先去臺灣，再作下一步的打算，此因這一派人士的財產多為隱藏於臺灣之故也。因此在解決了與緬甸之阻礙後，中國南向的「一帶一路」中的陸路之打通，下一步在泰國是需要臺灣之協助的，不過此在時間上大約將會是在十年之後才發生的。

5. 筆者判斷，大約經過一個世代，即三十年內，中國南進之努力，將會通由一帶一路，去把「九加一」成功地整合成一個新亞元區。

屆時，中國由海路南下亦將為暢通的了，當中國的船艦（不論是軍用的或民用的）可以在東南亞各國的大港中，和平及自由之進出時，中國海軍還需要使用那幾個在南海中目前正在擴建的人造島上之基地嗎？

以史為鑑，當英國伸足東亞之全盛時期，在東北亞之華北地區，英國曾經取得了山東半島北部的威海衛之租借權。可是從甲午戰爭到第一次世界大戰結束後，即從一八九〇年代到一九二三年，英日是盟友。英國乃放棄在威海衛之擴建，此因渤海灣一直是在日本海軍之勢力範圍內，威海衛就變成了英國人在華北的一個避暑勝地，是觀光區之小商港了。

以此類推，當中國成功地整合了「九加一」之後，目前費力甚為巨大的這些南海上的人造島，因為孤懸在大海之中，連威海衛在山東半島北邊的天然地理位置之優勢都不如，甚至在將來都不能成為旅遊勝地的。筆者判斷，屆時可能將會成為國際性的大賭場之所在地的了。一笑。

四、我對中國南進政策之思考

中國南進的「一帶一路」中的兩條通路，皆為自古即已有之，陸路是茶馬古道，海路則是海上絲路，皆已行之有千百年之久矣，只是因為交通建設技術上之進步，目前這兩條通路的規模比古代則是大為增強而已。

從交通及經濟之角度去看，中國應當重海路而輕陸路，可是從軍事及政治之角度去看，則反之，應當重陸輕海。此即在伸足於東南亞時，對中國來說，海路收效快，可是美日之阻力大，陸路收效緩而阻力易為解決。此因美日本身是海權國家，在陸地上無法自己出面，已如前述，必須在當地去培養代理人也。

可是一帶一路所造成的中國南進之經濟利益，對這些沿途的陸地國家來說，其經濟利益不但遠比對美、日之更為久大，而且與美日之海上大國之經濟考量是相反的。所以一如前述，這些目前美日的代理人，與美日之長期經濟目標應不同的了，他們的合作是「剛不可久」的。

在這場競合中，所參預的國家中，棋手可分成兩個集團，此即美日與中俄。其他各國皆為雙方爭取合作之對象，是這盤大棋中的棋子，而不是棋手。各國多為在二次大戰後才獨立的，他們的政治制度多為沿襲其原來之殖民國，而且在經濟上則多為採取資本主義與市場經濟之模式，與目前的中俄兩國是不同的。

在人種上，東南亞各國之土著為海島民族之巫人，與華人不同，與美日更為不同。華人世世代代移入該地區，已長達千年以上，而且為數眾多，因此各國不但有大量的華僑，其混有華人血統之巫人亦多。

在競合之中，中俄與美日在東南亞去下這盤大棋，雙方各具優劣之因素如上。然而從長遠的角度去看，中國所擁有的優勢，即為地利與人和是永遠存在的，而其劣勢，即政治與經濟制度上與他國之不同，在長遠的將來一定是會有所改變的了。

目前中國在經濟型態上尚未確定，在毛澤東主政的三十年間，是實行了百分之百的共產主義。可是在鄧小平實行改革開放之後的幾十年中，中國已逐步走向資本主義之私有企業。接著自從目前執政的習近平上台之後的六年間，其經濟政策有向左靠，走回頭路的趨勢，然而這是暫時的？還是長遠的改向？目前還難以預測。如果鑑往可以知今，以政治手段去強迫實施的經濟政策，必然會「人亡政息」，在時過境遷後會難以持續的。以毛為例，在他過世後一個月，就發生了逮捕四人幫的事件，文革因之宣告結束的了，即是一例。

筆者個人的信念，認為包括經濟思想在內，一個開放式的生活模式，不論是民主、自由、法治、私人財產等等之項目，其傳播與演進之方式，是依照熱力學第三定律去發展的，此即：

熱能量之總量不變，越傳越遠越薄，但是不可逆轉。

我判斷，在三十年到六十年後的中國，其經濟模式必然會與世界經濟接軌，走上完全的市場經濟與私有企業等資本主義的道路。

共產主義、社會主義、計畫經濟等等模式，在全世界的許多國族中間，經過幾百年的實驗之後，已然被證明為失敗者，此在中國亦定將不會例外也。

當然，這只是筆者個人的信念而已，在此寫出來，留待幾十年後的世人予以驗證可也。

五、有關印度的思考

回過頭來，讓我們現在來思考中國與印度兩者之間，未來的競合。

在中國歷史上，中國與印度的文化交流，中國一直是輸入國，大如佛教，小如聲韻學、人物畫、因明等學術皆然。在雙方交往的兩千多年裡，除了一九五〇年代的中印之戰外，中印兩大文明古國並未直接交戰過。此是因為這兩大板塊的次大陸之間，隔了喜馬拉雅山脈，以及青康藏高原，所以在冷兵器時代的古代，長達一千年以上，雙方的軍力從來沒有直接相互接觸的機會。

中國的一帶一路是東守西進、北守南進，對印度次大陸來說，中國將來只是借道去經過這個地區而已，中國將會經過印度次大陸而注目於中東及非洲。中國目前是通過巴基斯坦去造橋鋪路，並在印度洋邊上之巴國境內去建築六個大港，以通非洲。可是印度人在東非及南非，一如中國人在東南亞，不但世代予以大量移民，而且在經濟上亦為經之營之已久，是掌控了東非及南非經濟命脈之族群。也就是說，華人在東南亞所扮演的角色，與印度人在東非與南非的角色是一模一樣的。因之，屆時中國與印度將成為兩個在經濟上彼此競合之大國的了。而且印度人在東非及南非，與中國人在東南亞，也一樣占有了地利與人和的優勢條件。

不過中國要從陸路去伸入印度洋邊，尚需一個世代，即三十年。而以印度目前的國情，要完成基建以抗衡中國，恐怕在三十年內亦未必能夠完成準備的。

因之在東南亞地區內，在中國的勢力到達新加坡後，即為三十年後，中印兩大經濟勢力不論在南在北，都才會開始產生競合，那將是在一個世代之後。此即在下一個世代，即三十年內，東亞的這盤大棋，仍然只會是美日抗衡中俄，而印度只是在旁邊搖旗吶喊者也。

六、有關日本的思考

美國在應對中國崛起之際，東扶日本，西結印度，以予制衡中國在東亞之擴張勢力。有關印度之簡單討論，可見上節，此因中國不論在南方經由海上絲路，或在北方借道巴基斯坦以伸足印度洋岸，為時尚遠，當以十年為基數去計算。筆者粗估，大約需要一個世代，即在三十年後，中國在南方會完成陸上的交通網。屆時中國的勢力可以到達新加坡，而與印度相競合，在北方則可能要更久。

因之，中印之競合是在長遠的未來。

然而中日之間的競合則與中印不同，不但是迫在眉睫，而且是古往今來已為時久遠，吾人需要多方予討論之也，亦可單獨專章分為鑑往與思來耳。

即使在十八世紀以前，即歐美列強尚未到達東亞之前，中日之間已發生過三次戰爭，此即唐朝一次、元朝兩次，而且都是與朝鮮半島有關。到了英、美東來之後，在一百年中，又有了兩次，此即一八九四年之甲午戰爭，及一九三七至一九四五年的中國之八年抗戰。

此示因為地理因素，東北亞的中日兩國乃成兩虎同籠之勢，中間隔了一個朝鮮半島以為緩衝。如果雙方勢均力敵，在此半島上各有同盟者，尚可維持和平。如果失去均勢，則中日各自為了支持其盟友，就容易兵戎相見。

自一八九五到一九二三年，英國為了確保其自中國長江以南至新加坡的廣大政經利益，乃與日本為友，自一九〇二年到一九二二年締結了三次的英日同盟，以分別平衡其在歐洲之競爭者——帝俄或德國在東亞（東北亞）之發展。此即東南亞局勢是與東北亞息息相關。

在二十一世紀中亦然，只是由美國取代了英國的地位而已。

在《放聲集》第三輯中，於研究中日八年抗戰之開打時，筆者曾提出一個思考模式，即用人時地三條軸線去作分析。在此引言中，在考慮中日之間的關係，於「鑑往思來」之時，筆者也是以人、時、地三者為思考之主軸。可是與之不同的，是：

1. 第三輯所考慮的只是抗戰如何開打？乃聚焦於一九三七年七月的華北。此引言乃是泛論整個東南亞地區，並無一個特定的人時地之焦點，所以討論的範圍遠較之更為廣泛。

2. 前文的篇幅甚長，而此為一短篇之文字，所以無從詳談，因此在各種因素中必須多予選擇，只能小談少數項目。

因之，在本文中的「鑑往」部分，筆者只談綜合性的大勢，而在「思來」部分，則是提出筆者的一個構想，以謀求在未來之三十到六十年，中日怎樣才能和平相處，共存共榮之道也。

(一)歷史鑑往——不同的地緣形勢

中日之間的交往，有文字記載的，是起自漢代，不過只有一條，即漢朝賞賜「漢委奴國王」印給日人。其事不詳。此需到了唐朝，雙方的往來方見頻繁，自此之後，可分三個時期：

1.自唐下至晚清，即在日本明治維新之前，大約一千多年，是為古代時期。

2.自明治維新到抗戰勝利，此即從一八九四年的甲午戰爭到一九四五年的抗戰結束，大約五十年，是為近代。

3.自一九四五至二〇一九年的今天，以及在可預見之未來，是為現代。

中日之間的文化交流，在古代是由西向東，中國是輸出國，日本是輸入國。遠自日本在中國唐代所發生的大化革新，到明治維新為止，一千多年來，日本自中國取經，得到了文字、文學、儒學、佛教等等文化項目。其中有中國本土創造的，例如儒學及道教，也有中國多為轉手者，例如佛教。其實在古代，中國本身也是一個文化的輸入國，自印度取得了佛教及許多相關項目，如音韻學、哲學、繪畫、雕刻、音樂、因明學（邏輯學）等等。

也就是說，亞洲大陸上，兩個文明板塊——印度次大陸與中土，其文化傳播之軌跡，都是由西往東、由北往南的，長達二、三千年之久。印度及中國都是陸權國家，即在歐洲列強自海路東來之前，亞洲地區的文化發源於中國的西北地區及其西邊。古代歐亞（中西）交通用的是古絲路（陸上的），雙方即是經由此地區以為聯絡。

在此時，日本既然偏處東方之大海之中，乃成為一個文化上的邊緣地區。

到了十八世紀，這個狀況有了翻天覆地的改變。歐美各國自中國東方及南方之海上來，因之優勢的西方文化反而是從東及南方傳入中日，那麼日本作為東邊的海洋國家，反而是近水樓台先得月，在中日兩國言之，日本乃成為占了優勢之輸出國，中國成了輸入國。

此與前述一千多年的古代，其不同處，即在文化傳播路線，在古代之為從由西向東，一反而成近代之由東向西的緣故。

亦即在近代（一八九四到一九四五的五十年間），在文化傳播方面，中日之間的角色，乃與自唐代下至明治維新時的角色互換了。其間中日雙方都是先後分別扮演了文化方面的輸出國，而且其中不乏是在進口加工後再轉為輸出的例子。例如在古代是中國輸出佛學給日本，在近代則為日本輸出西學給中國。

在古代的一千多年間，中國由漢人建立的國家，如唐、宋、明三朝，都是重陸輕海，以步兵為軍事主力的政權。所以對日本在政略上及軍略上都是採取守勢，只有在日本進取亞洲大陸時，中國才起而應戰，唐代的中日之戰與明代的防禦倭寇，皆為如之。可是在元朝是蒙古人建立的朝代，蒙古人東征西討，創造了一個橫跨歐亞的大帝國，此時中國方兩次渡海去進攻日本。

中日之間在地理上是隔了大海，中國自古至今，兩三千年來皆為不長於海軍，所以中日之海戰，除了唐代的白江口之戰外，中方在元代兩次攻日，及清朝的甲午戰爭中，海軍皆為戰敗。至於白江口之戰，韓國史認為是韓人海軍之功，並非是由唐軍主導者也。此即在古代時期，長達一千多年，中國甚少渡海去攻打日本的緣故。

反過來看，日人長於海戰。因之在近代期的短短五十年中，當中日之間角色互換時，占了優勢的日本乃進攻亞洲大陸，自一八九四年的甲午戰爭，到一九四五年之二次大戰結束，日本成為東亞之侵略國。反而中國自唐下至晚清的一千多年中，以漢人為主體的許多朝代，不論對東南亞或東北亞，都很少扮演侵略者，使用武力去征服鄰邦也。這是因為漢人使用步兵，很難上山下海去打仗的緣故。

(二) 未來思考——不同的時代競爭模式

以中日之間三個時期去分析，在古代，即自唐朝下至晚清，中國占優勢的時候，中日之間是和比戰多，文化及貿易之交流亦多。在近代的五十年內，日本後來居上，乃經常渡海進窺亞洲大陸，不停地侵略韓國、中國及東南亞地區，一直到二次大戰日本宣布無條件投降為止。

那麼從一九四五年到今天，以及在可見之未來，日本究竟會採取何種方式去再度崛起，死灰復燃的呢？今後與近代期的五十年，世局的變化又有何不同呢？淺見以為：

1.一個國家的人民希望本國具有自衛的武力，是人情之常，因此日本人希望重整軍備乃是理所當然之事。

2.二次大戰已經結束了七十多年，如果以三十年為一個世代，今天的日本人已是戰後的第二代與第三代，並沒有參與二次大戰，他們有權與其他各國的人民一樣受到公平合理的對待。

3.在中日兩國之間，中國在經濟方面的國力遠遠超過日本，已成定局，除非中國自作孽，再去搞文革式的內鬥，中國在經濟上一定領先日本，成為東亞的領頭羊，因此中國未來要考慮的，是如何爭取日本去參加自己所領導的經濟組合之陣營也。

4.在文化方面，中國早已捨棄經由日本去向歐美取經之途徑，而是中日兩國各自向西方學習。也就是說，今後既非是像古代一樣，由中國輸向日本，也不是如近代一樣，是中國借道日本去學習西方。雙方將是兄弟登山，各有途徑，而且彼此之間互有短長。

5.現代的世局已不如古代或近代，是由政治及軍事力量去作決定，而是以經濟為主力。中國與日本相比，占了人口與土地之優勢，在資源上皆非富強者。因之，中日之間未來的競爭有二，此即，一在資源之取得，二在市場之占有。近三、四十年來，因為中國大陸之改革開放，歡迎外資進入，中日之間的工商業已逐漸合流，成為一條食物鏈，共同合作去爭取歐美等地之市場。

6.中日之間有一顆定時炸彈，此即臺灣問題，容筆者在下節予以分析之，可也。

7.此示，只要中日兩國在經濟上能夠合作，在政治與軍事上就不必一定要敵對。

8.日本與中國一樣，在經濟上都是要向外擴充，爭取資源及市場，然而經濟上雙方是可以互惠，並非必然是分出勝敗，勝者全拿的。

9.在思考未來的中日之間的走向時，我們先來考慮一個歷史上的現象，此即日本為何從明治維新至二次大戰結束的這一段時期中，有了南進與北進這兩個策略之不同，以及中日之間有沒有可能合作去做到在經濟上之「共存共榮」。

10.在鑑往之後，容筆者在下節中提出一個「思來」的方案與建議也，此即為日主北進與中主南進，也因之可以避免臺灣成為中日雙方所必爭之處也。詳見下節。

(三)日本的北進與南進——兼談臺灣問題

1.中主南進與日主北進——經濟合作模式之構想

不論在任何時代，一個國族的對外政策都包含了經濟方面的因素，只是在不同的時代，是用了不同的手段去完成而已。

中日之間隔了大海，所以在古代，中國占了優勢之一千多年中間，以步兵為主力的漢民族之政權，即唐、宋、明三朝，中日是和比戰多。可是在少數民族改以騎兵為主力的元（蒙古）及清（滿州）兩個朝代，中日之間都曾發生大規模的戰爭，而且兩次元軍征日，都是元軍主動渡海去攻擊日本本土，並不如其他所有的中日之戰，每一次的戰場都是在東亞大陸上，是由日方主動渡海攻擊的，而且除了八年抗戰之外，中日之戰的主要戰場都是位於朝鮮半島，及其附近之海域。

因之中日之間的和戰是受到雙方的地理環境之影響，而地理乃是古今不變的，只是如何去取得經濟利益的手段，古今已有不同的了。

在使用武力去開疆闢土之時代，在中日之間，包括了古代及近代，曾發生過六次戰爭，即唐代一次、元代兩次、明代一次、清代一次及民國時代一次。可是在現代，不論中、日或其他各國，很少人會在彼此之間，用直接的正面衝突之軍事力量去取得各自的經濟利益，以避免毀滅性的大戰。當然大國與小國，小國與小國之間的戰爭仍然會發生的，但是多為代理人戰爭。而兩個大國之間，則在一九四五年二戰結束之後，只有在一九五〇年代的韓戰，中華人民共和國與美國曾正面交戰過。可是當時中國並非軍事上的大國，在韓戰中，中共只是蘇俄（俄共）的「代理人」而已。

在今後的東亞大局中，包括了東北亞及東南亞兩個地區，以中俄為首的集團與美日為首的集團，雙方競合之主因乃是包含了經濟之因素，政治（外交）或軍事之考量是為了達到經濟目的之手段。

在經濟方面，所有的參與者都可能通過競合去互補而彼此都有利益的，是可以有雙贏的局面，並非必然有勝敗之分別。此並非像過去一樣，參與者們是利用軍、政力量去鬥爭，而且是零和遊戲，勝者全拿的。

就中、日之間言之，對雙方今後的競合，如何在經濟方面採取雙贏的局面，必須以天時、地利與人和這三個軸線去考慮。

在本節思來之部分，筆者提出了一個大膽的構想，即中主南進、日主北進，可是不論在南或北，雙方都要相互合作去在經濟上「共存共榮」，只是各自的重點不同方向而已，容我在下文略述之。這只是筆者一個初步的構想，尚請大家集思廣益去多作討論此對各國的利弊何在，未來其實現之可能性有多大的了？

此即，中日之間需要回到古代時期，即自唐朝到日本的明治維新之初，大約一千多年間之往來狀況，和比戰多，而且是以中國為主，日本為從的交流模式。不過與古代不同的是，今後這個模式是以經濟為主，而不再是以文化交流為多而已。

以目前的現況言之，在美日集團中，是以美為主、日本為從的。此即不論是在中或美之間去合作，日本都不會回到「前代」（或「近代」）在東亞稱雄稱霸的時代了。

至於中、美之間，中國是一個陸權大國，美國是海權大國，彼此之間是沒有在經濟上必須衝突之原因。從一九四九到二〇一九年的今天，在一九七〇年代越戰結束之前，中美之間的衝突，是因為中共採取了「一面倒」的外交政策，自居為蘇俄集團的一個成員，所以中美之間的衝突，乃是美俄冷戰之一部分。從一九七〇年代越戰結束之後，美國改採尼克森的聯中制俄政策，中美之間由冷戰而變成「冷和」。在二〇一八年美國川普總統主政之後，美國對中政策又產生重大變化，在筆者撰寫本文之二〇一九年，中美之間的競合之局勢，其短期之敵友關係走向猶為未定。

不過這些短期的走向，吾人在考慮東亞大局長期趨勢雖然需要包括在內，卻並非最為重要之因素。這就像作股票投資，是有短線與長線不同的思考。

大致來說，在經濟方面，中國往上走，美日往下走，長期的趨勢是會繼續下去的，而且中國已超過日本，成為世界第二大經濟體。可是在可預見之將來，中國在各方面，包括了經濟與軍事在內，離第一大經濟體之美國，仍為落後許多。此在全球固然如此，若只以東亞，尤其是東南亞地區去考量，中國在地利與人和上之優勢，使之將成為這個地區的經濟體系之領頭羊，已成定局。只是作為一個陸權國家，要對外發展，必須長期之努力，必須「條條大路通羅馬」，更且「羅馬不是一天造成的」，中國之「一帶一路」就是在做類似的工作。筆者判斷，此需經過一個世代，即在大約三十年之後，中國才會完成把「九加一」整合成一個新的「亞元區」之模式。

目前日本的選擇，是在美國領導下去阻延這個局面之出現。

兵法說「剛不可久」，筆者認為美日這番努力，只會產生對此局面出現之延緩作用，亦即「遲滯」，而無法予以「挽回」。

不過美、日（甚至印度）在這個新的經濟模式之中，仍有獲利之空間，經濟之競合並非必然是勝者全拿的零和遊戲，而是可能互補與雙贏的。

美國作為一個區域外的海權國家，在東亞（東南亞及東北亞）是可以有迴旋之空間，隨時可以調整其角色、腳步及方向。日本作為一個區域內的海權國家，面對東亞大陸上，以中國這個陸權大國所主導的經濟模式，是要採取「古代」那一千多年的交往模式，或是「近代」那五十年的模式，將由日方決定，其迴旋之空間方面不如美國之大也。

其中有一個重要的因素，即為臺灣問題。對中美之競合來說，臺灣為中方所必爭，此即中共所說的「固有利益」。對美國來說，臺灣是一個可以交換的棋子，在整盤棋中乃是一個「劫」材，要看中方用什麼棋子去與之交換，美方才會對臺局採取相對應之手段，即為此非美方勢所必爭的所在也。

在中日之間，除非中日之大局走向合作，否則以一個競爭者之身分，臺灣對日方來說，是一個不能交換的棋子，此乃為與美國不同之處，即日本如果要「走出去」，臺灣是其南進必經之途。因之中國如果要取得日本（美國）之合作，用和平的手段去建立一個新的東亞局面，必須在臺灣問題上取得讓美、日及臺灣皆為心安之解決方案。

中美之間的競合將會是全球性的，遠遠超出本文所要討論之範圍，在此暫不贅言，在本文中讓我們聚焦於中日之間。

臺灣既為日本南進所必經之途，中國要解決日本之疑慮，是不是要讓日方以北進為優先之考量呢？筆者乃在下節中提出一個中主南進、日主北進之模式，以供大家參考。

2. 中國南進在地利與人和兩方面占了優勢

在南進方面，中國與日方相比較，在地利與人和兩個方面都將會是占了優勢。華人與各地土著（巫人）不同，除了一部分的臺灣本省籍居民之外，絕大多數的華人（或華裔），不論其人是否住在東亞地區，都很少是親日的。我敢說其中不少人甚至是反日與仇日的，此是因為在近代的五十年中，即從一八九四到一九四五年，即從清朝的甲午戰爭到民國的抗戰結束，日本對中國的長期侵略，使華人之記憶猶新也。

在東南亞地區中，雖然有一部分巫人土著，例如目前緬甸的執政者，翁山蘇姬女士所代表的勢力是親日的。可是以華裔為主體而控制了整個東南亞地區經濟的眾多之族群，對日本人的態度並不友好親善，這是具有歷史性的因素在內。以上是就人和言之。

在地利方面，中國比日本遠為靠近東南亞地區，中國在海、陸兩方面都是「近水樓台先得月」，在過去阻礙了中國與其南方鄰國經濟往來之地理因素，即在陸地上的崇山峻嶺、森林河谷等，與海上的大海遠航，目前都已不成問題。中國與其南方之各鄰國，不論經由海上或陸地，其間之交通狀況已大為改善。若從陸路來說，即以高速公路網言之，自中國之西南地區，遠至新加坡，皆已完工。而且不論是滇越與滇緬鐵路，或湄公河之航運，也都已改善。下一步是要在該地區中去興建高速鐵路網，筆者評估可能要需時一個世代，即三十年才能完成。更且在該地區，正在鋪設的油管與天然氣管，以及某些正在建築的港口，都會使得東南亞地區與中國的經濟相互緊密結合。至於影響更為長遠的一個東亞巴拿馬運河之計畫，即在馬來西亞與泰國相鄰之地區，由中國主導，以及各國之配合，去開通一條運河，以連接印度洋與暹羅灣。此計畫如果能夠實現，對東南亞經濟之影響則將更為重大與長遠。此與中美洲的巴拿馬運河類似，而主導巴拿馬運河計畫之美國，多年長期以來，乃因之成為中南美洲各國之領頭羊的了。不過這個開鑿運河之計畫，目前仍在擬議階段，而且在政治上之阻力甚大，包括新加坡在內，產生了許多反對之力量，因之難以在目前考慮未來東南亞大局走向方面，將之包括在內。不過筆者要指出來的，是一旦此事成真，那麼中國在東南亞之地位，將會一如美國在中南美洲之地位的了。

以上是從地利去看，中國比日本在南進方面占了優勢的原因。

日本在南進方面比中國領先的地方，是：

1. 得到了目前主導該地區的美國之助力。
2. 日本是一個海權國家，不論在軍事或非軍事上，其航海之能力都是高於華人。

不過以上的兩點，在長遠的將來並非是不可能改變的。而中國所占有的人和與地利上的優勢，都是長此以往難以改變的了。

此即兵法上所說的「剛不可久」，在南進方面，由長期去看，日本乃是面臨這個態勢的了。

七、小結

中國是一個陸權國家，在二千多年的歷史中，其海軍對外國作戰無不敗。中國與東南亞地區之交通往來，可自陸路，也可經由海路，「一帶一路」之南進，即是海陸並行。

目前與中國競爭的，是美、日兩個海權國家，雙方在陸地上競爭的焦點是在緬甸北部，在海上則為南海。

在長遠的將來，中國之經濟模式必定與世界接軌，成為完全的資本主義與市場經濟，那麼東南亞各國對中國在政治上之視為異類的狀況，亦將改變。

東南亞地區中的華僑、華裔或混血兒，是中國南進的莫大助力。此為近兩百年來伸足於東南亞地區之外來勢力，包括白種人的英、美、法、荷、比、葡、西等國，及黃種人的日本所未曾享有的優勢，也是中國南進之所以能夠成功的基礎。

中國只要繼續是「和平崛起」，那麼在經濟上必定成為東亞的領頭羊，亦即「九加一」之整合，在「一帶一路」之推動下得以成功。然而有兩個重大的因素，因為並不屬於在東南亞地區之內，所以在本文中筆者未曾多之著墨，此即：

1. 中美如何和平相處，在經濟上互為合作。

2. 中國如何把日本爭取到自己所領導的陣營內，使得中日關係恢復到自漢唐到明朝，即以中國為主，日本為附從的狀態。

以上兩點將是中國成為東亞地區領導者時必須達成之目標。此外，在放棄了共產主義之後，在長遠的將來，中華民族必須在文化上重新建立起一個能為世人接受的價值觀念與模式，才會被其他國族所接受與樂於親近也。目前許多人在嘗試著去推行的「新儒家」，是一個可行的建議，但是筆者認為此並非是唯一可行之道，這需要大家集思廣益去多作思考，也不是這篇短文所能涵蓋也。

二〇一八年九月於金山

中主南進與日主北進構想之芻議

阮大仁

一、今後三十年內是東亞海權與陸權之競合

在思考今後東南亞局勢的長期發展時，必須考慮東北亞的局勢，此因兩者之間是息息相關者也。我們先從近代史去看，自從一八九四年的甲午戰爭起，到一九二三年英日同盟取消為止，英日聯手去抗禦俄國之伸足太平洋。期間在英日的勢力範圍劃分，便是英國為了確保其在自中國之長江流域南至新加坡的利益，而放手讓日本去在中國之黃河流域北至俄國去占取利益。也就是說，遠在一百年前，東南亞的局勢就是已與東北亞密切相關的。

在二十世紀中期，亦即中華人民共和國成立之後的「冷戰時期」中，東亞曾經有兩個集團，一個是由俄國為主體，中國為主要協助的「共產集團」，另外一個是由美國領導，日本為主要協從的資本主義「民主國家集團」。不過中國之政經狀況，在鄧小平主政後，長達四十年期間，有了急速改變之情形下，這種以冷戰時期思維所產生「共產」與「民主」之二分法，在今後的二十一世紀中間，未必再能套用的了。

由另外一種角度去看，這兩個集團的現況是：

1.在東亞，中國已經一躍而為集團中的領頭羊，是以中國為主體，我國為主要協從的「陸權國家集團」。

2.另一個「海權國家集團」，依然是由美國主導，日本為主要協從國家。

亦即雙方的分別，由實行共產主義或資本主義之分別，改為陸權與海權之對峙。然而在二〇一九年，作者撰寫本文之時，預期在三十年後，即二〇四九年以後，目前雙方的分野，即陸權與海權之對峙狀況，亦將有所改變，此因屆時同為陸權之印度，將會與美國同一陣線，去抗衡中國之伸足於非洲及中東。

此即在二十一世紀下半期，當中國的政經勢力伸足於新加坡之後，亦即在經濟上，中國把「九加一」整合而成一個以人民幣為主體的亞元區之後，中國將要越過新加坡而注目於中東及非洲，此時印度與中國將會成為競合之對手。可是印度是一個「陸權國家」，不是一個「海權國家」，此即在三十年後，筆者在此附文中所使用的「陸權」與「海權」相互抗衡之概念，又將需要予以修正。不過那已是下一個世代，即三十年後的事情了。因之在此文中，筆者乃沿用「海權」與「陸權」的觀念以看待東亞（包括東南亞及東北亞）在今後三十年內，大局演變之走勢。

二、日本北進思想——「田中奏摺」

陸權國家向境外伸張勢力，必須是條連續線，俗語云：「條條大路通羅馬」，又說：「羅馬不是一天造成的」。也就是說交通線的建立與維持，是陸權國家擴張的必經之途，而且為時久遠，費力費時。

日本自明治維新起，便有北進與南進之爭執，其北進政策最為具體的說法，便是世稱之「田中奏摺」，即為：

> 欲征服支那（指中國），必先征服滿蒙，欲征服世界，必先征服支那。從而進行征服印度、南洋群島、中亞細亞及小亞細亞，以至於整個之歐洲。我大和民族如欲在亞洲大陸出類拔萃，第一步非控制滿蒙不可。」（請參考胡璞玉，《日本侵華史》（臺北：史政編譯局，民國五十五年九月），頁一八六至一八八。）

這個由日本本土，東向依次序去征服朝鮮半島、中國的滿蒙與俄國的西伯利亞之路線，即是根據陸權國家用軍事手段去向外擴張時，必須由近而遠的一條連續線。

在十九世紀及二十世紀的二百年內，國家之對外擴張主要依靠武力，而在二十一世紀及今後，將要改為以經濟為動力。因之，不論在東北亞與東南亞，今後東亞局勢之發展，各國之間的競爭與合作，都將要以經濟為主要之思考點。

自從鄧小平主政之後，中國在改革開放之後，包括日本在內的東亞各國及地區，南韓、臺灣、香港、新加坡等等，都已經在經濟上與中國掛鈎，長達四十年之久，而且在可見的將來，這個經濟上的整合將更為深化與普及。

日本與中國之交往已長達二千年，在上節中已稍予談及，作為東北亞地區的一個海島大國，其對外之發展，只有兩條道路，即向南去向東南亞，及向西（或向北）去登陸東亞大陸（包括朝鮮半島、中國大陸及俄屬西伯利亞），亦即日本近代史上之「北進與南進」。可是與二次大戰前不同的，是今後日本之對外擴張將會以經濟為主動力，不再是用軍事力量。

此二者第一個不同點，是其擴張之路線不再必須是一條由近而遠的連續線，將是選擇性，以個案為思考的「唯利是圖」。其次，因之與其他參預這些項目的各國或公司行號，甚至個人都可以有互惠的合作。其實此不僅限於日本，於其他方面（包括中俄美等）皆為如此。

在東北亞的中、俄、日、韓（包括南韓與北韓）各國之間，有歷史性的領土爭執處很多，將來在共同發展此區域經濟之時，必須先予擱置此類爭執，而以承認現狀為共同之默契，否則無法合作。其次，中國規畫的一帶一路之大計畫，是北守南進與東守西進，在東亞言之，是要以東南亞為焦點，而不包括東北亞在內。

中、日是東北亞的兩個大國，地理位置相近，歷史恩怨甚多，這四十多年來的經濟也甚為密切相合。目前的狀況是，日本作為美國「海權集團」之主要盟友，隱然成為與中國「陸權集團」之競爭者。這個狀況並非是不可改變的，即使中美之間，在近一百年中，其間之敵友關係也屢有變化，美日亦然。

美國成為世界之領頭羊，為時不到一百年，在二次大戰之後，即一九四五年以後，才成為「自由世界領袖」，取代了英國的地位。在東亞言之，自從鴉片戰爭（一八四〇年）到一九四五年二戰結束，是白種人海權國家殖民政權控制之時代。在二次大戰中，日本人一度擊敗了英、美、荷等殖民政權，雖然最後為同盟國所打敗，可是也間接觸發了各殖民地土著之獨立建國，印尼、越南、緬甸等國之最後獨立建國，是拜二戰之所賜。這個情形與拿破崙之對德國的影響極為相似也。

在二〇一九年的今天，是中華人民共和國崛起，成為世界第二大經濟體，包括日本在內的東亞地區各國，因之面臨了選邊站的問題。

關於東南亞各國，在上節已予討論之，在此不贅，本節乃聚焦於日本。

作為東北亞區域內的海島國家，日本與這域外的美國不同，美中之間的競合將會是全球性的，並不限於東亞地區。美國與中國既有競爭，也可以合作，並且相互之間可用的籌碼很多，有時可以模糊以待雙方的關係，迴旋的空間很大。

日本作為中國之鄰國與中國的關係密切，迴旋的空間不大，在許多問題上不容易打混，有時雙方必須相互表態。在經濟方面，占了人口及土地大優勢的中國，今後必然成為領導東亞的大國，日本無法在經濟上與中國競爭。日本現在所面臨的，是繼續留在以美國為首的「海權集團」，還是改投以中國為首的「陸權集團」之旗下。

如果以明治維新為例，當時在面臨歐美海權進入東亞的時候，日本人乃「脫亞入歐」，成為白種人帝國主義之助手，與英國人密切合作，以侵略東亞大陸上各國。目前日本正在面臨另一次選擇的關鍵時刻，此即日本人是不是需要考慮「脫歐入亞」，回到亞洲人的圈子裡來的呢？這必須由日本人自己去作決定。

在此，筆者只是要指出來的，是不論參加哪一個集團，日本都不能成為領頭羊，都只是老二。

三、日主北進與中主南進之構想

在中國「和平崛起」之時，中國要領導東亞，必須做到下面兩點：

1. 與美國和平相處。
2. 把日本拉進圈子裡來。

本節只討論第二點。

在中國一帶一路之設計圖中，東北亞既然不在其範圍之內，而日本自明治維新以來，便久已有「北進」與「南進」之二派主張。因之筆者對東亞大局走勢的構想，是建議中主南進與日主北進。在區域內之中、俄、日、韓等國，及區域外的歐美各國用經濟合作的方式去共同努力，去創造一個和平繁榮的東亞大經濟圈，一如今日西歐的歐元區，這個構想，目前只是一個紙上談兵的假想，在此提出來請同好們一齊去研究。當然所謂「主」「從」之分，只是一個泛論，是雙方經濟活動聚焦之所在，在各個項目中，可以因為個案而共同參預的，並非是涇渭分明也。

中、俄、日是東北亞的三個大國，地理位置接近，而且在近一兩百年中的和戰不一，歷史恩怨甚多。今後如何「共存共榮」，在經濟上互惠互利，是攸關東北亞地區為數以億去計算的人民之福祉。

況且東南亞局勢之發展，以歷史經驗去看，在在與東北亞地區之局勢息息相關。在中國南進的一帶一路之進入東南亞時，必須考慮「海權集團」美日等國之反應，那麼在本節中筆者所提出來的中日分進南北，也可以看成減輕「海權」與「陸權」這兩大集團對峙之間壓力的一種方法的了。

二〇一九年三月於金山

跋：追憶三位對我研讀戰史大有幫助的前輩

——兼談拙作〈哀孤軍〉長詩

阮大仁

本文要向大家說明，我是怎麼樣一步一步走上了戰史研究的道路，並且要表明筆者對帶著我進門的三位前輩之謝意。他們是黃大受先生、鈕先鍾將軍與李則芬將軍。在三位之中，只有李先生是與我通信多年，用心指導過我的。至於另外兩位，則是我在拜讀了他們的著作或譯作時，受益良多，可是他們並沒有教導過我。

大致來說，在以往的五、六十年裡，我之研讀戰史，可分四個時期，此即：

1. 在初中時，大約在一九五〇年代中期，用心讀太平天國之戰史。
2. 在高中及大學時，大約是在一九五七到一九六五年，則埋首於二次大戰史及拿破崙戰史。
3. 在一九七〇年到八〇年代，在李將軍指導下去研讀古今中外的各種戰史，尤其是抗戰史。
4. 在蔣中正日記問世之後，從二〇一〇年起，與一批同好們用此資料去研究抗戰史。

一、追憶黃大受先生

在前述第一階段，即在初中時，對我讀戰史最有影響的是黃大受教授。先父毅成公在一九五四到一九五六年，在臺灣擔任國民黨的中央日報社長，那時我家住在臺北市永康街八巷十號。

時任臺大歷史系教師的黃大受先生是我們的隔壁鄰居，黃先生在輩分上與我同輩，因為他的岳父王撫洲先生是父親的朋友，王先生後來曾出任經濟部次長，可是黃先生在年齡上則為介於我們父子之間，各差半輩。在一九六一到一九六五年，我就讀臺大數學系時，黃先生已是歷史系的資深正教授，是我老師輩，不過我在歷史系雖然選修或旁聽過些課程，卻沒有上過他的課。至於我在大一的必修課——中國近代史，老師則是張梅溪教授，說也巧，在一九六〇年我讀師大理化系物理組一年級時，張先生也教過我中國近代史。

在一九五四年左右，黃大受先生是一位年輕的大學老師，正在埋首撰寫他的巨著——《中國近代史大綱》，可分三大冊。當時他每寫完一章，便會拿來給父親過目，並且常常與父親討論其內容。我作為一個初中學生，只有陪侍一旁，洗耳恭聽的了。

不知怎地，我對黃先生大作中有關太平天國的部分非常著迷，不過那時候年紀太小，只能硬記硬背各場重大的戰役之經過，並且找了父親的藏書，尤其是清人有關這段歷史的私家著作去作參考。因為自從小學五年級起，我便在外祖父錢倬公之指導下，去學習及寫作文言文，所以在初中時我個人私下去閱讀清朝人之著作，不成問題的了。今已年過七十，回想此事，當時我的運氣真是太好了。不過還是要等到二十多年後，我在美國定居之時，因為得到了李則芬將軍函授之指導，才把這些小時候囫圇吞棗，硬背硬記的戰史給搞清楚的了。

這使我想起中國人自古即已有的硬背強記的教學方法，一個學生從兒童啟蒙時即讀的《三字經》、《千字文》、《幼學瓊林》，到後來的四書五經、《古文觀止》、《唐詩三百首》等等，學生們雖然多為不能明瞭其中的意思，但是記在心中，到後來再去體會與領悟。可是這個方法的成效是因每個學生的天資相異，領悟能力有高低之別，以及個人在日後是否遇到明師而有不同效果的，並非每一個人都可以大器晚成的了。

我的運氣很好，在初中時便遇到了黃大受先生，就讀到了他為歷史研究所研究生所寫的三大本《中國近代史大綱》，因此對中國近代史早早就有了概念。在戰史方面又在二十多年後得到李則芬將軍之指導，因之才能把古今的中國戰史給聯接起來的了。

提到黃大受先生，他真是一個長相英俊，言談時細聲慢語的斯文君子，用鋼筆寫出來的手稿，字跡娟秀一如出於婦人之手。

黃夫人脾氣不好，時常大聲哭鬧，聲震屋瓦。作為鄰居，我們住的又是那種日式木造房屋，其隔音效果甚差，所以常常聽到，我卻從來沒有聽到過先生回過嘴。而且在好幾年之中，每次到我家與父親見面的時候，在他那厚厚的金絲邊近視眼鏡後面，我所見到的，永遠都是謙虛的笑容，對其悍妻從無一字怨言也。

少年時只是佩服先生的涵養好，現在我已年過七十，乃深知先生這樣子的待妻之道，是人生一大不易之事耳。

二、小記鈕先銘與鈕先鍾兩位將軍

在第二階段，即在我讀高中與大學時，在戰史方面，對我影響最大的是鈕先鍾少將。

大約在我進高中以後，即在一九五七年之後，我家搬離永康街的故居，父親與黃先生的往來就少了。

在我就讀高中及大學時期，父親的藏書之中，有三套書對我的影響很大，此即：

1. 臺灣銀行經濟研究室主編的《臺灣文獻叢刊》。
2. 大同公司的林煶灶基金會出版的《協志工業叢書》，每一本都是翻譯的世界名著。
3. 國防部軍事譯粹社主編及出版的各種戰史著作，其中三本有關二戰中德國將領之著作，在數十年後的今天去回想，我讀後的印象猶為深刻，此即：

(1)《曼斯坦元帥的回憶錄——失去的勝利》
(2)《古德林上將回憶錄》
(3)《隆美爾元帥的戰時文件》

在這三位名將之中，只有隆美爾元帥在戰爭末期被希特勒下令服毒自殺，因此其戰時文件一書是在戰後由旁人代為收集出版的，另外兩位則在戰後才去世，所以那兩本書是他們各自的回憶錄。因為本書主要的內容是收集了我有關抗戰的拙作，在本文中我只談第三套書對我研究戰史的影響。

當時軍事譯粹社是屬於國軍國防部下面的一個小單位，負責人是鈕先鍾少將。

我在一九八九年回臺在商界任職後，經由我的表兄李子弋先生之介紹，得以拜識鈕將軍，當時他們兩位都是淡江大學戰略研究所的教授。不過我們雖稍有往來，我卻從來沒有機會向他請教有關戰史的問題，所以鈕將軍對我的影響，是在我讀中學及大學時，一九六六年出國之前，勤讀他的譯著而得到的。

鈕先鍾少將自言是「軍文」，即並非職業軍人。鈕家與我家之交誼，始自其兄鈕先銘中將在一九二〇年代，與先父同為留學法國之好友。

在清末民初，鈕家是江蘇鎮江的首富，可是鈕先銘先生卻棄文習武，先後畢業於日本士官學校及法國聖西爾軍校，返國後參加國軍。在一九三七年底的南京保衛戰中間，先生是工兵營長，城陷後，日軍展開南京大屠殺時，先生躲入雞鳴寺，化裝為和尚，因而逃過一劫。

據先生自言，有一次日軍入寺，見其相貌不似僧人，乃用軍刀架在他頸上，勒令他背誦《心經》。幸好將軍之母親篤信佛教，先生少年時隨侍禮佛，乃對《心經》甚為熟悉。其實，《心經》乃是中國佛教淨土宗信徒必讀之三部經書之一，淨土宗之信徒又占了中國佛教徒百分之八十五以上。因此《心經》在中國人中間可以說是家喻戶曉的了，而先生也因之才能背誦而一字不差，所以逃過此一生死大劫也。

先生既是日本士官學校畢業生，自為懂得日語及日文，他只得裝成聽不懂日語，以免引起日軍懷疑。不過他也因之能知道闖進寺門的日軍之企圖，乃可從容應對也。

鈕先生身陷南京數月之後，方能脫險去武漢歸隊，此時不但外人以為他已陣亡，連他的親友亦為如之，其夫人已改嫁矣。張恨水先生曾以鈕先生這一段經歷寫成小說，取名為《大江東去》。

鈕先銘將軍生平之故事甚多，除了其身歷南京大屠殺一事外，至少另有兩事可記，即為：

1. 在南京是他個人獨斷下令，去炸毀了汪精衛先生之墳墓，

2. 在臺北他作為蔣經國先生所主持的總政戰部之副主任，與之反目。

在第一件事上，當一九四五年九月日本無條件投降時，鈕先生是國軍陸軍總部之少將情報處長。當時先在芷江、後在南京，我軍方皆是由陸總副參謀長冷欣中將率團接洽日方投降之事宜，鈕

少將是其團員之一。

當鈕將軍作為前進指揮所之一員到達南京以後，因為汪精衛先生是在一九四四年秋天過世的，在生前由他親自所選擇的墓址是在中山陵下方，為世人赴中山陵謁陵時必經之途。而蔣中正先生在還都之後，他必然會率領文武百官及國人代表去謁陵，鈕將軍乃獨斷下令去挖掘汪墓。不料汪政權方面在一九四四年末，也預知將要失敗，在汪先生棺木下葬之後，乃將水泥灌入，把棺木與墓地凝固成了一大塊水泥石，因之鈕先生的手下就無從著手去挖墳。工兵出身的他乃下令以黃色炸藥（TNT）將之炸碎，汪先生真是粉身碎骨的了，史家每有評此事而認為蔣先生心胸太窄。不過當鈕將軍晚年退休住在美國加州的洛杉磯城時，大約是在一九七〇年代，我奉父命踵府請教，鈕將軍當面告訴我，這件事是他一個人自己所作的決定，他並沒有奉到上命。而且作出此事的青年軍官們都比鈕將軍更要起勁，我還記得他那黑黝黝的臉孔露出了笑容說：「小兄弟們對汪精衛這個大漢奸要長陪著國父在一起，都是很生氣的了。」

至於鈕先生與蔣經國先生交惡，我只是聽到父輩談起，大致是這樣的。

鈕將軍在大陸做過陸軍總司令部的少將情報處長，來臺後也曾擔任了中將級的臺灣省保安副司令，算是專業的情報軍官，屬於情治系統出身。當蔣經國中將出任第一任的國防部總政治作戰部主任時，他所起用的兩位副主任，都是職業軍人，而非政工軍官出身者。一位是留英的胡偉克空軍中將，他長期擔任過空軍官校校長，母親是英國人。另一位則為鈕先銘陸軍中將，他是留日及留法的。

不料這兩位副主任對軍中政工的看法，與留俄的蔣主任完全不同。他們一個留英，一個留法，心目中的軍中政治工作有點像西方軍隊中的傳教士。可是俄國人的政工卻主掌思想控制、軍中諜報、干涉指揮官有關人事考核、升遷、獎懲等事項，甚至在作戰時，有權干涉指揮權等，乃與英法的軍中習慣是大不相同的。

於是這兩位總政戰部在創始時的副主任，乃只得黯然下台矣，而且在經國先生主控國軍之時代，兩位都是終身未再在軍界被起用過的了。

說也巧，他們兩位各自都與先父有深交，不過我是在臺北見到過胡將軍，他當時熱心於培養蘭花，當我在場時，他與父親只談風月。倒是鈕將軍，因為我是在出國後在洛城去踵府請教的，承其面告許多軍政界之祕聞也。

三、追憶李則芬中將

不論是在中學或大學，我之研讀戰史有下述的特點：

1. 沒有師長的指導，只是一個人埋首苦讀，是硬背硬記。

2. 只看中文的著作，不論是日本人、德國人、法國人、英國人、美國人與波蘭人等等有關戰史的著作，都看的是中文譯本。

一直要到一九六六年我出國留學之後，我才開始大量閱讀英文的戰史著作。不過要等到了一九七〇年代，我才有幸與李則芬中將通信，接受他的指導去研究中外之戰史。

在我一生之中，對我讀戰史曾有幫助的三位前輩或長輩之中，黃大受及鈕先鍾兩位先生我都曾拜見過，卻不曾受過他們的指導，只是讀過他們的作品。反過來，曾經指導過我的李先生，我卻從來沒有見過面，只通過信，我是李將軍函授的學生。

我在一九八九年回臺在商界任職了十二年，當時我早已中斷了與李將軍之通信，而且介紹我們認識的父親亦已過世。因為我在一九八二年擱筆不寫政論之前的十年間，是一個海外的「異議分子」，在一九八九年時經國先生雖已過世，我在回臺之後在商界做事，仍是非常小心，不主動與黨政軍界中的任何人往來，包括了國民黨籍以及黨外人士在內，都是如此，這是因為我怕連累他人。所以我並不知道李將軍高壽，當時仍為在世，因之錯過了當面向他請教的機會，此為我平生之一大憾事也。

大約是在一九七〇年代上期，我住在美國，李將軍則住在臺北。當時父親主持了臺北的中山文化基金會，將軍有一部大部頭的作品——《五千年世界戰爭史》，數大冊，是由基金會獎助出版的。其中外國的部分是譯作，中國的部分則為將軍的創作。父親知道我好讀戰史，乃郵寄送我一套。

將軍參加過抗戰及內戰，積功升至中將軍長，是一位有實戰經驗的職業軍人。他寫的戰史與一般文人所寫的史書不同，而是採用了近代西方人寫作戰史的通例。例如使用了大量的地圖，去用軍事學之角度去分析及評論古史。並且特別注重戰場的地理及氣象狀況，又重視古代中外各戰役中有關的數據以及行軍與補給線之研究，凡此等等，真是使我大開眼界，我乃要求父親介紹我與將軍通信，向他求教。

其實在此之前，我在閱讀柏楊先生（郭衣洞先生）的大作《異域》時，已讀到李將軍的大名。大約是在一九五〇年代，柏楊先生所寫的這一本小說在臺北的《自立晚報》上連載，筆名用的是鄧克保。

我在一九六六年出國留學時帶了這一本小說，書中寫的是在一九四九年大陸易手時，國軍殘部從雲南敗退入緬甸後，在異國的蠻荒中艱苦生存的故事，世稱之為「孤軍」。一九五〇年代，遷臺以後的國府派了一批軍官去緬甸參加孤軍，李則芬中將是其中之一人，他負責成立了學校以教育孤軍中之青年官兵及子弟。他的老師杜顯信炮兵中將則出任三位副總指揮之一，總指揮為李彌中將。不過李彌將軍長駐在泰國之曼谷，並不常在緬甸之軍中。

緬甸政府曾二次進攻孤軍，在第二次時，緬軍使用了印度裔的傭兵，他們不但驍勇善戰，而且生性殘酷。這批印度兵在二次大戰前，先是在英軍中服役，在戰爭中為日軍所俘，後乃接受改編，加入了鮑斯博士的印度國民軍。鮑斯是印度人，他是主張印度獨立，反抗英國殖民者。在戰前他是印度國大黨的重要人士，是主張用武力抗英，與同黨的聖雄甘地的不合作主義者之主張用和平手段去爭取印度獨立是為不同。在二戰中，鮑斯乃與日方合作成立了印度流亡政府。在一九四四年的印坊作戰中，日軍於進入印度時，使用了三個日本師團以及兩個印度團，這兩個印度團便是屬於鮑斯政府者。

在一九四五年日本投降前一個月，鮑斯所搭乘的日軍專機在臺灣海峽上空發生爆炸，其印度流亡政府之要員們乃一同死難也。這個事件至今少人注意，我認為日方可能是在明知即將投降之前夕，先下手去滅口，以清除了鮑斯這些燙手山芋的了。

在二戰後，英國禁止鮑斯手下的印軍官兵回到印度去，這批人乃成為在東南亞地區中的職業傭兵。緬軍在第二次進攻孤軍時所使用的印度兵，就是這批亡命之徒。

緬軍初戰獲勝，孤軍乃退到拉牛山上，據險頑抗。此時外無援軍，內缺糧彈，即將全軍覆滅之時，李則芬將軍乃率學校的青年學生們，手持竹竿削成的長矛，百里馳援，用快步跑到陣前，大喊殺敵而衝上前去，他的老師杜老將軍親自操炮，精準射中緬方陣地，山上的孤軍殘餘在此時也乘機衝下山來，兩面夾攻，乃大獲全勝矣。

在一九七〇年代我與李將軍通信時，我住在美國，將軍則在臺北。當時尚在「威權時代」的戒嚴時期，將軍身為陳誠故副總統之愛將，而陳先生在一九六五年去世後，兩蔣父子對陳先生之部屬乃是拉一批及打一批。李將軍是個不屈從當道的硬骨頭，當然不為其所喜，所以我在與他通信時下筆亦需謹慎。

將軍著作甚多，寫了《五千年世界戰爭史》及《中日關係史》，卻告訴我他絕不寫抗戰史，因為他身歷其境，而以他所見國人所寫有關抗戰史的公私著作，說真話的甚為少見也。

在二〇一八年的今天，已隔了三十多年，我已記不清楚將軍對我的各項指導與教誨，不過有一句話，是我終生奉行的，即是在研究歷史時，李將軍要求我去做到「不黨不私，找出真相」來的。

前幾年，我曾積極參加過一個團體，集合了一批同好，包括了兩岸、日本、美國及加拿大的學者們一起去重寫抗戰史。這十多個人中間，當時只有三位不是歷史專業者，即郭岱君女士、周珞先生與我。郭女士是政治學博士，周先生是土木工程碩士，我則是數學博士。

因為我不是歷史專業，與大多數同仁治史的方法及態度不同，在此系列《放聲集》已出版過的書籍之引言中，已曾經予以說明，在此不贅。當時大家接受了我所提出來的，也是李將軍教我的，即「不黨不私，找出真相」作為那個團體的中心主張。

李將軍對我說這句話時是在一九七〇年代，他住在臺灣，這個「不黨不私」的「黨」指的是「國民黨」，「私」指的是何應欽將軍這一派系對抗戰史的看法。有趣的是在二〇一三年春天我們去大陸訪問，與北京社科院近史所的學者們座談時，北京方面的有些朋友對此八字箴言的解讀，則是把其中的「黨」字解釋成了共產黨的了。

其實在我個人心目中，這不黨不私並不僅僅限於國共兩黨，甚至要跨越國族的界限，並不只以中華民族或中國人的主觀看法為標準也。

例如《放聲集》第三輯《蔣中正日記中的抗戰初始》的宗旨之一，是在說明八年抗戰是由中方主動求戰而挑起來的。是蔣中正先生在被動地處理華北的平津戰事（七七事變），與主動地挑起華東的淞滬戰事（八一三事變）之時，前後兩次都是要以戰求和，希望能藉著擴大戰事去引起英美干涉中日之戰。結果兩次都沒有見效，卻弄巧成拙，我方把淞滬抗戰擴大到了雙方走上全面戰爭的道路。

我的這個看法，毫無疑問在海峽兩岸三地的華人圈子裡一定會引起大爭論，例如在第三輯出版之前，我的老朋友中已經有人因知此情而與我反目的了。

我只能用「不黨不私，找出真相」來回答大家，請大家讀了拙作以後，才憑著我所舉出來的證據與說理來與我相詰難的了。

在此我謹將《放聲集》的第三輯及本書（即第四輯）中的拙作部分，敬獻給李則芬中將的在天之靈，作為將軍指導我研讀戰史的報答。至於拙作中如有錯失，則與李將軍無關，全由本人負責。因為將軍在教導我的時候，只教了我研究的方法，拙作中有關戰史的部分所提出來的各種觀點，則是多為我個人用了將軍所賜教的方法去做了研究後個人之心得也。

四、節錄拙作〈哀孤軍〉長詩之四小段

在一九七〇年代與李則芬將軍通信時，我曾把柏楊先生所寫的《異域》這本小說改寫成一篇長詩，取名為〈哀孤軍〉，送給將軍。李將軍把這首詩拿去給孤軍首領李國輝將軍看，當時李國輝將軍已解甲歸田，回到臺北定居。

李則芬將軍回信給我說，他們兩位對那時尚有人替孤軍寫史詩以記其事，深為感激。不過他告

訴我說，《異域》一書中對李彌將軍之指責是太過重的了，不如李國輝將軍當時在《中外雜誌》上連載的回憶錄來得合乎史實。李將軍的回憶錄我也曾拜讀過一些片段，只是寫得太過於瑣碎細微，無法改寫成為長詩。

我寫此詩時，柏楊先生還在綠島坐牢，在先生出獄之後，一九八九年我回臺經商後，曾當面告訴柏老此事。柏老幾次要我把此詩抄寫給他，以便其附印在《異域》之後，作為附錄，我都沒有從命。因為我一方面早已不想作個詩人，二方面也不喜歡附柏老之驥尾以得大名。

在學生書局替我籌劃《放聲集》這套書的時候，當初是規畫了出版一本包含我有關文學理論、文學史，以及詩詞文章之舊作。不過此書是排在後面，當時只計畫整套只出個五、六冊。不料因為我開始重新持筆寫作有關歷史的文章，下筆不能自休，到目前為止，已經出版的第二冊，即簡體文稱為《蔣中正日記揭密》，繁體文稱為《蔣中正日記中的當代人物》的那一本，以及第三冊《蔣中正日記中的抗戰初始》，都是「新生事物」，是在當時籌劃《放聲集》這套書時沒有預估在內的。也就是說，那本收集我的有關文學作品的拙著，至少將來可能再早也要成為第五冊，其出版之日期恐怕是要延後的了。

近幾年來，大陸著名學者郭世佑教授多次來史丹福大學，以研讀蔣中正日記，以及研究中國青年黨與民社黨之史事，我得與之時相過從。郭教授好寫舊詩，也長於書法，與我興趣相近。受了他的影響，我在此乃節錄舊作〈哀孤軍〉之四小段詩句於後，先以之饗讀者也。

此詩甚長，我在此先把有關此詩的一些統計數字抄列於後。

此詩分為九章，其篇名與長度如下列：

第一章　前言　七古　十八句　一二六字

第二章	入緬		七古	七十二句	五〇四字
第三章	緬軍第一次來攻		五古	三十句	一五〇字
第四章	反攻	第一段	五古	二十句	一〇〇字
		第二段	七古	八句	五十六字
		第三段	五古	八十句	四百字
第五章	不平		五古	四十六句	二三〇字
第六章	破家		五古	三十句	一五〇字
第七章	緬軍再度來攻		五古	五十句	二五〇字
第八章	拉牛山大戰		五古	六十八句	三四〇字
第九章	尾聲		七古	二十四句	一六八字

全詩五言句　三二四句　共一千六百二十六字

七言句　一二二句　共八百五十四字

另在第四章自五言句轉七言句時有三字曰「嗟吁哉」，及在第五章倒數第四句在五言上加「君不見」三字，即另有六字，故全詩為九章，四百四十六句，共兩千四百八十字。

此詩在一九七五年曾發表於美國《野草雜誌》第二十六期，這是張系國兄所主辦的一個同人性質的小型期刊，歷任主編除了張系國兄之外，至少先後尚有董克康、黃默、李家同等諸位博士。有趣的是除了黃兄外，其餘三位都是理工科的博士，黃兄則是政治學博士。

因為這首詩太長，此處無法盡錄，我只錄抄四段，即第一章「前言」，第七章「緬軍再度來攻」與第八章「拉牛山大戰」中有關李則芬中將的兩小段，以及第九章「尾聲」。

我在此把前言及尾聲全部抄下來，並非只是以示其始終，也是為了寫一首長詩之難即在此起收之關鍵處也。試看唐人白居易（香山）之〈長恨歌〉，其起首第一句「漢皇重色思傾國」，即點出楊貴妃之見寵是在其色相，而結尾之「此恨綿綿無盡期」，即在寫出其事之以悲劇收場也，真是畫龍點睛之佳句也。

我當年之好寫史詩，是因為吾師馮承基先生的一句話。一九六四年我在臺大數學系三年級時，選修了馮先生的「六朝文」這門課，畢業後，在服兵役時，即在一九六五及一九六六年內，我仍常常踵府求教。老師一人在臺，無親無眷，也非常高興有弟子登門聆訓也。老師雖然在臺大教中文，早年卻是畢業於英國人創辦的鹽務學堂，因此也長於英文。有一天老師很感慨地對我說，中文舊詩之不及英詩處，便在少有長篇史詩之佳構。當時我只有二十三歲，年少氣盛，聽了大不服氣，便寫了一篇長詩送給老師看，題目叫做〈庚子歌〉，是用家藏清人筆記之資料為主，去寫八國聯軍之故事。此詩全用七古，共得一百四十二句，九百九十四字，此詩也曾在一九七〇年代之《野草雜誌》上發表過。此詩之起句為「東陵故侯愛種瓜，閒與妻兒話桑麻。明月不改從前色，江山已成昨日花。猶記帝后西奔夜，此月曾照蒙塵車。……」

我出生在一個詩人家庭，先外祖父錢倬（逸塵）公及先父毅成公都是名詩人，今日臺灣最大規模的舊詩詩人社——春人詩社，創立於一九五〇年代，先外祖是發起人之一，並擔任第一任社長。先父在一九六七年退出政壇之後，也曾出任此職，不過已是第五或第六任者的了。

少年時我也曾想做一個詩人，入中年後即已放棄，老來更無意於此的了。這是因為去日無多，我只能在許多興趣之中挑幾個，集中精力去下功夫的了。

目前我的興趣是在研究近代史與書法中的行書。

甲：現在讓我們回到〈哀孤軍〉這首詩去，此詩之第一章「前言」如下：

亡國遺事原多恨　詩人何必弄管弦
只為開卷生慚愧　兩行熱淚十行箋
行行皆是傷心事　乃將鐵筆記前賢
我意豈望他人識　徒勞苦鳴一高蟬
唯冀英魂濺血碧　化作朱墨寫長篇
饑民鼓噪亂民反　田家外戚歌瓊苑
滿騎馳入山海關　中原殘破夕陽晚
江淮北兵已陳師　南都重臣猶營私
魯王桂王爭監國　半壁山河不自持

仁按：

1. 當時李將軍人在臺北，我寫信把此詩送給他，不便直寫一九四九年大陸易手之事，乃在此借用明末清初之史事。
2. 此段分三韻，第一韻十句，以說明筆者寫此詩是讀了別人寫的書籍有感而作。
3. 第二韻四句是寫崇禎時，田貴妃之父田弘遇的故事，暗喻孔宋等國府之權貴家族也。
4. 第三韻四句寫南明諸王故事，此處魯王、桂王之封地恰好也是蔣中正（浙江）與李宗仁（廣西）兩位的家鄉，真是古今之巧合。

仁按：如果把一九四五年到一九四九年的國共內戰，去和三百年前的明末清初之史事去作比較，有許多吻合之史事，例如：

(1) 前者之滿人入關，與後者之中共四野之由東北攻入華北。

(2) 前者之李自成大軍自西北攻入華北，與中共一野等大軍之進軍路線吻合。

(3) 南明福王時代，左良玉據武漢而與南京掌權之馬士英分庭抗禮。此與國共內戰中，白崇禧在武漢與在南京之蔣中正對峙是相似的。

(4) 清軍自北向南，豫親王多鐸大軍與南明福王之兵部尚書史可法之重兵，在江北各地作戰，與國共內戰中的徐蚌會戰（即淮海戰役）之戰區，地理位置相近。

這是因為在兩者，即清末民初到國共內戰之間，雖然相去了三百多年，可是中國大陸的軍略地理之型態，大致不變，前後相較，只有下面三點不同：

(1) 由津浦鐵路取代了大運河的戰略位置。

(2) 由隴海鐵路取代了淮河的戰略位置。

(3) 由平漢鐵路取代了漢水的戰略位置。

因此清軍入關、李自成西進及清軍南下，與國共內戰中共軍之南下及西進，兩相吻合也。

在二十一世紀的今天，因為在鄧小平主政的改革開放之後，中國大陸的基礎建設發生了翻天覆地的絕大變化，使得今後中國之軍略地理狀況，與以往是大不相同的了。

5. 中文之長詩用轉韻去在敘事時加以分成段落，是有一定之講究的，這種文學技巧是題外話，在此不多言了。

乙：第二段所錄者是第七章「緬軍再度來攻」中有關李則芬將軍的一小段詩句如下：

嗚呼眾公卿　曼谷唱昇平
誰敢住險地　杜李兩師生
蠻疆傳管弦　創學是大賢
華夷群化育　學子有百千
能武亦能文　臨難救孤軍
甘苦同士卒　奇才李則芬
老將杜顯信　百里援危陣
炮術稱權威　反敗因坐鎮

丙：第八章「拉牛山大戰」中有關李則芬將軍的詩句如下：

馳援奔百里　臨危識忠奸
杜李齊赴難　羞殺眾高官
學兵多徒手　無槍也無冠
軍費累千萬　曼谷藏金鑾
困時未垂淚　此際反心酸
斯輩少年士　未知敵暴殘
結繩作圈套　削竹當長干
手持繩與竹　殺敵蛋擊磬

所仗唯何物　豪氣萬里搏
老將自發炮　反攻急如湍
前進不回顧　衝鋒敵膽寒
敵氣為我奪　潰散如狂瀾

丁：第九章「尾聲」：

孤軍再勝鎮四夷　扶餘髭髯大有為
未料勝敗非成敗　勝師讓地事太奇
君臣談笑割幽燕　爭戰流血滿邊陲
忽傳班師驚武穆　未搗黃龍原可疑
偏安江左終末路　輕棄淮水悔也遲
帝昺若是見趙構　未知秦檜有何辭
英雄解甲求田舍　通體被傷無完肌
壺漿操車隱於市　見者嫌棄不識誰
今在異國讀異域　亦哀孤軍亦自悲
我讀此書實慚愧　先前未聞李國輝
書生空有筆與紙　讀盡史冊不知時
幸而書生未棄筆　作此長句寫雲麾

仁按：

1.緬甸在第二次戰敗後，乃改用外交手段去強迫國府把孤軍召回臺灣，緬方在聯合國提案，控告國府侵略。當時中華民國仍是聯合國之會員國，而且是安理會之五個常任理事國之一。格於外交上之壓力，國府乃把大部分的孤軍撤退至臺灣，不過留下了一小部分，其後人至今猶定居在泰國北部。

2.在此處我不便明白寫出孤軍之事，乃改用南宋之史事以暗喻之也。

3.在結尾時，我呼應此詩在起首處說明「只為開卷生慚愧」一句，點明「開卷」是指讀了《異域》這本書，慚愧是好讀史書的我在先前竟然不知道孤軍之事，更且不知其領軍者李國輝將軍之大名也。

以上是節錄舊作〈哀孤軍〉長詩之四段，此詩是我在三、四十年前，三十多歲時，改寫了柏楊先生的小說《異域》而得者，當時用以呈送給書中的英雄人物李則芬中將也。

《放聲集》第三輯，以及第四輯中的拙作部分，其間有關戰史者，是我用了將軍教導我的研究方法，在參考了蔣中正日記之後，去研究抗戰史而所得到的心得，謹在此敬獻之給將軍在天之靈。

二〇一四年於北美舊金山初稿
時年七十有二
二〇一八年八月修正之
時年七十有六

國家圖書館出版品預行編目資料

一號作戰暨戰後東亞局勢的影響

阮大仁、傅應川、張鑄勳、周珞著. – 初版. –
臺北市：臺灣學生，2019.06
面；公分

ISBN 978-957-15-1799-5 (平裝)

1. 中日戰爭 2. 會戰 3. 戰略

628.58 108005933

一號作戰暨戰後東亞局勢的影響

作　者	阮大仁、傅應川、張鑄勳、周珞
出版者	臺灣學生書局有限公司
發行人	楊雲龍
發行所	臺灣學生書局有限公司
地　址	臺北市和平東路一段 75 巷 11 號
劃撥帳號	00024668
電　話	(02)23928185
傳　眞	(02)23928105
E-mail	student.book@msa.hinet.net
網　址	www.studentbook.com.tw
登記證字號	行政院新聞局局版北市業字第玖捌壹號
定　價	新臺幣九〇〇元
出版日期	二〇一九年六月初版
ISBN	978-957-15-1799-5

57304